Persönlichkeitsschutz von Kindern und Jugendlichen

Europäische Hochschulschriften

European University Studies

Publications Universitaires Européennes

Reihe II **Rechtswissenschaft**

Series II Law

Série II Droit

Band/Volume **5833**

Henrike Ehrhorn

Persönlichkeitsschutz von Kindern und Jugendlichen

Eine Untersuchung zum zivilrechtlichen Schutz von Minderjährigen in der modernen Medienlandschaft

PL ACADEMIC RESEARCH

Bibliografische Information der Deutschen Nationalbibliothek
Die Deutsche Nationalbibliothek verzeichnet diese Publikation in der Deutschen Nationalbibliografie; detaillierte bibliografische Daten sind im Internet über http://dnb.d-nb.de abrufbar.

Zugl.: Freiburg (Breisgau), Univ., Diss., 2015

D 25
ISSN 0531-7312
ISBN 978-3-631-67374-4 (Print)
E-ISBN 978-3-653-06634-0 (E-Book)
DOI 10.3726/978-3-653-06634-0

PL Academic Research ist ein Imprint der Peter Lang GmbH.
Peter Lang – Frankfurt am Main · Bern · Bruxelles · New York · Oxford · Warszawa · Wien

Diese Publikation wurde begutachtet.

www.peterlang.com

Vorwort

Die vorliegende Arbeit wurde im Wintersemester 2015/2016 von der Juristischen Fakultät der Albert-Ludwigs-Universität als Dissertation angenommen. Sie entstand größtenteils während meiner Tätigkeit als Wissenschaftliche Mitarbeiterin am Institut für Deutsches und Ausländisches Zivilprozessrecht und als Lehrassistentin der Rechtswissenschaftlichen Fakultät der Albert-Ludwigs-Universität Freiburg. Sie wurde angeregt und betreut von Herrn Professor Dr. Alexander Bruns, LL.M., dem ich aufrichtig für seine uneingeschränkte Unterstützung und engagierte Betreuung danken möchte. Mein Dank gilt zudem Frau Professor Dr. Katharina von Koppenfels-Spies für die schnelle Erstellung des Zweitgutachtens. Schließlich möchte ich meiner Familie sowie meinen Freunden danken, die mich in vielfältiger Weise unterstützt haben.

Inhaltsübersicht

Kapitel 1: Einführung

§ 1 Gegenstand der Untersuchung

"The children's loss of privacy is one of the costs of the retention of a free marketplace of ideas",[1] statuierte der California Supreme Court in seiner Entscheidung vom 24. Oktober 1969, in der über die Zulässigkeit der Verbreitung von Informationen über die persönlichen Lebensumstände der minderjährigen Kinder einer Stadtratskandidatin in einem Zeitungsartikel zu entscheiden war. Hinter diesem nüchternen Befund verbirgt sich ein Konflikt rechtlich geschützter Interessen, der auf dem „Marktplatz der Ideen" in der modernen Informationsgesellschaft regelmäßig auch jungen Menschen in unterschiedlichen Lebenssituationen begegnen kann. Eltern und ihre Kinder sehen sich heute der Herausforderung gegenüber, Chancen und Risiken einer Medienumgebung zu bewältigen, in der die Entfaltung und Bewahrung der menschlichen Persönlichkeit und Integrität gestärkt und zugleich in besonderer Weise gefährdet sind.

A. Junge Menschen in der modernen Informationsgesellschaft

Die vertiefte Auseinandersetzung mit der Lebenssituation von jungen Menschen und die Wandlung des Kindbildes hat es unter anderem mit sich gebracht, dass auch die Öffentlichkeit ein Interesse an Informationen über ihr Aufwachsen, ihre Belange und persönlichen Lebensumstände entwickelt hat. Die vielgestaltigen Informationsbedürfnisse werden klassisch durch die Presse und den Rundfunk befriedigt, die sich zunutze machen, dass junge Menschen ihre Emotionen offener zeigen, ihr Herz auf der Zunge tragen und sich insgesamt natürlicher und ungezwungener verhalten als Erwachsene, die gelernt haben, sich anzupassen.[2] Beispielgebend für den Fokus vieler Boulevardblätter auf Kinder von Prominenten ist die eingangs genannte Supreme-Court-Entscheidung. Die Kinder von nichtprominenten Eltern rücken demgegenüber vor allem dann ins Licht der Öffentlichkeit, wenn sie im Zusammenhang mit berichtenswerten Ereignissen wie Sorgerechtsprozessen, Krieg, Naturkatastrophen oder Straftaten stehen. Dabei nutzen die Medien die Kraft, die Bilder von Kindern besitzt: sie können weniger Fassung bewahren, herzzerreißend weinen oder sich überbordend freuen – die Empfindungen spiegeln sich in ihren Gesichtern eindrucksvoll wider.[3] So wird die verheerende Auswirkung des Napalm-Einsatzes in Vietnam für viele Menschen für immer mit dem Bildnis des 9-jährigen

1 *Kapellas v. Kofman*, 459 P.2d 924 (1969).
2 *Westphal*, GreifRecht 13/2012, 32 [33].
3 *Westphal*, GreifRecht 13/2012, 32 [33].

Mädchens verbunden sein, das nackt eine Straße entlang läuft.[4] Entsprechend gängiger Marktregeln werden die Medien zudem von jungen Menschen bzw. ihren Eltern gezielt dazu genutzt, Prominenz zu erlangen oder zu vergrößern und daraus, zum Teil mit erheblichem Erfolg, Kapital zu schlagen.[5] Eine demgegenüber alltäglichere Konstellation im komplexen Verhältnis von jungen Menschen und Medien ist ihre aktive Nutzung von Angeboten des Internet, in dem sich vor allem Jugendliche heute wie selbstverständlich zu bewegen scheinen, um soziale Netzwerke zu pflegen und unterhalten zu werden.[6] Im Mittelpunkt steht dabei die Nutzung von Angeboten des Internet, die unter den Schlagworten „web 2.0" oder „Social Web" zusammengefasst werden und den Wandel des Internet vom passiven Medium zu einem solchen der Kommunikation und sozialen Interaktion kennzeichnen, also Webblogs, Foren, Film- und Bildsammlungen, Podcasts und Networking-Plattformen.[7] Laut der jüngsten Studien des Medienpädagogischen Forschungsverbundes Südwest nutzen 43 Prozent der Internetnutzer zwischen 6 und 13 Jahren und 73 Prozent der Internetnutzer zwischen 12 und 19 Jahren in Deutschland Online Communities, wobei die Nutzerzahlen bei letzterer Personengruppe seit 2011 deutlich zurückgegangen sind.[8] Die Besonderheit liegt darin, dass der Internetnutzer zum Teilnehmer und Gestalter wird und die Netzwerke zur Selbstdarstellung, Identitätsbildung und -gestaltung sowie zum Beziehungsmanagement nutzt.[9]

So richtig und gewichtig diese Partizipation von Kindern und Jugendlichen in der Medienlandschaft für das öffentliche Bild, die gesellschaftliche Wahrnehmung und nicht zuletzt ihre persönliche Freiheit und Teilhabe ist, so unerlässlich ist es auf der anderen Seite, zum Wohlergehen von jungen Menschen Grenzen zu setzen. Ihre Persönlichkeit, Integrität und Ehre kann durch unerwünschte Berichterstattungen

---

4 Weitere Beispiele bei *Jempson*, Shocking Images, www.mediawise.org.uk/children/ (11.04.2015).

5 Zu diesen Rollen *Bruns*, JZ 2005, 428 [428 f.]; Der Verkauf von Exklusivrechten an den allerersten Fotos von Celebrity-Babys ist beispielsweise ein Geschäft, durch das, wie bei den Zwillingen von Jolie und Pitt, erhebliche Summen erzielt werden können (angeblich rund 14 Millionen Dollar).

6 *Och/Löw*, in: Buchmann, Internet Privacy, S. 40; Nach der jüngsten KIM-Studie 2014 wird die Internetnutzung mit durchschnittlich etwa 10 Jahren relevant, *Medienpädagogischer Forschungsverbund Südwest*, KIM-Studie 2014, S. 73, abrufbar unter http://www.mpfs.de (11.04.2015).

7 *Niemann/Schenk*, in: Schenk/Niemann/Reinmann/Roßnagel, Digitale Privatsphäre, S. 19.

8 *Medienpädagogischer Forschungsverbund Südwest*, KIM-Studie 2012, S. 37 ff. und JIM-Studie 2014, S. 35, wonach im Jahr 2011 noch 88 %, 2012 87 % und 2013 83 % der Jugendlichen Onlinecommunities nutzten; für Europa vgl. EU Kids Online Report, abrufbar unter http://www.lse.ac.uk/media@lse/research/EUKidsOnline/Home.aspx (11.04.2015); eine Leistungsbeschreibung und eine vertragliche Analyse bei der Nutzung sozialer Netzwerke findet sich bei *Redeker*, in: Hoeren/Sieber/Holznagel, Multimedia-Recht, Teil 12 Rn. 415 ff.

9 *Frölich/Lehmkuhl*, Computer und Internet erobern die Kindheit, S. 5 ff.

in Form der Veröffentlichung von privaten Urlaubsfotos, Berichte über jugendliche Fehltritte oder negative Bewertungen des Aussehens ebenso verletzt sein als wenn diese Äußerungen eine erwachsene Person betreffen. Auch der Freiheit im Internet stehen die oft angemahnten Gefahren für das Wohlergehen von jungen Menschen gegenüber wie Online – Kontakte mit einer unbekannten Person, die Konfrontation mit ungeeigneten Inhalten, „Cyberbullying" (Online-Schikanierung), Datenmissbrauch und neuestens auch „Happy Slapping" (Verbreiten von mit Mobilfunkkameras aufgezeichneten Filmen, die gewalttätige Angriffe auf andere Kinder zeigen) und „Sexting" (Senden und Empfangen von Bildern/Mitteilungen mit sexuellen Inhalten unter Gleichaltrigen).[10] Schließlich haben auch ein Drittel der Eltern, die ein soziales Netzwerk nutzen, Informationen über ihr Kind im Alter von 2–5 Jahren in Form von Fotos oder Informationen hinterlegt.[11]

B. Persönlichkeitsschutz als Antwort auf Gefährdungen menschlicher Identität und Integrität

Dem Schutz derartiger persönlicher Belange in Privatrechtsverhältnissen dient bekanntlich das zivilrechtliche System des Persönlichkeitsschutzes, das zu einer höchst komplexen, detailliert durchleuchteten Rechtsmaterie ausgewachsen ist. Im Mittelpunkt des Systems steht das (zivilistische) Allgemeine Persönlichkeitsrecht, dessen Anerkennung durch den Bundesgerichtshof in seiner Leserbrief-Entscheidung[12] anerkanntermaßen den Durchbruch zu einer umfassenden Erweiterung sowie dogmatischen Neugestaltung des zivilrechtlichen Persönlichkeitsschutzes brachte.[13] Demnach ist jede natürliche Person befugt, Eingriffe in persönliche Belange abzuwehren, wenn sich die grundrechtlich gesicherten Persönlichkeitsgüter gegen die widerstreitenden Interessen durchsetzen, es sei denn, der Rechtsträger hat wirksam seine Einwilligung erklärt. Traditionelle Schutzgüter sind der private Lebensbereich, die Ehre und Identität sowie das Recht auf Selbstdarstellung, die zugleich verfassungsrechtlich in Art. 2, Art. 1 GG gesichert sind. Mediale Berichterstattung und Kommunikation im Internet können diese Belange beeinträchtigen. Da die Persönlichkeitsentfaltung in einem sozialen Miteinander aber nicht schrankenlos gewährleistet werden kann, kann dies durch überwiegende, rechtlich fundierte und legitime Interesse gerechtfertigt sein. Die widerstreitende Meinungsäußerungsfreiheit in Art. 5 Abs. 1 GG ist unbestritten von herausragender Bedeutung für die freiheitliche Gesellschaft, konstitutives Wesenselement des demokratischen Rechtsstaates und zugleich unmittelbarer

---

10 Europäische Kommission, KOM (2012) 196 endg., mit Nachweisen.

11 *Medienpädagogischer Forschungsverbund Südwest*, miniKIM-Studie 2012, S. 26, abrufbar unter http://www.mpfs.de (11.04.2015).

12 BundesgerichtshofZ 13, 334.

13 *Kannowski*, in: Staudinger BGB, Vorbem. § 1 Rn. 24; *Rixecker*, in: MüKo BGB, Anh. § 12 Rn. 9.

Ausdruck der menschlichen Persönlichkeit.[14] Die Aufgabe der Medien als „vierte Gewalt" ist es, umfassende Informationen zu ermöglichen, die gesellschaftliche Debatte in Gang zu halten, Meinungen abzubilden und selbst Stellung zu beziehen.[15] Aufgrund der Eigenart des Allgemeinen Persönlichkeitsrechts als Rahmenrecht erfolgt die Bewertung eines Verhaltens als rechtswidrig im Wege der Güter- und Interessenabwägung im Einzelfall. Abzuwägen sind also das Recht des Betroffenen aus Art. 2 Abs. 1 iVm Art. 1 Abs. 1 GG, Art. 8 EMRK einerseits und die Kommunikationsgrundrechte aus Art. 5 Abs. 1 GG, Art. 10 EMRK andererseits.

C. Individualschutz an der Schnittstelle von Persönlichkeits- und Minderjährigenschutz

Entsprechend bilden die Rechtsposition des Allgemeinen Persönlichkeitsrechts und des Rechts am eigenen Bild gem. § 22 KUG den Prüfstein für effektiven Individualschutz junger Menschen gegenüber den Phänomenen der Medien- und Internetöffentlichkeit. Eine Schlüsselstellung nimmt auch für sie der wohlbekannte Grundkonflikt zwischen dem verfassungsrechtlich verbürgten Persönlichkeitsrecht und den Kommunikationsfreiheiten des Art. 5 Abs. 1 GG ein. Angesichts der konstitutiven Bedeutung der freien Rede in unserer Gesellschaft ist nicht die Frage, ob überhaupt Nachrichten und Meinungen in Presse, Rundfunk und Internet im Zusammenhang mit Kindern und Jugendlichen geäußert und verbreitet werden dürfen, sondern nur inwieweit. Die besondere Schutzgruppe der Minderjährigen kam jedoch lange Zeit nur am Rande des zivilrechtlichen Diskurses vor, weil sich die Gerichte mit ihrem Persönlichkeitsschutz schlicht nicht zu befassen hatten. Die Genese des zivilrechtlichen Persönlichkeitsschutzes vollzog sich deshalb nahezu vollständig aus Anlass der Beeinträchtigung erwachsener Rechtsträger. Ob dies einer ehemaligen Zurückhaltung der Medien bei der Berichterstattung oder einer Zurückhaltung der Eltern bei der Geltendmachung der Rechte ihrer Kinder geschuldet war, lässt sich nicht mit Sicherheit sagen. Umso bemerkenswerter ist der mühsame Weg, den Caroline von Monaco beschritt. Seit den 1990er Jahren geht die Fürstentochter konsequent gegen Medienberichterstattungen in der Boulevardpresse über ihr Privatleben und das ihrer damals minderjährigen Kinder vor. Es ist vor allem ihrem leidenschaftlichen Kampf vor den deutschen und europäischen Gerichten zu verdanken, dass dem Minderjährigenpersönlichkeitsschutz erstmals mehr Aufmerksamkeit zu Teil wurde und die Rechtsentwicklung in Gang brachte.

Als Leitentscheidung ist insofern das Urteil des Bundesverfassungsgerichts in Sachen *Caroline von Monaco II* zum Privatsphärenschutz der Fürstentochter zu bezeichnen.[16] Hierin stellt das Gericht erstmals grundlegende Prinzipien für den Persönlichkeitsschutz von Minderjährigen auf, die in nachfolgenden Entscheidungen

---

14 BVerfG, NJW 1966, 1603 – Spiegel; BVerfG, NJW 1984, 1741 – Der Aufmacher.

15 *Schemmer*, in: Epping/Hillgruber, BeckOK GG, Art. 5 Rn. 37.

16 BVerfGE 101, 361 – CvM II.

zur Zulässigkeit von Wort- und Bildberichterstattungen bestätigt und präzisiert wurden. Konkret zur Entscheidung stand die Veröffentlichung verschiedener Fotografien in einer Boulevardzeitschrift, die unter anderem Caroline von Monaco im Zusammensein mit ihren damals minderjährigen Kindern in privaten Situationen zeigten. Das Bundesverfassungsgericht berücksichtigte im Rahmen der diesbezüglichen Interessenabwägung zwischen dem Recht auf Privatsphäre und der Medienfreiheit den allgemeinen Grundsatz, dass Kinder eines besonderen Schutzes bedürfen, weil sie sich zu eigenverantwortlichen Personen erst entwickeln müssen. „Dieses Schutzbedürfnis besteht auch hinsichtlich der Gefahren, die von dem Interesse der Medien und ihrer Nutzer an Abbildungen von Kindern ausgehen. Deren Persönlichkeitsentfaltung kann dadurch empfindlicher gestört werden als diejenige von Erwachsenen. Der Bereich, in dem Kinder sich frei von öffentlicher Beobachtung fühlen und entfalten dürfen, muss deswegen umfassender geschützt sein als derjenige erwachsener Personen."[17] Der besondere Schutz wirke sich zudem zugunsten der klagenden Mutter aus, deren Allgemeines Persönlichkeitsrecht bei der Störung elterlicher Hinwendung durch Art. 6 GG eine Verstärkung erfahre.

Kernpunkt ist somit das Paradigma der kindlichen Entwicklung, also unsere historisch gewachsene Sicht auf Kinder als „Menschen in Entwicklung", die damit erstmals im Persönlichkeitsschutz einbezogen wurde.[18] Unbestritten sind Minderjährige erziehungs- und schutzbedürftige Wesen und haben dementsprechend einen Anspruch auf Fürsorge und Schutz.[19] Insbesondere seit Inkrafttreten der UN-Kinderrechtskonvention wird es jedoch mehr und mehr abgelehnt, diese Schutz- und Hilfsbedürftigkeit mit Blick auf die Rechtsstellung Minderjähriger in den Mittelpunkt zu stellen. Stattdessen wird eine weitergehendere Anerkennung und klarere Betonung des Kindes in seiner Stellung als eigenständiger Rechtsträger, ergo Rechts*subjekt*, das abhängig vom Stand der Entwicklung Entscheidungen treffen und Handlungen vornehmen kann, gefordert.[20] Wesentliche Beiträge dazu leisten die Sozialwissenschaften, die Kinder und Jugendliche als Gestalter ihrer Entwicklung und Beziehungen und kompetente soziale Akteure in den Blick nehmen.[21] Vor diesem Hintergrund wird wiederkehrend auch die gesetzliche Ver-

---

17 BVerfGE 101, 361 [385] – CvM II.

18 Vgl. zur Entwicklung der Kinderrechtsdebatte nur *Zitelmann*, Kindeswohl und Kindeswille, S. 46; allgemein *Aries*, Geschichte der Kindheit; einen geschichtlichen Überblick zum römischen und germanischen Recht gibt *Dölitzsch*, Vom Kindesschutz zu Kindesrechten, S. 9 ff.; zum Stellenwert von Kindern in unserer Gesellschaft (insbs. bzgl. innerfamilialer Gewalt) vgl. *Lack*, Möglichkeiten und Grenzen der Gesetzgebung, S. 10 ff.

19 St. Rspr., vgl. nur BVerfGE 24, 119 [144] – Adoption I; weitere Nachweise bei *Steindorff-Classen*, Das subjektive Recht des Kindes auf seinen Anwalt, S. 2.

20 Dazu *Steindorff-Classen*, Das subjektive Recht des Kindes auf seinen Anwalt, S. 2 m.w.N.; aus jüngerer Vergangenheit etwa *Michel*, Rechte von Kindern in medizinischen Heilbehandlungen; *Heuser*, JR 2013, 125 ff.

21 *Zitelmann*, Kindeswohl und Kindeswille, S. 46 m.N.

ankerung eines dementsprechenden Kindesgrundrechts in Deutschland politisch befürwortet.[22] Letzterer Akzentuierung entspricht es, dass dem eigenen Grundrecht von Minderjährigen auf Achtung ihrer Persönlichkeit verstärkt Bedeutung beigemessen wird.[23] Diesem gewandelten Verständnis hat der Gesetzgeber unter anderem mit der Schaffung der Leitnorm in § 1626 Abs. 2 BGB durch das SorgeRG 1979 Rechnung getragen, wonach das Ziel der Erziehung die Heranführung in eigenverantwortliches und selbständiges Handeln ist.[24] Relevant wurde dieser Aspekt in jüngster Vergangenheit etwa bei der Debatte über die Entscheidungszuständigkeit bei religiös motivierter Beschneidung männlicher Kinder infolge des sog. „Beschneidungsurteils" des Landgerichts Köln, der nunmehr der Gesetzgeber mit § 1631a BGB Rechnung getragen hat.[25]

Ungeachtet dessen ist die Persönlichkeit von jungen Menschen naturgegeben stärker als in anderen Lebensabschnitten im Fluss und entwickelt sich ebenso wie ihre Fähigkeiten und Fertigkeiten dynamisch. Sie durchlaufen erst zahlreiche Entwicklungsphasen, bevor sie eine eigenverantwortliche Persönlichkeit herausgebildet haben. Wegen dieser naturbedingt schwächeren Position bedürfen sie grundsätzlich eines konkretisierten Schutzes, dem die Rechtsordnung in vielen Rechtsbereichen Rechnung trägt (z.B. Art. 6 GG, §§ 1626 ff. BGB, §§ 104 ff. BGB, § 828 BGB).[26] Entsprechend stellte das Bundesverfassungsgericht in dem Verfahren über ein *Geburtenhoroskop* klar, dass der Schutzumfang vom Schutzzweck her unter Berücksichtigung der Entwicklungsphasen des Kindes zu bestimmen sei.[27] Die Zivilrechtsprechung setzt diese Maxime im einfachen Recht um, indem im Rahmen der einzelfallbezogenen Güter- und Interessenabwägung ein besonderes Schutzbedürfnis Beachtung findet. Demgemäß wird der Privatsphären- und Bildnisschutz von Minderjährigen gegenüber medialer Berichterstattung in räumlicher und thematischer Hinsicht grundsätzlich weiter gefasst als bei Erwachsenen.[28] Die Rechtsposition von Minderjährigen wird dabei wiederholt als „Recht jedes Kindes auf Entwicklung zur Persönlichkeit - auf Person werden" oder ein „Recht auf

---

22 Vgl. nur jüngst *Lütkes/Sedlmayr*, FRP 2012, 187 ff.; *Homann-Dennhardt*, FPR 2012, 185; siehe dazu auch BR-Drucks. 386/11 v. 29.06.2011 und BT-Drucks. 17/3644; 17/3938, 5; *Lack*, Möglichkeiten und Grenzen der Gesetzgebung, S. 74 ff.

23 Signifikant insbesondere in der jüngeren Rechtsprechung des Bundesverfassungsgerichts, vgl. nur BVerfG, NJW 2013, 847 [848] zur Sukzessivadoption für eingetragene Lebenspartner.

24 *Rauscher*, Familienrecht, § 33 Rn. 595.

25 LG Köln, FamRZ 2012, 1421; dazu nur *Spickhoff*, FamRZ 2013, 337 ff.; *Germann*, MedR 2013, 412 ff.; *Schneider*, Die männliche Beschneidung (Zirkumzision) Minderjähriger als verfassungsrechtliches und sozialrechtliches Problem.

26 St. Rspr. seit BVerfGE 24, 119 [144 f.] – Adoption I; *Lack*, Möglichkeiten und Grenzen der Gesetzgebung, S. 59.

27 BVerfG, NJW 2003, 3262 – Geburtenhoroskop.

28 BVerfG, NJW 2000, 2191; BVerfGK 8, 173; BVerfG, ZUM 2008, 420 mit Anmerkungen *Klass* [434]; BGH, MDR 2014, 29 – Mascha S.; KG Berlin, ZUM-RD 2004, 511.

kindgemäße Entwicklung" gekennzeichnet.[29] Obwohl die rechtswissenschaftliche Literatur dem Grundsatz besonderer Schutzbedürftigkeit beipflichtet, sind die Einbeziehung der grundrechtlichen Wertungen, der konkrete Inhalt, die Reichweite und Tragweite des besonderen Minderjährigenschutzes noch nicht hinreichend ausgelotet. Gewiss ist, dass das Paradigma die dogmatische Ausformung, die regulären Abwägungsleitlinien und die herkömmlichen Vorzugsregeln im zivilrechtlichen System zum Schutz der Persönlichkeit grundlegend in Frage stellt.

D. Wahrnehmung der Persönlichkeitsrechte

Nicht zu vernachlässigen ist daneben das Institut der Einwilligung als Ausprägung des grundrechtlich garantierten Selbstbestimmungsrechts in Art. 2, Art. 1 GG, das entsprechend dem Grundsatz *volenti non fit inuiria* die Rechtswidrigkeit eines Eingriffs ausschließt. Seine rechtliche Handhabe im Falle von Persönlichkeitsrechten von Kindern und Jugendlichen wird seit einer viel beachteten Entscheidung des Bundesgerichtshofs zur Einwilligung in ärztliche Heilbehandlungen[30] im Hinblick auf die Einwilligungsfähigkeit lebhaft diskutiert. Zu berücksichtigen sind nicht nur die begrenzten Fähigkeiten und Fertigkeiten des Rechtsträgers. Unmittelbare Konsequenz aus dem Paradigma des Minderjährigenschutzes ist es zudem, dass in die normalerweise dyadische Beziehung zwischen zwei Rechtsträgern auch die Sorgeberechtigten, also zumeist die Eltern, involviert sind.[31] Art. 6 GG trägt der existentiellen Grundbeziehung zwischen Eltern und ihren Kindern durch die vorrangige Zuweisung der Erziehung und Bildung an die Eltern Rechnung.[32] Sie sind Bewahrende der Persönlichkeitsrechte ihrer Kinder, soweit diese nicht zur Ausübung und Wahrnehmung in der Lage sind. In der Praxis stellt sich Fotografen, Internetdiensteanbietern und anderen Geschäftspartnern deshalb die Frage, ob Eltern entsprechend den gesetzlichen Regelungen zu Rechtsgeschäften allein in die Beeinträchtigung von Persönlichkeitsinteressen ihrer Kinder wirksam einwilligen können oder inwieweit die Rechtsträger selbst zu fragen sind. Entsprechend der langwierigen Debatte im Medizinrecht ist für die Ausübung der Persönlichkeitsrechte eine verhältnismäßige Verwirklichung des Rechts auf Selbstbestimmung in Ansehung von Elternrechten, Verkehrsschutz und Staatsverantwortung zu finden.

Zu den gewichtigsten Kernbeständen unserer Grundrechtsordnung zählt die Zielvorstellung, dass Kinder und Jugendliche zu eigenständigen und selbstverantwortlichen Persönlichkeiten heranwachsen. Unsere Gesellschaft ist auf starke Persönlichkeiten angewiesen, die sich selbst erhalten und unter Wahrung der eigenen

---

29 Ersteres: BVerfG, NJW 2000, 2191 [2192]; NJW 2005, 1857 [1858]; Letzteres: BVerfG, NJW 2003, 3262 – Geburtenhoroskop; zuletzt BGH, NJW 2013, 2890 [2892] – Eisprinzessin.

30 BGHZ 29, 33 ff.

31 In dieser Untersuchung soll nur der Regelfall mit zusammenlebenden Eltern mit gemeinsamer elterlicher Sorge behandelt werden.

32 *Koch*, in: MüKo BGB, Einl. FamR. Rn. 223 ff.

Würde entfalten können.[33] Ein Baustein sind die Persönlichkeitsrechte, die unsere Gesellschaft Kindern und Jugendlichen einräumt. Die Chancen und Risiken der gegenwärtigen Medien- und Internetkultur für die Freiheit und Sicherheit von jungen Menschen geben Anlass, den nachgezeichneten rechtlichen Rahmen für die Kommunikation in Privatrechtsverhältnissen grundlegend auf den Prüfstand zu stellen. Dieser Aufgabe möchte sich die Untersuchung stellen und im Bewusstsein um den höchst sensiblen Bereich ein mögliches Konzept vorstellen, wie die verschiedenen Spannungsverhältnisse im Zusammenhang mit den Persönlichkeitsrechten Minderjähriger in einen angemessenen Ausgleich gebracht werden können. Anhand einer breit aufgestellten, grundlegenden Untersuchung der Rechtsmaterie sollen tragende Rechtsgrundsätze herausgearbeitet und der Stellenwert der Persönlichkeitsrechte von Kindern und Jugendlichen konkretisiert werden.

§ 2 Standortbestimmung

A. Grundsätze des zivilrechtlichen Persönlichkeitsschutzes

So unterschiedlich die Entfaltungsformen des Menschen sind, so vielgestaltig sind auch die Verhaltensweisen, die in die Schutzgüter der Persönlichkeitsrechte eingreifen können und die dahinterstehenden Gegeninteressen. Im Äußerungsrecht ist hauptsächlich die Unterscheidung zwischen Tatsachenbehauptungen und Werturteilen entscheidend. § 22 KUG stellt insoweit konkreter die Verbreitung und öffentliche Zurschaustellung von Bildnissen unter Einwilligungsvorbehalt.[34] Bei Persönlichkeitseingriffen durch Äußerungen stellen sich deshalb als Grundfragen die Bestimmung des Aussagegehalts von Äußerungen, die Abgrenzung von Tatsachenbehauptungen und Meinungsäußerungen sowie die Frage, ob Äußerungen als rechtswidrig anzusehen sind.[35] Aufbauend auf diese grundlegende Unterscheidung hat die Rechtsprechung für die fallbezogene Abwägung zwischen dem Allgemeinen Persönlichkeitsrecht und Kommunikationsfreiheiten im Laufe der Zeit Regeln und Vermutungen erarbeitet, präzisiert und bestätigt.[36]

I. Schutz gegen wahre Tatsachenbehauptungen

Bei persönlichkeitsrelevanten Tatsachenbehauptungen kommt es maßgeblich auf den Wahrheitsgehalt der Aussage an. Grundsätzlich muss die Verbreitung wahrer, auch nachteiliger Tatsachen hingenommen werden, wahrheitswidrige Tatsachen

---

33 BVerfGE 24, 119 [144 f.] – Adoption I; *Rummel*, RdJB 1989, 394 [395 ff.].

34 Ausführlich zu den Tatbestandsvarianten *Fricke*, in: Wandtke/Bullinger, Urheberrecht, § 22 KUG Rn. 8 f. m.N.; *Dreier/Specht*, in: Dreier/Schulze, UrhG, § 22 KUG Rn. 9; *Klass*, in: Erman, BGB, Anh. § 12 Rn. 173.

35 *Seitz*, in: Hoeren/Sieber/Holznagel, Multimedia-Recht, Teil 8 Rn. 13.

36 So *Di Fabio*, in: Maunz/Dürig, GG, Art. 2 Rn. 235 ff.

hingegen nicht, wobei die Abgrenzung nicht immer ganz einfach ist.[37] Die Grenze der Zulässigkeit wahrer Tatsachenbehauptungen markiert der Privatsphärenschutz. Ein traditionelles Schutzgut des Allgemeinen Persönlichkeitsrechts ist der private Bereich autonomer Lebensgestaltung des Einzelnen, in dem er sich selbst gehört und seine Individualität unter Ausschluss anderer wahren und entwickeln kann.[38] Die begriffliche Erfassung und inhaltliche Ausfüllung des geschützten persönlichen Lebensbereichs bereitet naturgemäß Schwierigkeiten. Im Vordergrund steht das Interesse, dass Vorgänge, die den persönlichen Rückzugsbereich betreffen, unerörtert bleiben, obwohl bzw. gerade weil es um wahre Tatsachen geht (hier sog. Diskretionsinteresse).[39]

Trotz anhaltender Kritik wird im Zivilrecht nach wie vor maßgeblich auf diese Zuordnung der beeinträchtigenden Verhaltensweise oder Information zu Sphären zurückgegriffen.[40] So sind wahre Tatsachen aus der *Intimsphäre* des Betroffenen sehr weitgehend vor Veröffentlichungen durch die Medien oder im Internet geschützt. Hierzu zählen grundsätzlich Belange, die von Natur aus einen Anspruch auf Geheimhaltung und Diskretion beanspruchen, wie Vorgänge aus dem sexuellen Bereich, Krankheiten und Abbildungen des nackten Körpers, wobei auch hier die Reichweite nicht klar umrissen ist.[41] Die schwierigsten Abgrenzungsprobleme ergeben sich in den Bereichen, die der außerordentlich bedeutsamen *Privatsphäre* zuzuordnen sind, die je nach öffentlichem Informationsinteresse und Bekanntheit der betroffenen Person unterschiedlich weit geschützt ist. Thematisch sind der Privatsphäre grundsätzlich alle Angelegenheiten zuzuordnen, die wegen ihres Informationsinhalts typischerweise der engeren persönlichen Lebensführung zugeschrieben werden, weil ihre öffentliche Erörterung oder Zurschaustellung als unschicklich gilt, das Bekanntwerden als peinlich empfunden wird oder nachteilige Reaktionen der Umwelt auslöst.[42] In räumlicher Hinsicht wird Privatsphäre im Sinne eines Rückzugsraums bestimmt, in dem der Betroffene zu sich kommen, sich entspannen oder

37 Vgl. BVerfGE 90, 241 [248 f.] - Auschwitzlüge.

38 *Rixecker*, in: MüKo BGB, Anh. § 12 Rn. 89; *Klass*, in: Erman, BGB, Anh. § 12 Rn. 117; im Schrifttum findet sich häufig das Stichwort des Indiskretionsschutzes; vgl. *Klass*, in: Erman, BGB, Anh. § 12 Rn. 117; *Götting*, in: Ders./Schertz u. a., Handbuch, § 19.

39 *Burkhardt*, in: Wenzel, Wort- und Bildberichterstattung, Kap. 5 Rn. 35.

40 Jüngst: BGH GRUR 2015, 293; weitere aktuelle Rechtsprechungsnachweise bei *von Pentz*, AfP 2013, 20; *Klass*, in: Erman, BGB, Anh. § 12 Rn. 122 ff.; *Burkhardt*, in: Wenzel, Wort- und Bildberichterstattung, Kap. 5 Rn. 40 ff.; *Götting*, in: Ders./Schertz u. a., Handbuch, § 19 Rn. 4 ff.; *Damm/Rehbock*, Widerruf, Rn. 94 ff.; *Helle*, Besondere Persönlichkeitsrechte, S. 70 ff.; *Bruns*, AfP 2011, 421 [425]; zu Begrifflichkeit und Abgrenzung ausführlich *Amelung*, Der Schutz der Privatheit im Zivilrecht, S. 7 f. m.N.

41 *Klass*, in: Erman, BGB, Anh. § 12 Rn. 122; *Damm/Rehbock*, Widerruf, Rn. 125 ff.; *Götting*, in: Ders./Schertz u. a., Handbuch, § 19 Rn. 28 ff. mit weiteren Beispielen.

42 BVerfG, NJW 2008, 1793 [1797]; *Klass*, in: Erman, BGB, Anh. § 12 Rn. 126; z.B.: BVerfGE 80, 367 (Tagebücher); BVerfGE 27, 344 (Kommunikation unter Eheleuten); BVerfGE 47, 46 (Sexualiät).

auch gehen lassen kann und wo er die Möglichkeit hat, frei von öffentlicher Beobachtung und damit der von ihr erzwungenen Selbstkontrolle zu sein, auch ohne dass er sich dort notwendig anders verhielte als in der Öffentlichkeit.[43] Informationen, die diesen Sphären nicht zuzuordnen sind, werden häufig unter den Rechtsbegriffen der *Sozial- oder Öffentlichkeitssphäre* zusammengefasst, die in der Regel hinter die Gegeninteressen zurücktritt.[44] Hierüber können Medien grundsätzlich berichten, ohne dass der Einzelne dagegen Schutz beanspruchen könnte. Das Bundesverfassungsgericht hat in der angesprochenen Leitentscheidung *Caroline von Monaco II* ausdrücklich klargestellt, dass das allgemeine Persönlichkeitsrecht kein „allgemeines und umfassendes Verfügungsrecht" bereithält.[45] Insbesondere verleiht das Persönlichkeitsrecht dem Einzelnen keinen Anspruch, nur so in der Öffentlichkeit dargestellt zu werden, wie es dem eigenen Bild entspricht oder gewünscht wird.[46]

Die Verbreitung und öffentliche Zurschaustellung von Bildern ist überwiegend anhand derselben Zuordnung zu beurteilen. Das Recht am eigenen Bild gem. § 22 KUG dient der personalen Selbstbestimmung darüber, ob, wann und wie der Einzelne bildlich dargestellt wird, und ist insofern eine unter Sonderschutz gestellte besondere Erscheinungsform des Allgemeinen Persönlichkeitsrechts.[47] Es ist besonders eng mit dem Diskretionsschutz verbunden, da das unerlaubte Herstellen von Fotografien im privaten Lebensbereich einen erheblichen Eingriff in letzteres Schutzgut darstellen kann.[48] Der Schutzbereich der §§ 22 ff. KUG erfasst jede Form der Wiedergabe des äußeren Erscheinungsbildes einer Person, also unter anderem Fotografien, Zeichnungen, Film-, Fernseh- und Fotoaufnahmen.[49] Zentralnorm für die Bewertung der Rechtswidrigkeit ist § 23 Abs. 1 Nr. 1 KUG, auf deren Grundlage über den Vorrang der widerstreitenden Interessen entschieden wird.[50] Im Vordergrund stand nach der alten Dogmatik der Personen der Zeitgeschichte im Anschluss an *Neumann-Duisberg*[51] in erster Linie der Bezug des Abgebildeten zur Zeitgeschichte. *Absolute Personen der Zeitgeschichte,* also durch Geburt, Stellung, Leistung, Taten oder Untaten hervorgehobene Persönlichkeiten im Blickfeld der

---

43 BVerfGE 101, 361 [385 f.] - CvM II.

44 BVerfG, NJW 2002, 3767 [3768]; BGH, AfP 1995, 404 [407]; OLG Hamburg, ZUM 1999, 735; *Burkhardt,* in: Wenzel, Wort- und Bildberichterstattung, Kap. 5 Rn. 65 ff., 71 ff. m.w.N.

45 BVerfGE 101, 361 [380] – CvM II; ebenso BVerfG, NJW 2000, 1859 – Lebach II; BVerfG, NJW 2008, 1793 [1794].

46 BVerfG, NJW 1999, 1322 – Helnwein; *Kamp,* Personenbewertungsportale, S. 140.

47 *Klass,* in: Erman, BGB, Anh. § 12 Rn. 167.

48 *Münch,* Schutz vor Verletzungen der Persönlichkeitsrechte in den Neuen Medien, S. 106.

49 Zum Tatbestandsmerkmal des Bildnisses vgl. nur *Dreier/Specht,* in: Dreier/Schulze, UrhG, § 22 KUG Rn. 1; *Rixecker,* in: MüKo BGB, Anh. § 12 Rn. 47 ff.; *Klass,* in: Erman, BGB, Anh. § 12 Rn. 169 jeweils mit umfangreichen Nachweisen.

50 *Götting,* in: Schricker/Loewenheim, Urheberrecht, § 60/§ 23 KUG Rn. 4.

51 *Neumann-Duesberg,* JZ 1960, 114 ff.

Öffentlichkeit, mussten nach bisheriger Rechtsprechung Bildberichterstattungen auch aus dem Privatleben hinnehmen, da an ihnen ein überwiegendes öffentliches Informationsinteresse besteht. *Relative Personen der Zeitgeschichte*, die mit der Zeitgeschichte durch familiäre Verbindungen oder ein zeitgeschichtliches Ereignis vorübergehend in Berührung kommen, mussten Bildnisveröffentlichungen hingegen nur im Zusammenhang mit dem betreffenden Ereignis der Zeitgeschichte bzw. der betreffenden Person dulden.[52]

Nach dem vielbeachteten Urteil des Europäischen Gerichtshofs für Menschenrechte in Sachen „Caroline von Monaco" vom 24. Juni 2004[53] ist die deutsche Rechtsprechung von der Anwendung der Rechtsfiguren der absoluten und relativen Person der Zeitgeschichte weitestgehend abgerückt bzw. hat ihre Bedeutung jedenfalls relativiert und entscheidet nunmehr anhand des sog. „abgestuften Schutzkonzepts":[54] Die Rechte des Abgebildeten aus Art. 1 Abs. 1, Art. 2 Abs. 1 GG, Art. 8 EMRK und die Rechte von Presse und Rundfunk aus Art. 5 Abs. 1 S. 2 GG, Art. 10 EMRK müssen demnach schon bei der Beurteilung gegeneinander abgewogen werden, ob ein Bildnis aus dem Bereich der Zeitgeschichte iSd § 23 Abs. 1 Nr. 1 KUG vorliegt.[55] Nur wenn die Presse- bzw. Meinungsäußerungsfreiheit die Rechte des Abgebildeten überwiegt, liegt überhaupt ein zeitgeschichtliches Ereignis vor.[56] Dies ist vor allem dann abzulehnen, wenn die Veröffentlichung in die Privatsphäre des Abgebildeten eingreift oder zu reinen Werbezwecken verwendet wird.

Rechtsfolgen einer rechtswidrigen Tatsachenbehauptung sind Ansprüche des Betroffenen auf Widerruf, Unterlassung und Schadenersatz aus § 823 Abs. 1, Abs. 2 BGB iVm einem Schutzgesetz wie § 22 KUG, § 1004 analog BGB oder § 280 BGB. Daneben kommt auch ein bereicherungsrechtlicher Anspruch gem. § 812 Abs. 1 S. 1 2. Alt. BGB in Betracht, wenn Persönlichkeitsmerkmale wie Name, Bild oder Stimme ohne Erlaubnis für Werbezwecke eingesetzt werden.[57] Schließlich erkennt der Bundesgerichtshof seit der *Herrenreiter*-Entscheidung rechtsergänzend einen Anspruch auf Geldentschädigung aus § 823 BGB iVm Art. 1, 2 GG an.[58] Ein medienrechtliches Schutzinstrumentarium ist der presserechtliche Gegendarstellungsanspruch aus den Landespressegesetzen (etwa § 11 PresseG BW, § 11 NPresseG), der Betroffenen die

---

52 *Götting*, in: Schricker/Loewenheim, Urheberrecht, § 60/§ 23 KUG Rn. 25 ff. m.N.; *Dreier/Specht*, in: Dreier/Schulze, UrhG, § 23 KUG Rn. 5 f.; *Höning*, Das Recht am eigenen Bild, S. 145.

53 EGMR, JZ 2004, 1015 – Caroline von Monaco (m. Anm. *Stürner*); ausführlich *Klass*, AfP 2007, 517.

54 Nachgezeichnet von *Klass*, AfP 2007, 517 [521 f.].

55 *Klass*, in: Erman, BGB, Anh. § 12 Rn. 181.

56 *Dreier/Specht*, in: Dreier/Schulze, UrhG, § 23 KUG Rn. 10.

57 Vgl. BGH, NJW 1992, 204 [208] – Talkmaster; BGH, NJW 1987, 231 – Nena.

58 BGHZ 26, 349 – Herrenreiter; BGHZ 30, 7 – Caterina Valente; BGHZ 160, 298 [306]; weitere Rechtsprechungsnachweise bei *Damm/Rehbock*, Widerruf, Rn. 947; rechtsvergleichend *Stürner*, AfP 1998, 1 [2 ff.].

Möglichkeit gibt, seinen entgegengesetzten Standpunkt zu Tatsachenbehauptungen öffentlich mitzuteilen.[59]

II. Schutz gegen Werturteile

Demgegenüber lässt die Rechtsprechung das Persönlichkeitsrecht bei Werturteilen mit Hinweis auf die konstitutive Bedeutung weitestgehend hinter Art. 5 Abs. 1 GG zurücktreten. Verletzungen des Rechts der persönlichen Ehre sind denkbar, wenn der Einzelne beschimpft, verächtlich gemacht oder herabgewürdigt wird.[60] Der zivilrechtliche Ehrschutz dient der Sicherung eines jeden Menschen auf Achtung seiner inneren und seiner äußeren Ehre und steht neben dem strafrechtlichen Ehrschutz in §§ 185 ff. StGB.[61] Das Schutzgut der inneren Ehre meint dabei die Haltung des Einzelnen zu sich selbst, mithin die Selbstachtung. Zum anderen umfasst die Ehre aber auch das Ansehen des Einzelnen im Urteil seiner Mitmenschen, seinen Wert in den Augen anderer. Das allgemeine Persönlichkeitsrecht zielt insoweit auch auf den Schutz des sozialen Geltungsanspruchs.[62] Davon nicht immer klar zu unterscheiden ist der Schutz der Person vor Entstellung ihrer Identität. Dieses Schutzgut ist betroffen, wenn Verhaltensweisen geeignet sind, die Person ins falsche Licht zu rücken, also etwa wenn falsche Umstände vorgespiegelt werden.[63]

Nach Ansicht des Bundesgerichtshofs darf man sich angesichts der heutigen Reizüberflutung auch einprägsamer, starker Formulierungen bedienen, auch bei scharfer und abwertender Kritik. Im Falle von Beiträgen zum geistigen Meinungskampf in einer die Öffentlichkeit berührenden Frage soll sogar eine Vermutung für die Zulässigkeit der freien Rede kämpfen.[64] Die Grenze ist erst erreicht, wenn sich die Äußerung als Angriff auf die Menschenwürde erweist oder als Schmähkritik oder Formalbeleidigung anzusehen ist.[65] Entscheidend ist dabei, ob die Meinungsäußerung noch einen sachlichen Bezug zu dem sachlichen Anliegen aufweist oder nur auf eine Ehrkränkung abzielt.[66] Damit wird dem Informationsinteresse insbesondere

---

59 Ausführlich dazu *Rixecker*, in: MüKo BGB, Anh. § 12 Rn. 254 ff.; *Prinz/Peters*, Medienrecht, Rn. 442 ff.

60 *Rixecker*, in: MüKo BGB, Anh. § 12 Rn. 79.

61 *Klass*, in: Erman, BGB, Anh. § 12 Rn. 94; *Baston-Vogt*, Der sachliche Schutzbereich, S. 411.

62 *Hubmann*, Persönlichkeitsrecht, S. 288 f; *Baston-Vogt*, Der sachliche Schutzbereich, S. 419; *Di Fabio*, in: Maunz/Dürig, GG, Art. 2 Rn. 169; *Klass*, in: Erman, BGB, Anh. § 12 Rn. 95 f.; *Prinz/Peters*, Medienrecht, Rn. 89 jeweils mit Nachweisen.

63 *Rixecker*, in: MüKo BGB, Anh. § 12 Rn. 85 ff.; *Klass*, in: Erman, BGB, Anh. § 12 Rn. 193 ff.

64 BGH, NJW 1994, 124 [126] - FCKW; BVerfGE 68, 226 [232].

65 BVerfGE 75, 369 [379 f.] – Strauß-Karikatur; BVerfGE 90, 241 [248] - Auschwitzlüge; BVerfG, NJW 1993, 1462 – Heinrich Böll; *Prinz/Peters*, Medienrecht, Rn. 95 ff.; *Klass*, in: Erman, BGB, Anh. § 12 Rn. 258.

66 Zur Kasuistik vgl. *Prinz/Peters*, Medienrecht, Rn. 93; *Klass*, in: Erman, BGB, Anh. § 12 Rn. 255 ff.

im Verhältnis zur persönlichen Ehre ein besonders hoher Rang eingeräumt, der Ehrschutz tritt fast vollständig zurück.[67] Auch die Rechtsfolgenseite beschränkt sich auf deliktische und quasinegatorische Unterlassungs- und Schadenersatzansprüche.

B. Eingrenzung des Untersuchungsgegenstandes

Eine erfolgreiche Analyse mit interdisziplinären und rechtsvergleichenden Bezügen setzt zunächst klare Begrifflichkeiten voraus. Der zentrale Begriff des Persönlichkeitsrechts lässt sich nicht abschließend definieren und ist auch nur schwer zu umschreiben. In dieser Arbeit soll der Begriff der Persönlichkeitsrechte, soweit nicht explizit anders besetzt, eng gefasst werden und sich auf diejenigen Rechtsgüter beschränken, die Gegenstand des zivilrechtlichen Allgemeinen Persönlichkeitsrechts sind.[68] Heute ist nahezu unbestritten, dass auch das Allgemeine Persönlichkeitsrecht ein subjektives Recht ist, wovon auch in dieser Untersuchung ausgegangen wird.[69] Abweichend von *Helle*[70] sollen hier kodifizierte Teile des Persönlichkeitsrechts als besondere Persönlichkeitsrechte, und alle anderen als Ausprägungen des Allgemeinen Persönlichkeitsrechts bezeichnet werden.[71] Das weit verzweigte System zum Schutz dieser Rechte umfasst gesetzliche Regelungen des Strafrechts und des Öffentlichen Rechts sowie die zumeist ungeschriebenen subjektiven Rechte des Privatrechts. Letztere stehen im Mittelpunkt dieser Untersuchung. Beleuchtet wird ihr Spannungsverhältnis zu Kommunikationsgrundrechten, also im weiteren Sinne das Äußerungsrecht. Das Spannungsverhältnis zur Kunstfreiheit gem. Art. 5 Abs. 3 GG bleibt außer Betracht.

In den internationalen Quellen des Völkerrechts sowie im US-amerikanischen Recht werden die in diesen Persönlichkeitsrechten verkörperten Rechtsgüter in unterschiedlichen Begriffen („right of privacy", „right to private life") zusammengefasst. Während zweiterer Ausdruck hier zwanglos mit „Recht auf Privatleben" zu übersetzen ist, gibt es für den ersten Begriff kein etabliertes Äquivalent in der deutschen Alltagssprache. Deshalb soll dieser mit dem etwas künstlich wirkenden Begriff des „Recht auf Privatheit" übersetzt werden. Damit geht keine inhaltliche Kongruenz mit dem Begriff der Privatsphäre einher, der aus deutscher rechtswis-

---

67 *Beater*, in: Soergel, BGB, Anh. § 823 IV Rn. 56; kritisch dazu *Stürner*, JZ 1994, 865 [867].

68 Es wird also der „unkörperliche Personenwert" beleuchtet, also insbs. das Recht am eigenen Bild, die Privatsphäre, die persönliche Ehre, die persönliche Identität usw.; ausgeklammert sind partikuläre Teilgewährleistungen wie Leben, Körper und Gesundheit.

69 *Götting*, in: Ders./Schertz u. a., Handbuch, § 1 Rn. 29; zum Streit vgl. *Baston-Vogt*, Der sachliche Schutzbereich, S. 85 ff. m.N.; *Wagner*, in: MüKo, BGB, § 823 Rn. 241; *Klass*, in: Erman, BGB, Anh. § 12 Rn. 11; *Lichtenstein*, Der Idealwert und der Geldwert, S. 17 ff. m.N.

70 *Helle*, Besondere Persönlichkeitsrechte, S. 37 ff.

71 Ebenso *Burkhardt*, in: Wenzel, Wort- und Bildberichterstattung, Kap. 5 Rn. 19.

senschaftlicher Sicht streng betrachtet bereits besetzt ist als Bezeichnung einer bestimmten Schutzsphäre im Rahmen des Allgemeinen Persönlichkeitsrechts.[72] Des Weiteren werden die in den Persönlichkeitsrechten verkörperten Schutzgüter in der mehrheitlich englischsprachigen Literatur der Sozialwissenschaften im Grundsatz ebenfalls unter dem Begriff „privacy" zusammengefasst. Auch hier wird in den deutschen Sozialwissenschaften und teilweise auch in der Rechtswissenschaft, wenn sie sozialwissenschaftliche Bezüge herstellt, zumeist auf den Kunstbegriff der „Privatheit", dann im sozialwissenschaftlich weiten Sinne, zurückgegriffen.[73]

Der Begriff der Minderjährigkeit bedarf hingegen keiner weitgehenden Klärung und bezeichnet bekanntlich im deutschen Rechtsraum alle Personen unter 18 Jahren. Synonym verwendet werden in dieser Arbeit die Begriffe des Heranwachsenden und jungen Menschen. Weit weniger einheitlich finden die Begriffe „Kind" und „Jugendlicher" im Sprachgebrauch Verwendung. Angesichts der sozialwissenschaftlichen Bezüge, deren altersbestimmte Fassung von Kindheit und Jugend von derjenigen des Rechts abweicht, ist eine Festlegung für diesen Rahmen erforderlich. Die Begriffe werden also in der Regel wie folgt verwendet, ohne dass dies in aller Strenge geschieht: Als „Kind" werden Personen bezeichnet, die das 14. Lebensjahr noch nicht vollendet haben. Unter „Jugendlicher" werden die Personen über 14 Jahren verstanden, die noch nicht 18 Jahre alt sind (§ 7 SGB VIII). Im Zusammenhang mit verwandtschaftlichen Verhältnissen, insbesondere der Eltern-Kind-Beziehung, wird diese Unterscheidung nicht aufrechterhalten. Mit „Kind" ist dann schlicht Abkömmling gemeint. Auch in diesem Verhältnis stellen sich persönlichkeitsrechtliche Probleme, etwa wenn es um das Lesen von Tagebüchern oder das Betreten des Kinderzimmers geht (intrafamiliäre Privatsphäre). Naturgemäß ist der rechtliche Schutz im Eltern-Kind-Verhältnis grundlegend anders strukturiert und ausgestaltet, da die Familie als primärer Sozialisationsraum besonderen Regeln unterliegen muss. Für persönlichkeitsrechtliche Fragestellungen ist oftmals das Familienrecht einschlägig, das unter Berücksichtigung der Wertentscheidungen des Art. 2, Art. 1 GG insbesondere auch dem Allgemeinen Persönlichkeitsrecht des Kindes Rechnung trägt. Gegenstand dieser Untersuchung sind jedoch nur die Normgehalte der subjektiven Persönlichkeitsrechte des Kindes im Zivilrecht. Ob und wie nicht nur Schutz *durch* die Eltern, sondern auch Schutz *vor* den Eltern gewährleistet ist, kann in dieser Arbeit nur im Hinblick auf einzelne Fragenstellungen behandelt werden und muss im Übrigen Untersuchungen an anderer Stelle vorbehalten bleiben.[74]

---

72 Wobei die Begriffe z.T. durchaus synonym verwendet werden, vgl. bspw. *Amelung*, Der Schutz der Privatheit im Zivilrecht, S. 9 ff.

73 Bspw. *Hillmann*, Wörterbuch der Soziologie, S. 691; *Amelung*, Der Schutz der Privatheit im Zivilrecht, S. 9 ff.; ausführlich *Kruse*, Privatheit, S. 28 ff.

74 Vgl. dazu nur *Peschel-Gutzeit*, in: Staudinger BGB, § 1626 Rn. 108; *Rauscher*, Familienrecht, § 33 Rn. 1019; *Gernhuber/Coester-Waltjen*, Familienrecht, § 57 Rn. 86 ff.; *Lüderitz*, AcP 178 (1978), 263 [274 ff.]; *Moritz*, Die (zivil-)rechtliche Stellung, S. 210 ff.

§ 3 Gang der Darstellung

Nach dem einleitenden *ersten Kapitel,* das in erster Linie der Einführung und Standortbestimmung im Persönlichkeitsschutz dient, wird im *zweiten Kapitel* untersucht, ob und inwieweit außerrechtliche Erkenntnisse aus den Sozialwissenschaften für die rechtliche Betrachtung fruchtbar zu machen sind. Das *dritte Kapitel* befasst sich sodann mit Lösungsansätzen, die in der traditionell einflussreichen U.S.-amerikanischen Rechtsordnung für Rechtsfragen im Minderjährigenpersönlichkeitsschutz vorhanden sind. Im Anschluss werden im *vierten Kapitel* die rechtlichen Grundparameter ermittelt, die den zivilrechtlichen Persönlichkeitsschutz durchdringen und vorzeichnen. Rechtsquellen sind neben dem deutschen Grundgesetz und der EMRK auch die UN-Kinderrechtskonvention und Teile des Unionsrechts. Daran anknüpfend stehen im Zentrum des *fünften Kapitels* die Grundprinzipien des zivilrechtlichen Persönlichkeitsschutzes. Nach einer dogmatischen Grundlegung folgt das Recht zur Einwilligung zu Eingriffen in Persönlichkeitsrechte von Kindern und Jugendlichen. Im anschließenden Teil wird ermittelt, inwieweit Minderjährige gegen ungewollte Eingriffe in ihre Persönlichkeitsrechte geschützt sind. Die wesentlichen Abwägungsgesichtspunkte werden herausgearbeitet und in den ausgesuchten Anwendungsfeldern gegenüber Medien und im Internet umgesetzt. Das abschließende *sechste Kapitel* fasst die Ergebnisse der Untersuchung schließlich in Thesenform zusammen.

Kapitel 2: Sozialwissenschaftliche Grundlagen

Der Persönlichkeitsschutz weist in seiner Gesamtheit einen intensiven Wirklichkeitsbezug auf. Sowohl das Allgemeine Persönlichkeitsrecht in Art. 2 Abs. 1, Art. 1 Abs. 1 GG als auch die einfachgesetzlichen Ausgestaltungen erfassen einen Ausschnitt des realen menschlichen Lebens, der in seiner Existenz dem Recht vorausgeht und aufgrund seiner sozialen Dimension immer wieder Veränderungen unterworfen ist, welche eine Entwicklungsoffenheit der Rechtsnormen fordert.[75] Umfang und Grenzen der Schutzbereiche werden nicht abstrakt durch den Gesetzgeber bestimmt, sondern folgen aus der individuellen Lebenswirklichkeit des Einzelnen und der Ausgestaltung und Entwicklung der Gesellschaft.[76] Diese enge Verbindung sollte in der rechtswissenschaftlichen Analyse fruchtbar gemacht werden, soweit dies methodisch denkbar erscheint.

§ 1 Methodische Vorbemerkungen zu sozialwissenschaftlichen Erkenntnismöglichkeiten

Rechtsmethodisch basiert die Einbeziehung der sozialwissenschaftlichen Erkenntnisse auf der Strukturierten Methodik von *Friedrich Müller*. Auf der Grundlage der rechtstheoretischen Annahme, dass eine Rechtsnorm nicht mit ihrem Wortlaut identisch ist, werden neben dem Text auch diejenigen empirischen Fakten (sog. Realdaten) als konstitutive Bestandteile betrachtet, die eine Entscheidung des Lebenssachverhaltes mittragen, also richtungsweisend sein können. Ebenso wenig wie der Wortlaut einer Vorschrift sind die Sprachdaten objektiv vorgegeben, es ist deshalb die Aufgabe des Juristen, die Norm zu konkretisieren. Dafür wird ein Normenprogramm ermittelt, hier der Persönlichkeitsschutz, auf dessen Grundlage dann derjenige Ausschnitt aus den Realdaten herausgearbeitet wird, der normativ relevant erscheint. Mit anderen Worten reicht es nicht, möglicherweise mitentscheidende empirische Fakten zu ermitteln, diese müssen auch vom Normprogramm erfasst und damit vereinbar sein. Im Falle einer geschriebenen Norm muss die Einbeziehung von Realdaten deshalb auf den Normtext rückführbar sein.[77]

Das Vorhaben, die normativ relevanten sozialwissenschaftlichen Erkenntnisse für den Schutz der Persönlichkeitsrechte zu ermitteln, steht dabei vor zweierlei Herausforderungen: zum einen ist Gegenstand der Rechtsmaterie eine komplexe Zusammenstellung rechtlich für schützenswert erachteter menschlicher Interessen,

75 *Baum*, Jugendmedienschutz als Staatsaufgabe, S. 33.

76 *Jandt/Roßnagel*, in: Schenk/Niemann/Reinmann/Roßnagel, Digitale Privatsphäre, S. 321.

77 *Müller/Christensen*, Methodik I S. 185 ff.; zugrundegelegt bei *Baum*, Jugendmedienschutz als Staatsaufgabe, S. 34 ff.

die von der Privatsphäre über Autonomie bis zum Interesse an kommerziellen Persönlichkeitsbestandteilen reicht. Zum anderen ist das Schutzobjekt, die menschliche Persönlichkeit, so vielgestaltig und letztlich nicht präzise bestimmbar, dass das Gelingen einer rechtsmethodisch anschlussfähigen Realanalyse eine klare Bestimmung des Fragenkreises und des relevanten Ausschnitts aus den Realdaten erfordert.

§ 2 Konturierung des Untersuchungsausschnitts

Eine Kernproblematik des Persönlichkeitsschutzes von Minderjährigen ist die Bestimmung seines Inhalts und Umfangs, die ganz wesentlich davon abhängen, welchen kollidierenden grundrechtlichen Gütern und Interessen im konkreten Fall das größere Gewicht beizumessen ist. Die rechtlichen Wertungsgrundlagen weisen im Vergleich zu erwachsenen Rechtsträgern Besonderheiten betreffend Schutzgut, Reichweite und Wahrnehmung auf. Diese basieren auf der Annahme einer anderen bzw. einer erhöhten Schutzbedürftigkeit, die möglicherweise mittels sozialwissenschaftlicher Erkenntnisse konkretisiert, erweitert oder aber eingeschränkt werden könnten. Aufgrund der Unterscheidung von Persönlichkeits*rechten* und der menschlichen Persönlichkeit sind der rechtliche Schutz und seine Reichweite grundsätzlich nicht natürlich gegeben, auch nicht im Falle von Minderjährigen. Gleichwohl sind reale Erkenntnisse von großer Bedeutung, da es zur Gewährung rechtlichen Schutzes in jedem Einzelfall einer Güter- und Interessenabwägung unter sorgfältiger Würdigung aller Umstände bedarf. Stehen sich wie im Persönlichkeitsschutz Grundrechte gegenüber, gilt das Abwägungsgebot doppelt, d.h. neben der generellen Betrachtung des Stellenwerts der Grundrechtspositionen muss die Intensität ihrer Beeinträchtigung im konkreten Fall berücksichtigt werden.[78] Die Realdaten können hier zum einen bei der Grundrechtsinterpretation eine Rolle spielen, zum anderen sind sie für die konkrete Untersuchung von Schwere und Folgen eines Eingriffs in Persönlichkeitsrechte von Bedeutung.

Thematisch betrifft die für den Persönlichkeitsschutz heranzuziehende Teilmenge sozialwissenschaftlicher Forschung im Wesentlichen das Konzept der Privatheit sowie die Sozialisation von Kindern und Jugendlichen. Soweit ersichtlich, ist der Bereich des Persönlichkeitsschutzes von Minderjährigen, anders als beispielsweise Themen zum Sorge- und Umgangsrecht oder zur Geschäftsfähigkeit, rechtspsychologisch und -soziologisch bislang nur vereinzelt thematisiert worden. Deshalb soll der Versuch unternommen werden, jedenfalls einen gemäß der Fragestellung markierten Ausschnitt sozialwissenschaftlicher Forschung herauszuarbeiten und sich so den Persönlichkeitsinteressen und ihrem Schutz anzunähern. Den Grundstein für eine konkrete Betrachtung des Untersuchungskerns soll zunächst ein Überblick über das Konzept der Privatheit sowie eine knappe Zusammenfassung der für die persönlichkeitsrechtliche Betrachtung wesentlichen psychologischen und soziologischen Merkmale von Kindheit und Jugend legen.

78 BGH, VersR 1997, 842.

A. Das Forschungsfeld der Privatheit im Überblick

Die in den Persönlichkeitsrechten verkörperten Schutzgüter werden in der mehrheitlich englischsprachigen sozialwissenschaftlichen Literatur im Grundsatz unter dem Begriff „privacy" zusammengefasst. So lassen sich verschiedene Aspekte des rechtlichen und des psychologischen Verständnisses gegenüberstellen, etwa die Informationskontrolle als Komponente von privacy und das Recht der informationellen Selbstbestimmung gem. Art. 2, Abs. 1, Art. 1 Abs. 1 GG.[79] Die Zuordnung psychologischer Dimensionen zu entsprechenden Grundrechten ist jedoch nur unter einem stark vereinfachten Blickwinkel möglich, wie die nachfolgende Beschreibung der Konzepttheorien zeigt. Grundsätzlich ist zwischen dem psychologischen Konzept und den subjektiven Rechten zu unterscheiden. Letzteres bezieht sich auf Inhalt und Umfang des rechtlichen Schutzes, im deutschen Recht also den Persönlichkeitsschutz. Ersteres betrachtet, was die in den Rechten verkörperten Güter einschließt und welchen Wert dem beizumessen ist.[80]

Das „concept of privacy" beschäftigt verschiedene Wissenschaften (unter anderem Psychologie, Soziologie, Architektur und Politik), die teilweise unter dem begrifflichen Dach der „Privatheitsforschung" zusammengefasst werden. Der Bedeutungsumfang ist außerordentlich groß, eine allgemeingültige Definition für das Konzept ist bis heute nicht gefunden. Privatheit wird deshalb als Verhalten, innere Einstellung, Prozess, Ziel oder Zustand des Seins betrachtet.[81] Sozialwissenschaftlich etabliert und teilweise als Grundlage weiterer Theorienbildung[82] verwendet werden unter anderem der Ansatz von *Westin,* der Privatheit als Informationskontrolle betrachtet, sowie das Verständnis der Privatheit als Regulierung des Zugangs zum Selbst einer Person von *Altman.*[83] Inhaltlich ausdifferenzierter unterteilt *Solove* diese und weitere Privatheitstheorien je nach der Dimension von Privatheit, auf die sie sich beziehen: (1) das Recht, allein gelassen zu werden („The right to be left alone"), (2) der eingeschränkte Zugang zum Selbst einer Person, (3) die Geheimhaltung („secrecy"), (4) die Kontrolle über persönliche Informationen, (5) das Menschsein („personhood") oder der Schutz der Persönlichkeit, Individualität und Würde und schließlich (6) „intimacy", die als Kontrolle über oder beschränkter Zugang zu den

---

79 *Jandt/Roßnagel,* in: Schenk/Niemann/Reinmann/Roßnagel, Digitale Privatsphäre, S. 321 ff.

80 *Marwick/Diaz/Palfrey,* Youth, Privacy and Reputation, S. 6.

81 Vgl. etwa Table 1 bei *Newell,* 15 Journal of Environmental Psychology (1995) 87 [88], mit den 17 wichtigsten Definitionsansätzen in der Literatur.

82 Z.B. die häufig herangezogene „Privacy Management Theory" von *Petronio,* Boundaries of Privacy; vgl. dazu nur *Niemann/Schenk,* in: Schenk/Niemann/Reinmann/Roßnagel, Digitale Privatsphäre, S. 42.

83 *Westin,* Privacy and Freedom; *Altman,* The Environment and Social Behavior; *Nissenbaum* ordnet die Ansätze den Kategorien Privatheit als „Beschränkung des Zugangs" und Privatheit als „Form der Kontrolle" zu, *Dies.,* Privacy in Context, S. 69 ff.

intimen Beziehungen oder Aspekten des Lebens verstanden werden kann.[84] Mit Hilfe der in den U.S.-amerikanischen Sozialwissenschaften verbreiteten funktionalen Perspektive wurden darüber hinaus zahlreiche Aspekte herausgearbeitet, die den generellen Wert und Nutzen von Privatheit im Dienste des Individuums und der Gesellschaft im weitesten Sinne beschreiben sollen: das Erschaffen eines Raums für intime Beziehungen, das Fördern und Bestärken von moralischer Autonomie als Voraussetzung für Demokratie sowie die weit verbreitete Überzeugung, dass Privatheit psychologisches Wohlbefinden fördert.[85] Auch in den Rechtswissenschaften wird beim Thema Persönlichkeitsschutz teilweise auf die Sozialwissenschaften Bezug genommen. Vor dem Hintergrund der deutschen Verfassungsrechtslage haben sich neben der bekannten Sphärentheorie auch die Rollen- und die Kommunikationstheorie als Zugang zu der Problematik etabliert.[86]

Eine ausführliche Darstellung und Bewertung der verschiedenen Konzeptionen kann in diesem Rahmen freilich nicht vorgenommen werden und ist auch nicht Aufgabe dieser Untersuchung. Es bleibt festzuhalten, dass Privatheit verschiedentlich zugänglich erscheint, stets nur relativ, d.h. abhängig von Person und Situation bestimmbar, immer nur in einem konkreten gesellschaftlichen Rahmen möglich und gleichzeitig von weitreichendem Nutzen für Individuen und Gesellschaft ist. Die individuellen Verhaltensweisen im Hinblick auf Bewahrung der Privatheit sind dabei sehr unterschiedlich, da verschiedenste Einflüsse zu berücksichtigen sind.[87]

B. Kindheit und Jugend in den Sozialwissenschaften

Die Komponenten, die nach dem Theorienüberblick unter „privat" zu fassen sind, stehen thematisch in engem Zusammenhang mit Persönlichkeitsaspekten, die Kinder und Jugendliche im Laufe ihrer Entwicklung bilden und aufbauen, beispielsweise menschliche Bindungen, Identität, Selbstwertgefühl und so fort. Aufschluss über Entfaltung und Entwicklung in jungen Jahren geben Sozialisationstheorien.

I. Begriffsbestimmung

In den Sozialwissenschaften umfassen Kindheit und Jugend Altersgruppen, die nicht einheitlich gefasst werden. Verbreitet ist die Bezeichnung „Jugendlicher" für 13 bis

---

84 *Solove*, Understanding Privacy, S. 15 ff.

85 Vgl. mit Nachweisen zu den jeweiligen Ansätzen *Solove*, Understanding Privacy, S. 79 ff.; siehe auch *Nissenbaum*, Privacy in Context, S. 74 ff.

86 Ausführlich zur Sphärentheorie *Baston-Vogt*, Der sachliche Schutzbereich, S. 180 ff.; zur Rollentheorie *Luch*, Das Medienpersönlichkeitsrecht, S. 14 ff. und *Bodenschatz*, Der europäische Datenschutzstandard, S. 149 ff. jeweils mit umfangreichen Nachweisen; zur Kommunikationstheorie *Rüpke*, Der verfassungsrechtliche Schutz der Privatheit; beachtlich auch *Rössler*, Der Wert des Privaten.

87 *Niemann/Schenk*, in: Schenk/Niemann/Reinmann/Roßnagel, Digitale Privatsphäre, S. 43 m.N.

25 – Jährige, wobei nach Jugendlichen im eigenen Sinn (13–18 Jahre), Heranwachsenden (18–21 Jahre) und jungen Erwachsenen (21–25 Jahre) differenziert wird.[88] Kinder sind dementsprechend Personen unter 13 Jahren.

Kindheit und Jugend werden in den Sozialwissenschaften traditionell aus zwei unterschiedlichen Perspektiven beleuchtet: aus Sicht der Psychologie, genauer der Entwicklungspsychologie, und der Soziologie, hier vor allem der Sozialisationstheorie. Während die Psychologie Kindheit und Jugend als Abschnitt eines menschlichen Entwicklungsprozesses insbesondere mit Blick auf die Strukturen der inneren Realität (genetische Veranlagung, körperliche Konstitution, Intelligenz, Persönlichkeit etc.) untersucht, knüpft die sozialisationstheoretische Betrachtung an das Zusammenspiel mit der äußeren Realität, also der sozialen und dinglich-materiellen Umwelt, an. Welche sozialen Bedingungen notwendig sind, damit Menschen ihre Persönlichkeit frei entfalten und ihre Identität sichern können, wird wiederum je nach Disziplin aus einer mehr psychologischen oder mehr soziologischen Perspektive beobachtet.[89]

II. Persönlichkeitsentfaltung und -entwicklung

Die Kindheit ist als derjenige Entwicklungsabschnitt im Lebenslauf zu begreifen, in dem die meisten Veränderungen zu beobachten sind: „Wenn das Leben ein Haus ist, dann sind die ersten zwei Jahre das Fundament, auf dem alles ruht, oder das Dach, unter dem alles passiert."[90] Der Zweck der Kindheit besteht aus sozialwissenschaftlicher Sicht folglich darin, dass Kinder sich entwickeln.[91] Im Verlaufe der Kindheit wird von Kindern erwartet, dass sie emotionales Vertrauen in die Umwelt aufbauen, Bindungsverhalten entwickeln sowie Wahrnehmungs- und Bewegungsfähigkeiten und die sprachliche Ausdrucksfähigkeit entfalten.[92] Im Hinblick auf die körperliche und psychische Entwicklung des Menschen ist auch die Jugend ein überaus prägender und teilweise belastender Abschnitt, der mit emotionaler, sozialer, kognitiver und moralischer Entwicklung einhergeht.[93]

Der Prozess der Persönlichkeitsentwicklung (Sozialisation) ist nach dem klassischen Verständnis die Anpassung an gesellschaftliche Notwendigkeiten und verläuft erfolgreich, wenn das Kind lernt, sich entsprechend seiner Umwelt zu verhalten und den Erwartungen der Gesellschaft zu entsprechen.[94] Darauf lässt sich die Entwicklung jedoch nicht beschränken. Nach der modernen Sozialisationstheorie vollzieht sie sich vielmehr in produktiver Auseinandersetzung mit den natürlichen Anlagen und der sozialen und physikalischen Umwelt (sog. produkti-

---

88 *Hajok*, Jugend und Fernsehinformation, S. 27.
89 Überblick bei *Hurrelmann*, Sozialisation, S. 12 ff., 30 ff.
90 *Elsner/Pauen*, in: Schneider/Lindenberger, Entwicklungspsychologie, S. 159.
91 *Schneekloth*, in: Wittmann/Rauschenbach/Leu, Kinder in Deutschland, S. 38 m.N.
92 *Hurrelmann*, Sozialisation, S. 58.
93 *Hajok*, Jugend und Fernsehinformation, S. 16.
94 Überblick zu den Theorien bei *Süss*, Mediensozialisation, S. 29 f.

ve Realitätsverarbeitung).[95] Dabei sind Menschen die „Produzenten“ ihrer eigenen Entwicklung, weil sie von der frühesten Entwicklung an innere und äußere Realität derart verarbeiten, dass sie ihren jeweils einmaligen und unverwechselbaren Merkmalen und Fähigkeiten entspricht. Die Verarbeitung ist „produktiv“, weil es sich hierbei nicht um einen passiven Vorgang, sondern um eine dynamische und aktive Form von Tätigkeit handelt, auch wenn sie nicht immer im Bewusstsein eines Menschen präsent ist.[96] Während dieses Prozesses haben die jungen Menschen viele sog. „Entwicklungsaufgaben“ zu bewältigen, da sich in diesen kritischen Perioden besonders wichtige und auffällige Veränderungen vollziehen. Der Begriff der Entwicklungsaufgaben geht auf *Havighurst* zurück und beschreibt die Umsetzung der jeweils für den Lebensabschnitt charakteristischen, individuellen Herausforderungen und gesellschaftlichen Erwartungen in spezifische Verhaltensprogramme.[97] Wichtige Entwicklungsaufgaben in der Kindheit sind etwa der Aufbau von menschlichen Bindungen und die Entwicklung des sog. „Selbst“, also das Gefühl und Wissen von sich selbst als eigenständiger Person.[98] Die Jugend ist hingegen durch das Erreichen der Geschlechtsreife geprägt (Pubertät). Die selbstverständliche Welthinnahme des Kindesalters wird abgelöst durch eine intensive Phase der Selbstreflexion, der Identitätssuche und Identitätsbildung.[99] Ziel ist nach der modernen Sozialisationstheorie der Aufbau einer sog. *Ich-Identität*, also das kontinuierliche Selbsterleben auf der Grundlage eines positiv gefärbten Selbstwertgefühls und des Empfindens einer Selbstwirksamkeit.[100]

Zusammenfassend lassen sich Kindheit und Jugend als Lebensphasen beschreiben, in denen der Mensch in der Auseinandersetzung mit sich und der Umwelt die Fähigkeit für die Übernahme der Erwachsenenrollen erwirbt.[101] Aus sozialwissenschaftlicher Perspektive handelt es sich um eine besonders empfindliche Periode, in der Entwicklungsprozesse besonders verletzlich sind.[102] Zugleich stellen die ersten Jahre des Lebens eine entscheidende Phase dar, da in diesen Jahren die grundlegenden Verständnisse für die Welt geformt werden. Ungeachtet genetischer Differenzen usw. sind es die erlebten Erfahrungen in der Kindheit und die Bewertung dieser Erfahrungen durch die Erwachsenenwelt, die Kindern sagen, wozu sie heute und

95 Grundlegend: *Hurrelmann*, Sozialisation, S. 52 ff.; *Fischer/Wiswede*, Grundlagen der Sozialpsychologie, S. 79 ff.
96 *Hurrelmann*, Sozialisation, S. 54, 56 f.
97 *Hurrelmann*, Sozialisation, S. 58.
98 Zur Bindung vgl. *Siegler/DeLoache/Eisenberg*, Entwicklungspsychologie, S. 417 ff.; zum Selbst siehe *Hannover/Greve*, in: Schneider/Lindenberger, Entwicklungspsychologie, S. 543 ff.; zu den Begrifflichkeiten *Asanger/Wenninger*, Handwörterbuch Psychologie, „Selbstkonzept“.
99 *Hannover/Greve*, in: Schneider/Lindenberger, Entwicklungspsychologie, S. 548 ff.; *Baacke*, Die 13–18 Jährigen, S. 41 ff.
100 *Hurrelmann*, Sozialisation, S. 60 ff.
101 *Hajok*, Jugend und Fernsehinformation, S. 16 m.N.
102 *Soler/Paretilla u.a.*, 21 Eur Child Adolesc Psychiatry (2012), 645.

in der Zukunft fähig sind.[103] Trotz der elementaren Fundierung in Kindheit und Jugend ist die Persönlichkeitsentwicklung damit aber nicht abgeschlossen, sondern befindet sich ständig im Fluss mit neuen Entwicklungsaufgaben in den jeweiligen Lebensabschnitten.[104]

C. Forschungsstand und konkrete Fragestellung der sozialwissenschaftlichen Untersuchung

Zum Konzept der Privatheit gibt es insgesamt weit mehr beschreibende Forschung. Dies erklärt sich aus der nicht gegenständlichen und schwer fassbaren Materie. Empirische Untersuchungen konzentrieren sich zumeist auf die Komponente des Getrenntseins von Anderen.[105] Die Privatheit von Kindern und Jugendlichen spielt dabei eine vergleichsweise untergeordnete Rolle, sie werden zumeist nicht gesondert als Population bzw. Forschungsobjekt herausgehoben. Deshalb wird zu einem großen Teil noch auf Studien und Theorien zurückzugreifen sein, die aus den 1970er Jahren stammen. Die zur Verfügung stehenden Forschungsarbeiten zu Minderjährigen sind zudem themenspezifisch und wurden bislang noch nicht in einem umfassenden Ansatz zur Privatheit von Kindern und Jugendlichen zusammengetragen und zueinander ins Verhältnis gesetzt. Die Realanalyse hat deshalb von grundsätzlichen Erkenntnissen im Hinblick auf den Untersuchungsgegenstand auszugehen, die an einigen Stellen speziell für Minderjährige konkretisiert werden können.

Der Rechtsfindung dienlich sind in erster Linie Realdaten zu den im Abwägungsvorgang mit anderen Gütern beachtlichen Faktoren. Wesentliche Gesichtspunkte, die in die Güter- und Interessenabwägung einfließen, sind hierbei die Gewichtung derjenigen Rechte, welche Privatheit gewährleisten, die Intensität ihrer Beeinträchtigung sowie das Vorverhalten des von der Persönlichkeitsrechtsverletzung Betroffenen. Neben anderen Aspekten erscheinen deshalb vor allem Erkenntnisse über die Bedeutung der Privatheit für das Individuum im Kindes- und Jugendalter, ihren generellen Wert und Nutzen sowie die Auswirkungen ihres Fehlens nützlich zu sein, um zu einer angemessenen Gewichtung der fraglichen Rechte zu gelangen. Die nachfolgende Realanalyse konzentriert sich demgemäß auf drei Kernpunkte, die für die Rechtsfindung Erkenntnisfortschritt versprechen: *erstens* das Verständnis und die Vorstellung von Privatheit, *zweitens* ihre Funktion und ihre Bedeutung sowie *drittens* die Folgen von Privatheitsdefiziten.

---

103 *Wolfe*, in: Altman/Wohlwill, Children and Environment, S. 175 [181].

104 *Hurrelmann*, Sozialisation, S. 68.

105 Vgl. dazu ausführlich *Newell*, The meaning and use of privacy, S. 21 ff.

§ 3 Privatheit aus der Perspektive von Kindern und Jugendlichen

Privatheit ist trotz der ganz unterschiedlichen Verhaltensweisen, die Menschen zu ihrer Erreichung anstrengen, als ein menschliches Grundbedürfnis anerkannt, das sich aus dem Wesen der menschlichen Persönlichkeit ergibt. Sie lässt sich unter anderem als innere Einstellung sowie als Verhalten begreifen.

A. Theoretische Forschung

Die überwiegende Mehrheit der Autoren geht von der These aus, dass sich die Definition von Privatheit als Element der individuellen Entwicklung und der Umgebung ändert.[106] Aufschluss darüber, wie sich das Gefühl für, die Vorstellung von und der (nicht rechtliche, sondern menschliche) Anspruch auf Privatheit ontogenetisch entwickeln könnte, geben am umfassendsten die empirischen und theoretischen Forschungsarbeiten von *Laufer* und *Wolfe* aus dem Jahre 1975 sowie von *Wolfe* aus 1978.[107] Die Autoren vertreten die These, dass sich das individuelle Verständnis von Privatheit und das entsprechende Verhalten aus einer konkreten Auseinandersetzung mit der Umwelt entwickelt, also eng verbunden ist oder sogar definiert wird durch eigene Erfahrungen und Erlebnisse. Die Möglichkeiten zum Erfahren verändern sich im Laufe eines Lebens und sind abhängig von eigenen Bedürfnissen und Fähigkeiten, der sozialen Rolle sowie Umwelt und Gesellschaft (sog. *life cycle dimension*).[108]

Durch die verschiedenen Erfahrungen bleiben auch das sog. Konzept von Privatheit (*concept*) und die darauf gerichteten Verhaltensmuster (*pattern*) nicht statisch, sondern verändern sich.[109] Der in diesem Modell zentrale Begriff des Konzepts wird als ein Begriff der kognitiven Psychologie verwandt und bezeichnet eine Vorstellung oder ein Verständnis, anhand dessen Gegenstände oder Ereignisse eingeordnet werden.[110] Konzepte sind maßgebliche Voraussetzung dafür, dass die Welt sinnvoll erscheint. Das Bedürfnis nach Privatheit sowie das Verstehen und Erleben von Situationen als privat sind folglich nicht kontext-frei, sondern stehen im Zusammenhang mit der zeitlichen Entwicklung und der Lebenssituation innerhalb einer sozialen, historischen, politischen, ökonomischen und physischen Umgebung.[111]

---

106 Siehe nur *Westin*, Privacy and Freedom; weitere Nachweise bei *Newell*, The meaning and use of privacy, S. 11.

107 Nachweise bei *Wolfe*, in: Altman/Wohlwill, Children and Environment, S. 175 [190].

108 *Wolfe*, in: Altman/Wohlwill, Children and Environment, S. 175 [178 f.]; zum life cycle element auch *Laufer/Wolfe*, 33 Journal of Social Issues 3 (1977), 22 [31 f.].

109 *Wolfe*, in: Altman/Wohlwill, Children and Environment, S. 175 [181].

110 *Siegler/DeLoache/Eisenberg*, Entwicklungspsychologie, S. 258.

111 *Wolfe*, in: Altman/Wohlwill, Children and Environment, S. 175 [178 f.].

I. Erleben und Verstehen von Privatheit

Schwerpunkt der Arbeit von *Wolfe* zur Privatheit von Kindern und Jugendlichen ist die Frage, welche Rolle Privatheitserlebnisse in der Kindesentwicklung spielen, welche Erfahrungen sie machen und wie diese die Verhaltensmuster und Konzepte von Privatheit beeinflussen.[112] Die Forschungsarbeit belegt, dass zwischen dem Verständnis, das Minderjährige von Privatheit haben, und den sich ändernden täglichen Erfahrungen mit menschlicher Interaktion und Informationsmanagement ein Zusammenhang besteht, insbesondere in Verbindung mit ihren Familien und der familiären Umgebung. Unter Heranziehung weiterer Forschung zeigt *Wolfe* auf, dass veränderte Erfahrungen parallel mit Veränderungen des Privatheitskonzepts bei Kindern und Jugendlichen laufen. Das Konzept vergrößert sich mit dem Alter, es nimmt zu.[113] Durch alltägliche Erfahrungen entwickeln Kinder und Jugendliche ein Gefühl von sich als getrennt von und verbunden mit Anderen, ein Verständnis für die Voraussetzungen für das Begehren des physischen und psychischen Alleinseins oder der Interaktion sowie die Verwendung der Erfahrungen für Selbstwerterhöhung oder Neugruppierung. Gleichzeitig vermitteln diese Erfahrungen Kindern eine Vorstellung von sozialen Normen in Bezug auf ein bestimmtes Verhalten oder eine Aktivität und bereiten so den Weg dafür, dass sie selbst diese als wertvoll/wertlos oder gut/böse bewerten. Die Erfahrungen helfen folglich, den Umfang, die Grenzen und die Konsequenzen von individueller Autonomie in unserer Gesellschaft zu bestimmen.[114] Auch neuere Forschungsarbeiten zeigen den Zusammenhang zwischen Erleben/Erfahren von Privatheit im Alltag und Entwicklung eines Privatheitskonzepts bei Kindern und Jugendlichen und stützen die Erkenntnisse von *Wolfe et al.*[115]

Die Erfahrungen in Kindheit und Jugend haben folglich potenziell Einfluss auf die zukünftige Bestimmung und das Verständnis von privaten Situationen.[116] Die Langzeitfolgen von Erfahrungen für die weitere Entwicklung in der Kindheit und im Erwachsenenalter sind jedoch noch nicht erforscht. Einige Studien deuten darauf hin, dass ein Zusammenhang zwischen den Möglichkeiten der Privatheit und schulischen Leistungen besteht.[117] Vermutet wird überdies, dass die Menge und die Form möglicher Privatheitserfahrungen insbesondere in der Kindheit Auswirkungen auf

112 *Wolfe*, in: Altman/Wohlwill, Children and Environment, S. 175.

113 *Wolfe*, in: Altman/Wohlwill, Children and Environment, S. 175 [196 ff.] m.N.; vgl. auch die aktuellere Studie von *McKinney* zu der Vorstellung der Eltern von den Privatheitsbedürfnissen ihrer Kinder, 19 Journal of Family Issues 1 (1998), 75.

114 *Wolfe*, in: Altman/Wohlwill, Children and Environment, S. 175 [189].

115 Z.B. *Parke*, in: Altman/Wohlwill, Children and the Environment, S. 33 [66]; *Tang/Dong*, 27 Journal of Family Issues 3 (2006), 285 [insbs. 296]; *Marwick/Diaz/Palfrey*, Youth, Privacy and Reputation, S. 18 m.N.

116 *Laufer/Wolfe*, 33 Journal of Social Issues 3 (1977), 22 [27].

117 *Wolfe*, in: Altman/Wohlwill, Children and Environment, S. 175 [219 m.N.]

die Qualität des Lebens haben, da sie das Wohlbefinden und die Einbindung in die Gesellschaft beeinflussen.[118]

II. Natürliche Barrieren

Bisher hat sich die Forschung noch nicht mit der Frage auseinandergesetzt, in welchem Alter das Erleben und Verstehen einsetzt, ob also Kinder im Säuglingsalter und in der frühen Kindheit überhaupt in der Lage sind, Elemente des Privatseins zu erleben bzw. in welchem Alter diese Konzepte entwickelt werden. Dazu lassen sich auf der Grundlage der eben erörterten Forschung nur einige weitergehende Überlegungen anstellen.

In jedem Modell von Privatheit wird dem Konzept Kontrolle und/oder Wahlmöglichkeit (*control/choice*) eine elementare Rolle zugesprochen. Dem liegt der Gedanke zugrunde, dass Privatheit immer einen Kontext möglicher und relevanter kommunikativer Beziehungen voraussetzt und die Möglichkeit und Fähigkeit impliziert, zwischen Privatheit und Nicht-Privatheit zu wählen.[119] In dem Modell von *Wolfe* vermittelt Kontrolle, dass eine private Situation von dem Individuum auch als Privatheit erlebt/erfahren wird (*mediating variable*).[120] Entscheidend dafür, dass es Kindern überhaupt möglich ist, Privatheit erleben zu können, soll nach der Ansicht von *Wolfe* deshalb die *Volition* sein, also der Wille, allein zu sein, Informationen für sich zu behalten und so fort.[121] Von einer Autonomie des Selbst könne nur die Rede sein, wenn das Individuum freiwillig entscheidet, wann es allein und wann es mit anderen zusammen sein will.[122] Nicht hinreichend klar wird jedoch, ob Privatheit nun Autonomie des Selbst bedeutet oder ein Indikator dafür oder gar Voraussetzung oder Mittel ist, um sie zu erreichen.[123] Ungeachtet dessen ist demnach Bedingung dafür, dass Kinder Privatheit zu verstehen beginnen, neben der tatsächlichen Möglichkeit zu ihrer Ausübung die Volition. Diese setzt allerdings die Fähigkeit voraus, autonom einen Willen zu bilden und eine Entscheidung im Hinblick auf Öffentlichkeit und Privatheit zu fällen. Auch wenn diese Fähigkeit stets relativ ist, kann von einer solchen nur gesprochen werden, wenn jedenfalls die kognitiven Voraussetzungen dafür theoretisch vorliegen.[124] Psychologische Erkenntnisse über die Erlangung der relevanten psychischen Kompetenzen dafür liefert beispielsweise die Lehre der *theo-*

---

118 *Wolfe*, in: Altman/Wohlwill, Children and Environment, S. 175 [180].

119 Ausführlich dazu *Kruse*, Privatheit, S. 141; *Newell*, 15 Journal of Environmental Psychology (1995), 87 [96 f.].

120 *Wolfe*, in: Altman/Wohlwill, Children and Environment, S. 175 [180]; vgl. auch *Laufer/Wolfe*, 33 Journal of Social Issues 3 (1977), 22 [37 ff.].

121 *Wolfe*, in: Altman/Wohlwill, Children and Environment, S. 175 [183 ff.].

122 *Laufer/Proshansky/Wolfe*, in: Proshansky/Ittelson/Rivlin, Environmental Psychology, S. 206 [206 f.].

123 *Kruse*, Privatheit, S. 104.

124 Grundlegend zum Kindeswillen *Kohne*, Der Wille des Kindes im familienrechtlichen Verfahren, S. 47 ff.

ry of mind. Sie beschreibt die kindliche Wahrnehmung von Bewusstseinsvorgängen und menschlichen Verhaltens. Dabei geht es unter anderem um das Erkennen von Intentionalität sowie eigener und fremder Intentionen, Überzeugungen, Bedürfnisse und dergleichen.[125] Hervorgehoben wird hier die Altersschwelle zwischen 3 und 4 Jahren, in der Kinder unter anderem verstehen lernen, dass durch das Denken Situationen konstruiert und interpretiert werden und dass man selbst oder Andere etwas annehmen können, was nicht stimmt.[126] Zugleich entwickeln sich weitere, für eine differenzierte Willensbildung wesentliche Kompetenzen wie die Überzeugung, die Fähigkeit zum Bedürfnisaufschub, die Selbstkontrolle und der Verzicht sowie die Fähigkeit, mentale Willens- und Könnensausdrücke zu benutzen.[127] Kinder haben somit bereits im Alter von drei bis vier Jahren alle notwendigen Kompetenzen erworben, um einen eigenen autonomen Willen zu bilden.[128] Demnach ist zu vermuten, dass Kinder ab 3 Jahren jedenfalls theoretisch eigenständig entscheiden können, ob sie allein sein möchten oder nicht, was als die wohl elementarste Form der Privatheit anzusehen ist. Hinzukommen muss nach *Wolfe* schließlich, dass dem Individuum der mögliche Privatheitsbezug einer Situation bewusst ist. So ist die Geheimhaltung von Informationen beispielsweise erst dann möglich, wenn Kinder die Vorstellung aufgeben, dass Autorität omnipräsent ist. Bis zu diesem Zeitpunkt gehen Kinder nämlich davon aus, dass Verhaltensweisen bekannt sind, obwohl sie nicht von einem anderen gesehen werden. Eine erfolgreiche erste Lüge oder ein verdecktes Verhalten bringen die Erkenntnis, dass viele Dinge nicht dem Wissen anderer Personen zugänglich sind, bis sie willentlich aufgezeigt werden. Die erste spontane Lüge kann bereits im 2. – 3.- Lebensalter unternommen werden, spätestens ab dem 4. Lebensjahr wird auch die Sicht des Zuhörers bedacht.[129] Nach *Wolfe* besteht darin die erste Möglichkeit für Kinder, Grenzen zwischen sich selbst und anderen zu errichten und zu kontrollieren. Dementsprechend vermutet sie, dass diese Abgrenzungen frühe Formen von bewusst angestrebten Privatheitserfahrungen und Ausdruck von Autonomie sind.[130]

Eine Studie von *Richter* und *Nicholl* im Rahmen eines Forschungs- und Designprojekts zur Unterstützung von autistischen Kindern hat zudem gezeigt, dass für die Probanden eines der beliebtesten Elemente ein Rückzugskarton war, der als Ort totaler Destimulation genutzt wurde. Die Autoren kamen zu dem Schluss, dass das Vorhandensein und die Erreichbarkeit dieser Box einen wichtigen Beitrag für die

---

125 Vgl. dazu *Hannover/Greve*, in: Schneider/Lindenberger, Entwicklungspsychologie, S. 549; allgemein auch *Elsner/Pauen*, in: Schneider/Lindenberger, Entwicklungspsychologie, S. 182 f.

126 *Dettenborn*, Kindeswohl und Kindeswille, S. 74.

127 *Dettenborn*, Kindeswohl und Kindeswille, S. 70 f.

128 Ebenso *Balloff*, FPR 2002, 240 [241].

129 Vgl. *Evans/Kang*, 49 Developmental Psychology 10 (2013), 1958 m.w.N.; *Evans/Xu/Kang*, 47 Developmental Psychology 1 (2011), 39.

130 *Wolfe*, in: Altman/Wohlwill, Children and Environment, S. 175 [186].

Fortschritte der Kinder geleistet haben.[131] Dies legt nahe, dass Rückzugsorte nicht nur einen erheblichen Wert für Kinder haben, sondern auch von ihnen als privat erlebt werden, weil auch sie ein Bedürfnis nach räumlicher Trennung haben.[132] Diese Stichprobe ist allerdings angesichts des besonderen Gesundheitszustandes der autistischen Kinder nur eingeschränkt generalisierbar.

Die Frage nach kognitiven Voraussetzungen nach Altersstufen ist folglich nicht mit wissenschaftlicher Gewissheit zu beantworten. Die bisherigen Erkenntnisse legen nahe, dass auch Kinder sehr jungen Alters bereits ein natürliches Bedürfnis haben, welches rechtlich zu bewahren ist.

B. Empirische Forschung

I. Vorstellung und Verständnis nach Laufer *und* Wolfe

Zunächst haben *Wolfe* und *Laufer* eine große Interviewstudie mit 900 U.S.-amerikanischen Kindern und Jugendlichen zwischen 5 und 27 Jahren durchgeführt, deren Forschungsergebnisse in einigen späteren Studien zum Teil bestätigt wurden und auch in aktuellen Arbeiten herangezogen werden.[133] Die Studie belegt, dass Privatheit nicht von allen Kindern und Jugendlichen gleich verstanden wird, sondern in verschiedenen Entwicklungsphasen unterschiedlich zur Geltung kommt. Von den Probanden zwischen 5 und 17 Jahren wird das Wort „privacy“ mit 39 verschiedenen Bedeutungen beschrieben, die ganz überwiegend die von den Privatheitstheorien aufgegriffenen Aspekte wiederspiegeln. Am Häufigsten wird dabei Privatheit als Alleinsein sowie als Informationsmanagement (im Sinne von „Keiner weiß davon“) genannt. Des Weiteren hat sich in der Studie von *Wolfe und Laufer* herausgestellt, dass bereits 5 – Jährige eine Vorstellung davon haben, was Privatheit ist, sie als bedeutsam in ihrem Leben erachten und fehlende Privatheit bewusst als Mangel erlebt wird. Räumliche Zurückgezogenheit und Informationsmanagement stehen auch im Mittelpunkt bei dem Empfinden und Erleben einer Situation als privat. So beschrieben die meisten Probanden Situationen als Verletzung der Privatheit, in denen sie gerne allein gewesen wären, Informationen für sich behalten hätten oder bei Aktivitäten wie Lesen und Hausaufgaben gestört wurden. Ab 13 Jahren empfinden die Jugendlichen insbesondere das Informationsmanagement als besonders wertvoll, sind aber hierauf nicht beschränkt.[134]

Freilich zeigen diese Ergebnisse nicht ein vollständiges und aktuelles Bild, da die Interview-Studie aus den 1970er Jahren und überdies aus den U.S.A. stammt. Die Tatsache, dass Kinder und Jugendliche relativ genaue Vorstellungen von Privatheit

---

131 *Richter/Nicoll*, 3 Architectural Psychology Newsletter (1972), 1.

132 Dazu auch *Newell*, 15 Journal of Environmental Psychology (1995), 87 [90 f.].

133 Vgl. nur *Newell*, Meaning and Use of privacy, S. 21; *Newell*, 15 Journal of Environmental Psychology (1995), 87 [91]; *Weigel-Garrey/Cook/Brotherson*, 19 Journal of Family Issues 1 (1998), 43.

134 *Wolfe*, in: Altman/Wohlwill, Children and Environment, S. 175 [190 ff.].

haben und zudem unterschiedliche Komponenten darunter verstehen, findet in neueren Studien zur Privatheit im Internet Bestätigung. Diese zeigen darüber hinaus, dass Kinder schon früh ein Verständnis für Entscheidungsfreiheit und persönliche Rechte wie die Meinungsäußerung haben. Diskriminierende Gesetze werden als falsch empfunden, begründet mit der persönlichen Freiheit und gegen Ende der mittleren Kindheit sogar mit der Bedeutung der Persönlichkeitsrechte für eine gerechte Gesellschaftsordnung.[135] Bereits in der mittleren Kindheit haben Kinder folglich nicht nur eine relativ konkrete Vorstellung davon, was „privat" ist, sondern haben auch ein moralisches Empfinden für persönliche Rechte.

II. Verständnis und Verhalten im Internet

Besondere Aufmerksamkeit wird der Privatheit von Kindern und Jugendlichen im Zusammenhang mit Online Social Networks und dem Internet insgesamt gewidmet. Zahlreiche Forschungsprojekte und Studien beschäftigen sich mit einzelnen Aspekten der Thematik, in Deutschland allen voran die alljährlichen Studien des Medienpädagogischen Forschungsverbundes Südwest.[136] Zu sozialen Netzwerken stehen sogar Metaanalysen zur Verfügung, denen Studien aus Deutschland, dem europäischen Ausland und den U.S.A. zugrunde liegen.

Die Studien belegen zunächst allgemein, dass Verständnis und Einstellung zu Privatheit im Internet mit dem Alter differieren. Verschiedene Alterskohorten verstehen und erklären das Medium sehr unterschiedlich. Das Internet selbst wird auch noch von volljährigen Digital Natives als unüberschaubare Komplexität wahrgenommen, der gegenüber die Kontrolle eigener Informationen nur bedingt möglich sei.[137] Infolgedessen wird vermutet, dass Kinder erst um das Alter von 9 bis 12 Jahren herum beginnen, das Internet als komplexen Gegenstand kognitiv und gesellschaftlich zu verstehen.[138] Metaanalysen zur Internetprivatheit im Jugendalter erbringen aber den Nachweis, dass keineswegs pauschal eine Erosion von Privatheitsvorstellungen und dementsprechenden Praktiken von Digital Natives festgestellt werden kann.[139] Auf den in der Internetnutzung dominierenden sozialen Netzwerkseiten verhalten sich junge zwar aktiver als ältere Nutzer, stellen mehr persönliche Informationen und Bilder ein und tendieren zu geringeren Schutzmaßnahmen. Bei der Sorge um die eigene Privatsphäre gibt es jedoch keine altersbedingten Unterschiede. Motiviert ist die Preisgabe von persönlichen Informationen im Hinblick auf ihren

---

135 *Berk*, Entwicklungspsychologie, S. 456 m.N.

136 Vgl. zuletzt *Medienpädagogischer Forschungsverbund Südwest*, JIM-Studie 2014 und KIM-Studie 2014.

137 *Och/Löw*, in: Buchmann, Internet Privacy, S. 40.

138 *Yan*, 26 Journal of Applied Developmental Psychology 4 (2005), 385 [394].

139 Vgl. zusammenfassend nur *Niemann/Schenk*, in: Schenk/Niemann/Reinmann/Roßnagel, Digitale Privatsphäre, S. 305 ff.; *Marwick/Diaz/Palfrey*, Youth, Privacy and Reputation, S. 11 ff.; zu Studien vgl. bspw. *Och/Löw*, in: Buchmann, Internet Privacy, S. 40 ff.; *Livingston*, 10 New Media & Society 3 (2008), 393 [404].

Nutzen: Sie fördert Intimität und Beziehungen oder Freundschaften, Identitätsbildung und die Erreichung von Popularität („Microcelebrity“).[140] Auch junge Nutzer spüren jedoch die Spannungen, die das sog. Privacy-Paradox verursacht: junge Nutzer sind sich nicht nur der Vorteile, sondern auch der verschiedenen Risiken für ihre Privatheit bewusst; sie sehen, dass ungünstige Inhalte schaden können und dass ihre Autonomie gefährdet sein kann. Insgesamt scheinen junge Nutzer soziale Netzwerke positiv zu adaptieren, die Risiken treten hinter dem Nutzen zurück. Zur Selbstpräsentation geben Digital Natives beispielsweise auf ihrem Nutzerprofil häufig Namen, Geburtstag, Beruf und Hobbies an, Kontaktinformationen wie Wohnort werden häufig als sensibel empfunden und deshalb seltener mit anderen Nutzern geteilt. Die Informationen werden also selektiert, die dort entworfene Identität steht zumeist jedenfalls mit den Offline-Identitäten der Nutzer in Verbindung. Wird in dem jeweiligen Netzwerk kommuniziert, werden für private Gespräche auch private Kanäle gewählt. Die Nutzer treffen dann eine kompetente Wahl zwischen den verschiedenen Kommunikationsmitteln im Hinblick darauf, ob sie den gewünschten Zweck erfüllen und das nötige Maß an Privatheit oder Öffentlichkeit unterstützt. Insbesondere Themen aus Familie, Probleme im Beruf, Ausbildung, Erziehung, Krankheiten oder stigmatisierende Eigenschaften gelten als privat und sind in der Regel kein Thema auf sozialen Netzwerkplattformen. Auch hat sich ein Großteil der Nutzer bereits mit den Privatsphäreeinstellungen beschäftigt. Die durch Privatsphäreeinstellungen mögliche Beschränkung der Kenntnisnahme von Daten auf die bereits erworbenen Kontakte hat sich zu einem Standard entwickelt. Diesen Spagat zwischen Selbstdarstellung und Privatheit empfinden die jungen Menschen trotzdem als schwierig.[141] Die Entscheidung über die Preisgabe oder Nicht-Preisgabe sensibler Daten ist folglich ein intensiver und laufender Prozess. Die klare Trennung zwischen privaten und öffentlichen Bereichen ist deswegen für Kinder und Jugendliche problematisch, da sie in der Tendenz Privatheit im Internet eher nuancierter sehen. So wird das Internet etwa als „semi-public“ empfunden oder es wird zwischen verschiedenen Gruppen oder „Freunden“ differenziert.[142] Die JIM-Studien 2013 und 2014 zeigen, dass der Großteil der Informationen zwar „nur“ für Freunde in der Community sichtbar ist. Diese Einschränkung wiege die Nutzer jedoch in trügerischer Sicherheit, da sich der Adressatenkreis mit durchschnittlich über 200 Freunden, die wiederum weiter verlinkt sind, potenziere.[143]

Im Einzelnen sind die Verhaltensweisen sehr unterschiedlich und individuell geprägt. Bildet man Verhaltenstypen, so sind die sich in Bezug auf ihre eigene Privatheit irrational verhaltenden Nutzer die kleinste Gruppe, die meisten gehen

---

140 *Marwick/Diaz/Palfrey*, Youth, Privacy and Reputation, S. 24 m.N.

141 *Niemann/Schenk*, in: Schenk/Niemann/Reinmann/Roßnagel, Digitale Privatsphäre, S. 303 ff., 399 ff.; *Palfrey/Gasser*, Generation Internet, S. 22.

142 *Marwick/Diaz/Palfrey*, Youth, Privacy and Reputation, S. 12 f. m.N.

143 *Medienpädagogischer Forschungsverbund Südwest*, JIM-Studie 2013, S. 42 und JIM-Studie 2014, S. 37.

entweder restriktiv mit ihren privaten Informationen um oder regulieren ihre Privatheit über restriktive Einstellungen. Auch ein moralisches Bewusstsein für den Schutz der Privatheit anderer ist durchaus vorhanden. Der Umgang mit Daten Dritter ist jedoch ebenso uneinheitlich wie der Umgang mit eigenen Informationen. Darüber hinaus unterscheiden sich die Vorstellungen von Privatsphäre nicht nur bei Personen unterschiedlichen Alters, sondern auch innerhalb ähnlicher Alterskohorten.[144] Eine zentrale Rolle beim Verständnis von Privatheit im Internet wird insbesondere den Eltern und der Familie zugeschrieben. Studien belegen, dass die elterliche Beschäftigung mit dem Thema, etwa durch Diskussionen über Privatheit oder die Begleitung der Internetnutzung, positiv mit Bedenken der Kinder zum Privatsein von Informationen korreliert, so dass sich auch ihr Verhalten mehr auf den Schutz der Privatheit ausrichtet. Allerdings werden derartige Maßnahmen der Eltern von den betroffenen Minderjährigen umgekehrt häufig als Verletzung ihrer Privatheit angesehen.[145] Darüber hinaus wird unter anderem auch dem Geschlecht, der Nutzungsdauer, den Gebräuchen in der Peer-Group, der Vertrauenswürdigkeit eines Angebots und dem kulturellen Kontext Einfluss auf die Einstellung und das Verhalten zu Privatheit im Internet zugeschrieben.[146]

Alles in allem haben junge Menschen somit ein relativ klares Bild vor Augen, was sie von sich zurückhalten möchten und welche Informationen über sie öffentlich sein dürfen. Sie sind sensibilisiert und folgen einem Verhaltensschema, das dazu dient, ihre Privatheit zu schützen.[147] In den meisten Fällen handelt es sich also nicht um naive Datenfreigabe, sondern um bewusste Selbstdarstellung. Mitnichten ist davon auszugehen, dass per se sorglos mit Privatheit in Bezug auf Informationskontrolle im Internet umgegangen wird.

III. Verständnis im Kontext der physischen Umwelt

Darüber hinaus zeigen einige Studien, dass räumliche Privatheit, also das Allein- und Getrenntsein von anderen, als ausgeprägtes Bedürfnis auch schon von Kindern anzusehen ist. In ihren Studien haben *Ittelson et al.* und *Rivlin und Wolfe* zur Bettennutzung auf kinder- und jugendpsychiatrischen Stationen herausgefunden, dass eines der meist begehrtesten Faktoren ein Platz ist, der von anderen entfernt

144 *Niemann/Schenk*, in: Schenk/Niemann/Reinmann/Roßnagel, Digitale Privatsphäre, S. 303 ff., 399 ff.

145 *Marwick/Diaz/Palfrey*, Youth, Privacy and Reputation, S. 18 m.N.

146 *Marwick/Diaz/Palfrey*, Youth, Privacy and Reputation, S. 19 m.N.

147 *Niemann/Schenk*, in: Schenk/Niemann/Reinmann/Roßnagel, Digitale Privatsphäre, S. 399; 409; auch die JIM-Studie von 2013 stellte fest, dass weniger Informationen über die eigene Person verbreitet werden, *Medienpädagogischer Forschungsverbund Südwest*, JIM-Studie 2013, S. 42; die JIM-Studie von 2014 attestiert nochmals eine deutlich erhöhte Sensibilität im Vergleich zum Vorjahr, *Medienpädagogischer Forschungsverbund Südwest*, JIM 2014 S. 39.

liegt.[148] Zu ähnlichen Ergebnissen kam eine Studie von *Wolfe* zu den Effekten von Raumgrößen, Gruppengrößen und Raumdichte in einer Kinder- und Jugendpsychiatrischen Einrichtung. Um Privatheit zu erlangen, haben sich die Probanden sogar regelwidrig verhalten, nur, um in die Isolation zu kommen.[149] Allerdings ist auch hier die Generalisierbarkeit aufgrund der Besonderheit der Studien eingeschränkt.

IV. Zusammenfassung

Die Forschungsarbeiten, die sich der Perspektive von Kindern und Jugendlichen und ihrem Verhalten annehmen, legen die frühe Entwicklung einer Vorstellung und eines Bedürfnisses nach Privatheit in der einen oder anderen Form nahe. Nach heutigem Stand lässt sich eine natürliche Barriere für Erfahren und Verständnis von Privatheit nicht festmachen. Kinder und Jugendliche bauen zudem ein immer komplexeres Verständnis auf, das wie bei Erwachsenen auch viele verschiedene Komponenten enthält. Dieses wird maßgeblich durch die Erfahrungen geprägt, die sie in ihrem Leben machen. Bemerkenswert ist, dass junge Menschen in erster Linie die Kontrolle über Informationen und die räumliche Zurückgezogenheit als privat empfinden und diese anstreben. Auch im Internet ist ihr Verhalten grundsätzlich darauf ausgerichtet, unter Abwägung von Nutzen und Risiken die Privatheit zu erhalten.

§ 4 Privatheit im Kindes- und Jugendalter aus funktionaler Sicht

Bevor die konkreten Folgen eines Mangels an Privatheit beleuchtet werden, soll die funktionale Betrachtungsweise Aufschluss über den generellen Wert und Nutzen von Privatheit im Dienste des Individuums und der Gesellschaft geben. In der westlichen Kultur wird eine erfolgreiche Entwicklung von Kindern und Jugendlichen als Prozess der Individualisierung und das Erreichen von Autonomie begriffen, der zu einem Selbstempfinden der persönlichen Würde führen soll. Da sich der Mensch zu diesem Zwecke von anderen und seiner Umgebung abgrenzen muss, ist Privatheit entscheidend für die erfolgreiche Persönlichkeitsentwicklung und damit auch für den Verlauf einer gesunden Kindesentwicklung. Auf der Grundlage ihrer eigenen Entscheidungen sollen Kinder lernen, sich durch einen Ausgleich von Abgrenzung und Interaktionen sozial zu verhalten.[150] Konkret ist von einer direkten Verbindung zwischen Privatheit und der Möglichkeit für Selbstdarstellung, Individualität und

---

148 *Ittelson/Proshansky/Rivlin*, 21 Hospital and Community Psychiatry 6 (1970), 177; *Dies.* in: Proshansky/Ittelson/Rivlin, An Introduction to Environmental Psychology; *Dies.*, 2 Environment and Behavior 3 (1970), 255.

149 *Wolfe*, 7 Environment and Behavior 2 (1970), 199; zum Ganzen *Newell*, 15 Journal of Environmental Psychology (1995), 87 [96].

150 *McKinney*, 19 Journal of Family Issues 1 (1998), 75 [75, 77]; *Proshansky/Fabian*, in: Weinstein, Spaces for children, S. 21 [28].

der Entwicklung und Bewahrung einer starken persönlichen Identität auszugehen. Alleinsein ist notwendig, um der Informationsflut Herr zu werden, Informationen zu ordnen und mit früheren Erfahrungen zu integrieren sowie sich auf künftige Ereignisse zu konzentrieren, Strategien zu entwerfen, Handlungen zu planen etc. Es ist darüber hinaus weithin Konsens, dass Privatheit Voraussetzung für viele kognitive und intellektuelle Prozesse ist.[151] In besonderem Maße belegbar ist dies für die räumliche Privatheit, deren herausragende Bedeutung anhand einer Vielzahl von Forschungsarbeiten zum Einfluss der physischen Lebensumwelt auf die Kindesentwicklung erarbeitet wurde.[152] Anhand von theoretischen Funktionalitätsanalysen und einigen Studien lässt sich außerdem konkret herausarbeiten, welche Bedeutung Privatheit für bestimmte, oben bereits kurz angesprochene Entwicklungsaufgaben zukommt. Mit *Kruse* lassen sich verschiedene Funktionsanalysen unter zwei wesentlichen Gesichtspunkten ordnen: zum Einen wird die Beschäftigung mit sich selbst und zum anderen die Beschäftigung miteinander in geschützter Kommunikation untersucht.[153] Nachfolgend sollen nur drei der wesentlichen Funktionen aufgegriffen werden.

A. Selbst und Selbstwert

Aus entwicklungspsychologischer Perspektive wird zumeist der Zusammenhang zwischen Privatheit und dem Selbst oder der Identität einer Person betont. Zunächst dient Privatheit der Förderung und zugleich dem Schutz des Selbst. In der frühen Kindheit müssen Menschen die Erfahrung des Alleinseins machen, um überhaupt zwischen sich und der Umwelt zu differenzieren. Demnach muss Kindern ein bestimmtes Maß an Getrenntheit von Anderen erlaubt werden, damit sie ihrer selbst gewahr werden können. Unabhängig davon, ob Kinder die Situation des Alleinseins als privat empfinden, hat das Zugestehen des Alleinseins, die als Privatheit aufgefasst werden könnte, hier eine wichtige Funktion.[154] Anschließend ermöglicht Privatheit die Entwicklung eines autonomen Selbstkonzepts, da Autonomie voraussetzt, dass man bewusst Pläne schmieden und Entscheidungen fällen kann. Dies erfordert die Möglichkeit, eine private, zurückgezogene Situation für sich selbst zu schaffen.[155]

Wichtige Aspekte der Selbstentwicklung sind die Selbstachtung und der Selbstwert, der sich im Rahmen des Selbstkonzepts im Laufe des Kinders- und Jugendalters entwickelt und essentiell ist, wenn der junge Mensch bei Eintritt

151 Vgl. *Kruse*, Privatheit, S. 140.

152 *Newell*, 15 Journal of Environmental Psychology (1995), 87 [96] m.N.

153 *Kruse*, Privatheit, S. 137 ff., 140 ff. m.N.

154 Vgl. *Tan/Dong*, Journal of Family Issues 27 (2006), 285 [286]; *McKinney*, 19 Journal of Family Issues 1 (1998), 75 [76]; *Wolfe*, in: Altman/Wohlwill, Children and Environment, S. 175 [183 ff.]; zur Entwicklung des Selbst *Hannover/Greve*, in: Schneider/Lindenberger, Entwicklungspsychologie, S. 543 ff.

155 *Kupfer*, Autonomy and Social Interaction, S. 127 ff.

in das Erwachsenenalter selbständig und eigenverantwortlich handeln können soll. Der Selbstwert ist als die Einstellung definiert, die eine Person sich selbst gegenüber hat, und setzt sich aus Selbstbewertungen zusammen; das eigene Selbst wird also evaluiert.[156] Dieses differenziert sich etwa ab dem 4. Lebensjahr immer weiter aus und Informationen über die eigene Person werden mehr und mehr wahrgenommen und verarbeitet.[157] Privatheit ist hierfür in vielerlei Hinsicht essentiell: hier findet in erster Linie die Evaluation des Selbst, also die Entwicklung, Bestätigung und Wiederherstellung der Selbstachtung im privaten Bereich statt, wird also durch Privatheit gefördert oder sogar erst ermöglicht.[158] Für viele Sozialwissenschaftler ist dies die zentralste Funktion von Privatheit: sie wird etwa als grundlegend für das Erreichen von persönlichen Zielen der Selbstverwirklichung angesehen (*Westin*)[159] und als erforderlich für die Bestätigung der Verschiedenheit und die eigene Versicherung der Individualität (*Simmel*).[160] Besondere Bedeutung erfährt die Selbstentwicklung wie bereits oben dargelegt in der Jugendphase. Im Vordergrund steht dabei die Peer-Group, die heute oftmals via „web 2.0" – Angeboten und insbesondere soziale Netzwerkseiten wie facebook als wichtige Referenzgruppe für die Identitätskonstruktion bereit steht.[161] Gerade letzterer Kontext ist eine beliebte Plattform, um mit der eigenen Identität zu experimentieren.[162] Gegen Mitte bis Ende der Adoleszenz fügen Teenager ihre Persönlichkeitseigenschaften zu einem strukturierten System zusammen, das Selbstwertgefühl differenziert sich noch weiter. Eine gut strukturierte Selbstbeschreibung und ein differenziertes Selbstwertgefühl bieten dem Adoleszenten die kognitive Grundlage für die Entwicklung einer eigenen Identität.[163]

B. Intime Bindungen

Darüber hinaus dient die Erfahrung von Privatheit auch der Beschäftigung miteinander in geschützter Kommunikation, d.h. sie ist Situationen des Miteinanders mit anderen Personen dienlich und bewahrt persönliche Beziehungen zwischen einander Vertrauten. Als besonders wichtige Funktion der interaktionalen Privatheit wird angesehen, dass bestimmte Kommunikationsinhalte der Öffentlichkeit entzogen werden.[164]

---

156 *Hannover/Greve*, in: Schneider/Lindenberger, Entwicklungspsychologie, S. 556.

157 Vgl. dazu *Berk*, Entwicklungspsychologie, S. 343 ff.; *Hannover/Greve*, in: Schneider/Lindenberger, Entwicklungspsychologie, S. 550 ff.

158 *Kruse*, Privatheit, S. 161 f. m.N.

159 *Westin*, Privacy and Freedom, S. 39.

160 *Simmel*, in: Pennock/Chapman, Privacy, S. 71 [73].

161 *Niemann/Schenk*, in: Schenk/Niemann/Reinmann/Roßnagel, Digitale Privatsphäre, S. 33.

162 Vgl. dazu *Palfrey/Gasser*, Generation Internet, S. 22 ff.

163 *Berk*, Entwicklungspsychologie, S. 548.

164 *Kruse*, Privatheit, S. 162 ff. m.N.; *Niemann/Schenk*, in: Schenk/Niemann/Reinmann/Roßnagel, Digitale Privatsphäre, S. 41.

Die wohl elementarste und für die Entwicklung wichtigste Form der menschlichen Beziehungen betrifft die Bindung zwischen Kindern und ihren Bezugspersonen, in der Regel den Eltern. Nach der Bindungstheorie von *Bowlby* benutzt das Kleinkind seine engste Bezugsperson als sichere Basis, deren Anwesenheit die Sicherheit bietet, damit das Kind seine Umwelt erforschen und dadurch Wissen und Kompetenzen erwerben kann. Darüber hinaus dient die primäre Bezugsperson als sicherer Hafen, wenn sich das Kind bedroht oder unsicher fühlt.[165] Nach dieser Theorie ist die Grundlage der Bindung zwar angeboren, die Entwicklung und Qualität der kindlichen Bindung ist jedoch stark von der Art ihrer Erfahrungen mit den Betreuungspersonen abhängig. Ein wichtiger Faktor ist dabei das Einfühlungsvermögen der Eltern, das sich unter anderem maßgeblich durch aufmerksame Fürsorge in beängstigenden Situationen zeigt. Die Qualität der frühen Eltern-Kind-Bindung ist für die weitere sozial-emotionale Entwicklung bedeutsam und beeinflusst das Selbstwertgefühl.[166]

C. Autonomie

Schließlich ermöglicht Privatheit in funktionaler Hinsicht die Autonomie der Menschen, d. h. sie erfüllt den Wunsch danach, nicht von anderen manipuliert, dominiert oder bloßgestellt zu werden. Im privaten Lebensbereich können sie sich selbst ungehemmt ausleben, Verhaltensweisen ausprobieren und den Rollenzwängen des sozialen Lebens eine Zeit lang entgehen.[167] Für Jugendliche steht im Vordergrund, Autonomie von den Eltern zu begründen. Im Streben nach größerer Unabhängigkeit von den Eltern und den elterlichen Normen probiert der Jugendliche gebilligte und missbilligte Verhaltensweisen aus und probt vor dem Spiegel neue Selbstdarstellungen für den Alltag.[168] Privatheit bedeutet aber auch das Anerkennen der Tatsache, dass der Heranwachsende ab einer gewissen Reife Entscheidungen trifft, die in unserer Kultur als privat markiert sind. In diesem Zusammenhang offenbart sich jedoch sogleich die dialektische Spannung zwischen Offenheit und Geschlossenheit: Durch die Anerkennung von Autonomie drohen dem Heranwachsenden gleichzeitig daraus resultierende Gefahren durch eigenes Fehlverhalten.[169]

165 *Siegler/DeLoache/Eisenberg*, Entwicklungspsychologie, S. 418; vgl. zur kindlichen Bindung im Zusammenhang mit dem Willen des Kindes *Kohne*, Der Wille des Kindes im familienrechtlichen Verfahren, S. 58 ff.

166 *Siegler/DeLoache/Eisenberg*, Entwicklungspsychologie, S. 417 f.

167 *Niemann/Schenk*, in: Schenk/Niemann/Reinmann/Roßnagel, Digitale Privatsphäre, S. 40 m.N.; *Margulis*, 59 Journal of Social Issues 2 (2003), 411; vgl. zur Autonomie ausführlich *Kupfer*, Autonomy and Social Interaction.

168 *Kruse*, Privatheit, S. 159 m.N.

169 *Melton*, 62 Nebraska Law Rev. 455 [489 f.].

§ 5 Folgen des Eingreifens in die Privatheit

Nach alldem liegt auf der Hand, dass sich ein Mangel an bestimmten Privatheitskomponenten auf die Qualität des Lebens auswirkt, etwa weil er die Minderung von Wohlbefinden oder eine beschränkte politische oder soziale Einbindung zur Folge haben kann.[170] Da jeder Mensch jedoch ein eigenes Bedürfnis und Empfinden hat, ist das erforderliche Maß an Privatheit ebenso wenig pauschal bestimmbar wie die Folgen ihres Mangels. Darstellbar sind letztlich nur einzelne Aspekte, also beispielsweise die Folgen von bestimmten problematischen Situationen wie Überbevölkerung. Im Hinblick auf das Eingreifen in Form von Äußerungen und die Folgen steht die Privatheitsforschung insgesamt erst am Anfang. Auf Kinder und Jugendliche entfalten Eingriffe tendenziell besonders intensive Wirkungen, da die fundamentale Bedeutung von Privatheit für den Sozialisationsprozess und die Verletzlichkeit in diesem Lebensabschnitt zusammentreffen. Kindheit und Jugend sind empfindliche Perioden, in der Entwicklungsaufgaben oder -prozesse besonders verletzlich sind und grundlegende Erfahrungen den Grundbaustein legen. Arbeiten aus der Handlungspsychologie (A.), der Medienwirkungsforschung (B.) und der Mobbingforschung (C.) sowie Schlussfolgerungen aus den Funktionsanalysen (D.) untermauern und konkretisieren diesen Befund. Folgen für Kinder und Jugendliche lassen sich hieraus zwar ableiten, aber nicht empirisch belegen.

A. Verhaltensdruck durch Öffentlichkeit

Bereits alltagspsychologisch liegt auf der Hand, dass Personen, die in der Öffentlichkeit stehen, unter hohem Situationsdruck leiden und deshalb persönliche Freiheit einbüßen können. Hinsichtlich des Privatsphärenschutzes für öffentliche Personen wird dieser Gedanke regelmäßig als Begründung für rechtlichen Schutz herangezogen. Präzisere Einblicke in die Effekte auf Medienprotagonisten eröffnet etwa der psychologisch fundierte Ansatz von *Loock*, aus dem hier nur zwei Folgen herausgegriffen werden:[171]

Demnach wird das Verhalten einer Person in der medialen Öffentlichkeit dem Umgebungsausschnitt gemäß angepasst. *Loock* untersucht den Verhaltensdruck auf der Grundlage des handlungspsychologischen Modells von *Lantermann*. Auslöser für das Verhalten von öffentlichen Personen sei insbesondere der Anreiz, eine öffentliche Person zu sein und zu bleiben. Dieses Bestreben sei, jedenfalls bei freiwilligen Protagonisten, als sehr hoch einzuschätzen. Die subjektive Bewertung einer Handlung als angemessen verlaufe gleich zur objektiven Struktur, also zur gesellschaftlichen Bewertung, und werde somit maßgeblich durch den Situationsdruck bestimmt, der von der Gesellschaft ausgeht. Bei einer Diskrepanz zwischen

---

170 *Wolfe*, in: Altman/Wohlwill, Children and Environment, S. 175 [180] m.N.

171 *Loock*, Das Allgemeine Persönlichkeitsrecht der öffentlichen Person, S. 89 ff.; siehe auch die medienwissenschaftliche Analyse von *Kastell*, Persönlichkeitsrechte von Prominenten im internationalen Vergleich.

subjektiver und gesellschaftlicher Bewertung von Handlungen als „angemessen" seien Verhaltenskorrekturen durch positive oder negative Rückmeldungen anzunehmen. Da öffentliche Personen in aller Regel ein Idealbild darstellten, müssten sie sich daher fortwährend um die Angemessenheit ihres Verhaltens kümmern, um das Ziel des Verbleibens als öffentliche Person zu erreichen. Zudem geht *Loock* davon aus, dass Reaktionen in der Medienöffentlichkeit auf die Persönlichkeit der öffentlichen Person zurückwirken, indem sie zur Änderung von deren Kognitionsprogrammen beitragen. Damit interpretiere sich auch die öffentliche Person unter anderem mittels der Reaktionen aus der medialen Öffentlichkeit. Aufgrund des Idealbildes, welches die Person darstellen soll, werde sie gezwungen, auf sich und ihr Verhalten eine Perspektive einzunehmen, die sie vielleicht ursprünglich gar nicht einnehmen wollte, was zu einem Verlust von Authentizität führe. Handlungen einer öffentlichen Person, die im Bereich ihrer der öffentlichen Seite zugewandten Seite erfolgen und bewertet werden, wirkten dabei stets auch auf die reale Person ein. Persönlichkeitsrechtsverletzungen seien also nicht auf das Medienimage der öffentlichen Person beschränkt, da öffentliche und reale Person als psychologisches Gesamtbild nicht trennbar seien.[172]

Übertragen auf Kinder und Jugendliche steht zu vermuten, dass diese noch eher als Erwachsene dazu neigen, ihr Verhalten dem Öffentlichkeitsdruck anzupassen. Zum einen herrscht Konsens darüber, dass Kinder und Jugendliche insgesamt beeinflussbarer sind als erwachsene Medienrezipienten.[173] Zum anderen sind junge Menschen, wie oben beschrieben, in ihrer Identität noch nicht gefestigt. Für eine Festigung müssen die Fähigkeit der Selbstwahrnehmung, der Selbstbewertung und der Selbstreflexion entwickelt sein, deren Voraussetzungen sich nach der Entwicklungstheorie von *Erikson* erstmals in der Jugend aufbauen.[174] Der Jugendliche bildet dann zunächst ein Selbstkonzept und gleicht es damit ab, wie andere darauf reagieren. Je nach Reaktion werden mögliche Selbstentwürfe anschließend übernommen oder verworfen.[175] Fungiert die Öffentlichkeit als Projektionsfläche für solche Selbstentwürfe, werden Selbstbewertung und Verhalten maßgeblich beeinflusst.

B. Reziproke Effekte

Noch spezifischer in Bezug auf Medien sind die Forschungsarbeiten zu sog. reziproken, also wechselseitigen Effekten. Medien prägen den Alltag von Kindern und Jugendlichen in fundamentaler Weise und spielen deshalb eine wichtige Rolle als Sozialisationskontext. Sie können auf der einen Seite unstreitig positiv für die

172 *Loock*, Das Allgemeine Persönlichkeitsrecht der öffentlichen Person, S. 90 ff.

173 Vgl. zur Medienwirkung nur *Nieding/Ohler*, in: Batinic/Appel, Medienpsychologie, S. 380 ff.

174 *Hurrelmann/Quenzel*, Lebensphase Jugend, S. 33 m.N.; zur Theorie von Erikson auch ausführlich *Baacke*, Die 13–18 Jährigen, S. 178 ff.

175 *Niemann/Schenk*, in: Schenk/Niemann/Reinmann/Roßnagel, Digitale Privatsphäre, S. 33 m.N.

Privatheit wirken, da sie beispielsweise der Identitätsbildung und Selbstdarstellung dienen können.[176] Auf der anderen Seite haben Medieninhalte bekanntlich auch negative Effekte. Im Kontext des Persönlichkeitsschutzes ist in erster Linie von Interesse, welchen Einfluss Medienberichterstattungen auf diejenigen Personen haben, die Protagonist derselben sind. Dies wird seit den 1950er Jahren unter dem Stichwort der reziproken Effekte thematisiert. Dieser Aspekt der Medienwirkungsforschung hat jedoch gegenüber der Untersuchung von Wirkungen auf unbeteiligte Rezipienten klar das Nachsehen und wird nur vereinzelt aufgegriffen. Der Begriff der reziproken Effekte soll hier umfassend gebraucht werden: Er umfasst die Wirkungen auf alle, über die in Medien, darunter vorwiegend Presse und Rundfunk, berichtet wird. Diese drücken sich in Kognitionen, Emotionen und Verhaltensweisen aus. Die reziproken Effekte sind Folge einer Berichterstattung, die dem Rezipienten bewusst macht, dass er selbst Gegenstand der Beobachtung und Beurteilung von Millionen von Menschen ist, gegen deren Sichtweisen und Reaktionen er, jedenfalls für den Moment, nichts tun kann. Die Betroffenen nehmen entsprechende Berichte beinahe zwanghaft mit folgenden Intentionen wahr: sie bilden sich ein Urteil darüber, wie sie selbst erscheinen, wie die Medien das Geschehen darstellen und bewerten und wie ihre direkte soziale Umgebung und die Masse der Bevölkerung auf das Geschehen bzw. die Darstellung reagieren wird.[177] Beispiele für reziproke Effekte sind Medienberichte über Straftäter, die deren Resozialisierung behindern können, aber auch solche über Prominente.[178]

Im Hinblick auf Kinder und Jugendliche liegt der Schwerpunkt der Wirkungsforschung auf der direkten Medienwirkung auf junge Menschen als unbeteiligte Rezipienten. Ob und ggf. wie diese darauf reagieren, wenn sie Protagonisten einer Medienberichterstattung sind, ist bisher nicht untersucht worden. Einen Eindruck der emotionalen und sozialen Folgen negativer Presseberichterstattung gewährt eine Studie von *Kepplinger*, in der alle Personen schriftlich befragt wurden, die sich in dem Zeitraum von April 2000 bis März 2002 beim Deutschen Presserat aufgrund von Presseberichterstattungen über ihre eigene Person beschwert haben und deren Verfahren bis Frühjahr 2002 abgeschlossen waren. Grund der Beschwerden war in erster Linie, dass die Berichterstattung als ehrverletzend oder unrichtig empfunden oder in ihnen eine Privat- oder Intimsphärenverletzung gesehen wurde. Nahezu alle Beschwerdeführer (also Medienunerfahrene und Medienerfahrene) gaben in der Stichprobe als emotionale Folge Ärger an, über die Hälfte hat Monate später über das Gefühl der Hilflosigkeit berichtet, immerhin ein Drittel erinnert sich noch an ein Gefühl der Verlassenheit. Im Unterschied zu den Beschwerdeführern, die

176 Zu den positiven Medienwirkungen *Ecarius/Eulenbach* u. a., Jugend und Sozialisation, S. 150 f.; vgl. zur Mediensozialisation auch *Süss*, in: Batinic/Appel, Medienpsychologie, S. 361.

177 *Kepplinger*, in: Bitburger Gespräche 1999/I, S. 15 [23 f.]; *Kepplinger*, Medieneffekte, S. 135 ff.; *Bernhart*, Reziproke Effekte durch Sportberichterstattung, S. 23 ff.

178 Zum Letzten *Daschmann*, in: Schierl, Prominenz in den Medien, S. 184 ff.; *Bernhart*, Reziproke Effekte durch Sportberichterstattung.

medienunerfahren waren, konnten die Medienerfahrenen ihre Emotionen besser eingrenzen und damit das Ausmaß ihrer Betroffenheit unter Kontrolle halten. Knapp die Hälfte der Befragten berichtete, dass sie Verhaltensänderungen ihres sozialen Umfeldes wahrgenommen hätten. Zumeist wurde davon berichtet, dass Menschen ihnen aus dem Weg gegangen sind, das Gefühl vermittelt haben, dass sie enttäuscht sind, oder sie mit Fragen gequält und ihnen Vorwürfe gemacht haben. Je größer die soziale Distanz zwischen den anderen Menschen und den Beschwerdeführern war, desto eher hatten sie Verhaltensänderungen beobachtet (sog. Andere-Leute-Effekt). *Kepplinger* stellt fest, dass die Medienerfahrenen mit den wahrgenommenen Reaktionen ihrer Umwelt besser zurecht gekommen sind als die Medienunerfahrenen. Dies führt er darauf zurück, dass sie durch ihre Medienerfahrung und Prominenz eher wissen, wie sich die Menschen nach Medienberichterstattungen verhalten und dass sie Techniken entwickelt haben, mit denen sie sich gegen negative Resonanz abschotten.[179] Die meisten Menschen schreiben zudem negativen Berichten einen stärkeren Einfluss auf andere zu als auf sich selbst.[180] Bemerkenswert ist, dass auch nach einem Vierteljahr zwei Drittel der Beschwerdeführer nach eigener Aussage noch immer unter dem Eindruck negativer Presseberichte stand.[181]

Art und Stärke der Medienwirkung hängen dabei von zahlreichen Faktoren ab, so etwa von der Reputation der Medien, den Inhalten der Medienberichte und ihrer Intensität.[182] Entscheidend ist zudem, wie intensiv die Protagonisten die Berichterstattung wahrnehmen und wie sie die Darstellung des Geschehens in den Medienberichten mit ihren eigenen Eindrücken bewerten. Angesichts der beschriebenen Emotionen lässt sich jedoch mit einiger Sicherheit vermuten, dass reziproke Effekte bei Kindern besonders stark ausfallen werden, wenn sie kognitiv zur Wahrnehmung der Berichterstattung in der Lage sind. Dies beruht darauf, dass sie ihre Emotionen noch nicht so gut regulieren können, also auch noch nicht fähig sind, auf emotional belastende Situationen so zu reagieren, dass der Stress reduziert wird. Vielmehr gilt das Lernen der emotionalen Regulation als eine der wichtigsten Entwicklungsaufgaben des Kleinkindalters und ist ein komplexer Prozess.[183] Hinzu kommt noch, dass Kinder in der Regel weniger Erfahrung mit der Gesellschaft haben, so dass sie sich mehr fürchten könnten, wenn sie in der Öffentlichkeit erscheinen. Kinder sind teilweise sehr schüchtern und haben noch keine hinreichenden Mechanismen ausgebildet, um mit Gefühlen wie Verlegenheit umzugehen.[184] Im Zusammenhang

---

179 *Kepplinger*, Medieneffekte, S. 162 ff.; der Autor selbst weist darauf hin, dass sich die Ergebnisse der Studie nicht verallgemeinern lassen. Sie dienen deshalb hier vor allem der Anschaulichkeit.

180 *Kepplinger*, Medieneffekte, S. 138 m.w.N.

181 *Kepplinger*, Medieneffekte, S. 169.

182 Ausführlich dazu auch *Bernhart*, Reziproke Effekte durch Sportberichterstattung, S. 27 ff.

183 *Siegler/DeLoache/Eisenberg*, Entwicklungspsychologie, S. 390 ff.

184 Darauf weisen etwa auch hin *Grant*, 19 Am. J. Crim. L. 485 [492 ff.]; *Moriaty*, 9 Child & Family L.Q. 217 [217 f.].

mit der Berichterstattung über traumatische Erlebnisse von Kindern und Jugendlichen, aus denen auf die Identität der Opfer geschlossen werden kann, wird zudem auf die Gefahr der Polyviktimisierung, also nochmalige und anhaltende Schädigung als Opfer, hingewiesen, die zu schweren psychischen Problemen führen kann.[185] Schließlich beeinflussen, wie oben gezeigt, die Reaktionen der Umwelt das eigene Selbstbild und Selbstwertgefühl. Zum Beispiel könnten Eltern bewusst oder unbewusst ihr Verhalten derart ändern, dass die Bindungsqualität betroffen ist. Die größten Auswirkungen hätte es wohl für das Kind, wenn das eigene familiäre oder jedenfalls das nähere Umfeld als negativ empfundene Reaktionen zeigt.

C. Folgen von Bullying

Nicht unerwähnt kann in diesem Zusammenhang das Bullying bleiben, worunter allgemein wiederholte negative, soziale Handlungen über einen längeren Zeitraum hinweg zählen.[186] Die Folgen von Bullying sind vielfältig und können kurz-, mittel- oder langfristig andauern. So berichten minderjährige Opfer über Ängste, somatische Störungen, niedrigere soziale Kompetenzen, Einsamkeit, niedrigeren Selbstwert, Essstörungen und schlechtere schulische Leistungen sowie erhöhte Fehlzeiten.[187] Auch erwachsene Opfer klagen über Persönlichkeitsveränderungen und Depressionen und weisen statistisch mehr Krankheitstage auf.[188] Die in einer Metaanalyse zusammengefassten Folgen bestätigten zudem den Zusammenhang zwischen Viktimisierung durch Bullying und psychosozialen Beeinträchtigungen, wobei am höchsten die Effektstärken für Depressionen ausfielen, gefolgt von Effektstärken für Einsamkeit und Selbstwertgefühl.[189] Wahrscheinlich ist auch ein Zusammenhang zwischen Viktimisierung und emotionalen Störungen wie Suizidalität und selbstverletzendem Verhalten.[190] Dabei ist nicht bei jedem Menschen von einer gleich schweren psychischen Reaktion auszugehen, vielmehr spielen Vulnerabilität (Verwundbarkeit) und Resilienz (Widerstandsfähigkeit) des Opfers eine entscheidende Rolle. Allerdings entwickeln alle Opfer irgendwelche psychischen Folgestörungen, die zum Teil bis in das Erwachsenenalter hineinwirken können.[191]

---

185 *Patton*, 16 UC Davis J. Juv. & Pol. 427 [452]; Vgl. auch zu reziproken Effekten von Kriminalitätsopfern allgemein *Kunczik/Bleh*, Kriminalitätsopfer in der Zeitungsberichterstattung.

186 Vgl. zu den aktuellen Definitionsansätzen *Teuschel*, in: Ders./Heuschen, Bullying, S. 9 ff.

187 *Jantzer/Haffner/Parzer/Resch*, 21 Kindheit und Entwicklung 1 (2012), 40 ff. m.w.N.

188 Vgl. dazu die aktuelle Studie vom Bündnis gegen Cybermobbing, abrufbar unter http://www.buendnis-gegen-cybermobbing.de/mobbingstudie/Studie_Mobbing_Cybermobbing_Erwachsene.pdf. (11.04.2015).

189 Dazu und weiterführend *Scheithauer/Hayer/Petermann*, Bullying unter Schülern, S. 63 ff.

190 *Jantzer/Haffner/Parzer/Resch*, 21 Kindheit und Entwicklung 1 (2012), 40.

191 *Heuschen*, in: Teuschel/Heuschen, Bullying, S. 201.

D. Folgerungen aus der Funktionsanalyse

Aufbauend auf den dargelegten Funktionen der Privatheit für die Sozialisation sollen schließlich noch Folgen für die Identität und das Selbstwertgefühl, die ein Eingreifen in Privatheitskomponenten allgemein auslösen kann, präziser dargestellt werden.

Die Anerkennung und Unterstützung, die Kinder und Jugendliche von anderen erhalten, ist einer der bedeutsamsten Einflüsse auf den durch vielfältige Faktoren zurückgehenden Selbstwert.[192] Das Verständnis, das der Einzelne von sich selbst hat, ist grundsätzlich gesellschaftlich vermittelt. Ich erfahre, was ich bin, ganz wesentlich in meinen Begegnungen mit anderen durch die Art und Weise, wie die anderen mich behandeln.[193] Somit können Zuschreibungen durch andere, beispielsweise in den Medien, negative Auswirkungen auf das Selbstwertgefühl haben. Das zeigt beispielsweise die „Starifizierung" von Kindern, also die Instrumentalisierung der Person als „Kinder-Star". Damit einher geht vordergründig eine erhöhte Öffentlichkeit in den Medien, der „Star" wird dort besprochen. Medienbotschaften können sich dann auch in der Kindeserziehung und der Kindesentwicklung niederschlagen, insbesondere wird die Identität des Kindes durch Kommunikationen dieser Art mitbestimmt. Selbst bei neutralen oder positiven Medienbotschaften sind die Auswirkungen nur schwer vorauszusagen.[194] Die Identitätsfindung im Kindes- und Jugendalter erfolgt durch ein permanentes Aushandeln zwischen Innen- und Außenperspektive, indem der Jugendliche wie gezeigt zunächst ein Selbstkonzept bildet und es mit Reaktionen Anderer abgleicht. Je nachdem werden mögliche Selbstentwürfe anschließend übernommen oder verworfen.[195] Darüber hinaus werden Erfahrungen in dieser Zeit besonders intensiv erlebt, und der Jugendliche muss Werkzeuge entwickeln, um aufkommende Seiten seiner selbst zu bewältigen.[196] Kognitive Veränderungen führen im Verlaufe der Phase dazu, dass sich die Sichtweise des jungen Menschen auf sich selbst Schritt für Schritt weiterentwickelt hin zu einem zunehmend komplexen, wohl organisierten und konstanten Selbstbild.[197] Erst in der Adoleszens haben sich also eine gut strukturierte Selbstbeschreibung und ein differenziertes Selbstwertgefühl geformt. Diese Entwicklung ist von existentieller Bedeutung für die Persönlichkeitsentwicklung, da die Selbstkonzepte des Individuums, einschließlich seiner Selbstsicht und seines Selbstwertgefühls, alle Gefühle von Wohlbefinden und Kompetenz zu beeinflussen scheinen.[198] Des Weiteren zeigen Studien, dass sich zu wenig räumlicher Rückzugsraum negativ auf die Entwicklung des Selbstbewusst-

192 *Siegler/DeLoache/Eisenberg*, Entwicklungspsychologie, S. 448 f.

193 *Kruse*, in: Lampe, Persönlichkeit, Familie, Eigentum, S. 60 [66].

194 Dazu und zu anderen Aspekten der „Kinderstars" *Bieber-Delfosse*, Vom Medienkind zum Kinderstar, S. 276 ff.

195 *Niemann/Schenk*, in: Schenk/Niemann/Reinmann/Roßnagel, Digitale Privatsphäre, S. 33 m.N.

196 *Moriaty*, 9 Child & Family L.Q. 217 [217 f.].

197 *Berk*, Entwicklungspsychologie, S. 546 ff.

198 *Hannover/Greve*, in: Schneider/Lindenberger, Entwicklungspsychologie, S. 556.

seins auswirken kann. So hat etwa *Golan* beobachtet, dass Kinder in Einzelzimmern in psychiatrischen Kliniken höchstwahrscheinlich eher das gewählte Alleinsein erfahren als Kinder in Mehrbettzimmern, und dass diese Kinder ein höheres Selbstbewusstsein entwickelten, obwohl die Mitarbeiter der Krankenhäuser die beiden Untersuchungsgruppen als vergleichbar ansahen in Bezug auf psychische Störungen und soziale Einbindung.[199] Zudem zeigen Kinder mit mehr Privatheit weniger aggressives Verhalten und seelischen Rückzug.[200]

Besonders gravierende Folgen haben zudem Eingriffe, welche die Bindungen von Kindern zu anderen Menschen, insbesondere zu ihrer Familie beeinflussen können. Entwicklung und Qualität der fundamental wichtigen kindlichen Bindung sind stark von der Art ihrer Erfahrungen mit den Eltern abhängig, die ihrerseits unter Öffentlichkeitsdruck geraten können. Eingriffe in die Privatheit finden etwa statt, wenn prominenten Eltern und ihren Kindern durch Paparazzi nicht genügend unbeobachteter Raum gegeben wird oder familiäre Streitigkeiten öffentlich gemacht werden. Die Familie gibt den Kindern im Normalfall grundlegende Versorgungssicherheit, Beziehungsqualität, Erziehung und Bildung. Diese stellt deshalb das primäre soziale System dar und wird deshalb als primäre Sozialisationsinstanz angesehen. Zentral für das Verständnis dieser Sozialisationsinstanz ist, dass Familie über ein besonderes „soziales Kapital" verfügt, sog. strong ties, also die starken, engen und emotional gesteuerten Beziehungen zwischen den Familienmitgliedern.[201] Wie in einem Mikrokosmos spiegeln sich in Familien von früher Kindheit an kulturelle, ökonomische und normative Lebensbedingungen, die durch den Umgang von Eltern und Kindern miteinander aufgenommen und verarbeitet werden.[202] Der Einfluss von Müttern und Vätern entscheidet deshalb auch weitgehend über die Grundmuster der Persönlichkeitsentwicklung und hat direkte Auswirkungen auf Leistungs- und Sozialentwicklung.[203] Das Eingreifen in die familiäre Privatheit kann deshalb besonders schwerwiegende Folgen nach sich ziehen, wenn das Verhältnis der Kinder zu ihren Eltern beeinflusst wird.

§ 6 Zusammenfassende Würdigung

Die zusammengetragenen Publikationen zu Privatheit im Kindes- und Jugendalter aus sozialwissenschaftlicher Sicht bieten Erkenntnisse, die im Recht fruchtbar gemacht werden können. Zunächst ist anzuerkennen, dass Kinder und Jugendliche als Träger von Persönlichkeitsrechten aufgrund ihres Entwicklungs- und Fähigkeitsstandes ein natürlich geprägtes besonderes Schutzbedürfnis nach Privatheit haben.

---

199 *Wolfe*, in: Altman/Wohlwill, Children and Environment, S. 175 [218] m.N.

200 *Wolfe*, in: Altman/Wohlwill, Children and Environment, S. 175 [217] m.N.; *Parke*, in: Altman/Wohlwill, Children and the Environment, S. 33 [70 ff.] m.N.

201 *Schneekloth/Pupeter*, in: Wittmann/Rauschenbach/Leu, Kinder in Deutschland, S. 61.

202 *Hurrelmann*, Sozialisation, S. 66.

203 *Hurrelmann/Quenzel*, Lebensphase Jugend, S. 25.

Ein Verständnis von „privat" zeigt sich bereits in der Kindheit und erweitert sich fortschreitend mit den umweltbedingten Möglichkeiten, Erfahrungen im Hinblick auf Privatheit zu sammeln. Im Reifeprozess sowie innerhalb von Alterskohorten ist das Verständnis höchst unterschiedlich, der Schwerpunkt im Kindesalter und in der Adoleszenz liegt jedoch klar auf Alleinsein und Informationsmanagement. Es ist davon auszugehen, dass sich Minderjährige vor allem diesbezüglich der Tragweite ihrer Privatheit und ihrer Störung bewusst sind und das Eindringen in ihren Privatbereich durch Fotografieren und Filmen oder die Enthüllung persönlicher Informationen als störend empfinden. Privatheitserfahrungen, die sie in dieser frühen Zeit im Leben machen, beeinflussen grundlegend ihre Einstellung und ihr Bedürfnis zu den in Persönlichkeitsrechten verkörperten persönlichen Belangen. Privatheit kann jedoch nicht nur als Gegenstand der Sozialisation betrachtet, sondern zugleich als Funktionselement charakterisiert werden. Die Bedeutung von ausreichend Privatheit für die Entwicklung des Selbst, eines positiven Selbstbildes, intimen Bindungen und Autonomie lassen den Schluss zu, dass die Bewahrung von Privatheit ein wichtiger Faktor bei der Bewältigung dieser und anderer Entwicklungsaufgaben und damit der gesamten Persönlichkeitsentwicklung ist. Die genuine Schutzbedürftigkeit lässt sich vor diesem Hintergrund parallel zum Jugendmedienschutz in zwei zeitliche Dimensionen einteilen: Der Schutz vor *aktuellen Beeinträchtigungen* sowie der Schutz vor *latenten* oder *Entwicklungsbeeinträchtigungen*.[204] Mit Blick auf den Umfang des rechtlichen Schutzes ist von Belang, dass ein Eingreifen in den privaten Bereich die Integrität von Kindern und Jugendlichen potenziell empfindlicher beeinträchtigen kann als diejenige von Erwachsenen. Empirisch gesicherte Erkenntnisse dazu, *welche* Mängel in *welchen* Bereichen der Privatheit bei *welchen* Individuen *welche* Wirkung entfaltet, gibt es naturgemäß nicht. Die erhöhte Intensität geht jedoch zum einen aus der dynamischen Wirkungsdimension und zum anderen aus der naturbedingten Beeinflussbarkeit und Verletzlichkeit hervor, wie beispielsweise der verringerten Fähigkeit zur Emotionsregulation. Eine fundamentale Rolle, die sich im Recht an vielen Stellen widerspiegelt, kommt zudem der primären Sozialisationsinstanz der Familie sowie eine ungestörte Eltern-Kind-Bindung zu.

Diese sozialwissenschaftlichen Befunde ließen sich durch weitergehende Forschung in den Sozialwissenschaften noch ausbauen und schärfen. Insbesondere die Untersuchung reziproker Effekte könnte erheblichen Erkenntnisfortschritt bringen, der für die Güter- und Interessenabwägung im Minderjährigenpersönlichkeitsschutz dienlich wäre. Es bleibt abzuwarten, ob in diese Richtung weiter geforscht wird und mit welchen Ergebnissen. Insgesamt untermauern die vorhandenen Realdaten jedenfalls, dass es auch im Persönlichkeitsschutz geboten ist, Kinder und Jugendliche normativ als Schutzgruppe mit ganz eigenen, charakteristischen Bedürfnissen und Fähigkeiten wahrzunehmen und ihnen ein spezifisches Regelungssystem zur Seite zu stellen, soweit dies erforderlich ist.

---

204 So auch *Hoffmann-Riem/Engels/Schulz*, in: Charlton u. a., Fernsehwerbung und Kinder, Bd. 2, S. 311 [325].

Kapitel 3: Persönlichkeitsschutz von Minderjährigen in den Vereinigten Staaten von Amerika

Bevor sich die Untersuchung den Kernfragen im zivilrechtlichen Persönlichkeitsschutz annähert und hierfür die konkreten Wertungsgrundlagen beleuchtet (Kapitel 4), soll in einem rechtsvergleichenden Blick in die Vereinigten Staaten von Amerika vorgestellt werden, wie der Persönlichkeitsschutz von Minderjährigen in dieser traditionell einflussreichen Rechtsordnung ausgeformt ist. Der jeweilige Konflikt zwischen freier medialer Berichterstattung und freier Internetnutzung mit der persönlichen Integrität von jungen Menschen ist in der U.S.-amerikanischen Gesellschaft nicht minder ausgeprägt und wirft analoge Problematiken im Rahmen der fremden Rechtsordnung auf. Ein rechtsvergleichender Überblick ermöglicht nicht nur Rückschlüsse über das Schutzniveau deutschen Rechts und seine vergleichende Einordnung, sondern könnte auch der Inspiration für dessen Fortentwicklung dienen.

§ 1 Grundlegende Rahmenbedingungen des Persönlichkeitsschutzes im Kindes- und Jugendalter

A. Schutz von Persönlichkeitsinteressen *im tort law*

Der Schutz von Persönlichkeitsinteressen wird im U.S.-amerikanischen Recht in erster Linie durch das komplexe Konzept des *right of privacy* gewährleistet, das den Einzelnen vor Eingriffen in Persönlichkeitsinteressen schützt. In der über 100-jährigen Geschichte wurden unter dem Schirm des *right of privacy* zahlreiche unterschiedliche Interessen als schützenswert anerkannt. Der im U.S.-amerikanischen Recht etablierte Begriff des *right of privacy* ist also nicht (notwendig) begriffsidentisch mit dem im Rahmen des Völkerrechts verwendeten Terminus. So behandelt der U.S. Supreme Court etwa die Freiheit, eine Abtreibung vornehmen zu lassen, ebenso als Fallgruppe des Rechts wie die polizeiliche Durchsuchung eines Hauses. Angesichts der Vielschichtigkeit lässt sich auch der amerikanische Begriff also nicht in eine allgemeine Definition verpacken, vom Ursprung her wird üblicherweise auf das *right to be left alone* abgestellt.[205] Ein systematisches Recht auf Privatheit entwickelte sich bekanntlich im 20. Jahrhundert in Folge des berühmten Aufsatzes von *Warren* und *Brandeis*, der das Fallrecht in Bezug auf die Presse und ihre Kon-

205 So etwa *Götting*, in: Ders./Schertz u.a., Handbuch, § 69 Rn. 4; *Shmueli/Blecher-Prigat*, 42 Col. Human Rights L. R. 759 [766] m.N.

sumenten auf eine breitere Grundlage stellte.[206] Das *case law* sowie Regelungen in Bundes- und Staatengesetzen sind seitdem beträchtlich angeschwollen. Inhalt, Grenzen und Systematisierung sind in beträchtlicher Vielzahl auch rechtsvergleichend einbezogen worden.[207] Ergänzend wird der Schutz vor kommerzieller Ausbeutung durch das *right to publicity* und der Schutz der persönlichen Ehre durch den *defamation tort* gesichert.

Träger dieser bürgerlichen Rechte sind wie im deutschen Recht alle natürlichen Personen, also sowohl Erwachsene als auch Kinder und Jugendliche. Spezialregelungen für minderjährige Rechtsträger knüpfen an die allgemeine rechtliche Trennung zwischen Kindheit und Erwachsenendasein an (*age of majority*), die im amerikanischen Recht anders als in den meisten anderen Weststaaten nicht durch eine feste Altersgrenze geregelt ist, sondern von den Einzelstaaten festgesetzt wird.[208] Abgesehen von wenigen Ausnahmen,[209] werden junge Menschen in den meisten Staaten mit Erreichen des 18. Lebensjahres rechtlich grundsätzlich nicht mehr als Minderjährige behandelt mit der Folge, dass sie im Grundsatz frei von elterlicher Autorität und Kontrolle und berechtigt sind, alle bürgerlichen Rechte wahrzunehmen und Entscheidungen über ihr eigenes Leben zu fällen.[210]

B. Inhalt und Reichweite des *right of privacy* in der U.S. Constitution

Zum Einstieg empfiehlt sich ein Blick auf den verfassungsrechtlichen Rahmen des Untersuchungsgegenstandes. Das in der U.S.-amerikanischen Constitution wurzelnde Konzept des *privacy right* hat im Ausgangspunkt wenig mit den Fallgruppen des zivilrechtlichen *tort law* gemein und ist inhaltlich streng davon zu unterscheiden.[211] Ungeachtet dessen besteht aber eine äußerst enge Verzahnung dergestalt, dass das *common law* durch verfassungsrechtliche Regelungen durchzogen ist. Insbeson-

---

206 Ausführlich zur Entstehungsgeschichte *Palmer*, 26 Tulane Eur. & Civ. L. Forum 67; *Nelson*, 18 South Texas L. J. 121 [123 ff.]; *Meyer*, Persönlichkeitsrechte im kommerziellen Rechtsverkehr, 4. Teil S. 79 ff.

207 Vgl. nur *Wittern*, Verhältnis von right of privacy und Persönlichkeitsrecht zur Freiheit der Massenmedien; *Höning*, Das Recht am eigenen Bild und der Schutz prominenter Persönlichkeiten im deutschen und U.S.-amerikanischen Recht; *Böhnstedt*, Konstitutionalisierung des Bildnisschutzes; *Meyer*, Persönlichkeitsrechte im kommerziellen Rechtsverkehr; *Siebrecht*, Ehrenschutz und Massenmedien; *Bruns*, Informationsansprüche gegen Medien; *Heese*, Forderungseinzug und Schutz vor unerwünschter Kontaktaufnahme, JZ 2012, 487 ff.

208 *Ramsey/Abrams*, Children and the Law, S. 7.

209 Alabama (19), Nebraska (19 oder nach der Eheschließung), Mississippi (21), Puerto Rico (21).

210 *Kramer*, Legal Rights of Children, § 14:2; in deutscher Sprache *Seibl*, in: Bergmann/Ferid/Henrich, Internationales Ehe- und Kindschaftsrecht, Bericht U.S.A., S. 54 f.

211 Dazu ausführlich *McCarthy*, Publicity and Privacy, § 5:56.

dere die Kommunikationsfreiheiten des Ersten Amendment zur U.S. Constitution haben – wie im deutschen Recht – eine signifikante Rolle bei der Konturierung des deliktischen Schutzes des *right of privacy* gespielt.[212] Die Spruchpraxis des Supreme Court hat deshalb einen nicht unerheblichen Einfluss auch auf das zu untersuchende Deliktsrecht.[213]

I. Die Rechtsprechung des U.S. Supreme Court zu verfassungsrechtlichen Garantien von Kindern und Jugendlichen

1. Anerkennung von Kinderrechten in der Constitution: In re Gault

Es steht heute außer Zweifel, dass Minderjährige als Personen unter dem Schutz der U.S. Constitution und der State Constitutions stehen. Dem Terminus „*childrens right's*" wurde erstmals in der Leitentscheidung des U.S. Supreme Court *In re Gault* aus dem Jahre 1967 Leben eingehaucht und er wurde auf die Grundlage der U.S. Constitution gestellt.[214] Der Supreme Court entschied darin, dass jugendlichen Beschuldigten im Jugendgerichtsverfahren wie erwachsenen Personen gewisse Verfahrensrechte zu gewähren sind. Tragende Rechtsgrundsätze zu den verfassungsrechtlichen Garantien für minderjährige Rechtsträger wurden trotzdem bis heute nicht herausgebildet.[215] Der U.S. Supreme Court hat bislang keinen speziellen analytischen Rahmen für die Anerkennung von Kinderrechten entwickelt, sondern entscheidet im Einzelfall.[216] Die Rechtsprechung wird bis heute begleitet von einer breiten Debatte darüber, welche Rechte Kinder besitzen, ob Kinder rechtlich genauso wie Erwachsene betrachtet werden sollen und welche Rolle der Staat für den Schutz dieser Rechte übernehmen sollte.[217] Fundament minderjährigkeitsspezifischer Standards ist dabei der Schutz des Kindeswohls (*best interest*), das auch im U.S.-amerikanischen Minderjährigenrecht eine zentrale Rolle einnimmt.[218]

Grundlegend fest steht jedenfalls, dass die verfassungsmäßigen Rechte von Minderjährigen denjenigen von Erwachsenen grundsätzlich nicht gleichgestellt werden müssen.[219] Der U.S. Supreme Court betont immer wieder, dass der Staat die

---

212 Zur Entwicklung *McCarthy*, Publicity and Privacy, Kap. 1.

213 Vgl. speziell zum Tort Law und Ersten Amendment *Anderson*, 69 Brooklyn Law Review 755.

214 *In re Gault*, 387 U.S. 1 (1967); vgl. auch *Wisconsin v. Yoder*, 406 U.S. 205, 243 (1972); dazu ausführlich *Kramer*, Legal Rights of Children, § 1:2 f.; in deutscher Sprache *Coester*, Kindeswohl als Rechtsbegriff, S. 91 f.

215 Für einen Überblick über die Rechte Minderjähriger in der Constitution vgl. *Clarke*, 1992 University of Illinois Law Review 1.

216 So *Henning*, 53 Wm. & Mary L. Rev. 55 [59].

217 *Kimball*, 18 Seton Hall J. of Sports & Entert. L. 181 [198] m.N.

218 *Nelson*, 18 South Texas L. J. 121 [138]; *Kimball*, 18 Seton Hall J. of Sports & Entert. L. 181 [197]; *Coester*, Kindeswohl als Rechtsbegriff, S. 101.

219 *Bush*, 12 Golden Gate U. L. Rev. 579 [580]; vgl. *Goldstein v. Spears*, 536 F. Supp. 606, 608 (1982); *Memphis Planned Parenthood v. Sundquist*, 175 F.3d 456 (1999).

Rechtsordnung an die Bedürfnisse der Minderjährigen anpassen kann: „We have recognized three reasons justifying the conclusion that the constitutional rights of children cannot be equated with those of adults: the peculiar vulnerability of children; their inability to make critical decisions in an informed, mature manner; and the importance of the parental role in child rearing."[220] In erster Linie dient das der Rechtfertigung, die verfassungsmäßigen Rechte von Minderjährigen zu ihrem eigenen Schutz zu verringern.[221] Zugleich werden die Rechte von Kindern und Jugendlichen in bestimmten Bereichen auch im Vergleich zu Erwachsenen intensiver geschützt. Analog zur deutschen Rechtsordnung basiert Minderjährigenschutz auf Abwägungen im Einzelfall, ist also nicht verallgemeinernd zu bestimmen. Einschränkungen der Garantien des Ersten Amendments werden beispielsweise im Jugendmedienschutz vergleichsweise weitgehend zugelassen, wenn sie zum Schutze von Kindern notwendig sind.[222] Allerdings kann auch ein zwingendes Interesse an dem Schutz von Kindern eine unnötig weite Verdrängung der Kommunikation, die sich auch an Erwachsene richtet, nicht rechtfertigen.[223] Nach einem 3-Stufen-Test, den das Gericht in *Turner Broadcasting System, Inc. v. FCC* für die Regulierung in diesem Bereich entwickelt hat, muss der regulierende Staat aufzeigen, dass erstens die soziale, moralische oder emotionale Entwicklung von Kindern auf dem Spiel steht, zweitens die Kommunikation die unmittelbare Ursache für die Risiken ist und drittens die Beschränkung der Kommunikation tatsächlich das Risiko von Schäden vermindern würde.[224] Ein kalifornisches Gesetz zum Schutze von Minderjährigen vor gewaltverherrlichenden Computerspielen hatte in Anbetracht der strengen Voraussetzungen vor dem U.S. Supreme Court jüngst keinen Bestand, da nicht bewiesen sei, dass die Darstellungen zu aggressivem Verhalten von Minderjährigen führen.[225]

---

220 *Bellotti v. Baird*, 443 U.S. 622, 634 (1979); vgl. auch *Hutchins v. District of Columbia*, 188 F.3d 531, 539 (1999).

221 *Grandison*, 14 University of the District of Columbia L. R. 209 [215].

222 *Calvert/Brown*, 18 Cardozo Arts & Entert. L. J. 469 [502]; der *Communication Decency Act* aus 1996, der *Children's Internet Protection Act („CIPA")* aus dem Jahre 2000, der *Dot Kids Implementation and Efficiency Act* aus 2002 sowie der *Protecting Children in the 21st Century Act* aus 2008 sorgen speziell für den Schutz vor schädlichen Einflüssen im Internet; zu Inhalt und Rechtsprechung der Gesetze *Saunders*, Saving our Children, S. 166 ff.; zum Jugendmedienschutz außerhalb des Internet vgl. *Haubenreich*, 31 Hastings Comm. & Ent L.J. 223 [230]; *Ginsberg v. New York*, 390 U.S. 629 (1968); *New York v. Ferber*, 458 U.S. 747 (1982); *F.C.C. v. Pacifica Foundation*, 438 U.S. 726 (1978).

223 *Reno v. American Civil Liberties Union*, 521 U.S. 844, 875 (1997).

224 *Turner Broadcasting System, Inc. v. FCC*, 512 U.S. 622 (1994).

225 *Brown v. Entertainment Merchants Ass'n*, 564 U.S. 08–1448 (2011); in dem 2005 unter Gouverneur Schwarzenegger erlassenen Gesetz wurde das Verleihen sowie der Verkauf von gewaltverherrlichenden Videospielen an Minderjährige aus Gründen des Jugendschutzes verboten und unter Strafe gestellt; vgl. auch *Butler v. Michigan*, 352 U.S. 380 (1957) zur Vergabe von ungeeignetem Material an Minderjährige.

2. *Anerkennung des* right of privacy *im Kindes- und Jugendalter:* Planned Parenthood of Central Missouri v. Danforth

Herausragende Bedeutung für Anerkennung und Weiterentwicklung des verfassungsmäßig garantierten *right of privacy* minderjähriger Rechtsträger insgesamt entfalteten zuvörderst die einzelstaatlichen Gesetze zu Schwangerschaftsabbrüchen, die in einer ganzen Reihe von Verfahren gerichtlich überprüft wurden.[226] In *Planned Parenthood of Central Missouri v. Danforth* aus dem Jahre 1976 schloss sich der U.S. Supreme Court der bis dahin ergangenen Rechtsprechung der Staatengerichte an und bezog das *right of privacy* erstmals ausdrücklich in seine Entscheidungsfindung ein.[227] Gegenstand des Urteils war das Abtreibungsgesetz des Staates Missouri, das unter anderem für die Vornahme eines Schwangerschaftsabbruchs bei einer unverheirateten Frau unter 18 Jahren die Einwilligung der Eltern vorschrieb. Nach Ansicht des Gerichts stand diese Norm im Widerspruch zur Constitution, da das *right of privacy* der schwangeren Minderjährigen nicht hinreichend Berücksichtigung fände. Die breite richterliche Anerkennung des *right of privacy* für Kinder und Jugendliche hat dazu geführt, dass die Rechtsposition auch in anderen Zusammenhängen heute außer Frage steht. Allerdings hat der U.S. Supreme Court in unterschiedlichen Kontexten eine weitgehende Regulierung auch dieses Grundrechts zum Schutze von Minderjährigen anerkannt.[228]

II. Selbstbestimmung und Zurückgezogenheit als geschützte Rechtspositionen

Das in den Entscheidungen zu Abtreibungsgesetzen entscheidende Element der Selbstbestimmung und Autonomie (*decisional privacy)* ist seit der Leitentscheidung des U.S. Supreme Court in *Whalen v. Roe* als verfassungsmäßig garantiert anerkannt und bezieht sich auf einen Bereich persönlicher Autonomie, in dem der Einzelne unabhängig persönliche Entscheidungen treffen kann.[229] Das kinderspezifische

---

226 Vgl. beispielsweise zur Rechtsprechung des U.S. Supreme Court *Planned Parenthood v. Danforth*, 428 U.S. 52 (1976); *Bellotti v. Baird (Bellotti I)*, 428 U.S. 132 (1976); *Bellotti v. Baird (Belotti II)*, 443 U.S. 622 (1979); dazu auch *Bush*, 12 Golden Gate U. L. Rev. 579; *Hosek*, 7 Journal of Juvenile Law 99; *O'Shaughnessy*, 57 Ohio State L. R. 1731.

227 *Planned Parenthood of Central Missouri v. Danforth*, 428 U.S. 52 (1976); als eines der ersten Bundesgerichte hatte sich damit zu befassen der United States District Court, D. Utah in *TH v. Jones*, 425 F.Supp. 873 (1975); ebenso der Superior Court of New Jersey in *State v. Lowry*, 95 N.J. Super. 307, 230 A.2d 907 (1967), Supreme Court of Washington in *State v. Koome*, 84 Wn.2d 901, 530 P.2d 260 (1975) und Appellate Court of Illinois in *St. Louis v. Drolet*, 39 Ill.App.3d 27 (1976).

228 Z.B. *Vernonia School Dist. 47J v. Acton*, 515 U.S. 646 (1995); *New Jersey v. T.L.O.*, 469 U.S. 325 (1985).

229 *Whalen v. Roe*, 429 U.S. 589, 599 (1977); dazu ausführlich *Schachter*, Informational and decisional privacy, S. 771 ff.; *Palmer*, 26 Tulane Eur. & Civ. L. Forum 67 [94].

Spannungsfeld zu Elternrechten und der Rolle des Staates ist auch in der fremden Rechtsordnung verfassungsrechtlich geprägt. Im Mittelpunkt der Diskussionen um das angemessene Verhältnis von Selbst- und Fremdbestimmung stehen neben den Schwangerschaftsabbrüchen die Garantien von Schülern in der Schule[230] und Minderjährige in der Gerichtsbarkeit[231]. Daneben ist das persönliche Interesse gewährleistet, private Informationen vor einer Offenlegung zu schützen (sog. *informational privacy).*[232] Die Kontrolle des Einzelnen über Zugang und Gebrauch seiner persönlichen Daten wie Name, Adresse, Telefon- und Sozialversicherungsnummer wird in der amerikanischen Informationsgesellschaft umfangreich diskutiert und geht mit vielfältiger Gesetzgebung einher.[233] Bei der einfachgesetzlichen Umsetzung der Garantien verfolgt die U.S.-amerikanische Gesetzgebung einen sektoralen Ansatz und hat verschiedene Regelwerke in einzelnen Gebieten etabliert (zum Beispiel der Health Insurance Portability and Accountability Act von 1996, der Family Educational Rights and Privacy Act, der Fair Credit Reporting Act, Electronic Communications Privacy Act von 1986). Ein geschlossenes Regelungssystem bildet das Gesetzesrecht bislang jedoch nicht.[234] Schließlich ist auch die *physical privacy* geschützt, welche unter anderem die Integrität des Körpers, der Wohnung und der Korrespondenz umfasst.[235]

Des Weiteren garantiert das *right of privacy* nach U.S.-amerikanischem Verständnis von jeher auch ein kollektives Familieninteresse (*familial privacy),* das neben die individuellen Belange der Familienmitglieder tritt.[236] Die Familieneinheit wird traditionell als Festung gegen Eingriffe in das Recht auf *privacy* durch die Außenwelt begriffen.[237] So ist beispielsweise das Recht der Familienmitglieder auf ein gemeinsa-

---

230 *New Jersey v. T.L.O.*, 469 U.S. 325 (1985); *Kramer*, Legal Rights of Children, § 25:17 ff.

231 In *New Jersey v. T.L.O.*, 469 U.S. 325 (1985) erkennt das Gericht ein Interesse an und wägt es mit dem Interesse der Schule ab, ein Umfeld des Lernens zu schaffen.

232 Vgl. *Whalen v. Roe*, 429 U.S. 589, 599 (1977); *Nixon v. Administrator of General Services*, 433 U.S. 425 (1977) und *NASA v. Nelson*, 530 F. 3d 865 (2011); zum konkreten Inhalt der informational privacy vgl. *Schachter*, Informational and decisional privacy, S. 199 ff., 519 ff.

233 Vgl. *Schachter*, Informational and decisional privacy, S. 199 ff.; *Grandison*, 14 University of the District of Columbia L. R. 209 [214]; *Marwick/Diaz/Palfrey*, Youth, Privacy and Reputation, S. 39.

234 *Bruns*, Informationsansprüche gegen Medien, S. 102.

235 Vgl. *Silverman v. United States*, 365 U.S. 505 (1961); *Kyllo v. United States*, 533 U.S. 27 (2001).

236 Vgl. *Meyer v. Nebraska*, 262 U.S. 390, 399 (1923); *Pierce v. Society of Sisters*, 268 U.S. 510 (1925) und *Skinner v. Oklahoma*, 316 U.S. 535 (1942); dazu *Eichbaum*, 14 Harv. Civil Rights – Civil Liberty L. Rev. 361.

237 "Our decisions establish that the Constitution protects the sanctity of the family precisely because the institution of the family is deeply rooted in this Nation's history and tradition.", *Moore v. City of East Cleveland*, 431 U.S. 494, 503 (1977).

mes Leben und das Recht auf Eheschließung konstitutionell geschützt.[238] Auch das Interesse des Kindes an dem Verhältnis zu den eigenen Eltern ist verfassungsrechtlich garantiert.[239] Vor diesem Hintergrund können sich grundsätzliche Zielkonflikte zwischen zwei der höchsten Traditionen der U.S.-amerikanischen Kultur ergeben, nämlich das Familienleben und die individuelle Freiheit.[240] Zweifel an einem eigenen und familiär unabhängigen Recht des Kindes in Anbetracht der engen Verbindung des *right of privacy* mit der Integrität und Unverletzlichkeit der Familie sind durch die Rechtsprechung des U.S. Supreme Court mittlerweile aber ausgeräumt.[241]

III. Right of privacy *im Kontext zu Elternrechten und Staatsverantwortlichkeit*

Die skizzierte grundrechtliche Stellung lässt erkennen, dass das *right of privacy* im Kindes- und Jugendalter auch in der U.S.-amerikanischen Rechtsordnung in einem Dreiecksverhältnis zu Elternrechten und Verantwortlichkeit des Staates steht, das prägenden Einfluss auf das einfache Recht – hauptsächlich die Dispositionsbefugnisse – hat.

Das fundamentale Recht der Eltern, die eigenen Kinder aufzuziehen und sich um ihr Wohlbefinden zu kümmern, wird seit den 1920er Jahren nicht nur als natürliches Recht angesehen, sondern auch dem Vierzehnten Amendment, genauer der *Due Process Clause*, entnommen.[242] Eltern sind die primären Entscheidungsträger bei der Erziehung ihrer Kinder, ihre Autorität gilt als Fundament der Familie. Entsprechend weite Kompetenzen stehen den Eltern traditionell zu. Einfachrechtliche Ausformung sind die *custody rights*, die wie große Teile des Familienrechts in der Gesetzgebungskompetenz der Bundesstaaten stehen. Sie umfassen die Personen- und Vermögenssorge und stehen unter der Maxime des Kindeswohls (*best interest of the child*).[243] Zugleich wurde schon früh ein umgekehrt funktionaler Zusammenhang zwischen dieser Autorität und der wachsenden Mündigkeit der Kinder konstatiert: „Parental authority wanes gratefully as a child matures; it does not suddenly disappear at adulthood".[244]

---

238 Vgl. *Moore v. City of East Cleveland*, 431 U.S. 494 (1977); weitere Entscheidungen bei *Wickersham*, 5 Cardozo Women's L.J. 153 [157] und *Nelson*, 18 South Texas L. J. 121 [122 f.].

239 *Smith v. City of Fontana*, 818 F.2d 1411, 1418 (1987).

240 Vgl. dazu auch *Hafen*, 1967 BYU L. Rev. 605; *Ders.*, 63 American Bar Association J. 1383.

241 Dazu *Melton*, 62 Nebraska Law Rev. 455 [462] (1983).

242 Z.B. *Pierce v. Society of Sisters*, 268 U.S. 510, 534 (1925); *Meyer v. Nebraska*, 262 U.S. 390, 399 (1923); ausführlich dazu *Wingo/Freytag*, 67 Iowa L. Rev.401 [407]; *Haubenreich*, 31 Hastings Comm. & Ent L.J. 223 [226] m.w.N.

243 *Seidl*, in: Bergmann/Ferid/Henrich, Internationales Ehe- und Kindschaftsrecht, Bericht U.S.A. S. 62o; bspw. § 3010 Carlifornia Familiy Code.

244 *State v. Koome*, 84 Wn.2d 901, 910, 530 P.2d 260 (1975); *Nelson*, 18 South Texas L. J. 121 [138].

Hinzu treten nach der Doktrin der *parens patriae* das Recht und die Verantwortung des U.S.-amerikanischen Staates, das Wohl der Kinder und Jugendlichen zu sichern.[245] Ihm wird damit eine subsidiäre Schutzfunktion zugewiesen, die ihn auch als Wächter des Kindeswohls auftreten lässt.[246] Das Prinzip des *best interest* ist auch im amerikanischen Recht ein Leitprinzip, um Angelegenheiten des Kinder- und Jugendschutzes zu bestimmen, beispielsweise bei Sorgerechtsstreitigkeiten.[247] Maßstab und Grenzen für Einschränkungen der primären Entscheidungsfreiheit der Eltern sind nicht klar umschrieben, tendenziell werden sie eng gehalten. So ist eine Beschränkung elterlicher Rechte zulässig, wenn eine Beeinträchtigung der physischen oder psychischen Gesundheit eines Kindes dargelegt wurde oder geschlussfolgert werden kann.[248] Seit *Meyer v. Nebraska*, in dem das Gericht willkürliche und unangemessene Eingriffe in das Elternrecht durch Gesetze verboten hat, werden staatliche Eingriffe in die Elternrechte äußerst streng überprüft.[249]

IV. Der Konflikt zur freedom of speech

Die verfassungsrechtlich garantierten Bestandteile des *right of privacy* gelten auch in der U.S.-amerikanischen Rechtsordnung niemals absolut, sondern sind mit den Rechten und Interessen anderer Personen abzuwägen.[250] Wie in Deutschland stehen bei der Abwägung mit anderen Rechten auch und insbesondere die Meinungs- und Pressefreiheit im Mittelpunkt (*freedom of speech/freedom of the press*), die als tragende Grundrechte der Verfassung gelten und denen eine überragende Bedeutung beigemessen wird.[251]

Sedes materiae auf der Seite der Presse ist der weitläufige Schutzbereich des Ersten Amendments der U.S. Constitution, in dem es heißt: „Congress shall make no law [...] abridging the freedom of speech, or of the press". Die Norm bringt in erster Linie die Aufklärungsfunktion der Medien zum Ausdruck, die staatliche Zensur verhindern und den „freien Markt der Ideen" (free market-

---

245 Der Begriff beschreibt den Staat als Vater des Landes und befähigt ihn, die Verantwortung für die Fürsorge seiner Kinder zu übernehmen; *Wingo/Freytag*, 67 Iowa L. Rev.401 [409].

246 *Coester*, Kindeswohl als Rechtsbegriff, S. 88 f.

247 *Kimball*, 18 Seton Hall J. of Sports & Entert. L. 181 [197].

248 *Wisconsin v. Yoder*, 406 U.S. 205, 230 (1972); *Prince v. Massachusetts*, 321 U.S. 158, 167 (1944).

249 *Meyer v. Nebraska*, 262 U.S. 390, 399 (1923); *Pierce v. Society of Sisters*, 268 U.S. 510 (1925); weitere Nachweise bei *Seng*, in: *Trubow*, Privacy Law and Practice, Vol. 3 26.03.

250 *Westin*, Privacy and Freedom, S. 7.

251 Überblick zur historischen Bedeutung bei *Smolla*, Suing the press, S. 45 ff.; ausführlich in deutscher Sprache *Böhnstedt*, Konstitutionalisierung des Bildnisschutzes, S. 205 ff.; *Höning*, Das Recht am eigenen Bild, S. 73 ff.; *Wittern*, Verhältnis von right of privacy und Persönlichkeitsrecht zur Freiheit der Massenmedien, S. 8 ff.

place of ideas) gewährleisten soll.[252] Dementsprechend ist die Rechtspraxis zum Ersten Amendment in erster Linie von der Überzeugung geprägt, dass in einer freien und offenen Gesellschaft „good speech“ und „bad speech“ zwangsläufig miteinander verflochten sind und letztere Kommunikation in einigen Fällen von ihr toleriert werden muss, um der anderen Kommunikation genug Raum zu geben.[253] Unter dem Grundrecht konnte sich die Presse relativ frei von staatlichen Einflüssen und Kontrollen entwickeln und hat in der U.S.-amerikanischen Gesellschaft bekanntlich eine besonders mächtige und wichtige Stellung inne.[254] Der Schutzbereich der *speech* umfasst grundsätzlich alle Diskussionen über öffentliche Angelegenheiten, die weit zu verstehen und nicht auf politische Themen beschränkt sind. Der U.S. Supreme Court versteht darunter alle Angelegenheiten, deren Informationen benötigt werden oder dazu bestimmt sind, den Mitgliedern der Gesellschaft zu ermöglichen, mit den Anforderungen ihrer Zeit zurechtzukommen.[255] Unter dem Schutz stehen alle Kommunikationsformen, also auch das Internet.[256]

Bis auf wenige Ausnahmen, in denen die Gesetzgebung die Entscheidung bereits gefällt hat, ist es Aufgabe der Gerichte, zwischen Privatheits- und Meinungsäußerungsinteressen abzuwägen. Beschränkungen der Meinungs- und Pressefreiheit dürfen grundsätzlich nur insoweit auferlegt werden, dass die Rechte des Ersten Amendments unter Erreichung des Ziels am wenigsten beeinträchtigt werden.[257] Zumeist geben die Gerichte in dieser Beziehung den Garantien des Ersten Amendments aber ohnehin den Vorzug.[258] Im Konflikt des *right of privacy* einer Person mit den Rechten der Presse sind im Rahmen der Interessenabwägung sach- und personenbezogene Kriterien zu berücksichtigen. Von überragender Bedeutung ist vor allem das *newsworthiness privilege*, das die Medien von einer Haftung befreit, wenn sie über Angelegenheiten von öffentlichem Interesse berichten oder dafür Informationen beschaffen.

---

252 Zurückgehend auf Justice Brandeis in *Whitney v. California*, 274 U.S. 357, 372 (1927); vgl. auch zu den anderen Funktionen *McCarthy*, Publicity and Privacy, § 8:1 ff.

253 *Smolla*, Suing the press, S. 49.

254 Vgl. dazu ausführlich *Böhnstedt*, Konstitutionalisierung des Bildnisschutzes, S. 205 ff., 214.

255 *Thornhill v. State of Alabama*, 310 U.S. 88, 95 (1940).

256 *Hood*, 52 Boston College Law Review 617 [627]; vgl. *Reno v. American Civil Liberties Union*, 521 U.S. 844 (1997).

257 *Central Hudson Gas & Elec. Corp. v. Public Service Commission of New York*, 447 U.S. 557, 561 (1980); weitere Nachweise bei *McCarthy*, The Rights of Publicity and Privacy, § 8:11.

258 Vgl. dazu *Crisci*, 6 NYU Journal of Legislation and Public Policy 207 [211].

§ 2 Erklärung und Bindungswirkung der Einwilligung in Persönlichkeitsrechtseingriffe

Nach U.S.-amerikanischem Recht scheidet eine Haftung entsprechend dem Grundsatz *volenti non fit injuria* grundsätzlich aus, wenn der Betroffene in eine Rechtsgutsverletzung einwilligt (*consent*).[259] Durch die Erklärung einer Zustimmung zu Berichterstattungen über private Angelegenheiten oder andere Eingriffe in das *right of privacy* wird das Unrechtmäßigkeitselement der schädigenden Handlung beseitigt und ein deliktischer Tatbestand kann gar nicht erst entstehen.[260] Kinder und Jugendliche betreffend steht im Vordergrund, ob und inwieweit sie selbst in eine Verletzungshandlung einwilligen können, sowie die Bindungswirkung, die Einwilligungserklärungen entfalten.

A. Einwilligungsfähigkeit und Einwilligungserklärung

Erstere Problematik ist wie im deutschen Recht durch das verfassungsrechtlich geprägte Spannungsverhältnis zwischen dem individuellen Recht des minderjährigen Rechtsträgers, dem Recht seiner Eltern auf Erziehung und schließlich dem staatlichen *parens patriae* gekennzeichnet. Die Auflösung ist nicht durchweg starren Regeln unterworfen, sondern erfolgt wie bei den Abtreibungsgesetzen und der dazu ergangenen Rechtsprechung auch unter Einbeziehung der jeweiligen Umstände.

I. Incapacity theory *und elterliche Einwilligungserklärung*

Die Rechtslage ist parallel zum deutschen Recht durch die traditionelle Grundannahme geprägt, dass Minderjährige generell nicht oder jedenfalls weniger als Erwachsene in der Lage sind, wichtige Entscheidungen zu treffen.[261] Diese *incapacity theory* der Kindheit schlägt sich im Hinblick auf die Erklärung einer Einwilligung in unerlaubte Persönlichkeitseingriffe in dem Grundsatz der Alleinentscheidungsbefugnis der Eltern nieder.[262] Diese sind grundsätzlich durch die *custody rights* berechtigt und verpflichtet, für ihre Kinder Entscheidungen zu fällen und ihre Rechte wahrzunehmen, also auch die Einwilligung in Rechtsverletzungen für ihre Kinder zu erklären.[263] Die Erklärung kann ausdrücklich oder konkludent erfolgen und um-

---

259 Die verschiedenen Formen und Begriffe des Einverständnisses in eine ansonsten unerlaubte Handlung (z. B. *waiver, permission*) werden hier unter dem Begriff des „*consent*" gefasst und mit Einwilligung übersetzt; dazu *McCarthy*, Publicity and Privacy, § 10:21.

260 Vgl. Restatement (2d) of Torts, § 652 F.

261 Vgl. *Carey v. Population Services International*, 431 U.S. 678, 693 (1977).

262 Restatement (2d) of Torts, § 892 A, Comment on Subsection 2); dazu auch *Henning*, 53 Wm. & Mary L. Rev. 55 [83]; *Redding*, 50 Washington and Lee Law Review 695 [706 f.] m.N.

263 *Dobbs*, Torts, § 109.

fasst grundsätzlich eine einzelne unerlaubte Handlung und im Wesentlichen gleiche Handlungen.[264] Tendenziell scheinen die Maßstäbe an die Annahme einer konkludenten Einwilligung eher gering, wenn diese etwa auf einem Gespräch mit einem Reporter am Telefon,[265] auf das Diskutieren eines intimen Verhältnisses im Büroumfeld[266] oder auf freiwilliger Vorlage eines Drogentests[267] basiert. Erfolgt die Abgabe der Erklärung aufgrund eines Irrtums, einer Täuschung oder unter Zwang, wird die Einwilligung nicht wirksam. Dasselbe gilt, wenn die Gesamtheit der Umstände die Freiwilligkeit der Erklärung beseitigt.[268] Nicht gefordert wird eine umfassende Information des Betroffenen im Sinne der Doktrin vom „informed consent".

Des Weiteren kann der *consent* auch im Rahmen eines Vertrages über die Rechtsnutzung oder -übertragung erklärt werden, beispielsweise in einem photographic model's release zur Einräumung exklusiver Nutzungsrechte an Fotos.[269] Während das *right of privacy* aufgrund seiner engen und strikten Bindung an die Persönlichkeit nach ganz herrschender Meinung nicht "verkauft" werden kann, ist die partielle und vollständige Übertragung (*assignment*) und Lizensierung (*license*) des *right to publicity* auf eine andere Person oder Rechtspersönlichkeit heute mehrheitlich anerkannt.[270] Generell wird davon ausgegangen, dass sich der Rechtsträger durch eine Übertragung oder Lizenzierung seiner Publizität in demselben Maße auch seines *right of privacy* begibt, weil er stillschweigend eine Einwilligung zum Eingriff erteilt hat. Ob die vollständige Übertragung des *right to publicity* aber in letzter Konsequenz zu einem Verlust des Schutzes des *right of privacy* führt, ist bislang noch nicht geklärt.[271] Die *capacity* zum Abschluss von Verträgen wird grundsätzlich abweichend zum *consent* bestimmt. Im U.S.-amerikanischen *contract law* sind Minderjährige grundsätzlich geschäftsfähig, sie können also wirksam Verträge schließen. Sie können jedoch weder durch eigene noch durch Erklärung der Eltern vertraglich irreversibel gebunden werden. Rechtsgeschäfte mit ihnen sind zwar nicht nichtig, aber vernichtbar (*voidable*). Es besteht die Möglichkeit, sie innerhalb der Minderjährigkeit oder innerhalb eines Zeitraums kurz nach Erreichen der Volljährigkeit zu widerrufen (*disaffirm*) oder aber zu bestätigen (*ratify*).[272] Dies gilt auch für Verträge, die stellvertretend durch die gesetzlichen Vertreter für einen Minderjährigen

264 Restatement (2d) of Torts, § 892 A; zur konkludenten Einwilligung vgl. ausführlich *Dobbs*, Torts, § 107.

265 *Wolf v. Regardie*, 553 A.2d 1213 (1989).

266 *Moffett v. Gene B. Glick Co., Inc.*, 621 F. Supp. 244 (1985).

267 *Casse v. Louisiana General Sevices, Inc.*, 531 So.2d 554 (1988).

268 *Elder*, Privacy Torts,§ 2:12 m.N.

269 *Ropski*, 72 Trademark Rep. 251 [277].

270 *Elder*, Privacy Torts, § 6:6 m.N.; *Ropski*, 72 Trademark Rep. 251 [267].

271 Vgl. dazu *Götting*, in: Ders./Schertz u.a., Handbuch, § 69 Rn. 34 f. m.N.

272 Restatement (2d) of Contracts § 14; *Hunter*, Modern Law of Contract, § 2: 2 ff.; *Jacobs*, Children and the Law, § 11:12.

abgeschlossen wurden.[273] Allerdings gelten in Bezug auf Vertragsabschluss und die vertragliche Bindung in einigen Einzelstaaten Besonderheiten.

II. Einschränkungen zugunsten der Selbstbestimmung und des Schutzes

Von dieser Grundregel statuiert das U.S.-amerikanische Recht einige Ausnahmen, um den wachsenden Fähigkeiten der jungen Menschen Rechnung zu tragen oder um sie vor elterlichem Fehlverhalten zu schützen. Ein Beispiel ist die *emancipated youth doctrin,* wonach aus der objektiven Lebenssituation eines Minderjährigen eine vorzeitige Teilmündigkeit hergeleitet wird.[274] Für die Disposition über das *right of privacy* findet mehrheitlich die *mature minor doctrin* Anwendung, die ihren Ursprung im Medizinrecht hat.

1. Stärkung der Selbstbestimmung durch die mature minor doctrin

Nach § 892A (2) des Restatements (Second) of Torts, comment (b) kann die Einwilligung eines Minderjährigen wirksam sein, wenn er die Fähigkeit besitzt, Art, Umfang und mögliche Konsequenzen des fraglichen Eingriffs einzuschätzen, auch wenn die Einwilligung der Eltern nicht beschafft wurde.[275] Dieses Konzept des *de facto competent minor* erkennt der U.S. Supreme Court seit *Belotti II*[276] grundsätzlich an. Der Entscheidung lag abermals eines der staatlichen Gesetze zum Schwangerschaftsabbruch zugrunde. Nach Auffassung des Gerichts können Minderjährige zur eigenen Entscheidungsfindung ermächtigt sein, wenn sie vom Gericht als fähig erachtet werden, eine begründete Präferenz zu einer ihr Wohlergehen betreffenden Angelegenheit zu äußern. Für die Einwilligung in einen Schwangerschaftsabbruch hatte diese Entscheidung zur Folge, dass Gesetze mit Zustimmungs- bzw. Anzeigepflichten der minderjährigen Frau gegenüber den Eltern (*consent statutes* bzw. *notification statutes*) nur dann verfassungsmäßig sind, wenn das Gesetz ein rasches

---

273 Vgl. *Goldfinger v. Doherty*, 153 Misc. 826, 828 (1934); *Kaufman v. American Youth Hostels, Inc.*, 13 Misc.2d 8 (1957).

274 Vgl. *Belling/Eberl-Borges/Michlik*, Das Selbstbestimmungsrecht Minderjähriger, S. 13; *Patel*, 26 J.Juv. L. 111 [111 f.].

275 Restatement (2d) of Torts, § 892A, Comm. b: "If the person consenting is a child or one of deficient mental capacity, the consent may still be effective if he is capable of appreciating the nature, extent and probable consequences of the conduct consented to, although the consent of a parent, guardian or other person responsible is not obtained or is expressly refused. If, however, the one who consents is not capable of appreciating the nature, extent or probable consequences of the conduct, the consent is not effective to bar liability unless the parent, guardian or other person empowered to consent for the incompetent has given consent, in which case the consent of the authorized person will be effective even though the incompetent does not consent; or unless there is a privilege to take emergency action under the rules expressed in § 892D."

276 *Bellotti v. Baird (Belotti II)*, 443 U.S. 622 (1979).

judicial bypass bereithält. Die minderjährige Frau muss also die Möglichkeit haben zu beweisen, dass sie reif genug ist, eine eigene, von den Eltern unabhängige Entscheidung zu fällen. Bewertet das Gericht sie als *mature*, trifft sie eine eigene Entscheidung. Fällt die Bewertung anders aus, muss die Betroffene trotzdem die Möglichkeit haben, dem Gericht zu belegen, dass der medizinische Eingriff ihrem Wohle entspricht (*best interest*).[277]

Die *common law* Regel, dass die Eltern in eine medizinische Behandlung einwilligen müssen, wird heute auch in anderen Bereichen vielfach in einzelstaatlichen Gesetzen durchbrochen.[278] In einem Fall, in dem Eltern eine ärztliche Therapie ihres krebskranken Kleinkindes verweigerten, hat der Supreme Court von Massachusetts sogar ausdrücklich festgestellt, Eltern könnten die *privacy rights* ihrer Kinder nicht in ihrem eigenen Interesse ausüben.[279] Zu den Dispositionen im Bereich des Äußerungsrechts hat das Recht zwar keine derartig differenzierte Entwicklung genommen. Die Rechtslage geht jedoch nach dem Restatement und den einschlägigen Entscheidungen parallel. So hat der Siebte Circuit die Doktrin beispielsweise in *Howell by Goerdt v. Tribune Entertainment Co.* angewendet und eine 16 – Jährige für reif genug erachtet, um im Rahmen einer talk show auf ihr *right of privacy* zu verzichten.[280]

Die Bestimmung des Status als *mature minor* erfolgt üblicherweise durch gerichtliche Feststellung unter Berücksichtigung aller Umstände. Als Richtlinie für die Bestimmung, dass ein Minderjähriger über hinreichend Einsichtsfähigkeit und damit Einwilligungsfähigkeit verfügt, wird teilweise die englische *common law*-Regel der *Rule of Seven* herangezogen: Wenn das Kind unter 7 Jahren alt ist, ist die Ausnahmeregelung nie anwendbar, zwischen 7 und 14 Jahren spricht eine widerlegbare Vermutung gegen die Einwilligungsfähigkeit und ab 14 Jahren spricht eine widerlegliche Vermutung dafür.[281] Es werden jedoch verschiedene Auffassungen dazu vertreten, ob die nach amerikanischem Verständnis einsichtsfähigen Kinder und Jugendlichen regelmäßig als einwilligungsfähig anzusehen sind, wie es das Restatement andeutet, oder ob dies nur ausnahmsweise der Fall sein soll.[282]

2. *Unterausnahmen durch gesetzliche Regelungen*

Allerdings können die Staaten von der *mature minor doctrin* abweichen, wenn bestimmte Schäden verhindert werden sollen (§ 892A (2) des Restatements (Second) of Torts, comment (b)). Davon haben 8 Staaten, darunter Kalifornien, New York und Nebraska, auch für das *right of privacy* und das *right of publicity* Gebrauch gemacht

---

277 *Jacobs*, Children and the Law, § 10:17 m.w.N.
278 Überblick bei *Jacobs*, Children in the Law, § 10:4.
279 *In re Custody of a Minor*, 393 N.E.2d 836, 844 (Mass., 1979).
280 *Howell by Goerdt v. Tribune Entertainment Co.* 106 F.3d 215 (1997).
281 Vgl. *Cardwell v. Bechtol*, 724 S.W.2d 739, 745 (1987), 67 A.L.R.4th 479; *Patel*, 26 J.Juv. L. 111 [112]; in deutscher Sprache *Ohly*, Die Einwilligung, S. 320 f.
282 *Ohly*, Die Einwilligung, S. 304 m.N.

und die Zustimmung der Eltern gesetzlich vorgeschrieben.[283] Fehlt eine Regelung in den Bundesstaaten, gelten die allgemeinen Regeln des Staates zur Geschäftsfähigkeit.[284] Für die Verarbeitung und Verbreitung von persönlichen Daten im Internet ist überdies der *Childrens Online Protection Act* zu beachten, wonach bei Kindern unter 13 Jahren die Eltern ihre Einwilligung erteilen müssen.[285]

3. Schutz durch Einzelstaatenrecht zum right of publicity

Weitergehende gesetzliche Fixierung hat die Dispositionsfreiheit teilweise hinsichtlich des *right of publicity* erfahren.[286] Im Vorfeld hatte die unbegrenzte kommerzielle Nutzung von Persönlichkeitsmerkmalen durch die Eltern und das Ausgeben des Ertrages für sich bereits zu Gerichtsverfahren geführt, die von einer kritischen Debatte begleitet wurden. Nach geltendem *common law* ist es auch heute noch so, dass sorgeberechtigte Eltern das Recht haben, das Einkommen ihrer Kinder zu behalten.[287] Dabei ist etwa der Verkauf von Exklusivrechten an den allerersten Fotos von *Celebrity-Babys* ein Geschäft, durch das wie bei den Zwillingen von Jolie und Pitt erhebliche Summen erzielt werden können.[288] Die Einzelstaaten wählten jedoch nicht die Stärkung der Selbstbestimmung des betroffenen Kindes oder Jugendlichen, um sein Recht intensiver zu schützen. Es verbleibt bei der grundsätzlichen Befugnis der Eltern, teilweise sogar gesetzlich fixiert.[289] Stattdessen wird den Eltern die Verfügungsgewalt über einen Teil der geldwerten Gegenleistung entzogen. Geschützt wird dadurch also nicht eben die Selbstbestimmung bei der Nutzung der Persönlichkeitsmerkmale, sondern sekundär das daraus erwirtschaftete Vermögen.

Den Anfang machte der Staat Kalifornien, der das sog. *Coogan's Law* einführte. Konkreten Anlass zu Regulierungen gab der Fall des Kinderdarstellers Jackie Coogan, der in seiner Kindheit und Jugend viel Geld verdiente und nach seinem 18. Geburtstag bemerkte, dass seine Mutter den Großteil davon (4 Millionen Dollar) verbraucht hatte.[290] Das angerufene kalifornische Gericht hätte damals die Klage abweisen müssen, weil nach geltendem *common law* das Einkommen eines Kindes den Eltern gehörte.[291] Als der erste in einer Reihe von ähnlichen Fällen (z.B. McCauly

---

283 Für das right of privacy bspw. N.Y. Civil Rights Law § 50; für das right of publicity bspw. California Civil Code § 3344; N.Y. Civil Rights Law § 51; weitere Nachweise bei *McCarthy*, Publicity and Privacy, § 10:39.

284 *McCarthy*, Publicity and Privacy, § 10:39.

285 Children's Online Privacy Protection Act of 1998, 15 U.S.C. § 6501 – § 6505.

286 Z.B. Cal. Civ. Code § 3344; N.Y. Civ. Rights Law § 51; *McCarthy*, Publicity and Privacy, § 10:39 m.w.N.

287 *Siegel*, 18 Cardozo Arts & Ent. L. J. 427 [430].

288 Weitere Beispiele bei *Grano*, 20 Fordham Int. Prop., M. & E. L. J. 609 [657].

289 Vgl. California Civil Code § 3344; N.Y. Civil Rights Law § 51.

290 *Siegel*, 18 Cardozo Arts & Ent. L. J. 427 [428].

291 Durch Vergleich bekam Coogan 126.000 $ zurück, vgl. *Bordman*, 91-SEP MIBJ 27 [29] m.N.

Culkin, Gary Coleman, Shirley Temple Black)[292] erregte der Fall nationale Aufmerksamkeit und veranlasste den Staat zu einer gesetzlichen Regelung im *California Family Code § 6752 (4)*. Nach der aktuellen Norm muss bei Verträgen über die Nutzung von Persönlichkeitsmerkmalen mit Minderjährigen mindestens 15 % der Vergütung in einen Treuhandfond eingezahlt werden, auf den nur der Rechtsinhaber nach Vollendung des 18. Lebensjahres zugreifen kann. Auf Antrag kann das Gericht den Prozentsatz sogar erhöhen. Das Gesetz stellt somit sicher, dass jedenfalls ein Teil der geldwerten Gegenleistung in das alleinige Eigentum des Kindes fällt und vor Manipulationen geschützt ist, wenn der Schutz auch nicht lückenlos ist.[293]

Der *Florida Labor Code* geht darüber in *§ 743.08 (1) (c)* sogar noch hinaus indem es statuiert, dass das Einkommen nach der Genehmigung eines Vertrages zum Eigentum des Kindes wird.[294] Das Gesetz setzt damit für einen kleinen Bereich die *common law* Regel außer Kraft.[295] Auch die Staatengesetze in New York und Massachusetts fordern einen Schutz für das Einkommen des Kindes vor Manipulation durch die Eltern, allerdings nicht für Verträge im Hinblick auf das *right of publicity.*

B. Bindung an Einwilligungserklärungen

Der zweite wichtige Gesichtspunkt sowohl für Kinder und Jugendliche als auch für die Einwilligungsempfänger ist der Umfang der Bindung an die Einwilligungserklärung. Vor Veröffentlichung ist eine Einwilligung grundsätzlich widerruflich. Erst bei Vereinbarung einer Gegenleistung oder bei expliziter Vereinbarung tritt eine vertragliche Bindung ein.[296]

I. Disaffirmance rights

Auch für Verträge, im Rahmen derer in die Beeinträchtigung des *right of privacy* eingewilligt oder das *right of publicity* übertragen wird, bestehen im Grundsatz *disaffirmance rights.* Die Bindungswirkung der Einwilligungserklärung in eine Beeinträchtigung des *right of privacy* ist bei Kindern und Jugendliche somit auch dann eingeschränkt, wenn sie vertraglich begründet wird. Im klaren Gegensatz zum

---

292 *Kimball*, 18 Seton Hall J. of Sports & Entert. L. 181 [201] m.N.

293 Zu aktuellen Fällen vgl. *Siegel*, 18 Cardozo Arts & Ent. L. J. 427 [438 f.]; kritisch auch *Hardin*, 19 J. Juv. L. 376.

294 Fla. Stat. Ann. § 743.08 (1) (c): "(1) A contract made by a minor or made by a parent or guardian of a minor, or a contract proposed to be so made, may be approved by the probate division of the circuit court or any other division of the circuit court that has guardianship jurisdiction, where the minor is a resident of this state or the services of the minor are to be performed or rendered in this state, where the contract sought to be approved is one under which: ...(c) The minor will endorse a product or service, or in any other way receive compensation for the use of right of publicity of the minor as that right is defined by s. 540.08.".

295 *Siegel*, 18 Cardozo Arts & Ent. L. J. 427 [437].

296 Vgl. Restatement (2d) of Torts, § 892A; *Höning*, Das Recht am eigenen Bild, S. 112.

deutschen Recht erzeugen auch rechtsgeschäftliche Erklärungen der Eltern keine weitergehenden Vertragsbindungen.

II. Beschränkungen zugunsten der Vertragstreue

Die Vernichtbarkeit vertraglicher Bindungen für minderjährige Vertragsparteien wird jedoch durch wichtige Unterausnahmen abgeschwächt, die unter anderem der fortschreitenden Kommerzialisierung der Persönlichkeit Rechnung tragen. Zunächst werden die oben aufgezeigten Einzelstaatengesetze, welche ausdrücklich eine Einwilligung der Eltern bei Eingriffen in das *right of privcacy* und *right of publicity* vorschreiben, als Änderung des *common law* interpretiert.

Im Falle *Brooke Shields* hatte die Mutter der später bekannt gewordenen Schauspielerin einem Zeitschriftenverlag exklusive Nutzungsrechte für ein Nacktfoto der damals 10-Jährigen eingeräumt. Mit 17 Jahren wollte sie den Vertrag kündigen und verlangte die Unterlassung weiterer Verbreitung der Fotos. Der *Court of Appeals* in New York erkannte in seiner Entscheidung zwar die grundsätzliche Regel im *common law* an, sah diese jedoch mit knapper richterlicher Mehrheit durch die in den Gesetzen über *publicity* und *privacy* vorgesehene Einwilligung der Eltern als abgeändert an. Durch die uneingeschränkte Vertretungsmacht der gesetzlichen Vertreter sei der Rechtsträger auch dann gebunden, wenn er dies später missbillige.[297] Die Mehrheitsbegründung stützte diese Entscheidung im Wesentlichen auf die Vertragstreue. Dem widersprach der dissertierende Richter *J. Jasen*. Seiner Auffassung nach sollten Kinder nicht für immer an eine Einwilligung gebunden sein, die Erwachsene für sie erteilt haben und aus der durch den ununterbrochenen Eingriff in die *privacy* des Kindes Verlegenheit, Leid und Demütigungen resultieren.[298]

In dem Fall *Faloona v. Hustler Magazine* urteilte der Fünfte Circuit über die Veröffentlichung von Nacktfotos von Kindern in einer Besprechung durch das Hustler Magazin über ein Buch, in dem die Fotos original abgebildet waren. Das Gericht kam zu dem Schluss, dass weder die Eltern noch der betroffene Rechtsträger die fraglichen Fotos zurückfordern oder künftige Verbreitung kontrollieren können, weil (in diesem Fall) die Mutter in die uneingeschränkte Veröffentlichung von Nacktbildern ihrer Kinder eingewilligt hatte und diese wirksam war.[299]

Schließlich wenden die Gerichte auch eine Ausnahme aus dem *common law* auf persönlichkeitsrechtliche Sachverhalte an, wonach die Aufhebungsrechte eines Minderjährigen ausscheiden, wenn sie gegenüber ihrem Vertragspartner bei Abschluss

---

297 *Shields v. Gross*, 58 N.Y.2d 338, 345, 9 Media L. Rep. 1466 (1983); ebenso in *Alvidrez v. Roberto Coin, Inc.*, 6 Misc.3d 742, 745 (2005).

298 *Shields v. Gross*, 58 N.Y.2d 338, 354, 9 Media L. Rep. 1466 (1983); vgl. auch *Götting*, in: Ders./Schertz u. a., Handbuch, § 69 Rn. 35.

299 *Faloona by Fredrickson v. Hustler Magazine, Inc.*, 799 F.2d 1000, 13 Media L. Rep. 1353 (1986).

des Vertrages ihr Alter in betrügerischer Weise falsch angegeben haben und dieser zu Recht darauf vertraut hat.[300]

Zweifelsohne hemmen die *disaffirmance rights* die Möglichkeiten von Minderjährigen, ihre Persönlichkeitsbestandteile ebenso zu nutzen wie Erwachsene. Vertragspartner werden sich in der Regel nur dann zu Geschäften bereit erklären, wenn sie auf dessen Bestand vertrauen können. Die verstärkte Bindung von Minderjährigen an Dispositionen über ihr *right of privacy* und *right of publicity* stößt aber auch auf Kritik im Schrifttum, da Beeinträchtigungen des Kindeswohls befürchtet werden.[301] Vorschläge wie eine inhaltliche Begrenzung der Verträge oder eine unabhängige Überprüfung der Lizenz oder Einwilligung zur Wahrung des Kindeswohls werden unterbreitet.[302] Letzteres ist bereits partiell gesetzliches Einzelstaatenrecht.

Die relevanteste und vielfach als Vorbild dienende Regelung enthält der *California Family Code*, wonach ein Gericht zur Genehmigung bestimmter Verträge mit Minderjährigen angerufen werden kann mit der Folge, dass das *disaffirmance right* während der Minderjährigkeit und nach Erreichen der Volljährigkeit ausgeschlossen ist.[303] Der Anwendungsbereich erfasst zum einen Verträge, die künstlerische oder gestalterische Leistungen von Minderjährigen zum Gegenstand haben, also Schauspieler, Tänzer, Musiker etc. Zum anderen gilt die Norm auch für den „Verkauf" oder die anderweitige Übertragung von Nutzungsrechten an bestimmten Persönlichkeitsmerkmalen wie Aussehen und Stimme, sprich die Übertragung des *right of publicity*.[304] Verfügen minderjährige Rechtsträger also selbst über dieses Recht und genehmigt ein Gericht den Vertrag auf Wunsch der Vertragsparteien, ist der Vertrag nicht mehr aus Gründen der Minderjährigkeit vernichtbar. Auch wenn die Eltern den Vertrag für ihr Kind abschließen, kann nur die Genehmigung eines Gerichtes die Vernichtbarkeit verhindern.[305] Dabei hat das Gericht auch ein inhaltliches Prüfungsrecht und kann die Genehmigung verweigern, wenn die Bedingungen dem Kindeswohl abträglich sind.[306] Die ähnliche Regelung des *Florida Labor Code* schließt sogar ausdrücklich die Nutzung des *right of publicity* eines Minderjährigen in den Anwendungsbereich der Norm ein.[307] An der kalifornischen

---

300 *Topheavy Studios, Inc. v. Doe*, 2005 WL 1940159 (2005), 33 Media L. Rep. 2192 im Falle einer 17-Jährigen, die vor Entblößen ihrer Brüste bei einer gameshow im Rahmen des spring break unter Vorspiegelung der Volljährigkeit eine Einwilligung erteilte.

301 Vgl. beispielsweise zur Problematik von Kindern in Reality-TV-Formaten *Royal*, 43 Akron L. R. 435; *Podlas*, 17 UCLA Ent. L. Rev. 39 mit Vorschlägen zu arbeitsrechtlichen Regelungen.

302 *Rothman*, 101 Geo. L.J. 185 [235].

303 Cal. Fam. Cod. § 6751 (1); zur Historie *Munro*, 20 Colum.-V.LA J.L. & Arts 553 [559 ff.].

304 Cal. Fam. Cod. § 6750 (1) und (2).

305 *Berry*, 25-MAY L.A.LAW 29 [31].

306 So ausdrücklich New York Arts and Cultural Affairs Law, section § 35.03 (2) (e).

307 Fla. Stat. Ann. § 743.08 (1) (c): *(1)*.

Gesetzgebung orientiert sich auch das *New York Arts and Cultural Affairs Law*, nach dem jedoch nur Verträge mit einer Laufzeit von unter 3 Jahren durch das Gericht genehmigt werden können.[308] Diese Norm beinhaltet aber nicht den Transfer des *right of publicity*, sie spielt in diesem Zusammenhang also nur eine untergeordnete Rolle.[309] Auch das inhaltlich noch strengere Gesetz in Massachusetts, nach dem alle Verträge der Art genehmigungsbedürftig sind, erstreckt sich nicht auf den hier behandelten Problemkreis.[310] Praktisch umgeht die Industrie das längere gerichtliche Verfahren, indem *short-term* Verträge geschlossen und das Risiko des Widerrufs in Kauf genommen werden.[311]

C. Zusammenfassung

Das U.S.-amerikanische Recht schließt eine Haftung wegen der Verletzung von Persönlichkeitsinteressen nach dem Grundsatz des *volenti non fit inuiria* aus, wenn der Rechtsträger wirksam sein Einverständnis dazu erklärt hat. Die Fähigkeit zur Einwilligung orientiert sich nach *common law* an dem Kriterium der Einsichtsfähigkeit, das aufgrund seiner unbestimmten Weite durch die Vermutungen der *Rule of Seven* Kontur erlangt. Eine echte kumulative Doppelzuständigkeit, wie sie zum deutschen Recht debattiert wird, kennt das amerikanische Recht nicht. Die Möglichkeiten erschöpfen sich im Alleinentscheidungsrecht der Eltern vor und im Alleinentscheidungsrecht des Jugendlichen nach Erreichen der Fähigkeiten zur Einwilligung. Eine Besonderheit sind die gesetzlichen Einschränkungen elterlicher Handlungsmacht in Bezug auf den Geldwert, der aus dem *right of publicity* erwirtschaftet wird. Wird eine Einwilligung durch Eltern oder Minderjährige erst einmal wirksam erklärt, entfaltet sie grundsätzlich Bindungswirkung. Die zum Schutze von Kindern etablierten Aufhebungsrechte des *common law* für *right of privacy* und *right of publicity* werden zum Teil überlagert durch einzelstaatliche Gesetze. Diese ermöglichen, dass auch Minderjährige an der Nutzung von Persönlichkeitsmerkmalen teilhaben können. Um sie dem Markt aber nicht schutzlos auszuliefern und die Gefahr von Kindeswohlgefährdungen zu vermeiden, bauen einzelstaatliche Gesetze auf gerichtliche Genehmigungen.

§ 3 Schutz des right of privacy durch tort law

Wird innerhalb von Privatrechtsbeziehungen in die Persönlichkeitsbelange von minderjährigen Rechtsträgern ohne ihre Zustimmung eingegriffen, indem etwa ein Foto zur Illustration eines Presseberichts veröffentlicht wird oder auf sozialen Netzwerkseiten intime Details über sie verbreitet werden, haften die Verantwort-

308 New York Arts and Cultural Affairs Law, section § 35.03.
309 *Munro*, 20 Colum.-V.LA J.L. & Arts 553 [557].
310 Mass. Gen. Laws Ann. Ch. 231, § 85 P 1/2.
311 Vgl. *Hunter*, Modern Law of Contracts, § 2:11.

lichen nach U.S.-amerikanischem Recht aus *tort law*, das im deutschen Recht dem Deliktsrecht entspricht. Tatbestandlich geschützt sind wie bereits erwähnt das *right of privacy*, das *right to publicity* und das Recht an der persönlichen Ehre (*defamation*). Ergänzend greifen spezielle Gesetze, die partiell den Persönlichkeitsschutz verwirklichen, beispielsweise Datenschutz im Internet.

Ein Sonderrecht oder auch nur spezifische Tatbestandsregeln für den Schutz der Rechte im Kindes- und Jugendalter gelten im U.S.-amerikanischen Persönlichkeitsschutzrecht nicht. Dem deutschen Lösungsansatz vergleichbar wird das *case law* auf der Grundlage des allgemeinen Rechts gesprochen. Minderjährigenschutz in dem Sinne, dass spezielle Belange von Kindern und Jugendlichen erkannt und berücksichtigt werden, durchdringt das fremde Recht gelegentlich, aber nicht annähernd so ausgeprägt wie im deutschen Persönlichkeitsschutzrecht.

A. Fallgruppen des *right of privacy*

Unter den Klassifikationsansätzen zum *right of privacy* der wichtigsten geschützten Interessen hat das Modell von Prosser weitestgehende Akzeptanz gefunden, der 4 verschiedene Delikte unterscheidet (*intrusion upon seclusion, disclosure of private facts, false light* und *appropriation*).[312] Das hierdurch gewährleistete Recht auf Privatheit ist bekanntlich ein qualifiziertes, aber kein absolutes Recht, so dass individuelle und gesellschaftliche Interessen dagegen abzuwägen sind.

I. Schutz vor Informations- und Bildnisbeschaffung

In *Prosser*'s Katalog der Rechte auf Privatheit ist als erste Deliktsform die Verletzung durch *intrusion* genannt, also allgemein durch Eindringen in den privaten Lebensbereich. Eine Haftung tritt ein im Falle einer vorsätzlichen, physisch oder auf andere Art begangenen Verletzung des Interesses eines anderen an Zurückgezogenheit und Abgeschiedenheit bezüglich seiner Person oder privater Angelegenheiten, wenn das Eindringen für einen durchschnittlichen Betroffenen höchst verletzend wäre.[313] Der *intrusion tort* knüpft als einziger *tort* also nicht an die Verbreitung von Informationen, sondern an deren Beschaffung an.[314] Erfasst werden sowohl das physische Eindringen im Sinne eines Hausfriedensbruchs, als auch das Eindringen in sonstiger Weise, also durch Ausspähen, Fotografieren, Videos drehen, Emails lesen, Gespräche abhören und so fort.[315] Des Weiteren wird auch die psychische Integrität

---

312 *Harper/James/Gray*, On Torts, Vol. 2, § 9.6 S. 747.

313 Restatement (2d) of Torts, § 652B; dieses Verständnis wird allgemein auch von den Staaten akzeptiert, die diesen Zweig des *right to privacy* anerkennen, vgl. *Trubow*, in: Ders., Privacy Law and Practice, Vol. 1, 1.06 Fn. 1 m.N.

314 *Böhnstedt*, Konstitutionalisierung des Bildnisschutzes, S. 256.

315 Z.B. *Doe by Doe v. BPS Guard Services, Inc.*, 945 F.2d 1422 (1991) zum heimlichen Filmen in Umkleidekabine; *Corcoran v. Southwestern Bell Tel. Co.*, 572 S.W.2d 212

herrschend als geschützt angesehen.[316] Neben den Schutz durch den *intrusion tort* treten stellenweise einzelstaatliche Gesetze, etwa zum Schutze vor Paparazzi oder zur elektronischen Überwachung (*electronic surveillance laws*).[317]

Für Kinder und Jugendliche ist der *intrusion tort* insbesondere zum Schutz vor aufdringlichen Journalisten bedeutsam, die in den Vereinigten Staaten als Paparazzi noch ausgeprägter die Grenzen des Rechts ausloten als dies bisher im deutschen Raum dokumentiert ist. Zu ihren Taktiken gehört nicht selten die ständige Begleitung, das in den Weg springen, um das Fotoobjekt überrascht oder genervt abzulichten und der Gebrauch von geheimen Technologien, um Zugang zu privaten Orten zu erlangen oder die Person in privaten oder intimen Situationen zu fotografieren.[318] Motiviert wird derartiges Verhalten durch den Umstand, dass Paparazzi für das Foto eines Prominenten und seines Kindes mit die höchsten Einnahmen überhaupt erzielen können (angeblich bis zu 100.000 U.S.-Dollar).[319] Aus diesem Grunde befassen sich die U.S.-amerikanischen Disziplinen im Zusammenhang mit dem *intrusion tort* vorwiegend mit dem Schutz minderjähriger Rechtsträger vor unerlaubter Bildnisherstellung.

1. *Allgemeine Tatbestandsvoraussetzungen der* intrusion upon seclusion

a. Vorsätzliches Eindringen in den privaten Bereich

Der Schwerpunkt bei der Prüfung liegt zumeist auf der Frage, ob die Angelegenheit, in die eingedrungen wird, tatsächlich privat ist. Negativ werden Privatsphäre und Öffentlichkeit durch den Grundsatz abgegrenzt, dass Geschehnisse, die sich an allgemein zugänglichen Orten abspielen, nicht privater Natur sein können.[320] Als privat gelten also insbesondere Orte, die dem Zugriff Dritter verschlossen sein sollen, wie beispielsweise die eigenen vier Wände getreu dem bereits von *Warren* und *Brandeis*[321] aufgegriffenen Grundsatz, „a man's house is a castle".[322] Daneben werden beispielsweise auch Umkleidekabinen,[323] Schlafzimmer[324] und Toiletten[325] anerkannt.

(1978) zu Emails; dazu ausführlich *McCarthy*, Publicity and Privacy, Vol. 1, 5:92; *Elder*, Privacy Torts, § 2:4.

316 *Elder*, Privacy Torts, 2:6 m.N; Restatement (2d) of Torts, § 652B Comm. b; *Wittern*, Verhältnis von right of privacy und Persönlichkeitsrecht zur Freiheit der Massenmedien, S. 42.

317 Ausführlich zu den electronic surveillance laws *Solove/Schwartz*, Information Privacy Law, Chapter 3.

318 *Smolla*, Rights and Liablities in Media Content, Vol. 2 § 7:9.

319 *Follett*, 84 Southern California L. R. 201 [220].

320 *Böhnstedt*, Konstitutionalisierung des Bildnisschutzes, S. 256.

321 *Warren/Brandeis*, 4 Harvard Law Review 193 [220].

322 *Trubow*, in: Ders., Privacy Law and Practice, Vol. 1, 1.06 [1] a.

323 *Doe by Doe v. BPS Guard Services, Inc.*, 945 F.2d 1422 (1991).

324 *Miller v. Brooks*, 123 N.C. App. 20 (1996).

325 *Johnson v. Allen*, 272 Ga. App. 861 (2005).

Entsprechend sind die Angelegenheiten einer Person nach den als *public locus doctrin* oder *public places concept* bezeichneten Rechtsprechungsgrundsätzen generell nicht mehr privat, wenn sie sich dabei in der Öffentlichkeit bewegt. Fotografiert oder filmt die Presse Angelegenheiten, die auf öffentlichen Plätzen oder an sonst öffentlich einsehbaren Orten passieren, erfüllt das Verhalten also nicht den Tatbestand der *intrusion*. Zur Begründung der Doktrin verweist die Rechtsprechung auf das Bewusstsein der Betroffenen, sich an öffentlichen Orten der Beobachtung durch andere Menschen auszusetzen.[326] Es kommt dann auf die vernünftige Privatheitserwartung des Betroffenen an (*reasonable expectation of privacy*). Nach herrschender Auffassung gibt der Rechtsträger nicht jede Erwartung auf Privatheit auf, sobald er auf öffentlichen Plätzen ist.[327] Entscheidend ist, ob sich der Betroffene im Moment der *intrusion* freiwillig und bewusst in der Öffentlichkeit bewegt. So wurde 1964 etwa ein Blick auf die Unterwäsche durch das hochwehende Kleid einer Frau auf einem öffentlichen Markt als *intrusion* gewertet, weil diese nicht für die Öffentlichkeit zugänglich sein soll.[328]

Damit erkennt die Rechtsprechung zwar den Grundgedanken an, dass eine Person nicht automatisch öffentlich macht, was sie tut, nur weil sie es an einem öffentlichen Ort macht. Sie ist diesbezüglich jedoch äußerst zurückhaltend. Insbesondere gegenüber der Presse wird der Auslegung der *reasonable expectation of privacy* grundsätzlich ein enges Verständnis zugrunde gelegt.[329] Seit der Leitentscheidung *Dietemann v. Time, Inc.* gilt nämlich, dass das Recht auf *free speech* auch die Informationsgewinnung gewährt.[330] Der Betroffene kann sich deshalb grundsätzlich nicht auf eine Privatheitserwartung berufen, wenn ein öffentliches Informationsinteresse an der Informationsbeschaffung wie beispielsweise einer Bildaufnahme besteht, diese also *newsworthy* ist.[331] Angesichts der mit Prominenz einhergehenden Aufmerksamkeit der Öffentlichkeit hat die Rechtsprechung überdies festgestellt, dass *public figures*, also Personen, die in der Öffentlichkeit stehen, nur eine sehr geringe Privatheitserwartung in der Öffentlichkeit haben können.[332] Dies schlägt sich insbesondere im Schutz vor der Verfolgung durch Paparazzi nieder. Die Taktiken stellen erst dann eine unerlaubte Handlung dar, wenn besonders vertrauliche Informationen in Rede stehen und ein besonders bedrängendes Verhalten an den Tag gelegt wird.[333] Die beiden Abwägungsgesichtspunkte des Informationsinteresses und der *public figure* sollen im Rahmen des *disclosure torts* näherer Betrachtung unterzo-

---

326 Vgl. *Gill v. Hearst Pub. Co.*, 40 Cal.2 d 224 (1953); zur Kritik an dieser Doktrin vgl. *Böhnstedt*, Konstitutionalisierung des Bildnisschutzes, S. 257 ff.
327 Z.B. *Shulman v. Group W Productions, Inc.*, 955 P.2d 469 (1998).
328 *Daily Times Democrat v. Graham*, 276 Ala. 380, 384 (1964).
329 *Böhnstedt*, Konstitutionalisierung des Bildnisschutzes, S. 261.
330 *Dietemann v. Time, Inc.*, 449 F.2d 245 (1971).
331 Vgl. *Neff v. Time, Inc.*, 406 F. Supp. 858, 861 (1976).
332 Z.B. *Barber v. Time, Inc.*, 159 S.W.2d 291 (1942).
333 Vgl. *Hönig*, Das Recht am eigenen Bild, S. 32 f.

gen werden, da dieser *tort* deutlicher als die anderen die Stellung des Einzelnen im Verhältnis zu den Medien zeigt.

Ob und inwieweit diese Grundsätze auf elektronische Medien anwendbar sind, welche privaten Bereiche etwa den Nutzern des Internets zuerkannt werden sollen, ist wie im deutschen Recht noch nicht abschließend geklärt.[334] Die facettenreiche Problematik kann in diesem Rahmen auch nicht aufgearbeitet werden. Bei der praktisch dominierenden Nutzung sozialer Netzwerke durch Minderjährige ist der Zugriff von Netzwerkmitgliedern nach dem *Storage Communication Act* jedenfalls unproblematisch zulässig.[335] Einige Netzwerkbetreiber wie *Myspace.com* haben dennoch freiwillig verschärfte Regeln für die Seiten Minderjähriger aufgestellt.[336] Offen ist hingegen die Zulässigkeit der Suchfunktion, mit der Informationen wie Wohnort, Zeitpunkt der letzten Anmeldung und Profilfotos jedem Internetnutzer zugänglich gemacht werden können.[337]

b. Verletzungsschwelle

Als im Hinblick auf die Rechte des Ersten Amendments gewichtige Begrenzung der Haftung wird das Erfordernis des *highly offensive* empfunden, das ein Ausweiten des Tatbestandes verhindern soll. Das Eindringen in den Privatbereich ist demnach nur dann deliktisch, wenn ein durchschnittlicher Betroffener den Eingriff als in höchstem Maße verletzend oder empörend empfinden würde (*highly offensive to a reasonable person*).[338] Abgestellt wird dabei auf eine Person mit gewöhnlicher und durchschnittlicher Empfindsamkeit (*person of ordinary sensibilities*),[339] die Beurteilung ist folglich weitestgehend eine Frage von sozialen Konventionen und Erwartungen,[340] die im Prozess durch die Jury gespiegelt werden. Auch wenn das geschützte Interesse naturgemäß geistig und subjektiv ist, werden subjektive Empfindungen und Sensibilitäten generell nicht berücksichtigt.[341] Insoweit ist die Bestimmung der Reichweite des Schutzes also an die gesellschaftlichen und nicht an subjektive Vorstellungen gekoppelt.[342] Bloß taktloses, lästiges und abwertendes Verhalten erreicht die Verletzungsschwelle folglich nicht.

---

334 *Vodovis*, 40 Hofstra L. R. 811 [827].

335 18 U.S.C.S. § 2701(c) (2).

336 Bei *Myspace* sind die Seiten von unter 15-Jährigen nur durch „Freunde" zulässig; die Freundschaftsanfrage kann nur durch korrekte Angabe des jeweiligen Nachnamens des minderjährigen Nutzers gestellt werden.

337 Vgl. zum Ganzen *Danowitz*, 28 J. Juv. L. 30.

338 Z.B. *Bratt v. International Business Machines Corp.*, 785 F.2d 352 (1986); weitere Nachweise bei *McCarthy*, Publicity and Privacy, § 5:71.

339 *Elder*, Privacy Torts, § 2:1.

340 *McCarthy*, Publicity and Privacy, § 5:95.

341 *Elder*, Privacy Torts, § 2:1.

342 *Böhnstedt*, Konstitutionalisierung des Bildnisschutzes, S. 259.

2. *Minderjährigenpersönlichkeitsschutz durch den* intrusion tort

Bis auf wenige Ausnahmebereiche erfahren Kinder und Jugendliche im derzeitigen U.S.-amerikanischen Recht zum Schutz vor Informationsbeschaffung dieselbe Behandlung wie erwachsene Rechtsträger, ihr Schutzbereich ist also trotz besonderer Schutzbedürftigkeit nicht umfassender. Im *case law* finden sich kaum Entscheidungen, in denen die Gerichte in der Begründung die Minderjährigkeit des Rechtsträgers überhaupt argumentativ aufgreifen (unter a.). Geringfügig stärkere Berücksichtigung erfährt der Minderjährigenschutz in einzelstaatlichen Gesetzen zum Schutz vor Paparazzi (dazu b.), die von einer kritischen Diskussion im Schrifttum flankiert werden (unter c.).

a. Minderjährigenschutz im case law

Soweit ersichtlich ist kein Fall dokumentiert, in dem von Präzedenzfällen des *intrusion tort* und der dortigen Bestimmung des privaten Bereichs aufgrund der Minderjährigkeit eines Rechtsträgers abgewichen wurde. Unter Anwendung der allgemeinen Regeln sind sie zum einen in den *räumlichen Bereichen* vor Eindringen geschützt, die dem Zugriff Dritter verschlossen sein sollen, auch wenn diese mittels moderner Mobilfunkgeräte mit integrierter Kamera nunmehr leichter zugänglich sind. Zum anderen gilt die *public locus doctrin* für die Öffentlichkeit, auch wenn ein Bewusstsein für die Beobachtungsmöglichkeit bei kleinen Kindern noch nicht ausgebildet ist. Die Presse kann demnach Bilder von Kindern und Jugendlichen in der Öffentlichkeit anfertigen und veröffentlichen, selbst wenn diese peinliche Inhalte abbilden.[343] In der Öffentlichkeit, die unter dem weiten Verständnis auch Schulen, Spielplätze etc. umfasst, kommt ihnen grundsätzlich kein oder nur ein geringes Schutzniveau zu. Auf eine ausnahmsweise auch in der Öffentlichkeit anzuerkennende Privatheitserwartung (*reasonable expectation of privacy*) können sich minderjährige Rechtsträger also im Grunde nur als Privatpersonen in höchst verletzenden, zufällig geschehenden Situationen berufen oder wenn das Verhalten des Journalisten zugleich Delikts- oder Straftatbestände wie Nötigung oder Nachstellung verwirklicht.[344] Für Kinder und Jugendliche besteht folglich nur sehr begrenzte rechtliche Handhabe gegen das Gebaren von Fotojournalisten.

Aus den Freiheiten des Ersten Amendments kann jedoch auch kein vollständiger Ausschluss der Haftung für das tatbestandsmäßige Eindringen der Medien herausgelesen werden.[345] Interessanterweise betraf ein *leading case* zu den Grenzen erlaubter Verhaltensweisen bei Informationsbeschaffung durch Presseangehörige auch zwei Kinder. In *Galella v. Onassis* hatte der Zweite Circuit über die Vorgehensweise des Fotografen Ronald Galella bei der Ablichtung der ehemaligen Präsidentengattin Jaqueline Kennedy-Onassis und ihrer minderjährigen Kinder zu entscheiden. Um

343 *McCarthy*, Publicity and Privacy, § 5:97 m.N.
344 *Böhnstedt*, Konstitutionalisierung des Bildnisschutzes, S. 261.
345 *Elder*, Privacy Torts, § 2:18.

Fotos herzustellen, verfolgte der Paparazzo die Familie nicht nur überall hin, sondern sprang den Kindern beim Fahrradfahren in den Weg, kam ihnen beim Schwimmen mit einem Motorboot gefährlich nahe und drang sogar in ihre Schule ein. Das Gericht beurteilte das Verhalten des Journalisten als deutliche Überschreitung der zulässigen Grenzen der Informationsbeschaffung und erkannte trotz der Eigenschaft als *public figures* eine berechtige Privatheitserwartung von Mutter und Kindern an.[346] Seitdem gilt ganz allgemein, dass die Presse auch bei der Informationsbeschaffung zu *public figures* nicht gegen geltendes Recht verstoßen darf, ihnen kommt für deliktisches und strafbares Verhalten während der Informationsbeschaffung keine Immunität zugute. Auch der späteren Veröffentlichung dieser Informationen wird grundsätzlich kein Schutz unter dem Ersten Amendment zugedacht.[347]

Eine nicht unerhebliche Anzahl von Entscheidungen lässt sich zu *Eingriffen in familiäre Beziehungen* finden, wie etwa die Andeutung eines Ehebruchs gegenüber der Familie[348] oder die Weigerung eines Anwalts, die Identität eines Mandanten zu offenbaren, der Interesse an der Identität eines Kindes ausgedrückt und mit Überwachung durch einen Privatdetektiv bis zur Preisgabe der Identität gedroht hat.[349] Ohne dies klar herauszustellen, beurteilen die amerikanischen Gerichte die für Kinder elementar wichtigen familiären Beziehungen folglich als private Angelegenheiten, in die durch das fragliche Verhalten eingegriffen wurde. Die Beschaffung von Informationen durch die Presse, etwa wenn Mutter und Kinder wie im Falle *Onassis* permanent in der Öffentlichkeit verfolgt werden, wurde bislang jedoch noch nicht als Bedrohung der familiären Beziehungen eingestuft.

Neben der Ermittlung des privaten geschützten Lebensraums folgt auch die Beurteilung, ob das Eindringen offensiv und verwerflich ist, dem allgemeinen objektiven Maßstab.[350] Abweichende Entscheidungen einzelner Gerichte wie im Fall *Dubbs* haben keinen Bestand. In dem Verfahren hat der District Court for the Northern District of Oklahoma bei der Beurteilung einer ohne Einwilligung durchgeführten medizinischen Untersuchung von Kindern in der Schule darauf abgestellt, ob diese den Standards für Kinder entsprachen. Dieser kinderspezifischen Anknüpfung folgte der Zehnte Circuit mangels Präzedenzfällen jedoch nicht und benannte statt-

---

346 *Galella v. Onassis*, 487 F.2d 986 (1973); vgl. auch *Dietemann v. Time, Inc.*, 449 F.2d 245 (1971); zum Ganzen auch *Böhnstedt*, Konstitutionalisierung des Bildnisschutzes, S. 261.

347 Vgl. auch *Cohen v. Cowless Media, Co.*, 502 U.S. 663 (1991).

348 *Norris v. Moskin Stores, Inc.*, 132 So. 2d 321, 323 (1961); *Freeman v. Busch Jewelry Co.*, 98 F. Supp. 963, 965 (1951).

349 *Hogin v. Cottingham*, 533 So. 2d 525 (1988); weitere Beispiele bei *Elder*, Privacy Torts, § 2:25.

350 Vgl. z.B. *SB v. Saint James School*, 959 So.2d 72, 91 (2006) zu Ermittlungen der Schule zur Identifizierung von Jugendlichen, deren Nacktbilder in der Schule kursierten.

dessen die Kriterien Zeit, Ort, Art und Weise sowie Gegenstand der Untersuchung zur Feststellung der Sicht eines objektiven Dritten.[351]

b. Einzelstaatliches Gesetzesrecht zum Minderjährigenschutz

Neben den *intrusion tort* treten weitere Tatbestände der unerlaubten Handlung, die einzelstaatlichen Gesetzen oder dem *common law* zu entnehmen sind. Der praktisch relevante Schutz vor Paparazzi hat teilweise gesetzliche Ausformungen in den Einzelstaaten erfahren, unter anderem durch die kalifornische Anti-Paparazzi-Gesetzgebung (*Anti-Paparazzi-Act* nebst *Amendments*) zum Schutze prominenter Personen.[352] Normen in unterschiedlichen Gesetzen realisieren sowohl ausdrücklichen als auch mittelbaren Minderjährigenschutz gegen Belästigungen durch Paparazzi.

Der aufgrund der Filmindustrie mit Schwierigkeiten in Bezug auf Fotojournalisten konfrontierte Bundesstaat Kalifornien erließ erstmals im Jahre 1999 mangels bundesgesetzlicher Regelungen ein Gesetz, das Fotojournalisten mehr in die Verantwortung nehmen sollte. Dazu wurde das *trespass law* als ein Teil des *tort law* erweitert.[353] Gesetzlich verankert wurde ein Anspruch auf Schadenersatz wegen des Versuchs von Fotojournalisten, während des widerrechtlichen Betretens eines Grundstücks oder durch Gebrauch von bestimmten Überwachungstechnologien wie stark vergrößernden Fotoobjektiven das Bild einer Person bei persönlichen oder familiären Aktivitäten aufzunehmen, wenn die Person eine berechtigte Privatheitserwartung hatte und die Aufnahme für einen objektiven Dritten verletzend wäre. Nach aktuellem Stand werden nunmehr auch Körperverletzungen erfasst sowie Medienunternehmen in die Pflicht genommen, die den Fotografen auf bestimmte Weise zu diesem Versuch veranlassen oder die Fotos veröffentlichen und dabei wissen, dass es illegal beschafft wurde oder keine Rücksicht darauf nehmen. Zudem steht dem Betroffenen ein Anspruch auf Strafschadenersatz zu (*punitive damages*). Für Minderjährige ist insbesondere die Spezifikation auf bestimmte Aktivitäten bedeutsam. Sie wird grundsätzlich weit verstanden unter Einschluss von „intimate details of the plaintiff's personal life, interactions with the plaintiff's family or significant others, or other aspects of the plaintiff's private affairs or concerns". Zum Ausdruck kommt damit abermals, dass sich ein wesentliches Element der Privatsphäre im amerikanischen Recht um die Familie, und damit auch um die minderjährigen Familienmitglieder dreht.

Öffentliche Aufmerksamkeit erregte in Kalifornien in jüngerer Vergangenheit der Fall *Bieber*. Der gerade erst 18-jährige Teenagerstar Justin Bieber wurde auf

---

351 *Dubbs v. Head Start, Inc.*, 336 F.3d 1194, 1220 (2003).

352 California Civil Code Section 1708.8.; dazu in deutscher Sprache *Höning*, Das Recht am eigenen Bild, S. 36 ff.

353 Dies hat verkürzt die rechtswidrige Eigenmacht in Bezug auf Menschen, beweglichen Sachen und Grundstücke zum Gegenstand.

einem Highway von einem Paparazzo verfolgt und abgelichtet.[354] Ergänzend zu dem Anti-Paparazzi-Gesetz ist in derartigen Fällen § 40008 des *California Vehicle Code* einschlägig, wonach sich derjenige strafbar macht, der rücksichtlos ein Fahrzeug führt und dabei Bild- oder Tonaufnahmen zu kommerziellen Zwecken anfertigen, wenn dadurch ein Minderjähriger in eine Situation gebracht wird, in der seine Person oder Gesundheit gefährdet wird.[355] Das Gesetz zielt also ausdrücklich auf den besonderen Schutz von jugendlichen Fahrern ab.

Vorläufiger Höhepunkt dieser Entwicklung ist das *Senate Bill 606*, das dank des Engagements berühmter Hollywood-Schauspielerinnen unter großer öffentlicher Aufmerksamkeit im September 2013 in Kraft getreten ist. Nunmehr ist das Fotografieren und Filmen von Minderjährigen unter 16 Jahren in einer belästigenden Weise ohne Einwilligung der Eltern strafbar. Im Einzelnen spezifiziert die Norm den Begriff des strafbaren „harassment“ in Bezug auf Kinder, verschärft die Strafandrohung und berechtigt die Eltern zur *civil action* gegen den Störer.[356] Belästigung im Sinne dieser Norm ist definiert als bewusstes und gewolltes Verhalten gegenüber einem Kind, das dieses ernsthaft ängstigt, belästigt, peinigt oder einschüchtert und das keinem legitimen Interesse dient, einschließlich dem Verhalten während der Aufnahme von Fotos oder der Stimme. Das Verhalten muss so beschaffen sein, dass es einem normalen Kind seelisches Leid (*emotional distress*) zufügt.

c. Standpunkte der Rechtslehre

Im Schrifttum konzentrieren sich die Stellungnahmen zum Schutz vor Informationsbeschaffung ganz überwiegend auf prominente Personen. Die Rechtslage wird von nicht wenigen Autoren als unausgewogen empfunden, da die Abgrenzung zu medienfreundlich und der Schutz insgesamt zu eng sei.[357] In diesem Zusammenhang wird auch der Schutz von Prominentenkindern mitunter in den Blick genommen und bemängelt.

Hauptkritikpunkt auch an der kalifornischen Gesetzgebung vor *Senate Bill 606* ist das Kriterium der *reasonable expectation of privacy*. Diese wird bei Kindern von *public figures* und Minderjährigen, die selbst diesen Status haben, nur sehr eng begrenzt anerkannt und ist durch das *newsworthy-privilege* starken Einschränkungen unterworfen.[358] Um die Situation von Prominentenkindern hinsichtlich des Schutzes vor *intrusion* durch Medienvertreter zu verbessern, müssten die widerstreitenden

354 Bspw. der Artikel des *Reporters Committee for Freedom of the press*, abrufbar unter http://www.rcfp.org/reporters-recording-guide/extreme-example-california-anti-paparazzi-laws (11.04.2015).

355 Dazu *Locke/Murrhee*, 31 Loy. L.A. Ent. L. Rev. 83.

356 § 11414 California Penal Code.

357 Bspw. *Gimenez*, 52 Alabama L. R. 675 [699 ff.]; *Scharf*, 3 BFIPLJ 164 [182 ff.]; *Vance*, 29 Hastings Comm. & Ent L.J. 99 [105]; a.A. wohl *Smolla*, Defamation, § 10:32, der aber den Anti-Paparazzi-Act kritisiert, § 10:58.

358 *Follett*, 84 Southern California L. R. 201 [219 f.].

Interessen in erster Linie in eine Balance gebracht werden, die sich mehr an den Bedürfnissen des minderjährigen Rechtsträgers orientiert. Vorgeschlagen wird zum einen das Zugestehen eines weiteren Ausnahmebereichs für die *reasonable expectation*,[359] wie dies auch zur Verbesserung des Schutzes von Prominenten allgemein vertreten wird.[360] Als zurückgezogen könnten vor allem Aktivitäten mit der Familie wie Picknick und Ballspiele beurteilt werden, aber auch eigene Handlungen, die Kinder nicht bewusst in der Öffentlichkeit vornehmen (Urinieren, Nasebohren etc.). Ergänzend wird die Errichtung sog. *buffer zones* um einige für Kinder wichtige Areale herum vorgeschlagen, zum Beispiel für Schulen, Parks und medizinische Einrichtungen.[361] *Buffer zones* werden durch Unterlassungsanordnungen errichtet, die ein bestimmtes, unter das Erste Amendment fallendes Verhalten innerhalb eines bestimmten Bereich um eine Person oder einen Ort verbietet, also zum Beispiel das Fotografieren. Zwar hat der U.S. Supreme Court sog. *floating buffer zones*, die mit beweglichen Objekten wie Personen oder Fahrzeugen „mitfließen" für verfassungswidrig erklärt, hielt aber feststehende Zonen um ortsfeste Objekte herum für zulässig.[362] Selbst eine Orientierung am internationalen Ansatz und speziell an der Abwägungspraxis des EGMR in der Entscheidung *Caroline von Monaco* wird vertreten.[363] Schließlich wird auch eine bundesgesetzliche Regelung für den Schutz vor Fotojournalisten insgesamt gefordert.[364]

Zusammenfassend können Kinder und Jugendliche nach geltender Rechtslage nur geringen Schutz erlangen, sobald sie sich außerhalb abgeschirmter Örtlichkeiten befinden. Tendenziell scheint sich zwar ein Bewusstsein für die Schutzbedürftigkeit von Minderjährigen in Bezug auf ihren Lebensraum zu entwickeln, wie die aktuellen Beiträge im Schrifttum und die Gesetzgebung in Kalifornien zeigen. Insbesondere gegenüber der Freiheit der Presse hat der Minderjährigenschutz (außerhalb Kaliforniens) jedoch in der Regel das Nachsehen.

II. Schutz vor Offenlegung von Privatangelegenheiten

Der Deliktstatbestand *disclosure of private facts* begründet den Schutz vor der Verbreitung wahrer, aber verletzender privater Angelegenheiten, mithin den Diskretionsschutz. Der Haftungsgrund verkörpert damit das, was die meisten Menschen mit Privatsphäre und einem *right to be left alone* verbinden.[365] Hauptanwendungsbereich ist natürlich das Verhältnis des Einzelnen zu den Medien. Zwei bedeutsa-

---

359 *Follett*, 84 Southern California L. R. 201 [228].

360 Z.B. *Gimenez*, 52 Alabama L.R. 675 [702].

361 *Follett*, 84 Southern California L. R. 201 [228] (2010); in Los Angeles, Mailbu und Santa Monica sind derartige Zonen vorgeschlagen und diskutiert worden, vgl. dazu *Wax*, 30 LYLAELR 133 [168] und *Sattler*, 40 SWLREV 403 [415].

362 *Schenck v. Pro-Choice Network*, 519 U.S. 357 (1997).

363 *Follett*, 84 Southern California L. R. 201 [240 ff., 244 ff.].

364 So *Scharf*, 3 BFIPLJ 164 [185 f.].

365 *McCarthy*, Publicity and Privacy, § 5:70.

me Einschränkungen sind, dass die Veröffentlichung *erstens* aus der Sicht eines durchschnittlichen Betroffenen höchst kränkend sein muss und *zweitens* nicht von berechtigten Interessen für die Allgemeinheit sein darf.[366] Letzterer Tatbestandsvoraussetzung kommt überragende Bedeutung zu, um den Kommunikationsfreiheiten des Ersten Amendments zur Geltung zu verhelfen und sie gegen die Persönlichkeitsinteressen abzuwägen.[367] Zur Konkretisierung wird auch die im *defamation law* entwickelte Rechtsfigur der *public figure* übertragen.

Dieser Schutz ist praktisch auch für Kinder und Jugendliche am bedeutendsten, entsprechend der Praxis in Deutschland. Während hier aber vor allem Kinder prominenter Eltern die Gerichte um Rechtsschutz anrufen, ist in den Vereinigten Staaten die Kriminalberichterstattung ein entsprechender Brennpunkt. In vielen Fällen wird etwa über minderjährige Opfer, auch solche sexuellen Missbrauchs, identifizierend berichtet, wie eine Studie aus dem Jahre 2010 zeigt.[368] Der im Fokus deutscher Rechtspraxis stehende Bildnisschutz aufgrund Bekanntheit tritt demgegenüber in den Hintergrund.

1. *Allgemeine Tatbestandsvoraussetzungen des* disclosure of private facts

a. Veröffentlichung von privaten Tatsachen

Der *tort* setzt zunächst die Verbreitung wahrer, privater Angelegenheiten voraus, wobei jegliche Formen der Verbreitung erfasst sind.[369] Im Grundsatz werden auch Informationen, die über das Internet verbreitet werden (via Emails oder auf einer Website) als Äquivalent zu Publikationen in den klassischen Printmedien betrachtet.[370] Einige Gerichte betonen als logische Konsequenz des Öffentlichkeitserfordernisses die Notwendigkeit, dass der Geschädigte durch die preisgegebenen Informationen auch identifiziert werden kann.[371] Allerdings reicht es aus, dass die Öffentlichkeit die Person erkennen kann, ohne dass Name und Bilder explizit die Identifikation bringen.[372]

Parallel zur *intrusion* ist auch in diesem *tort* privat und öffentlich voneinander abzugrenzen, wobei auch hier maßgeblich ist, ob der Rechtsträger hinsichtlich des Inhalts der Informationen eine *reasonable expectation of privacy* hat. Die Bestim-

366 Restatement (2d) of Torts, § 652D.

367 *Böhnstedt*, Konstitutionalisierung des Bildnisschutzes, S. 242.

368 Siehe *Jones/Finkelhor/Beckwith*, 11 Journalism 347 [353 f.]; demnach wurden in 51 % der Artikel über Kindesmisshandlung mindestens eine identifizierende Tatsache über das Kind berichtet, in 21 % der Fälle sogar der Name; in Fällen von sexuellem Kindesmissbrauch wurden immerhin in 37 % der Artikel mindestens eine identifizierende Tatsache über das Kindes berichtet und in 4 % der Name oder die Adresse.

369 *Böhnstedt*, Konstitutionalisierung des Bildnisschutzes, S. 243.

370 Vgl. *Firth v. State of New York*, 184 Misc. 2d 105, 706 N.Y.S 2d 835 (2000), aff'd., 731 N.Y.S. 2d 244 (2001).

371 Z.B. *Bernstein v. Nationale Broadcasting Co.*, 129 F. App. 817 (1955).

372 Weitere Nachweise bei *Elder*, Privacy Torts, § 3:3.

mung treffen die amerikanischen Gerichte aufgrund einer einfachen Formel: privat ist nur, was nicht der Öffentlichkeit zugänglich ist.[373] Die Haftung ist demnach ausgeschlossen, wenn die verbreitete Tatsache bereits vielen Menschen bekannt ist, sei es, weil die Angelegenheit vom Geschädigten selbst für die Öffentlichkeit freigegeben oder weil sie sonst nicht von der Öffentlichkeit ferngehalten wurde.[374] Weiterhin privat bleiben Informationen, die nur einer kleinen ausgewählten Gruppe mitgeteilt wurden, also insbesondere auch Familienmitgliedern oder ausgewählten Freunden.[375] Demnach werden Angelegenheiten nicht als privat bewertet, die außerhäuslich in der Öffentlichkeit stattfinden, da man sich freiwillig in die Öffentlichkeit begebe und damit Teil derselben werde.[376] Nicht nur die Aufnahme, sondern auch die Veröffentlichung eines Bildes ist folglich zulässig, wenn das Foto einer Person veröffentlicht wird, die sich an einem öffentlichen Ort befunden hat.[377] Unerheblich ist es zudem, ob der Betroffene die Informationen freiwillig der Öffentlichkeit zugänglich gemacht hat. Grundsätzlich erlaubt ist beispielsweise die Verbreitung von Informationen, die in öffentlichen Dokumenten (*public records*) wie Gerichtsakten enthalten sind.[378]

b. Verletzungsschwelle

Wie bei dem vorhergehend erläuterten Delikt begrenzt das Erfordernis des *highly offensive to a reasonable person* die Haftung auf solche Handlungen, die aus dem Blickwinkel eines durchschnittlichen Betroffenen in höchstem Maße kränkend sind.[379] Die Gerichte prüfen zunächst abstrakt, ob die veröffentlichte Information überhaupt verletzt sein könnte, bei positivem Ergebnis wird die Entscheidung über die konkrete *offensiveness* dann der Jury übertragen.[380]

c. Kein legitimes öffentliches Interesse

Es liegt jedoch nur dann eine *public disclosure* vor, wenn an der Veröffentlichung kein legitimes, öffentliches Interesse besteht (*legitimate public concern* oder

---

373 *Böhnstedt*, Konstitutionalisierung des Bildnisschutzes, S. 243.

374 *Elder*, Privacy Torts, § 3:5.

375 Z.B. *Diaz v. Oakland Tribune, Inc.*, 139 Cal. App. 3d 118 (1983); *Hall v. Post*, 85 N.C. App. 610 (1987); *Sheets v. Salt Lake County*, 45 F.3d 1383 (1995).

376 Z.B. *Puckett v. American Broadcasting Companies*, 917 F.2d 1305, 18 Media L. Rep. 1482 (1990); weitere Nachweise bei *Böhnstedt*, Konstitutionalisierung des Bildnisschutzes, S. 243.

377 Z.B. *Nelson v. Maine Times*, 373 A2d 121 (1977); vgl. auch *McNamara v. Freedom Newspapers, Inc.*, 802 SW 2d 901 (1991).

378 Ausführlich dazu *Elder*, Privacy Torts, § 3:15.

379 Überblick bei *McCarthy*, Publicity and Privacy, § 5:71.

380 *Böhnstedt*, Konstitutionalisierung des Bildnisschutzes, S. 245.

newsworthiness).[381] Die amerikanischen Gerichte stehen hier konkret vor der Aufgabe, den individuellen Anspruch auf Privatheit mit dem Recht der Medien auf die Möglichkeit, Fakten von öffentlichem Interesse ohne Angst vor einer Klage zu berichten, in einen gerechten Ausgleich zu bringen.[382]

aa. Das newsworthiness privilege der Medien

Das sogenannte *newsworthiness privilege* ist nicht immer ein *defense*, also Verteidigungseinwand der Medien gegen eine Klage, sondern beeinflusst zum Teil schon die Tatbestandsebene eines *torts*.[383] Im *intrusion tort* fließt das Kriterium des öffentlichen Informationsinteresses wie erörtert bei der Bestimmung der berechtigten Privatheitserwartung der betroffenen Person mit ein. Im *disclosure tort* ist das öffentliche Interesse als negatives Tatbestandsmerkmal vom Kläger zu beweisen.

Eine einheitliche, abstrakte Definition dessen, was *newsworthy* ist, existiert nicht. Der U.S. Supreme Court begnügt sich mit einzelfallbezogenen Überlegungen.[384] Häufig wird auf den Grundsatz zurückgegriffen, dass alle Angelegenheiten von öffentlichem Interesse sind, deren Informationen benötigt werden oder dazu bestimmt sind, den Mitgliedern der Gesellschaft zu ermöglichen, mit den Anforderungen ihrer Zeit zurechtzukommen.[385] *Newsworthy* ist demnach, was die Redakteure als veröffentlichungswürdig erachten, die Presse kommuniziert damit den *public interest* praktisch selbst.[386] Einige Staatengerichte weichen noch davon ab und bestimmen das öffentliche Interesse anhand von gesellschaftlichen Konventionen und Sitten (im Prozess also durch die Jury). Ausscheiden soll dabei ein schützenswertes Interesse, wenn nicht die Informationsvermittlung im Vordergrund stehe, sondern die Befriedigung von Neugier am Privatleben anderer Personen (*decency limitation*).[387] Insgesamt ist der Begriff aber in weitem Sinne zu verstehen und umfasst sowohl zeitgeschichtliche Ereignisse als auch das Interesse an Personen, die nach den Grundsätzen der *public figure* Rechtsprechung in der Öffentlichkeit stehen.[388] Dies hat dazu geführt, dass Ereignisse wie Geburt, Suizid, persönliche Tragödien, Heirat, Verhaftungen, die meisten Verbrechen sowie die Aktivitäten von Schauspielern, Sportlern etc. erfasst sind.[389] Demgegenüber wird in mehreren Entscheidungen ein überwiegendes

---

381 Restatement (2d) of Torts, § 652D; dazu ausführlich in deutscher Sprache *Höning*, Das Recht am eigenen Bild, S. 76 ff.

382 *McCarthy*, Publicity and Privacy, § 5:77.

383 *Smolla*, Rights and Liablities in Media Content, Vol. 2 § 7:11.

384 Bspw. *Cox Broadcasting Corp. v. Cohn*, 420 U.S. 469 (1975).

385 *Thornhill v. State of Alabama*, 310 U.S. 88, 95 (1940).

386 *Zimmerman*, 68 Corn L. Rev. 291 (1983); ausführlich zu den einzelnen Ansätzen *Böhnstedt*, Konstitutionalisierung des Bildnisschutzes, S. 312 m.N.

387 Z.B. *Virgil v. Time, Inc.*, 527 F.2d 1122 (1975); Restatement (2d) of Torts, § 652D. Comm. h.

388 *Böhnstedt*, Konstitutionalisierung des Bildnisschutzes, S. 245 f.; ausführlich *Elder*, Privacy Torts, § 3:17.

389 *Smolla*, Rights and Liablities in Media Content, Vol. 2 § 7:11 m.N.

Informationsinteresse verweigert, wenn die Berichterstattung medizinische Informationen, Nacktbilder oder sonst höchst peinliche Körperhaltungen enthalten.[390]

bb. Die Rechtsfigur der *public figure*

Entscheidend für die Reichweite des Schutzes sind neben dem Inhalt der Veröffentlichung nach der *public-figure*-Rechtsprechung der amerikanischen Gerichte der Bekanntheitsgrad, das Vorverhalten sowie die Rolle des Betroffenen für die Gesellschaft.[391] Anhand einer Fallgruppeneinteilung wird eine Richtung für das Abwägungsergebnis der widerstreitenden Interessen vorgegeben, ähnlich wie es im deutschen Recht mittels der Rechtsfiguren der Personen der Zeitgeschichte erfolgt.[392]

Nach welchen Kriterien eine *public figure* zu bestimmen ist, hat der U.S. Supreme Court zunächst in der wichtigen Entscheidung *Gertz v. Robert Welch, Inc.* festgelegt und auf die im Verhältnis zu Privatpersonen erleichterte Möglichkeit zur Gegenwehr durch Zugang zu den Medien sowie die Freiwilligkeit der Beteiligung an einer öffentlichen Debatte abgestellt.[393] Zusammengefasst handelt es sich dabei also um Personen, die aufgrund ihrer Position, ihrer Tätigkeiten oder eines zufälligen Ereignisses Gegenstand öffentlicher Aufmerksamkeit sind.[394] Als Unterkategorien werden dabei regelmäßig *voluntary public figures*, also Personen, die sich freiwillig in die Öffentlichkeit begeben haben, von *involuntary public figures* unterschieden, d.h. von Personen, welche die öffentliche Aufmerksamkeit nicht gesucht haben, sondern durch die Beteiligung oder Verbindung zu einem berichtenswerten Ereignis zum Gegenstand derselben geworden sind.[395] Als *public figure for all purposes* bezeichnete der Supreme Court in der oben genannten Entscheidung eine Person, die einen hohen Bekanntheitsgrad erreicht hat und einen erheblichen Einfluss auf die gesellschaftlichen Angelegenheiten ausübt.[396] Unabhängig vom Gegenstand der Berichterstattung kommt es bei diesen Personen zu einer erheblichen Anhebung der Eingriffsschwelle für alle Aspekte seines Lebens. Einheitliche Bewertungsmethoden für die Qualifizierung gibt es in der amerikanischen Rechtsprechung jedoch nicht. Trotz Ermahnung zu einer zurückhaltenden Rechtsprechung in der Entscheidung *Gertz* wurden bereits Schauspieler, Sportprofis, Künstler und Autoren als *public figure for all purposes* angesehen. Wer ohne bestimmenden Einfluss freiwillig an einer öffentlichen Debatte teilnimmt, um den Ausgang der Diskussion zu beeinflussen, ist als *public figure for limited purposes*, also nur in Bezug auf diese Kontroverse,

---

390 Bspw. *McCabe v. Village Voice, Inc.*, 550 F. Supp. 525, 529 (1982) (badende Frau); weitere Nachweise bei *McCarthy*, Publicity and Privacy, § 3:17.

391 *Böhnstedt*, Konstitutionalisierung des Bildnisschutzes, S. 285.

392 *Böhnstedt*, Konstitutionalisierung des Bildnisschutzes, S. 285.

393 *Gertz v. Robert Welch, Inc.*, 418 U.S. 323, 345 (1974).

394 Restatement (2d) of Torts, § 652D Comm. a.

395 Restatement (2d) of Torts, § 652D Comm. e.

396 *Gertz v. Robert Welch, Inc.*, 418 U.S. 323, 345 (1974).

anzusehen.[397] Demnach können etwa Internetnutzer als *public figures* angesehen werden, wenn sie sich in einem *blog*, *chat room* oder in anderen Online-Foren zu einem Thema äußern und dort Aufmerksamkeit erlangen, auch wenn sie außerhalb der jeweiligen virtuellen *community* nicht bekannt ist.[398] Privatpersonen, die ohne eigenes Zutun in die Aufmerksamkeit der Öffentlichkeit rücken, beispielsweise als Opfer eines Verbrechens oder Überlebende eines Unglücks, können überdies zu *involuntary public figures* werden.[399] Diese Figur hat der U.S. Supreme Court zwar auf besondere Situationen mit enormem öffentlichem Interesse beschränkt, sie ist aber weitgehend etabliert. Darüber hinaus erstreckt sich das legitime öffentliche Interesse grundsätzlich auch auf Vertraute einer *public figure*, selbst wenn überhaupt kein Anlass für die erhöhte Aufmerksamkeit besteht außer die Beziehung zu der öffentlichen Person.[400]

Personen mit dem Status als *public figure* haben grundsätzlich weniger Privatheit und damit weniger Rechte, die Veröffentlichung von Informationen über sie zu verhindern. Das Informationsinteresse kann sich nicht nur auf Auftritte und Aktivitäten außerhalb der geschützten häuslichen Sphäre, sondern auch auf solche Aspekte erstrecken, die ansonsten als private Informationen unter den Schutz des *tort* fallen würden. In diesem Fall wägen die Gerichte anhand der konkreten Umstände des Einzelfalls ab, ob das Informationsinteresse an dem Ereignis es rechtfertigt, an sich private Informationen preiszugeben.[401] Die Einschränkung des Privatbereichs betrifft auch *involuntary public figures*, dessen Privatheit zugunsten des öffentlichen Informationsinteresses quasi „geopfert" wird.[402]

2. *Minderjährigenpersönlichkeitsschutz durch den* disclosure tort

Angesichts der praktischen Bedeutung kann die Rechtsprechungsanalyse auf eine Reihe von Entscheidungen zurückgreifen, die ein klar umrissenes Bild von der Reichweite des Minderjährigenpersönlichkeitsschutzes zeichnen. Allerdings wird der Diskretionsschutz in diesem Sinne auch nahezu ausschließlich durch das *case law* dominiert. Auch in der U.S.-amerikanischen Lehre wird die Rechtslage nur rudimentär reflektiert.

---

397 *Böhnstedt*, Konstitutionalisierung des Bildnisschutzes, S. 291 m.N.

398 Vgl. *Ellis v. Times, Inc.*, 1997 WL 863267, 26 Media L. Rep. 1225 (1997); *Thomas v. Patton et. al.*, 939 So.2d 139, 35 Media L. Rep. 1350 (2006); a.A. *Münch*, Schutz vor Verletzungen der Persönlichkeitsrechte in den Neuen Medien, S. 105.

399 *Gertz v. Robert Welch, Inc.*, 418 U.S. 323, 345 (1974).

400 Z.B. *Carlisle v. Fawcett Publ'ns, Inc.*, 20 Cal. Rptr. 405 (1962).

401 *Böhnstedt*, Konstitutionalisierung des Bildnisschutzes, S. 246 f.

402 *McCarthy*, Publicity and Privacy, § 5:77: "[...] their "privacy" is sacrificed in favor of the public's "right to know" as to the public event and even as to matters of their private life."

a. Minderjährigenschutz im *case law*

aa. Bestimmung des privaten Bereichs im Kindes- und Jugendalter

Die meisten der von Minderjährigen geltend gemachten Ansprüche wegen *disclosure of private facts* scheiterten in der Vergangenheit bereits an dem Erfordernis, dass die Veröffentlichung Informationen privater Natur betrifft.[403] Der Bereich, in den sich Kinder und Jugendliche vor der Öffentlichkeit zurückziehen können, ermittelt die Rechtsprechung wie beim *intrusion tort* nach den allgemeinen Grundsätzen. Informationen verlassen dementsprechend die private Sphäre, wenn sie Angelegenheiten betreffen, die sich nicht in örtlicher Abgeschiedenheit ereignen, oder wenn sie bereits irgendwie bekannt sind. Letzterer Aspekt schränkt den Minderjährigenpersönlichkeitsschutz nicht nur gegenüber der Presse stark ein, wie die umfangreiche Kasuistik zeigt:

(1). In der Entscheidung *SB v. Saint James School* etwa verneinte der Supreme Court von Alabama die Haftung einer Privatschule, deren Angestellte in der Schülerschaft zirkulierende Nacktbilder von Schülerinnen gegenüber Lehrern, anderen Schülern und Eltern von Schülern offenlegten, um die Identität der abgebildeten Minderjährigen herauszufinden. Das Gericht beurteilte diese Bilder als nicht mehr privat, da zum Zeitpunkt der schulischen Ermittlungen die Kenntnis über die Fotografien in der Schulgemeinde schon weit verbreitet gewesen sei.[404]

Entsprechend ist auch die Verbreitung von Tatsachen, die in öffentlichen Akten, also Registern und Dokumenten öffentlicher Stellen, enthalten sind, nach der wohl bekanntesten Entscheidung zum Schutz der Privatheit von Minderjährigen *Cox Broadcasting Corp. v. Cohn* generell zulässig. Gegenstand war die Klage von Eltern eines minderjährigen Mordopfers gegen eine Fernsehstation, die den Namen ihrer Tochter aus der Anklageschrift entnahm und ihn öffentlich bekannt gab. In dem wegen der Preisgabe der Identität aus dem *disclosure tort* angestrengten Verfahren betonte der U.S. Supreme Court, dass die Identität des Opfers keine private Angelegenheit sei, da der Name des Opfers in allgemein zugänglichen Dokumenten erfasst worden sei. Eine Bestrafung der Fernsehstation für die Verbreitung von Informationen, die für sie zugänglich sind, sei deshalb nicht mit dem Ersten Amendment vereinbar.[405] Unerheblich ist für die Zulässigkeit der Veröffentlichung, ob die Informationen durch gerichtliche Anordnung oder per Gesetz als privat erachtet wurden.[406] In *Meetze v. Associated Press* hielt es das Gericht sogar für belanglos, dass die Information, dass eine 12-Jährige ein Kind zur Welt bringen wird, schon vor der

403 *Grant*, 19 Am. J. Crim. L. 485 [488].

404 *SB v. Saint James School*, 959 So. 2d 72, 92 (2006).

405 *Cox Broadcasting Corp. v. Cohn*, 420 U.S. 469, 493 (1975).

406 Bspw. *Florida Star v. B.J.F.*, 491 U.S. 524 (1989) (eine Zeitung entnimmt den Namen eines Missbrauchsopfers einem Polizeibericht, der versehentlich freigegeben wurde); *Smith v. Daily Mail Publishing Co.*, 443 U.S. 97 (1979) (Veröffentlichung des Namens eines jugendlichen Beschuldigten ohne richterliche Erlaubnis des *juvenile court*, obschon es in West Virginia gesetzlich verboten war, den Namen des

obligatorischen Eintragung in öffentliche Dokumente durch einen Zeitungsartikel enthüllt wurde.[407]

(2). Von diesen Regeln wird zum Schutz vor Stigmatisierung für das Jugendgerichtssystem teilweise abgewichen oder jedenfalls der Versuch unternommen.[408] Der *Juvenile Delinquency Act* erlaubt etwa nur eine beschränkte Freigabe der Gerichtsakten an einen bestimmten Personenkreis.[409] Auch der Zugang zu den Verhandlungen vor Gericht ist in vielen Staaten gesetzlich beschränkt oder beschränkbar.[410] Der U.S. Supreme Court hat darüber hinaus grundsätzlich anerkannt, dass Gerichte auch die Medien von der Teilnahme an Verhandlungen ausschließen dürfen.[411] Medien können nach derzeitigem *case law* hingegen entsprechend *Cox Broadcasting Corp. v. Cohn* nicht daran gehindert werden, die Identität der in ein Gerichtsverfahren als Täter, Opfer oder Zeugen involvierten Minderjährigen preiszugeben.

Im Falle *Williams v. KCMO Broadcasting* lehnte das Gericht eine Haftung des Fernsehsenders wegen Ausstrahlung der gefilmten Verhaftung eines Teenagers ab, obwohl dessen Gesicht dabei klar zu erkennen war. Die Entscheidung wurde damit begründet, dass die Verhaftung selbst an einem öffentlichen Ort durchgeführt wurde und deshalb bereits Teil allgemeiner Kenntnis war.[412] Im Fall *Hubbard v. Journal Publishing Co.* erklärte es der Supreme Court von Mexico sogar für zulässig, dass eine Zeitung die Identität des minderjährigen Opfers einer Vergewaltigung enthüllte, welche es aus einer gerichtlichen Anordnung im Gerichtsverfahren gegen den Angreifer entnommen hatte.[413] Diese Rechtsprechungspraxis lässt also einen wirksamen Identitätsschutz weder bei minderjährigen Tätern noch bei Opfern von Straftaten zu.

(3). Jenseits der Presseberichterstattung ist für Kinder und Jugendliche der private Bereich im Familien- und Freundeskreis praktisch von Belang. Informationen, die nur einer kleinen ausgewählten Gruppe mitgeteilt wurden, also Familienmitgliedern oder ausgewählten Freunden, bleiben grundsätzlich privat.[414]

Beschuldigten durch Interviews mit Augenzeugen oder Abhören des Polizeifunks herauszufinden).

407 *Meetze v. Associated Press*, 230 S.C. 330, 338, 95 S.E.2d 606 (1956).

408 Vgl. *Cohn*, 51 George Washington L. R. 269.

409 18 U.S.C.A. § 5038.

410 Z.B. DC Code Ann § 16–2316 (e); vgl. *Kramer*, Legal Rights of Children, § 23:20 m.N.

411 *Oklahoma Pub. Co. v. District Court In and For Oklahoma County*, 430 U.S. 308 (1977); vgl. dazu auch *Trubow*, in: Ders., Privacy Law and Practice, Vol. 1, 5.06 [5] m.N.

412 *Williams v. KCMO Broadcasting*, 472 S.W.2d 1 (1971).

413 *Hubbard v. Journal Publishing Co.*, 68 P.2d 147 (1962); *Grant*, 19 Am. J. Crim. L. 485 [489] m.w.N.

414 Z.B. *Diaz v. Oakland Tribune, Inc.*, 139 Cal. App. 3d 118 (1983); *Hall v. Post*, 85 N.C. App. 610 (1987); *Sheets v. Salt Lake County*, 45 F.3d 1383 (1995); *McCarthy*, Publicity and Privacy, § 5:82 m.w.N.

Unter Bezugnahme auf eine Leitentscheidung des Supreme Court of Oregon in *Humphers v. First Interstate Bank of Oregon*[415] erklärte allerdings der Supreme Court of California in *Taus v. Loftus*, dass grundsätzlich keine Ansprüche gegen Verwandte oder enge Freunde wegen freiwilliger Preisgabe von persönlichen Informationen bestünden. Wenn die geteilte Information nicht durch das Recht geschützt ist (z.B. aus den Regeln über den Schutz der Vertraulichkeit), sei eine deliktische Haftung ausgeschlossen, weil keine Rechtspflicht zur Geheimhaltung bestünde. Nicht ausgeschlossen sei dagegen die Haftung von Dritten, beispielsweise Privatdetektiven, wenn diese unzulässige und unerwartete Mittel zur Informationserlangung durch Verwandte oder Freunde verwenden. Nach Ansicht des Gerichts besteht ein signifikanter Unterschied zwischen der Empfindung persönlicher Enttäuschung, wenn Verwandte oder ein Freund Geheimnisse ausplaudern und dem Angriff auf die persönliche Integrität und individuelle Würde durch die Nutzung unzulässiger und unberechtigter Mittel zur Beschaffung privater Informationen durch eine dritte Person, zu der keine persönliche Beziehung besteht.[416]

(4). Schwierigkeiten bereitet die Einordnung von Informationen, die Jugendliche selbst ins Internet, beispielsweise auf sozialen Netzwerkseiten, in Foren und Blogs, preisgegeben haben. Endgültige Lösungen zu der Frage, ob Informationen aus dem Internet überhaupt privat sein können und unter welchen Voraussetzungen oder ob sie bereits öffentlich sind, hält auch das U.S.-amerikanische Recht noch nicht bereit. Während die traditionelle Lehre allen Inhalten Privatsphärenschutz verweigert, die irgendwo im Internet gepostet wurden, differenziert die moderne Schule.[417] Herrschend werden Informationen, die einmal im Internet zu finden sind, wohl nicht mehr als privat angesehen. Ihre weitere Verbreitung erfüllt somit den *disclosure* Tatbestand nicht.

So sind nach Ansicht des District Court in *U.S. v. Gines-Perez* selbst oder mit Einwilligung ins Internet gestellte Fotos einer Person grundsätzlich keine privaten Informationen, insbesondere, wenn die Person keine Maßnahmen zur Kontrolle des Zugangs zu der entsprechenden Website vornimmt.[418] Auch Profilseiten oder Teile davon auf sozialen Netzwerkseiten, die für jedermann einsehbar sind, können nach der Rechtsprechung keine „privaten" Informationen enthalten: Der California Court of Appeal hielt ein auf der sozialen Netzwerkseite veröffentlichtes Gedicht einer Schülerin in *Moreno v. Hanford Sentinel* für nicht mehr privat mit der Folge, dass durch das Kopieren, die Weitergabe und die Veröffentlichung des Gedichts nicht in die Privatsphäre eingegriffen wurde. Nach dem Hochladen bestünde kein begründetes Vertrauen mehr auf Privatsphäre daran.[419] Ebenso entschied ein Gericht

---

415 *Humphers v. First Interstate Bank of Oregon*, 298 Or. 706, 696 P.2d 527 (1985).

416 *Taus v. Loftus (2007)*, 40 Cal. 4th 683, 54 Cal.Rptr.3d 775; 151 P.3d 1185 (2007).

417 Dazu *Newell*, 17 Rich. J.L. & Tech. 12 [24 f.]; *Abril*, 6 Northwestern J. Tech. & Intell. Prop. 73 [78 ff.]; *Lipton*, 104 Northwestern U. L. Rev. 477; *Zansberg/Fischer*, 28-NOV Comm. Law. 1.

418 *U.S. v. Gines-Perez*, 214 F. Supp. 2d 205 (2002).

419 *Moreno v. Hanford Sentinel, Inc.*, 172 Cal. App. 4th 1125 (2009).

in Minnesota über das *Posting* einer Klinikmitarbeiterin über eine Patientin. Obwohl die Informationen nur ein paar Tage zugänglich waren und nur 6 Internetnutzer die entsprechende Seite besucht hatten, sei die Informationen der Öffentlichkeit insgesamt zugänglich gewesen und damit nicht mehr privat.[420] Informationen auf öffentlich zugänglichen Netzwerkseiten wird also unabhängig von der tatsächlichen Zahl der Besucher Schutz verweigert.[421]

In den allermeisten Fällen stellen die Nutzer von Onlinenetzwerken jedoch Informationen in der Absicht von sich ins Internet, dies nur ein paar Personen zugänglich zu machen. Dies soll insbesondere durch die Privatsphäreeinstellungen der jeweiligen Websites gesichert werden, indem der Zugang auf „befreundete" Nutzer beschränkt wird. Ob die Informationen dadurch weiterhin privat bleiben, wird uneinheitlich beurteilt. Während einige Entscheidungen die Privatheit von Informationen nach einem Posting verneinten,[422] wurde in einer anderen Entscheidung der Vergleich zu Emails herangezogen und die Informationen durch den beschränkten Zugang als privat angesehen.[423]

bb. Öffentliches Interesse an Informationen

Wird eine unter Berücksichtigung der vorgenannten Aspekte als privat einzustufende Information verbreitet, kommt es darauf an, ob und inwieweit ein öffentliches Informationsinteresse an den privaten Informationen über Kinder und Jugendliche besteht. Die in diesem Rahmen erfolgende Interessenabwägung zwischen dem Interesse des Minderjährigen an Zurückgezogenheit und dem Interesse der Presse an Informationsverbreitung erfolgt in den allermeisten Fällen ohne erkennbare maßgebliche Rücksichtnahme auf die natürliche Schutzbedürftigkeit von jungen Menschen. Infolgedessen tritt ihr Privatsphärenschutz regelmäßig hinter die Pressefreiheit zurück.

(1). Die U.S.-amerikanischen Gerichte behandeln Minderjährige insbesondere als *public figure,* was weitreichende Folgen für die Schutzintensität hat. Anzuwenden war in Minderjährigenfällen in erster Linie die Figur der *involuntary public figure,* deren eingangs bereits erwähnter Präzedenzfall *Kapellas v. Kofman* den Minderjährigenpersönlichkeitsschutz betraf.[424] Eine Zeitung veröffentlichte einen Leitartikel über die Kandidatur von Inez Kapellas für ein öffentliches Amt, in dem über die Verhaftung zweier ihrer Söhne sowie das ziellose Umherstreifen einer Tochter auf der Straße berichtet wurde. Der California Supreme Court entschied dazu, den min-

420 *Yath v. Fairview Clinics, N.P.*, 767 N.W.2d 34 (2009).

421 *Zansberg/Fischer*, 28-NOV Comm. Law 1 [27].

422 So *Romano v. Steelcase*, 907 N.Y.S. 2d 650, 656 (2009).

423 *Crispin v. Christian Audigier, Inc.*, 717 F. Supp. 2d 965, 968 (2010); weitere Fälle zu Onlinenetzwerken bei *Wall/Greer*, 29 No. 23 Westlaw Journal Computer and Internet 1.

424 *Kapellas v. Kofman*, 1 Cal.3d 20, 459 P.2d 912 (1969); dazu *Williams*, 19 Loy. L.A. Ent. L. Rev. 337 [348].

derjährigen Kindern selbst käme der Status als *public figures* zu. Die für öffentliche Ämter kandidierenden Personen wüssten um das damit verbundene gesteigerte Interesse an ihrer Person und an denen, die in enger Beziehung zu ihnen stehen. Obwohl die Kinder häufig für die Qualifikation des Kandidaten nicht relevant sein dürften, sollte der Öffentlichkeit erlaubt sein, die Bedeutung der Informationen selbst zu bestimmen. „The children's loss of privacy is one of the costs of the retention of a free marketplace of ideas."[425] Ihre Privatheit wird also wie bei Erwachsenen, die unfreiwillig in den Mittelpunkt öffentlichen Interesses rückten, zugunsten desselben „geopfert".[426] Diese enge Kopplung der Schutzintensität an Bekanntheitsgrad und Status der Eltern wirkt sich für Kinder prominenter Eltern dahingehend aus, dass sie von vorneherein weniger Privatsphäre erwarten können als andere Kinder.

Veröffentlichen Zeitschriften wie im Fall *Hood v. National Enquirer, Inc.* Storys über Prominente (hier den Schauspieler Eddi Murphy) und ihre außerehelichen Kinder und enthüllen darin intime Details über das Leben des Kindes nebst Fotos, Name, Wohnort und sogar Höhe der Unterhaltszahlungen, haften sie nicht aus dem *disclosure tort*, obwohl niemand und schon gar nicht Mutter und Kind beabsichtigten, überhaupt in die Öffentlichkeit zu gehen.[427] Aber auch Kinder ohne prominente Eltern können zur *public figure* werden, etwa durch Unfälle oder Naturkatastrophen.[428] Das *newsworthiness privilege* ist hier aber in begrenzterem Umfang, nämlich auf das Ereignis, beschränkt. Sind Minderjährige erst mal als öffentliche Personen anzusehen, ist der eingeschränkte Privatsphärenschutz meist irreversibel: „once a public figure, always a public figure".[429] Die amerikanischen Gerichte halten grundsätzlich ein anhaltendes Interesse der Öffentlichkeit an Informationen über die Person für legitim. So unterlag das *right of privacy* beispielsweise bei der Interessenabwägung im Fall des „Wunderkindes" *Sidis*, obwohl sich der Betroffene nach seinem Bekanntwerden im Kindesalter rund 20 Jahre aus der Öffentlichkeit ferngehalten hatte.[430]

(2). Eine Reihe von Entscheidungen, in denen das Informationsinteresse bei der Abwägung nicht überwiegt, ergingen im Zusammenhang mit Betroffenen, die aufgrund ihres Alters, ihres wirtschaftlichen Status, ihrer Fähigkeiten oder vergleichbarer sozialer Interessen einen besonderen Schutz verdienten. Dieser Gesichtspunkt wird in den Entscheidungsgründen allerdings zumeist nicht ausdrücklich zur Begründung herangezogen. Zum Schutz von Kindern und Jugendlichen werden dem Informationsinteresse Grenzen gezogen, wenn die Identität von Kindern und Ju-

---

425 *Kapellas v. Kofman*, 1 Cal.3d 20, 38, 459 P.2d 924 (1969).

426 Zur involuntary public person *McCarthy*, Publicity and Privacy, § 5:77.

427 *Hood v. National Enquirer, Inc.*, 17 No. 9 Ent. L. Rep. 3 (1996).

428 Z.B. *Shulman v. Group W Prods., Inc.*, 955 P.2d 469 (1998); *Waters v. Fleetwood*, 212 Ga. 161, 91 S.E.2d 344 (1956); Beispiele aus der amerikanischen Rechtsprechung auch bei *Grant*, 19 Am. J. Crim. L. 485 [490] m.w.N.

429 So *Shackelford*, 49 American Business Law Journal 125 [146].

430 *Sidis v. F-R Publishing Corp.*, 113 F.2d 806, 809 (1940); vgl. auch *Peckham v. Boston Herald, Inc.*, 719 N.E.2d 888 (1999).

gendlichen im Zusammenhang mit sensiblen Informationen veröffentlicht werden, die bislang keinerlei Bekanntheit hatten.

Der Mississippi Supreme Court ließ in der Entscheidung *Dealton v. Delta Democrat Publishing Co.* die Veröffentlichung der Namen und der unverpixelten Fotos von Schülern mit geistiger Behinderung nicht zu, obwohl die Tatsache, dass eine Schule Hilfe und Unterstützung für geistig behinderte Kinder bietet, von öffentlichem Interesse sei: „It is difficult to conceive that private in nature than the fact that a child has limited mental capabilities or is in any sense mentally retarded. Simply enrolling in a public school does not make one a 'public figure' or 'personage' to the extent that such person has no right to privacy concerning his mental capabilities or lack of such."[431] Allgemein sind minderjährige Opfer sexuellen Missbrauchs oder sexueller Belästigung vor identifizierender Berichterstattung geschützt. In *M.G. v. Time Warner, Inc.* hatte eine Sportzeitschrift das Foto eines Baseballkinderteams als Teil einer news story über die sexuelle Belästigung durch Sporttrainer veröffentlicht, dessen Manager wegen sexueller Belästigung verurteilt worden war. Obwohl das Foto in der Öffentlichkeit aufgenommen und an die Familien der Spieler verteilt wurde und obgleich der Artikel berichtenswerten Inhalts ist, sah der California Court of Appeals die Veröffentlichung des Fotos mit den erkennbaren Gesichtern der Kinder nicht als *newsworthy* an. Die Verletzung der Privatheit dadurch wiege schwerer als der Wert der journalistisch beabsichtigten Wirkung zu zeigen, dass jedes Kind potenzielles Opfer ist.[432] Ähnlich erachtete der U.S. District Court für Columbia zwar Kindesmissbrauch an sich für ein Thema von öffentlichem Interesse, den sexuellen Missbrauch eines bestimmten Kindes aber nicht. In dem Verfahren hatte das Gericht über die landesweite Ausstrahlung eines Videos zu entscheiden, in dem ein Mädchen den erlebten sexuellen Missbrauch beschrieb.[433]

In *Doe v. Mills* wurde darüber hinaus ein öffentliches Interesse an der Identität einer Minderjährigen verneint, die das komplizierte Verfahren zur Erlaubnis einer Abtreibung durchmachte, obwohl an Geburten durch Minderjährige grundsätzlich ein legitimes öffentliches Interesse anerkannt ist.[434] Schließlich wurde ein überwiegendes Informationsinteresse verneint an der Identität des jugendlichen Vaters eines außerehelichen Kindes[435] sowie an der Identität eines adoptierten Kindes und seiner Adoptiveltern und ihrer intensiven emotionalen Reaktion bei Auftreten der leiblichen Mutter.[436]

---

431 *Deaton v. Delta Democrat Publ'g Co.*, 326 So. 2d 471, 474 (1976).

432 *M.G. v. Time Warner, Inc.*, 107 Cal. Rptr. 2d 504 (2001).

433 *Foretich v. Lifetime Cable*, 777 F. Supp. 47, 50 (1991).

434 *Doe v. Mills*, 212 Mich. App. 73, 536 N.W.2d 824 (1995).

435 *Hawkins by and through Hawkins v. Multimedia, Inc.*, 288 S.C. 569, 344 S.E.2d 145, 146 (1986).

436 *Hall v. Post*, 85 N.C. App. 610, 355 S.E.2d 819, 826 (1987) (aus anderen Gründen später aufgehoben).

cc. Verletzungsschwelle

Auch bei der *disclosure* lehnt es die Rechtsprechung einstimmig und ohne Ausnahme ab, subjektive Kriterien zur Bestimmung der Verletzungsschwelle anzulegen.[437] Beispielsweise wurde die Veröffentlichung über die Geburt eines Kindes durch ein 12 jähriges, verheiratetes Mädchen nicht als besonders kränkend eingestuft.[438] Enthüllungen bzgl. Sexualverhalten, sexuelle Orientierung oder Informationen über Opfer von Sexualverbrechen werden hingegen zumeist als besonders kränkend erachtet.[439] Nicht zulässig wurde auch die Veröffentlichung eines Fotos beurteilt, das einen von Geburt an Deformation leidenden, durch eine Operation gestorbenen nackten Säugling zeigt.[440]

b. Gesetzesrecht zum Minderjährigenschutz

Die Zulässigkeit der Veröffentlichung privater Informationen über Minderjährige richtet sich nahezu ausschließlich nach den vorgenannten Grundsätzen des *case law*. Einige Einzelstaaten haben explizit die Preisgabe der Identität der Opfer von Sexualverbrechen verboten, allerdings haben die Gesetze zum Teil wenig Durchschlagkraft.[441] In *Smith v. Daily Mail Publishing Co.* etwa erachtete der West Virginia Supreme Court of Appeals ein Gesetz des Staates für nicht verfassungskonform, das Zeitungen die Veröffentlichung der Namen von Kindern im Zusammenhang mit Verfahren vor dem Jugendgericht ohne schriftliche Anordnung verbot. Zwei Zeitungen hatten die Identität eines Jugendlichen enthüllt, der Hauptverdächtiger für die Erschießung eines 15-jährigen High School Schülers war. Das Gericht hielt das Gesetz für eine Verletzung des Ersten Amendments und vertrat die Ansicht, dass rechtmäßig erlangte und wahre Informationen über eine Jugendgerichtsverhandlung ungeachtet gesetzlicher Vertraulichkeitsgebote in den Staaten veröffentlicht werden könnten. Dabei sei es unerheblich, dass die Zeitung die Informationen nicht durch die öffentliche Hand, also Akten, erhielt, sondern diese auf der Basis von „routine newspaper reporting techniques“ erhalten wurden.[442] Ähnlich entschied der New York Supreme Court, dass das Verbot der Preisgabe der Identität von

---

437 *Elder*, Privacy Torts, § 3:6.

438 *Meetze v. Associated Press*, 230 S.C. 330, 338, 95 S.E.2d 606 (1956); vgl. auch *Howell by Goerdt v. Tribune Entertainment Co.* 106 F.3d 215 (1997) (Bezeichnung der minderjährigen Klägerin als „rowdy“ und „brat“ (Göre) in einem Polizeibericht).

439 *Hawkins v. Multimedia, Inc.*, 344 S.E.2d 145 (1986); grundlegend: *Elder*, Privacy Torts, § 3:6 m.N.

440 *Bazemore v. Savannah Hospital*, 171 Ga. 257 (1930), Restatement (2d) of Torts, § 652D, Illust. 7; siehe auch den vergleichbaren Fall *Sellers v. Henry*, 329 S.W.2d 214 (1959).

441 Z.B. N.Y. Civil Rights Law § 50-b; 42 Pa. Comp. Stat. § 5988.

442 *Smith v. Daily Mail Pub. Co.*, 443 U.S. 97 (1979).

Sexualverbrechensopfern nicht für Medien gelten kann, sondern sich lediglich an Beamte und Öffentliche Angestellte richtet.[443]

Im Zusammenhang mit der Verbreitung von Informationen über Kinder und Jugendliche im Internet und die damit verbundene Gefährdung ihres *right of privacy* ist auf Bundesebene bereits im Jahre 1998 der *Child Online Privacy Protection Act* (*COPPA*) erlassen worden.[444] Als einziges Bundesgesetz zum direkten Privatsphärenschutz im Internet beschränkt das Gesetz die Sammlung von persönlichen Daten aus dem Internet über Kinder von 13 Jahren und jünger und verpflichtet Website-Betreiber zur Einholung elterlicher Einwilligung zum Beispiel im Falle von *chat rooms.*[445] Diese Sonderbehandlung gründet auf der besonderen Verletzlichkeit von Kindern, der Unmittelbarkeit und Leichtigkeit, mit der Informationen im Internet von ihnen gesammelt werden können und der Fähigkeit des Mediums, den Schutz der Eltern zu umgehen.[446] Damit bringt das Gesetz die Interessen des Kindes auf Privatsphäre einerseits mit den Kommunikationsfreiheiten der Internetprovider und denen des Kindes an der Wahrnehmung seiner eigenen Rechte aus dem Ersten Amendment andererseits in eine Balance, die deutlich zugunsten des Privatsphärenschutzes ausfällt.

c. Standpunkte der Rechtslehre

Ein Standpunkt der Rechtslehre ist im Grunde nicht auszumachen, da sich nur einzelne Autoren überhaupt der Thematik des Minderjährigenschutzes annehmen. Stellungnahmen finden sich einerseits zum Schutze minderjähriger Straftäter und Opfer vor personenbezogenen Presseberichterstattungen. In dem engen konstitutionellen Rahmen der Garantien des Ersten und Sechsten Amendments (Recht auf eine öffentliche Verhandlung) wird mehr Schutz für die Betroffenen gefordert, indem der Ausschluss der Öffentlichkeit von der Hauptverhandlung sowie die Löschung der Namen von minderjährigen Opfern aus öffentlichen Dokumenten gesetzlich verankert werden sollen.[447] Andere wollen Vermutungen gegen das öffentliche Informationsinteresse und für das Erleiden eines persönlichen Schadens bei der identifizierenden Berichterstattung über minderjährige Straftäter und Opfer von sexueller Gewalt etablieren, da Informationen über Minderjährige selten berichtenswert und

---

443 *Doe v. Hearst Corp.*, 25 Media L. Rep. 1483 (1996).

444 Children's Online Privacy Protection Act of 1998, 15 U.S.C.A. § 6501–6508; dazu *Grandison*, 14 University of the District of Columbia L. R. 209 [219] m.N.

445 Children's Online Privacy Protection Act of 1998, 15 U.S.C.A. § 6501: "An operator is required to obtain verifiable parental consent before any collection, use, or disclosure of personal information from children, including consent to any material change in the collection, use, or disclosure practices to which the parent has previously consented."; einsehbar auf http://www.ecfr.gov; siehe auch *Grandison*, 14 University of the District of Columbia L. R. 209 [219].

446 Ausführlich dazu *Simmons*, 12 Communication and Policy 119 [123] m.N.

447 So *Cohn*, 51 George Washington L. R. 269; *Grant*, 19 Am. J. Crim. L. 485 [496].

Kinder für psychische Schäden höchst anfällig seien. Der Beklagte müsste demnach besondere Umstände in dem konkreten Fall nachweisen, die diese Vermutungen entkräften.[448] *Wickersham* nimmt überdies den Schutz der Familie in den Blick und plädiert für die Abkehr vom *leave it to the press* – Ansatz. Gestützt auf die Entscheidungen des U.S. Supreme Court in der Linie der *Griswold*-Rechtsprechung wird vorgeschlagen, die Interessen der Familie bei der Bestimmung von *newsworthy* ein weitaus größeres Gewicht beizumessen.[449]

Nach alldem lässt sich die Rechtslage zum Minderjährigenpersönlichkeitsschutz vor Veröffentlichungen privater Informationen wie folgt zusammenfassen: Kinder, deren Eltern in der Öffentlichkeit bekannt sind, können nur einen sehr eingeschränkten Diskretionsschutz erwarten, da unabhängig von Ereignissen an ihrer Person ein legitimes Informationsinteresse besteht, das ihre Interessen in der Regel überwiegt. Die Presse unterliegt hier denselben, grundsätzlich sehr weiten Grenzen wie bei Erwachsenen. Kinder, die durch Ereignisse wie Straftaten oder Unglücksfälle ins Licht der Öffentlichkeit geraten, sind dagegen umfassender geschützt. In einigen Entscheidungen trennt die Rechtsprechung in diesen Fällen zwischen dem Informationsinteresse hinsichtlich der Thematik und der Person. Das Interesse an Zurückgezogenheit kann bei sensiblen Informationen überwiegen. Einschränkungen ergeben sich jedoch daraus, dass die Informationen noch nicht bekannt bzw. der Presse zugänglich sein dürfen. Aus diesem Grunde ist Kriminalitätsberichterstattung auch bzgl. der Opfer nach geltendem Recht in weiten Teilen zulässig. Schließlich begeben sich Minderjährige ihres Schutzes selbst, wenn sie private Informationen selbst verbreiten, wie dies häufig im Internet der Fall ist.

III. Schutz vor unwahren Darstellungen

Durch den dritten Tatbestand bietet das *tort law* Schutz des Interesses, in der Öffentlichkeit nicht in unangenehmer Weise in einem „falschen Licht" dargestellt zu werden, also schlicht anders, als die Person tatsächlich ist.[450] Die Einzelheiten über Abgrenzung, Voraussetzungen und Umfang sind zum Teil umstritten, die Mehrheit der Staaten hat den *tort* aber grundsätzlich anerkannt.[451] Verfälschende Darstellungen über Kinder und Jugendliche sind vergleichsweise seltener als die bisherigen Fallgruppen, so dass dieser Aspekt von geringerer praktischer Relevanz ist.

448 *Grant*, 19 Am. J. Crim. L. 485 [496] zu minderjährigen Straftätern und Opfern sexueller Gewalt.

449 *Wickersham*, 5 Cardozo Women's L.J. 153.

450 Restatement (2d) of Torts, § 652E, Comm. b.

451 Dazu grundlegend *Elder*, Privacy Torts, § 4:1 m.N.; *McCarthy*, Publicity and Privacy, Vol. 1, § 5:116 ff.

1. *Allgemeine Tatbestandsvoraussetzungen des* false light

Die unerlaubte Handlung besteht darin, dass der Schädiger eine Tatsache über den Geschädigten der Öffentlichkeit zugänglich macht, die unwahr oder jedenfalls irreführend ist und für den Betroffenen höchst verletzend.[452] Verfälschende Darstellungen sind etwa Fotomontagen, beispielsweise manipulierte Nacktfotos,[453] und Darstellungen einer Person, die sie mit kriminellen Handlungen, wechselnden Sexualpartnern oder sonstigen als unmoralisch empfundenen Verhaltensweisen in Zusammenhang bringen.[454] Meinungsäußerungen erfüllen den Tatbestand grundsätzlich nicht, da sie nicht unwahr oder wahr sein können.[455] Seit der Entscheidung des U.S. Supreme Court *Time, Inc. v. Hill* muss die verfälschende Darstellung darüber hinaus bewusst oder unter rücksichtsloser Missachtung der Wahrheit erfolgen.[456]

2. *Minderjährigenpersönlichkeitsschutz durch den* false light tort

Diese Grundsätze wurden mehrfach in Fällen angewendet, in denen Minderjährige in ein falsches Licht gerückt wurden. Ein Beispiel ist die Entscheidung *Rogers v. Buckel*, der folgender Sachverhalt zugrunde lag:[457] In einem Fernsehbericht wurde ein Ausschnitt über eine Drogenrazzia gezeigt, in der die Klägerin und ihre drei minderjährigen Kinder als Bewohner des Apartments dargestellt wurden, in dem Drogen hergestellt und verkauft wurden. Die Mutter wurde zudem im Zusammenhang mit der Betitelung „strawberry mother“ gezeigt, also einer Prostituierten, die Sex gegen Drogen bietet. Tatsächlich wurden die Aufnahmen in dem Apartment der Babysitterin gemacht, als die Mutter ihre Kinder abholen wollte. Obwohl das Gericht den Sachverhalt als *intrusion* behandelte, hat es doch anerkannt, dass der Bericht unwahre Tatsachen enthielt, es handelt sich deshalb eindeutig um den *tort* des *false light*.[458]

Auch wurde die Veröffentlichung eines Fotos, das eine 10-Jährige nach einem von ihr nicht verschuldeten Unfall mit einem Auto zeigt, als Illustration eines Artikels über die Fahrlässigkeit von Kindern („They Ask to Be Killed“) als verfälschend und

---

452 Restatement (2d) of Torts, § 652E; zu falschen und irreführenden Tatsachen ausführlich *McCarthy*, Publicity and Privacy, § 5:114 m.N.

453 Dazu ausführlich *Münch*, Schutz vor Verletzungen der Persönlichkeitsrechte in den Neuen Medien, S. 139; *Böhnstedt*, Konstitutionalisierung des Bildnisschutzes, S. 269 m.w.N.

454 Z.B. *Covington v. Houston Post*, 743 S.W.2d 345, (1987); *Douglas v. Hustler Magazine. Inc.*, 769 F.2d 1128 (1985); Überblick zum case law bei *Elder*, Privacy Torts, § 4:5, S. 60 ff.

455 *McCarthy*, Publicity and Privacy, § 5:114; vgl. auch *Milkovich v. Lorain Journal Co.*, 497 U.S. 1 (1990).

456 *Time, Inc. v. Hill*, 385 U.S. 374 (1967); vgl. zum Haftungstatbestand *McCarthy*, Publicity and Privacy, § 5:123; in deutscher Sprache *Böhnstedt*, Konstitutionalisierung des Bildnisschutzes, S. 270.

457 *Rogers v. Buckel*, 83 Ohio App.3d 653 (1992).

458 Ebenso *Elder*, Privacy Torts, § 4:1 Fn. 27.

hinreichend kränkend anerkannt.[459] In dem Fall *Faloona v. Hustler Magazine* (s. zum Fall im Einzelnen unter § 2 B. II.) erachtete der Fünfte Circuit die Veröffentlichung der Nacktfotos von Kindern im Hustler Magazin im Rahmen der Berichterstattung über ein Buch, in dem die Fotos original abgebildet waren, hingegen nicht als verfälschend, da es sich offensichtlich um eine Reproduktion handele. Nach Ansicht des Gerichts ergebe sich aus dem Kontext (Buchbesprechung) auch nicht, dass die Kinder das Magazin befürworten oder gewillt seien, dafür nackt zu posieren.[460] Ebenso entschied der Erste Circuit in einem Fall, in dem ein Artikel mit Fotos von Schülerinnen zum Thema Geschlechtertrennung aus einer Zeitung in einem anderen, sexuell orientierten Magazin wiedergegeben wurde.[461] Wird der ursprüngliche Zusammenhang nicht ausreichend kenntlich gemacht, haben Gerichte in einer Reihe von Entscheidungen eine verfälschende Darstellung durch Artikel oder Fotos in pornographischen oder anderweitig obszönen Veröffentlichungen aber anerkannt mit dem Argument, man könne daraus auf eine freiwillige Verbindung oder Befürwortung der Person folgern.[462] Der *tort* war beispielsweise erfüllt im Fall eines Teenagers, der mit Kinderpornografie in Verbindung gebracht wurde.[463]

IV. Schutz vor kommerzieller Verwendung von Persönlichkeitsmerkmalen

Der vierte anerkannte *tort* schützt Rechtsträger schließlich davor, dass die Publizität und der damit verbundene Vermögenswert unerlaubt von jemand anderem für seine Zwecke genutzt werden. Klassischer Beispielsfall ist die unerlaubte Benutzung des Bildes einer Person in Werbefilmen oder Anzeigen. In erster Linie schützt der Deliktstatbestand also das Recht jedes Einzelnen, exklusiv über die Nutzung seiner persönlichen Identität zu bestimmen, soweit diese durch den Namen oder das Abbild verkörpert wird und die Nutzung für ihn oder andere vorteilhaft ist.[464]

Im Rahmen des *appropriation tort* liegt das Augenmerk nicht wie vorstehend auf der Reichweite des Schutzes, den das *right of privacy* im Kindes- und Jugendalter gewährt wird, sondern auf dem Anwendungsbereich des Delikts. Angesichts der anhaltenden Rechtsunsicherheit über das geschützte Interesse steht im U.S.-

459 *Leverton v. Curtis Pub. Co.*, 192 F.2d 974 (1951); Restatement (2d) of Torts, § 652E Illustration 8.

460 *Faloona by Fredrickson v. Hustler Magazine, Inc.*, 799 F.2d 1000, 13 Media L. Rep. 1353 (1986).

461 *Fudge v. Penthouse Intern., Ltd.* 840 F.2d 1020, 14 Media L. Rep. 2353 (1988); vgl. auch *Stanley v. General Media Communications, Inc.*, 149 F.Supp.2d 701, 29 Media L. Rep. 1631 (2001) zu false light durch Artikel und Fotos über Schülerinnen und ihre freiwillige Teilnahme an einem Wettbewerb über Kondome während des Spring Break.

462 *Elder*, Privacy Torts, § 4:5 S. 66 m.N.

463 *Fils-Aime v. Enlightenment Press, Inc.*, 133 Misc.2d 559 (1986).

464 Restatement (2d) of Torts, § 652C Comm. a.

amerikanischen Recht nämlich in Frage, ob Minderjährigen der Schutz überhaupt zugutekommen kann.

1. *Geschütztes Interesse*

Die exakte Bestimmung des Schutzgegenstandes kann nicht erfolgen, ohne dass die Frage nach dem Verhältnis des *appropriation tort* zum heute mehrheitlich anerkannten *right to publicity* aufgeworfen wird, das ebenfalls vor der unbefugten Nutzung der persönlichen Identität schützt und im *right of privacy* wurzelt.[465] Entscheidend wird dies, wenn die Nutzung der Identität nicht (nur) das immaterielle Persönlichkeitsinteresse an Selbstachtung und Würde verletzt, sondern (auch) das vermögensrechtliche Interesse an der kommerziellen Verwertung der eigenen Person. Während Ersteres seit *Prosser* unbestritten Schutzgegenstand des *right of privacy* ist, herrscht über die dogmatische Fundierung des Schutzes letzteren Interesses Unklarheit. Entweder man erkennt in dem *right to publicity* ein unabhängiges, eigenständiges Recht mit der Konsequenz einer dualistischen Aufspaltung des Persönlichkeitsschutzes[466] oder man sieht darin eine Ausgestaltung des *appropriation tort* mit der Folge, dass der Deliktstatbestand selbst auch auf den Schutz eines Vermögensrechts gerichtet ist[467].

Trotz weitestgehend identischer Anspruchsvoraussetzungen sollen die Interessen hier mit der herrschenden Dogmatik getrennt betrachtet werden. Damit die Verständlichkeit nicht leidet, wird mit *appropriation tort* im Folgenden der deliktische Schutz des immateriellen Persönlichkeitsinteresses bezeichnet, mit *right to publicity* hingegen der Schutz des vermögensrechtlichen Aspekts, die eigene Identität finanziell zu nutzen. Damit soll jedoch keine Aussage darüber getroffen werden, ob letzteres in den *appropriation tort* integriert ist oder ein unabhängiges Recht darstellt.

2. *Allgemeine Tatbestandsvoraussetzungen der* appropriation

Die Haftung aus dem *tort* setzt zuerst voraus, dass Persönlichkeitsmerkmale eines Individuums unerlaubt zu dem Vorteil eines anderen genutzt werden. Im Mittelpunkt der Rechtsprechung steht die Nutzung der Identität zu geschäftlichen Zwecken, um beispielsweise für Produkte oder Unternehmen zu werben (*commercial use*).[468] Die unerlaubte Handlung ist jedoch nicht auf die Nutzung für Werbung und Anpreisung begrenzt, sondern erfasst auch den Gebrauch zu ähnlichen kommerziellen Zwecken, wie beim Verkauf von Postkarten mit einem Bild des Geschädigten.[469]

---

465 Restatement (Third) of Unfair Competition, § 46 Comm. b.

466 So etwa *McCarthy*, Publicity and Privacy, § 5:63 m.N.; *Gorman*, 53 DePaul L.Rev. 1247 [1251]; aus der rechtsvergleichenden Literatur dazu *Höning*, Das Recht am eigenen Bild, S. 52 f.

467 Nachweise bei *Elder*, Privacy Torts, § 6:1 m.N.; wohl auch Restatement (2d) of Torts, § 652C Comm. a.

468 *Elder*, Privacy Torts, § 6:2 m.N.

469 *Mendonsa v. Time Inc.*, 678 F.Supp. 967 (1988).

Geschützt sind „the essence of the person, his or her identity or persona."[470] Letzterer Begriff umfasst diejenigen mit der Persönlichkeit verknüpften Erkennungsmerkmale, die eine Person als solche identifizieren.[471] Neben Namen und Bild verkörpern auch Stimme und Redensart, Spitznamen, Doppelgänger und sogar mit einer Person in Verbindung bringende Slogans den Publizitätswert der Persönlichkeit und lassen sich als Werbemaßnahmen einsetzen.[472] Ferner muss ein objektiver Dritter die betroffene Person anhand der Namensnennung oder Abbildung identifizieren können.[473] Dafür genügt es, wenn aus einer Gesamtschau derjenigen Merkmale, die eine Person von der anderen unterscheidbar macht, auf die Identität geschlossen werden kann.[474]

Das Recht des Einzelnen, über die kommerzielle Verwendung seiner Publizität zu bestimmen, kann sich wie in den anderen Fallgruppen auch mit legitimen Interessen des öffentlichen Informationsauftrags der Presse überschneiden.[475] Dies ist insbesondere der Fall bei Reklame durch Presseerzeugnisse, also wenn die Anzeige beispielsweise mit dem Bild einer Person wirbt, über die im redaktionellen Teil des Presseerzeugnisses berichtet wird (*incidental use exeption*). Allerdings steht das Recht nicht in demselben Maße in einem Spannungsverhältnis zu den Rechten des Ersten Amendments wie die übrigen *torts.* Zwar wird auch Werbung unter der Meinungsfreiheit geschützt, ihr kommt jedoch das geringste verfassungsrechtliche Gewicht zu.[476] Vom Ersten Amendment geschützt ist *commercial speech* nur insoweit, als es um die grundsätzliche Möglichkeit geht, Informationen über ein Produkt oder eine Dienstleistung zu verbreiten, wozu es im Grundsatz nicht der Nutzung fremder Persönlichkeitsmerkmale bedarf.[477] Medien dürfen demnach mit Namen oder Bildnis für ihre Erzeugnisse werben, die sich mit den Personen in legitimer Weise beschäftigen, da sich das legitime öffentliche Interesse auch auf den werbenden Teil erstreckt.[478] Es muss allerdings ein Zusammenhang zwischen dem werbenden und dem redaktionellen Teil bestehen, das *newsworthy privilege* gilt also nicht, wenn für

---

470 *Onassis v. Christian Dior-New York, Inc.*, 122 Misc. 2d 603 (1984).

471 *McCarthy*, Publicity and Privacy, § 4:46.

472 *Gorman*, 23 DePaul L. Rev. 1247 [1260] m.N; *Götting*, in: Ders./Schertz u. a., Handbuch, § 69 Rn. 26 f.

473 *McCarthy*, Publicity and Privacy, Vol. 1, § 5:62 S. 555.

474 Vgl. bspw. *Cohen v. Herbal Concepts, Inc.*, 100 A.D.2d 175, 63 N.Y.2d 379 (N.Y.,1984); *Elder*, Privacy Torts, § 6:5 m.N.

475 Dazu ausführlich *Meyer*, Persönlichkeitsrechte im kommerziellen Rechtsverkehr, § 11 Rn. 214.

476 Zur "Hierarchie" vgl. etwa *Dun & Bradstreet, Inc. v. Greenmoss Builders, Inc.*, 472 U.S. 749 (1985); *McCarthy*, Publicity and Privacy, § 8:13 ff.; zur Abgrenzung zwischen commercial speech und free speech *Meyer*, Persönlichkeitsrechte im kommerziellen Rechtsverkehr, § 11 Rn. 215 ff., 233 m.N.

477 *Götting*, in: Ders./Schertz u. a., Handbuch, § 69 Rn. 29.

478 Vgl. *Friedan v. Friedan*, 414 F.Supp. 77 (1976); *McCarthy*, Publicity and Privacy, § 7:12.

ein anderes Produkt geworben wird.[479] Außerdem darf nicht der Eindruck erweckt werden, der Betroffene werbe für das Presseerzeugnis.[480]

3. *Minderjährigenpersönlichkeitsschutz durch den* appropriation tort

Ob und inwieweit Kinder und Jugendliche in den Anwendungsbereich des *tort* fallen, ist derzeit noch nicht zweifelsfrei geklärt. Rechtsprechung und Rechtslehre sind uneinheitlicher Auffassungen, die mit der Rechtsunsicherheit bzgl. des geschützten Interesses in Zusammenhang stehen.

Zunächst ist eine Entscheidung aus dem Jahre 1911 nachgewiesen, in der die Haftung bei kommerzieller Nutzung der Persönlichkeit in einem Fall anerkannt wurde, in dem der Verkauf von Juwelen mit dem Bild eines 5-Jährigen beworben wurde.[481] Dazu im Gegensatz steht *Slocum v. Sears Roebuck*. Anlass war die Abbildung des Fotos eines rund 3-monatigen Säuglings ohne Einwilligung der Eltern auf einer Werbetafel. Die Klage wegen Verletzung des *right of privacy* wurde trotz „technischer" Verletzung des Rechts abgewiesen mit der Begründung, der Säugling habe unter anderem wegen des geringen Alters keinen seelischen Schaden erlitten.[482] Die Verletzung eines vermögensrechtlichen Interesses wird in der Entscheidung nicht thematisiert. Dementsprechend wird auf der Grundlage einer strengen Dichotomie von der Verletzung menschlicher Gefühle einerseits (*right of privacy*) und kommerzieller Vermögensinteressen andererseits (*right to publicity*) auch im Schrifttum vertreten, dass „junge" Kinder bzw. Kinder unter 7 Jahren keine derartigen Schäden erleiden können und damit praktisch vom Anwendungsbereich des *tort* ausgeschlossen sind.[483] Der U.S. Supreme Court hat hierüber bislang nicht zu entscheiden gehabt. Folglich ist nicht abschließend gesichert, inwieweit kleinere Kinder tatsächlich Schutz immaterieller Interessen vor kommerzieller Nutzung ihrer Bilder und ihres Namens in Anspruch nehmen können.

B. Schutz vor kommerzieller Verwendung von Persönlichkeitsmerkmalen durch das *right to publicity*

Gewiss ist hingegen der Schutz durch das *right to publicity*, das heute mehrheitlich als Teil des *common law* anerkannt und in einigen Staaten auch gesetzlich geregelt ist.[484] Hintergrund und Entwicklung des *right to publicity* lassen sich am

479 *Böhnstedt*, Konstitutionalisierung des Bildnisschutzes, S. 283 m.N.

480 *Namath v. Sports Illstrated*, 80 Misc.2d 531, 371 N.Y.S. 2d 10 (1975).

481 *Munden v. Harris*, 153 Mo. App. 652 (1911).

482 *Slocum v. Sears Roebuck & Co.*, 542 So.2d 777 (1989).

483 *Lind/Simensky/Selz/Acton*, Entertainment Law, § 12:58; *McCarthy*, Publicity and Privacy, Vol. 1, § 5:63 Fn. 4.

484 Bsp. „Celebrity Rights Act" des Staates Californien, Cal. Civ. Cod. § 3344; zum aktuellen Stand vgl. *Meyer*, Persönlichkeitsrechte im kommerziellen Rechtsverkehr, § 11 Rn. 200 ff.

anschaulichsten anhand der berühmten Entscheidung *O'Brien v. Pabst Sales Co.* aufzeigen. In dem Fall wurde das Foto eines bekannten Footballspielers in einem Kalender verwendet, der für das Bier der Schädigerin als Werbemaßnahme diente. Der Fünfte Circuit wies die Klage wegen Verletzung des *right of privacy* ab mit der Begründung, der Geschädigte habe nur die Aufmerksamkeit erlangt, die er als Prominenter praktisch anstrebt, weshalb seine ideellen Interessen nicht beeinträchtigt sein könnten.[485] Auch andere Gerichte kamen darin überein, dass Prominente durch ihre öffentlichkeitsbezogene Rolle den Schutz des *tort* nicht genießen könnten, weil sie konkludent auf ihr Recht verzichteten (sog. *waiver*-Theorie). Gleichzeitig wurde der Geltendmachung materieller Interessen entgegengehalten, das *right of privacy* sei darauf nicht zugeschnitten und schütze nur ideelle Interessen.[486] Diese Schutzlücke wurde erstmals in der Entscheidung *Haelen Laboratories, Inc. v. Topps Chewing Gum., Inc.* des Zweiten Circuit geschlossen, in der erstmalig auch Prominenten ein Recht auf Schutz gegen die unberechtigte Nutzung ihrer Identität zuerkannt wurde.[487] Geschütztes Interesse ist, wie oben bereits dargelegt, der kommerzielle Wert der Persönlichkeitsmerkmale. Struktur, Natur und Zielsetzung des *right of publicity* unterscheidet sich folglich vom *right of privacy.* Der U.S. Supreme Court hat das Recht in seiner Entscheidung *Zacchini* deshalb auch als eigentumsähnliches Recht bezeichnet, dessen Zielsetzung mit denen des Patentrechts und des Copyrights vergleichbar sei.[488] Daraus resultieren, wie zum deutschen Recht, bis heute andauernde Diskussionen um die Übertragbarkeit und Vererbbarkeit des Rechts.[489]

Die von dem Tatbestand erfasste unerlaubte Handlung ist dabei im Grundsatz dieselbe, wie beim *appropriation tort:* Der Eingreifende haftet für Schäden, die dem Betroffenen durch die Nutzung seiner Publizität zum Vorteil des Eingreifenden entstanden sind, vorausgesetzt, die Identität des Geschädigten ist erkennbar. Die Nutzung kann dabei auch *online* erfolgen, wie die Praxis von Facebook belegt, „sponsored story" Werbung abzusetzen, die den Namen eines befreundeten Mitgliedes enthält, der den „I like"- Button betätigt hat.[490] Erforderlich ist jedoch darüber hinaus, dass der gebrauchten Identität auch ein Verkehrswert zukommt, was etwa bei den hauptsächlich davon betroffenen Prominenten in aller Regel außer Zweifel steht. Das *case law* zeigt jedoch, dass auch in der Öffentlichkeit unbekannte Personen gegen ihren Willen für Werbezwecke eingespannt werden. Ebenso wie beim persönlichen Schutzbereich des *appropriation tort* verbietet sich eine pauschale Betrachtung des geschützten Rechtsträgerkreises, weshalb nach vorherrschender

485 *O´Brien v. Pabst Sales Co.*, 124 F.2d 167 (1941).

486 Z.B. *Paramount Pictures, Inc. v. Leader Press, Inc.*, 24 F.Supp. 1004 (1938); *Gautier v. Pro-Football, Inc.*, 304 N.Y. 354 (1952).

487 *Haelen Laboratories, Inc. v. Topps Chewing Gum., Inc.*, 202 F.2d 866 (1953).

488 *Zacchini v. Scripps-Howard Broadcasting Co.*, 433 U.S. 562 (1977); vgl. auch *Grano*, 20 Fordham Int. Prop., M. & E. L. J. 609 [621].

489 *Elder*, Privacy Torts, § 6:7 m.N.

490 Zu den class actions gegen diese facebook-Praxis vgl. *Kernan*, 34 Hastings Comm. & Ent L.J. 363 [364].

Ansicht in Rechtsprechung und Literatur auch nicht berühmte Personen ein *right to publicity* haben.[491] Es sei schlicht das inhärente Recht jedes Menschen, die kommerzielle Nutzung seiner Identität zu kontrollieren.[492] Ob und in welcher Höhe ihren Persönlichkeitsmerkmalen ein Verkehrswert zuzuschreiben ist, ist eine Frage des Einzelfalls, zu dessen Beantwortung die Gerichte eine einfache Regel heranziehen: Benutzt der Geschädigte die Identität einer relativ unbekannten Person zu Werbezwecken, ist zu vermuten, dass die Identität einen Verkehrswert besitzt.[493] Die Bekanntheit des Rechtsträgers ist folglich lediglich als maßgeblicher Faktor bei der Bemessung des Schadenersatzes zu berücksichtigen. Hinsichtlich des Ausschlusses der Haftung gilt im Grundsatz das zum *appropriation tort* Gesagte. Insbesondere kann sich das Recht des Einzelnen, über die kommerzielle Verwendung seiner Publizität zu bestimmen, mit legitimen Interessen des öffentlichen Informationsauftrags der Presse überschneiden.[494]

Für Minderjährige entfaltet das *right of publicity* eine besondere Bedeutung, da der Ersatz seelischer Schäden durch den *appropriation tort* im Falle von Kindern unter 7 Jahren zum Teil nicht für möglich gehalten wird. Verwendet jemand ihr Bild oder ihren Namen unberechtigt zu Werbezwecken, sind sie auf den Ersatz kommerzieller Schäden angewiesen, die dank der Vermutung eines Verkehrswertes auch durchsetzbar sein dürfte. Mit Ausnahme der Sonderregelungen zur Disposition über das *right of privacy* ist das Recht von minderjährigen Rechtsträgern bislang aber noch nicht Gegenstand von Gerichtsverfahren gewesen.

C. Das amerikanische Ehrschutzrecht – *Law of defamation*

Das U.S.-amerikanische Deliktsrecht schützt schließlich durch das *defamation law* in Form der Rechtsgrundsätze zu *libel* und *slander* den guten Ruf und die persönliche Ehre eines Menschen. Dafür greifen vielfältige Rechtsquellen ineinander: Zu einem großen Teil richtet sich der Schutz der Ehre nach dem *tort law* der einzelnen Bundesstaaten, dessen Grenzen jedoch anhand von Doktrin aus dem *common law*, *state constitutional law* oder dem Ersten Amendment der U.S. Constitution bestimmt werden.[495]

Die Hauptprobleme werden heute durch Rufschädigungen im Internet aufgeworfen (üblicherweise als „Cybersmear“ bezeichnet), die dem *tort* ein besonderes

---

491 Z.B. *Onassis v. Christian Dior New York, Inc.*, 122 Misc. 2d 603 (1984); *Cohen v. Herbal Concepts, Inc.*, 100 App.Div.2d 175 (1984); *Nimmer*, 19 L. & Contemp. Prob. 203 [217].

492 Ausführlich zu der Frage *McCarthy*, Publicity and Privacy, § 4:1 ff.

493 Z.B. *Ainsworth v. Century Supply Co.*, 693 NE2d 610 (1998).

494 *Meyer*, Persönlichkeitsrechte im kommerziellen Rechtsverkehr, § 11 Rn. 214.

495 *Smolla*, Defamation, § 1:1; 1:6; *leading case: New York Times Co. v. Sullivan*, 376 U.S. 254 (1964); zur defamation in deutscher Sprache *Böhnstedt*, Konstitutionalisierung des Bildnisschutzes, S. 225.

aktuelles Gewicht geben.[496] Für U.S.-amerikanische Kinder und Jugendliche ist die Gefahr des Cybermobbings besonders hoch. So berichteten 25 % der Schüler in einer landesweiten Studie über die letzten 10 Jahre, Opfer von Mobbing geworden zu sein.[497] Weit weniger Bedeutung entfaltet der Ehrschutz gegen die Presse.

I. Allgemeine Tatbestandsvoraussetzungen der defamation

1. Äußerung einer diffamierenden Tatsachenbehauptung

Eine Haftung aus dem *defamation tort* verlangt zunächst die Äußerung einer unwahren und diffamierenden Tatsache gegenüber Dritten.[498] Für die Verbreitung genügt jede Kommunikation in jeder Form mit mindestens 3 Personen, die von dem Geschädigten verschieden sind und den Sinn verstehen können.[499] Von Äußerungen in Zeitungen und Büchern über Fotos bis hin zum nachbarlichen Gespräch über den sprichwörtlichen Gartenzaun sind alle Formen des menschlichen Mitteilens erfasst. Dabei muss die Äußerung verstanden werden als inhaltlich über und bezüglich einer bestimmten Person („of and concerning").[500] Als Formen werden traditionell die Veröffentlichung durch schriftliche Kommunikation (*libel*) von derjenigen durch verbale Kommunikation (*slander*) unterschieden, eine präzise Abgrenzung erfolgt allerdings nicht. Typischerweise fallen Veröffentlichungen ehrkränkenden Inhalts in Zeitungen, Büchern, Magazinen und Briefen sowie Bilder und Fotos unter erstere Kategorie. Auch Äußerungen im Radio oder Fernsehen werden nach herrschender Ansicht als *libel* behandelt.[501] Für das Internet (Websites, Emails, Chat-Foren etc.) wird ganz überwiegend davon ausgegangen, dass ehrverletzende Äußerungen ebenfalls dem *libel* Tatbestand unterfallen.[502] *Slander* wird dagegen bei gesprochenen Worten und Gesten angenommen.[503]

2. Diffamierender Inhalt der Äußerung

Nach der herrschenden *reasonable construction rule* ist die Aussage im Einzelfall unter Berücksichtigung des wörtlichen und sozialen Kontextes aus der Sicht des Zuhörers auszulegen, um ihren Inhalt zu ermitteln.[504] Wie im deutschen Recht ist zwischen beleidigenden Werturteilen und Tatsachenbehauptungen zu trennen. Ers-

---

496 *Smolla*, Defamation, § 1:21.
497 Die Studie des cyberbullying research center ist abrufbar unter http://cyberbullying.us.
498 Restatement (2d) of torts, § 558.
499 *Elder*, Defamation, § 1:20.
500 *Smolla*, Defamation, § 4:39.
501 Restatement (2d) of torts, § 568 und § 568A.
502 *Münch*, Schutz vor Verletzungen der Persönlichkeitsrechte in den Neuen Medien, S. 104.
503 Restatement (2d) of torts, § 568 und § 568A.
504 Zu den Ansichten der *innocent construction rule* sowie der *single-instance rule* vgl. *Smolla*, Defamation, § 4:22 und § 4:23.

tere sind seit der bereits erwähnten Entscheidung des U.S. Supreme Court *Gertz v. Robert Welch, Inc.* grundsätzlich kein Haftungsgrund mehr, weil das Erste Amendment die Meinung nicht als „false idea“ erkennt.[505] Die Unterscheidung erfolgt in jedem Einzelfall anhand der Formulierung und des Kontextes der Äußerung.[506]

Eine Äußerung wird als *defamatory* angesehen, wenn sie geeignet ist, den Ruf des Betroffenen zu beschädigen, indem das Ansehen der Person in der Gesellschaft herabgesetzt wird oder andere Personen vom Umgang mit der Person abgehalten werden.[507] Die Haftung setzt also nicht voraus, dass tatsächlich eine Rufschädigung erfolgt ist, noch ist es notwendig, dass die Person tatsächlich von Anderen gemieden wird. Die Äußerungen werden vielmehr als beleidigend angesehen, weil sie von ihrer generellen Tendenz solche Auswirkungen haben *können*.[508] Der sachliche Bereich des *tort* entzieht sich wie das *right of privacy* einer abschließenden Definition und wird grundsätzlich weit verstanden. Beispielsweise werden Äußerungen in der Regel als geeignete Beleidigungen angesehen, die darauf abzielen, eine Person dem Hass, Gespött oder der Verachtung anderer Personen auszusetzen oder sie zu verunglimpfen, indem Unvorteilhaftes zu ihrer persönlichen Sittlichkeit und Redlichkeit geäußert wird.[509]

Die Bewertung als *defamatory* wird nach ganz herrschender Meinung aus der Sicht einer wesentlichen und respektablen Minderheit der Gesellschaft („substantial and respectable minority“) vorgenommen.[510] Demnach reicht es beispielsweise bei verbalen Beschimpfungen nicht aus, dass der Betroffene die Äußerungen als beleidigend oder peinlich empfindet. Der Inhalt muss vielmehr ein Element der Schande in sich tragen.[511] So sind die meisten Schimpfwörter (z. B. „bastard“, „son of a bitch“, „idiot“) zwar gemein und vulgär, stellen aber keine *defamation* dar.[512] Erst wenn die Beschimpfung ihrerseits die Annahme einer herabsetzenden Tatsache impliziert, haftet der Äußernde aus dem Delikt. So ist die Bezeichnung als „bitch“ (also „Schlampe“) für sich nicht deliktisch, wenn aber ausdrücklich oder stillschweigend hinzugefügt wird, die Person sei promiskuitiv, kann sich die Bewertung ändern.[513] Bildnisse werden entsprechend als unwahr eingestuft, wenn sie retuschiert sind,

---

505 *Gertz v. Robert Welch, Inc.*, 418 U.S. 323, 339 (1974).
506 *Siebrecht*, Ehrenschutz und Massenmedien, S. 209; vgl. zu den Arten der Meinungsäußerung auch Restatement (2d) of Torts, § 566 Comm. b.
507 Restatement (2d) of Torts, § 559 Comm. b.
508 Restatement (2d) of Torts, § 559 Comm. d.
509 *Elder*, Defamation, § 1:17.
510 *Smolla*, Defamation, § 4:4.
511 *Williams v. Gilless*, 2005 WL 2659131 (2005); *Weitz v. Green*, 148 Idaho 851, 230 P.3d 743 (2010).
512 *Smolla*, Defamation, § 4:8 m.N.
513 *Smolla*, Defamation, § 4:8.

einen falschen Eindruck erzeugen oder sich die Unwahrheit aus dem Zusammenhang zwischen Bild und Bildunterschrift ergibt.[514]

Der Anwendungsraum ist seit der Leitentscheidung des U.S. Supreme Court in *New York Times v. Sullivan* jedoch insbesondere für Presseberichterstattungen deutlich verengt, da den Betroffenen eine Beweislast für die unwahre Tatsachenbehauptung trifft. *Public figures* müssen demnach belegen, dass die Veröffentlichung in Kenntnis der Unwahrheit oder unter rücksichtsloser Missachtung der Wahrheit verbreitet wurde (*actual malice*).[515] Im Verhältnis zu Privatpersonen wird die verfassungsrechtliche Kommunikationsfreiheit nicht ganz so stark in den Vordergrund gerückt, in *Gertz* hat es der U.S. Supreme Court den Staaten überlassen, einen Haftungsmaßstab zu etablieren.[516] In den meisten Staaten müssen die Betroffenen den Äußernden immerhin noch fahrlässiges Handeln (*negligence*) nachweisen.[517]

II. Minderjährigenpersönlichkeitsschutz durch den Tatbestand der defamation

In Bezug auf den Ehrschutz Minderjähriger steht seit einiger Zeit der Schutz vor Cyberbullying im Fokus, das in der Regel mit Rufschädigungen einhergeht.[518] Der Begriff umschreibt in der U.S.-amerikanischen Literatur zumeist „electronic harassment within a school context“[519], also Mobbing und Schikanieren von Minderjährigen im schulischen Kontext durch Nutzung von Online-Technologien. Persönlichkeitsrechtsverletzungen werden nicht nur durch Veröffentlichung von privaten Informationen und anderen, teilweise strafrechtlich relevanten Verhaltensweisen begangen, sondern überwiegend auch durch Verschicken von Emails und Instant Messages sowie Einträge auf Blogs oder Profilseiten von sozialen Netzwerken mit beleidigendem Inhalt.[520] In einem Großteil der Staaten existieren deshalb mittlerweile Gesetze, die Kinder vor derartigen Attacken durch Gleichaltrige oder

---

514 Dazu z.B. *Kiesau v. Bantz*, 686 N.W.2d 164 (2004); *Gomes v. Fried*, 136 Cal.App.3d 924 (1982); *Böhnstedt*, Konstitutionalisierung des Bildnisschutzes, S. 226.

515 *New York Times v. Sullivan*, 376 U.S. 254, 280 (1964); vgl. dazu ausführlich *Smolla*, Suing the Press, S. 26 ff.; *Böhnstedt*, Konstitutionalisierung des Bildnisschutzes, S. 227 m.N.

516 Restatement (2d) of Torts, § 580B Comm. c.

517 *Böhnstedt*, Konstitutionalisierung des Bildnisschutzes, S. 228.

518 Dies hat z.B. zur White House Conference on Bullying Prevention am 10.03.2011 geführt; dazu *Shaw*, Children and the Internet, S. 37.

519 *Cunert/Keller/Levine*, Communications Law in the digital age 2011, Vol. 2 S. 173.

520 Z.B. *Kowalski v. Berkeley County Schools*, 652 F.3d 565 (2011) (Erstellen einer webpage mit dem Namen „S.A.S.H.“ („Students Against Sluts Herpes“) und beleidigenden Kommentaren zu einer Mitschülerin); *J.C. ex rel. R.C. v. Beverly Hills Unified School Dist.*, 711 F.Supp.2d 1094 (2010) (Hochladen eines Videos bei Youtube.com, in der Schüler sich schlecht über eine Mitschülerin äußern).

Erwachsene schützen sollen.[521] In einigen Staaten wird das Cyberbullying dadurch zur Straftat, zum Teil wird aber auch durch die Einräumung von Sanktionsmöglichkeiten der Schule ergänzender Schutz vermittelt.[522] Letzterer Aspekt wird vor allem in Hinblick auf sog. *off-campus cyberbullying* diskutiert, wenn das Mobbing also außerhalb der Schule (z.B. vom Heimcomputer) stattfindet, aber dennoch Bezüge zur Schule bestehen (z.B. Mitschüler als Opfer).[523] Das Gesetzesrecht ergänzt den insbesondere durch den *defamation tort* vermittelten zivilrechtlichen Schutz. Dieser wird in diesem Zusammenhang teilweise als inadäquat kritisiert.[524] Beispielsweise lässt sich einwenden, dass die Bezeichnung als Schlampe (*slut*) einen Anspruch aus *defamation* nicht stützt, unabhängig davon, ob eine weibliche Erwachsene gemeint ist oder derselbe Kommentar auf einer Website über ein 13-jähriges Mädchen gepostet wird, obwohl das junge Mädchen drastischer beeinträchtigt sein könnte als der erwachsene Counterpart.[525]

Von den Gesetzen zur Bekämpfung des Cyberbullying abgesehen, spielt die besondere Verletzlichkeit von Minderjährigen im Ehrschutz jedoch keine maßgebliche Rolle. Die Maßstäbe, anhand derer die Schutzintensität des *defamation law* bestimmt wird, sind nach geltendem Recht alters- und entwicklungsunabhängig.[526] Schon in weiter Vergangenheit, genauer im Jahr 1855, wurde erstmals auch die Schutzwürdigkeit von Kindern in einem Alter, in dem für sie eine Beleidigung mangels eines ausreichenden Verständnisses nicht spürbar ist, anerkannt. Der Supreme Court of Illinois hatte damals über die Anschuldigung zu entscheiden, eine fast 10-Jährige sei eine süße kleine Diebin („*smart little thift*"). Das Gericht entgegnete der Verteidigung, eine *defamation* könne aufgrund des geringen Alters nicht eingetreten sein, weil das Mädchen noch gar nicht strafmündig war und deshalb keine Diebin sein könnte, dass derartige Anschuldigungen über einen jungen Geist ebenso verunglimpfend und schockierend sein können wie über Erwachsene. Wenn die Beschränktheit der Kindheit als Test für die Justitiabilität von Worten angewendet werden soll, dann sollte auch der Grad der Intelligenz bei der Schadensbemessung bei Erwachsenen herangezogen werden.[527] Dementsprechend wurde in *Munden v. Harris* die ausdrücklich aufgeworfene Frage entschieden, ob Kleinkinder in ihrem Ruf geschädigt werden können. Zu entscheiden war unter anderem über die Haftung aus *defamation* aufgrund einer unbefugten Veröffentlichung eines Fotos mit rufschädigendem Begleittext über einen 5-Jährigen.[528] Zur Entscheidungsfindung

521 Z.B. Larev. Stat. Ann. § 14:40.7 (Luisiana); N.J. Stat. Ann. § 18A:37–14 (New Jersey).

522 Überblick bei *Cunert/Keller/Levine*, Communications Law in the digital age 2011, Vol. 2 S. 173 f.

523 Dazu *Lorillard*, 81 Miss. L.J. 189.

524 So *Walther*, 49 Hous. L. Rev. 531 [543].

525 So *Erb*, 40 AZSLJ 257 [279] zu Cyberbullying.

526 Bspw. *Burns v. McGraw-Hill Broadcasting Co., Inc.*, 659 P.2d 1351 (1983).

527 *Stewart v. Howe*, 17 Ill. 71 (1855).

528 Der Begleittext: "Papa is going to buy mamma an Elgin watch for a present, and some one (I mustn't tell who) is going to buy my big sister a diamond ring. So don't

prüfte das Gericht unter Heranziehung der Regeln zur Strafmündigkeit zunächst, ab wann Kinder selbst für *libel* und *slander* haften. Aus der Ablehnung einer hypothetischen Haftung des betroffenen 5-jährigen Kindes sei jedoch nicht zu schlussfolgern, dass auch die Rufschädigung zu verneinen sei. Als entscheidend betrachtete das Gericht den Inhalt der Äußerung sowie die Tatsache, dass die Möglichkeit zu strafbarem Verhalten unter Bezugnahme auf die vorangehend geschilderte Entscheidung aus Illinois nicht erforderlich sei. Die Anfälligkeit für Beunruhigung und Beschämung des betroffenen Kindes lägen auf der Hand und sein Verständnis in Bezug auf die Tat würde schneller wachsen, als dass die Erinnerungen an spottende Altersgenossen verblassen würden. Allerdings erkannte das Gericht an, dass die Möglichkeit einer Rufschädigung bei geringerem Alter und geringer Intelligenz auch unterschiedlich beurteilt werden könnte. In diesem Fall könne die Frage nicht ohne Jury beantwortet werden.[529]

D. Ansprüche aus unerlaubten Handlungen

I. Ansprüche auf Ersatz von Schäden, Unterlassung und Gegendarstellung

Bei Verletzung eines der Deliktstatbestände kann der betroffene Minderjährige bzw. stellvertretend auch seine Eltern Ansprüche gegen den Verantwortlichen geltend machen bzw. geltend machen lassen. Die primäre Rechtsfolge der deliktischen Verantwortlichkeit ist der Anspruch auf Ersatz der Schäden, die durch den Eingriff in einen der geschützten Bereiche der *privacy* entstanden sind. Der Betroffene kann einen durch die Jury zu bestimmenden Betrag (*nominal damage*), der ihn ohne Nachweis konkreter Schäden in Geld entschädigt, sowie den tatsächlich entstandenen Schaden (*substantial damages*) fordern.[530] Der Schadensersatzanspruch ist jedoch nicht auf Vermögensschäden beschränkt, sondern umfasst auch den Ersatz der Schäden durch seelisches Leid (*emotional distress*), wenn diese bei dem konkreten Eingriff nicht ungewöhnlich sind.[531] Ersatzfähig sind die sog. *general damages* wie beispielsweise Nervosität, die das persönliche oder berufliche Leben beeinflusst, Angstzustände und Schock, Stress, nachteilige Auswirkungen auf familiäre Beziehungen, die Ächtung durch Familie und Freunde, Schikane und diskriminierendes Verhalten durch Dritte sowie Albträume.[532] In einigen Fällen können auch *punitive*

---

you think you ought to buy me something? The payments are so easy, you'll never miss the money if you get it of [Picture of Plaintiff.] Harris-Goar Co., 1207 Grand Ave., Kansas City, Mo. Gifts for Everybody, Everywhere in their Free Catalogue.", *Munden v. Harris*, 153 Mo.App. 652 (1911).

529 Insbesondere S. 665 ff. in vorgenannter Entscheidung.

530 *Elder*, Privacy Torts, § 2.10.

531 Restatement (2d) of Torts, § 652H Comm. b.

532 *Elder*, Privacy Torts, § 2.10, § 3:8, § 4:6 m.N.; Letzteres ist unklar beim Schadenersatz wegen *false light*, vgl. *Elder*, Privacy Torts, § 4:6.

damages verlangt werden, die als Vorbild des deutschen Geldentschädigungsanspruchs gelten.[533] Eingeschränkt werden die Ansprüche auf Schadenersatz durch das Erfordernis der *actual malice*, also des Vorsatzes oder grober Fahrlässigkeit in Bezug auf den *false light* und den *defamation tort*.[534]

Zur Beseitigung andauernder Eingriffe in das *right of privacy* sieht das U.S.-amerikanische Recht den Erlass von Unterlassungsanordnungen (*injunctive relief*) vor.[535] Voraussetzung ist unter anderem, dass der Geschädigte bereits einen irreparablen Schaden erlitten hat und andere rechtliche Kompensationsmöglichkeiten wie Schadensersatz nicht adäquat Kompensation leisten können. Es besteht auch die für Kinder und Jugendliche gewichtige Möglichkeit der Verhinderung zukünftiger Schäden durch den Erlass einer einstweiligen Unterlassungsverfügung (*preliminary injunction*), wenn unter anderem ein irreparabler Schaden zu befürchten ist.[536] Praktisch bedeutsam ist die Anordnung des Unterlassens insbesondere beim Eindringen in den Privatbereich bei anhaltender Belästigung oder Einschüchterungen wie im Fall *Galella v. Onassis* (dazu schon oben in diesem Kapitel unter § 3 A. I. 2. a.).[537]

Im Gegendarstellungsrecht hat es hingegen immer noch keinen flächendeckenden Durchbruch gegeben, es verbleibt größtenteils bei einzelstaatlichen Regelungen.[538] Insbesondere das Gegendarstellungsrecht gegen die Presse (*right of reply*) führt nach wie vor ein Schattendasein.[539] Ein Ausnahmebereich sind die elektronischen Medien. Gegen die Medienarbeit staatlicher und nationaler Rundfunk- und Fernsehstationen beispielsweise ist durch den *Federal Communication Act 1934* sogar auf Bundesebene ein echtes Gegendarstellungsrecht gewährleistet.[540]

II. Verantwortlichkeit

Die Ansprüche richten sich generell gegen Denjenigen, der eigenhändig in den Privatbereich einer Person eindringt. Für Handeln eines Dritten wird nach den allgemeinen Regeln nur gehaftet, wenn der mittelbar Eingreifende Mittel und Möglichkeiten dafür geschaffen hat.[541] Hingegen soll die bloß passive Annahme

---

533 Restatement (2d) of Torts, § 652H Comm. c; *Elder*, Privacy Torts, § 2.10; vgl. dazu *Stürner*, AfP 1998, 1 [2 f.].

534 Zum Ganzen *Bruns*, JZ 2005, 428 [430].

535 *McCarthy*, Publicity and Privacy, § 11:2; *Bruns*, JZ 2005, 428 [431].

536 *Elder*, Privacy Torts, § 6:15; zu den weiteren Voraussetzungen vgl. *McCarthy*, Publicity and Privacy, § 11:23; zur *prior restraint doctrine* (Vermutung der Unwirksamkeit von Maßnahmen zensierenden Charakters) siehe *McCarthy*, Publicity and Privacy, § 11:24.

537 *Galella v. Onassis*, 487 F.2d 986 (1973); bspw. auch *Quinn v. Johnson*, 51 A.D.2d 391, 381 N.Y.S. 2d 875 (1976); *In re Lifetime Cable*, 1990 WL 71961, 17 Media L. Rep. 1648 (1990); ausführlich *Elder*, Privacy Torts, § 2:11 m.w.N.

538 *Siebrecht*, Ehrenschutz und Massenmedien, S. 234.

539 *Ebert*, Der Gegendarstellungsanspruch, S. 123.

540 *Siebrecht*, Ehrenschutz und Massenmedien, S. 235.

541 *Elder*, Privacy Torts, § 2:9.

von missbräuchlich erlangten Informationen nicht zu einer Haftung der Medien führen.[542] Dieser Grundsatz kommt vor allem dem recherchierenden Journalisten zugute, der nur nach den Regeln der Anstiftung und Beihilfe zur Verantwortung gezogen wird.[543] Für defamierende Äußerungen ist darüber hinaus nicht nur der unmittelbare Autor verantwortlich, sondern auch Diejenigen, von denen die Äußerung weiter verbreitet oder neu veröffentlicht wird (z. B. Verlage und Zeitungen mit redaktioneller Kontrolle über den Inhalt).[544]

Im Hinblick auf im Internet veröffentlichte Informationen gelten einige gesetzliche Sonderregeln, die sich aus dem *Communication Decency Act* (CDA) ergeben.[545] Service Provider, also auch die Betreiber von sozialen Netzwerken wie *facebook* und *myspace*, *blogs* und *chat rooms*, werden nach der sog. „Good Samaritan"- Regel in § 230 (c) CDA nicht für fremde Inhalte der User verantwortlich gemacht.[546] Derartige Plattformen sind also weitestgehend immun gegen deliktische Ansprüche ihrer Nutzer.[547] Wie die ausführliche Betrachtung zum deutschen Recht zeigen wird, hat diese Rechtslage vor allem dann negative Konsequenzen, wenn der Urheber defamierender Äußerungen wie häufig anonym bleibt.[548] Nur bei unerlaubter Nutzung der Identität im Rahmen des *right to publicity* können sich Internetprovider nicht auf den *Communications Decency Act* berufen. Nach § 230 (e) (2) CDA ist das *intellectual property law* (in dessen Rahmen zumeist das *state right to publicity* verankert ist) vom Anwendungsbereich nämlich ausgeschlossen.[549]

E. Zusammenfassende Würdigung

Kinder und Jugendliche werden im U.S.-amerikanischen Recht als Träger von Persönlichkeitsrechten durch das *tort law* vor unerlaubten Handlungen betreffend ihre Privatheit, ihre Publizität und ihre persönliche Ehre geschützt. In diesem Rahmen nimmt das fremde Recht in verschiedenem Maße Rücksicht auf die besondere Lage, in der sich Kinder und Jugendliche entwicklungsbedingt befinden.

Die Rechtsausübung mittels *consent* oder *contract* wird den Eltern oder unter bestimmten Voraussetzungen den Minderjährigen selbst zugewiesen. Wenngleich in vielen Bundesstaaten Sonderregeln für das *right of publicity* gelten, besteht für Minderjährige unter Umständen die Möglichkeit, ohne Beteiligung der Eltern ihre

542 *Pearson v. Dodd*, 410 F.2d 701 (1969).
543 *Wittern*, Verhältnis von right of privacy und Persönlichkeitsrecht zur Freiheit der Massenmedien, S. 46.
544 Restatement (2d) of Torts, § 578.
545 Bspw. für den *false light* tort *Barrett v. Fonorow*, 343 Ill.App.3d 1184 (2003); dazu *Elder*, Privacy Torts, § 4:13.1; zur *defamation* siehe *Münch*, Schutz vor Verletzungen der Persönlichkeitsrechte in den Neuen Medien, S. 215 ff.
546 47 U.S.C. Sec. 230 (c).
547 *Madell*, 66 NYU Annual Survey of Am. Law 895 [915].
548 Dazu *Lewis*, 2009 U. Ill. L. Rev. 947.
549 *Elder*, Privacy Torts, § 6:16 m.N.

Rechte wahrzunehmen. Ein derartiges Alleinentscheidungsrecht vor Erreichen der Volljährigkeit wird auch für das deutsche Recht diskutiert, mehrheitlich jedoch abgelehnt. Das auf den ersten Blick umfassendere Selbstbestimmungsrecht im U.S.-amerikanischen Recht erklärt sich insbesondere aus der schwachen Bindung an die rechtsgeschäftlichen Erklärungen infolge des umfassenden *disaffirmance right*, für das sich in der deutschen Rechtsgeschäftslehre keine Entsprechung findet. Beiden Rechtsordnungen gemeinsam ist das Kriterium der Einsichtsfähigkeit, umschrieben als die Fähigkeit einer Person, Art, Umfang und mögliche Konsequenzen des fraglichen Eingriffs einzuschätzen.

Vor Eingriffen gegen den Willen des minderjährigen Rechtsträgers werden die Persönlichkeitsrechte im Wege des regulären Schutzsystems des U.S.-amerikanischen *tort law* bewahrt. Eine besondere Schutzbedürftigkeit von Kindern und Jugendlichen, wie vom Bundesverfassungsgericht anerkannt, wird punktuell erwogen, aber nicht grundlegend anerkannt und umgesetzt. Stattdessen setzt das U.S.-amerikanische Recht, wenn eine spezielle Behandlung von Kindern und Jugendlichen geboten erscheint, eher auf sektorale Sonderregeln durch Gesetze wie die *Anti-Paparazzi-Statutes*, den *Childrens Online Protection Act* oder die Gesetze zum *right of publicity*. Der zivilrechtliche Schutz in Form von Schadenersatz- und Unterlassungsansprüchen bei unerlaubter Handlung bleibt hiervon jedoch unberührt. Obgleich der Ausgangspunkt zur Ermittlung des Schutzbereichs in beiden Rechtsordnungen die Güter- und Interessenabwägung im Einzelfall ist, fließt Minderjährigenschutz infolgedessen nicht analog in den Abwägungsvorgang mit ein. Im Minderjährigenpersönlichkeitsschutz fällt die Gesamtabwägung entsprechend des regulären amerikanischen Persönlichkeitsschutzes deutlich eher zugunsten der Pressefreiheit aus. Das *newsworthiness privilege* sowie die Doktrin der *public figure* tragen dem überragenden Gewicht dieser Grundfreiheit Rechnung, der auch der Minderjährigenschutz kaum Grenzen zu setzten vermag. Weit reichende Schutzunterschiede zum deutschen Recht zeigen sich insbesondere im Diskretionsschutz, der im U.S.-amerikanischen Recht im Wesentlichen an der eigenen Haustür endet. In dem für die kindliche Entwicklung so wichtigen öffentlichen, d. h. nicht abgeschiedenen Raum, der wesentlicher Teil der Sozialisation ist, erfahren kindliche Belange so gut wie keinen Schutz. Ihre Person ist für die mediale Aufmerksamkeit folglich zu jederzeit und an fast jedem Ort außerhalb des eigenen Hauses greifbar, es sei denn, die Eltern können dies durch umfangreiche Schutzmaßnahmen verhindern. Eine zivilrechtliche Handhabe besitzen die Rechtsträger kaum. Zudem gewähren einige Gerichte dem Anonymitätsschutz von Minderjährigen zwar den Vorrang vor der Pressefreiheit, indes nur in Bezug auf höchst sensible Informationen (Opfer sexuellen Missbrauchs, Adoption, Krankheiten). Die Stellung von Minderjährigen in Bezug auf ihre Persönlichkeitsrechte ist in der fremden Rechtsordnung unter diesen Prämissen sogar noch schwächer als die erwachsener Rechtsträger. Zum einen gelangen sie in der Regel nicht freiwillig und mit ihrem Einverständnis in den Fokus öffentlicher Aufmerksamkeit, sondern werden hineingeboren oder sind sonst durch Ereignisse hineingeraten. Zum anderen entwickeln Kinder gerade erst ein Bewusstsein für Privatheit und Öffentlichkeit und erwerben die Fähigkeit, ihr Verhalten daran anzupassen. Bei ungleichen Voraussetzungen bewirkt gleicher Schutz ein Absinken des Schutzniveaus. Dieses verstärkt sich noch, indem das amerikanische Recht kaum präventive Rechtsinstrumente zur Verfügung stellt.

Im Ergebnis ist Minderjährigenschutz im U.S.-amerikanischen Persönlichkeitsschutz weit weniger angelegt und verwirklicht als im deutschen Recht. Das Lösungsmodell in den Vereinigten Staaten kann für das deutsche Minderjährigenpersönlichkeitsrecht weder maßgebend noch richtungsweisend sein. Im internationalen Vergleich ist es vielmehr das deutsche Recht zum Schutz von Persönlichkeitsrechten Minderjähriger, das Beispiel für die Verzahnung von Minderjährigen- und Persönlichkeitsschutz geben kann.

Kapitel 4: Konstitutionelle, völkerrechtliche und gemeinschaftsrechtliche Wertungsgrundlagen

Wie kaum ein anderer Bereich des Zivilrechts ist der Persönlichkeitsschutz grundrechtlich durchdrungen und vorgezeichnet. Unsere grundrechtliche Wertorientierung ist nicht nur das Fundament für die erstmalige Rezeption eines umfassenden Persönlichkeitsschutzes des Zivil- und Verfassungsrechts, sondern auch primäre Leitlinie für die Auflösung der kollidierenden Güter und Interessen.[550] Kinder und Jugendliche haben in dem verfassungsrechtlichen Koordinatensystem eine einzigartige Position inne, welche die Konfliktfelder bei der Wahrnehmung von persönlichen Rechtspositionen maßgeblich prägt. Zudem ist bereits hinlänglich bekannt und erforscht, dass Persönlichkeitsrechte auch auf internationaler Ebene durch menschenrechtliche Verbriefungen der jeweiligen Vertragsstaaten gewährleistet werden. Der Untersuchungsgegenstand steht deshalb in einem vielschichtigen völkerrechtlichen Kontext, der für das deutsche Zivilrecht richtungsweisend sein könnte. Internationale Normen über das Recht des Kindes bestehen dabei nicht mehr *de lege ferenda*. Sie sind unmittelbar geltendes Recht.[551] Es ist heute selbstverständlich, dass es sich bei Menschenrechten um jene grundlegenden Rechte handelt, die der menschlichen Existenz naturaliter spätestens ab der Geburt untrennbar anhaften.[552] In zahlreichen Menschenrechtsabkommen werden auch Persönlichkeitsrechte garantiert. Basisdokumente sind zum einen das Übereinkommen der Vereinten Nationen über die Rechte des Kindes von 1989 (fortan: KRK) sowie zum anderen die im europäischen Rechtskreis gewichtige Europäische Menschenrechtskonvention. Vervollständigend ist schließlich noch das Unionsrecht zu betrachten.

§ 1 Verfassungsrechtliche Grundlagen und Grenzen

Der Bundesgerichtshof hat bekanntlich in der Leserbrief-Entscheidung[553] die kumulative Grundrechtsverbürgung in Art. 2 Abs. 1, Art. 1 Abs. 1 GG als verfassungsrechtliche Verwurzelung des zivilrechtlichen Persönlichkeitsschutzes erachtet. Trotz der verfassungsrechtlichen Prägung lässt der Diskurs zum Minderjährigenpersönlichkeitsschutz eine gründliche Analyse der Garantien des Grundgesetzes und der

550 Zur Bedeutung des Verfassungsrechts BGHZ 13, 334 – Leserbrief; *Kube*, in: Isensee/Kirchhof, Handbuch der Grundrechte, Bd. VII § 148 Rn. 1 ff.; *Di Fabio*, in: Maunz/Dürig GG, Art. 2 Rn. 127 ff.; *Rixecker*, in: MüKo BGB, Anh. § 12 Rn. 2.

551 *De Zayas*, in: Koeppel, Kindschaftsrecht und Völkerrecht, S. 91 [91].

552 *Bethke*, Übereinkommen und seine Umsetzung, S. 11, vgl. zum geistesgeschichtlichen Fundament S. 12 ff.

553 BGHZ 13, 334.

verfassungsrechtlichen Stellung von Kindern und Jugendlichen bislang vermissen. Nicht zuletzt die eher vage formulierte Rechtsprechung zum verstärkten Persönlichkeitsschutz gibt Anlass zu einer grundlegenden Auseinandersetzung mit Inhalt und Umfang der berührten Belange im jeweiligen Konfliktfeld. Dafür soll im Folgenden zunächst die grundrechtliche Stellung von Minderjährigen zusammengefasst (A.) und sodann untersucht werden, ob das verfassungsrechtliche Allgemeine Persönlichkeitsrecht einen besonderen Gehalt für Kinder und Jugendliche aufweist (B.). Die anschließende Grenzziehung zwischen den widerstreitenden Rechtspositionen hat zum einen in Bezug auf die Elternverantwortung des Art. 6 GG (C.) und zum anderen in Bezug auf die Meinungsäußerungs- und Pressefreiheit des Art. 5 GG (D.) zu erfolgen.

A. Die verfassungsrechtliche Stellung im Kindes- und Jugendalter[554]

Kinder und Jugendliche nehmen in der verfassungsrechtlichen Werteordnung eine besondere Position ein. Dem heutigen Verständnis von Minderjährigen als Rechts*subjekte* selbstverständlich ist der Umstand, dass sie Träger von Grundrechten, also auch des Persönlichkeitsrechts in Art. 2 Abs. 1, Art. 1 Abs. 1 GG sind. Schon das Tatbestandsmerkmal „Jeder" in Art. 2 Abs. 1 GG kennzeichnet das allgemeine Persönlichkeitsrecht als Jedermann-Recht. Insbesondere im Familienrecht ist der Einfluss der Grundrechtsposition kontinuierlich im Vordringen.[555] Kernproblematik der Diskussion um die Grundrechte im Kindes- und Jugendalter ist heute nur noch die unter dem Stichwort der Grundrechtsmündigkeit verborgene Frage der Grundrechtsausübung, die für staatliche Schutzpflichten und selbstbestimmte Ausübung der bürgerlichen Rechte bedeutsam ist. Zugleich sind minderjährige Rechtssubjekte besonders schutzbedürftig, weil sie sich erst zu eigenverantwortlichen Persönlichkeiten entwickeln müssen. Sie stehen deshalb unter besonderem Schutz der Eltern und des Staates.

I. Grundrechtsfähigkeit und Grundrechtsmündigkeit

In Bezug auf die Stellung als Rechtssubjekt sind trotz anhaltender begrifflicher Unklarheiten und missverständlicher Unschärfen zwei Fragenkreise voneinander zu unterscheiden:[556] Die Grundrechtsträgerschaft bestimmt, dass Kinder und Jugendliche Träger und Inhaber des allgemeinen Persönlichkeitsrechts sind. Zur Grundrechtsmündigkeit ist zu klären, ob und unter welchen Voraussetzungen

554 Die Bezeichnung geht zurück auf die Begriffsschöpfung bei *Brüser*, Grundrechte im Kindesalter, S. 18.

555 *Rauscher*, Familienrecht, § 33 Rn. 959; signifikant auch in der jüngsten Rechtsprechung des Bundesverfassungsgerichts, vgl. nur BVerfG, NJW 2013, 847 [848] zur Sukzessivadoption für eingetragene Lebenspartner.

556 *Rüfner*, in: Isensee/Kirchhof, Handbuch des Staatsrechts, Bd. IX § 196 Rn. 19.

Minderjährige ihre Grundrechte selbstständig, also elternunabhängig und unter Umständen auch gegen ihre gesetzlichen Vertreter ausüben und diese (gerichtlich) geltend machen, also eigenständig „wahrnehmen“ und „ausüben“ können.[557] Diese Unterscheidung von Trägerschaft und Fähigkeit, das Recht selbst auszuüben, kennt die Rechtsordnung vor allem aus dem Privat- und Prozessrecht.[558] Parallel dazu macht ein Teil der Grundrechtslehre die Ausübung der Grundrechte durch Minderjährige davon abhängig, dass sie „grundrechtsmündig“ sind. Als Vorfrage für die Bestimmung von Schutzpflichten und die Selbstbestimmung bei Dispositionen über zivilrechtliche Rechtspositionen ist diesem Erfordernis nachzugehen.

Ob und inwieweit Minderjährige Träger von Grundrechten sein können, ist heute insoweit beantwortet, als dass Rechtsprechung und Literatur den Beginn der Grundrechtsträgerschaft jedenfalls mit der Vollendung der Geburt ansetzen und damit alle Minderjährigen grundsätzlich als Träger von Grundrechten ansehen.[559] Die Grundrechtsfähigkeit ist also vom Lebensalter unabhängig, auch Grundrechtsbeschränkungen wie Jugendschutzregelungen ändern an der prinzipiellen Grundrechtsfähigkeit nichts.[560] Das Bedürfnis, die innere, „geistige“ Persönlichkeit als Gut unter der Obhut des Rechts zu bewahren, wird nicht mehr in Frage gestellt, ist doch unsere gesamte Rechtsordnung durch das Menschenbild des ethischen Personalismus mit dem Prinzip des gegenseitigen Achtens der Person und ihrer Würde geprägt.[561] Das Bundesverfassungsgericht hat in einer grundlegenden Entscheidung im Jahre 1968 ausdrücklich festgestellt, dass „das Kind [...] ein Wesen mit eigener Menschenwürde und eigenem Recht auf Entfaltung seiner Persönlichkeit im Sinne der Art. 1 Abs. 1 und Art. 2 Abs. 1 GG“ ist.[562]

Demgegenüber herrscht nach wie vor Uneinigkeit, ob Kinder ihre Grundrechte auch selbständig ausüben können. Hinter dem Stichwort der Grundrechtsmündigkeit verbergen sich verfassungsdogmatische Problemkreise, die in Literatur und Rechtsprechung uneinheitlich gezogen und unterschiedlich weit unter dem Be-

---

557 So *Stern*, Staatsrecht Bd. III/1, § 70 V 1.

558 Bspw. Partei- und Prozessfähigkeit im Zivilprozess (§§ 50 Abs. 1, 52 Abs. 1 ZPO) oder Beteiligungs- und Prozessfähigkeit im Verwaltungsverfahren gem. §§ 61 Nr. 1, 62 Abs. 1 VwGO; *Roth*, Die Grundrechte Minderjähriger im Spannungsfeld, S. 2 f. m.w.N.

559 BVerfGE 24, 119 [144 f.] - Adoption I; BVerfGE 37, 217 [252]; *Hohm*, NJW 1986, 3107 [3108] m.w.N.

560 *Rüfner*, in: Isensee/Kirchhof, Handbuch des Staatsrechts, Bd. IX § 196 Rn. 20.

561 *Larenz/Wolf*, Allgemeiner Teil des BGB, § 2 Rn. 3 ff. m.N. und *Ehmann*, AcP 188 (1988), 229 ff.: Das Menschenbild geht davon aus, dass der Mensch eine ethisch und vernunftmäßig bestimmte Person ist, die ihrer Natur und Bestimmung nach darauf angelegt ist, ihr Dasein und ihre Umwelt frei und verantwortlich zu gestalten, sich Ziele zu setzen und selbst Schranken des Handelns aufzuerlegen.

562 BVerfGE 24, 119 [144 f.] - Adoption I.

griff aufgeworfen werden.[563] Im Kern geht es um die Fähigkeit des minderjährigen Grundrechtsträgers, ohne Mitwirkung oder treuhänderische Wahrnehmung von Sorgeberechtigten über die Ausübung seiner Grundrechte entscheiden zu können.[564] Vor dem Hintergrund der uneinheitlichen Verwendung des Begriffs selbst und der umstrittenen dogmatischen Begründung und Bedeutung des Instituts ist auch die inhaltliche Auseinandersetzung mit den aufgeworfenen Fragen problem- und spannungsbeladen.[565] Der weit verbreiteten Anerkennung durch Rechtsprechung und Literatur[566] stehen kritische Stimmen und sogar die wachsende Ablehnung der Grundrechtsmündigkeit als zusätzliches Ausübungserfordernis neben der Grundrechtsfähigkeit[567] entgegen und lassen die Kategorie bis heute nicht als festen Bestand der Grundrechtsdogmatik erscheinen.[568] Selbst wenn man das Institut entgegen der wachsenden Ablehnung grundrechtsdogmatisch im Grundsatz anerkennt, ist eine derartige Einschränkung des Allgemeinen Persönlichkeitsrechts seiner Natur und seinem Inhalt nach nicht überzeugend.

Der Großteil der Befürworter der Kategorie bestimmt die Grundrechtsmündigkeit nicht für alle Grundrechte einheitlich, sondern differenziert für jedes Grundrecht.[569] Es macht für das Individual- und das Gemeininteresse natürlich einen Unterschied, ob ein Minderjähriger beispielsweise über seinen Religionsunterricht befindet oder in Ausübung der Art. 12, 14 GG wirtschaftlich tätig wird. Schon Wortlaut und Systematik des Art. 2 Abs. 1 GG streiten gegen eine Altersgrenze für die Wahrnehmung. Allein das Wahlrecht in Art. 38 Abs. 2 GG stellt diese explizite Voraussetzung auf.[570] Abzustellen ist aber vor allem auf das grundrechtlich geschützte Rechtsgut.[571] Die

---

563 Vgl. zu den in der Literatur behandelten Situationen, in denen das Grundrechtsmündigkeitsproblem virulent wird: v. *Mutius*, Jura 1987, 272 [273]; *Roth*, Die Grundrechte Minderjähriger im Spannungsfeld, S. 5 ff.; ähnlich auch *Bleckmann*, Staatsrecht II, § 17 Rn. 3 ff.; *Baum*, Jugendmedienschutz als Staatsaufgabe, S. 135 f.; *Peschel-Gutzeit*, in: Staudinger BGB, § 1626 Rn. 16.

564 *Huber*, in: Merten/Papier, Handbuch der Grundrechte, Bd. II § 49 Rn. 16; *Rüfner*, in Isensee/Kirchhof, Handbuch des Staatsrechts, Bd. IX, § 196 Rn. 11; zuerst aufgeworfen von *Krüger*, FamRZ 1956, 329.

565 *Hohm*, NJW 1986, 3107 [3108 f.] m.N.

566 Z.B. BGHZ 21, 340 [insbs. 352 f.]; BVerwGE 74, 327; *Bleckmann*, Staatsrecht II, § 17 Rn. 12; *Kirchhof*, in: Praxis des neuen Familienrechts, S. 171 [178]; weitere Nachweise bei *Roth*, Die Grundrechte Minderjähriger im Spannungsfeld, S. 1 f.

567 *Diederichsen*, FamRZ 1978, 461; *Ossenbühl*, Elterliches Erziehungsrecht; *Stern*, Staatsrecht III/1 § 70 V 1; *Hohm*, NJW 1986, 3107 ff.; jüngst auch *Roth*, Die Grundrechte Minderjähriger im Spannungsfeld, S. 66 ff.; *Steindorff-Classen*, Das subjektive Recht des Kindes auf seinen Anwalt, S. 44 ff.

568 Ebenso *Bethge*, in: Maunz/Schmidt-Bleibtreu/u. a., BVerfGG § 90 Rn. 171.

569 *Rüfner*, in: Isensee/Kirchhof, Handbuch der Grundrechte, Bd. IX § 196 Rn. 18 ff.; *v. Münch*, in: Ders./Kunig, GG Kommentar, Vorbem. Art. 1–19 Rn. 31; *v. Mutius*, Jura 1987, 272 [273] m.N.

570 *Baum*, Jugendmedienschutz als Staatsaufgabe, S. 137 m.N.

571 *Roth*, Die Grundrechte Minderjähriger im Spannungsfeld, S. 23.

Integrität der menschlichen Persönlichkeit, die in den einzelnen Ausprägungen des allgemeinen Persönlichkeitsrechts wie im Recht auf Selbstdarstellung und im Recht auf den Schutz des sozialen Geltungsanspruchs gewährleistet wird, steht dem Menschen kraft seines Seins zu, entsprechend seinem Recht auf Leben und körperliche Unversehrtheit. Letztere Grundrechte bedürfen jedoch nach richtiger Auffassung grundsätzlich keiner Ausübung, Art. 1 Abs. 1 GG und Art. 2 Abs. 2 GG entfalten ihren vollen Schutz allein dadurch, dass der Mensch lebt.[572] So kommt die Menschenwürde Neugeborenen und Kleinkindern unabhängig davon zu, ob sie zu „sittlicher Selbstbestimmung" fähig sind oder sein werden, ob sie sich ihrer Würde bewusst sind und sie zu bewahren wissen oder nicht.[573] Ein Ausübungserfordernis würde diesen Grundgedanken konterkarieren.[574] Es wäre daher grundrechtswidrig, Kinder zu einem bloßen Objekt elterlicher Erziehungsmacht zu machen, selbst wenn Säuglinge und Kleinstkinder faktisch noch nicht zu einer selbstbestimmten Existenz in der Lage sind.[575] Im Gegensatz zu Freiheitsrechten, die natürliches oder rechtsgeschäftliches Handeln schützen, gibt es beim Allgemeinen Persönlichkeitsrecht auch gar keinen Anknüpfungspunkt, um den Nachweis einer Grundrechtsmündigkeit konstituierenden Einsichtsfähigkeit zu führen.[576] Diese Rechtsauffassung steht auch nicht im Widerspruch zu der Tatsache, dass in Rechtsprechung und Lehre wiederkehrend ein Recht des Kindes auf „Menschwerdung" oder „Persönlichkeitswerdung" herausgestellt wird.[577] Das „im-Werden-begriffene" Schutzgut zeichnet sich ja gerade durch Unvollständigkeit und Unvollkommenheit aus. Das Recht auf Selbstbestimmung in eigenen Angelegenheiten besteht unabhängig davon, ob das betroffene Kind das Recht gegen Fremdunterwerfung durch die Eltern wahrnimmt oder nicht.[578] Ungeachtet der Grundsatzdebatte zur Anerkennung der Grundrechtsmündigkeit ist mit der inzwischen nahezu einhelligen Auffassung im Schrifttum somit eine Einschränkung der Wahrnehmung des Allgemeinen Persönlichkeitsrechts abzulehnen. Kindern und Jugendlichen steht unabhängig ihres Alters und ihrer Reife ein Recht auf selbstbestimmte Ausübung ihres Allgemeinen Persönlichkeitsrechts in Art. 2 Abs. 1, Art. 1 Abs. 1 GG zu. Einschränkungen, die aufgrund der Schutz-

---

572 *Roth*, Die Grundrechte Minderjähriger im Spannungsfeld, S. 26; *v. Münch*, in: Ders./ Kunig, GG Kommentar, Vorbem. Art. 1–19 Rn. 31; a.A. *Stern*, Staatsrecht III/1, § 70 V 2.

573 *Höfling*, in: Sachs, GG, Art. 1 Rn. 56 m.w.N.; *Lack*, Möglichkeiten und Grenzen der Gesetzgebung, S. 46.

574 So auch *Baum*, Jugendmedienschutz als Staatsaufgabe, S. 138.

575 *Lack*, Möglichkeiten und Grenzen der Gesetzgebung, S. 45.

576 *Baum*, Jugendmedienschutz als Staatsaufgabe, S. 138 m.N.

577 *Dreier*, in: Ders., GG, Art. 2 I Rn. 81; *Jeand'Heur*, Verfassungsrechtliche Schutzgebote zum Wohl des Kindes, S. 18 f.

578 BVerfGE 72, 155 [170 ff.].

bedürftigkeit von Minderjährigen und der Eltern-Kind-Beziehung zweifelsohne notwendig sind, sind infolgedessen erst auf der Ebene der Schranken zu erörtern.[579]

II. Verantwortung für Persönlichkeitsentfaltung und -entwicklung

Im Vergleich zu Rechtsträgern, die bereits volljährig sind, stehen Kinder und Jugendliche gleichzeitig unter einem besonderen grundrechtlichen Schutz, der ihrem natürlichen Entwicklungsstand und den kulturellen Erfordernissen Rechnung trägt.[580] Ihre Schutzwürdigkeit gründet in erster Linie auf dem Umstand, dass sie sich zu eigenverantwortlichen und selbständigen Menschen erst entwickeln müssen. Die Schutzverantwortung im Interesse des Kindeswohls teilt das Grundgesetz dabei zwischen den Eltern und dem Staat auf.[581]

Prinzipiell kann das Persönlichkeitsrecht des Kindes nicht isoliert von den Wertentscheidungen des Art. 6 GG betrachtet werden. Das Grundgesetz sieht die Familie als eine eigenständige und selbstverantwortliche Gemeinschaft von Kindern und Eltern, deren Bedeutung für die Persönlichkeitsentfaltung jede andere menschliche Bindung übersteigt. Die Generalnorm in Art. 6 Abs. 1 GG sowie die bereichsspezifischen Ausgestaltungen in Abs. 2 und 3 beeinflussen als wertentscheidende Grundsatznormen das einfache Recht in erheblichem Umfang.[582] Der existentiellen Grundbeziehung zwischen Eltern und ihren Kindern trägt das Grundrecht durch die vorrangige Zuweisung der Erziehung und Bildung an die Eltern Rechnung, die sie eigenständig und selbstverantwortlich wahrnehmen.[583] Der Vorrangstellung liegt die Vorstellung zugrunde, dass die Interessen des Kindes in aller Regel am besten von den Eltern wahrgenommen werden.[584] Sie haben deshalb ein umfassendes Bestimmungsrecht über ihr Kind, das zum einen das Handeln gegenüber dem Kind (Einwirkungsrecht), zum anderen auch das Handeln für das Kind (Wahrnehmungsrecht) beinhaltet.[585] Es dient in erster Linie dem Wohl des Kindes sowie dem Ziel, dass Kinder zu eigenverantwortlichen und eigenständigen Persönlichkeiten innerhalb der sozialen Gemeinschaft heranwachsen.[586]

Dem Staat, und zwar zuvörderst dem Bundesgesetzgeber, ist durch das Schutzgebot in Art. 6 Abs. 1 GG die Aufgabe gestellt, Ehe und Familie vor Beeinträchtigungen zu bewahren und durch geeignete Maßnahmen zu fördern. Diese Schutzpflicht

---

579 So auch *Steindorff-Classen*, Das Recht des Kindes auf seinen Anwalt, S. 52; *Fegeler*, Der Maßstab des Wohls des Kindes, S. 75.

580 *Badura*, in: Maunz/Dürig, GG, Art. 6 Rn. 96.

581 BVerfG, NJW 2013, 847 [848].

582 BVerfGE 6, 55 [71]; ausführlich *Uhle*, in; Epping/Hillgruber, BeckOK GG, Art. 6 Rn. 33 ff., 48; *Kirchhof*, in: Praxis des neuen Familienrechts, S. 171.

583 *Koch*, in: MüKo BGB, Einl. FamR. 223 ff.

584 BVerfG, NJW 1982, 1379 [1381].

585 *Uhle*, in; Epping/Hillgruber, BeckOK GG, Art. 6 Rn. 52.

586 *Lack*, Möglichkeiten und Grenzen der Gesetzgebung, S. 64 m.N.

kann auch mit anderen Grundrechten zusammenwirken.[587] Dazu kann es in verschiedenen Konstellationen kommen, etwa bei Meinungsäußerungen zwischen Ehegatten[588] sowie dem Briefverkehr aus der Untersuchungshaft zwischen einem volljährigen Kind zu seinen Eltern[589]. Speziell gegenüber Kindern und Jugendlichen nimmt der Staat eine allgemeine Schutzfunktion wahr, die sich in der gesamten Ausrichtung der Rechtsordnung niederschlägt.[590] Daraus erwächst zunächst grundlegend die Pflicht, die Lebensbedingungen des Kindes zu sichern, die für ein gesundes Aufwachsen erforderlich sind.[591] Zudem bestehen Verpflichtungen gegenüber Minderjährigen, die den elterlichen Auftrag unterstützen und ergänzen, wie etwa die Pflicht zur Bewahrung vor sexuellen Gefahren und zur Ermöglichung einer das Persönlichkeitsrecht achtenden Sexualerziehung durch den Jugendschutz.[592] In diesen Fällen nimmt der Staat also Schutzfunktionen auch für das Elternrecht wahr, indem er Vorsorge gegenüber Störungen des grundrechtlich gewährleisteten Erziehungsrechts der Eltern betreibt. Gleichzeitig tritt er insoweit in die Funktion der Eltern als Beschützer ein.[593] Zusätzlich trifft den Staat in den Bereichen, in denen die Eltern für die Erziehung und Pflege verantwortlich sind, eine Kontroll- und Sicherungsverantwortung dafür, dass sich ein Kind in der Obhut seiner Eltern tatsächlich zu einer eigenverantwortlichen Persönlichkeit entwickeln kann.[594] Diese Gewährleistungspflicht basiert nicht nur auf dem legitimen Interesse der staatlichen Gemeinschaft an der Erziehung des Nachwuchses (vgl. § 1 JWG), aus sozialstaatlichen Erwägungen oder etwa aus allgemeinen Gesichtspunkten der öffentlichen Ordnung. Vielmehr ergibt sie sich auch daraus, dass das Kind als Grundrechtsträger einen eigenen Anspruch auf Schutz des Staates hat.[595] Da Kinder sich gegen die Gefahren für ihre Persönlichkeitsentwicklung nicht selbst wehren können, besteht eine staatliche Verpflichtung, sie durch präventive und repressive Maßnahmen vor Schäden durch die Eltern zu bewahren.[596]

Die Grundrechte von Minderjährigen, und das Allgemeine Persönlichkeitsrecht in besonderem Maße, stehen demzufolge nicht isoliert für sich, sondern sind grundsätzlich in einem Dreiecksverhältnis zu den Rechten und Pflichten der Eltern und des Staates zu sehen. Dieser grundrechtliche Kontext beeinflusst maßgeblich die im Hinblick auf die Grundrechte Anderer zu ziehenden Grenzen und staatlichen Schutzpflichten.

---

587 Vgl. *Badura*, in: Maunz/Dürig, GG, Art. 6 Rn. 12.
588 BVerfGE 42, 234 [236 f.].
589 BVerfGE 57, 170 [178 f.].
590 Vgl. *Jandt/Roßnagel*, in: Schenk/Niemann/Reinmann/Roßnagel, Digitale Privatsphäre, S. 335.
591 BVerfGE 24, 119 [144 f.] - Adoption I.
592 BVerfGE 83, 130 [140] - Josephine Mutzenbacher.
593 *Degenhart*, Verfassungsfragen des Jugendschutzes beim Film, S. 29.
594 BVerfG, NJW 2013, 847 [848].
595 BVerfGE 24, 119 [144 f.] - Adoption I.
596 Ausführlich *Lack*, Möglichkeiten und Grenzen der Gesetzgebung, S. 66 ff.; 88 f.

B. Schutzgehalt des Allgemeinen Persönlichkeitsrechts im Kindes- und Jugendalter

Das Allgemeine Persönlichkeitsrecht in Art. 2 Abs. 1, Art. 1 Abs. 1 GG schützt die engere persönliche Lebenssphäre, in der jeder einzelne „seine Individualität entwickeln und wahren" kann.[597] Es sorgt damit für den verstärkten Schutz der von der allgemeinen Handlungsfreiheit in Art. 2 Abs. 1 GG erfassten Verhaltensweisen, die einen Konnex zur Menschenwürdegarantie in Art. 1 Abs. 1 GG und damit eine konstitutionelle Bedeutung für die menschliche Persönlichkeit aufweisen. Der Menschenwürdesatz fungiert im Persönlichkeitsschutz dabei nicht als eigentlich betroffene Norm, sondern als Leit- und Auslegungsrichtlinie.[598] Das Bundesverfassungsgericht hat die Grundrechtsverbürgung in Art. 2 Abs. 1, Art. 1 Abs. 1 GG schrittweise mit tatbestandlichen Konturen versehen[599] und vor dem Hintergrund der vorgenannten Grundlagenentscheidung aus 1968 derweil auch den Schutzgehalt für Grundrechtsträger im Kindes- und Jugendalter bestimmt. Kinder sind zwar von Beginn an als sich entfaltende Persönlichkeiten anzusehen, die Veränderung vorhandener Persönlichkeitseigenschaften und das Hinzukommen neuer Persönlichkeitseigenschaften findet in dieser Lebensphase jedoch in weit größerem Maße statt als im Erwachsenenalter. Diesem Umstand trägt die grundrechtliche Werteordnung in Art. 2, Art. 1 GG Rechnung.

I. Selbstentfaltung und Selbstdarstellung

Das Allgemeine Persönlichkeitsrecht eröffnet dem Einzelnen eine Sphäre zur autonomen Gestaltung seines Lebens und gewährleistet die personale Entfaltung im Verhältnis zu Dritten und zur Öffentlichkeit.[600] Inhalt und Reichweite des Grundrechts sind tatbestandlich konturiert, ohne abschließend umschrieben zu sein.[601] Um auf neue gesellschaftliche und technische Herausforderungen adäquat reagieren zu können, ist ein dynamisch anzupassender Grundrechtsschutz mittels einer entwicklungsoffenen Ausgestaltung des Allgemeinen Persönlichkeitsrechts unentbehrlich.[602] Infolgedessen muss der Schutzgehalt anhand des jeweiligen Sachverhaltes herausgearbeitet werden. Mit Blick auf verschiedene Gefährdungslagen haben sich im Laufe der Zeit Schutzgüter herausgebildet, die mit Hilfe einzelner konkreti-

---

597 BVerfGE 79, 256 [268]; BVerfGE 54, 148 [153] - Eppler.

598 BVerfGE 27, 344 [350 f.]; *Sachs*, in: Ders, GG, Art. 2 Rn. 63; *Starck*, in: v. Mangoldt/Klein/Starck, GG, Bd. 1, Art. 2 Abs. 1 Rn. 15.

599 Grundlegend BVerfGE 34, 239 [245 f.]; BVerfGE 27, 1 [6 f.] - Mikrozensus; BVerfGE 54, 148 [153 ff.] - Eppler.

600 *Jarass*, NJW 1989, 857 [859]; *Hoffmann-Riem*, RdJB 1996, 48 [51].

601 *Starck*, in: v. Mangoldt/Klein/Starck, GG, Bd. 1, Art. 2 Abs. 1 Rn. 87.

602 Vgl. BVerfGE 54, 148 [153 f.]; *Di Fabio*, in: Maunz/Dürig, GG, Art. 2 Rn. 127.

sierender Merkmale den Schutzbereich des Grundrechts umschreiben.[603] Deren Systematisierung fällt bei der kasuistisch geprägten Gestalt des Allgemeinen Persönlichkeitsrechts infolge der richterrechtlichen Genese naturgemäß unterschiedlich aus, gemeinhin wird jedoch grundlegend zwischen der Selbstentfaltung durch Vertraulichkeit im privaten Raum und der Selbstdarstellung in der Öffentlichkeit unterschieden. Ersteres umfasst beispielsweise die Privat- und Intimsphäre, letzteres den Ehrschutz sowie das Recht am eigenen Bild. Hinzu kommen weitere, diesen vorgelagerte Schutzgüter, welche die Grundbedingungen personaler Autonomie betreffen. Diese lassen sich den Kategorien der Selbstentfaltung und Selbstdarstellung nicht eindeutig zuordnen, weil sie beide Elemente in sich vereinen oder aber rein tatsächliche Grundlagen der freien Entfaltung betreffen.[604] Dazu zählen etwa die Resozialisierung des Straftäters oder die Integrität der Sprache.[605] Schließlich ist das Recht auf Selbstbestimmung in eigenen Angelegenheiten (auch) im Allgemeinen Persönlichkeitsrecht verankert (dazu ausführlich in Kapitel 4 § 1 C. II.).

II. Das Schutzgut der ungestörten Persönlichkeitsentwicklung

1. Grundlagen zum Schutzgehalt

Als ein „Recht jedes Kindes auf Entwicklung zur Persönlichkeit – auf „Person werden"-" oder ein „Recht auf kindgemäße Entwicklung", wie von der Rechtsprechung im Rahmen der Interessenabwägung mit der Pressefreiheit bemüht,[606] trägt das Allgemeine Persönlichkeitsrecht eigens dem Grundrechtsschutz im Kindes- und Jugendalter Rechnung. Das Bundesverfassungsgericht konkretisiert das eigene Recht des Kindes in Art. 2 Abs. 1, Art. 1 Abs. 1 GG seit der vorgenannten Grundlagenentscheidung in ständiger Rechtsprechung dahingehend, dass die möglichst ungehinderte Entwicklung von Minderjährigen zu einer eigenverantwortlichen Persönlichkeit innerhalb der sozialen Gemeinschaft, wie sie dem Menschenbilde des Grundgesetzes entspricht, das Ziel sei. Um sich entsprechend diesem Bild zu einem selbstbestimmten und gemeinschaftsbezogenen Menschen zu entwickeln, bedürften sie des Schutzes und der Hilfe.[607] Der Staat hat nach der Auffassung

---

603 *Kube,* in: Isensee/Kirchhof, Handbuch der Grundrechte, Bd. VII § 148 Rn. 36 ff.; vgl. zu den Begriffen des Schutzbereichs und des Schutzgutes nur *Merten,* in: Ders./ Papier, Handbuch der Grundrechte, Bd. III § 56 Rn. 23 ff.

604 So *Kube,* in: Isensee/Kirchhof, Handbuch der Grundrechte, Bd. VII § 148 Rn. 37 ff.; *Dreier,* in: Ders., GG, Art. 2 I Rn. 78; ähnlich *Di Fabio,* in: Maunz/Dürig, GG, Art. 2 Rn. 147 f.; das Selbstbestimmung betonend: *Gersdorf,* in: Ders./Paal, Informations- und Medienrecht, Art. 2 GG Rn. 15.

605 Grundlegend zum Resozialisierungsrecht BVerfGE 35, 202 [235 ff.] - Lebach; zur Integrität der Sprache vgl. VG Hannover, NJW 1998, 1250 [1251].

606 Ersteres BVerfG, NJW 2000, 2191 [2192]; NJW 2005, 1857 [1857 f.]; Letzteres BVerfG, NJW 2003, 3262 – Geburtenhoroskop; zuletzt BGH, NJW 2013, 2890 [2892] – Eisprinzessin.

607 Vgl. nur BVerfGE 24, 119 [144 f.] - Adoption I; BVerfGE 79, 51 [63 f.].

des Gerichts den Auftrag und sogar die Pflicht, der Hilfs- und Schutzbedürftigkeit des Minderjährigen in seiner Entwicklung Rechnung zu tragen und Bedingungen für ein gesundes Aufwachsen zu schaffen.[608] Infolgedessen haben Kinder auch das verfassungsmäßig garantierte Recht, sich möglichst ungestört zu einer mit den Eigenschaften der Eigenständigkeit und Selbstverantwortlichkeit ausgestatteten Persönlichkeit zu entwickeln. Dieser Maxime entsprechend haben sich im Zusammenhang mit Fragen des Eltern-Kind-Verhältnisses und der verfassungsrechtlichen Verankerung des Jugendschutzes verschiedene dogmatische Konzeptionen zu Grundrechtspositionen hinsichtlich Erziehung und Entwicklung entwickelt. Aus den Grundrechten werden unter anderem ein „Menschwerdungsgrundrecht“[609], ein „Persönlichkeitsentwicklungsgrundrecht“[610] und ein „Grundrecht auf (ungestörte) Persönlichkeitsentwicklung“[611] hergeleitet.[612] Mehrheitlich als eigenständiger dogmatischer Bezugspunkt des Jugendmedienschutzes wird das unter anderem von *Hoffmann-Riem* begründete „Recht auf Person-werden“ im Allgemeinen Persönlichkeitsrecht angesehen.[613] Zwar unterscheiden sich die jeweiligen Ansätze in Herleitung sowie Begrifflichkeiten, die inhaltlichen Grenzen der Ansätze sind jedoch nicht trennscharf.[614] Gemeinsam ist allen Ansätzen folgender Grundgedanke: Die Entwicklung zu einer eigenverantwortlichen und selbständigen Persönlichkeit ist ein genuin persönlichkeitsrelevantes Interesse, das unter grundrechtlichem Schutz steht.[615] Das Schutzgebot erwächst aus der Wertentscheidung unseres Grundrechtskatalogs als eine objektive Werteordnung, die ihren Mittelpunkt in der innerhalb der Gemeinschaft sich frei entfaltenden menschlichen Persönlichkeit und ihrer Würde findet.[616] Dafür ist ein Recht des jungen Menschen mit dem Ziel, sich in der Zukunft als Erwachsener unter Wahrung seiner Würde frei entfalten zu können,

---

608 BVerfGE 57, 361 [383] (zur Unterhaltspflicht nach dem Ersten Eherechtsreformgesetz); BVerfG, NJW 2013, 847 [848] (Sukzessivadoption bei eingetragenen Lebenspartnerschaften); weitere Nachweise bei *Brüser*, Grundrechte im Kindesalter, S. 20.

609 Insbs. *Ditzen*, NJW 1989, 2519 ff.

610 *Rummel*, RdJB 1989, 394 [397].

611 *Hoffmann*, Der Anspruch des Kindes auf Pflege, Erziehung und Bildung, S. 156.

612 Ausführlich zu den verschiedenen Konzeptionen *Brüser*, Grundrechte im Kindesalter, S. 22 ff.

613 Ausführlich *Hoffmann-Riem/Engels/Schulz*, in: Charlton u. a., Fernsehwerbung und Kinder, Bd. 2, S. 311 [314 ff.]; *Hoffmann-Riem*, RdJB 1996, 48; *Engels*, AöR 122 (1997), 212 ff.; *Wiesner*, in: Ders., SGB VIII, § 1 Rn. 3; kritisch: *Isensee/Axer*, Jugendschutz im Fernsehen, S. 73.

614 Dazu *Brüser*, Grundrechte im Kindesalter, S. 22 ff.

615 Vgl. nur BVerfGE 24, 119 [144] - Adoption I; 57, 361 [383] (zur Unterhaltspflicht nach dem Ersten Eherechtsreformgesetz); *Di Fabio*, in: Maunz/Dürig, GG, Art. 2 Rn. 208 ff.; *Altenhain*, in: Löffler, Presserecht, Einl. JuSchG Rn. 17 m.w.N.; *Brüser*, Grundrechte im Kindesalter, S. 20 ff. m.w.N.; kritisch zu dieser Entwicklung *Steindorff-Classen*, Das subjektive Recht des Kindes auf seinen Anwalt, S. 40 f.

616 BVerfGE 7, 198 [205] - Lüth.

konstitutiv.[617] Nach mittlerweile herrschender Meinung folgt der besondere Schutz der Persönlichkeitsentwicklung von Minderjährigen dabei in erster Linie aus dem eigenen Recht des Kindes aus Art. 2 Abs. 1, Art. 1 Abs. 1 GG.[618]

Abgesehen von der grundsätzlichen Anerkennung wird der Entwicklungsschutz aus verschiedenen Sichtweisen auf den Schutzgehalt des Art. 2, 1 GG interpretiert. Die Vertreter spezieller Grundrechtspositionen, wie das Recht auf Person werden, differenzieren im Grunde zwischen zwei Schutzgegenständen, nämlich dem Schutzgut der bereits herausgebildeten Persönlichkeit mit der Fähigkeit zu eigenverantwortlichem und selbstbestimmten Handeln, Erfahren und Verarbeiten (Entfaltung *der* Persönlichkeit) und das Schutzgut des Entwicklungsprozesses zur Persönlichkeit (Entfaltung oder Entwicklung *zur* Persönlichkeit). Der Mensch erwerbe erst schrittweise in einem vielschichtigen und langwierigen Prozess des Heranwachsens die Fähigkeiten, um sich als schutzfähige Persönlichkeit zu entfalten. Diesen Ansichten nach tritt an die Stelle des Rechts auf Persönlichkeits*entfaltung* oder daneben ein Recht auf ungestörte Persönlichkeits*entwicklung*, solange das Kind noch nicht über eine ausgeprägte, also bereits entwickelte Persönlichkeit und die Fähigkeit zur Selbstbestimmung verfügt.[619] Gegen diese Aufspaltung wird eingewandt, dass die Persönlichkeitsentfaltung Minderjähriger von Beginn an als Entwicklungsprozess einer im Werden begriffenen Persönlichkeit erfasst sei. Die Konstruktionen machten jedoch eine Gegenüberstellung der Kategorien und eine Abgrenzung von Erwachsenen- und Minderjährigenschutz erforderlich, führten also ein Kriterium wie die Grundrechtsmündigkeit ein. Mit Nachdruck wird zudem betont, dass Kinder und Jugendliche Menschen mit eigener Personalität iSd Art. 2 Abs. 1 GG seien und sich aller Defizite zum Trotz immer schon *als* Persönlichkeit entfalteten. Diesen Grundgedanken trügen die Topoi von „Recht auf Person-Sein" und „Recht auf Person-Werden" nicht Rechnung. Eine Differenzierung erkenne das Kind nicht hinreichend als bereits „seiende" Persönlichkeit an.[620] Für die Untersuchung des zivilrechtlichen Minderjährigenpersönlichkeitsschutzes ist diese Kontroverse letztlich nur am Rande

---

617 *Rummel*, RdJB 1989, 394 [398].

618 So wohl schon BVerfGE 24, 119 [144 f.] - Adoption I; BVerfG, NJW 2000, 2191 [2191]; *Di Fabio*, in: Maunz/Dürig, GG, Art. 2 Rn. 165, 208; *Isensee/Axer*, Jugendschutz im Fernsehen, S. 73; *Dreier*, in: Ders., GG, Art. 2 I Rn. 78; *Kube*, in: Isensee/Kirchhof, Handbuch der Grundrechte, Bd. VII § 148 Rn. 48; *Wiesner*, in: Ders., SGB VIII, § 1 Rn. 3; *Lack*, Möglichkeiten und Grenzen der Gesetzgebung, S. 57 f.; *Amelung*, Der Schutz der Privatheit im Zivilrecht, S. 99; im Jugendschutz wird hingegen auch Art. 6 GG herangezogen, siehe nur BVerfGE 83, 130 [139 f.] - Josefine Mutzenbacher; *Altenhain*, in: Löffler, Presserecht, Einl. JuSchG Rn. 17 ff. m.w.N.

619 *Hoffmann*, Der Anspruch des Kindes auf Pflege, Erziehung und Bildung, S. 153; *Engels*, AöR 122 (1997), 212 [222 ff.].

620 So *Steindorff-Classen*, Das subjektive Recht des Kindes auf seinen Anwalt, S. 12; *Baum*, Jugendmedienschutz als Staatsaufgabe, S. 153 f.; *Brüser*, Grundrechte im Kindesalter, S. 29 f.

von Bedeutung, da Art. 2, Art. 1 GG nach allgemeiner Meinung nicht unmittelbar für Privatrechtsverhältnisse gilt, sondern allenfalls mittelbar (dazu in Kapitel 4 § 1 E.).

2. *Schutzzweck und systematische Einordnung*

Ziel der Grundrechtsposition ist die Sicherung von Grundbedingungen für die Persönlichkeitsentfaltung und -entwicklung im Kindes- und Jugendalter, sie hat also eine präventive Stoßrichtung. Der junge Mensch soll sich zu einer eigenverantwortlichen Persönlichkeit innerhalb der Gemeinschaft entwickeln können.[621] Er ist in erster Linie vor störenden Faktoren für seine Entwicklung zu bewahren und soll gerade in dieser Entwicklungsphase seine Persönlichkeit ungehindert frei entfalten können.[622] Erzielt werden sollen also psychische Dispositionen, die eine individuelle und eine soziale Komponente enthalten: Der Begriff „Eigenverantwortung" verweist insbesondere auf soziale Reife und die Fähigkeit zu sozialem Kontakt. Gleichzeitig soll die Entwicklung dazu führen, dass sich die Persönlichkeit innerhalb der Gemeinschaft zu Recht findet, d.h. „gemeinschaftsfähig" ist.[623] Die konstitutiven Grundbedingungen der Persönlichkeitsentwicklung sind naturgemäß nicht abschließend bestimmbar. Erfasst werden in erster Linie immaterielle Belange, wie die Begrenzung des Umgangsanspruchs der Eltern mit ihren in einer Pflegefamilie lebenden Kindern zeigt.[624] Der Entwicklungsschutz ist auch Grundgedanke für den Kinder- und Jugendschutz (JugenSchG; JMStV), durch den Einflüsse von Kindern und Jugendlichen ferngehalten werden sollen, die sich nachteilig auf die Entwicklung ihrer Persönlichkeit auswirken können.[625] Vor dem Hintergrund sozialwissenschaftlicher Erkenntnisse ist dem Bundesverfassungsgericht überdies darin zuzustimmen, dass auch die Bewahrung eines persönlichen Lebensbereichs und Achtungsanspruchs vor der Presseöffentlichkeit für die Persönlichkeitsentwicklung konstitutiv ist.[626] Aber auch materielle Belange berühren den Entwicklungsschutz. Beispielsweise beruht die Begrenzung der finanziellen Verschuldung von minderjährigen Kindern durch ihre Eltern laut Bundesverfassungsgericht darauf, dass dadurch „in erheblichem Maße die Grundbedingungen freier Entfaltung und Entwicklung und damit nicht nur einzelne Ausformungen allgemeiner Handlungsfreiheit, sondern die engere persönliche Lebenssphäre junger Menschen betroffen werden" können.[627] Der Schutz eines gewissen Maßes einer wirtschaftlichen Existenzgrundlage dient demnach ebenfalls der Sicherung der persönlichen Entwicklung.[628]

---

621 BVerfGE 24, 119 [144 f.] - Adoption I.
622 *Frauenrath*, GB 2010, 295 [300].
623 *Wiesner*, in: Ders., SGB VIII, § 1 Rn. 10.
624 BVerfG, NJW 1988, 125 [126].
625 Vgl. BVerfGE 83, 130 [139] - Josephine Mutzenbacher; *Altenhain*, in: Löffler, Presserecht, Einl. JuSchG Rn. 13 ff.
626 BVerfGE 101, 361 [385 f.] – CvM II.
627 BVerfGE 72, 155 [171].
628 *Di Fabio*, in: Maunz/Dürig, GG, Art. 2 Rn. 209.

Die grundsätzlich kasuistisch geprägte dogmatische Gestalt des Allgemeinen Persönlichkeitsrechts infolge der richterrechtlichen Genese gibt nunmehr noch Anlass, das Recht auf ungestörte Persönlichkeitsentwicklung im Rahmen der Einzelverbürgungen zu betrachten und es systematisch einzuordnen. Unabhängig davon, ob er als eigenes oder einheitliches Schutzgut zu betrachten ist, stellt der Entwicklungsschutz eine besondere Ausformung des Art. 2 Abs. 1, Art. 1 Abs. 1 GG dar,[629] die inhaltlich grundsätzlich unabhängig von den o.g. Kernausprägungen wie Privatsphäre, Achtung der Ehre und Selbstbestimmung ist. Systematisch lässt sich die Ausformung zwanglos der Fallgruppe der Gewährleistung von Grundbedingungen zuordnen.[630] Wie oben bereits angedeutet, hat die Rechtsprechung neben den als Verwurzelung des zivilrechtlichen Persönlichkeitsschutzes geltenden Ausprägungen weitere Schutzbereiche anerkannt, die sich unter dem Stichwort „Grundbedingungen" der persönlichen Entfaltung zusammenfassen lassen.[631] Dieser Schutz entspringt dem Grundgedanken, dass das Allgemeine Persönlichkeitsrecht auch die Erhaltung der Chance des Einzelnen verlangt, eine eigenverantwortlich gestaltete Rolle in der Gesellschaft einnehmen zu können.[632] Dazu kann in bestimmten Fällen auch der Schutz der Voraussetzungen gehören, die für die chancengleiche und anlagengerechte Entfaltung ein besonderes Gewicht haben.[633] Beispielsweise erkennt das Bundesverfassungsgericht die Kenntnis von der eigenen Abstammung als bedeutsames Individualisierungsmerkmal für die eigene Identitätsfindung und -bildung und damit für die Entfaltung der Persönlichkeit an mit der Folge, dass aus Art. 2 Abs. 1, Art. 1 Abs. 1 GG ein gewisser Schutz gegenüber der Vorenthaltung abstammungsbezogener Informationen gewährt wird.[634] Auch wenn einzelne Ausprägungen in der verfassungsrechtlichen Literatur kritisch gesehen werden, hat der Grundgedanke der Gewährleistungen von gewissen Grundbedingungen der Persönlichkeitsentfaltung durch das Allgemeine Persönlichkeitsrecht überwiegend Akzeptanz gefunden.

---

629 *Degenhart*, Verfassungsfragen des Jugendschutzes beim Film, S. 28; *Brüser*, Grundrechte im Kindesalter, S. 34; *Altenhain*, in: Löffler, Presserecht, Einl. JuSchG Rn. 17; *Erdemir*, in: Spindler/Schuster, Recht der elektronischen Medien, § 1 JMStV Rn. 14; *Engels*, AöR 122 (1997), 212 [226] scheint dieses Recht offenbar als dritte Komponente des Art. 2 Abs. 1 GG neben die allgemeine Handlungsfreiheit und das Allgemeine Persönlichkeitsrecht einzustufen; ebenso *Wiesner*, in: Ders., SGB VIII, § 1 Rn. 3.

630 Ebenso *Di Fabio*, in: Maunz/Dürig, GG, Art. 2 Rn. 208; *Kube*, in: Isensee/Kirchhof, Handbuch der Grundrechte, Bd. VII § 148 Rn. 48.

631 BVerfGE 72, 155 [170]; so auch *Kube*, in: Isensee/Kirchhof, Handbuch der Grundrechte, Bd. VII § 148 Rn. 47; *Dreier*, in: Ders., GG, Art. 2 I Rn. 78; *Kunig*, in: v. Münch/Kunig, GG, Bd. I, Art. 2 Rn. 36; *Jarass*, in: Ders./Pieroth, GG, Art. 2 Rn. 50.

632 *Kunig*, in: v. Münch/Kunig, GG, Bd. I, Art. 2 Rn. 36.

633 *Di Fabio*, in: Maunz/Dürig, GG, Art. 2 Rn. 207.

634 Dazu *Starck*, in: v. Mangoldt/Klein/Starck, GG, Bd. 1, Art. 2 Abs. 1, Rn. 107; *Di Fabio*, in: Maunz/Dürig, GG, Art. 2 Rn. 212 ff.

Zusammengefasst beinhaltet der Schutzbereich des Allgemeinen Persönlichkeitsrechts in Art. 2 Abs. 1, Art. 1 Abs. 1 GG die Entfaltung und Entwicklung von Kindern und Jugendlichen. Der Schutzzweck ist infolgedessen sowohl auf die vorhandene, bereits ausgeprägte Persönlichkeit als auch auf deren Herausbildung und Entwicklung gerichtet. Das Recht verwirklicht sich durch das elterliche Erziehungsrecht in Art. 6 GG. Für den zivilrechtlichen Minderjährigenpersönlichkeitsschutz ist entscheidend, dass sich dem Allgemeinen Persönlichkeitsrecht als status positivus nach ganz herrschender Meinung auch ein grundrechtliches Gebot zum Schutze von Kindern und Jugendlichen entnehmen lässt. Als Ausprägung der grundrechtlichen Schutzpflicht ist der Staat also verpflichtet, Kinder und Jugendliche so zu schützen, dass sie sich zu eigenständigen, sozialverantwortlichen Persönlichkeiten entwickeln können.[635] Mit der Schutzpflicht einher geht nach herrschender Grundrechtsdogmatik zudem ein subjektives Recht der Minderjährigen auf Schutz durch den Staat, dass sich allerdings angesichts des weiten Ermessensspielraums nicht zu einem Anspruch auf bestimmte Maßnahmen verdichten lässt.[636]

III. Grundrechtsbezüge zur Kommerzialisierung der Persönlichkeit

Noch nicht abschließend geklärt ist, ob auch kommerzielle Interessen an der Nutzung der eigenen Publizität über das Allgemeine Persönlichkeitsrecht geschützt sind. Bei der Kommerzialisierung von Persönlichkeitsmerkmalen wie Name oder äußeres Erscheinungsbild geht es nicht um die in Art. 1 GG verankerten menschlichen Idealwerte, sondern um vermögensrechtliche Gehalte.[637] Der Bundesgerichtshof sieht bei unrechtmäßiger Ausnutzung dieser Vermögenswerte regelmäßig nur einen zivilrechtlich geschützten Bestandteil des Persönlichkeitsrechts als berührt an.[638] Dahingehend lässt sich auch die *Caroline von Monaco II*-Entscheidung des Bundesverfassungsgerichts verstehen: „Der verfassungsrechtliche Privatsphärenschutz aus Art. 2 Abs. 1 in Verbindung mit Art. 1 Abs. 2 GG ist nicht im Sinne einer Kommerzialisierung der eigenen Person gewährleistet."[639] Diese Äußerung hat kontroverse Reaktionen im Schrifttum hervorgerufen. Überwiegend wird sie als Aberkennung einer grundrechtlichen Gewähr für die Kommerzialisierung von

---

635 *Engels*, AöR 122 (1997), 212 [228]; vereinzelt lassen sich in der Literatur auch Konzeptionen finden, die einen subjektiven Anspruch des Kindes gegen den Staat zum Inhalt haben; vgl. nur *Hoffmann*, Der Anspruch des Kindes auf Pflege, Erziehung und Bildung, S. 69 ff., 75; weitere Nachweise bei *Brüser*, Grundrechte im Kindesalter, S. 34.

636 Vgl. zur Rechtswirkung der Grundrechte ausführlich *Isensee*, in: Ders./Kichhof, Handbuch des Staatsrechts, Bd. IX § 191; *Jarass*, in: Ders./Pieroth, Vorbem. Vor Art. 1 Rn. 6.

637 *Lichtenstein*, Der Idealwert und der Geldwert, S. 83.

638 Vgl. BGHZ 169, 340 [348] – Lafontaine.

639 BVerfGE 101, 361 [385] – Caroline von Monaco; ähnlich auch BVerfG, NJW 2006, 2409 – Blauer Engel; BVerfG NJW 2006, 596 – Pestalozzis Erben.

Persönlichkeitsrechten oder sogar als generelles Verbot der Zuerkennung eines Vermögenswertes im Zivilrecht erachtet.[640] Letzteres erscheint jedoch angesichts eines neueren Beschlusses des Bundesverfassungsgerichts aus 2006 überholt.[641] Die heute vorherrschende Ansicht lehnt mithin eine Einbeziehung von kommerziellen Interessen in das verfassungsrechtliche Allgemeine Persönlichkeitsrecht ab.[642] Ein zivilrechtliches kommerzielles Persönlichkeitsrecht ohne grundrechtliche Fundierung stellt indes nur eine schwache Rechtsposition dar, die grundsätzlich hinter den Kommunikationsgrundrechten zurücktreten müsste.[643] Aus diesem Grund votiert ein Großteil des Schrifttums dafür, die vermögenswerten Bestandteile vom Eigentumsschutz des Art. 14 GG zu erfassen.[644] Das Grundrecht gewährt Schutz für alle vermögenswerten Rechtspositionen des Privatrechts,[645] worunter auch der mit einem Persönlichkeitsgut verknüpfte Vermögenswert erfasst ist. Für den Rechtsträger, dessen Bildnis, Stimme oder Name ein realisierbarer Marktwert zukommt, stellt sich dieser kommerzielle Aspekt als Eigentum dar. Art. 14 Abs. 2 S. 2 GG steht dem nicht entgegen, da das zivilrechtliche Allgemeine Persönlichkeitsrecht mittlerweile in ständiger Rechtsprechung als Vermögensrecht anerkannt[646] und auch das fortgebildete Richterrecht Inhalt und Schranken vermögenswerter Rechtspositionen zu bestimmen geeignet ist.[647] Zudem ist die Übertragbarkeit einer Rechtsposition im

---

640 *Klass*, in: Erman, BGB, Anh. § 12 BGB Rn. 206; *Burkhardt*, in: Wenzel, Wort- und Bildberichterstattung, Kap. 5 Rn. 119; weitere Nachweise bei *Lichtenstein*, Der Idealwert und der Geldwert, S. 93 und *Helle*, AfP 2010, 531 [533].

641 BVerfG, NJW 2006, 3409 – Marlene Dietrich.

642 *Götting*, Persönlichkeitsrechte als Vermögensrechte, S. 139; *Lichtenstein*, Der Idealwert und der Geldwert, S. 95 f.; *Klüber*, Persönlichkeitsschutz und Kommerzialisierung, S. 40; *Klass*, in: Erman, BGB, Anh. § 12 Rn. 206; *Helle*, AfP 2010, 531 [533 f.].

643 *Burkhardt*, in: Wenzel, Wort- und Bildberichterstattung, Kap. 5 Rn. 119; *Helle*, AfP 2010, 531 [534].

644 *Papier*, in: Maunz/Dürig, GG, Art. 14 Rn. 237a; *Götting*, Persönlichkeitsrechte als Vermögensrechte, S. 139; *Lichtenstein*, Der Idealwert und der Geldwert, S. 95 f.; *Klüber*, Persönlichkeitsschutz und Kommerzialisierung, S. 40; offen gelassen aber als beachtlich gewürdigt in BVerfG, AfP 2009, 249 – Fiktive Lizenzgebühren; nur vereinzelt wird daneben auch Art. 12 GG in Betracht gezogen, etwa weil die freie Berufswahl für ein Fotomodell das Recht verschafft, diesen Beruf auszuüben und Geld zu verdienen, vgl. *Helle*, AfP 2010, 531 [535 ff.]; *Rixecker*, in: MüKo BGB, Anh. § 12 Rn. 30.

645 *Papier*, in: Maunz/Dürig, GG, Art. 14 Rn. 55.

646 Spätestens seit BGHZ 143, 214 – Marlene Dietrich; BGH, NJW 2000, 2201 – Blauer Engel; zuvor wurde das Recht des Einzelnen, selbst über die Zugänglichkeit des Bildnisses für die Öffentlichkeit zu entscheiden, bereits als „vermögenswertes Ausschließlichkeitsrecht" bezeichnet, vgl. BGHZ 20, 345 – Paul Dahlke; BGHZ 81, 75 [80] – Carrera.

647 Vgl. zur Diskussion ausführlich *Lichtenstein*, Der Idealwert und der Geldwert, S. 95 f. m.w.N.; *Götting*, Persönlichkeitsrechte als Vermögensrechte, S. 140; *Helle*, AfP 2010, 531 [534 f.].

Sinne dinglicher Verkehrsfähigkeit keine Voraussetzung für den grundrechtlichen Schutz über Art. 14 GG, aus ihr kann folglich auch keine Erkenntnis für die zivilrechtliche Gestalt abgeleitet werden.[648]

Art. 2 Abs. 1, Art. 1 Abs. 1 GG erfasst nach alldem nur die Gewähr der vorgenannten immateriellen Persönlichkeitsgüter. Der Schutz von vermögenswerten Belangen der Persönlichkeit findet sein Fundament stattdessen in Art. 14 GG. Diese Zweigleisigkeit findet eine Entsprechung im Urheberrecht, wo das ideellen Schutz vermittelnde Urheberpersönlichkeitsrecht ebenfalls in Art. 2 Abs. 1, Art. 1 Abs. 2 GG wurzelt, das Verwertungsrecht des Urhebers zur Kommerzialisierung des Werkes hingegen in Art. 14 GG.[649] Allerdings werden sich ideelle und wirtschaftliche Aspekte häufig überlappen, nämlich wenn auch der ideelle Gehalt eines Persönlichkeitsmerkmals bei seiner kommerziellen Verwertung betroffen ist (beispielsweise wenn die Verwendung eines Bildnisses einen diffamierenden Charakter verleiht).[650]

C. Bindung und Begrenzung des Allgemeinen Persönlichkeitsrechts durch die Elternverantwortung

I. Minderjährigenpersönlichkeitsschutz im Kontext des Art. 6 GG

Eine verfassungsgemäße Ausgestaltung des Minderjährigenpersönlichkeitsschutzes muss das Allgemeine Persönlichkeitsrecht sodann im Kontext zu anderen berührten Rechten aus dem Grundrechtskatalog begreifen. Weitreichende Konsequenzen hat in erster Linie der Zusammenhang zu Art. 6 GG, der sich in mehreren Hinsichten entfaltet. Bereits im Minderjährigenschutz aufgezeigt wurde die Möglichkeit, dass die staatliche Schutzpflicht in Art. 6 Abs. 1 GG in Bezug auf die Familie mit anderen Grundrechten zusammenwirken kann. Die davon erfasste Eltern-Kind-Bindung ist zugleich ein *essentialium* der ungestörten Persönlichkeitsentwicklung, so dass weitreichende Überschneidungen auch das Minderjährigenpersönlichkeitsrecht beeinflussen. Dies kommt etwa in Betracht, wenn Fotos familiäre Interaktionen abbilden oder negative Äußerungen die familiären Bindungen gefährden. Voraussetzung und Wirkung der in diesen Fällen eintretenden Verstärkungswirkung sind anhand konkreter Fälle bei den Abwägungsparametern zum Zivilrechtsschutz zu beleuchten.

Weitreichende Konsequenzen hat darüber hinaus der in Art. 6 Abs. 2 GG garantierte Vorrang der Eltern bei der Erziehung und Pflege ihrer Kinder. Das Dreiecksverhältnis Kind-Eltern-Staat ist wie folgt beschaffen: *erstens* wirkt sich die Elternverantwortung im privaten Verhältnis von Eltern zu Kindern aus (Eltern-Kind-Verhältnis), *zweitens* gibt das Grundrecht den Eltern einen Abwehranspruch gegen den Staat (Eltern-Staat-Verhältnis) und *drittens* haben Entscheidungen, die das Erziehungsrecht betreffen, immer auch Auswirkungen auf das Kind (Kind-

648 *Helle*, AfP 2010, 531 [535] m.N.

649 Vgl. nur BVerfGE 31, 275 ff. – Schallplatten; *Lichtenstein*, Der Idealwert und der Geldwert, S. 95 f. und *Helle*, AfP 2010, 531 [534] m.w.N.

650 Ausführlich dazu *Helle*, AfP 2010, 531 [536] m.N.

Staat-Verhältnis).[651] Konkretisiert für den Minderjährigenpersönlichkeitsschutz folgt daraus zum einen, dass das Grundrecht eine echte Schranke für staatlichen Minderjährigenpersönlichkeitsschutz darstellt, der nicht zu einer Bevormundung der Eltern führen darf.[652] Entscheidend für die Position des Kindes bei der Rechtsausübung ist zum anderen insbesondere der Umstand, dass die Eltern „Sachwalter" des kindlichen Persönlichkeitsrechts und als solche zur Sicherung und Wahrnehmung berechtigt und verpflichtet sind.[653] Diese Verantwortung findet seine Grenze in den wachsenden Fähigkeiten des Kindes zur Selbstbestimmung.

Die bereits im U.S.-amerikanischen Recht aufgeworfene Kernfrage, ob und inwieweit Minderjährige selbständig in Persönlichkeitsrechtseingriffe einwilligen können, ist somit weitgehend im Verfassungsrecht angelegt und ist nicht nur nach einfachem Recht (insbesondere §§ 1626 ff. BGB) zu beantworten.[654] Zu der Wirkung der Grundrechte innerhalb der Binnenbeziehung zwischen Eltern und Kindern werden alle theoretisch denkbaren Ansichten von der unmittelbaren über die mittelbare Wirkung bis hin zur Familie als weitestgehend grundrechtsfreier Binnenraum vertreten.[655] Ohne Zweifel gilt jedoch, dass die Grundrechte eine objektive Werteordnung darstellen, welche die Rechtsposition des Kindes im Verhältnis zu den Eltern prägend mitbestimmt. Zusammengefasst ist die Selbstbestimmung *durch* die Eltern mit der Selbstbestimmung *gegenüber* den Eltern also auf der Grundlage des Zusammenspiels des Allgemeinen Persönlichkeitsrechts des Kindes und der Elternverantwortung ins Verhältnis zu setzen.

II. Das Recht auf Selbstbestimmung in eigenen Angelegenheiten

Selbstbestimmung gründet im Eigenwert jedes Menschen und ist Bestandteil seiner Menschenwürde. Aus der Anerkennung junger Menschen als Personen mit eigener Menschenwürde und einem eigenen Recht auf Persönlichkeitsentfaltung folgt, dass die Respektierung ihrer Selbstbestimmung in persönlichen Angelegenheiten grundrechtlichen Schutz genießt, und somit ist es geboten, den Willen eines Menschen in den ihn betreffenden Angelegenheiten zu respektieren. Ob dieses Selbstbestimmungsrecht über höchstpersönliche Güter dogmatisch im Allgemeinen Persönlichkeitsrecht verankert ist, oder vielmehr der allgemeinen Handlungsfreiheit in Art. 2 Abs. 1 GG oder Einzelgrundrechten wie Meinungs-, Kunst- und Wissen-

651 *Fegeler*, Der Maßstab des Wohls des Kindes, S. 77.

652 *Erdemir*, in: Spindler/Schuster, Recht der elektronischen Medien, § 1 JMStV Rn. 22.

653 *Strätz*, in: Soergel, BGB, § 1626 Rn. 47; *Döll*, in: Erman, BGB, § 1626 Rn. 3.

654 Grundlegend ebenso *Kirchhof*, in: Praxis des neuen Familienrechts, S. 171 [171 ff.]; *Reinicke*, Der Zugang des Minderjährigen zum Zivilprozess, S. 91 ff. m.N.; *Moritz*, Die (zivil-)rechtliche Stellung, S. 59 ff. m.N.

655 Vgl. *Reinicke*, Der Zugang des Minderjährigen zum Zivilprozess, S. 91 ff. m.N. und *Moritz*, Die (zivil-) rechtliche Stellung, S. 70 ff. m.N.

schaftsfreiheit (Art. 5 Abs. 1, 3 GG) zuzurechnen ist, wird unterschiedlich beurteilt.[656] Mehrheitlich wird die Grundrechtsverbürgung aber jedenfalls auch herangezogen, um ein Grundrecht des Einzelnen zu begründen, sein Leben nach eigenen Vorstellungen zu gestalten, also selbstbestimmt zu handeln.[657] Ob von Art. 2 Abs. 1, Art. 1 Abs. 1 GG auch die Selbstbestimmung über vermögenswerte Bestandteile der Persönlichkeitsrechte enthalten sind, ist noch nicht abschließend geklärt. Auf der einen Seite sind diese in Art. 14 GG verankert, so dass die Disposition über sie als Ausübung des in Art. 14 Abs. 1 GG geschützten Grundrechts angesehen wird.[658] Auf der anderen Seite weisen selbst die kommerziellen Bestandteile einen besonders starken Bezug zur Person auf, der für sonstige Vermögensgegenstände unüblich ist. Dieser zeigt sich etwa deutlich in dem aktuellen Diskurs darüber, ob und inwieweit die Kommerzialisierung rechtlich überhaupt zulässig sein soll. Die kommerziellen Persönlichkeitsinteressen nehmen folglich zumindest eine Zwischenstellung ein, so dass die Selbstbestimmung grundrechtlich wohl jedenfalls auch Art. 2 Abs. 1, Art. 1 Abs. 1 GG tangiert.[659] Der Kindeswille, hier als Wille von minderjährigen Personen insgesamt verstanden, ist somit als Ausfluss des Allgemeinen Persönlichkeitsrechts grundsätzlich über Art. 2 Abs. 1, Art. 1 Abs. 1 GG grundrechtlich geschützt, wenn es um persönliche Angelegenheiten geht.[660]

Einschränkungen des Selbstbestimmungsrechts bedürfen aufgrund seiner verfassungsrechtlichen Verankerung einer Rechtfertigung. Ist ein Mensch nicht fähig, autonom über seine grundrechtlich geschützten Interessen zu verfügen, greift grundsätzlich eine staatliche Fürsorgepflicht ein, die den Menschen vor eigenen Handlungen und Entscheidungen schützen soll.[661] Die Beschränkung selbstbestimmter Rechtshandlungen von Kindern und Jugendlichen beruht auf der Grundannahme, dass Minderjährige aufgrund ihres entwicklungsimmanenten Mangels an geistiger Reife, Lebenserfahrung, Besonnenheit und gefestigtem Rechtsbewusstsein nicht in der Lage sind, Bedeutung und Folgen ihres Verhaltens richtig zu bewerten

656 Im Allgemeinen Persönlichkeitsrecht verankert bspw. BVerfGE 72, 155 [170] unter Anknüpfung an seine Grundsatzentscheidung zum informationellen Selbstbestimmungsrecht BVerfGE 65, 1 [42 f.] - Volkszählung.

657 BVerfG, NJW 1986, 1859 [1860] – elterliche Vertretungsmacht; die Zuordnung des Selbstbestimmungsrechts zu einem Grundrecht ist nicht unumstritten, dazu *Ohly*, Die Einwilligung, S. 89 ff. und 95 f.; *Herdegen*, in: Maunz/Dürig, GG, Art. 1 Rn. 84; *Hufen*, NJW 2001, 849 [851]; *Belling/Eberl-Borges/Michlik*, Das Selbstbestimmungsrecht Minderjähriger, S. 124; vgl. weiter zum Verhältnis von Selbstbestimmungsrecht und Persönlichkeitsgut *Ohly*, Die Einwilligung, S. 190 f.

658 Allgemein über die Selbstbestimmung über Vermögen *Ohly*, Die Einwilligung, S. 91 ff.

659 Ebenso *Götting*, Persönlichkeitsrechte als Vermögensrechte, S. 276.

660 *Kohne*, Der Wille des Kindes im familiengerichtlichen Verfahren, S. 30 m.w.N.; *Fegeler*, Der Maßstab des Wohls des Kindes, S. 72 ff.

661 *Sternberg-Lieben/Reichmann*, NJW 2012, 257 [260] m.N.

und entsprechend zu handeln.[662] In erster Linie bestimmt sich das Verhältnis von Selbst- und Fremdbestimmung folglich nach dem paternalistischen Grundgedanken, den jungen Menschen vor sich selbst zu beschützen.[663] Im Rechtsverkehr, etwa bei der Übertragung des Nutzungsrechts an einer Fotografie, können für minderjährige Rechtsträger schwerwiegende Nachteile entstehen, wenn Rechtsverkehrsteilnehmer ihre Unerfahrenheit ausnutzen.[664] Bei Einschränkung des kindlichen Selbstbestimmungsrechts, etwa durch die §§ 104 ff. BGB, ist der primären Verantwortung der Eltern Rechnung zu tragen. Das erfolgt in der Regel durch Verlagerung der dem Kind vorenthaltenen Entscheidungskompetenzen auf die Eltern.[665] Dies darf jedoch nicht zu einem vollständigen Ausschluss jedweder Selbstbestimmungsbefugnisse führen. Minderjährige sind vielmehr nur insoweit zu schützen, also in ihrer Selbstbestimmung einzuschränken, als sie zur Selbstbestimmung nicht in der Lage sind bzw. ihre Handlungen nicht selbst verantworten können.[666]

III. Kindliche Selbstbestimmung und Elternverantwortung

Das Verhältnis von Eltern- und Kindesrechten ist in der deutschen Rechtswissenschaft seit den 1950er Jahren Gegenstand heftiger Kontroversen und Geburtsort des Instituts der Grundrechtsmündigkeit.[667] Während in den ersten Jahren nach dem Zweiten Weltkrieg einheitlich von einer absoluten Dominanz der Elternrechte ausgegangen und eigenständige Rechtspositionen von Kindern weitestgehend außer Betracht gelassen oder sogar geleugnet wurden, entwickelten sich seit Ende der 1950er Jahre Gegenpositionen, die für eine Verstärkung der kindlichen Grundrechtspositionen eintraten.[668] Seitdem hat sich in der verfassungsrechtlichen und zivilrechtlichen Literatur ein breites Meinungsspektrum mit sehr ausdifferenzierten Auffassungen entwickelt.[669] Heute besteht weitestgehend Konsens darüber, dass die Grundrechte der Eltern mit denen des Kindes nicht „kollidieren".[670] Entgegen der

662 *Busch*, Der Reifegrad Minderjähriger als Maßstab, S. 24.

663 *Ohly*, Die Einwilligung, S. 72 f.; zum Paternalismus vgl. weiter *Hillgruber*, Der Schutz des Menschen vor sich selbst.

664 *Knothe*, in: Staudinger BGB, Vorbem. zu §§ 104–115, Rn. 19.

665 *Steindorff-Classen*, Das subjektive Recht des Kindes auf seinen Anwalt, S. 53.

666 Vgl. *Moritz*, Die (zivil-)rechtliche Stellung, S. 146 m.N.; *Hertwig*, FamRZ 1987, 124 [126] unter Bezugnahme auf BVerfG, NJW 1986, 1859 [1860] – Elterliche Vertretungsmacht.

667 Begründet von *Krüger*, FamRZ 1956, 329.

668 Vgl. *Moritz*, Die (zivil-)rechtliche Stellung, S. 57 f.

669 Vgl. dazu *Moritz*, Die (zivil-)rechtliche Stellung; *Ossenbühl*, Das elterliche Erziehungsrecht, S. 55 f.; *Roell*, Geltung der Grundrechte für Minderjährige, S. 42 ff.; *Diederichsen*, FamRZ 1978, 461; *Roth*, Die Grundrechte Minderjähriger im Spannungsfeld, S. 66 ff.; Überblick bei *Peschel-Gutzeit*, in: Staudinger BGB, § 1626 Rn. 12 ff.

670 *Badura*, in: Maunz/Dürig, GG, Art. 6 Rn. 135 f.; *Jestaedt*, in: Bonner Kommentar GG, Art. 6 Abs. 2 und 3 Rn. 144; *Kirchhof*, in: Praxis des neuen Familienrechts,

auf *Krüger*[671] basierenden Basisdoktrin einer Abwägung zwischen dem Grundrecht der Eltern aus Art. 6 Abs. 2 GG und den Grundrechten des Kindes dominiert heute die Vorstellung, dass das Verhältnis durch die besondere Struktur des Elternrechts geprägt ist. Der entscheidende Unterschied zur echten Grundrechtskollision zwischen Privatpersonen liegt darin begründet, dass das Elternrecht nicht eigennützig eingeräumt ist, sondern im Interesse des Kindes.[672]

1. *Struktur des Elternrechts in Art. 6 Abs. 2 S. 1 GG*

Das Elternrecht ist insofern zu den meisten anderen Freiheitsrechten einzigartig, als es in ein Rechtsverhältnis zu Dritten, nämlich den Kindern, eingebettet ist. Daraus erfährt das Recht eine Pflichtenbindung als wesensbestimmender Bestandteil. Es entspricht heute gesichertem Grundrechtsverständnis, dass Art. 6 Abs. 2 S. 1 GG seinem Wortlaut entsprechend Recht und Pflicht zugleich statuiert, er wird deshalb in Rechtsprechung und verfassungsrechtlichem Schrifttum auch als „fiduziarisches Recht", als „dienendes Grundrecht", als eine im echten Sinne „anvertraute treuhänderische Freiheit" bezeichnet. Ausdruck dieses Grundrechtsverständnisses ist auch die weithin anerkannte Bezeichnung des Grundrechts aus Art. 6 Abs. 2 S. 1 GG als Elternverantwortung.[673] Das Elternrecht dient demnach dem Wohl des Kindes und dem Ziel, dass Kinder zu eigenverantwortlichen und eigenständigen Persönlichkeiten innerhalb der sozialen Gemeinschaft heranwachsen.[674] Oberste Richtschnur der elterlichen Pflege und Erziehung ist somit das Kindeswohl, das ebenfalls in Art. 6 Abs. 2 S. 1 GG und Art. 2 Abs. 1 GG verankert ist.[675] Im Unterschied zu den anderen Freiheitsrechten des Grundrechtskatalogs gewährt es folglich keine Freiheit im Sinne einer Selbstbestimmung der Eltern, sondern zum Schutze des Kindes.[676] Auch das Elternrecht selbst legitimiert sich daraus, dass das Kind ihres Schutzes und ihrer Hilfe bedarf, um sich zu einer eigenverantwortlichen Persönlichkeit zu entwickeln.[677] Die Pflichten der Eltern beziehen sich nicht lediglich auf das Kind, sie bestehen auch gegenüber dem Kind. Eltern schulden ihrem Kind als Rechtssubjekt

---

S. 171 [181]; *Gernhuber/Coester-Waltjen*, Familienrecht, § 7 Rn. 5 ff.; *Peschel-Gutzeit*, in: Staudinger BGB, § 1626 Rn. 18; *Schröder*, Auskunftsanspruch der Eltern gegen den Arzt, S. 73.

671 *Krüger*, FamRZ 1956, 329; zustimmend etwa *Perschel*, RdJB 1963, 33 ff.

672 *Peschel-Gutzeit*, in: Staudinger BGB, § 1626 Rn. 18.

673 Vgl. nur BVerfGE 59, 360 [376] - Schülerberater; 64, 180 [189]; *Kirchhof*, in: Praxis des neuen Familienrechts, S. 171 [175]; *Badura*, in: Maunz/Dürig, GG, Art. 6 Rn. 109 m.w.N.; schon 1977 hat *Ossenbühl* die treuhänderische Wahrnehmung von Grundrechten durch die Eltern betont, FamRZ 1977, 533 ff.

674 *Lack*, Möglichkeiten und Grenzen der Gesetzgebung, S. 64 m.N.

675 *Badura*, in: Maunz/Dürig, GG, Art. 6 Rn. 110.

676 BVerfGE 59, 360 [382] - Schülerberater.

677 BVerfGE 24, 119 [144 f.] - Adoption I.

und Grundrechtsträger, ihr Handeln grundsätzlich an seinem Wohl auszurichten.[678] Sie werden deshalb allgemein als „Sachwalter" der Grundrechte ihrer Kinder sowie der Erziehung angesehen.[679]

2. *Verhältnis des kindlichen Selbstbestimmungsrechts zur Elternverantwortung*

Vor diesem Hintergrund wird das Elternrecht dahingehend profiliert, dass mit abnehmender Pflege- und Schutzbedürftigkeit sowie zunehmender Selbstbestimmungsfähigkeit des Kindes die auf dem Elternrecht basierenden Rechtsbefugnisse zurückgedrängt werden, bis sie schließlich mit Eintritt der Volljährigkeit erlöschen.[680] Das Selbstbestimmungsrecht des Kindes aus Art. 2 Abs. 1, Art. 1 Abs. 1 GG und das Elternrecht verhalten sich folglich umgekehrt proportional zueinander: Das Elternrecht muss im Verhältnis zum Kind seinem Wesen und Zweck nach zurücktreten, wenn das Kind ein Alter erreicht hat, in dem es eine genügende Reife zur selbständigen Beurteilung seiner Lebensverhältnisse und zum eigenverantwortlichen Auftreten im Rechtsverkehr erlangt hat.[681] Dann tritt die elterliche Sorge zugunsten einer Anleitung des Kindes zur Eigenverantwortlichkeit zurück.[682] Elternrecht und Persönlichkeitsrecht des Kindes sind somit keine Schutzpositionen konträrer Interessen, sondern führen zur Bindung und Begrenzung der jeweils anderen Seite.[683]

Es ist in erster Linie Aufgabe des Gesetzgebers, diese grundrechtlichen Wertungen durch einfaches Recht umzusetzen und die im Einzelfall notwendigen Entscheidungen vorzuzeichnen.[684] Die konkrete Grenzziehung zwischen Selbst- und Fremdbestimmung in eigenen Angelegenheiten wie medizinischen Entscheidungen lässt sich der Grundsatznorm in Art. 6 Abs. 2 GG für die gesetzliche Ordnung des Eltern-Kind-Verhältnisses nicht entnehmen. Die grundrechtlichen Wertungen zum Eltern-Kind-Verhältnis fundieren vielmehr den Abwägungsprozess, wenn elterliche Entscheidungsmacht und kindliche Mitspracherechte bei Einwilligung in Persönlichkeitseingriffe konkret aufeinandertreffen.

---

678 BVerfG, NJW 2008, 1287 [1288] (zur zwangsweisen Durchsetzung der Umgangspflicht).

679 *Strätz*, in: Soergel, BGB, § 1626 Rn. 47; *Döll*, in: Erman, BGB, § 1626 Rn. 3.

680 *Badura*, in: Maunz/Dürig, GG, Art. 6 Rn. 135; *Koch*, in: MüKo BGB, Einl. FamR. Rn. 226; *Peschel-Gutzeit*, in: Staudinger BGB, § 1626 Rn. 18; diese Grundgedanken greift auch der Gesetzgeber auf, etwa im Gesetzesentwurf zur Neuregelung des Rechts der elterlichen Sorge, BT-Drs. 7/2060, Anhang I, S. 18.

681 *Schröder*, Auskunftsanspruch der Eltern gegen den Arzt, S. 73 m.w.N.

682 *Huber*, in: MüKo BGB, § 1626 Rn. 61.

683 *Schröder*, Auskunftsanspruch der Eltern gegen den Arzt, S. 74.

684 *Badura*, in: Maunz/Dürig, GG, Art. 6 Rn. 136.

D. Das Allgemeine Persönlichkeitsrecht im Spannungsverhältnis zu den Kommunikationsfreiheiten des Art. 5 GG

Im Bereich des Persönlichkeitsschutzes treffen gegensätzliche Rechte verschiedener Rechtsträger unwillkürlich aufeinander. Von entsprechender Tragweite für Inhalt und Umfang des Persönlichkeitsschutzes ist bekanntlich das grundrechtliche Spannungsverhältnis zwischen Art. 2, 1 GG und den Rechten in Art. 5 GG, das im Einzelfall unter Berücksichtigung aller Umstände durch eine umfassende Güter- und Interessenabwägung aufzulösen ist. Durch den speziellen Schutzgehalt in Art. 2, Art. 1 GG für Kinder und Jugendliche haben Kollisionsfälle im Minderjährigenpersönlichkeitsschutz eine einzigartige Prägung, die reguläre Abwägungsleitlinien und Vorzugsregeln in Frage stellt. Die Grundrechtspositionen in Art. 5 GG zeigen dem Persönlichkeitsschutz gleichwohl verfassungsmäßige Grenzen auf.

I. Die Freiheitsrechte des Art. 5 GG im Persönlichkeitsschutz

Der zivilrechtliche Persönlichkeitsschutz ist maßgeblich durch die Interpretation und Handhabung des Art. 5 GG durch das Bundesverfassungsgericht geprägt. Markstein der Rechtsprechung ist insoweit die Zuschreibung des Doppelcharakters der Meinungsfreiheit: sie ist nicht nur im Interesse des Einzelnen, sondern auch im Interesse des demokratischen Prozesses zu gewährleisten. Der Grundrechtsposition kommt schlicht konstitutive Bedeutung für den öffentlichen Meinungsbildungsprozess zu.[685] Dieser Demokratiebezug verleiht den Kommunikationsgrundrechten ein erhebliches Gewicht, das an der Seite der Medien oder der äußernden Person zu berücksichtigen ist. Zugleich ist die Meinungsäußerungsfreiheit unmittelbarer Ausdruck der menschlichen Persönlichkeit.[686]

Die Grundrechtsdogmatik gründet wesentlich auf der Unterscheidung zwischen Werturteilen und Tatsachenbehauptungen, die auch im zivilrechtlichen Persönlichkeitsschutz eine entscheidende Rolle spielt. Der Schutzbereich umfasst sowohl erstere Äußerungen, die durch das Element der Stellungnahme gekennzeichnet sind, als auch die Mitteilung von Tatsachen. Tatsachenbehauptungen sind zwar streng genommen keine „Meinungen", sie bedürfen aber grundrechtlichen Schutzes, soweit sie Voraussetzung von Meinungsbildung sind.[687] Die Abgrenzung der Äußerungsformen ist strittig und schwierig, zumal wertende und tatsächliche Äußerungen in der Regel vermengt werden. Grundsätzlich wird das Kriterium der Beweisbarkeit herangezogen: Behauptungen, die nicht dem Beweis zugänglich sind, stellen keine Tatsachenbehauptungen dar. Beurteilungen, Wertungen, Einschätzungen, Auffassungen etc. sind deshalb Meinungsäußerungen. Bei Mischformen soll es darauf

685 St. Rspr., BVerfGE 7, 198 [208] - Lüth; BVerfGE 82, 272 [282 f.] - Zwangsdemokrat; *Grabenwarter*, in: Maunz/Dürig, GG, Art. 5 Rn. 6.

686 *Bethge*, in: Sachs, GG, Art. 5 Rn. 17.

687 *Grabenwarter*, in: Maunz/Dürig, GG, Art. 5 Rn. 48 m.N.

ankommen, welcher Teil überwiegt. Steht der Wertungscharakter aus der Sicht des Empfängers gegenüber dem tatsächlichen Gehalt im Vordergrund, ist die Äußerung als Meinungsäußerung zu beurteilen.[688] Dabei soll in Grenzbereichen eine Vermutung für das Vorliegen einer Meinungsäußerung streiten. Aus dem Schutzbereich ausgeklammert sind grundsätzlich nur erwiesen oder erkenntlich unwahre Behauptungen,[689] die Abgrenzung von Tatsachenbehauptungen und Werturteilen entfaltet also eher auf der Ebene der Schranken als bei Eröffnung des Schutzbereichs Bedeutung. Ungeachtet dessen bezieht die grundrechtlich garantierte Meinungsäußerung sowohl die Äußerung als auch die Verbreitung ein und ist nicht begrenzt auf eine bestimmte Ausdrucksform (beispielsweise in Wort oder Bild).[690]

Aufbauend auf dieser Grundrechtsdogmatik hat die Rechtsprechung für die fallbezogene Abwägung mit dem Allgemeinen Persönlichkeitsrecht im Laufe der Zeit die bereits eingangs erörterten Regeln und Vermutungen erarbeitet, präzisiert und bestätigt.[691]

II. Kommunikationsgrundrechte und Minderjährigenschutz

1. Allgemeiner Wertevorzug des Minderjährigenschutzes?

In der vorherrschenden Methodenlehre zur Güterabwägung[692] erfolgt die eigentliche Abwägung nach Feststellung der gegeneinanderstehenden Güter und Interessen in zwei Schritten: vor der Einzelabwägung ist zu ermitteln, ob sich nach der Werteordnung des Grundgesetzes ein eindeutiger Wertevorzug eines der betroffenen Rechtsgüter gegenüber dem anderen ergibt. Dass sich aus dem Grundgesetz kein genereller Wertevorzug vom Allgemeinen Persönlichkeitsrecht aus Art. 2 Abs. 1, Art. 1 Abs. 1 GG auf der einen oder den Kommunikationsfreiheiten aus Art. 5 GG auf der anderen Seite entnehmen lässt, ist allgemein anerkannt. Das Allgemeine Persönlichkeitsrecht leitet sich aus dem obersten Konstitutionsprinzip unserer Verfassung, der Menschenwürde in Art. 1 Abs. 1 GG, ab. Seiner herausragenden Bedeutung steht das Grundrecht der freien Meinungsäußerung jedoch in nichts nach: „Für eine freiheitlich-demokratische Staatsordnung ist es schlechthin konstituierend, denn es ermöglicht erst die ständige geistige Auseinandersetzung, den Kampf der

688 Vgl. zur Abgrenzungsfrage ausführlich *Damm/Rehbock*, Widerruf, Rn. 565 ff. m.w.N.; *Burkhardt*, in: Wenzel, Wort- und Bildberichterstattung, Kap. 4 Rn. 50 ff.; *Grimm*, NJW 1995, 1697 [1699].

689 BVerfG, NJW 1983, 1415.

690 *Bethge*, in: Sachs, GG, Art. 5 Rn. 44.

691 Nach *Di Fabio*, in: Maunz/Dürig, GG, Art. 2 Rn. 235 ff.; im Einzelnen: Kapitel 1 § 2 A. I. und II.

692 Weiterführend *Hubmann*, AcP 155 (1956), 43 [85 ff.]; *Brors*, Die Abschaffung der Fürsorgepflicht S. 52 ff.; *Riehm*, Abwägungsentscheidungen in der praktischen Rechtsanwendung 2006, S. 9.

Meinungen, der ihr Lebenselement ist."[693] Beiden Rechtsgütern kommt folglich ein besonderer Rang zu, der auf abstrakter Ebene keine Ordnung ermöglicht.[694]

Daran ändert auch die Tatsache nichts, dass im Falle von Kindern und Jugendlichen zum Teil der Entwicklungsschutz bzw. die Wertungen des Art. 6 GG hinzutreten. Das Grundgesetz geht abgesehen von normativ begründbaren Ausnahmen davon aus, dass Grundrechte gleichrangig sind.[695] Der Schutz der Entwicklung ist zwar ein aus Art. 2 Abs. 1, Art. 1 Abs. 1 GG ableitbares Verfassungsgebot, dem sich möglicherweise sogar ein Optimierungsgebot des Staates entnehmen lässt.[696] Allerdings wird die Meinungsfreiheit insbesondere durch seinen Demokratiebezug, der die öffentliche Meinungsbildung betrifft, vom Grundgesetz nicht als generell rangniedriger ausgewiesen. Insbesondere lässt sich die Schrankenregelung in Art. 5 Abs. 2 GG, der eine Einschränkung der Kommunikationsfreiheiten zugunsten des Jugendschutzes vorsieht, nicht dahingehend interpretieren. Darin kommt lediglich zum Ausdruck, dass es sich beim Jugendschutz um ein wichtiges Gemeinschaftsanliegen und ein Ziel von bedeutsamem Rang handelt, nicht aber ein genereller Wertevorzug anzunehmen ist.[697] Auch die höchstrichterliche Rechtsprechung hat stets betont, dass eine Interessenabwägung im Einzelfall nicht deshalb entbehrlich ist, weil Minderjährige besonders schutzbedürftig sein können.[698]

2. Die Schranke des Jugendschutzes in Art. 5 Abs. 2 GG

Das spezielle Verhältnis der Freiheiten des Art. 5 Abs. 1 GG zum Schutz von Kindern und Jugendlichen manifestiert sich schon in dem Gesetzvorbehalt zum Schutze der Jugend des Art. 5 Abs. 2 GG, wonach Eingriffe in jugendgefährdende Meinungsäußerungen gerechtfertigt sein können. Die selbständige Grundrechtsschranke geht weiter als die allgemeinen Gesetze, da Jugendschutzregelungen auch gegen bestimmte inhaltliche Meinungen gerichtet sein dürfen. Gefährdungen durch Meinungsäußerungen drohen vor allem im Hinblick auf die Sittlichkeit der Jugend (beispielsweise durch Gewaltverherrlichung, Sexualisierung etc.). Die Schranke soll deshalb in erster Linie dafür sorgen, sittliche Fehlentwicklungen oder sozialethische Verwirrungen zu verhindern.[699] Meinungsäußerungen können des Weiteren die Integrität von Jugendlichen gefährden, indem sie Verhaltensdruck auslösen und das Selbstwertgefühl beeinflussen. Ob auch die Freiheit der Medien zur Gestaltung ihrer Berichterstattung von der Schranke des Art. 5

---

693 BVerfGE 7, 198 – Lüth.

694 *Rixecker*, in: MüKo BGB, Anh. § 12 Rn. 135, ausführlich zur Abwägung von Medienfreiheiten und Persönlichkeitsrecht *Giegerich*, RabelsZ 63 (1999), 471.

695 *Grabenwarter*, in: Maunz/Dürig, GG, Art. 5 Rn. 9.

696 *Engels*, AöR 122 (1997), 212 [232].

697 BVerfG, NJW 1971, 1555 [1557].

698 BGH, NJW 2004, 1795 - Charlotte Casiraghi; BGHZ 160, 298 [304 f.]; ebenso BVerfG, NJW 2000, 2191 [2192].

699 *Grabenwarter*, in: Maunz/Dürig, GG, Art. 5 Rn. 191 m.N.

Abs. 2 GG erfasst werden könnte, ist ohne gründliche Analyse nicht mit Sicherheit zu beantworten.[700] Die Frage kann in diesem Rahmen aber offen bleiben. Bis auf die grundrechtsdogmatisch veränderte Schrankenprüfung ändert sich inhaltlich nichts Wesentliches. Der Schutz der Jugend wird durch die Wechselwirkungslehre des Bundesverfassungsgerichts begrenzt, wonach die sich aus den allgemeinen Gesetzen ergebenden Grenzen der Kommunikationsgrundrechte ihrerseits im Lichte des Art. 5 GG gesehen werden müssen. Gesetzliche Regelungen müssen folglich der Bedeutung der Grundrechtsfreiheiten Rechnung tragen und sind in ihrer grundrechtseinschränkenden Wirkung ihrerseits wieder einzuschränken.[701] Auch die gesetzlichen Bestimmungen zum Schutze der Jugend unterliegen diesen Einschränkungen. Es bedarf also einer entsprechenden Abwägung zwischen der Freiheit der Kommunikation und einem effektiven Jugendschutz.[702] Folglich macht es inhaltlich keinen wesentlichen Unterschied, ob die Persönlichkeitsrechte durch die Schranke des Jugendschutzes oder im Wege der Grundrechtskollision in Einklang mit den Kommunikationsgrundrechten gebracht werden.

3. *Schutzbedürftigkeit im Abwägungsgebot*

Ungeachtet dieser dogmatischen Fragestellung hat der Gesichtspunkt des Schutzes von Kindern und Jugendlichen Eingang in die Abwägung von Kommunikationsgrundrechten und Persönlichkeitsrechten gefunden. Als grundlegend erweist sich in erster Linie die Judikatur des Bundesverfassungsgerichts, angefangen bei der bereits eingangs dargestellten Entscheidung *Caroline von Monaco II*.[703] Die Begründung für die Verzahnung von Persönlichkeits- und Minderjährigenschutz bleibt in dieser Entscheidung noch etwas vage. Sie beruht auf der vertretbaren Einschätzung, dass Kinder und Jugendliche ein erhöhtes Schutzbedürfnis in Bezug auf ihre persönlichkeitsrechtlichen Belange haben. Zu einem entsprechenden Befund hat die sozialwissenschaftliche Untersuchung geführt. Infolgedessen gelten unter anderem für den Diskretions- und Bildnisschutz Minderjähriger besondere Maßstäbe. Ob und inwieweit die herkömmlichen Abwägungsregeln unter Berücksichtigung des besonderen Grundrechtsschutzes im Kindes- und Jugendalter noch Bestand haben oder zu modifizieren sind, lässt sich jedoch nicht abstrakt beurteilen, sondern ist konkret im Einzelfall auf Normanwendungsebene zu entscheiden.[704]

---

700 So wohl KG Berlin, ZUM-RD 2004, 10 [13]; ähnlich OLG Hamburg, OLGR Hamburg 2003, 96.

701 St. Rspr. seit BVerfGE 7, 198 [205 f.] - Lüth; vgl. zur Kritik im Ehrschutz *Klass*, in: Erman, BGB, Anh. § 12 Rn. 249.

702 Dazu nur *Bethge*, in: Sachs, GG, Art. 5 Rn. 159 ff.; zur Rolle des Art. 5 Abs. 2 GG im Persönlichkeitsschutz vgl. auch *Luch*, Das Medienpersönlichkeitsrecht, S. 484.

703 BVerfGE 101, 361– CvM II; siehe unter Kapitel 1 § 1 C.

704 Nachfolgend Kapitel 5 § 3 B. und C.

E. Wirkung der Grundrechte und Verfassungsprivatrecht

Nach Maßgabe der modernen Grundrechtsdogmatik von der Zweidimensionalität der Grundrechte[705] erschöpft sich die Bedeutung der verfassungsrechtlichen Anerkennung des Persönlichkeitswertes durch Art. 1 und 2 GG nicht in der subjektiv-rechtlichen Qualität des Grundrechts als klassisches Abwehrrecht gegenüber staatlichen Eingriffen. Vielmehr ist allgemein anerkannt, dass auch dem allgemeinen Persönlichkeitsrecht objektiv-rechtliche Grundgehalte zu entnehmen sind. Speziell für das allgemeine Persönlichkeitsrecht kann die durch grundrechtliche Schutzpflichten des Staates vermittelte Drittwirkung als gesicherter Bestand in Rechtsprechung[706] und Lehre[707] angesehen werden. Nach anfänglicher Irritation hat nun auch der Bundesgerichtshof erkannt, dass nicht unmittelbare oder mittelbare Drittwirkung, sondern die grundrechtlichen Schutzpflichten im Privatrecht den Anspruch auf Schutz der Persönlichkeit erheben. Im Persönlichkeitsrecht herrscht jedoch weitgehend gesetzgeberische Untätigkeit, so dass es von Anfang an Aufgabe der Rechtsprechung war, den verfassungsrechtlichen Verbürgungen Geltung zu verschaffen.[708] Dies gilt sowohl hinsichtlich der Rechtsanwendung, d. h. grundrechtskonformen Auslegung und Anwendung der bestehenden Regelungen wie § 22 KUG, als auch für die schöpferische Rechtsfindung.[709] Die im Persönlichkeitsschutz betroffenen Grundrechte müssen folglich von den Gerichten interpretationsleitend berücksichtigt werden, damit deren wertsetzender Gehalt auch auf der Rechtsanwendungsebene gewahrt bleibt.[710] Die getroffenen Vorkehrungen der staatlichen Gewalten müssen dabei für einen angemessenen und wirksamen Schutz ausreichend sein und zudem auf sorgfältigen Tatsachenermittlungen und vertretbaren Einschätzungen beruhen.[711] Einmütigkeit besteht wohl jedenfalls insofern, als dass im Ausgangspunkt nur das „Ob" eines privatrechtlichen Schutzes, nicht aber das „Wie" grundrechtsgeboten ist.[712] Daraus lässt sich zwar der Auftrag

705 Grundlegend BVerfGE 7, 198 - Lüth; BVerfGE 35, 79 [114] – Hochschulurteil; *Sachs*, in: Ders., GG, VorArt. 1 Rn. 27 ff.

706 Nach anfänglich unmittelbarer Herleitung des allgemeinen Persönlichkeitsrechts aus dem Grundrecht nun auch st. Rspr. des BGH, vgl. nur BGHZ 143, 214 [218] – Marlene Dietrich.

707 Vgl. dazu ausführlich *Baston-Vogt*, Der sachliche Schutzbereich, S. 17 ff.; *Kube*, in: Isensee/Kirchhof, Handbuch der Grundrechte, Bd. VII § 148 Rn. 100 ff.; *Klass*, in: Erman, BGB, Anh. § 12 Rn. 11 f.; *Jarass*, NJW 1989, 857 [858].

708 *Baston-Vogt*, Der sachliche Schutzbereich, S. 22 m.N.

709 St. Rspr. des BVerfG seit BVerfGE 34, 269 – Soraya; ebenso *Klass*, in: Erman, BGB, Anh. § 12 Rn. 12; *Baston-Vogt*, Der sachliche Schutzbereich, S. 22.

710 St. Rspr., vgl. BVerfG, NJW 2008, 1793.

711 BVerfGE 88, 203 [254] - Schwangerschaftsabbruch II.

712 *Baston-Vogt*, Der sachliche Schutzbereich, S. 37, 71; *Larenz/Canaris*, Schuldrecht II 2, § 80 I 3 S. 493; *Schwerdtner*, JuS 1978, 289 [291]; *Klass*, in: Erman, BGB, Anh. § 12 Rn. 12; *Diedrichsen*, JURA 1997, 57 [60 ff.].

zur Bereitstellung eines Systems des zivilrechtlichen Persönlichkeitsschutzes herauslesen, die Ausgestaltung ist jedoch nur begrenzt verfassungsrechtlich präformiert.

F. Zusammenfassung

Zusammenfassend ergibt sich folgender verfassungsrechtlicher Befund zum Minderjährigenpersönlichkeitsschutz: Die einzigartige Position von Kindern und Jugendlichen in der verfassungsrechtlichen Werteordnung beeinflusst die im Persönlichkeitsschutz einzubeziehenden Grundrechtspositionen und deren Verhältnis zu anderen Rechten. Das allgemeine Persönlichkeitsrecht sichert ihre Rechte auf Selbstbestimmung, Selbstentfaltung und Selbstdarstellung, das Recht auf Nutzung der eigenen Publizität ist in Art. 14 GG verankert. Kinderspezifische Ausprägung in Art. 2, Art. 1 GG ist das Recht auf ungestörte Persönlichkeitsentwicklung, das Kindern und Jugendlichen grundrechtlichen Schutz ihrer Entwicklungschancen und der Grundbedingungen gewährleistet, die für ein gesundes und normales Aufwachsen erforderlich sind.

Der Staat hat grundsätzlich die Pflicht, diese Grundrechte zu schützen und zu bewahren. Verfassungsrechtliche Grenzen erwachsen aus der ebenfalls grundrechtlich verankerten Elternverantwortung (Art. 6 Abs. 1 S. 2 GG). Die Eltern sind als Sachwalter der Persönlichkeitsrechte ihrer Kinder zu Entscheidungen über Dispositionen befugt, soweit und solange das Kind zur Selbstbestimmung und Selbstverantwortung nicht fähig ist. Die Erklärung von Einwilligungen zu Eingriffen in Persönlichkeitsrechte, Vertragsabschlüsse und andere Dispositionen sind dabei am Wohl des Kindes auszurichten. Kinder und Jugendliche erfahren insofern Schutz *durch* die Eltern. Begrenzt werden die Grundrechtspositionen des Kindes oder Jugendlichen zudem durch widersprechende Kommunikationsfreiheiten in Art. 5 GG. Aufgrund ihres Demokratiebezugs sind diese prinzipiell mit erheblichem Gewicht in die Interessenabwägung einzustellen. Bezieht sich eine Tatsachenbehauptung oder ein Werturteil auf einen minderjährigen Rechtsträger, ist sein Allgemeines Persönlichkeitsrecht berührt. Neben den ohnehin im zivilrechtlichen Persönlichkeitsschutz zur Geltung bringenden Wertungen des Art. 2, Art. 1 GG tritt der Schutzzweck, Minderjährige vor störenden Faktoren für ihre Entwicklung zu bewahren und die möglichst ungehinderte Persönlichkeitsentfaltung zu gewährleisten. Das Bundesverfassungsgericht erachtet Kinder und Jugendliche als besonders schutzbedürftige Rechtsträger von Persönlichkeitsrechten, da sie sich erst zu gefestigen Persönlichkeiten entwickeln müssen. Art. 2, Art. 1 GG entfaltet im Minderjährigenpersönlichkeitsschutz demgemäß eine stärker präventiv-orientierte Ausrichtung als in anderen Fällen. Diesen Grundwertungen ist im Rahmen der Güterabwägung im zivilrechtlichen Persönlichkeitsschutz Rechnung zu tragen.

§ 2 Gewährleistungen des Übereinkommens über die Rechte des Kindes

Als völkerrechtlicher Ausgangspunkt der Auseinandersetzung um rechtliche Vorgaben zum Persönlichkeitsschutz von Minderjährigen empfiehlt sich die UN-Kinderrechtskonvention, die hinsichtlich Kinderschutz und Kinderrechten auf der Ebene des Völkerrechts als *lex specialis* charakterisiert werden kann. Sie ist der vorläufige Höhepunkt internationaler Anerkennung der besonderen Schutzbedürftigkeit von Minderjährigen, der vorhergehende Menschenrechtserklärungen wegen ihrer allgemeinen Ausrichtung nicht gerecht werden konnten. Zudem ist die Konvention das internationale Menschenrechtsabkommen mit den meisten Mitgliedern, so dass schon in der Vergangenheit von ihr eine Impulswirkung für die Diskussion über die Rechte des Kindes im In- und Ausland ausging.[713] Die Bedeutung des Übereinkommens könnte sich in Zukunft sogar noch erheblich steigern: Während sich die Konvention bis vor Kurzem mit dem letztlich vor allem politischen Schutzsystem einer Berichterstattung durch die Vertragsstaaten (Art. 44 KRK) begnügte, verhilft das Individualbeschwerderecht für Kinder, das seit Ende 2011 im dritten Zusatzprotokoll zur Kinderrechtskonvention implementiert ist, den materiellen Rechten zu mehr Gewicht.[714]

Zugleich könnten die Verbriefungen auch in der innerstaatlichen Rechtspraxis zukünftig stärker zur Geltung kommen. Obwohl es sich bei der Kinderrechtskonvention um einen Bestandteil der innerstaatlichen Rechtsordnung im Rang eines Bundesgesetzes nach Art. 59 Abs. 2 S. 1 GG handelt, seit das Zustimmungsgesetz am 5. April 1992 völkerrechtlich in Kraft getreten ist, führt sie bis heute ein Schattendasein in der deutschen Rechtspraxis.[715] Ohne Frage hat für Verunsicherung gesorgt, dass die Bundesregierung bei Hinterlegung der Ratifikationsurkunde eine Vorbehaltserklärung zur innerstaatlichen Wirkung abgegeben hatte, wonach das Übereinkommen keine unmittelbare Anwendung in Deutschland finde.[716] In der Denkschrift zum Übereinkommen findet sich dazu

---

713 Der Vertrag ist ratifiziert von allen Staaten der Welt außer von Somalia und den U.S.A.; zur Bedeutung der KRK *v. Heinegg*, in: Merten/Papier, Handbuch der Grundrechte, Band VI/2 § 175 Rn. 45 ff.; *Steindorff-Classen*, Das subjektive Recht des Kindes auf seinen Anwalt, S. 55.

714 Vgl. 3. Zusatzprotokoll zur UN-Kinderrechtskonvention vom 19.12.2011, abrufbar unter www2.ohchr.org/english/bodies/crc/; siehe dazu auch *Ebert*, in: Koeppel, Kindschaftsrecht und Völkerrecht, S. 103 [106].

715 Gesetz zur UN-Kinderrechtskonvention BGBl. 1992, Teil I, S. 121; BGBl. 1992, Teil I, S. 990; in der Vergangenheit hat die KRK in der deutschen Rechtspraxis kaum eine Rolle gespielt; vgl. nur LG Essen, FamRZ 1994, 399 f.

716 BT-Drs. 12/1535, S. 4 unter I; vgl. zur Diskussion um Wesen und Wirkung der Vorbehaltserklärung nur *Steindorff-Classen*, Das subjektive Recht des Kindes auf seinen Anwalt, S. 58 ff. m.N.; *Dorsch*, Die Konvention, S. 305 ff., 309; *Tomuschat*, in: FS Zacher, S. 1143 [1153 ff.].

die Erklärung, das Übereinkommen begründe lediglich Staatsverpflichtungen.[717] Aufgrund anhaltender Kritik nahm die Bundesregierung die Erklärung jedoch im Juli 2010 zurück.[718] Innerstaatliche Wirkungen können die materiellen Gehalte der Konvention nunmehr nach dem Grundsatz der völkerrechtskonformen Auslegung entfalten.[719] Nach dem in Art. 41 KRK verankerten Günstigkeitsprinzip bleiben zur Verwirklichung der Kinderrechte besser geeignete nationale oder internationale Bestimmungen aber unberührt.

A. Menschenrechte im kinderspezifischen Kontext

Inhaltlich deckt die Konvention das ganze Spektrum der bürgerlichen, politischen, ökonomischen, sozialen und kulturellen Rechte ab, die entweder neu kreiert oder aber bereits in anderen Menschenrechtsverträgen vorgesehen und nunmehr für Kinder verbindlich anerkannt sind. Im Schrifttum wird der Inhalt der Konvention regelmäßig anhand der Gewährleistung von Schutz, Prävention, Versorgung und Partizipation (*protection, prevention, provison and participation*) systematisiert.[720] Von erheblicher Tragweite für den Minderjährigenpersönlichkeitsschutz ist die Konvention aber nicht so sehr aufgrund der staatsgerichteten Menschenrechte, sondern durch den vertraglichen Kontext, in dem die Verbürgungen eingebettet sind. Das Vertragswerk bietet die bis heute einmalige Chance, Persönlichkeitsrechte in einem spezifisch nur für Kinder und Jugendliche zugeschnittenen Normensystem zu untersuchen.

I. Elternrecht und Staatsverantwortlichkeit

Im Konventionsrecht wird der Begriff des Kindes als Person verstanden, die das 18. Lebensjahr noch nicht vollendet hat, sofern die Volljährigkeit nach innerstaatlichem Recht nicht früher eintritt (Art. 1 KRK). Charakteristisch für die KRK ist, dass der Vertrag nicht auf dem traditionellen Blick auf die Bedürfnisse des Kindes nach Schutz verharrt, sondern sich verbindlich nach seinen Rechten ausrichtet. Art. 3 und 12 KRK verdeutlichen den Paradigmenwechsel, durch den Kinder nicht länger als bloße Empfänger familiärer oder staatlicher Leistungen, sondern als eigenstän-

717 Denkschrift zu dem Übereinkommen, BT-Drs. 12/42, S. 32, 33.

718 Vgl. Pressemitteilung des BMJ vom 03.05.2010 und vom 15.07.2010, abrufbar unter www.bmj.bund.de; siehe auch Beschlussempfehlung und Bericht des Ausschusses für Familie u. a. vom 09.07.2010, BT-Drs. 17/2509.

719 Zur EMRK grundlegend BVerfGE 74, 358 [370]; zuletzt BVerfG NJW 2011, 1931 [1935] m.N.

720 Die Einteilung in „four P's" hat sich vor allem im englischen Sprachraum etabliert, vgl. etwa *Van Bueren*, The international Law, S. 15; so auch *Schmahl*, UN-Kinderrechtskonvention, Einl. Rn. 31.

dige Rechtsträger, als Rechtssubjekt, behandelt werden, die abhängig vom Stand der Entwicklung Entscheidungen treffen und Handlungen vornehmen können.[721]

Schutz und Rechte sind nicht isoliert, sondern im Kontext zu den Rechtspositionen der Eltern und der Pflicht des Staates zu betrachten. Die Vorrangstellung der Eltern bei der Erziehung ihrer Kinder gehört zu den wesentlichen Grundprinzipien der Konvention, Art. 18 KRK.[722] Alle neueren Menschenrechtsabkommen respektieren das familiäre Privatleben und etablieren Abwehrrechte gegen staatliche Eingriffe. Sie verpflichten die Vertragsstaaten aber zugleich, bei Gefährdung des Kindeswohls auch in die familieninternen Beziehungen einzugreifen.[723] Ausdruck in Form expliziter gesetzlicher Regelungen findet dieser Ansatz aber nur in der Kinderrechtskonvention. Die Grenzziehung zwischen Elternverantwortung und Staatsintervention erfolgt, wie nach deutschem Grundgesetz, prinzipiell mit Blick auf das Kindeswohl (dazu sogleich), das Art. 3 KRK in die Hauptverantwortung der Vertragsstaaten legt. Die Rechte und Pflichten der Eltern müssen bei der Ausübung seinerseits berücksichtigt werden.[724] Die Belange des Kindes beanspruchen also im Grundsatz sowohl Schutz durch die Familie vor der Gesellschaft und dem Staat, als auch Schutz des Staates und der Gesellschaft vor der Kindesfamilie selbst.[725]

II. Die besondere Rolle des childrens best interest

Zentraler Gedanke der Konvention ist die erstmals in der Erklärung der Rechte des Kindes von 1959 festgeschriebene Garantie des *childrens best interest*, zu Deutsch Kindeswohl, die zugleich ihre *raison d´être* begründet.[726] Nach Art. 3 KRK ist das Kindeswohl bei allen Maßnahmen, die Kinder betreffen, als ein vorrangiger Gesichtspunkt zu berücksichtigen. Die speziellen Verbürgungen der KRK sind im Lichte der Allgemeinen Prinzipien (Art. 2, 3, 6 und 12 KRK) zu interpretieren, das Kindeswohl ist folglich auch für das Recht auf Privatheit in Art. 16 KRK von Belang.[727]

1. Geltungsbereich und Begriffsbestimmung

Ganz überwiegend wird der Anwendungsbereich der Vorschrift weit verstanden, wie der Wortlaut „bei allen Maßnahmen, die Kinder betreffen“ bereits nahe legt. Die Verpflichtung zur Beachtung des Kindeswohls gilt folglich nicht nur bei Maß-

---

721 Dazu *Eichholz*, in: von Schorlemer/Schulte-Herbrüggen, 20 Jahre UN-Kinderrechtskonvention, S. 199; *Zermatten*, in: Alen u. a., CRC, Art. 17, Vorwort; *Schmahl*, UN-Kinderrechtskonvention, Einl. Rn. 36.

722 *Dorsch*, Die Konvention, S. 108.

723 *Schmahl*, UN-Kinderrechtskonvention, Art. 5 Rn. 10.

724 *Dorsch*, Die Konvention, S. 114; *Schmahl*, UN-Kinderrechtskonvention, Art. 3 Rn. 14.

725 *Wolfrum*, in: FS Partsch, 67 [85].

726 *Schmahl*, UN-Kinderrechtskonvention, Art. 3 Rn. 1 f.

727 Committee on the Rights of the Child, General Comment No. 12 (2009), CRC/GC/12, Ziff. 2.

nahmen mit ausschließlicher Kindesbetroffenheit (z.B. im Bereich des Schulwesens), sondern auch bei solchen, die wesentliche Belange von Kindern nur indirekt betreffen (wie etwa bei der Bauleitplanung).[728] Überdies ist von dem Begriff der Maßnahmen sowohl positives Tun als auch Unterlassen umfasst.[729] Sachlich kommt es allein darauf an, dass eine Maßnahme ein oder mehrere Kinder betrifft.

Obwohl das Kindeswohl national wie international ein zentraler Begriff ist, bereitet die Bestimmung des unbestimmten Rechtsbegriffs Schwierigkeiten. Die Konvention selbst enthält keine Definition und auch der Kinderrechtsausschuss hat bislang noch keine Grundsatzerklärung zum Inhalt des Prinzips abgegeben.[730] Grundsätzlich steht den Vertragsstaaten bei der Bestimmung des Begriffs also ein erheblicher Interpretationsspielraum zu. Dieser unterliegt nach mittlerweile ganz überwiegender Meinung aber Grenzen, insbesondere muss die Auslegung des Art. 3 KRK nach dem Kinderrechtsausschuss im Einklang mit der gesamten Konvention stehen. Andere Kinderrechte dürfen also nicht im Namen des Kindeswohls konterkariert werden.[731] Innerhalb dieser Grenzen können die Vertragsstaaten selbst bestimmen, wie inhaltlich ermittelt werden soll, was im Einzelfall konkret im besten Interesse des Kindes liegt.

2. Das Vorrangprinzip

Der Konvention liegt jedoch keineswegs ein Verständnis von Kindern im Sinne von absolut individualisierten jungen Menschen zugrunde. Vielmehr werden sie als ein Mitglied der Familie und der Gesellschaft wahrgenommen, dessen Interessen mit den kollidierenden rechtlichen Interessen von Dritten abzuwägen sind. Dem Kindeswohl soll nach herrschender Meinung also kein absoluter Vorrang gegenüber anderen privaten und öffentlichen Belangen eingeräumt werden.[732] Das Wohl des Kindes wurde im englischen Originaltext des Art. 3 Abs. 1 KRK bewusst als „a primary consideration“ und nicht als „the primary consideration“ oder „the paramount consideration“ bezeichnet. Aus der Entstehungsgeschichte lässt sich zugleich entnehmen, dass damit der Kindeswohlvorrang nicht grundsätzlich abgeschwächt, sondern nur nicht als absolut und ausnahmslos vorrangig behandelt werden sollte. Ausweislich der *travaux préparatoires* wurde die Formulierung mit Bedacht auf

---

728 So auch *Schmahl*, UN-Kinderrechtskonvention, Art. 3 Rn. 4; *Sax*, in: Bielefeldt u. a., Kinder und Jugendliche, S. 37 [50]; *Baer*, NJW 1993, 2209 [2210]; in diese Richtung auch *Detrick*, CRC, Art. 3 S. 90.

729 *Van Bueren*, The international Law, S. 46.

730 Ausführlich zum Kindeswohlbegriff *Eichholz*, in: von Schorlemer/Schulte-Herbrüggen, 20 Jahre UN-Kinderrechtskonvention, S. 200 ff.

731 Dazu *Schmahl*, UN-Kinderrechtskonvention, Art. 3 Rn. 13; *Dorsch*, Die Konvention, S. 106 f. m.N.; Committe on the rights of the child, General Comment No. 8 (2007) Ziff. 26.

732 BVerwG, Buchholz 402.242 § 56 AufenthG Nr. 5; BGH, JA 2013, 426; *Schmahl*, UN-Kinderrechtskonvention, Art. 3 Rn. 7 m.N.; *Zermatten*, Int'l J. of Children's Rights 18 (2010), 483 [489]; *Detrick*, CRC, Art. 3 S. 91 m.N.

Einzelfälle gewählt, in denen dem Kindeswohl gleichgewichtige oder überwiegende Interessen anderer Personen gegenüberstehen. Beispielhaft genannt ist dies für die Belange der Mutter, die bei einem während der Geburt eintretenden Notfall Vorrang gegenüber den Interessen des ungeborenen Kindes genießen können.[733]

Der Spielraum bei der Umsetzung der Interessenabwägung wird jedoch unterschiedlich bestimmt. Unzweifelhaft ist, dass dem Kindeswohl eine herausragende Bedeutung für alle Entscheidungen über Kinder betreffende Maßnahmen zugesprochen werden sollte. Einige Autoren vertreten die Ansicht, dass das Kindeswohl in jeder Situation, die Kinder betrifft, als Optimierungsgebot mit dem Ziel bestmöglicher Realisierung einzubeziehen ist. Mit der Formulierung in Art. 3 KRK sollte nur hinreichend Flexibilität geschaffen und zum Ausdruck gebracht werden, dass das Kindeswohl keinen unter allen denkbaren Umständen geltenden absoluten Vorrang genießen soll. Es sei aber auch nicht beabsichtigt gewesen, dem Kindeswohl nur die Bedeutung eines Belanges unter vielen zuzumessen. Vielmehr sei die Argumentationslast dahingehend beeinflusst worden, dass eine Entscheidung mit vorwiegender Kindeswohlorientierung mit weniger Aufwand begründet werden kann als eine solche, die den kollidierenden Belangen den Vorzug gibt.[734] Andere erkennen bei der Umsetzung der Interessenabwägung einen größeren Spielraum und messen den Interessen des Kindes bei der Abwägung ein „besonderes Gewicht“ bei[735] oder nehmen eine allgemeine Berücksichtigungs- und Begründungspflicht an.[736]

3. Innerstaatliche Tragweite des Art. 3 KRK

Art. 3 KRK soll bei allen nationalen Entscheidungen, die sich auf Kinder beziehen, ein Bewusstsein für die Rechtsstellung des Kindes dahingehend schaffen, dass das Kindeswohl nicht nur zu berücksichtigen ist, sondern im Rahmen des Entscheidungsprozesses eine wesentliche Leitlinie darstellt.[737] Obwohl Art. 3 KRK damit selbst keine konkreten Rechte oder Pflichten schafft, sondern das Kindeswohl vielmehr als Ermessensleitlinie und Abwägungsbelang fungiert,[738] ist das Prinzip für die innerstaatliche Rechtsordnung von erheblicher Tragweite. Inhaltlich ergibt sich das aus dem weiten Anwendungsbereich der Norm, der weit über das

---

733 UN Doc. E/CN.4/L.1575, Ziff. 24; vgl. dazu *Detrick*, CRC, Art. 3 S. 91 f.; *Schmahl*, UN-Kinderrechtskonvention, Art. 3 Rn. 7; zur Entstehungsgeschichte vgl. nur *Lorz*, Nach der Rücknahme der deutschen Vorbehaltserklärung, S. 18 f.

734 Vgl. *Lorz*, Nach der Rücknahme der deutschen Vorbehaltserklärung, S. 18 ff.; *Schmahl*, UN-Kinderrechtskonvention, Art. 3 Rn. 7; wohl auch *Detrick*, CRC, Art. 3 S. 91; *Cremer*, AnwBl. 2012, 327 [328].

735 BVerwG, Buchholz 402.242 § 56 AufenthG Nr. 5; OVG Lüneburg, InfAuslR 2013, 19 [22]; BGH, JA 2013, 426; *Sax*, in: Bielefeldt u. a., Kinder und Jugendliche, S. 37 [51 f.].

736 *Löhr*, RdJB 2012, 191 [196].

737 *Schmahl*, UN-Kinderrechtskonvention, Art. 3 Rn. 4.

738 *Van Bueren*, The international Law, S. 46.

familienrechtsorientierte Verständnis hinausreicht.[739] Eine bereichsunabhängige innerstaatliche Vorrangregelung kennt das deutsche Recht bis heute nicht.[740] Hinzu tritt die Geltungskraft im deutschen Recht. Die Norm gilt auf der Ebene einer Bundesnorm und ist nach dem Grundsatz der völkerrechtskonformen Auslegung zu berücksichtigen, d. h. das Kindeswohl stellt eine Leitlinie zur Normkonkretisierung für die behördliche und richterliche Normanwendung dar. Zudem ist das Kindeswohlprinzip wegen seiner mittlerweile gewohnheitsrechtlichen Verfestigung auch den allgemeinen Grundsätzen des Völkerrechts zuzuordnen, die gem. Art. 25 Abs. 1 GG Geltung in der deutschen Rechtsordnung beansprucht und dem einfachen Bundesrecht vorgeht.[741] Ausweislich des Wortlauts erfasst Art. 3 KRK nicht nur den Gesetzgeber, sondern ausdrücklich auch den Rechtsanwender. Dieser muss dafür Sorge tragen, dass der Vorrang des Kindeswohls im innerstaatlichen Recht tatsächlich durchgesetzt wird.[742] Das nach deutscher Dogmatik vorrangig bei familienrechtlichen Fragestellungen herangezogene Prinzip des Kindeswohls kann im internationalen Recht somit zwangslos Eingang in den Persönlichkeitsschutz finden. Wie das Wohl des Kindes in den Entscheidungsprozess einbezogen und damit die Berücksichtigungspflicht umgesetzt wird, liegt dabei im Ermessen der Vertragsstaaten.[743]

Ob sich der Rechtsträger vor Gericht oder Behörden darüber hinaus auch direkt auf diese Vertragsvorschrift stützen kann, sie also unmittelbar anwendbar ist, ist nicht hinreichend geklärt. Im Schrifttum wird die Norm ganz überwiegend für hinreichend unbedingt und konkret (*self-executing*) gehalten, um einer unmittelbaren Anwendung ohne weiteren konkretisierenden Rechtssetzungsakt zugänglich und damit auch justiziabel zu sein.[744] Die Rechtsprechung ist demgegenüber zurückhaltender und hat die unmittelbare Anwendbarkeit zumeist offen gelassen.[745] Eine endgültige Klärung kann im Rahmen dieser Arbeit unterbleiben, da die unmittelbare Anwendbarkeit einer Vertragsvorschrift keine Voraussetzung für ihre innerstaatliche Geltung sein kann und der Einfluss auf das Privatrecht unabhängig davon ist, ob die menschenrechtlichen Verbürgungen im Verhältnis des Bürgers zum Staat unmittelbar anwendbar sind oder einer innerstaatlichen Konkretisierung bedür-

739 Vgl. dazu ausführlich unter Kapitel 5 § 3 B. III. 3.

740 Ausführlich dazu *Lorz*, Der Vorrang des Kindeswohls, S. 40 ff.

741 *Schmahl*, UN-Kinderrechtskonvention, Art. 3 Rn. 17; *Lorz*, Der Vorrang des Kindeswohls, S. 55 ff.

742 *Schmahl*, UN-Kinderrechtskonvention, Art. 3 Rn. 6.

743 *Zermatten*, Int'l J. of Childrens's Rights 18 (2010), 483 [485].

744 *Schmahl*, UN-Kinderrechtskonvention, Art. 3 Rn. 5 m.N.; ausführlich *Lorz*, Der Vorrang des Kindeswohls, S. 16 ff.; *Eichholz*, in: von Schorlemer/Schulte-Herbrüggen, 20 Jahre UN-Kinderrechtskonvention, S. 200; *Löhr*, RdJB 2012, 191 [196]; a.A. *Dorsch*, Die Konvention, S. 313.

745 BVerwG, Buchholz 402.242 § 56 AufenthG Nr. 5; BGH, JA 2013, 426; OVG Lüneburg, InfAuslR 2013, 19; weitere Nachweise bei *Löhr*, RdJB 2012, 191 [197 f.].

fen.[746] Bundesverfassungsgericht und Rechtspraxis fühlen sich unabhängig von einer unmittelbaren Anwendung grundsätzlich verpflichtet, alle einfachen Gesetze im Einklang mit innerstaatlich geltenden völkerrechtlichen Verpflichtungen auszulegen und anzuwenden.[747] Es sei nämlich nicht anzunehmen, dass der Gesetzgeber, sofern er dies nicht eindeutig bekundet hat, von völkerrechtlichen Verpflichtungen der Bundesrepublik Deutschland abweichen oder die Verletzung solcher Verpflichtungen ermöglichen will.[748]

III. Entwicklungsschutz

Schließlich ist im Konventionsrecht verankert, dass der Schutz von Kindern und ihren Rechten nicht nur einen Zustand, sondern in erster Linie die Entwicklung eines Kindes betrifft. In den Erwägungsgründen Nr. 6 und 7 der Präambel wird hervorgehoben, dass dem Kind zur „vollen und harmonischen Entfaltung seiner Persönlichkeit" und der Vorbereitung auf „ein individuelles Leben in der Gesellschaft" bestimmte Bedingungen geschaffen werden sollen. Im Vordergrund steht also zumindest auch die Erziehung des Kindes zur eigenständigen, gemeinschaftsfähigen Persönlichkeit.[749] Die Präventionsorientierung durchstreift den gesamten Bestand der Rechte, mithin die Persönlichkeitsrechte, mit deren Hilfe die Entwicklung des Kindes möglichst zu sichern und zu fördern ist. Ein darüber hinausgehendes „Recht des Kindes auf Entwicklungsschutz" existiert demgegenüber nicht. Nach Art. 6 Abs. 2 KRK haben die Vertragsstaaten zwar nicht nur das Überleben, sondern auch die gesunde Entwicklung von Kindern und Jugendlichen sicherzustellen. Die Norm konkretisiert aber lediglich das in Absatz 1 anerkannte Recht auf Leben. Die Gewährleistung umfasst folglich nur die gesundheitliche Entwicklung.[750]

B. Grundrechtliche Garantien von Persönlichkeitsinteressen

Die Konvention formuliert eine Vielzahl einzelner Grundrechte mit Bezug zu Persönlichkeitsinteressen von Minderjährigen, wie etwa das Recht auf Leben und Gesundheit in Art. 6 und 24 KRK, das Recht auf Bildung nach Art. 28 KRK sowie das in Art. 31 KRK gewährleistete Recht auf Ruhe, Freizeit und kulturelles Leben. Die Systematik der Garantien in der Konvention entspricht dabei weitestgehend der Tradition vorhergehender Menschenrechtspakte. Wichtigste Vorschrift in diesem Kontext ist Art. 16 KRK.

---

746 Vgl. dazu ausführlich *Bleckmann*, Begriff und Kriterien der innerstaatlichen Anwendbarkeit völkerrechtlicher Verträge, S. 61 ff. m.N.; *Kempen*, in: v. Mangoldt/Klein/Starck, GG, Bd. 2, Art. 59 Abs. 2 Rn. 95.

747 Grundlegend BVerfGE 74, 358 [370]; zuletzt BVerfG, NJW 2011, 1931 [1935] m.N.

748 BVerfGE 74, 358 [370].

749 *Jarass*, GrCH, Art. 24 Rn. 15.

750 *Dölitzsch*, Vom Kindesschutz zu Kindesrechten, S. 303; *Dorsch*, Die Konvention, S. 128; Denkschrift der BReg., BT-Drs. 12/42, S. 29 [37].

I. Das Recht auf Privatheit (privacy)

Die Garantie des in der englischen Originalfassung als *privacy* gekennzeichneten Rechts wird hier mit „Privatheit“ übersetzt. Obgleich die individuelle persönliche Sphäre minderjähriger Rechtsträger während der Beratungen zum Abschluss der KRK bereits durch die Menschenrechte in anderen Verträgen wie der Allgemeinen Erklärung der Menschenrechte (Art. 12) und der EMRK (Art. 8) sowie in den meisten nationalen Rechtsordnungen gewährleistet war, wurde der Schutz der Privatsphäre auch in die KRK aufgenommen.[751] Als Vorbild fungierte in den Beratungen in erster Linie der wortlautidentische Art. 17 des Zivilpakts,[752] auf dessen Verbürgungen zumeist auch bei der Interpretation der Kinderrechtsvorschrift zurückgegriffen wird.[753] Der Begriff der *privacy* entzieht sich einer abschließenden Definition und wird allgemein weit und zum Teil sogar als Auffanggrundrecht verstanden.[754] Die Konventionsnorm übernimmt damit weitestgehend die Rolle, die im deutschen Bürgerlichen Recht dem Allgemeinen Persönlichkeitsrecht zugeschrieben wird. Neben den passiven Verbürgungen (Diskretions-, Bildnis- und Datenschutz) umfasst das Privatleben auch einen Bereich individueller Autonomie (*participation*), in dem der Mensch durch Handlungen, die nicht in die Freiheitsphäre anderer eingreifen, nach Selbstverwirklichung strebt.[755] Ob auch kommerzielle Persönlichkeitsinteressen erfasst sind, wird auf völkerrechtlicher Ebene nicht debattiert. Inhalt und Umfang des Kinderrechts unterscheidet sich somit im Grundsatz nicht von allgemeinen Menschenrechtsverbürgungen.

II. Das Recht auf Achtung der Ehre und des Rufs

Art. 16 KRK schützt Kinder zudem vor rechtswidrigen Beeinträchtigungen ihrer Ehre und ihres Rufs. Obwohl die beiden Ausprägungen inhaltliche Überschneidungen haben, lässt sich ihr Inhalt durch Rückgriff auf die Interpretation des Art. 17 des Zivilpaktes konkret bestimmen und voneinander unterscheiden. In den Beratungen wurde vor allem darauf abgestellt, dass eine Verunglimpfung der Ehre eine Wertung des moralischen Charakters beinhalte, während eine Verunglimpfung des Rufes eher die angeblich mangelnde Erfüllung von fachlichen oder sachlichen Anforderungen betreffe. Die Ehre betrifft also den Wert, den ein Mensch sich selbst zumisst,

---

751 Die Aufnahme ziviler und politischer Rechte wurde vor allem von der U.S.-amerikanischen Delegation angetrieben, die von verschiedenen Teilnehmern nachhaltig unterstützt wurde; vgl. dazu den Bericht der Arbeitsgruppe, UN Doc. E/CN.4/1988/28, Rn. 36 f.; ausführlich zu den politischen Hintergründen *Alston*, in: Gomien, Broadening the frontiers of human rights, S. 125 ff.

752 UN Doc. E/CN.4/1988/28, Rn. 56.

753 Z.B. *Dorsch*, Die Konvention, S. 141; *Detrick*, CRC, Art. 16 S. 271.

754 *Detrick*, CRC, Art. 16 S. 273; als Auffanggrundrecht bezeichnet in *Schmahl*, UN-Kinderrechtskonvention, Art. 16 Rn. 2.

755 Vgl. *Nowak*, CCPR, Art. 17 Rn. 24.

während im Ruf die Bewertung durch Andere verkörpert ist. Eine Ehrverletzung beeinträchtigt aus diesem Grunde auch die Würde, Integrität und Privatheit eines Menschen intensiver als eine Verletzung des Rufs.[756]

III. Das Recht auf Identität und Namen

Von Belang für die Entwicklung jedes Menschen ist auch seine persönliche Identität, die unter Art. 8 der Konvention Schutz erhält. Der Begriff der Identität ist vertraglich nicht definiert, ausdrücklich eingeschlossen sind die Elemente der Staatsangehörigkeit, des Namens und der Familienbeziehungen. Die Regelung geht auf eine Initiative der argentinischen Delegation zurück, motiviert durch massenhafte Kindesentführungen und -verschleppungen sowie illegale Adoptionen unter der Militärjunta der 1970er Jahre.[757] Schon der erste Entwurf zielte auf das Recht auf Beibehaltung und die Pflicht auf Beistand und Schutz bei der Wiederherstellung der Identität ab.[758] Daran knüpfen auch Diskussionen um Abstammungsfragen bei künstlicher Befruchtung an. Die offene Formulierung („includes") impliziert, dass andere als die ausdrücklich genannten Elemente nicht ausgeschlossen sind, die Aufzählung ist nicht abschließend.[759] Insgesamt zielt die Vorschrift auf einen vollständigen Schutz des rechtlichen Status des Kindes ab.[760]

Ob auch die Identitätsverzerrungen im Medienpersönlichkeitsrecht, wie erfundene bzw. inkorrekt wiedergegebene Interviews hierunter fallen, erscheint durch die offene Formulierung möglich, aber nicht zwingend. Entstehungsgeschichte und ratio der Norm sprechen eher dagegen. Die augenscheinliche Verwandtschaft mit dem Recht auf Achtung der persönlichen Ehre sowie der abwehrrechtliche Charakter des Art. 16 KRK legen vielmehr nahe, diesen Teil des Identitätsschutzes als Unterfall des Schutzes der Privatheit zu behandeln. Auch die Kommerzialisierung des Namensrechts, dem als verkehrsfähiges Wirtschaftsgut heute ein hoher Wert auch bei Kindern zukommen kann, erscheint innerhalb des Schutzbereichs des Art. 8 KRK systematisch bei letzterer Norm passender. Im Lichte des Art. 3 KRK ist zudem zu bedenken, dass die Privatheit im Unterschied zur Identität nicht nur gegen rechtswidrige, sondern ausweislich des Wortlauts in Art. 16 KRK auch gegen willkürliche Eingriffe geschützt ist.

IV. Das Recht auf Freiheit von jedweder Gewalt

Über die speziellen Ausprägungen des Art. 16 KRK hinaus sind die Staaten nach Art. 19 KRK generell verpflichtet, Kinder und Jugendliche vor allen Formen der Ge-

---

756 *Nowak*, CCPR, Art. 17 Rn. 54 ff.

757 Vgl. dazu nur *Van Bueren,* The international law, S. 118 f. m.N.

758 Report der Arbeitsgruppe, UN Doc.E/CN.4/1986/39 Ziff. 33:"The child has the right to retain his true and genuine personal, legal and family identity.[...].".

759 Allgemeine Meinung, vgl. nur *Doek*, CRC, Art. 8 S. 11; *Detrick*, CRC, Art. 8 S. 163.

760 *Schmahl,* UN-Kinderrechtskonvention, Art. 8 Rn. 11.

walt zu schützen. Ausweislich des *General Comment* zu Art. 19 KRK fallen unter den Begriff der psychischen Gewalt unter anderem Mobbing sowie Schikanieren durch Erwachsene oder andere Kinder, einschließlich solcher mittels Informations- oder Kommunikationstechnologien wie Mobiltelefone und Internet.[761] Im Bereich des Persönlichkeitsschutzes dürfte die Bedeutung neben den spezielleren Verbürgungen in Art. 16 KRK jedoch im Allgemeinen gering sein.

Insgesamt sind die persönlichen Belange von Kindern und Jugendlichen somit umfassend durch die Kinderrechtskonvention gewährleistet. Inhaltlich sind die wichtigsten Kinderrechte des Art. 16 KRK jedoch nicht spezifisch auf die besonderen Bedürfnisse und Fähigkeiten ihrer Träger ausgerichtet, sondern entsprechen dem Gehalt allgemeiner Menschenrechtsverbürgungen. Konkrete Konsequenzen aus der systematischen Interpretation der Norm im Lichte des Kindeswohlprinzips in Art. 3 KRK wurden bislang auch nicht erwogen.

C. Persönlichkeitsschutz und Elternverantwortung

Der Kontext zu den Rechten der Eltern ist im Konventionsrecht entsprechend des deutschen Grundgesetzes durch die Vorrangstellung der Eltern und die subsidiäre Staatsverantwortlichkeit gekennzeichnet. Im Innenverhältnis normiert die Konvention aber darüber hinaus explizit, wie sich das Heranreifen und Entwickeln von jungen Menschen auf die Rechte und Pflichten der Eltern auswirkt, wobei die Vertragsstaaten generell einen weiten Ermessensspielraum bei der Zuordnung von Entscheidungsbefugnissen an Eltern und Kinder haben.

I. Das Elternrecht in Art. 5 KRK

Als primär für die Erziehung Verantwortliche haben die Eltern ein Anleitungs- und Führungsrecht nach Art. 5 KRK, das nicht zwischen vermögensrechtlichen und nichtvermögensrechtlichen Angelegenheiten unterscheidet. Die Norm setzt es als selbstverständlich voraus, dass Kinder und Jugendliche bei der Wahrnehmung ihrer Rechte Beschränkungen unterliegen, die sich aus dem Erziehungsrecht ihrer Eltern ergeben.[762] Die Vorrangstellung der Eltern bei der Erziehung ist jedoch wie die Elternverantwortung nach Art. 6 GG nicht als Ausfluss eines autoritären Selbstverständnisses zu sehen. Das Konventionsrecht versteht die Positionen innerhalb des Eltern-Kind-Verhältnisses nicht als konkurrierende Rechte, sondern statuiert ein kongruentes Zusammenwirken in allen Belangen, die das Kind betreffen.[763] Grundanliegen der Eltern und Richtschnur ihrer Entscheidungen ist gem. Art. 18 KRK das Kindeswohl. Bei einer echten Interessenskollision zwischen den Rechten der Eltern

---

761 Committee on the Rights of the Child, General Comment Nr. 13 (2011), Ziff. 21, 31.

762 *Schmahl*, UN-Kinderrechtskonvention, Art. 5 Rn. 6.

763 *Golden*, in: Bielefeldt u. a., Kinder und Jugendliche, S. 57 [61]; *Baer*, NJW 1993, 2209 [2210].

und dem Wohl des Kindes gebührt prinzipiell dem Interesse des Kindes Vorrang.[764] So etwa, wenn ein Kind in eine Pflegefamilie integriert wurde und eine Rückkehr in die Ursprungsfamilie gesundheitliche Beeinträchtigungen mit sich bringen könnte.

II. Selbstbestimmung und Elternrecht

Zu der Frage, ab welchem Zeitpunkt Jugendliche als rechtlich befähigt anzusehen sind, selbst in persönlichkeitsrechtliche Eingriffe einzuwilligen, enthält die Konvention naturgemäß keine klare Antwort. Wie im nationalen Recht auch, wird dieser Punkt in erster Linie im Zusammenhang mit der medizinischen Behandlung diskutiert. Für die selbstbestimmte Wahrnehmung der eigenen Rechte ist maßgeblich, ob das betroffene Kind fähig ist, klar die Natur und den Inhalt der beabsichtigten Behandlung zu verstehen und auch imstande und gewillt ist, eine Entscheidung zu fällen.[765]

Im Verhältnis zu den Eltern ist ausdrücklich geregelt, dass sie die wachsenden Fähigkeiten respektieren und der Meinung der Kinder abhängig von Alter und Reife gebührendes Gewicht beimessen sollten (Art. 5, 12 KRK). Das Anleitungsrecht ist, geht man vom Wortlaut der englischen Originalfassung aus, unter Berücksichtigung der sich entwickelnden Fähigkeiten (*evolving capacities*) des Kindes auszuüben und knüpft damit an die jeweilige Entwicklungsreife an.[766] Konkret normiert ist ein Mitspracherecht gegenüber dem Staat in allen das Kind berührenden Angelegenheiten in Art. 12 KRK. Die Vorschrift sichert dem verständigen Kind nicht nur das Recht zu, seine Meinung in allen Angelegenheiten zu äußern, sondern auch eine entsprechende Berücksichtigung. Damit wird der Status von Kindern als Individuen mit Menschenrechten, mit eigenen Sichtweisen und Gefühlen hervorgehoben.[767] Art. 12 Abs. 1 KRK ist weit auszulegen, so dass die Staaten grundsätzlich von der Meinungsbildungsfähigkeit jedes Kindes – auch eines Kleinkindes – ausgehen sollen.[768] Je persönlicher die Angelegenheit, desto bedeutsamer ist dabei die Mitsprache des Kindes für das Kindeswohl. Aus der Norm kann jedoch nicht geschlossen werden, dass sich die Vertragsstaaten eine eigene Verpflichtung auferlegen wollten, dem verständigen Kind mehr Möglichkeiten der Selbstbestimmung bei höchstpersönlichen Rechten einzuräumen. Ziel ist nämlich lediglich die Berücksichtigung der Meinung des verständigen Kindes.[769]

Der Schutz der Persönlichkeitsrechte durch die Eltern hat nach dem Übereinkommen also sowohl in nichtvermögensrechtlichen als auch in vermögensrechtlichen Angelegenheiten Vorrang (Art. 18, 5 KRK). Staatlicher Schutz knüpft demnach erst

---

764 *Schmahl*, UN-Kinderrechtskonvention, Art. 3 Rn. 4.

765 *Van Bueren*, The international Law, S. 310.

766 *Schmahl*, UN-Kinderrechtskonvention, Art. 5 Rn. 6.

767 *Dölitzsch*, Vom Kindesschutz zu Kindesrechten, S. 302.

768 Committee on the Rights of the Child, General Comment No. 12, CRC/C/GC/12, 2009, Ziff. 20.

769 *Dölitzsch*, Vom Kindesschutz zu Kindesrechten, S. 302.

an, wenn Elternverhalten oder -entscheidungen nicht mit den fortschreitenden Fähigkeiten des Kindes oder dem Kindeswohl im Einklang stehen. Die Konkretisierung der Fähigkeiten und der Kindeswohlbestimmung ist Sache der Vertragsstaaten und von ihnen herauszubilden, wobei ihnen ein weiter Ermessensspielraum zukommt.

D. Spannungsverhältnis mit Kommunikationsfreiheiten

Angesichts des auf Kinder begrenzten Inhalts der Konvention sind konkrete Aussagen dazu, ob und inwieweit sich das Recht auf Privatheit gegenüber anderen Rechten durchsetzt, nicht zu erwarten. Allgemein ist der deutsche Staat gem. Art. 16 Abs. 2 KRK völkerrechtlich zur Ergreifung positiver Maßnahmen verpflichtet. In Übereinstimmung mit der Interpretation des Art. 17 Zivilpakt durch den Menschenrechtsausschuss[770] verlangt Art. 16 KRK auch Schutz vor Verletzungen, die von Seiten Privater drohen.[771] Eine direkte Bindung Privater durch unmittelbare Drittwirksamkeit der Menschenrechte[772] ist für die KRK hingegen ausgeschlossen (vgl. Art. 4 KRK). Art. 16 KRK enthält nicht (wie die meisten anderen Verbürgungen) einen materiell determinierten Gesetzesvorbehalt zugunsten von Einschränkungen im Öffentlichen Interesse, sondern bestimmt das grundsätzliche Verbot von willkürlichen oder rechtswidrigen Eingriffen.[773] Wenn es um das besonders konfliktträchtige Verhältnis des Rechts aus Art. 16 KRK zu den Kommunikationsfreiheiten geht, haben die Vertragsstaaten somit einen weiten Ermessensspielraum.

I. Das Recht auf Privatleben und die Medienfreiheiten

Obgleich der Kinderrechtsausschuss schon im Jahre 1996 im Rahmen einer *general discussion* zum Thema „child and the media“[774] die Möglichkeit und das Forum für

770 Committee on human Rights, General Comment No. 16 (1988), Ziff. 1: “In the view of the Committee this right is required to be guaranteed against all such interferences and attacks whether they emanate from State authorities or from natural or legal persons. The obligations imposed by this article require the State to adopt legislative and other measures to give effect to the prohibition against such interferences and attacks as well as to the protection of this right.”; vgl. dazu auch *Nowak*, CCPR, Art. 17 Rn. 6 ff.; *Joseph/Schultz/Castan*, CCRP, Art. 17 Rn. 16, 17 ff.

771 *Dorsch*, Die Konvention, S. 142 f.; ausführlich dazu *Detrick*, CRC, Art. 16 S. 271 ff.

772 Vgl. dazu nur *Wiesbrock*, Internationaler Schutz der Menschenrechte vor Verletzungen durch Private, S. 31 ff. m.N.

773 *Nowak*, CCPR, Art. 17 Rn. 8.

774 Im Rahmen der general discussion wurden Problematiken in den Bereichen des Schutzes und der Achtung von Minderjährigen in und durch die Medien sowie die Teilhabe Minderjähriger an Medien mit dem Ziel einer breiten Betrachtung der Interpretation und Umsetzung einschlägiger Konventionsvorschriften thematisiert und schließlich Empfehlungen abgegeben; siehe Committee on the Rights of the Child, Report on the eleventh session (1996), CRC/C/50, Annex IX, S. 80 ff. zur

klärende Gedanken hinsichtlich des Spannungsverhältnisses von Privatheit und Medienfreiheiten gehabt hat, blieb die Chance weitestgehend ungenutzt. Der Kinderrechtsausschuss hat lediglich in einer kurzen Stellungnahme zur Leitung der Diskussionen auf die Notwendigkeit des Schutzes der Privatsphäre bei Berichterstattungen aufmerksam gemacht.[775] An anderer Stelle hat er noch darauf hingewiesen, dass die Medien ihrerseits Kinder nicht missbrauchen dürfen und die Integrität insbesondere bei Berichterstattungen über Verstrickung in kriminelle Aktivitäten, sexuellen Missbrauch und innerfamiliäre Probleme geschützt werden sollte.[776] Im Rahmen des entsprechenden Diskussionsforums (Panel III: „Respect for the integrity of the child in media reporting") wurde das Spannungsverhältnis zwischen Kinderschutz und dem Informationsrecht der Öffentlichkeit zwar ebenfalls aufgegriffen. Anstatt jedoch die Lösung mit Blick auf das geltende Konventionsrecht zu suchen, wurde die Etablierung weiterer Leitlinien für Journalisten vorgeschlagen.[777] Die Forderung des Hohen Flüchtlingskommissars der Vereinten Nationen, eine Interviewsperre für Journalisten bezüglich Flüchtlingskindern in den Leitlinien zu verankern, die Opfer von Gewalt geworden sind, wurde von der Mehrheit des Forums abgelehnt. Die Entscheidung wurde damit begründet, allgemeingültige Prinzipien seien in diesem Bereich nicht ohne weiteres zu formulieren. Vielmehr sei eine Einzelfallmethode anzuwenden.[778] In den abschließenden 12 Empfehlungen zu der *general discussion* spielt der Privatsphärenschutz dann auch nur eine marginale Rolle. In Ziff. 9 heißt es immerhin, spezielle Leitlinien zur Berichterstattung über Kindesmissbrauch sollten neben der Gewährleistung der Würde des Kindes auch betonen, dass die Identität des Kindes zu bewahren ist.[779] Weder die im Nachgang zu der *general discussion* gebildete Arbeitsgruppe[780] noch das aus dem nachfolgenden

---

Begründung der Themenwahl; Summary record of the eleventh session (1996), CRC/C/SR.335 Ziff. 1 zur Zielsetzung der general discussion.

775 Committee on the Rights of the Child, Report on the eleventh session (1996), CRC/C/50, Annex IX, S. 80.

776 Committee on the Rights of the Child, Report on the thirteenth session (1996), CRC/C/57, Ziff. 255.

777 Vgl. zu Selbstverpflichtungen von Journalisten auf internationaler Ebene nur die Compilation of guidelines for interviewing children vom Childs rights international network, abrufbar unter www.crin.org; *Society of professional journalists*, Code of Ethics for the journalism industry worldwide, abrufbar unter http://www.spj.org/ethicscode.asp.; *UNICEF*, Handbook The Media and Children's Rights, abrufbar unter http://www.mediawise.org.uk/children/ (11.04.2015).

778 Committee on the Rights of the Child, Report on the thirteenth session (1996), CRC/C/SR. 336, Rn. 8.

779 Committee on the Rights of the Child, Report on the thirteenth session (1996), CRC/C/57, Ziff. 256.

780 Zur Bildung und Tätigkeit der Arbeitsgruppe siehe CRC/C/57, Ziff. 257; CRC/C/79 Ziff. 295 ff.

UN-Workshop „The Oslo Challenge" im Jahre 1998 resultierende Forderungspapier[781] haben Erkenntnisse hervorgebracht, die für die Balancefindung zwischen Privatheit und Medienrechten fruchtbar gemacht werden können.

Konkrete Folgerungen für die Interessenabwägung lassen sich hieraus nicht ableiten. Bemerkenswert ist allenfalls das Bekenntnis der Konvention zur positiven Rolle der Massenmedien, die in Art. 17 KRK Ausdruck gefunden hat. Das Kernziel der Vorschrift ist, die Vorteile der Massenmedien auch für junge Menschen sicherzustellen.[782] Der Schutz von Kindern darf folglich nicht zum Ausschluss einer Mediennutzung führen, etwa indem der Zugang zu sozialen Netzwerken wie *Facebook* gesperrt oder limitiert wird.

II. Gewichtung der Persönlichkeitsinteressen in Art. 16 KRK

Beachtlich ist des Weiteren die Gewichtung der verschiedenen Rechtsgüter innerhalb der Konvention. Ehre und Ruf eines Kindes sind im Vergleich zu seiner Privatsphäre schwächer geschützt, da ausweislich des Wortlauts von Art. 16 KRK in Übereinstimmung mit Art. 17 Zivilpakt lediglich eine Rechtsmäßigkeits- und keine Willkürkontrolle stattfindet.

Die *travaux préparatoires* zu letzterer Vorschrift belegen, dass die Formulierung bewusst so gewählt wurde und Einwänden entgegenwirken sollte, nach denen die Vorschrift so konstruiert sei, dass die Meinungsäußerungsfreiheit unterdrückt werde. In erster Linie sollte sichergestellt werden, dass faire Kommentare und wahre Aussagen, welche die Ehre oder den Ruf einer Person berühren, nicht als Beeinträchtigungen angesehen werden.[783] Erforderlich ist folglich eine bewusste Verletzung der Persönlichkeitsrechte, die von einiger Intensität ist.[784] Bemühungen in der Kommentarliteratur zu Art. 17 Zivilpakt, auch willkürliche Eingriffe unter das Verbot der Vorschrift zu subsumieren, können nicht überzeugen.[785] Auch für eine davon abweichende Interpretation des Art. 16 KRK mit dem Ziel eines umfassenderen Schutzes gibt es keine Anhaltspunkte. Als Vorbild des Ehrschutzes fungierte Art. 17 des Zivilpaktes. Historisch finden sich keine Hinweise auf eine beabsichtigte abweichende Handhabung. Vielmehr räumt die Konvention dem Recht auf freie Meinungsäußerung einen hohen Stellenwert ein. Art. 13 KRK kann nur aufgrund eines Gesetzes beschränkt werden, das unter anderem für die Achtung der Rechte oder des Rufes anderer erforderlich ist. Im Umkehrschluss darf die Meinungsfreiheit also nicht ohne Gesetz beschränkt werden, was im Falle des Schutzes vor willkür-

---

781 Abrufbar unter www.mediawise.org.uk/children/ (11.04.2015); dazu auch *Jempson*, The Oslo Challenge, abrufbar unter www.mediawise.org.uk/children/ (11.04.2015); ausführlich dazu auch *Sacino*, in: Alen u. a., CRC, Art. 17, S. 88 ff.

782 *Sacino*, in: Alen u. a., CRC, Art. 17, S. 13.

783 General Assembly, A/2929 (1955), Kap. VI, Ziff. 103.

784 *Nowak*, CCPR, Art. 17 Rn. 51.

785 Andere Ansicht *Alston*, in: Gomien, Broadening the frontiers of human rights, S. 155 f. m.N.

lichen Eingriffen der Ehre und des Rufes aber nicht auszuschließen wäre, wenn gerade diese Rechte sich gegenüberstehen.[786] Auch aus dem Zusammenspiel mit Art. 3 KRK ergibt sich nicht zwingend, dass auch willkürliche Beeinträchtigungen verboten sein sollen. Die gesetzlichen Ermächtigungen zum Eingriff in das Recht müssen ohnehin mit den Normen, Zwecken und Zielen der Konvention im Einklang sein,[787] so dass bereits das Erlaubnisgesetz das Kindeswohl als vorrangigen Gesichtspunkt berücksichtigen muss. Aus dem Wortlaut des Art. 16 KRK ist somit nicht zu schließen, dass Ehre und Ruf generell weniger Gewicht beizumessen ist. Vielmehr wird das besondere Spannungsverhältnis zur Meinungsfreiheit betont.

E. Zusammenfassung

Art. 16 KRK schützt die persönliche Integrität und Identität von Kindern und Jugendlichen umfassend auf der Ebene des Völkerrechts. Schon die Aufnahme des Rechts in den Menschenrechtskatalog trotz der allgemeingültigen Verbürgung in Art. 17 Zivilpakt bekundet, dass die erhebliche Bedeutung der Privatheit für die Entfaltung und Entwicklung junger Menschen internationalen Konsens findet. Neben der Schutzpflicht aus Art. 2, Art. 1 GG greift für den deutschen Staat folglich die völkerrechtliche Verpflichtung nach Art. 16 Abs. 2 KRK zur Ergreifung positiver Maßnahmen, um Kinder und Jugendliche vor Eingriffen oder Beeinträchtigungen ihres Privatlebens zu beschützen. Angesichts des großen Ermessensspielraums der Vertragsstaaten lassen sich daraus jedoch keine konkreten Forderungen für Grundlagen und Grenzen des rechtlichen Schutzes, insbesondere im Verhältnis zu anderen Rechten, ableiten. Die Position von Kindern und Jugendlichen bei der Rechtsausübung hängt zudem in erster Linie von den Eltern ab. Die KRK belässt es bei der staatsgerichteten Forderung nach Implementierung und Förderung eines partnerschaftlich-kommunikativen Erziehungsstils in Art. 5, 12 KRK, der entsprechend § 1626 Abs. 2 BGB in Deutschland verfolgt wird. Ob und unter welchen Voraussetzungen eine Mit- oder Selbstbestimmung bei Dispositionen über Persönlichkeitsrechte geboten ist, konkretisiert das Konventionsrecht folglich zugunsten der nationalen Rechtsordnungen nicht.

Es wäre jedoch zu kurz gegriffen, den signifikanten Gehalt der Konvention nur auf ihre generelle Betonung der Kinderrechte und ihre präventive Ausrichtung zu beschränken. Vielmehr könnte Art. 3 KRK im Minderjährigenpersönlichkeitsschutz einen wichtigen Impuls geben, der im deutschen Kindeswohlverständnis so nicht angelegt ist. Die innerstaatlichen Persönlichkeitsrechte bleiben zwar die Entscheidungsgrundlage, der Vorrang des Kindeswohls nach Art. 3 KRK könnte aber von den deutschen Gerichten im Wege der völkerrechtskonformen Auslegung zur Entscheidungsfindung heranzuziehen sein. Mit Rücksicht auf die Struktur des deutschen Persönlichkeitsschutzes wäre das Kindeswohl als ein entscheidender

---

786 *Schmahl*, UN-Kinderrechtskonvention, Art. 13 Rn. 1.
787 Committee on human Rights, General Comment No. 16 (1988), Ziff. 3.

Gesichtspunkt in die Güter- und Interessenabwägung einzubeziehen, wenn in die Persönlichkeitsrechte von Kindern und Jugendlichen eingegriffen wird. Das Konventionsrecht verlangt also konkret eine Auseinandersetzung auf der Ebene des einfachen Rechts mit der Frage, ob und ggf. wie der völkerrechtlichen Verpflichtung zum Vorrang des Kindeswohls nach Art. 3 KRK im Minderjährigenpersönlichkeitsschutz zu entsprechen ist.

§ 3 Gewährleistungen in der Europäischen Menschenrechtskonvention

Spätestens seit der *Caroline-von-Hannover-Entscheidung* des Europäischen Gerichtshofs für Menschenrechte zur Rechtsprechung des Bundesverfassungsgerichts zum Bildnisschutz von Persönlichkeiten des öffentlichen Lebens ist markiert, welches Gewicht den Menschenrechten der Europäischen Menschenrechtskonvention auch im Bereich des zivilrechtlichen Persönlichkeitsschutzes beizumessen ist.[788] Nach heute gesichertem Stand sind die Konventionsrechte als einfaches Bundesgesetz (Art. 59 Abs. 2 GG) innerstaatlich unmittelbar anwendbar und können vor deutschen Gerichten geltend gemacht werden.[789] Da der Schwerpunkt im Persönlichkeitsschutz häufig auf der Interessenabwägung liegt, ist jedoch weniger die Verbürgung in der EMRK selbst von Bedeutung, als die Judikatur des EGMR zur Güterabwägung.

A. Minderjährige als Rechtsträger

Schutzberechtigter Träger der in der EMRK verankerten Menschenrechte ist grundsätzlich jede natürliche Person, angesichts fehlender Normierung einer Altersbeschränkung in den Menschenrechtsgarantien sowie in Art. 1, 34 EMRK also auch Kinder und Jugendliche.[790] Anders als die Kinderrechtskonvention ist die EMRK nicht speziell auf die Rechte und Bedürfnisse von Minderjährigen zugeschnitten, diese werden nur in bestimmten Bereichen besonders geschützt (Art. 5, Art. 6 EMRK).[791] Durch das Diskriminierungsverbot in Art. 14 EMRK ist lediglich klargestellt, dass Minderjährige in der Ausübung ihrer Konventionsrechte jedenfalls nicht aufgrund ihres Alters benachteiligt werden dürfen.

Im Grundsatz gilt damit für den Persönlichkeitsschutz die allgemeine Vorstellung der Konvention davon, wer Kinder und Jugendliche sind, was sie befähigt und erlaubt sind zu tun. In der Gesamtschau richtet sich das Konventionsrecht eher traditionell an den Schutzbedürfnissen aus, statt wie die Kinderrechtskonvention an

788 EGMR JZ 2004, 1015 – Caroline von Monaco (m. Anm. *Stürner*); vgl. zum Ganzen auch *Luch*, Das Medienpersönlichkeitsrecht, S. 497 ff.

789 *Giegerich*, in: Grote/Marauhn, Konkordanzkommentar, Kap. 2, Rn. 3, 41 m.N.

790 Allg. M.: EGMR NJW 1979, 2449 (2450) - Marck/Belgien; *Marauhn/Meljnik*, in: Grote/Marauhn, Konkordanzkommentar, Kap. 16 Rn. 66; *Paeffgen*, in: Wolter, SK-StPO, Bd. X, Art. 8 EMRK Rn. 14 m.N.

791 Zur Definition der Kindheit vgl. *Kilkelly*, The child and the ECHR, S. 19 ff.

Kinderrechten. Vertragswerk und Fallrecht lässt sich als Grundprinzip entnehmen, das Wohl des Kindes zu schützen und ihnen den Schutz zu bieten, der mit Rücksicht auf die Verletzlichkeit und den geringen Reifegrad von Minderjährigen notwendig ist.[792] Eine ausdrückliche Verbürgung des Kindeswohls oder eine positive Kindeswohlprüfungspflicht analog der Kinderrechtskonvention ist in der EMRK zwar nicht vorgesehen.[793] Der EGMR misst dem Kindeswohl und deren Beachtung durch die nationalen Entscheidungsträger gleichwohl in unterschiedlichen Konstellationen besondere Bedeutung bei.[794] Insbesondere in seiner Rechtsprechung zum Recht auf Familienleben in Art. 8 EMRK greift der Gerichtshof regelmäßig auf das Prinzip zurück. Wie im nationalen Recht steht bei Rechtssachen über Umgangs- und Sorgerechts- sowie Fürsorgemaßnahmen deshalb die Überlegung im Mittelpunkt, was dem Kindeswohl am besten dient.[795]

Wie im nationalen Recht sind zuvorderst die Eltern für ihre Kinder verantwortlich. Der Schutz der Familie als Ganzes sowie ihrer erwachsenen und minderjährigen Mitglieder als Individuen ist angesichts der Durchsetzungsmechanismen der EMRK einzigartig.[796] Sachlich beinhaltet die Garantie des Familienlebens in Art. 8 EMRK die Möglichkeit der Familienmitglieder, wechselseitig des Anderen Gesellschaft zu genießen und aus dieser Beziehung geistige, seelische, körperliche und materielle Vorteile für sich zu ziehen und anderen zu gewähren.[797] Dazu gehört das Sorgerecht der Eltern für ihre Kinder sowie ein wechselseitiges Recht auf Umgang miteinander. Der Staat ist nach Art. 8 Abs. 2 EMRK nur eingeschränkt zum Eingriff in das Famili-

---

792 *Kilkelly*, The child and the ECHR, S. 22; zum Begriff des Kinderwohls vgl. *Nykänen*, European Journal of Migriation and Law 2001, 315 [326]; *Sax*, in: Bielefeldt u. a., Kinder und Jugendliche, S. 37 [41].

793 Der einzige ausdrückliche Bezug zum Kindeswohlprinzip findet sich in Art. 5 des 7. Zusatzprotokolls; vgl. auch *Sax*, in: Bielefeldt u. a., Kinder und Jugendliche, S. 37 [41].

794 Bspw. EGMR – Handyside/United Kingdom, Urt. v. 07.12.1976, Nr. 5493/72 (Jugendmedienschutz); vgl. auch EGMR – Maslov/Österreich, Urt. v. 23.06.2008, Nr. 1638/03, Ziff. 82; EGMR – Üner/Niederlande, Urt. v. 16.10.2008, Nr. 46410/99 Ziff. 58; zuletzt EGMR – A.A./Vereinigtes Königreich, Urt. v. 20.09.2011, Nr. 8000/08, Ziff. 60 (Aufenthaltsrecht).

795 Zum Sorgerecht vgl. EGMR – Kutzner/Deutschland, Urt. v. 26.02.2002, Nr. 46544/99, Ziff. 66; zum Umgangsrecht EGMR – Elsholz/Deutschland, Urt. v. 13.07.2000, Nr. 25735/94, Ziff. 48; EGMR – Yousef/Niederlande, Urt. v. 05.11.2002, Nr. 33711/96, Ziff. 73; EGMR – Schneider/Deutschland, Urt. v. 15.09.2011, Nr. 17080/07, Ziff. 93 und zuletzt EGMR – Tsikakis/Deutschland, Urt. v. 10.02.2011, Nr. 1521/06, Ziff. 76; zu staatlichen Fürsorgemaßnahmen EGMR – Johansen/Norwegen, Urt. v. 07.08.1996, Nr. 17383/90, Ziff, 64; interessant auch zum Sorgerecht von Vätern nichtehelicher Kinder EGMR – Zaunegger/Deutschland, Urt. v. 03.12.2009, Nr. 22028/04, Ziff. 56.

796 *Kilkelly*, The child and the ECHR, S. 187; vgl. ausführlich zum Schutz des Familienlebens in Art. 8 EMRK *Brötel*, Der Anspruch auf Achtung des Familienlebens.

797 *Paeffgen*, in: Wolter, SK-StPO, Bd. X, Art. 8 EMRK Rn. 52.

enleben und das Privatleben der jeweiligen Familienmitglieder berechtigt. Eingriffe müssen demnach gesetzlich vorgesehen sein, eines der benannten Ziele entsprechen und in einer demokratischen Gesellschaft notwendig sein. Sind Kinder in Fälle involviert, ist es in erster Linie das Kindeswohlprinzip, nach dem die Zulässigkeit staatlicher Eingriffe in das Familienleben beurteilt wird.[798] Der Gerichtshof prüft im Lichte der Rechtssache als Ganzes, ob relevante und ausreichende Gründe genannt werden, um den jeweiligen Eingriff zu rechtfertigen.[799] Welcher Ermessensspielraum den zuständigen nationalen Behörden dabei einzuräumen ist, hängt von der Art der streitigen Fragen und der Bedeutung der betroffenen Interessen ab. Insbesondere bei Sorgerechtsentscheidungen ist anerkannt, dass die nationalen Behörden einen großen Ermessensspielraum haben.[800] Vergleichsweise stark ist die Position der minderjährigen Träger schließlich bei der Rechtsdurchsetzung, da sie auch ohne ihre Eltern Vertragsverletzungen rügen können (Art. 13, 34 EMRK).

B. Der Schutz des Privatlebens in Art. 8 EMRK (*private life*)

Art. 8 EMRK enthält auch die wichtigste Regelung des Persönlichkeitsschutzes in der Konvention, die jeder Person das Recht auf Achtung ihres Privat- und Familienlebens, ihrer Wohnung und Korrespondenz einräumt. Da sich die sachlichen Schutzumfänge des Privat- und Familienlebens nicht selten überschneiden, verzichteten die Straßburger Organe bislang weitestgehend auf eine klare Abgrenzung.[801] Der Begriff des Privatlebens wird wie in der Kinderrechtskonvention umfassend verstanden und teilweise lückenfüllende Funktion insbesondere neuartigen Gefährdungen gegenüber zugeschrieben, so etwa zur Teilgewährleistung von Umweltschutzaspekten.[802] Die zahlreichen konkreten Schutzbereichsausprägungen finden deshalb nicht selten Entsprechungen in hiesiger Dogmatik, wobei auch in der völkerrechtlichen Literatur Schutzbereichsbildung und -zuordnung uneinheitlich sind.[803]

Zusammengefasst stehen das Recht auf Selbstbestimmung, Selbstdarstellung und Selbstbewahrung unter konventionsrechtlichem Schutz.[804] Umfasst sind das Recht am eigenen Bild, wobei schon die Aufnahme eines Bildnisses die Persönlich-

798 *Marauhn/Meljnik*, in: Grote/Marauhn, Konkordanzkommentar, Kap. 16 Rn. 42.

799 EGMR – Hokkanen v. Finland, Urt. v. 23.09.1994, Nr. 19823/92, Ziff. 55.

800 *Frowein*, in: Frowein/Peukert, EMRK 33 m.N.

801 *Marauhn/Meljnik*, in: Grote/Marauhn, Konkordanzkommentar, Kap. 16 Rn. 15; *Paeffgen*, in: Wolter, SK-StPO, Bd. X, Art. 8 EMRK Rn. 1 und 16 zum dogmatischen Streit, ob Art. 8 EMRK jeweils eigenständige Bereiche regelt; Überblick zum Schutzbereich auch bei *Gersdorf*, in: Ders./Paal, Informations- und Medienrecht, Art. 8 EMRK.

802 Dazu *Marauhn/Meljnik*, in: Grote/Marauhn, Konkordanzkommentar, Kap. 16 Rn. 13 f., 17, 31; *Meyer-Ladewig*, EMRK, Art. 8 Rn. 45 m.N.

803 Vgl. Aufzählung in EGMR, NJW 2002, 2851 (2853) - Pretty/Vereinigtes Königreich.

804 *Andguladze*, Kollision, S. 147.

keitsrechte verletzen kann,[805] sowie der Ruf und die Ehre einer Person als Teil der persönlichen Identität und geistigen Integrität. Art. 8 EMRK schützt überdies persönliche, insbesondere medizinische oder soziale Daten. Neben der physischen und psychischen Integrität ist zudem das Recht auf Gesundheitsfürsorge eine wichtige Ausprägung für Kinder und Jugendliche.[806] Als Teil des Privatlebens ist schließlich das Recht auf Identität und Entwicklung einer Person („personal development") anerkannt, das einen Schwerpunkt in der Judikatur zum Privatlebenschutz Minderjähriger bildet und der Grundrechtsverbürgung in Art. 2, Art. 1 GG nicht unähnlich ist. So hat der EGMR ausdrücklich klargestellt: „Auch das vitale Interesse des Kindes an seiner Entwicklung ist im allgemeinen System der Konvention weitgehend anerkannt [...]" und verweist auf Entscheidungen zu Sorgerechts- und Umgangsverfahren.[807] In diesem Bereich betont der EGMR in ständiger Rechtsprechung die Bedeutung des Entwicklungsschutzes. So können Eltern nicht beanspruchen, dass Maßnahmen ergriffen werden, die der Gesundheit und der Entwicklung des Kindes schaden würden.[808] Der Entwicklungsschutz wird vor allem auch in Zusammenhang mit der eigenen Herkunft einbezogen.[809] Zu der Entwicklung einer Person gehört unter anderem das Recht, notwendige Informationen über wesentliche Aspekte der eigenen Identität und der ihrer Eltern zu erfahren.[810] Dem Entwicklungsschutz wird somit vor allem im familiären Kontext ein beträchtliches Gewicht beigemessen und wird praktisch als Teil des Kindeswohls behandelt. Der sachliche Schutzbereich wird bislang tendenziell enger gezogen als beim Recht auf ungestörte Persönlichkeitsentwicklung in Art. 2, Art. 1 GG.

C. Persönlichkeitsschutz und Elternverantwortung

Diese Persönlichkeitsrechtsgarantien sind auch im Konventionsrecht in das Dreiecksverhältnis von Kind-Eltern-Staat eingebettet. Die rechtliche Gestaltung des inneren Eltern-Kind-Verhältnisses spart die Konvention jedoch zugunsten der nationalen Rechtsordnungen aus und überlässt es ihnen, das Familienleben im Einzelfall

---

805 Siehe EGMR – Reklos u. Davourlis/Griechenland, Urt. v. 15.01.2009, Nr. 1234/05, Ziff. 40.

806 Ausführlich dazu *Kilkelly*, The child and the ECHR, S. 149 ff.; siehe auch Art. 6 des Übereinkommens über Menschenrechte und Biomedizin vom 04.04.1997.

807 EGMR, NJW 2003, 2145 [2145] – Odièvre/Frankreich.

808 Seit EGMR – Johansen/Norwegen, Urt. v. 07.08.1996, Nr. 17383/90, Ziff. 78; EGMR – Elsholz/Deutschland, Urt. v. 13.07.2000, Nr. 25735/94 Ziff. 50; EGMR – Heidemann/Deutschland, Urt. v. 17.05.2011, Nr. 9732/10 Ziff. 30 m.N.

809 Vgl. dazu nur EGMR, NJW 2003, 2145 [2147] – Odièvre/Frankreich; EGMR – Gaskin/Vereinigtes Königreich, Urt. v. 07.07.1989, Nr. 10454/83, Ziff. 39; EGMR – Mikulic/Kroatien, Urt. v. 07.02.2002, Nr. 53176/99, Ziff. 54, 64; EGMR – Rozanski/Polen, Urt. v. 18.05.2006, Nr. 55339/00, Ziff. 78.

810 *Meyer-Ladewig*, EMRK, Art. 8 Rn. 22.

durch Gesetze zu konkretisieren.[811] Aufgrund der unterschiedlichen Vorstellungen von der Stellung der Kinder innerhalb der Familie sowie der Rolle des Staates wird den Vertragsstaaten hierzu ein weiter Ermessensspielraum gewährt. Die Position von Minderjährigen bei der Rechtsausübung richtet sich folglich weitestgehend nach nationalem Recht, das Konventionsrecht normiert nur einen groben Rahmen.

Das grundlegende Element des Familienlebens sieht der Gerichtshof in der Ausübung der elterlichen Rechte unter Berücksichtigung ihrer Verantwortung.[812] Nach Konventionsrecht sind es somit grundsätzlich die Eltern, die für ihre Kinder bis zu einem gewissen Alter und einer gewissen Reife Entscheidungen fällen. Nach einem Diktum der Kommission, dem der Gerichtshof später beipflichtete, sind die elterlichen Rechte jedoch – auch vis-á-vis ihren Kindern – nicht grenzenlos und beinhalten nicht die uneingeschränkte Entscheidungsmacht über das Kind und seinen persönlichen Zustand.[813] Die konkrete Beurteilung und Festlegung der Selbstbestimmungsfähigkeit ist jedoch Sache der Vertragsstaaten. Generelle Ermessensgrenzen lassen sich nicht klar herausarbeiten. Der EGMR stellt bei einer möglichen Überprüfung unter anderem auf den gesamteuropäischen Standard ab.[814]Anhaltspunkte für die Frage, ob und ggf. ab welchem Alter Minderjährigen eine eigene Dispositionsmacht hinsichtlich ihrer Persönlichkeitsrechte zu gewährleisten ist, lassen sich allenfalls in verwandten Bereichen finden:

Eine Parallele könnte zunächst zum Strafrecht gezogen werden, da die Anerkennung strafrechtlicher Verantwortlichkeit die Fähigkeit unterstellt, zwischen Richtig und Falsch zu unterscheiden und die Konsequenzen des eigenen Handelns zu überblicken.[815] In *T./United Kingdom* und *V./United Kingdom* hielt der Gerichtshof die Strafmündigkeitsgrenze von 10 Jahren für zulässig, obwohl in letzterem Fall psychiatrische Beweise für eine Reifeverzögerung des betroffenen Kindes vorlagen.[816] Eine wichtige Entscheidung in diesem Zusammenhang ist zudem in dem Verfahren *Jon Nielsen/Denmark* ergangen, in dem es um eine Verletzung von Art. 5 EMRK ging. Die allein sorgeberechtigte Mutter eines 12-jährigen Sohnes hatte gegen den Willen des Kindes ihre Einwilligung zu seiner Einweisung in eine psychiatrische Einrichtung erklärt. Während die Kommission auf die konkrete Fähigkeit des Kindes abstellt, seine Situation zu verstehen sowie seine Meinung zu äußern und die Einwilligung der Mutter für nicht maßgebend erklärte,[817] folgte die Mehrheit der

---

811 *Frowein*, in: Frowein/Peukert, EMRK, Art. 8 Rn. 23.

812 EGMR – R./United Kingdom, Urt. v. 08.07.1987, Nr. 10496/83, Ziff. 64.

813 European Commission of Human Rights – Jon Nielsen/Denmark, Report v. 12.03.1987, Nr. 10929/84, Ziff. 81, 117; EGMR – Jon Nielsen/Denmark, Urt. v. 28.11.2988, Nr. 10929/84, Ziff. 72.

814 Bspw. EGMR – T./United Kingdom, Urt. v. 16.12.1999, Nr. 24724/94, Ziff. 84.

815 *Nykänen*, European Journal of Migration and Law 2001, 315 [331].

816 EGMR – T./United Kingdom, Urt. v. 16.12.1999, Nr. 24724/94; EGMR – V./United Kingdom, Urt. v. 16.12.1999, Nr. 24888/94, Ziff. 65.

817 European Commission of Human Rights – Jon Nielsen/Denmark, Report v. 12.03.1987, Nr. 10929/84, Ziff. 128.

Richter des Gerichthofes (9:7 Stimmen) dem nicht. Im Grundsatz setze die Betreuung und das Aufziehen von Kindern normalerweise und notwendigerweise voraus, dass Eltern ihren Aufenthaltsort bestimmen und Grenzen der kindlichen Freiheit erzwingen. Hier sei der Kläger im entscheidenden Zeitpunkt noch in einem Alter gewesen, in dem es normal sei, dass Eltern für ihn entscheiden.[818] Ganz ähnlich befand die Kommission im Falle einer 14-jährigen Ausreißerin, deren Recht auf Privatleben mit dem Recht der Eltern auf Familienleben in Einklang zu bringen war. Selbst wenn ein Eingriff in Art. 8 EMRK für das Kind vorläge, sei dieser nach Abs. 2 der Vorschrift gerechtfertigt.[819] Näher bestimmt ist das Verhältnis von Elternentscheidung und Wohl des Kindes. Steht das elterliche Verhalten in Konflikt mit dem Kindeswohl, geht der Gerichtshof in ständiger Rechtsprechung davon aus, dass das Kindeswohl je nach seiner Art und Bedeutung elterlichen Interessen vorangehen kann ("[...] interests of the child,[...], may override [...]").[820] Bisweilen deutet sich in einzelnen Entscheidungen des Gerichtshofs und Berichten der Kommission sogar ein Abwägungsvorrang zugunsten des Kindeswohls an. So heißt es in *Hendriks/ Netherlands* zu einem Konflikt zwischen Kindeswohl und Interessen der Eltern, „the interests of the child...must prevail".[821] In der Rechtsprechung des EGMR blieb diese strengere Formulierung soweit ersichtlich aber ohne Konsequenzen. Ein absoluter Abwägungsvorrang zugunsten des Kindeswohls ist daraus nicht ableitbar.

Verallgemeinerungsfähige Prinzipien, nach denen die Vertragsstaaten Maß und Inhalt der Selbstbestimmung des Kindes in persönlichkeitsrechtlichen Angelegenheiten bestimmen sollen, lassen sich aus alldem nicht verlässlich herausarbeiten. Die konkrete Relation von Fremd- und Selbstbestimmung bei Persönlichkeitsrechten ist somit keinen wesentlichen konventionsrechtlichen Vorgaben unterworfen.

D. Abwägungsleitlinien im Spannungsfeld zu Kommunikationsfreiheiten

Wie das Grundgesetz strebt die EMRK die Aufrechterhaltung eines gerechten Gleichgewichts zwischen den verschiedenen Grundwerten an, die mittels einer Konkordanz durch Abwägung von den Vertragsstaaten in einen Ausgleich zu bringen sind.[822] Zu den einzelnen Konfliktfällen sind Rechtsprechungslinien erkennbar, die zur Konturierung und Strukturierung des Abwägungsprozesses bei-

818 EGMR – Jon Nielsen/Denmark, Urt. v. 28.11.2988, Nr. 10929/84, Ziff. 61, 72.

819 European Commission of Human Rights – X./Netherlands, Nr. 6753/74.

820 St. Rspr. spätestens seit EGMR – Johansen/Norwegen, Urt. v. 07.08.1996, Nr. 17383/90, Ziff. 78; EGMR – Elsholz/Deutschland, Urt. v. 13.07.2000, Nr. 25735/94, Ziff. 50; EGMR – Heidemann/Deutschland, Urt. v. 17.05.2011, Nr. 9732/10, Ziff. 30 m.N.

821 Kommission, Report v. 08.05.1982, Nr. 8327/78, Ziff. 124; so auch die Formulierung in EGMR – Yousef/Niederlande, Urt. v. 05.02.2003, Nr. 33711/96, Ziff. 73.

822 *Giegerich*, RabelsZ 63 (1999), 471 [474].

tragen.[823] Die Urteile des Gerichtshofs wirken zwar grundsätzlich nur *inter partes*. Urteilsinhalte, die über den Einzelfall hinausgehen, werden aber völkerrechtlich als Konkretisierungen der Konvention angesehen und entfalten eine faktische Orientierungs- und Leitfunktion, die von den deutschen Gerichten unabhängig von ihrer jeweiligen Rechtskraftwirkung (Art. 46 EMRK) grundsätzlich Beachtung zu finden haben.[824] Die eingestellten Aspekte in der Abwägungsentscheidung sind folglich in die verfassungsrechtliche Würdigung einzubeziehen, und es hat eine Auseinandersetzung mit den vom Gerichtshof gefundenen Abwägungsergebnissen stattzufinden.[825]

I. Schutzgehalt des Art. 10 EMRK

Schwerpunkt der Straßburger Rechtsprechung bildet die Kollision des Persönlichkeitsrechts mit der Medienfreiheit, die zu den geschützten Kommunikationsfreiheiten in Art. 10 EMRK gehört. Die Verbürgung garantiert jeder natürlichen Person und nichtstaatlichen Organisation und Personenvereinigung ein Recht auf freie Meinungsbildung und -äußerung, einschließlich der Freiheit, Nachrichten oder Ideen zu empfangen und mitzuteilen, auch im Wege des Rundfunks, Films oder Fernsehens.[826] Davon umfasst sind Tatsachenbehauptungen sowie Meinungsäußerungen und zwar unabhängig von Inhalt und Werthaftigkeit. Der EGMR weist den Medien die Rolle eines „public watchdog" („öffentlicher Wachhund") zu.[827] Auch die Freiheit der Kommunikation über das Internet wird von Art. 10 EMRK unproblematisch erfasst.[828]

Die Menschenrechte des Art. 10 EMRK können nach Abs. 2 gesetzlichen Schranken unterworfen werden, die unter anderem zum Schutz des guten Rufs und der Rechte anderer notwendig sind. Für die Rechtfertigung einer beeinträchtigenden Maßnahme müssen die gesetzliche Grundlage, das legitime Ziel und der Grundsatz der Notwendigkeit in einer demokratischen Gesellschaft geprüft werden. Schließlich wird festgestellt, ob der Eingriff mit dem gewünschten Ziel auch verhältnismäßig ist.[829] Die im deutschen Zivilrecht etablierten Schutzansprüche von Medienopfern sind von der Schrankenklausel des Art. 10 Abs. 2 EMRK grundsätzlich gedeckt, wenn auch noch nicht alle beim EGMR auf dem Prüfstand standen.[830]

---

823 Dazu nur *Luch*, Das Medienpersönlichkeitsrecht; *Andguladze*, Kollision; *Schweßinger*, Einfluss der EMRK; *Berka*, Medienfreiheit und Persönlichkeitsschutz.

824 Vgl. BVerfG, NJW 2004, 3407 [3408] - in re Görgülü/Deutschland; dazu auch *Rebhahn*, AcP 210 (2010), 489 [491]; *Meyer-Ladewig*, EMRK, Art. 46 Rn. 12.

825 BVerfGE 111, 307 [343 ff.] - Görgülü; *Windel*, JZ 2011, 323 [326].

826 *Giegerich*, RabelsZ 63 (1999), 471 [472].

827 *Meyer-Ladewig*, EMRK, Art. 8 Rn. 29.

828 *Andguladze*, Kollision, S. 114; *Giegerich*, RabelsZ 63 (1999), 471 [476].

829 *Marauhn/Meljnik*, in: Grote/Marauhn, Konkordanzkommentar, Kap. 16 Rn. 77 ff.

830 *Giegerich*, RabelsZ 63 (1999), 471 [478].

II. Leitlinien für die Güterabwägung

Der EGMR hatte bislang nur wenig Gelegenheit, sich zum Persönlichkeitsschutz von Minderjährigen zu äußern. Die einschlägigen Entscheidungen belegen aber, dass der Gerichtshof entsprechend dem Bundesverfassungsgericht Kinder und Jugendliche als besonders schutzbedürftige Rechtsträger der Persönlichkeitsrechte auffasst und dies auch in die Güterabwägung einstellt.

1. Abwägungsgesichtspunkte

Die Güterabwägung zwischen Persönlichkeitsrechten eines minderjährigen Rechtsträgers und konfligierenden Kommunikationsgrundrechten erfolgt dabei anhand der allgemeinen Gesichtspunkte, die der EGMR für den Persönlichkeitsschutz im Laufe der Zeit erarbeitet und präzisiert hat. In den praktisch bedeutsamsten Konfliktfällen zwischen Privatsphärenschutz nach Art. 8 EMRK und Pressefreiheit nach Art. 10 EMRK unterscheiden sich die Richtlinien des EGMR von denen des Bundesverfassungsgericht allenfalls in Nuancen.[831] Im Mittelpunkt steht, sowohl im Diskretions- und Bildnisschutz als auch im Ehrschutz, das Kriterium des öffentlichen Informationsinteresses.[832] Demnach ist vor allem entscheidend, ob die Informationen zu einer öffentlichen Diskussion über eine Frage des Allgemeininteresses beitragen. Das öffentliche Informationsinteresse versteht das Straßburger Gericht grundsätzlich weit. Strenger als die deutsche Rechtsprechung geht der EGMR aber davon aus, dass kein Recht der Öffentlichkeit auf Informationen besteht, die lediglich dem Zweck dienen, die bloße Neugier einer bestimmten Leserschaft zu befriedigen. Personell wird grundsätzlich zwischen Politikern sowie öffentlichen und gewöhnlichen Personen unterschieden, deren Privatsphäre unterschiedlich intensiv geschützt wird. Schließlich wird auch das Vorverhalten in die Interessenabwägung miteinbezogen.[833]

2. Interessenabwägung in der Rechtsprechung des EGMR

Am häufigsten hatte sich der EGMR bislang mit dem Schutz minderjähriger Rechtsträger gegenüber Berichterstattungen und Bildveröffentlichungen auseinanderzusetzen. Im Rahmen der Güterabwägung misst der Gerichtshof dem Gesichtspunkt des öffentlichen Informationsinteresses erhebliches Gewicht bei, das grundsätzlich auch im Minderjährigenpersönlichkeitsschutz einen Eingriff ohne Einwilligung zu

---

831 Vgl. dazu ausführlich *Giegerich*, RabelsZ 63 (1999), 471 [488 ff.].

832 Zum Diskretions- und Bildnisschutz EGMR, NJW 2004, 2647 [2649 f.]; zum Ehrschutz vgl. nur EGMR, NJW-RR 2010, 1483 [1485]; EGMR – Lingens/Österreich, Urt. v. 08.07.1986, Nr. 9815/82, Ziff. 42 f.; *Meyer-Ladewidg*, EMRK, Art. 8 Rn. 27; *Luch*, Das Medienpersönlichkeitsrecht, S. 514.

833 Zu den Kriterien und Richtlinien des EGMR allgemein *Luch*, Das Medienpersönlichkeitsrecht, S. 512 ff.; *Neukamm*, Bildnisschutz in Europa, S. 198 ff.; *Giegerich*, RabelsZ 63 (1999), 471 [488 ff.]; *Klass*, ZUM 2014, 261 [267 ff.].

rechtfertigen vermag. Einzelne Formulierungen in Entscheidungsbegründungen in englischer Sprache könnten zwar durch die Gegenüberstellung von einwilligungsfreien Fallgruppen einerseits und minderjährigen Betroffenen andererseits andeuten, Minderjährige könnten von der Zulässigkeit einwilligungsloser Bildnisse aufgrund öffentlichen Interesses nicht umfasst sein.[834] Eine Ausklammerung von Kindern aus der rechtfertigenden Interessenabwägung ist damit aber nicht intendiert gewesen.

Das öffentliche Informationsinteresse tritt aber in den einschlägigen Entscheidungen hinter den persönlichen Belangen zurück, da der EGMR eine besondere Schutzbedürftigkeit von Minderjährigen in der Interessenabwägung berücksichtigt. In *Krone Verlag GmbH/Österreich* und *Kurier Zeitungsverlag und Druckerei GmbH/Österreich* war über eine Persönlichkeitsrechtsverletzung eines damals 8-Jährigen durch identifizierende Wort- und Bildberichterstattung zu entscheiden. Die Bilder zeigten unter anderem das verzweifelte Gesicht des Jungen unverpixelt bei der zwangsweisen Durchsetzung eines Sorgerechtsbeschlusses durch die Polizei. Vorausgegangen war ein Sorgerechtsstreit der Eltern, der große Aufmerksamkeit in den österreichischen Medien hervorrief. Der Gerichtshof stieg hier in die Interessenabwägung ein und stellte fest, dass die veröffentlichten Artikel ein Thema von öffentlichem Interesse darstellten und dass eine solche Angelegenheit im vorliegenden Fall durchaus zu einer öffentlichen Debatte führen könne. Die Preisgabe der Identität des betroffenen Minderjährigen und die Veröffentlichung des Bildes hielt es jedoch nicht für notwendig, um zu der öffentlichen Debatte beizutragen. Im Übrigen bestünde kein Zweifel daran, dass die Wahrung größtmöglicher Privatsphäre eines Heranwachsenden, der das Opfer eines Sorgerechtsstreits wurde und nicht selbst in die Öffentlichkeit getreten ist, aufgrund seiner verletzlichen Lage besonderen Schutz verdiene.[835] Bedauerlicherweise hat der Gerichtshof für seine Einschätzung weder eine fundierte Begründung geliefert, noch wurden Umfang und Umsetzung dieser besonderen Schutzbedürftigkeit seitdem konkretisiert.[836]

Eine entsprechende Schutzbedürftigkeit wurde auch im Datenschutz berücksichtigt in einem Fall, in dem es um Fingerabdrücke und DNA-Proben eines 11-jährigen Beschuldigten ging, der später strafrechtlich freigesprochen wurde. Im Hinblick auf die besondere Situation, die Wichtigkeit der Entwicklung und die gesellschaftliche

834 „In this connection it should be noted that the applicants' son, not being a public or newsworthy figure, did not fall within a category which in certain circumstances may justify, on public-interest grounds, the recording of a person's image without his knowledge or consent [...]. On the contrary, the person concerned was a minor and the exercise of the right to protection of his image was overseen by his parents.", EGMR – Reklos u. Davourlis/Griechenland, Urt. v. 15.01.2009, Nr. 1234/05, Ziff. 41.

835 EGMR – Krone Verlag GmbH/Österreich, Urt. v. 19.09.2012, Nr. 27306/07; EGMR – Kurier Zeitungsverlag und Druckerei GmbH/Österreich, Urt. v. 19. 09.2012, Nr. 1593/06.

836 Vgl. jüngst EGMR, NJW 2014, 607.

Integration sei die Speicherung von personenbezogenen Daten laut Gerichtshof besonders nachteilig im Falle von nicht verurteilten minderjährigen Beschuldigten. Die unter Heranziehung des Art. 40 KRK anerkannte besondere Position des Minderjährigen im Strafprozess und die Notwendigkeit von Privatsphäre gelte auch hier, weshalb besonderes Gewicht auf den Schutz des Minderjährigen vor Beeinträchtigungen zu legen sei.[837] Auch der kindlichen Psyche soll nach Auffassung der Straßburger Organe ein besonderer Schutz zuteilwerden. Im Falle *Klaas/Deutschland* war über das Gewicht der moralischen Integrität einer Minderjährigen zu entscheiden, die durch eine polizeiliche Festnahme der Mutter unter Gewaltanwendung in Anwesenheit ihrer minderjährigen Tochter verletzt war. Die Kommission sah in dem polizeilichen Verhalten einen Eingriff in das Recht auf Privatleben. Zwar seien die Maßnahmen nicht unmittelbar gegen das Kind gerichtet gewesen, die Anwendung von Gewalt gegen eine Mutter in Anwesenheit ihres minderjährigen Kindes führe jedoch zu einer negativen Erfahrung mit erheblichen Auswirkungen auf den Gemütszustand des Kindes. Letzterem sei dadurch erhebliches Leid zugefügt worden mit der Folge eines Eingriffs in Art. 8 EMRK. Der EGMR hat nachfolgend eine Verletzung des Art. 8 EMRK abgelehnt, allerdings nur aufgrund mangelnden Beweises für die Unverhältnismäßigkeit der polizeilichen Maßnahme. Zwar hat sich der Gerichtshof zu den vorgenannten Wertungen nicht geäußert, die Sondervoten pflichteten der Ansicht der Kommission jedoch richtigerweise bei.[838]

Kein Kriterium ist hingegen, ob die Entwicklung des Kindes schon so weit fortgeschritten ist, dass es die Verletzung seiner Rechte auch bewusst wahrnimmt. Aufgeworfen wurde diese Frage in dem Verfahren *Reklos u. Davourlis/Griechenland.* Der Entscheidung lag folgender Sachverhalt zugrunde: Ein Fotograf fertigte Bilder von einem Neugeborenen, das unmittelbar nach der Geburt in einem eingeschränkt zugänglichen Klinikbereich untergebracht war, und bot die Abzüge anschließend den Eltern zum Kauf an.[839] Die aus der nationalen Entscheidungsbegründung resultierende Frage, ob ein Eingriff in das Recht am eigenen Bild von einem diesbezüglichen Bewusstsein des Betroffenen vor dem Hintergrund des Art. 8 EMRK abhängig gemacht werden kann, ließ der Gerichtshof unter Hinweis auf seine klar definierte Aufgabe ausdrücklich offen.[840] Im Ergebnis sah das Gericht die Rechte des Neugeborenen, der im Zeitpunkt der fraglichen Aufnahmen erst einen Tag alt war, aber als verletzt an. Ein Bewusstsein dahingehend kann nach Konventionsrecht also kein Kriterium für eine Persönlichkeitsrechtsverletzung sein. Zudem findet das Kindeswohl außerhalb familiärer Kontexte bisher keine Berücksichtigung, obwohl dies zwanglos im Wege einer systematischen Auslegung des Art. 8 EMRK im Lichte des Art. 3 KRK möglich wäre. Zudem wendet der EGMR die geschilderten Grundsätze auch bei der Aufhebung oder Verhinderung von Beziehungen zu nicht familiären

837 EGMR – S. and Marper/United Kingdom, Urt. v. 04.12.2008, Nr. 30566/04, Ziff. 124.
838 EGMR - Klaas v. Deutschland, Urt. v. 22.09.1993, Nr. 15473/89.
839 EGMR, Urt. v. 15.01.2009, Nr. 1234/05.
840 EGMR – Reklos u. Davourlis/Griechenland, Urt. v. 15.01.2009, Nr. 1234/05, Ziff. 34.

Personen an, die nicht in das Familien-, sondern das Privatleben der Person und des Kindes eingreifen können.[841]

Schlussendlich lässt sich aus den einschlägigen Abwägungsentscheidungen der Straßburger Organe folgern, dass als ein Aspekt in der Güterabwägung die besondere Schutzbedürftigkeit von minderjährigen Rechtsträgern zu berücksichtigen sein kann. Inwieweit dies der Fall ist, lässt sich nicht abschließend feststellen. Die Rechtsprechung hat im Bildnis- und Diskretions- sowie Daten- und Integritätsschutz Rücksicht auf die besondere Verletzlichkeit genommen. Die rechtliche Umsetzung bleibt in den Entscheidungen jedoch allzu vage. Entgegen der Rechtsprechung des Bundesverfassungsgerichts stützt der EGMR seine Entscheidungen nicht auf das Recht auf ungestörte Persönlichkeitsentwicklung, welches durch Art. 8 EMRK garantiert ist, sondern belässt es beim Hinweis auf die natürliche Verletzlichkeit.

E. Zusammenfassung

Kommission und Gerichtshof haben es bislang unterlassen, den Rahmen der Anwendbarkeit der EMRK in Kinderfällen ausdrücklich oder grundsätzlich aufzustellen.[842] Abgesehen von einigen wenigen Punkten lassen sich infolgedessen auch nur wenige Rechtsfragen in Bezug auf Minderjährige und ihre Persönlichkeitsrechte auf der Grundlage gesicherten Konventionsrechts beantworten. So sind Voraussetzungen und Reichweite der Selbstbestimmung in Bezug auf Persönlichkeitsrechte konventionsrechtlich nicht im Einzelnen normiert, es besteht daher ein weiter Ermessensspielraum. Aufschlussreicher sind demgegenüber die Abwägungsentscheidungen des EGMR zu Persönlichkeitsrechten und Kommunikationsfreiheiten, in denen eine besondere Schutzbedürftigkeit von Minderjährigen Beachtung gefunden hat. Die natürliche Verletzlichkeit der Kinder und Jugendlichen führt nach Auffassung des Gerichtshofs dazu, dass ihren Belangen bei der Abwägung ein hohes Gewicht beizumessen ist. Ein Bezug zum Recht auf Entwicklung in Art. 8 EMRK oder dem Kindeswohlprinzip wird nicht hergestellt. Von einer Straßburger Spruchpraxis kann in diesem Bereich angesichts der geringen Anzahl einschlägiger Entscheidungen aber wohl noch längst keine Rede sein. Gänzliche Bedeutung sollte der Linie des Gerichtshofs aber dennoch nicht abgesprochen werden. Der Judikatur wird schließlich auch eine über den jeweiligen Streitgegenstand hinausgehende faktische Orientierungs- und Leitfunktion zuerkannt. Zudem hat sich Art. 8 EMRK durch die weiten, erst im Einzelfall zu konkretisierenden Begriffe als Musterbeispiel eines „living instrument" erwiesen und könnte auch zukünftig Motor für die Weiterentwicklung des Kinderschutzes insgesamt sein.[843] Angesichts des weiten Ermessensspielraums der Vertragsstaaten bei der Bestimmung wesentlicher Rechtsfragen

---

841 Vgl. nur EGMR – Znamenskaya/Russland, Urt. v. 02.06.2005, Nr. 77785/01, Ziff. 27 m.N.; zuletzt EGMR – Anayo/Deutschland, Urt. v. 21.12.2010, Nr. 20578/07, Ziff. 58; EGMR – Schneider/Deutschland, Urt. v. 15.09.2011, Nr. 17080/07, Ziff. 82.

842 *Kilkelly*, The child and the ECHR, S. 4.

843 Ebenso *Kilkelly*, The child and the ECHR, S. 14.

dazu, wer Kinder sind, wie sie zu behandeln und wann zu beschützen sind, werden konventionsrechtliche Maßgaben zum Minderjährigenpersönlichkeitsschutz aber wohl eher allgemein bleiben.

§ 4 Persönlichkeitsrechtsgarantien und Minderjährigenschutz im Unionsrecht

Das Recht der Europäischen Union ist im Bereich des Persönlichkeitsschutzes eher zurückhaltend, da die Zuständigkeit grundsätzlich bei den Mitgliedstaaten liegt. Rechtserkenntnisquellen sind in erster Linie die Verbürgungen in der EU-Grundrechtecharta sowie einzelne Schutzvorschriften im Sekundärrecht. Der EuGH zieht in vielen Fällen außerdem die EMRK heran.[844] Maßgaben zum Minderjährigenpersönlichkeitsschutz wohnen dem Unionsrecht so gut wie gar nicht inne. Hervorhebung verdienen die Bemühungen auf dem Gebiet des Jugendschutzes vor den Gefährdungen, die von neuen Technologien ausgehen. Der Schwerpunkt liegt auch hier jedoch klar auf dem Schutz vor jugendgefährdenden Inhalten, nicht auf der Bekämpfung von Gefahren für Persönlichkeitsrechte.[845] In weiten Teilen wird zudem auf Ko- und Selbstregulierung der einschlägigen Industrie sowie auf politische Programme ohne unmittelbare Auswirkungen auf die Rechtslage gesetzt.[846] In der Mitteilung der Kommission zu einer „Europäischen Strategie für ein besseres Internet für Kinder" heißt es sogar ausdrücklich, dass Regulierungsmaßnahmen zwar nicht ausgeschlossen werden, aber soweit wie möglich zugunsten einer anpassungs-

---

844 *Lauber-Rönsberg*, in: Götting/Schertz u. a., Handbuch, § 62 Rn. 2 m.N., Rn. 5.

845 Vgl. Empfehlung des Rates vom 24. September 1998 zur Steigerung der Wettbewerbsfähigkeit des europäischen Industriezweigs der audiovisuellen Dienste und Informationsdienste durch die Förderung nationaler Rahmenbedingungen für die Verwirklichung eines vergleichbaren Niveaus in Bezug auf den Jugendschutz und den Schutz der Menschenwürde (98/560/EG), ABl. L 207 vom 07.10.1998, S. 48–55; Empfehlung des Parlaments und des Rates vom 20. Dezember 2006 über den Schutz Minderjähriger und den Schutz der Menschenwürde und über das Recht auf Gegendarstellung im Zusammenhang mit der Wettbewerbsfähigkeit des europäischen Industriezweiges der audiovisuellen Dienste und Online-Informationsdienste (2006/952/EG), ABl. L 378 vom 27.12.2006, S. 72 – 77.

846 Vgl. nur Mitteilung der Kommission über eine EU-Agenda für die Rechte des Kindes vom 15.02.2011, KOM (2011) 60 endg.; ferner Beschl. Nr. 1351/2008/EG des Europäischen Rates und des Parlaments vom 16. Dezember 2008 über ein mehrjähriges Gemeinschaftsprogramm zum Schutz der Kinder bei der Nutzung des Internets und anderer Kommunikationstechnologien, Abl. L 348, S. 118 ff.; siehe auch „Safer Social Networking Principles for the EU", IP/10/581, MEMO/10/199 und MEMO/10/200; Erwägungsgrund 35 zur Richtlinie über audiovisuelle Mediendienste (RL 89/552/EWG).

fähigeren Selbstregulierung sowie von Erziehungs- und Befähigungsmaßnahmen vermieden werden sollten.[847]

A. Minderjährigenschutz im Kontext des Unionsrechts

Seit dem Vertrag von Lissabon hat das Bestreben der Europäischen Union, die Rechte der Kinder und Jugendlichen zu stärken und zu schützen, einen noch höheren Stellenwert erhalten.[848] In Art. 3 Abs. 3 EUV ist der Schutz der Kinder als eine Zielbestimmung der Union niedergelegt, die auf die UN-Kinderrechtskonvention bezogen ist. Damit erkennt das Unionsrecht die besondere Schutzbedürftigkeit von jungen Menschen sowie deren Bedeutung für die Zukunft jeder menschlichen Gemeinschaft an. Flankiert wird dieser Schutz durch einzelne Gewährleistungen der Grundrechtecharta, die durch den Verweis in Art. 6 EUV dieselbe Rechtsverbindlichkeit wie die Verträge erhält.[849] So erkennt Art. 24 der EU-Grundrechtecharta Minderjährige als unabhängige und eigenständige Rechtssubjekte an. Die Staaten sind zu Schutz und Fürsorge verpflichtet, die für das Wohlergehen der Kinder notwendig sind (Art. 24 Abs. 1 S. 1 GrCh). Die Pflicht beinhaltet auch, dass Union und Mitgliedstaaten im Rahmen ihrer Zuständigkeiten alle Maßnahmen auch im Hinblick auf ihre Auswirkungen auf Kinder zu überprüfen (interessenbezogene Teilhabe) sowie aktiv für das Wohlergehen des Kindes einzutreten haben (Schutzanspruch).[850] Die ganze Bandbreite von Schutz- und Versorgungs- bzw. Leistungsrechten, zu deren Verwirklichung sich die EU-Mitgliedstaaten durch die Ratifizierung der Kinderrechtskonvention verpflichtet haben, wird letztlich in die Grundrechtecharta inkorporiert.[851] Unter Bezugnahme auf die Grundgedanken der KRK steht dementsprechend nicht der Schutz des Zustandes, sondern derjenige der Entwicklung des Kindes zu einer eigenständigen, gemeinschaftsfähigen Persönlichkeit im Vordergrund. Die Schutzpflicht besteht auch gegenüber der Kindeswohlgefährdung durch Dritte sowie durch die Eltern.[852] Zudem enthält Art. 24 Abs. 1 S. 2, 3 GrCh ein Recht auf Berücksichtigung der Kindesmeinung, das jedoch – insoweit enger als Art. 12 KRK – nur für kinderspezifische Angelegenheiten gelten soll.[853] Darüber

---

847 Mitteilung der Kommission, Europäische Strategie für ein besseres Internet für Kinder, KOM (2012) 196 endg., S. 2.

848 Vgl. dazu allgemein *Dethloff/Maschwitz*, FRP 2012, 190 ff.; *Steindorff-Classen*, EuR 2011, 19 ff.

849 *Ruffert*, in: Calliess/Ruffert, EUV/AEUV, Art. 3 EUV Rn. 36.

850 *Kingreen*, in: Calliess/Ruffert, EUV/AEUV, Art. 24 EU-GRCH Rn. 3; das Kindeswohl ist zudem auch Leitprinzip in den *Principles of European Family Law Regarding Parental Responsibilities* der *Commission of European Family Law*, abrufbar unter http://ceflonline.net/principles/ (11.04.2015).

851 *Steindorff-Classen*, EuR 2011, 19 [30].

852 *Jarass*, GrCh, Art. 24 Rn. 15 f.

853 So *Kingreen*, in: Calliess/Ruffert, EUV/AEUV, Art. 24 EU-GRCH Rn. 5; *Jarass*, GrCh, Art. 24 Rn. 12.

hinaus muss nach Art. 24 Abs. 2 GrCh bei allen Kinder betreffenden Maßnahmen das Kindeswohl eine vorrangige Erwägung sein. Im Einklang mit der Auslegung des Art. 3 Abs. 1 KRK dürfte auch hier eine mittelbare Betroffenheit von Kindern ausreichen.[854] Allerdings ist die praktische Bedeutung der Norm begrenzt, da Art. 51 GrCh die Grundrechtsbindung auf Maßnahmen der Mitgliedstaaten beschränkt, bei denen sie Unionsrecht durchführen. Bestimmungen über die Ausgestaltung des familiären Lebens lassen sich dem Unionsrecht nicht entnehmen, da die vorgenannten Normen staatsgerichtet sind.

B. Unionsrechtliche Gewährleistung von Persönlichkeitsrechten und ihre Grenzen

I. Die widerstreitenden Grundrechtspositionen

Das Recht auf Privatleben in Art. 7 GrCh ist dem Art. 8 der EMRK nachgebildet.[855] Infolge des nahezu identischen Wortlauts und der häufigen Bezugnahme des EuGH auf die einschlägige Rechtsprechung des EGMR ergeben sich inhaltlich keine nennenswerten Divergenzen zur konventionsrechtlichen Gewährleistung des Art. 8 EMRK.[856] Verstärkt Aufmerksamkeit erfährt in jüngster Vergangenheit der Schutz personenbezogener Daten, der unionsrechtlich in Art. 16 Abs. 1 AEUV und durch Art. 8 GrCh gewährleistet wird.[857] Inhaltlich schützt das Recht personenbezogene Daten, welche in Anlehnung an Art. 2 lit. a) RL 95/46/EG und Art. 2 lit. a) VO (EG) 45/2001 alle Informationen über eine bestimmte oder bestimmbare natürliche Person umfassen. Art. 8 GrCh schützt vor deren Verarbeitung.[858] Die Auslegung der Norm wird ganz wesentlich durch das Sekundärrecht der Union geprägt. Nach Art. 16 Abs. 2 AEUV hat die Union eine Regelungskompetenz für den freien Datenverkehr, von der sie mittels sektorspezifischen Richtlinien Gebrauch gemacht hat, allen voran in der Datenschutz-Richtlinie 95/46/EG.[859] Die Richtlinie verpflichtet die Mitgliedstaaten, für die Verarbeitung personenbezogener Daten bestimmte Mindeststandards in ihre nationale Gesetzgebung zu übernehmen und zielt darauf ab, den Schutz der Privatsphäre natürlicher Personen und den grundsätzlich erwünschten freien Verkehr personenbezogener Daten zwischen den Mitgliedstaaten in Einklang zu bringen. Als bereichsspezifische Ergänzung der Datenschutzrichtlinie regelt die

---

854 *Steindorff-Classen*, EuR 2011, 19 [34] m.N.; enger *Jarass*, GrCh, Art. 24 Rn. 13.

855 *Gersdorf*, in: Ders./Paal, Informations- und Medienrecht, GRC Rn. 2.

856 Bspw. EuGH Rs. C-368/95 – Familiapress; vgl. ausführlich *Calliess/Kingreen*, in: Calliess/Ruffert, EUV/AEUV, Art. 7 EU-GRCH Rn. 2; *Jarass*, GrCh, Art. 7 Rn. 2; *Andguladze*, Kollision, S. 144 m.w.N.

857 Zum Verhältnis vgl. *Kingreen*, in: Calliess/Ruffert, EUV/AEUV, Art. 8 EU-GRCH Rn. 3; vgl. zum europäischen Datenschutzrecht insgesamt *Bodenschatz*, Europäischer Datenschutzstandard.

858 *Kingreen*, in: Calliess/Ruffert, EUV/AEUV, Art. 8 EU-GRCH Rn. 12.

859 *Ruffert*, in: Calliess/Ruffert, EUV/AEUV, Art. 16 EU-GRCH Rn. 7.

E-Privacy-Richtlinie 2002/58/EG[860] datenschutzrechtliche Aspekte im Bereich der elektronischen Kommunikation, wie etwa unerbetene Werbenachrichten.

Grenzen setzen auch hier die unionsrechtlich gewährleistete Freiheit der Meinungsäußerung und Informationsfreiheit des Art. 11 GrCh. Absatz 1 der Norm entspricht dem Grundrecht des Art. 10 Abs. 1 S. 1 und 2 EMRK. Der EuGH hat das Prinzip der freien Meinungsäußerung anerkannt und es als eines der grundlegenden Prinzipien des Gemeinschaftsrechts betrachtet.[861] Abs. 2 der Norm garantiert ausdrücklich die Freiheit und Pluralität der Medien, worunter nach herrschender Meinung alle Kommunikationsformen, mithin unproblematisch auch die „Neuen Medien", fallen.[862] Zur konkreten Grenzziehung lassen sich jedoch keine richtungsweisenden Feststellungen treffen.

II. Minderjährigenschutz hinsichtlich persönlicher Daten

Ausdrücklichen Niederschlag hat der Minderjährigenschutzgedanke in einem Vorschlag der Kommission für eine Datenschutz-Grundverordnung (nachfolgend D-VO) vom Januar 2012 gefunden, der somit von grundlegender Bedeutung ist.[863] Zunächst ist vor allem der Rechtsakt selbst entscheidend: Während der Erlass von Richtlinien zu unterschiedlichen Umsetzungen in den Mitgliedstaaten und damit zu einem unterschiedlichen Datenschutzniveau geführt hat, würde die Verordnung unmittelbar gelten, d.h. das Datenschutzrecht würde im Anwendungsbereich der Verordnung eine Vollharmonisierung erhalten. Kinder und Jugendliche könnten sich folglich unmittelbar auf die Verordnung berufen. Zudem beinhaltet der Vorschlag inhaltliche Innovationen zum Minderjährigenschutz hinsichtlich ihrer persönlichen Daten. Die Sondervorschriften basieren auf folgender Grundannahme: „Die personenbezogenen Daten von Kindern müssen besonderen Schutz genießen, da Kinder sich der Risiken, Folgen, Vorsichtsmaßnahmen und ihrer Rechte bei der Verarbeitung personenbezogener Daten weniger bewusst sein dürften."[864] Der Entwurf stellt folglich darauf ab, dass Kinder vor eigenen selbstgefährdenden Handlungen geschützt werden müssen. Als Kinder im Sinne der Vorschlages werden entsprechend der UN-Kinderrechtskonvention Personen bis zur Vollendung des 18. Lebensjahres verstanden (Art. 4 (18) D-VO). Dem Bedürfnis dieser Gruppe trägt der Verordnungsvorschlag an mehreren Stellen Rechnung.[865]

---

860 Geändert mit Richtlinie 2009/136/EG.

861 Vgl. z.B. C-260/89 Elliniki Radiophonia Tileorassi (1991), ECR I-2925.

862 *Calliess*, in: Ders./Ruffert, EUV/AEUV, Art. 11 EU-GRCH Rn. 2 ff.

863 Allgemein zum Vorschlag der Kommission *Kipker/Voskamp*, DuD 2012, 737; *Hornung*, ZD 2012, 99; *Härting*, BB 2012, 459 ff.; begrüßt auch auf dem 69. Deutschen Juristentag, *DJT e.V.*, Beschlüsse, S. 27, abrufbar unter www.djt.de (11.04.2015).

864 Europäische Kommission, KOM (2012) 11 endg., 25.01.2012, Erwägungsgrund 29; siehe auch schon in der Mitteilung zum Gesamtkonzept für den Datenschutz in der Europäischen Union, KOM (2010) 609 endg., Ziff. 2.1.2.

865 Vgl. hierzu *Hornung*, ZD 2012, 99 [99 f.]; *Kipker/Voßkamp*, DuD 2012, 737 [739].

Art. 8 Abs. 1 S. 1 D-VO stellt die Verarbeitung von persönlichen Daten unter Einwilligungsvorbehalt der Eltern bzw. Vormünder. Während eine vorhergehende Version des Vorschlages[866] dieses Erfordernis für alle Personen unter 18 Jahren vorsah, ist in der aktuellen Fassung eine feste Altersgrenze implementiert worden. In Abweichung zu der grundsätzlichen Altersbestimmung für Kinder in Art. 4 D-VO gilt die Einwilligungsvoraussetzung nur noch für Kinder bis zur Vollendung des 13. Lebensjahres, Jugendliche könnten dementsprechend selbst wirksam in die Datenverarbeitung einwilligen. In diesem Punkt würde das europäische Recht mit der U.S.-amerikanischen Rechtslage gleichziehen,[867] was unter anderem vom Europäischen Wirtschafts- und Sozialausschuss als inakzeptabel kritisiert wird.[868] Zudem schwächt Art. 8 Abs. 1 S. 2 D-VO die Beweislastregel des Art. 7 Abs. 1 D-VO für das Vorliegen einer wirksamen Einwilligung. Während letztere Norm grundsätzlich dem für die Verarbeitung Verantwortlichen die Beweislast aufbürdet, muss dieser nach ersterer Vorschrift „unter Berücksichtigung der vorhandenen Technologien angemessene Anstrengungen" unternehmen, um eine wirksame Einwilligung zu erhalten. Das allgemeine Vertragsrecht der Mitgliedstaaten bleibt hiervon überdies unberührt. Eine Absenkung des Schutzniveaus im Vergleich zur vorhergehenden Version enthält der aktuelle Vorschlag auch in Bezug der auf Profiling basierenden Maßnahmen, die für Kinder zunächst ausgeschlossen waren.[869] Obwohl die Kommission in Erwägungsgrund 58 des Vorschlages den generellen Ausschluss von Kindern fordert, enthält Art. 20 der aktuellen Version eine derartige Regelung nicht mehr.

Die besondere Schutzbedürftigkeit von Kindern soll schließlich auch im Rahmen der Interessenabwägung berücksichtigt werden. Gem. Art. 6 Abs. 1 Buchst. f) D-VO ist eine Verarbeitung bei überwiegendem Interesse des für die Verarbeitung Verantwortlichen rechtmäßig, sofern nicht die Interessen der betroffenen Person überwiegen, insbesondere dann, wenn es sich dabei um ein Kind handelt. In diesem Falle sollen die Interessen laut Kommission besonders sorgfältig abzuwägen sein.[870] Des Weiteren stellt der Vorschlag besondere Transparenzanforderungen bei der Verarbeitung von Daten bezüglich Kindern, indem Informationen und Mitteilungen in verständlicher Form unter Verwendung einer klaren, einfachen und

---

866 Europäische Kommission, Art. 7 Abs. 6 Proposal for a regulation of the european parliament and of the council, abrufbar unter http://www.statewatch.org/news/2011/dec/eu-com-draft-dp-reg-inter-service-consultation.pdf (11.04.2015).

867 Der Einwilligungsvorbehalt für Kinder bis Vollendung des 18. Lebensjahres war ein Kritikpunkt der U.S.-Administration in der *informal note* zur Version des Vorschlages aus November 2011, abrufbar unter http://edri.org/files/12_2011_DPR_USlobby.pdf, S. 5 (11.04.2015).

868 Stellungnahme zum Vorschlag zur Datenschutz-Grundverordnung vom 23.05.2012, COM(2012) 11 endg., 4.19.1.

869 Vgl. Europäische Kommission, Art. 18 Abs. 3 Proposal for a regulation of the european parliament and of the council, abrufbar unter http://www.statewatch.org/news/2011/dec/eu-com-draft-dp-reg-inter-service-consultation.pdf (11.04.2015).

870 Europäische Kommission, KOM (2012) 11 endg., 25.1.2012, Erwägungsgrund 38.

adressatengerechten Sprache zur Verfügung gestellt werden müssen, in diesem Fall also in einer kindgerechten Sprache (Art. 11 Abs. 2 des Vorschlages). Schließlich verlängert die Datenschutz-Grundverordnung den besonderen Schutz, indem insbesondere bei im Kindesalter öffentlich gemachten Daten ein Recht auf Löschung bestehen soll, Art. 17 Abs. 1 des Vorschlages („right to be forgotten"). Auch hier wird die Prämisse deutlich, unter der die Kommission kinderspezifische Regelungen in das Datenschutzrecht aufzunehmen gewillt ist. Reagiert werden soll auf die Gefahr, dass sich Kinder der Risiken bei der Preisgabe persönlicher Informationen nicht immer bewusst sind.

Aktuell befindet sich der Vorschlag noch im Rechtsetzungsverfahren. Die Kommission berät über Änderungsanträge des Europäischen Parlaments, die teilweise auch den Minderjährigenschutz betreffen. Die vorgeschlagenen Änderungen beinhalten unter anderem eine Streichung der besonderen Hervorhebung der schützenswerten Interessen in Art. 6 D-VO (Änderung 100) und beschränkt den Einwilligungsvorbehalt des Art. 8 D-VO auf das direkte Angebot von Waren und Dienstleistungen (Änderung 102).[871] Die Kommission hat in ihrer Sitzung am 10.06.2014 Änderungen teilweise angenommen.

Es bleibt somit abzuwarten, ob und inwieweit das Unionsrecht im Hinblick auf das Datenschutzrecht eine entscheidende Rolle für den Minderjährigenpersönlichkeitsschutz im Internet spielen wird.

§ 5 Zusammenfassende Würdigung

Die Untersuchung einschlägiger Menschenrechtsordnungen hat differenzierte Wertungsgrundlagen für den zivilrechtlichen Minderjährigenpersönlichkeitsschutz eröffnet, die sich zusammengefasst wie folgt ausnehmen:

Persönlichkeitsrechtliche Belange von Kindern und Jugendlichen werden auf nationaler und internationaler Ebene als Teil der Menschen- und Grundrechtskataloge umfassend garantiert. Junge Menschen werden generell als Wesen mit eigenem Recht auf Selbstbestimmung, Selbstdarstellung und Selbstbewahrung gewürdigt, ohne dass dies jemals ernsthaft in Frage gestellt wurde. Die stärkste Symbolkraft hat insoweit die zusätzliche Aufnahme des Rechts auf Privatheit in die Kinderrechtskonvention (Art. 16). Die grundlegende Vorstellung von persönlichen Belangen Minderjähriger ist in den Wertungsgrundlagen einheitlich durch die natürliche Verletzlichkeit und Unerfahrenheit von Kindern und Jugendlichen geprägt. Nicht ganz homogen ist demgegenüber die Manifestation derselben im Hinblick auf das Rechtsgut der Privatheit: Die Kinderrechtskonvention verbleibt beim klassischen Menschenrechtsgehalt des Art. 17 Zivilpakt und verhilft Minderjährigenschutz in erster Linie über das Kindeswohlprinzip des Art. 3 KRK zur Geltung. Im Recht der Europäischen Menschenrechtskonvention beschreitet der EGMR wohl den Weg über die Güter- und Interessenabwägung, in deren Rahmen die besondere Ver-

871 Europäisches Parlament, Stellungnahme in 1. Lesung, TA/2014/212/P7.

letzlichkeit von Kindern und Jugendlichen als ein Gesichtspunkt zu beachten ist. Ähnlich verfährt das Bundesverfassungsgericht zum deutschen Grundgesetz. Das Gericht führt die Gewichtung des Persönlichkeitsrechts aber zusätzlich auf den verfassungsmäßigen Schutz der Persönlichkeitsentwicklung zurück. Die auch die Rechtspositionen in internationalen Vertragswerken prägende Verletzlichkeit von Kindern und Jugendlichen manifestiert sich im deutschen Grundgesetz folglich konkret in einem eigenständigen Grundrechtsgehalt in Art. 2, Art. 1 GG. Somit bildet unsere Grundrechtsordnung schon eine recht fundierte Wertungsgrundlage für den Minderjährigenpersönlichkeitsschutz und steht im Einklang mit den herausgearbeiteten natürlichen Bedürfnissen im Kindes- und Jugendalter.

Die dargestellten verfassungsmäßigen Garantien von Selbstentfaltung, Selbstdarstellung und Persönlichkeitsentwicklung verlangen grundsätzlich die Existenz eines effektiven Minderjährigenpersönlichkeitsschutzes im Zivilrecht, der auf die natürlichen Besonderheiten Rücksicht nimmt. Die enge persönliche Lebenssphäre, in der jeder Einzelne seine Persönlichkeit entfalten kann, ist so zu gewährleisten, dass sich junge Menschen zu eigenständigen, sozialverantwortlichen Persönlichkeiten entwickeln können. Sie haben ein Recht darauf, dass ihnen ein auf ihre Entwicklung abgestimmter Schutz vor den Gefahren für ihre Persönlichkeitsrechte durch dritte Personen zuteil wird. Im Minderjährigenpersönlichkeitsschutz ist nicht lediglich das „Ob“ eines privatrechtlichen Schutzes, sondern partiell auch das „Wie“, nämlich entwicklungsorientiert, grundrechtsgeboten.

Die jeweiligen Grundrechtspositionen treffen auf die Elternverantwortung, die nach dem modernen Verständnis der Eltern-Kind-Beziehung auf die wachsenden Fähigkeiten des Kindes Rücksicht zu nehmen hat (so ausdrücklich Art. 5 KRK) und am Kindeswohl auszurichten ist. Die für Persönlichkeitsrechte gebotene Relation von Selbst- und Fremdbestimmung ist verfassungsrechtlich nicht determiniert, aber auf dieser Grundlage zu bestimmen und bewegt sich zwischen den Polen der Alleinentscheidungsbefugnis der Eltern sowie der Alleinentscheidungsbefugnis der Kinder. Weitere Grenzen erwachsen im Äußerungsrecht aus den widerstreitenden Kommunikationsfreiheiten, die in Art. 5 GG, Art. 10 EMRK ebenfalls grundrechtlichen Schutz genießen. Da kein genereller Wertevorzug von einer der Grundrechtspositionen festzustellen ist, sind Allgemeines Persönlichkeitsrecht des Minderjährigen und Kommunikationsfreiheiten des Äußernden im Wege einer konkreten Güter- und Interessenabwägung angemessen ins Verhältnis zu setzen. Die Möglichkeiten des einfachen Rechts zu einem möglichst schonenden Ausgleich sollten erschöpfend genutzt werden, um den verfassungsrechtlichen Wertungen in Privatrechtsverhältnissen angemessen Geltung zu verschaffen.

Kapitel 5: Grundprinzipien in den Anwendungsfeldern des Diskretions-, Bildnis- und Ehrschutzes

Der grundrechtlich abgesteckte äußere Rahmen im Minderjährigenpersönlichkeitsschutz ist in Ansehung der rechtlichen Wertungsgrundlagen und außerrechtlichen Befunde entsprechend durch das materielle Zivilrecht auszufüllen.[872] Die Ermittlung tragender Grundregeln setzt bei der zivilrechtlichen Dogmatik der Persönlichkeitsrechte in den ausgesuchten Kernbereichen des Diskretions-, Bildnis- und Ehrschutzes an (§ 1). Mit zentralen Fragen für die praktische Rechtsanwendung befasst sich die anschließende Auseinandersetzung mit dem Institut der rechtfertigenden Einwilligung und ihrer modifizerten Ausgestaltung im Minderjährigenpersönlichkeitsschutz (§ 2). Daran knüpft die Analyse von Inhalt und Intensität des zivilrechtlichen Schutzes der Persönlichkeitsrechte gegenüber Kommunikationsfreiheiten an. Die entscheidenden Abwägungsvorgänge werden in den praktisch und wissenschaftlich bedeutsamsten Anwendungsfeldern des Spannungsverhältnisses konkretisiert, dem Schutz gegenüber der Presse und im Internet. Die traditionellen Schutzgüter des persönlichen Lebensbereichs, der Selbstdarstellung und der persönlichen Ehre sind hier in besonderem Maße in der Bewährung (§ 3). Ziel ist es, Grundprinzipien für einen auf die Entwicklung des jungen Menschen abgestimmten Persönlichkeitsschutz zu formulieren.

§ 1 Dogmatische Grundlegung des Minderjährigenpersönlichkeitsschutzes

A. Grunddogmatik im Persönlichkeitsschutz

Eine allgemein gültige und anerkannte Dogmatik hat sich zu den Persönlichkeitsrechten und ihren Ausprägungen bisher nicht herausgebildet. Wie im Verfassungsrecht variieren die Beschreibungen des geschützten Bereichs, Bezeichnung und Umfang sehr stark. Inhalt und Umfang der Persönlichkeitsrechte sind grundsätzlich erst im Wege der Abwägung zu ermitteln mit negativen Konsequenzen für Berechenbarkeit, Rechtsklarheit und Rechtssicherheit. Das Bundesverfassungsgericht hat deshalb eine normative Leitung durch die Rechtsprechung gefordert, die

872 Ausführlich zum verfassungsrechtlichen Einfluss auf den Persönlichkeitsschutz *Baston-Vogt*, Der sachliche Schutzbereich, S. 30 ff.; *Gounalakis/Rhode*, Persönlichkeitsschutz im Internet, Rn. 190 m.w.N.; *Jarass*, NJW 1989, 857 [858].

von der Notwendigkeit einer Einzelfallabwägung befreit.[873] Um nicht „im Meer der Abwägungen jeglichen Kurs zu verlieren"[874], soll entsprechend der Forderung des Gerichts der Versuch unternommen werden, die tatbestandsmäßige Erfassung der generell geschützten Persönlichkeitsinteressen mit Blick auf den Minderjährigenschutz auszurichten. In der Praxis wird überwiegend nicht zwischen Schutzbereich und Umfang des Persönlichkeitsrechts unterschieden, sondern die inhaltliche Ausgestaltung des Persönlichkeitsrechts durch eine einzelfallbezogene Abwägung der jeweils kollidierenden Güter und Interessen ermittelt. Viele Gerichte begeben sich dementsprechend sofort an die Abwägung der jeweiligen Interessen, ohne vorher zu prüfen, ob das Allgemeine Persönlichkeitsrecht von der Handlung überhaupt betroffen ist.[875] Demgegenüber versuchen einige Konkretisierungsansätze justitiablere Konturen zu schaffen, auf die zumeist kumulativ zurückgegriffen wird.[876] Vor dem Hintergrund, dass das Allgemeine Persönlichkeitsrecht durch die Rechtsprechung geschaffen und fortentwickelt wird, erscheint in erster Linie die Zusammenfassung des Fallrechts durch Bildung von Fallgruppen naheliegend. In der jüngeren Diskussion steht vor allem die Beschreibung von Schutzbereichen im Mittelpunkt, deren Verletzung ohne weitere Abwägung oder aufgrund einer spezifischen Abwägung als rechtswidrig betrachtet werden kann.[877] Einige Stimmen in der Literatur, insbesondere *Helle*, bemühen sich hingegen um die Entwicklung besonderer Persönlichkeitsrechte, die den Tatbestand des Allgemeinen Persönlichkeitsrechts allmählich verdichten sollen.[878] *Hubmann* hat darüber hinaus die Unterscheidung nach Persönlichkeitssphären (Individual-, Privat- und Geheimsphäre) entwickelt.[879]

B. Ausstrahlung des Entwicklungsschutzes in das Privatrecht

Im Minderjährigenpersönlichkeitsschutz kommt es jedoch weniger auf diese Grundproblematik als vielmehr darauf an, wie die maßgeblichen Wertungen der Grundrechtsordnung und flankierenden Menschenrechtsabkommen Eingang in das materielle Zivilrecht finden. Das in Art. 2 Abs. 1, Art. 1 Abs. 1 GG garantierte

---

873 *Klass*, in: Erman, BGB, Anh. § 12 Rn. 25; BVerfGE 66, 116 [138].

874 *Rixecker*, in: MüKo BGB, Anh. § 12 Rn. 9.

875 Bspw. OLG Hamburg, ZUM-RD 2009, 646, im Anschluss kritisiert durch BVerfG, NJW 2012, 1500; umfangreiche Nachweise bei *Baston-Vogt*, Der sachliche Schutzbereich, S. 152 ff.

876 Dazu *Baston-Vogt*, Der sachliche Schutzbereich, S. 175 ff.

877 So vor allem *Larenz/Canaris*, Schuldrecht II 2, § 80 II; *Klass*, in: Erman BGB, Anh. § 12 Rn. 25 m.w.N.; *Rixecker*, in: MüKo BGB, Anh. § 12 Rn. 11.

878 *Helle*, Besondere Persönlichkeitsrechte; *Deutsch*, AcP 192 (1992), 161.

879 *Hubmann*, Persönlichkeitsrecht, S. 138 ff.; befürwortet etwa von *Nink*, in; Spindler/Schuster, Recht der elektronischen Medien, § 823 BGB Rn. 22; *Burkhardt*, in: Wenzel, Wort- und Bildberichterstattung, Kap. 5 Rn. 37 ff.; *Rogall*, Informationseingriff und Gesetzesvorbehalt, S. 38 f.; *Beater*, Medienrecht, Rn. 350; *von Pentz*, AfP 2013, 20.

Recht auf ungestörte Persönlichkeitsentwicklung ist zivilrechtsdogmatisch zu erfassen, da sich daraus nicht die zivilrechtliche Rechtsposition selbst, sondern nur der verfassungsrechtliche Auftrag zum Schutz der Persönlichkeit ergibt.[880] Nach der herrschenden Grundrechtsdogmatik sind die verschiedenen Schutzgüter unabhängig voneinander in Art. 2 Abs. 1, Art. 1 Abs. 1 GG verankert und stellen systematisch verschiedene Ausformungen desselben Grundrechts dar. Bei Beeinträchtigung eines allgemeinen Persönlichkeitsguts, wie das Recht am eigenen Bild, geht dieses also bei minderjährigen Grundrechtsträgern nicht im Recht auf ungestörte Persönlichkeitsentwicklung auf oder verwirklicht sich in dessen Gestalt. Es handelt sich vielmehr grundsätzlich um unterschiedliche, voneinander zu trennende Interessen, die jeweils einen eigenständigen Aspekt des Persönlichkeitsschutzes abbilden. Der Verschuldungsschutz von Minderjährigen als Ausfluss des Rechts auf ungestörte Persönlichkeitsentwicklung etwa berührt keine Positionen, die für den zivilrechtlichen Persönlichkeitsschutz relevant wären. Ebensowenig manifestiert sich beispielsweise der Schutz des persönlichen Lebensbereichs vor der Öffentlichkeit lediglich als Schutz der zukünftigen Entwicklung, also der Grundbedingung freier Entfaltung, sondern auch als Schutz der aktuellen kindlichen Entfaltung. Diese verfassungsrechtliche Auslegung der Artikel ist nicht etwa auf das Zivilrecht zu übertragen. Vielmehr muss den Wertungen unter Berücksichtigung der Besonderheiten des Privatrechtsverkehrs Geltung verschafft werden.[881] Dafür kommen im Persönlichkeitsschutz mehrere „dogmatische Einbruchstellen" in Betracht.[882]

I. Lösungsmodelle im Minderjährigenpersönlichkeitsschutz

Zunächst ist in Erinnerung zu rufen, dass sachlich sowie begrifflich zwischen den Persönlichkeits*rechten* und deren Gegenstand, der *menschlichen Persönlichkeit* als natürliches Lebensgut, zu unterscheiden ist. Die Persönlichkeitsrechte sind demnach das Mittel zum Schutze der Persönlichkeit. Inwieweit die menschliche Persönlichkeit dabei durch die Persönlichkeitsrechte geschützt wird, muss anhand rechtlicher Kriterien ermittelt werden. Eine unmittelbare Anknüpfung an die natürliche Persönlichkeitskonstitution bei der Frage, *ob* rechtlicher Schutz gewährt werden soll, dürfte nach den Erörterungen zur Grundrechtsmündigkeit mit dem aus Art. 1 Abs. 1 GG folgenden „Wert- und Achtungsanspruch" des Menschen nicht vereinbar sein. Verfassungsrechtlich vorgezeichnet ist, dass der Schutz der ungestörten Entwicklung aufgrund des verfassungsrechtlichen Auftrages vom Zivilrecht zu gewährleisten ist. Nicht festgelegt wird aber die Art und Weise, wie dies zu erfolgen hat. Ein bestimmtes bürgerliches Recht, das dieses Schutzgut gegenüber Eingriffen von anderen Individuen bewahrt, gibt es de lege lata nicht. Stattdessen wird der Belang durch vielerlei einfachrechtliche Gestaltungen und Rechtspositionen

880 *Baston-Vogt*, Der sachliche Schutzbereich, S, 122 ff.; *Lichtenstein*, Der Idealwert und der Geldwert, S. 15 f. m.N.

881 *Baston-Vogt*, Der sachliche Schutzbereich, S. 30.

882 So *Beater*, JZ 2013, 111 [112].

geschützt.[883] Im Anwendungsbereich der Persönlichkeitsrechte kommen folgende Lösungen ernsthaft in Betracht:

1. Persönlichkeitsentwicklung als kinderspezifische Ausprägung des Allgemeinen Persönlichkeitsrechts

Denkbar ist zunächst, den Schutz der ungestörten Persönlichkeitsentwicklung als eine selbständige, von den anderen unabhängige Ausprägung im Allgemeinen Persönlichkeitsrechts zu verankern, die zu den anerkannten Schutzgütern des persönlichen Lebensbereichs, der Selbstdarstellung und der Ehre hinzutritt. Verfassungsrechtliche und zivilrechtliche Rechtsposition wären somit sachlich und dogmatisch gleich ausgestaltet. Der Schutzbereich bedürfte entsprechend der anderen Ausprägungen näherer Bestimmung und Ausgestaltung. Nach dieser Konzeption setzt die Prüfung einer rechtswidrigen Persönlichkeitsverletzung im Rahmen der Ansprüche aus § 823, § 1004 BGB in Minderjährigenfällen beim Schutz der Persönlichkeitsentwicklung an.

2. Persönlichkeitsentwicklung als eigenständiges Recht

Noch weiter ginge das Modell, in dem die Persönlichkeitsentwicklung in einem von dem Allgemeinen Persönlichkeitsrecht abgespaltenen eigenständigen Recht verbürgt ist. Vorbild wäre der dualistische Ansatz für die kommerziellen Persönlichkeitsinteressen, nach dem sich die vermögenswerten Bestandteile des Persönlichkeitsrechts abspalten und verselbständigen. Vorgeschlagen wird unter anderem ein übertragbares und vererbbares Persönlichkeitsnutzungsrecht. Die Verfechter dieser Ansicht erachten die ideellen und kommerziellen Bestandteile für zu unterschiedlich, so dass das Allgemeine Persönlichkeitsrecht durch eine inhaltliche Erweiterung gesprengt werden würde.[884] Auch die ungestörte Persönlichkeitsentwicklung ließe sich theoretisch als ein eigenständiges Persönlichkeitsrecht formen, dessen Verletzung zivilrechtliche Ansprüche wegen Persönlichkeitsrechtsverletzung auslöst.

3. Persönlichkeitsentwicklung als Maßstab des Schutzumfangs

Stattdessen kommt es auch in Betracht, eine generelle Unterteilung in die Kategorien „Entfaltung“ und „Entwicklung“ und damit die Schaffung eines kinderspezifischen Schutzguts bzw. -bereichs auf der Ebene des einfachen Rechts abzulehnen. Rechtswidrige Eingriffe erfolgten demnach grundsätzlich in die traditionellen, altersunabhängig gewährleisteten Belange wie das Diskretionsinteresse. Erst bei der Bestimmung der Reichweite des Schutzes durch eine Güter- und Interessenabwägung wäre zu berücksichtigen, dass Minderjährige präventiv in ihrer Entwicklung zu schützen sind. Es handelt sich demnach nicht in erster Linie um eine Frage des

883 Z.B. § 1666, § 1626 Abs. 2, § 1629a BGB; § 4 und 5 JMStV.

884 Vgl. dazu nur *Klüber*, Persönlichkeitsschutz und Kommerzialisierung, S. 74.

Inhalts des Allgemeinen Persönlichkeitsrechts, sondern seines *Umfangs*, soweit diese voneinander zu trennen sind.

II. Stellungnahme

Für eine inhaltliche Erweiterung des Allgemeinen Persönlichkeitsrechts sowie die Anerkennung eines eigenständigen Rechts streitet die Betonung des Minderjährigenschutzes, die mit einer eigenständigen Ausprägung einherginge. Die besondere Schutzbedürftigkeit wäre nicht erst im Rahmen der *Abwägung* von Interessen zu berücksichtigen, sondern bereits bei der *Bestimmung* der betroffenen Belange. Es käme infolgedessen klarer zum Ausdruck, dass der Eingriff in Persönlichkeitsrechte von Minderjährigen rechtlich anders zu beurteilen ist als ein Eingriff in die Rechte eines Erwachsenen.

Der Effekt sollte jedoch auch nicht überschätzt werden, da der Schwerpunkt der Entscheidungsfindung und -begründung in der Praxis klar auf der Interessenabwägung liegt. Zudem führte eine inhaltliche Erweiterung letztlich nur zu einer Bündelung von ohnehin durch das Allgemeine Persönlichkeitsrecht bewahrten Belangen. So greift die Veröffentlichung von Fotos, die heimlich im Bereich des Hauses aufgenommen werden, in erster Linie in das Interesse ein, sich vor der Öffentlichkeit zurückzuziehen. Dieses und die anderen anerkannten Schutzgüter des Allgemeinen Persönlichkeitsrechts müssten von der minderjährigkeitsspezifischen Ausprägung erfasst sein, um die klassischen Fälle des Persönlichkeitsschutzes zu bewältigen. Die Konzeption eines eigenständigen Rechts oder einer Ausprägung läuft somit auf eine „Interessendopplung“ hinaus, für die eine besondere Ausprägung letztlich äußerer Anstrich wäre. Des Weiteren ist zu befürchten, dass sich die Weite und Unbestimmtheit des Tatbestandes des Rahmenrechts noch verschärft. Ebenso wie der inhaltliche Gehalt der Ausprägung des Art. 2, Art. 1 GG nicht klar zu umreißen ist, wird auch der zivilrechtliche Schutzbereich jenseits der allgemeinen Belange nicht mit Konturen zu versehen sein. Das birgt die Gefahr einer Ausdehnung des Persönlichkeitsschutzes auf Fallgestaltungen, die dem Sinn und Zweck des Persönlichkeitsrechts bei seiner Schaffung nicht mehr entspricht. Nicht jedem menschlichen Verhalten, das zu einer Störung der Entwicklung von Minderjährigen geeignet ist, soll mit den zivilrechtlichen Mitteln des Persönlichkeitsschutzes begegnet werden. So ist der Entwicklungsschutz in Art. 2, Art. 1 GG zwar Grundlage des Jugendmedienschutzes. Kinder und Jugendliche sollen doch aber keine zivilrechtlichen Ansprüche wegen Verletzung des Allgemeinen Persönlichkeitsrechts gegen Anbieter geltend machen können, wenn diese nicht für ausreichenden Schutz sorgen. Ebenso verhält es sich beim Schutz vor Überschuldung durch elterliches Verhalten. Die Erfassung dieser und anderer Fallgestaltungen vom *verfassungsrechtlichen* Persönlichkeitsrecht und die weitestgehende inhaltliche Äquivalenz mit dem *zivilrechtlichen* Persönlichkeitsrecht lässt zwar eine parallele Denkweise als nicht fernliegend erscheinen. Sie hätte aber eine Überdehnung oder sogar Sprengung der inneren Strukturen des Persönlichkeitsschutzes im Zivilrecht zur Folge. Schließlich ist weder die inhaltliche Erweiterung des Persönlichkeitsrechts um eine Ausprägung, noch die Anerkennung eines eigenständigen Rechts erforderlich, um den Minderjährigenschutz adäquat in den Persönlichkeitsschutz einfließen zu lassen. Wie nachfolgend zu zeigen sein wird, können die praktisch relevanten Eingriffsfälle innerhalb der dogmatischen Grundstruktur des herkömmlichen Systems befriedigend gelöst werden. Dies hat den klaren Vorteil, dass sich der Rechtsanwender im Rahmen des bekannten, durch die Rechtsprechung konkretisierten Systems der Schutzbereiche bewegt und nur im Rahmen der Einzelfallabwägung Besonderheiten zu beachten hat. Andere, bislang noch nicht in Erscheinung getretene Belange würden vom Allgemeinen Persönlichkeitsrecht unproblematisch erfasst, da dessen Inhalt nicht abschließend umschrieben ist. Auch eine inhaltliche Sprengung des Allgemeinen Persönlichkeitsrechts, welche bei den kommerziellen Persönlichkeitsbestandteilen als Argument für ein eigenständiges Recht angeführt wird, ist hier nicht zu befürchten, wie sich zeigen wird.

Im Ergebnis erscheint es somit vorzugswürdig, der besonderen Schutzbedürftigkeit von Rechtsträgern im Rahmen der Güter- und Interessenabwägung Geltung zu verschaffen. Die Feststellung eines Eingriffs setzt folglich bei den allgemeinen Persönlichkeitsbelangen des persönlichen Lebensbereichs, der Selbstdarstellung und der Ehre an und berücksichtigt im Rahmen der Rechtswidrigkeitsprüfung spezifische Bedürfnisse und Gegebenheiten. Ungeachtet dessen ist die Frage der dogmatischen Ausgestaltung praktisch von geringerem Gewicht, da sich Inhalt und Umfang bei Persönlichkeitsrechten nicht ganz sauber voneinander trennen lassen. Wie vorstehend angesprochen, unterscheidet die Rechtsprechung überwiegend nicht zwischen Schutzbereich und Umfang des Persönlichkeitsrechts, sondern ermittelt die inhaltliche Ausgestaltung des Persönlichkeitsrechts durch eine einzelfallbezogene Abwägung der jeweils kollidierenden Güter und Interessen.

§ 2 Die rechtfertigende Einwilligung in Persönlichkeitsrechtseingriffe

Im Persönlichkeitsschutz kommt dem Institut der Einwilligung eine zentrale Bedeutung zu. Grundsätzlicher Ausgangspunkt ist üblicherweise die Frage, ob ein ansonsten tatbestandsmäßiger Eingriff in ein Persönlichkeitsrecht rechtswidrig war und deshalb Ansprüche wie Schadensersatz, Entschädigung oder Unterlassungsansprüche auslöst. Dies ist grundsätzlich nicht der Fall, wenn die Rechtsgüter der Disposition ihres Trägers unterliegen und die Verletzung mit Einwilligung des Verletzten erfolgt.[885] Die Umsetzung des Grundsatzes *volenti non fit iniuria* gewinnt stetig an Bedeutung, je weiter die Kommerzialisierung der Persönlichkeit voranschreitet. So verwundert es nicht, dass ein Schwerpunkt des Diskurses um den Persönlichkeitsschutz im Kindes- und Jugendalter auf diesem Institut und seiner rechtlichen Handhabe liegt. In Minderjährigenfällen geht es um nicht weniger als eine verhältnismäßige Verwirklichung des grundrechtlich garantierten Selbstbe-

885 *Knothe*, in: Staudinger BGB, Vorbem. zu §§ 104 – 115, Rn. 56.

stimmungsrechts von Kindern und Jugendlichen in Ansehung von Elternrechten, Verkehrsschutz und Staatsverantwortung. Es ist unerlässlich, dass diese Säule des Persönlichkeitsschutzes auf festem Grund steht. Für Erschütterungen sorgt nicht nur die allgemein unausgereifte und mit Rechtsunsicherheit verbundene Einwilligungsdogmatik, die vor allem bei Persönlichkeitsdispositionen im Internet an ihre Grenzen stößt. Durch die vom abstrakten Problem herrührenden kleinteiligen Rechtsfragen trifft der Rechtsanwender zudem auf eine stark zersplitterte Diskussion, in der nur selten der Fokus auf ein ausgewogenes Gesamtkonzept für Kinder und Jugendliche gelegt wird. Dazu bedarf es der grundlegenden Auseinandersetzung mit den Problemkreisen der Einwilligungsfähigkeit, der Einwilligungserklärung sowie deren Bindungswirkung.

A. Die Problematik der Einwilligungsfähigkeit

Zunächst ist die Relation von Fremd- und Selbstbestimmung in Bezug auf die geschützten Rechtsgüter ein wichtiger Bestandteil eines umfassenden Schutzes der Persönlichkeitsrechte. Auf der einen Seite schützt die Rechtsordnung Minderjährige vor Nachteilen, die ihnen durch ihre mangelnde Reife und Erfahrung drohen, auf der anderen Seite ist ihnen als Rechtssubjekt mit entsprechender Entwicklung nicht jeglicher Freiraum für eigenverantwortliche Entscheidungen zu nehmen. Es gilt also eine Antwort auf die Frage zu finden, in welchem Maße im Dispositionsbereich von Persönlichkeitsrechten Fremdbestimmung zu fordern oder Selbstbestimmung auch von minderjährigen Rechtsträgern zuzulassen ist.[886]

Wie die Entwicklung der Kinderrechtsdebatte zeigt, ist die Frage der Selbstbestimmung von Minderjährigen unter Berücksichtigung ihrer besonderen Schutzbedürftigkeit grundsätzlicher Natur. Zunächst zum medizinischen Heileingriff aufgeworfen und nunmehr auch im Persönlichkeitsschutz diskutiert, steht in Frage, ob der betroffene Minderjährige im Hinblick auf seine kognitiven und moralisch-ethischen Fähigkeiten und Kenntnisse sowie seine Selbstständigkeit bereits so entwickelt ist, dass er die Grundvoraussetzungen der Autonomie erfüllt.[887] Der Vielgestaltigkeit des Problems entsprechend entzünden sich vielschichtige Meinungsstreitigkeiten in Jurisprudenz und Rechtsprechung über Inhalt und Umfang der Selbstbestimmung in Bezug auf persönliche Rechte wie körperliche Integrität, Freiheit, Ehre und sonstige ideelle Rechtsgüter. Die Bestimmung der Relation von Fremd- und Selbstbestimmung in Bezug auf die Persönlichkeitsrechte ist demnach als eine Facette dieser Grundproblematik zu begreifen.

I. Meinungsstand im Persönlichkeitsschutz

Ihren Ursprung nahm die Diskussion um die Einwilligungsfähigkeit von Rechtsträgern vor Erreichen der Volljährigkeit lange, bevor Grundsätze zur erhöhten

886 *Gernhuber/Coester-Waltjen*, Familienrecht, § 57 Rn. 79.
887 So treffend formuliert bei *Kölch/Fegert*, FPR 2007, 76 [76].

persönlichkeitsrechtlichen Schutzbedürftigkeit von Minderjährigen als Ausfluss grundrechtlicher Wertungen erdacht wurden.[888] In der Vergangenheit wurde der Frage nicht selten unter dem Stichwort der „Grundrechtsmündigkeit“ nachgegangen.[889] Die verschiedenen Positionen waren und sind nicht unbeeinflusst vom Diskurs zur medizinischen Parallelproblematik.[890] Die Einwilligungsfähigkeit im Dispositionsbereich der Persönlichkeitsrechte stellt aber einen selbständigen, wertungseigenen Strang der Gesamtproblematik dar, der insbesondere zum praxisdominierenden Bildnisschutz lebhaft diskutiert wird. Im Persönlichkeitsschutz bietet sich nach wie vor ein diffuses Meinungsspektrum, denn selbst die in den Grundlinien einheitlichen Lösungsansätze variieren in Einzelfragen. Eine übersichtliche Darstellung muss sich daher auf die größeren Gemeinsamkeiten und erheblichen Unterschiede beschränken und die Einzelpunkte nur kursorisch in die Betrachtung miteinbeziehen. Zusammenfassend lassen sich drei Grundansichten herausarbeiten, die im Persönlichkeitsschutz als Ausgangspunkt weiterer Meinungsbilder aufgegriffen werden.[891]

1. *Strenge Rechtsgeschäftstheorie*

Reichsgericht und Bundesgerichtshof haben die Ermittlung der Einwilligungsfähigkeit seit jeher eng mit der Rechtsnatur der Einwilligung verknüpft. Nicht nur, aber unweigerlich auch die Anhänger der noch vom Reichsgericht vertretenen Rechtsgeschäftstheorie plädieren für eine unmittelbare Anwendung der §§ 104 ff. BGB auf die Einwilligung.[892] Bei strikter Anwendung der Normen ist die Wirksamkeit der alleinigen Zustimmung der Eltern auch bei fast Volljährigen gesetzliche Regel. *Helle* begründet diesen Standpunkt einesteils mit der Gesetzesbindung. Über den eindeutigen Wortlaut des § 107 BGB dürften sich die Gerichte seiner Auffassung nach nicht hinwegsetzen. Entscheidend sei anderenteils auch der Verkehrsschutz. Während beim ärztlichen Heileingriff eine Einschränkung des Verkehrsschutzes eher hingenommen werden könne, da der Arzt den Patienten persönlich untersuche, sei dies bei Bildjournalisten nicht immer der Fall. Die Belange des Minderjährigen sollen demnach über § 1666 BGB gewahrt werden.[893]

---

888 *Beater*, JZ 2013, 111 [116].

889 *Klass*, AfP 2005, 507 [516] m.N.

890 Dazu nur *Belling/Eberl-Borges/Michlik*, Das Selbstbestimmungsrecht Minderjähriger; *Magnus*, Medizinische Forschung an Kindern, S. 36 ff.; *Ohly*, Die Einwilligung, S. 295 ff.; *Michel*, Rechte von Kindern in medizinischen Heilbehandlungen.

891 Einteilung nach *Dasch*, Die Einwilligung zum Eingriff in das Recht am eigenen Bild, S. 97 ff.

892 Vgl. OLG München, AfP 1982, 230 [232]; wohl auch OLG Düsseldorf, AfP 1984, 229 [230]; vgl. auch OLG München, NJW-RR 1996, 93 [94] (geschäftsunfähiges Kind); *Helle*, AfP 1985, 93 [98]; *Helle*, Besondere Persönlichkeitsrechte, S. 104 f.; weitere Nachweise bei *Dasch*, Die Einwilligung zum Eingriff in das Recht am eigenen Bild, S. 97; zu den Theorien der Rechtsnatur ausführlich *Ohly*, Die Einwilligung, S. 35 ff.

893 *Helle*, AfP 1985, 93 [98] und *Helle*, Besondere Persönlichkeitsrechte, S. 104 f.

Demgegenüber wollen die meisten Stimmen, die in der Einwilligung ein Rechtsgeschäft erblicken, das gesetzliche Regelungsmodell zu Rechtsgeschäften im Persönlichkeitsschutz nicht ohne Ausnahmen gelten lassen. So wird insbesondere eine Alleinzuständigkeit der gesetzlichen Vertreter nach § 104 ff. BGB, wie sie der früheren Ansicht der zivilrechtlichen Judikatur und der überwiegenden Literaturansicht entsprach,[894] heute ganz überwiegend abgelehnt, sobald der Rechtsträger einsichtsfähig ist.[895] Uneinigkeit besteht darüber, inwieweit Minderjährigen tatsächlich ein Mitspracherecht zu gewähren ist. Insoweit überschneidet sich die Rechtsgeschäftstheorie mit den Ansichten, die in der Einwilligung keine rechtsgeschäftliche Handlung sehen.

2. *Theorie der Alleinentscheidungsbefugnis von Minderjährigen*

Eine ältere Ansicht, die für ein Alleinentscheidungsrecht von einsichtsfähigen minderjährigen Rechtsträgern plädiert, steht in der Tradition eines meist als medizinrechtliche Leitentscheidung bezeichneten Urteils des Bundesgerichtshof aus dem Jahre 1958 und stellt ausschließlich darauf ab, ob der betroffene Minderjährige einsichtsfähig ist. In dem Verfahren, das die Durchführung einer Operation an einem Minderjährigen zum Gegenstand hatte, verneinte das Gericht entgegen der Rechtsprechung des Reichsgerichts sowohl eine unmittelbare als auch eine analoge Anwendung der Vorschriften zur Geschäftsfähigkeit. Stattdessen stellte der Bundesgerichtshof darauf ab, dass der Minderjährige keines Schutzes durch Fremdbestimmung bedürfe, wenn er „nach seiner geistigen und sittlichen Reife die Bedeutung und Tragweite des Eingriffs und seiner Gestattung zu ermessen" vermöge (Einsichtsfähigkeit).[896] Auch die strafgerichtliche Rechtsprechung entscheidet seit Anfang des 20. Jahrhunderts in diesem Sinne.[897] Zum Persönlichkeitsschutz hat das Oberlandesgericht Karlsruhe in einem Verfahren entschieden, in dem sich eine 17-Jährige im Urlaub mit nacktem Oberkörper unter Übertragung sämtlicher Veröffentlichungs- und Verbreitungsrechte fotografieren ließ und sich dann gegen die Abbildung in einem Reisekatalog wehrte. Das Gericht urteilte – soweit ersichtlich bisher als einziges Gericht konkret für § 22 KUG – dahingehend, dass die Einwil-

894 RGZ 68, 431; *Zitelmann*, AcP 99 (1906), 1, [62 f.]; weitere Nachweise bei *Knothe*, in: Staudinger BGB, Vorbem. zu §§ 104 – 115, Rn. 56.

895 *Ohly*, Die Einwilligung, S. 298 m.N.

896 RGZ 68, 431; BGHZ 29, 33 [36]; allerdings lässt sich in der Folgezeit keine ganz klare Linie in der BGH-Rechtsprechung zu ärztlichen Heileingriffen mehr erkennen: so stellen BGH, NJW 1970, 511 und BGH, NJW 1972, 335 generalisierend auf die Einwilligungsfähigkeit ab, nicht individuell; BGH, NJW 1984, 1395 [1396] sieht die Einwilligung beiläufig als Willenserklärung an; BGH, NJW 1991, 2344 [2345] untersucht die alleinige Einwilligungsfähigkeit nicht einmal; BGH, FamRZ 2007, 130 anerkennt lediglich ein Vetorecht; vgl. dazu auch *Ohly*, Die Einwilligung, S. 296 f.; zum Begriff der Reife vgl. *Busch*, Der Reifegrad Minderjähriger als Maßstab, S. 29 f.

897 Vgl. nur RGSt 41, 392; vgl. BGHSt 12, 379.

ligung in die Herstellung und Verwendung der Fotoaufnahmen anders als die vertragliche Rechtsübertragung keine rechtsgeschäftliche Willenserklärung darstelle und als solche auch ohne Mitwirkung eines gesetzlichen Vertreters wirksam sei, sofern der beschränkt Geschäftsfähige nach seiner geistigen und sittlichen Reife die Bedeutung und Tragweite des Eingriffs und seiner Gestattung zu ermessen vermag. Dies trage dem Umstand Rechnung, dass das Persönlichkeitsrecht des Minderjährigen gebietet, diesem mit zunehmender Reife in persönlichen Fragen eine eigene Entscheidung treffen zu lassen.[898] Die Gewährung von Teilautonomien findet mitunter auch Zuspruch im persönlichkeitsrechtlichen Schrifttum und hier insbesondere zur Einwilligung im Datenschutz.[899] Der gemeinsame Standpunkt differenziert sich allerdings bei der Frage aus, wie die Einsichtsfähigkeit zu ermitteln ist. So fordern *Baston-Vogt* und andere eine einzelfallbezogene Beurteilung der tatsächlichen Fähigkeiten des Rechtsträgers zur autonomen Entscheidungsfindung.[900] Wieder andere wollen hingegen dem Verkehrsschutz durch feste Altersgrenzen Rechnung tragen.[901]

Die verschiedenen Varianten dieser Alleinentscheidungstheorie basieren auf der Ablehnung eines rechtsgeschäftlichen Charakters der Einwilligung[902] oder/und auf der Durchsetzung des Selbstbestimmungsrechts im Verhältnis zur Elternverantwortung.[903] Maßgeblich sei, dass das Selbstbestimmungsrecht dem Individuum die Macht verleihe, sich gegen Fremdbestimmung, die auch wohlmeinend und in seinem objektiven Interesse sein kann, zu wehren. Im Hinblick auf den Sinn und Zweck des Persönlichkeitsschutzes sei Fremdbestimmung nur insoweit hinzunehmen, als dies zum Schutze des Betroffenen unvermeidbar sei.[904] In dem Maße, in dem die Einsichtsfähigkeit des Minderjährigen zunimmt, verringere sich auch das Entscheidungsrecht der Eltern. Deshalb sei Minderjährigen nicht pauschal die Selbstbestimmungsfähigkeit abzusprechen.[905]

---

898 OLG Karlsruhe, FamRZ 1983, 742 [743]; vgl. auch BayOLGZ 1954, 298 [302] zur Einwilligung in die Unterbringung in psychiatrisches Krankenhaus.

899 *Hubmann*, Persönlichkeitsrecht, S. 171; *Baston-Vogt*, Der sachliche Schutzbereich, S. 228 ff.; 230; zum Bildnisschutz *Heidenreich*, AfP 1970, 960 [962]; *Kaulbach*, AfP 1971, 67; vlg. zum Datenschutz *Simitis*, in: Ders., BDSG, § 4a Rn. 20; *Taeger*, in: Ders./Gabel, BDSG, § 4a Rn. 29; zuletzt auch *Rogosch*, Die Einwilligung im Datenschutzrecht, S. 48 ff.; noch weitergehender wohl *Baston-Vogt*, Der sachliche Schutzbereich, S. 228 ff.; 230.

900 *Baston-Vogt*, Der sachliche Schutzbereich, S. 230 m.w.N.; *Simitis*, in: Ders., BDSG, § 4a Rn. 21.

901 *Rogosch*, Die Einwilligung im Datenschutzrecht, S. 49 f.

902 *Hubmann*, Persönlichkeitsrecht, S. 171; *Heidenreich*, AfP 1970, 960.

903 *Simitis*, in: Ders., BDSG, § 4a Rn. 20; *Rogosch*, Die Einwilligung im Datenschutzrecht, S. 49.

904 *Baston-Vogt*, Der sachliche Schutzbereich, S. 229 f.

905 *Simitis*, in: Ders., BDSG, § 4a Rn. 20; *Baston-Vogt*, Der sachliche Schutzbereich, S. 231 f.; vgl. auch OLG Köln, AfP 1970, 133 mit Hinweis auf die Grundrechtsmündigkeit des Rechtsträgers.

3. Theorie der kumulativen Doppelzuständigkeit

Nach der heute im Persönlichkeitsschutz vorherrschenden Theorie der „kumulativen Doppelzuständigkeit" kann eine Einwilligung hingegen nur wirksam erteilt werden, wenn der einsichtsfähige Minderjährige und sein gesetzlicher Vertreter gemeinsam in den Eingriff einwilligen.[906] Rechtsdogmatisch gründet diese Lösung zumeist auf einer (analogen) Anwendung der § 106 ff. BGB, die jedoch im Falle des höchstpersönlichen Rechtsgutes durchbrochen werden.[907] *Götting*, *Klass* und andere Vertreter befürworten diese Lösung als einen angemessenen Ausgleich zwischen dem elterlichen Sorgerecht und dem Recht des Kindes auf Selbstbestimmung über seine höchstpersönlichen Rechtsgüter.[908] Nach *Dasch* trage eine Alleinentscheidung durch die Eltern den Belangen des einsichtsfähigen Minderjährigen nicht Rechnung, da eine Veröffentlichung von Bildnissen gegen ihren Willen als Störung beim Aufbau ihres sozialen Geltungsanspruchs, d.h. der von ihr beabsichtigten Selbstdarstellung nach Außen empfunden werden könne.[909] Gegen ein Alleinentscheidungsrecht des einsichtsfähigen Minderjährigen spricht wiederum aus der Sicht *Ohlys* sein Schutz vor voreiligen Entscheidungen, die gerade dann drohten, wenn Popularität und Bekanntheit versprochen werden, denn Vertragspartner sei nicht ein der Heilkunst verpflichtender Arzt, sondern häufig ein Unternehmen.[910]

Innerhalb dieses vermittelnden Ansatzes gehen jedoch die Ansichten über Einzelfragen teilweise erheblich auseinander. Ein Streitpunkt betrifft die Doppelfunktionalität der Einwilligung. Während einige Vertreter die kumulative Zuständigkeit auf Einwilligungen beschränken wollen, die nicht im Rahmen eines Vertrages erklärt werden und damit die vermögenswerte Komponente der Persönlichkeitsrechte betreffen,[911] wollen die Mehrheit der Vertreter der Theorie die kumulative

906 Vgl. nur KG Berlin, AfP 2007, 549; *Rixecker*, in: MüKo BGB, Anh. § 12 Rn. 54; *von Strobl-Albeg*, in: Wenzel, Wort- und Bildberichterstattung, Kap. 7 Rn. 69; *Dreier/Specht*, in: Dreier/Schulze, UrhG, § 22 KUG Rn. 26; *Götting*, in: Schricker/Loewenheim, Urheberrecht, § 60/§ 22 KUG Rn. 42; *Höning*, Das Recht am eigenen Bild, S. 141 f.; *Klass*, AfP 200, 507 [515 f.]; vgl. zum Datenschutz *Lindner*, Die datenschutzrechtliche Einwilligung, S. 112, 177 f.; *Buchner*, Informationelle Selbstbestimmung, S. 274 ff.; so auch auf dem 69. Deutschen Juristentag 2012 beschlossen, *DJT e.V.*, Beschlüsse, S. 29, abrufbar unter www.djt.de (11.04.2015); *Knothe*, in: Staudinger BGB, Vorbem. zu §§ 104 – 115, Rn. 56; *Rixecker*, in: MüKo BGB, Anh. § 12 Rn. 54; mit Einschränkungen auch *Ohly*, Die Einwilligung, S. 318 ff.

907 *Götting*, Persönlichkeitsrechte als Vermögensrechte, S. 154 f.; *Beater*, JZ 2013, 111 [118 ff.]; *Klass*, AfP 2005, 507 [516].

908 *Götting*, in: Schricker/Loewenheim, Urheberrecht, § 60/§ 22 KUG Rn. 42; *Götting*, Persönlichkeitsrechte als Vermögensrechte, S. 154; *Klass*, AfP 2005, 507 [516]; *Frauenrath*, GB 2010, 295 [298].

909 *Dasch*, Die Einwilligung zum Eingriff in das Recht am eigenen Bild, S. 101.

910 *Ohly*, Die Einwilligung, S. 323 f.

911 So etwa *Rixecker*, in: MüKo BGB, Anh. § 12 Rn. 54; *Beater*, JZ 2013, 111 [120].

Entscheidungsbefugnis konsequent anwenden.[912] Auch die Ermittlung der Einsichtsfähigkeit des minderjährigen Rechtsträgers wird nicht einheitlich beurteilt. Wie zur Alleinentscheidungstheorie streiten feste Altersgrenzen und Einzelfallbetrachtung gegeneinander. Nach der Stimmenmehrheit soll die zusätzliche Zustimmung ab 14 Jahren erforderlich sein.[913] Die Altersgrenze wird zumeist aus gesetzlichen Wertungen in anderen Normen wie § 5 RKEG und § 1617 c Abs. 1 S. 2 BGB hergeleitet. Anderen zufolge kommt nur eine individuelle Bestimmung in Betracht.[914]

4. *Die grundlegenden Weichen*

Damit sind in groben Zügen die Alternativen genannt, die für die Lösung des Problems der Einwilligung von Geschäftsunfähigen und beschränkt Geschäftsfähigen ernsthaft in Betracht kommen. Als Schlüsselstellen im Diskurs erweisen sich – jedenfalls auf den ersten Blick – die Rechtsnatur der Einwilligung sowie der verfassungsrechtlich präformierte Inhalt und die Grenzen des Personensorgerechts in §§ 1626, 1629 BGB im Verhältnis zum Recht auf Selbstbestimmung des Kindes. Entscheidend ist des Weiteren die Ermittlung der Einsichtsfähigkeit unter Berücksichtigung des Verkehrsschutzes. Der Diskurs im Persönlichkeitsschutz verkürzt die Selbstbestimmungsproblematik bislang zumeist auf die praktisch wichtigen Mitentscheidungsbefugnisse des Kindes mit Wirkung nach außen, ohne den sonstigen innerfamiliären Bindungen und Grenzen hinreichend Aufmerksamkeit zu schenken. Dabei geht es um nichts Geringeres, als das erforderliche Maß an Fremdbestimmung durch die Eltern und das gebotene Maß an kindlicher Selbstbestimmung in einen angemessenen Ausgleich zu bringen. Aktuellen Anlass zu einer weitergehenden Auseinandersetzung bietet nicht zuletzt der jüngst in Kraft getretene § 1631d Abs. 1 S. 2 BGB zur Beschneidung des nicht einsichtsfähigen männlichen Kindes, wonach eine Einwilligung der Eltern unwirksam ist, wenn die Beschneidung auch unter Berücksichtigung ihres Zwecks das Wohl des Kindes gefährden würde. Damit hat der Gesetzgeber nicht nur die Bindung der Eltern bei Ausübung der elterlichen Sorge an das Kindeswohl klar zum Ausdruck gebracht, sondern bei Verstoß auch die elterlichen Handlungsmacht nach außen begrenzt und die Fremdbestimmung limitiert.

---

912 *Ohly*, Die Einwilligung, S. 323; *Rogosch*, Die Einwilligung im Datenschutzrecht, S. 54 f.; *Götting*, Persönlichkeitsrechte als Vermögensrechte, S. 155 f.

913 *Klass*, in: Erman, BGB, Anh. § 12 Rn. 234; *Dasch*, Die Einwilligung zum Eingriff in das Recht am eigenen Bild, S. 105; *Rixecker*, in: MüKo BGB, Anh. § 12 Rn. 54; *von Strobl-Albeg*, in: Wenzel, Wort- und Bildberichterstattung, Kap. 7 Rn. 69; *Dreier/Specht*, in: Dreier/Schulze, UrhG, § 22 KUG Rn. 26; *Lindner*, Die datenschutzrechtliche Einwilligung, S. 112, 177 f.; *Buchner*, Informationelle Selbstbestimmung, S. 274 ff.; a.A. *Rogosch*, Die Einwilligung im Datenschutzrecht, S. 52, 55, der sich für eine grundsätzliche Vermutung ab 18 Jahren mit Ausnahmen ausspricht; vgl. auch OLG Hamm, DuD 2013, 106 zur Erhebung persönlicher Daten von Minderjährigen ab 15 Jahren ohne Einwilligung der Eltern im Rahmen eines Gewinnspiels der Krankenkasse unter wettbewerbsrechtlichem Aspekt.

914 *Knothe*, in: Staudinger BGB, Vorbem. zu §§ 104 – 115, Rn. 58.

II. Entscheidungsbefugnisse zur Disposition über Persönlichkeitsrechte

Für die praktisch dominierende Frage, ob und unter welchen Voraussetzungen eine Einwilligung zum Eingriff in ein Persönlichkeitsrecht wirksam erklärt wird, ist zuvörderst entscheidend, welche Person überhaupt zur Abgabe befugt ist. Die Ermittlung des im Rechtsverkehr befugten Entscheidungsträgers innerhalb der Eltern-Kind-Beziehung richtet sich auch danach, inwiefern und in welcher Form über Persönlichkeitsrechte zu disponieren ist (1.). Der Dispositionsbereich liefert zugleich den normativen Ausgangspunkt der Untersuchung (2.), der sodann in den unterschiedlichen Konstellationen der Lebenssachverhalte zu beleuchten ist (3. und 4.).

1. Der Dispositionsbereich

Dass sich hinter dem Begriff der Einwilligung verschiedene dogmatische Konstruktionen verbergen können, die freilich im Hinblick auf die Dispositionsbefugnis von Minderjährigen unterschiedlich beurteilt werden können und auch nicht zwingend für jedes Persönlichkeitsrecht zur Verfügung stehen, hat *Ohly* in seiner monographischen Untersuchung aufgezeigt.[915] Grundstufe ist die einseitige Einwilligung im engeren Sinne, um die sich die Rechtsnaturdiskussion rankt. In den Schutz von Persönlichkeitsrechten fallende Informationen werden jedoch zunehmend ausschließlich gegen Entgelt und meist mit der Vereinbarung von Exklusivbindungen zur Veröffentlichung freigegeben.[916] Dazu werden schuldrechtliche Verträge zur Gestattung des Eingriffs abgeschlossen. Darüber hinaus wird angesichts praktischer Bedürfnisse auch auf die Diskussion um eine Rechtsübertragung einzugehen sein, in Anlehnung an *Ohlys* Stufenleiter die intensivste Form der rechtlichen Bindung.

a. Einseitige Einwilligung (Einwilligung im engeren Sinne)

Im allgemeinen Sprachgebrauch wird unter Einwilligung die einseitige Gestattung einer Verletzung eines höchstpersönlichen Rechts verstanden. Gekennzeichnet ist die Dispositionsform dadurch, dass sie einen isolierten, eigenständigen Vorgang darstellt, also nicht zum Gegenstand eines Vertrages zählt.[917] Typisches Beispiel ist die Herstellung und Veröffentlichung von Fotoaufnahmen einer jugendlichen Urlauberin ohne nennenswerte Gegenleistung. In aller Regel ist die einseitige Einwilligung widerruflich.[918] Diese einseitige Einwilligung erfüllt dieselbe Funktion wie eine Willenserklärung, anders als bei den anderen Dispositionsformen ist die Rechtsnatur jedoch heftig umstritten.[919] Der traditionellen Linie, welche auf die medizinrechtliche Leitentscheidung des Bundesgerichtshofs aus dem Jahre 1958

915 *Ohly*, Die Einwilligung, S. 55 ff.; 141 ff.

916 *Soehring*, in: Ders./Hoene, Presserecht, § 19 Rn. 43.

917 Z.B. *Buchner*, Informationelle Selbstbestimmung, S. 232.

918 *Buchner*, Informationelle Selbstbestimmung, S. 232; zur Problematik der widerruflichen und unwiderruflichen Einwilligung vgl. *Ohly*, Die Einwilligung, S. 170 ff.

919 *Ohly*, Die Einwilligung, S. 55 ff.

zurückgeht, folgen insbesondere das Schrifttum zum Datenschutzrecht und die gegenüber der Kommerzialisierung von Persönlichkeitsrechten kritisch eingestellten Autoren. Sie bestreiten einen rechtsgeschäftlichen Charakter der Einwilligung und begreifen sie als bloße Gestattung zur Vornahme von Handlungen.[920] Der Großteil der persönlichkeitsrechtlichen Literatur misst der einseitigen Einwilligung dagegen zumindest rechtsgeschäftsähnliche Natur bei.[921]

b. Einwilligung in schuldrechtlichen Verträgen

Daneben wird die Einwilligung vermehrt zur Nutzung der wirtschaftlichen Werte von Persönlichkeitsmerkmalen eingesetzt und rückt so mehr und mehr in das Zentrum vertraglicher Austauschverhältnisse.[922] Wenn mit der Einwilligung die Vereinbarung einer Gegenleistung wie Honorar verbunden ist, ist sie Bestandteil eines schuldrechtlichen Vertrags und es gelten grundsätzlich die rechtsgeschäftlichen Vorschriften.[923] So ermöglicht etwa der „Merchandising-Vertrag" die wirtschaftliche Nutzung von Namen und Eigenschaften von realen Personen des öffentlichen Lebens wie Schauspielern, Politikern und Sportlern.[924] Der Veröffentlichung privater Informationen liegt zumeist ebenfalls ein Vertrag zwischen Medienunternehmen und der betroffenen Person zugrunde, häufig in Form eines Exklusivvertrags. Mit diesem sichern sich die Medienunternehmen einen Informationsvorsprung gegenüber der Konkurrenz, indem es dem Informanten untersagt wird, Informationen oder sonstige Schilderungen zu dem fraglichen Tatsachenkomplex an andere Medien zu geben. Als Gegenleistung erhalten die Informanten ein Honorar.[925] Kommt einer Einwilligung eine derartige schuldvertragliche Bedeutung zu, wird ihr unstreitig ein rechtsgeschäftlicher Charakter zugesprochen.[926] Kontrovers diskutiert wird

---

920 Insbs. *Spindler/Nink*, in; Spindler/Schuster, Recht der elektronischen Medien, § 4 a BDSG, Rn. 2a m.N.; vgl. auch *Simitis*, in: Ders., BDSG, § 4 Rn. 28 m.w.N.; kritisch gegenüber der Kommerzialisierung insbs. *Baston-Vogt*, Der sachliche Schutzbereich, S. 251 ff.; zum Bildnisschutz OLG Karlsruhe, FamRZ 1983, 742 [743]; *Heidenreich*, AfP 1970, 960.

921 Insbs. *Burkhardt*, in: Wenzel, Wort- und Bildberichterstattung, Kap. 6 Rn. 93; *Dasch*, Die Einwilligung zum Eingriff in das Recht am eigenen Bild, S. 48 ff.; *Helle*, AfP 1985, 93; *Ricker/Weberling*, Presserecht, 43. Kap. Rn. 6 jeweils mit weiteren Nachweisen; OLG München, ZUM 2011, 708 [709].

922 Zur Einwilligung als Kommerzialisierungsinstrument vgl. *Buchner*, DuD 2010, 39.

923 *Soehring*, in: Ders./Hoene, Presserecht, § 19 Rn. 44.

924 *Wandtke/Grunert*, in: Wandtke/Bullinger, Urheberrecht, Vor §§ 31 ff. Rn. 89 f.; vgl. auch *Schertz*, in: Loewenheim, Handbuch des Urheberrechts, § 79 Rn. 3 ff.; *Nesser*, Der Künstlervertrag in der Musikindustrie.

925 Vgl. ausführlich *Soehring*, in: Ders./Hoene, Presserecht, § 7 Rn. 48 ff.; *Burkhardt*, in: Wenzel, Wort- und Bildberichterstattung, Kap. 2 Rn. 62 ff.; *Bezzenberger*, in: Götting/Schertz u. a., Handbuch, § 46.

926 *Buchner*, Informationelle Selbstbestimmung, S. 237.

allerdings das Verhältnis der Einwilligung zum schuldrechtlichen Vertrag.[927] Ob eine gedankliche Trennung zwischen Schuldvertrag und Einwilligung möglich ist und ob die schuldrechtliche Verpflichtung zur Duldung einer Handlung mit der Einwilligung identisch ist, ist nach wie vor unklar. Im persönlichkeitsrechtlichen Schrifttum schließen sich nicht wenige Stimmen der frühen Ansicht von *Zitelmann*[928] an und trennen zwischen Einwilligung und Vertrag.[929] Die Erklärung der Einwilligung ist dann Erfüllung der im Vertrag verankerten Verpflichtung zur Einwilligung.[930] Auch einige höchstrichterliche Entscheidungen lassen sich dahingehend interpretieren, wenn sie unterschiedliche Wirksamkeitsvoraussetzungen für die Einwilligung und den schuldrechtlichen (beispielsweise Behandlungs-) Vertrag aufstellen.[931] Nach der Gegenansicht lässt sich eine Unterscheidung von Vertrag und Einwilligung nicht treffen, die Einwilligung wird demnach *im Wege* des Vertrages erklärt.[932] Es wird zu untersuchen sein, welche Konsequenzen die widerstreitenden Positionen für die Ermittlung der Entscheidungsbefugnis haben.

c. Die Diskussion um die Möglichkeit der Rechtsübertragung

Die stärkste Form der Disposition ist die Übertragung eines Persönlichkeitsrechts auf eine andere Person. Der Verwerter kann sich dann selbst mit Abwehr- und Ausgleichsansprüchen gegen die Beeinträchtigung durch Dritte zur Wehr setzen.[933] Ob das Dogma der Unübertragbarkeit von Persönlichkeitsrechten trotz der praktischen Bedürfnisse an ausschließlicher Übertragung der Befugnis zur kommerziellen Verwertung von Bildnissen, Namen und so fort aufrechtzuerhalten ist, erscheint noch nicht abschließend geklärt.[934] Ausdruck genereller Skepsis gegenüber der wirtschaftlichen Verwertung menschlicher Persönlichkeitsrechte ist die Auffassung eines Großteils der Lehre, die an der Unübertragbarkeit festhalten will. So sollen sich die Interessenkreise der vermögenswerten und ideellen Bestandteile überschneiden und ineinander übergehen, so dass sie untrennbar miteinander verflochten sind.[935] Die Nutzung von Persönlichkeitsrechten kann demnach nicht mit gegenständlicher,

927 Grundlegend *Ohly*, Die Einwilligung, S. 167 ff.

928 *Zitelmann*, AcP 99 (1906), 1 [61].

929 *Götting*, Persönlichkeitsrechte als Vermögensrechte, S. 158 f.; *Kohte*, AcP 185 (1985), 105 [136]; *Dasch*, Die Einwilligung zum Eingriff in das Recht am eigenen Bild, S. 61; ähnlich auch *Hubmann*, Persönlichkeitsrecht, S. 171.

930 *Ohly*, Die Einwilligung, S. 169.

931 Bspw. BGHZ 29, 33 [37]; *Dasch*, Die Einwilligung zum Eingriff in das Recht am eigenen Bild, S. 59.

932 *Helle*, Besondere Persönlichkeitsrechte, S. 103; *Helle*, AfP 1985, 93 [95]; *Schwerdtner*, AcP 173 (1973), 227; wohl auch *Fricke*, in: Wandtke/Bullinger, Urheberrecht, § 22 KUG Rn. 13; *Frömming/Peters*, NJW 1996, 958 [958].

933 *Rixecker*, in: MüKo BGB, Anh. § 12 Rn. 26 f.

934 Zu den kommerziellen Persönlichkeitsbestandteilen ausführlich Kapitel 5 § 3 B. IV.

935 *Götting*, NJW 2001, 585 [586]; *Klass*, in: Erman, BGB, Anh. § 12 Rn. 202.

sondern nur mit schuldrechtlicher Wirkung gestattet werden.[936] Andere Stimmen der Literatur wollen eine Rechtsübertragung ermöglichen. Vorgeschlagen wird beispielsweise eine Übertragung des dualistischen Modells des Urheberrechts, wonach zwischen Persönlichkeitsrechten und Persönlichkeitsgegenständen zu unterscheiden ist, die sich zu Immaterialgüterrechten an einem verselbständigten Persönlichkeitsbild gebildet haben. Diese „Persönlichkeitsgüterrechte" sollen in weitgehendem Maße übertragbar sein.[937] Kritische Stimmen wollen Persönlichkeitsrechte demgegenüber als einheitliche Rechte mit vermögensrechtlichen Elementen betrachten, an denen aber gegenständliche Nutzungsrechte oder Lizenzen erteilt werden können, wenn sie eine gewisse Vergegenständlichung erfahren haben. Auf diesem Wege kommen die Vertreter des monistischen Modells zu einer konstitutiven Rechtsübertragung, d.h. die Übertragung von abgespaltenen Teilrechten bzw. Nutzungsbefugnissen unter Bindung an das Stammrecht, sog. gebundene Rechtsübertragung.[938] In die gleiche Richtung geht der Vorschlag, die Einwilligung um Elemente der Lizenz anzureichern. Demnach sollen auch einseitige Einwilligungen ohne Einbindung in einen Vertrag unwiderruflich oder eingeschränkt widerruflich erteilt werden können. Die durch die Einwilligung erlangte Rechtsposition soll dann nach §§ 413, 398 BGB analog übertragbar sein. Dadurch kann sich der Verwerter zwar nicht aus eigenem Recht gegen Dritte wehren, durch eine gewillkürte Prozessstandschaft könnte jedoch dasselbe Ergebnis erreicht werden.[939]

Die Rechtsprechung des Bundesgerichtshofs lässt keine eindeutige Tendenz erkennen. Eine Gelegenheit zur Klärung hatte das Gericht etwa im Fall *Nena*. Die Schlagersängerin hatte einem Verwerter in einem „Merchandising-Sponsor-Promotion-Vertrag" sämtliche Rechte zur kommerziellen Nutzung ihrer Publizität übertragen. Der Verwerter wollte sich nunmehr gegen die unberechtigte Verwertung durch Dritte zur Wehr setzten. Der Bundesgerichtshof sprach dem Verwerter einen Bereicherungsanspruch gegen den Dritten zu, ohne in der Begründung eindeutig Stellung dazu zu beziehen, ob der Verwerter aufgrund einer gebundenen Rechtsübertragung oder einer gewillkürten Prozessstandschaft aktivlegitimiert war. Jedenfalls hielt das Gericht einen Eingriff in den rechtlichen Zuweisungsgehalt für möglich.[940] Ein vorläufiger Schlussstein wurde dann mit der *Marlene-Dietrich*-Entscheidung und der Entscheidung *blauer Engel* gesetzt, in denen der Bundesgerichtshof die Vererbbarkeit von vermögenswerten Bestandteilen der Persönlichkeitsrechte anerkannte.

---

936 *Schack*, Urheber- und Urhebervertragsrecht, Rn. 56 ff.; *Helle*, Besondere Persönlichkeitsrechte, S. 114 ff.; *Dasch*, Die Einwilligung zum Eingriff in das Recht am eigenen Bild, S. 35.

937 *Beuthin/Schmölz*, Persönlichkeitsschutz durch Persönlichkeitsgüterrechte, S. 16 f.; *Ullmann*, WRP 2000, 1049.

938 *Schertz*, in: Loewenheim, Handbuch des Urheberrechts/Schertz, § 18 Rn. 17; *Schertz*, Merchandising, Rn. 380; *Forkel*, GRUR 1988, 491 [493 ff.]; ähnlich auch *Hubmann*, Persönlichkeitsrecht S. 132; *Brandl*, AfP 1981, 351.

939 *Helle*, Besondere Persönlichkeitsrechte, S. 108 ff; *Helle*, AfP 1985, 93 [94].

940 BGH, NJW 1987, 231 – Nena.

Diese seien nicht in gleicher unauflöslicher Weise mit der Person des Rechtsträgers verbunden wie die ideellen Bestandteile.[941] Exklusivverträge und „personality merchandising“ stehen somit nach wie vor auf unsicherem rechtlichen Grund, was die beabsichtigte „dingliche“ Wirkung der Vereinbarungen angeht. Für die Streitfrage der Einwilligungsfähigkeit macht dies insofern keinen Unterschied, als sich die Entscheidungskompetenz bei Rechtsübertragungen, sofern man sie anerkennt, nach den Regeln für die schuldrechtliche Einwilligung richtet.

2. Gesetzesbindung und normativer Ausgangspunkt

Die nur fragmentarische Kodifikation des Instituts der Einwilligung darf nicht darüber hinwegtäuschen, dass mit ihr zusammenhängende Fragen wie die Fähigkeit zur wirksamen Erklärung auf der Grundlage der Gesetze zu klären sind. Der Grundsatz der Gesetzesbindung (Art. 20 Abs. 3, Art. 97 GG) verlangt die Fixierung einer normativen Grundlage, auf der die konkrete Relation von Fremd- und Selbstbestimmung auszuloten ist. Die Ermittlung der Entscheidungsbefugnisse bei der Disposition über Persönlichkeitsrechte erhält damit zugleich eine grundlegende Struktur. Im Vordergrund steht somit die Frage, ob der konkret in Frage stehende Sachverhalt eine gesetzliche Regelung erfahren hat. In einem zweiten Schritt ist dann zu prüfen, ob deren Anwendung zu angemessenen Ergebnissen gelangen kann. Erst wenn dies zu verneinen ist, ist im Wege und in den Grenzen juristischer Methoden eine angemessene Rechtslage herbeizuführen.

Spezielle Normen darüber, unter welchen Voraussetzungen ein Minderjähriger in die deliktische Verletzung einwilligen kann, existieren bekanntlich nicht. Erfolgt die Disposition in Form eines schuldrechtlichen Vertrages, gelten für die Einwilligung die §§ 104 ff. BGB. Problematisch ist lediglich die gesetzliche Anknüpfung der einseitigen Einwilligung, da deren Rechtsnatur umstritten ist. Ordnet man sie mit der Mehrheitsmeinung im Medienrecht den Rechtsgeschäften zu oder hält sie jedenfalls für eine rechtgeschäftsähnliche Handlung, ist ebenfalls das gesetzliche Regelungsmodell in §§ 104 ff. BGB der Ausgangspunkt.[942] Lehnt man hingegen einen rechtsgeschäftlichen Charakter ab und sieht in der Einwilligung nur eine Gestattung zur Vornahme von Handlungen, ist die gesetzliche Regelungslücke durch Rechtsfortbildung zu schließen. Selbst dann ist aber ein Rückgriff auf die Regeln der Rechtsgeschäftslehre gem. §§ 104 ff. BGB naheliegend, die zutreffend im Mittelpunkt der Diskussion stehen. Zunächst spricht dafür die Gleichbehandlung mit der schuldrechtlichen Einbindung. Für den Minderjährigen dürfte es oft Zufall sein, ob sein Gegenüber einen Vertrag abschließen oder sich mit einer einseitigen Einwilligung begnügen möchte. Im Bürgerlichen Gesetzbuch sind die Normen zudem der einzig sinnvolle Anknüpfungspunkt. Da es vorwiegend um die Zustimmung

---

941 BGHZ 143, 214 [221] – Marlene Dietrich; BGH, NJW 2000, 2201 – Blauer Engel.

942 *Beater*, JZ 2013, 111 [116] m.N.; *Dasch*, Die Einwilligung zum Eingriff in das Recht am eigenen Bild, S. 100 ff.; *Dreier/Specht*, in: Dreier/Schulze, UrhG, § 22 KUG Rn. 24 ff.

von unerlaubten Handlungen geht, könnte quasi spiegelbildlich noch die Deliktsfähigkeit von Kindern und Jugendlichen als Ausgangspunkt dienen, die stufenweise in § 828 BGB geregelt ist. Es ließe sich argumentieren, dass derjenige, der die zur Erkenntnis seiner Verantwortlichkeit erforderliche Einsicht hat, auch zur Einwilligung berechtigt sein sollte. § 828 BGB betrifft jedoch nicht die Verwirklichung der Selbstbestimmung des Kindes im Rahmen der elterlichen Sorge, sondern lediglich die Bestimmung der maßgeblichen Fähigkeiten. Sie könnte allenfalls zur Ermittlung seiner Einsichtsfähigkeit herangezogen werden. Schließlich ist die Einordnung als Realhandlung auch nicht erforderlich, um zu angemessenen Ergebnissen zu kommen, da diese auch bei der rechtsgeschäftlichen Erklärung möglich sind.[943]

Die Rechtsnatur der Einwilligung ist somit nicht entscheidend, um den normativen Ausgangspunkt für die Ermittlung der zivilrechtlichen Maßstäbe in den §§ 104 ff. BGB festzulegen. Ihr sollte im Übrigen auch keine weitergehende Bedeutung zukommen. Letztlich handelt es sich um eine formalbegriffliche Diskussion, welche die entscheidenden materiellen, auf die konkrete Funktion und Bedeutung der jeweiligen Willensäußerung bezogenen Erwägungen allenfalls ergänzen kann.[944] Dies belegt schon die in sich verwickelte Argumentationslinie, wenn einerseits die Rechtsnatur als Begründung der Voraussetzungen der Einwilligungsfähigkeit herangezogen wird, andererseits aber eben diese als Begründung für die Rechtsnatur dienen.[945] Selbst bei Zusprechen eines rechtsgeschäftlichen Charakters kann dies nicht dazu führen, dass alle rechtsgeschäftlichen Normen unbesehen Anwendung finden. Die Rechtsnatur ist also nicht das entscheidende Kriterium zur Bestimmung der Einwilligungsfähigkeit, sondern allenfalls ein Ausgangspunkt, der auf dem äußeren Anstrich beruht und keine weitgehenden Konsequenzen hat.[946]

Somit ist unter Berücksichtigung der Interessen und des Schutzzwecks im Einzelfall zu prüfen, ob es angesichts der Rechtsgüter gerechtfertigt erscheint, die §§ 104 ff. BGB uneingeschränkt anzuwenden.[947] Wenn die Anwendbarkeit nicht zu sachgerechten Lösungen führt und der jeweiligen Interessenlage nicht gerecht

943 *Simitis*, in: Ders., BDSG, § 4a Rn. 20.

944 *Baston-Vogt*, Der sachliche Schutzbereich, S. 227 m.w.N.

945 Vgl. etwa *Knothe*, in: Staudinger BGB, Vorbem. zu §§ 104 – 115, Rn. 57, der die Rechtsnatur als Vorfrage behandelt; *Schertz*, in: Götting/Schertz u. a., Handbuch, § 12 Rn. 18 zieht mit §§ 104 ff. BGB verbundenen Minderjährigenschutz als Argument für die Einordnung der Einwilligung heran.

946 Ebenso *Buchner*, Informationelle Selbstbestimmung, S. 237; ausdrücklich auch *Kohte*, AcP 185 (1985), 105 [120]; *Simits*, in: Ders., BDSG, § 4a Rn. 20; korrigierend auch bspw. *Dasch*, der zunächst die Einwilligung als rechtsgeschäftliche Willenserklärung ansieht, die Rechtsgeschäftsregeln aber dennoch nicht durchgehend Anwendung finden lässt, da der Einwilligung potenziell eine andere Funktion als eine rechtsgeschäftliche Willenserklärung hat, in: *Dasch*, Die Einwilligung zum Eingriff in das Recht am eigenen Bild, S. 57; bspw. auch *von Strobl-Albeg*, in: Wenzel, Wort- und Bildberichterstattung, Kap. 7 Rn. 68 f.

947 *Klass*, AfP 2005, 507 [510 f.].

werden kann, also die Ergebnisse nicht angemessen sind, sind die gesetzlichen Regelungen zu durchbrechen.[948] Die eigentliche Herausforderung für den Rechtsanwender besteht also darin zu entscheiden, ob und in welchem Maße vom gesetzlichen Regelungsmodell abzuweichen ist und wie dies zu erfolgen hat. Dies soll anhand der verschiedenen Konstellationen aus der Sicht minderjähriger Rechtsträger beleuchtet werden.

3. Einwilligung in den Persönlichkeitsrechtseingriff durch Geschäftsunfähige

Das erste Problemfeld ist eröffnet, wenn dem Eingriff in Persönlichkeitsrechte eines geschäftsunfähigen Kindes im Alter von 0 bis 6 Jahren zugestimmt wird. Bei Fotoaufnahmen, Kindermodenschauen, Kinder-Casting-Shows, dem Posten von Babyfotos im Internet und so fort werden die Eltern die Einwilligung erteilen, ohne dass an der Wirksamkeit Zweifel gehegt werden.

a. Alleinentscheidungsbefugnis der Eltern

Dies beruht auf der rechtlichen Handlungsmacht nach außen, die bei geschäftsunfähigen Kindern unproblematisch bei den Eltern liegt: nach § 105 Abs. 1 BGB ist die Einwilligung des Minderjährigen unwirksam, und es bleibt den Eltern überlassen, im Dispositionsbereich der Persönlichkeitsrechte zu entscheiden und ihr Kind zu vertreten.[949] Diese Lösung des Gesetzes ist zweifelsohne und unbestritten auch für die Disposition von Persönlichkeitsrechten interessengerecht und angemessen. Eltern sind nach §§ 1626, 1629 BGB neben der tatsächlichen Sorge auch zur eigenen oder stellvertretenden Teilnahme am Rechtsverkehr berufen, etwa durch Abschluss von Verträgen. Die Selbstbestimmung des Kindes wird hier zu Recht eingeschränkt, da nicht einsichtsfähige Minderjährige keine eigenverantwortlichen Entscheidungen zu treffen vermögen. Feste Grundsätze, in welchen Fällen und in welcher Form dem Selbstbestimmungsrecht zur Geltung zu verhelfen ist, existieren zwar nicht. Als Grundvoraussetzung der Selbstbestimmung wird aber zu Recht verlangt, dass ein Minderjähriger fähig ist, den Lebenssachverhalt zu überblicken und die Folgen seiner Entscheidung abzuschätzen, also Einsichtsfähigkeit besteht.[950] Entscheidend

---

948 *Beater*, JZ 2013, 111 [113].

949 Hierin besteht soweit ersichtlich i.E. Einigkeit, vgl. nur *Frauenrath*, GB 2010, 295 [297] m.N.

950 *Fegeler*, Der Maßstab des Wohls des Kindes, S. 81; *Rogosch*, Die Einwilligung im Datenschutzrecht, S. 49; *Ohly*, Die Einwilligung, S. 319 ff.; *Klass*, in: Erman, BGB, Anh. § 12 Rn. 234; *Knothe*, in: Staudinger BGB, Vorbem. zu §§ 104 – 115, Rn. 56; *Dasch*, Die Einwilligung zum Eingriff in das Recht am eigenen Bild, S. 105; *Rixecker*, in: MüKo BGB, Anh. § 12 Rn. 54; *von Strobl-Albeg*, in: Wenzel, Wort- und Bildberichterstattung, Kap. 7 Rn. 69; *Dreier/Specht*, in: Dreier/Schulze, UrhG, § 22 KUG Rn. 26; *Knothe*, AcP 185 (1985), 151; zur uneinheitlichen Terminologie in der Diskussion zur Grundrechtsmündigkeit vgl. *Hohm*, NJW 1986, 3107 [3108 f.].

ist insoweit, dass Selbstbestimmung die Übernahme von Selbstverantwortung für das eigene Verhalten voraussetzt.

b. Realisierung selbstbestimmender Einflüsse in Form des natürlichen Kindeswillens

Dennoch sind Menschen, welche die Anforderungen an die rechtliche Handlungsmacht nicht erfüllen, keineswegs zum bloßen Rechtsobjekt degradiert. Vielmehr kann der Wille dann als natürlicher Wille von Belang sein. Der Begriff ist rechtlich nicht definiert, wird aber insbesondere im Betreuungsrecht verwendet und meint den auf irgendeine Weise zum Ausdruck gebrachten Willen eines nicht einsichtsfähigen Menschen. Die Berücksichtigung dieses Willens bestimmt beispielsweise § 1896 Abs. 1a BGB zur Bestellung eines Betreuers gegen den Willen eines Volljährigen. In der Diskussion ist der natürliche Wille auch im Zusammenhang mit dem Widerruf einer Patientenverfügung.[951]

Kinder haben in der Regel bereits im Alter von drei Jahren alle notwendigen sozialen und psychischen Kompetenzen erworben, um einen eigenen stabilen Willen zu haben.[952] Nach dem Leitgedanken des § 1626 Abs. 2 BGB, der sich insbesondere auch in Art. 5, 12 KRK wiederfindet, ist dieser Kindeswille auch für die Entscheidungen der Eltern über die Persönlichkeitsrechte ihrer Kinder von Belang. Durch den vorgesehenen „partnerschaftlich-diskussionsorientierten"[953] Erziehungsstil wird der Sicht des Kindes und seinem Willen zwar eine gewisse Aufmerksamkeit zuteil. Jedoch begründen das Besprechen von Fragen der elterlichen Sorge und die Bemühung um Einvernehmen nach S. 2 der Vorschrift keine Entscheidungszuständigkeit des Minderjährigen nach außen, etwa in Form eines Vetorechts. Der Entscheidungsvorrang der Eltern bleibt hiervon unberührt und die elterliche Sorge unbegrenzt.[954] Das Bürgerliche Recht knüpft an den natürlichen Willen von minderjährigen Personen bis auf wenige Ausnahmen, wie beispielsweise beim Besitzbegründungswillen gem. § 854 BGB,[955] keine Rechtswirkungen, auch nicht im Hinblick auf Entscheidungen über den Minderjährigen betreffende Angelegenheiten. So knüpfen die Vorschriften zur Namensänderung in § 1617 c und § 1618 BGB zwar nach ihrem Wortlaut an den natürlichen Kindeswillen ab dem 5. Lebensjahr an und sollen das Persönlichkeitsrecht des Kindes gewährleisten. Unter Rückgriff auf die §§ 104 ff. BGB gilt aber ein Stufensystem, so dass für Geschäftsunfähige ausschließlich die Eltern zustimmungsbefugt sein sollen.[956] Auch aktuell bei der Schaffung des § 1631d BGB zur Beschneidung des nicht einsichtsfähigen männlichen Kindes hat der Gesetz-

---

951 Ausführlich zum Ganzen *Jox*, in: Schildmann/Fahr/Vollmann, Entscheidungen am Lebensende in der modernen Medizin, S. 69 ff.; *Steenbreker*, NJW 2012, 3207 ff.

952 *Balloff*, FPR 2002, 240 [241].

953 Vgl. *Diederichsen*, NJW 1998, 1977 [1984].

954 *Rauscher*, Familienrecht, § 33 Rn. 961

955 *Palandt*, § 854 Rn. 4.

956 Dazu *v. Sachsen Gessaphe*, in: MüKo BGB, § 1617 c Rn. 7 ff.

geber dem Kindeswillen eine Außenwirkung versagt. Den Vorschlag, einer elterlichen Einwilligung gegen den „ernsthaften und unmissverständlichen Willen des Kindes“ die Wirkung nach außen zu versagen, hat man im Gesetzgebungsprozess abgelehnt.[957] Nach der Gesetzesbegründung könne ein entgegenstehender kindlicher Wille allenfalls „in Einzelfällen“ im Rahmen des Kindeswohls in § 1631d Abs. 1 S. 2 BGB berücksichtigt werden.[958] Somit bleibt es dabei, dass die Eltern für ihre geschäftsunfähigen Kinder über die Disposition ihrer Persönlichkeitsrechte entscheiden. Der natürliche Wille des Kindes ist angesichts des § 1626 Abs. 2 BGB bei der Entscheidungsfindung zu berücksichtigen, insbesondere wenn er sich gegen eine Einwilligung richtet. Außenwirkung im Sinne eines Mitwirkungsrechts kommt dem natürlichen Kindeswillen *de lege lata* aber nicht zu.

Ihr Selbstbestimmungsrecht könnte darüber hinaus auf eine Weise verstärkt werden, die – soweit ersichtlich – noch nicht Eingang in die Diskussion zum Persönlichkeitsrecht gefunden hat: durch eigenständige Informations- und Aufklärungsansprüche. Da diese im Medizinrecht erwogene Festigung der Position minderjähriger Patienten die Entscheidungsbefugnis unberührt lässt, werden sie im Zusammenhang mit den Wirksamkeitsanforderungen an eine Einwilligungserklärung zu erörtern sein.[959]

4. *Einwilligung in den Persönlichkeitsrechtseingriff durch beschränkt Geschäftsfähige*

Für die beschränkt geschäftsfähigen Kinder und Jugendlichen zwischen 7 und 18 Jahren wird das starre Regelungsmodell in den §§ 106 ff. BGB zu Recht als modifikationsbedürftig angesehen. Die nachfolgenden Sachkonstellationen weisen aus, inwieweit die Anwendung der §§ 104 ff. BGB zu gerechten Lösungen der Problemfelder führen kann, die bei der Einwilligung von Minderjährigen in die Verletzung ihrer Persönlichkeitsrechte verhaftet sind.[960]

a. Alleinige Einwilligungserklärung der Eltern

Der Regelfall dürfte sein, dass die Eltern auch dann noch für ihre Kinder entscheiden und damit allein ihre Zustimmung einen Eingriff rechtfertigen, wenn diese bereits das 7. Lebensjahr vollendet und ihre Fähigkeiten zur Einschätzung von Bedeutung und Tragweite eines Eingriffs weiter ausgebildet und entwickelt haben. *De jure* ist die elterliche Erklärung grundsätzlich wirksam, da Eltern als Teil ihrer Sorge gem. §§ 1626, 1629 BGB auch zur Entscheidung über persönliche Angelegenheiten ihrer

---

957 BT-Drs. 17/11816; BT-Plenarprotokoll 17/213 v. 12.12.2012, S. 26100; vgl. dazu auch OLG Hamm, FamRZ 2013, 1818; *Peschel-Gutzeit*, NJW 2013, 3617 ff.; *Rixen*, NJW 2013, 257 ff.

958 BT-Drs. 17/11295, S. 18.

959 S. in diesem Kapitel unter § 2 B. II.

960 Diese Vorgehensweise orientiert sich an der Darstellung bei *Beater*, JZ 2013, 111 [116 ff.].

Kinder berufen sind. Gesetzliche Einschränkungen, am ehesten §§ 1821, 1822 BGB, kommen wegen der einzelfallorientierten Regeln auch in analoger Anwendung nicht in Betracht.[961]

Diese Rechtslage bildet heute den Schwerpunkt der Debatte um die Problematik der Einwilligungsfähigkeit von minderjährigen Rechtsträgern. Die Kritik knüpft daran an, dass das Recht des Kindes auf Selbstbestimmung in eigenen Angelegenheiten selbst dann außer Acht gelassen wird, wenn – wie üblich – die Einsichtsfähigkeit vor dem Erreichen des 18. Lebensjahres eintritt, der Minderjährige also zu einer eigenverantwortlichen Entscheidung in der Lage ist. Die statische Auflösung des familienrechtlichen Spannungsverhältnisses zwischen elterlicher Sorge und den wachsenden Fähigkeiten des Kindes zugunsten der Fremdbestimmung durch die §§ 107 ff. BGB wird bei höchstpersönlichen Angelegenheiten schon angesichts der grundrechtlichen Wertungen als unangemessen empfunden. Besorgniserregend erscheint die Machtlosigkeit von Kindern und Jugendlichen dann, wenn Eltern – aus welchen Motiven auch immer – gegen ihren Willen und möglicherweise gegen ihr Wohl handeln. Dies wird nicht der Regelfall sein, sollte aber auch nicht als bedauernswerte Ausnahme abgetan werden: So liegen nicht nur Kinderortung- und ähnliche Überwachungsdienste im Trend, welche das informationelle Selbstbestimmungsrecht des Kindes massiv tangieren.[962] Nicht selten kann man beispielsweise auch in Talk- und Erziehungsshows erleben, wie Kinder vor laufender Kamera zur Schau gestellt werden.[963] Bereits 2011 hat der Deutsche Kinderschutzbund darauf aufmerksam gemacht, dass unter anderem aufgrund des hohen Konkurrenzdrucks unter Privatsendern und die gestiegenen Produktionskosten Reality-, Coaching- und Casting-Formate zunehmen, in denen immer öfter auch Kinder in Situationen der Erniedrigung und Hilflosigkeit zu sehen sind.[964] Ein Verfahren vor dem Landgericht Bielefeld soll vor diesem Hintergrund Beispiel geben:

> *Die Mutter einer 15-Jährigen schloss mit der Produktionsfirma der Sendung „Die Super Nanny" im eigenen und im Namen ihrer Tochter eine sog. Mitwirkungsvereinbarung, mit der alle urheberrechtlichen Nutzungs-, Leistungs- und sonstigen Rechte übertragen wurden. Nach Drehschluss verlangt die Minderjährige nun Unterlassung der Ausstrahlung der Sendung.*[965]

Ob es angesichts der betroffenen Rechtsgüter gerechtfertigt erscheint, die §§ 104 ff. BGB uneingeschränkt anzuwenden, ist unter Berücksichtigung der Interessen und des Schutzzwecks im Einzelfall zu prüfen.[966]

---

961 *Beater*, JZ 2013, 111 [118].
962 *Buchner*, Informationelle Selbstbestimmung, S. 249.
963 *Klass*, AfP 2005, 507 [515].
964 Resolution der Bundesmitgliederversammlung 2011 des Deutschen Kinderschutzbundes, abrufbar unter www.dksb.de (11.04.2015).
965 LG Bielefeld, NJW-RR 2008, 715 [715 f.]; vgl. auch KG Berlin, AfP 2007, 549.
966 Ebenso *Klass*, AfP 2005, 507 [510 f.].

aa. Einwilligung als Ausübung des Selbstbestimmungsrechts

Ausgangspunkt des Diskurses ist das Recht auf Selbstbestimmung in eigenen Angelegenheiten, dessen Gewährleistung im Kindes- und Jugendalter eine immer größere Aufmerksamkeit zuteil wurde. Tragender Grund für die Anerkennung der rechtfertigenden Einwilligung ist zwar grundsätzlich das durch die Allgemeine Handlungsfreiheit in Art. 2 Abs. 1 GG verankerte Prinzip der Privatautonomie. Bei persönlichen Interessen wird die Befugnis zur Disposition aber auch aus dem Allgemeinen Persönlichkeitsrecht, genauer dem Selbstbestimmungsrecht, sowie der Menschenwürde entnommen. Die Einwilligung ist somit genuiner Ausdruck des Rechts auf Selbstbestimmung in eigenen Angelegenheiten.[967] Dieses soll dem Einzelnen die für seine persönliche Entwicklung und Entfaltung konstitutive autonome Gestaltung seines Lebens ermöglichen.[968] Der Kindeswille ist somit als Ausfluss des Allgemeinen Persönlichkeitsrechts generell über Art. 2 Abs. 1, Art. 1 Abs. 1 GG grundrechtlich geschützt, wenn es um persönliche Angelegenheiten geht.[969] Diesen Punkt hat auch das Landgericht Bielefeldt zur *Super-Nanny* maßgeblich zur Entscheidung herangezogen.[970]

Das Bedürfnis nach Anerkennung eines Mitentscheidungsrechts beruht gleichermaßen darauf, dass sich der Kindeswille in diesen Fällen auf höchstpersönliche Rechtsgüter beziehen, die generell „stellvertretungsfeindlich" sind.[971] Die in den Persönlichkeitsrechten verkörperten Belange stehen jeder natürlichen Person um ihrer Persönlichkeit willen zu und sind untrennbar mit ihr verbunden. Schon ihrer inneren Natur nach müssen sie von der betreffenden Person selbst ausgeübt werden.[972] So wird etwa das Recht auf informationelle Selbstbestimmung in Art. 2, 1 GG ohne Mitbestimmung des Minderjährigen bei der datenschutzrechtlichen Einwilligung zum bloßen Abwehr- und Ausschlussrecht, was seiner Natur als Gestaltungs- und Ausübungsrecht widerspricht.[973] Eine mögliche Fremdbestimmung in persönlichkeitsrechtlichen Angelegenheiten unterliegt folglich strengeren grundrechtlichen Wertungen als beispielsweise die Vertretung bei Vermögensrechten. Dass Persönlichkeitsrechte, allen voran das Recht am eigenen Bild nach § 22 KUG, zugleich auch vermögensrechtliche Komponenten aufweisen, ändert an dieser Einschätzung zunächst nichts. Auch sie sind durch ihren besonders starken Personenbezug gekennzeichnet, der für sonstige Vermögensgegenstände unüblich ist.

---

967 *Klass*, in: Erman, BGB, Anh. § 12 Rn. 229; *Starck*, in: v. Mangoldt/Klein/Starck, GG, Bd. 1, Rn. 145; vgl. hierzu insbesondere *Ohly*, Die Einwilligung, S. 96; zum Grundrechtsverzicht in diesem Zusammenhang *Klass*, AfP 2005, 507 [510].

968 *Baston-Vogt*, Der sachliche Schutzbereich, S. 229.

969 *Kohne*, Der Wille des Kindes im familienrechtlichen Verfahren, S. 30 m.w.N.; *Fegeler*, Der Maßstab des Wohls des Kindes, S. 72 ff.

970 LG Bielefeld, NJW-RR 2008, 715.

971 So zur Einwilligung in ärztliche Eingriffe jüngst *Kern*, NJW 1994, 753 ff.

972 *Dölitzsch*, Vom Kindesschutz zu Kindesrechten, S. 5.

973 *Buchner*, Informationelle Selbstbestimmung, S. 249; zustimmend *Rogosch*, Die Einwilligung im Datenschutzrecht, S. 49.

bb. Wesen und Zweck der Elternverantwortung

Die höchstpersönliche Natur der Rechte allein führt noch nicht zwangsläufig dazu, dass die elterliche Entscheidungsmacht einzuschränken ist. Als „Sachwalter" der Grundrechte sind Eltern auch und gerade zur Wahrnehmung der elementaren Persönlichkeitsrechte berufen. Bei Ausübung ihrer elterlichen Sorge, die nach § 1629 BGB auch die gesetzliche Vertretung des Kindes bei Erklärung der einseitigen und schuldrechtlichen Einwilligung umfasst, nehmen Eltern grundsätzlich berechtigte Interessen wahr. Die Auslegung und Anwendung der Normen zum einfachen Sorgerecht hat aber zugleich die verfassungsrechtliche Prägung zu berücksichtigen, dass das Elternrecht aus Art. 6 Abs. 2 GG dem wachsenden Selbstbestimmungsrecht des Kindes weicht. Ziel muss es sein, die Kinder zur Selbständigkeit zu erziehen und die Persönlichkeitsentwicklung zu fördern. In diesem Zusammenhang ist daher zu beachten, dass das Recht der Eltern nicht ihnen selbst, sondern ihrem Kind und seinem Wohl dient. Konkrete Folgerungen für die §§ 1626, 1629 BGB und die Frage eines Mitbestimmungsrechts des Kindes sind hieraus zwar nicht abzuleiten. Den grundrechtlichen Wertungen ist aber zu entnehmen, dass eine Fremdbestimmung aufgrund des engen Personenbezugs zum frühst möglichen Zeitpunkt weichen sollte.[974] Je persönlicher die Angelegenheit ist, desto mehr und umso eher muss bei pflichtgemäßer Ausübung der elterlichen Sorge die Bestimmung durch die Eltern unterbleiben.[975] Eine dem Schutzzweck des Selbstbestimmungsrechts entgegenstehende Fremdbestimmung ist angesichts der höchstpersönlichen Natur der Rechts somit nur solange hinnehmbar, wie sie zum Schutze des Kindes notwendig ist.[976] Durch ihr starkes personales Band wird die Verwertung immer eine Zwischenstellung einnehmen.[977]

Dementsprechend wird der Grundsatz der Alleinzuständigkeit der Eltern im geltenden Recht an vielen Stellen verdrängt, ohne dass in Art. 6 Abs. 2 GG unverhältnismäßig eingegriffen würde. Die stärkste Position wird Kindern und Jugendlichen eingeräumt, wenn ihnen ab einem gewissen Alter eine ungebundene Selbstbestimmung (sog. Teilmündigkeit) zugewiesen wird. Sie werden damit in Bezug auf eine konkrete Entscheidung einem volljährigen Rechtsträger gleichgestellt. Neben Religionsfragen (z. B. § 5 S. 1 REKG zum Wechsel eines Bekenntnisses ab dem vollendeten 14. Lebensjahr) anerkennt das Bürgerliche Gesetzbuch derartige Eigenzuständigkeiten insbesondere im Erbrecht (vgl. §§ 2281, 2282 Abs. 2 BGB; §§ 2290 Abs. 2 S. 2, 2296 Abs. 1 S. 2; § 2271 Abs. 1 BGB).[978] Keine Entscheidungszuständigkeit des Minderjährigen nach außen begründet hingegen § 1626 Abs. 2 BGB, der lediglich Regeln für das Innenverhältnis zwischen Eltern und ihren Kindern aufstellt.[979]

---

974 *Dasch*, Die Einwilligung zum Eingriff in das Recht am eigenen Bild, S. 103.
975 *Gernhuber/Coester-Waltjen*, Familienrecht, § 57 Rn. 84.
976 *Baston-Vogt*, Der sachliche Schutzbereich, S. 230.
977 *Klüber*, Persönlichkeitsschutz und Kommerzialisierung, S. 81.
978 *Peschel-Gutzeit*, in: Staudinger BGB, § 1626 Rn. 78 ff.
979 *Rauscher*, Familienrecht, § 33 Rn. 961.

Bekanntlich hat daneben die Rechtsprechung Ausnahmen vom elterlichen Alleinentscheidungsrecht etabliert und das einfache Recht in verfassungskonformer Auslegung so angewendet, dass es dem wachsenden Selbstbestimmungsbedürfnis von Kindern und Jugendlichen Rechnung trägt.[980] Die relevantesten Entscheidungen betreffen Angelegenheiten im Bereich von Ausbildung und Beruf, Heilbehandlungen und medizinischer Versorgung sowie prozessualer Weigerungsrechte, wobei Mitwirkungsintensität und Altersgrenzen stark variieren.[981] Die Frage der Wirksamkeit einer alleinigen Einwilligung der Eltern in Persönlichkeitsrechtseingriffe ist noch nicht höchstrichterlich entschieden. In dem BGH-Urteil *Charlotte-Casiraghi II*[982] kann bei richtiger Einordnung noch keine endgültige Positionierung hinsichtlich der Frage gesehen werden, ob auch die „zusätzliche" Einwilligung des einsichtsfähigen Minderjährigen in jedem Fall zu fordern ist. Hier lag nämlich gar keine ausdrückliche Einwilligung von Eltern oder der betroffenen Minderjährigen vor.[983]

cc. Schutzzweck der §§ 107 ff. BGB

Ein weiteres Argument gegen das strenge Festhalten an den gesetzlichen Regeln ist der Schutzzweck der §§ 104 ff. BGB, der primär auf den Minderjährigenschutz bei vermögensrechtlichen Austauschgeschäften gerichtet ist. Wenngleich die Normen den Ausgangspunkt bilden, ist ihr normativer Gehalt nicht auf Rechtsgeschäfte über Güter ausgelegt, die untrennbar mit der Person verbunden sind.[984] Der Gesetzgeber hatte unzweifelhaft nicht die Disposition über Persönlichkeitsrechte im Blick, als er Minderjährigen eine Beteiligung im Rechtsverkehr versagte. Ein apodiktisches, auf formalbegrifflichen Zuweisungen der Einwilligung zu den Rechtsgeschäften basierendes Festhalten an den §§ 107 ff. BGB kann vor diesem Hintergrund nicht überzeugen. Auch der Einwand, §§ 107 ff. BGB diene auch der Sicherheit des Rechtsverkehrs, greift nicht durch.[985] Zum einen wird die Rechtssicherheit durch ein Mitbestimmungsrecht von Kindern gar nicht in fundamentalem Maße beeinträchtigt, solange die Altersgrenzen hinreichend bestimmt werden. Zum anderen ist eine gewisse Verringerung der Sicherheit hinzunehmen, wenn höchstpersönliche Belange auf dem Spiel stehen. Die Rechtsprechung hat sich wie gesehen auch in anderen Bereichen nicht davon abhalten lassen, unter Berücksichtigung der grundrechtlichen Werteordnung und der Position von Minderjährigen Ausnahmen vom Alleinentscheidungsrecht der Eltern anzuerkennen.

Zutreffend weist *Beater* in diesem Zusammenhang auch darauf hin, dass persönlichkeitsrechtliche Geschäfte, anders als die direkt in §§ 107 ff. BGB angesprochenen wirtschaftlichen Austauschverhältnisse, nicht rechtlich neutral, sondern

980 *Peschel-Gutzeit*, in: Staudinger BGB, § 1626 Rn. 83.
981 *Peschel-Gutzeit*, in: Staudinger BGB, § 1626 Rn. 85 ff. m.N.
982 BGH, NJW 2005, 56.
983 *Beater*, JZ 2013, 111 [118]; a.A. *Frauenrath*, GB 2010, 295 [297].
984 Ebenso *Ohly*, Die Einwilligung, S. 319.
985 Darauf weist zutreffend hin *Rogosch*, Die Einwilligung im Datenschutzrecht, S. 49.

von vorneherein mit einem Unwerturteil belegt sind. Auf die Zustimmung käme es nämlich nur dann entscheidend an, wenn der Eingriff an sich unzulässig ist, weil beispielsweise das Persönlichkeitsinteresse gegenüber dem öffentlichen Informationsinteresse überwiegt. Stimmten Eltern ohne oder gegen den Willen ihrer Kinder einem derartigen Geschäft zu, so legitimierten sie einen persönlichkeitsrechtlich nicht gerechtfertigten Eingriff in höchstpersönliche Angelegenheiten. Ein berechtigtes Interesse der Eltern sei in diesen Fällen mehr als zweifelhaft.[986] Dem ließe sich entgegenhalten, dass persönlichkeitsrelevantem Verhalten kein generelles Unwerturteil anhaftet, da die Rechtswidrigkeit erst im Einzelfall festzustellen ist. Das Argument greift folglich nur partiell für diejenigen Einwilligungen, die tatsächlich unzulässige Eingriffe legitimieren. Ergänzend ist aber zu bedenken, dass personenbezogene Äußerungen in den Medien oder im Internet immer rechtsfertigungsbedürftige Eingriffe in das Allgemeine Persönlichkeitsrecht gem. Art. 2, 1 GG sind. Bei der Analyse der Abwägungsgesichtspunkte wird sich zeigen, dass dies bei Kindern und Jugendlichen entgegen allgemeiner Regeln auch für die mediale Wortberichterstattung gilt, da die aus Art. 5 GG entnommene Vermutung der Zulässigkeit freier Rede nicht greift.[987] Das Unwerturteil, das den Geschäften über Persönlichkeitsrechte rechtlich anhaften kann, manifestiert sich bei Kindern und Jugendlichen also sogar umfassender.

dd. Kindeswille und Kindeswohl

Schließlich streitet das Wohl des Kindes dafür, Eltern ab Erreichen der Einsichtsfähigkeit nicht allein über Angelegenheiten der Persönlichkeitsrechte entscheiden zu lassen. Der unbestimmte Rechtsbegriff ist grundsätzlich konkretisierungsbedürftig, in diesem Zusammenhang kommt es aber im Wesentlichen auf folgendes an: Dem Kindeswohl wird eine Ersatzfunktion für den Kindeswillen beigemessen, solange dieser rechtlich nicht anerkannt ist.[988] Nach modernem Verständnis ist der Kindeswille aber maßgeblich bei der Konkretisierung des Kindeswohls zu berücksichtigen, insbesondere wenn er Ausdruck bewusster Eigenentscheidung ist.[989] Infolgedessen ist die Meinung des Kindes häufig mittelbar im Rahmen von Entscheidungen zu beachten, beispielsweise bei Fragen des Umgangsrechts.[990] Die schrittweise Erweiterung des Kreises, in dem der Kindeswille auch nach außen Berücksichtigung findet, dient zudem der Erziehung von Minderjährigen durch allmähliche Vorbereitung auf die volle Selbständigkeit.[991] Kinder müssen schrittweise auf das Maß

---

986 *Beater*, JZ 2013, 111 [119 f.].
987 Vgl. dazu unten Kapitel 5 § 3 B. VI.
988 *Zitelman*, Kindeswohl und Kindeswille, S. 120 mit Verweis auf Münder/Kühn, in: JUS-Didaktik Heft 3, Sozialwissenschaften im Studium des Rechts Bd. I, S. 99.
989 BVerfGE 55, 171; *Olzen*, in: MüKo BGB, § 1666 Rn. 45; *Coester*, in: Staudinger BGB, § 1666 Rn. 76.
990 Bspw. Palandt § 1684 m.N.; vgl. BVerfG, FamRZ 2009, 1389.
991 *Knothe*, in: Staudinger BGB, Vorbem. zu §§ 104 – 115, Rn. 19.

an Selbständigkeit und Verantwortungsbewusstsein vorbereitet werden, das bei Volljährigkeitseintritt erreicht sein soll.[992] Dies resultiert nicht zuletzt aus der Privatrechtsordnung selbst, nach der mit Vollendung des 18. Lebensjahres die volle Geschäfts- und Deliktsfähigkeit erworben wird, was voraussetzt, dass die dazu erforderlichen Fähigkeiten im Laufe der Entwicklung auch erlernt werden können.[993]

Mit dem willensgeprägten und erziehungsbezogenen Kindeswohl ist es nicht vereinbar, jegliche Mitbestimmung über die Disposition von Persönlichkeitsrechten zu versagen.[994] Der erzieherische Gedanke gilt im Besonderen für die in den Persönlichkeitsrechten verkörperten Rechtsgüter. Kinder und Jugendliche sollen auf der Grundlage ihrer eigenen Entscheidungen lernen, sich durch einen Ausgleich von Abgrenzung und Interaktionen sozial zu verhalten.[995] Auch privates Verhalten muss im jeweiligen historisch-sozialen Kontext angeeignet, d. h. erlernt werden, namentlich durch Aneignung von Privatheit regulierenden Normen.[996] Die sozialwissenschaftliche Forschung belegt, dass Verständnis und Verhalten maßgeblich unter dem Einfluss der Erfahrungen im Kindes- und Jugendalter stehen. Minderjährige müssen sich folglich ihrer Rechtsgüter bewusst werden und den verantwortungsvollen Umgang erproben, sobald sie dazu in der Lage sind. Die rechtlich verkörperten Interessen sind für die Bewältigung von Entwicklungsaufgaben und damit die Persönlichkeitsentwicklung elementar. Entscheidungen von Eltern gegen den Willen ihres Kindes können diesen Prozess somit beeinflussen. Beispielsweise wird es ein Jugendlicher als Störung beim Aufbau seines eigenen sozialen Geltungsanspruchs, also seiner Selbstdarstellung nach außen, empfinden, wenn Eltern gegen seinen Willen Fotos an Zeitschriften verkaufen oder Videos im Internet hochladen.[997] Es ist somit nicht von der Hand zu weisen, dass die Verteilung von Entscheidungskompetenzen über Persönlichkeitsrechte für das Wohl des Kindes von gewisser Tragweite ist.[998]

Grundsätzlich sind Befugnisse der Eltern, die das Kindeswohl gefährden, infolge der Pflichtgebundenheit von der elterlichen Sorge nicht umfasst.[999] Diese Pflichtbindung betrifft jedoch nur das Innenverhältnis zwischen Eltern und ihren Kindern, die absolute Geltung der elterlichen Sorge im Außenverhältnis zu Dritten wird dadurch

---

992 *Huber*, in: MüKo BGB, § 1626 Rn. 61.

993 *Huber*, in: MüKo BGB, § 1626 Rn. 63; *Rauscher*, Familienrecht, § 33 Rn. 961.

994 Ähnlich zum Aspekt der Erziehung *Buchner*, Informationelle Selbstbestimmung, S. 249.

995 *McKinney*, 19 Journal of Family Issues (1), 75 [75, 77] (1998); *Proshansky/Fabian*, in: Weinstein, Spaces for children, S. 21 [28].

996 *Kruse*, Privatheit, S. 196.

997 Ebenso, aber ohne Kindeswohlbezug *Dasch*, Die Einwilligung zum Eingriff in das Recht am eigenen Bild, S. 101.

998 Vgl. zur Rolle der Persönlichkeitsrechte im Kindeswohl auch *Moritz*, Die (zivil-)rechtliche Stellung, S. 210 ff.

999 *Rauscher*, Familienrecht, § 33 Rn. 957; vgl. aktuell LG Köln, NJW 2012, 2128.

nicht in Frage gestellt.[1000] Bei der Wirksamkeit der Einwilligung im Außenverhältnis kommt es folglich nicht darauf an, ob sie pflichtgemäß im Sinne des Kindeswohls ausgeübt wird.[1001] Allerdings kann das Kindeswohl bei der vorgelagerten Verteilung der Entscheidungsbefugnisse zu berücksichtigen sein. Nach Art. 3 KRK hat der Staat bei allen kinderbezogenen Maßnahmen das Kindeswohl als vorrangigen Gesichtspunkt zu berücksichtigen. Ihm kommt nach dem Grundgesetz eine Kontroll- und Sicherungsverantwortung für Kinder zu, damit diese sich in den Händen der Eltern tatsächlich zu eigenverantwortlichen Persönlichkeiten entwickeln können. Zwar geht das Wächteramt nicht so weit, dass der Staat die Erziehung gestalten oder für die bestmögliche Förderung sorgen darf. Zugunsten des Elternvorrangs sind auch Nachteile für Kinder grundsätzlich hinzunehmen.[1002] Diese Grenzen werden jedoch durch die Einräumung von Mitbestimmungsrechten beschränkt geschäftsfähiger Minderjähriger nicht überschritten. Anders als beispielsweise ein vollständiger Entzug der Entscheidungskompetenz und deren Übertragung auf externe Stellen wie Gerichte wird das Elternrecht dadurch nicht eingeschränkt. Es hat lediglich entsprechend seiner verfassungsrechtlichen Profilierung zugunsten des wachsenden Selbstbestimmungsrechts des Kindes zu weichen. Andernfalls blieben eigene Entscheidungen des Kindes primär von der Anerkennung ihres Selbstbestimmungsrechts durch die Eltern abhängig. Dies ist angesichts der elementaren Bedeutung für die Persönlichkeitsentwicklung nicht hinzunehmen.

ee. Einseitige und schuldrechtliche Einwilligung

Die vorgebrachten Argumente gegen ein Alleinentscheidungsrecht der Eltern zur Disposition über Persönlichkeitsrechte streiten aber nicht nur für die einseitige Einwilligung, die sich unmittelbar auf die Persönlichkeitsrechte als höchstpersönliche Angelegenheiten richtet. Wird für die Einwilligung eine geldwerte Gegenleistung versprochen, ist sie wie gesehen Teil eines rechtsgeschäftlichen Verhältnisses und betrifft damit zwar in erster Linie die kommerziellen Bestandteile eines Persönlichkeitsmerkmals.[1003] Die Mitbestimmungsbefugnis muss sich gleichwohl auch auf die vertraglich eingeräumte Verpflichtung zur Erteilung der Einwilligung sowie die Modalitäten, also insbesondere die Gegenleistung, beziehen.[1004] Zu entscheiden hatte dies der Bundesgerichtshof in dem Fall *Nacktaufnahmen,* in dem es um Fotoaufnahmen einer nackt dargestellten 16-Jährigen ging, die der Fotograf nach Absprache mit der Jugendlichen auf der „photokina 1966“ ausstellen wollte. Ihre Mutter erteilte ihm eine umfassende Verwertungsbefugnis und erhielt dafür 300 DM. Die inzwischen Volljährige klagte nun gegen die weitere Verwendung des Bildes, unter anderem

---

1000 *Zorn*, Das Recht der elterlichen Sorge, S. 213.

1001 Ganz h.M, vgl. *Gernhuber/Coester-Waltjen*, Familienrecht, § 57 Rn. 69 ff.; *Zorn*, Das Recht der elterlichen Sorge, S. 213.

1002 *Badura,* in: Maunz/Dürig, GG, Art. 6 Rn. 139.

1003 Grundlegend: *Ohly*, Die Einwilligung, S. 167 ff.

1004 *Ohly*, Die Einwilligung, S. 320.

auf einer Plattenhülle. Der Bundesgerichtshof hielt in seiner Entscheidung eine Einwilligung der Minderjährigen in Bezug auf einen von der Mutter abgeschlossenen schuldrechtlichen Vertrag nicht für notwendig. Soweit es um den Schutz der vermögenswerten Belange ginge, also um die kommerzielle Verwertung, solle eine Beteiligung des Minderjährigen ausscheiden. Aus persönlichkeitsrechtlichen Gesichtspunkten könne allenfalls ein Mitbestimmungsrecht in Bezug auf ideelle Interessen geboten sein (was offen gelassen wurde).[1005] Diese strenge Differenzierung ist jedoch weder grundrechtlich zwingend noch praktikabel.[1006]

Es ist nicht von der Hand zu weisen, dass bei kommerziellen Persönlichkeitsbestandteilen die Schutzbedürftigkeit des Kindes in den Schutzbereich der §§ 107 ff. BGB fällt.[1007] Aber auch die Disposition über die kommerziellen Komponenten der Persönlichkeitsrechte kann nicht als reine Vermögensdisposition betrachtet werden.[1008] Vielmehr beinhaltet die Einwilligung notwendig auch eine Entscheidung zur persönlichen Angelegenheit, nämlich der Gestattung von Eingriffen in ideelle Interessen. Wie oben bereits aufgezeigt, schließt das Selbstbestimmungsrecht in Art. 2 Abs. 1, Art. 1 Abs. 1 GG diese Entscheidungen mit ein. Die herausgearbeitete Interessenlage ist deshalb aus der Sicht des Minderjährigen zu einem wesentlichen Teil dieselbe. Auch die Maxime in § 1626 Abs. 2 BGB unterscheidet zu Recht nicht zwischen wirtschaftlichen und persönlichen Angelegenheiten. Auch und gerade zu verantwortungsvollem und eigenständigem Handeln im Rechtsverkehr müssen Kinder und Jugendliche herangeführt werden.[1009] Es sollte nicht zu ihren Lasten gehen, wenn sie es nicht bei einseitigen Einwilligungen belassen, sondern sich um den Wert ihrer Persönlichkeitsmerkmale kümmern und ihn umsetzen wollen. Zudem erkennt die Rechtsordnung die Vermögenszuweisung grundsätzlich an und erachtet Geld als Genugtuung für eine Persönlichkeitsrechtsverletzung. Aus diesem Grunde ist es praktisch von erheblicher Bedeutung, welche Gegenleistung für einen Eingriff gewährt wird.[1010] Die eigentliche Mitbestimmung wäre folglich entwertet, würde sie sich nicht auf die Modalitäten beziehen.[1011] Sie würden vor die starre Alternative gestellt, in Ansehung des ausgehandelten Honorars die Zustimmung zu erteilen oder zu verweigern.[1012] Dabei sollte gerade im Hinblick auf die Bedenken, der einer Kommerzialisierung von Persönlichkeitsrechten entgegengebracht wird, der Erziehungs- und Mitbestimmungsgedanke greifen. Jugendliche müssen lernen, welchen wirtschaftlichen Wert Persönlichkeitsmerkmale haben und dass es auch in diesem Bereich Grenzen gibt.

1005 BGH, NJW 1974, 1947 [1950] – Nacktaufnahmen.
1006 Ebenso *Neubert* in seiner Anm. zum vorgenannten Urteil, GRUR 1975, 564 [565].
1007 *Dreier/Specht*, in: Dreier/Schulze, UrhG, § 22 KUG Rn. 26.
1008 A.A. wohl *Beater*, JZ 2013, 111 [120].
1009 Dazu *Huber*, in: MüKo BGB, § 1626 Rn. 61 ff.
1010 *Neubert*, GRUR 1975, 564 [565].
1011 *Ohly*, Die Einwilligung, S. 320.
1012 *Helle*, Besondere Persönlichkeitsrechte, S. 155.

ff. Fazit

Die grundrechtlichen Wertungen in Art. 2, 1 GG und Art. 6 Abs. 2 GG, der Schutzzwecks der §§ 107 ff. BGB sowie der Kindeswohlbezug führen zu dem Befund, dass ein Alleinentscheidungsrecht der Eltern bei der Disposition über die Persönlichkeitsrechte ihrer Kinder nicht angemessen ist, sobald das Kind einsichtsfähig ist. Vorher verbleibt es wie bei Geschäftsunfähigen nur bei den inneren Bindungen der Eltern nach § 1626 Abs. 2 BGB. Für die Position der Minderjährigen im beispielgebenden Fall zur *Super Nanny* wirkt sich diese Kompetenzverteilung dergestalt aus, dass die alleinige Zustimmung der Mutter nicht genügen konnte, um den Eingriff in ihr Recht am eigenen Bild und ihren persönlichen Lebensbereich zu rechtfertigen. Der Unterlassungsanspruch wäre demnach grundsätzlich begründet. Tatsächlich musste das Landgericht Bielefeld über das Alleinentscheidungsrecht der Mutter jedoch nicht urteilen, da die Minderjährige seiner Auffassung nach selbst mündlich in die Herstellung und Verbreitung der filmischen Aufnahmen eingewilligt hatte und diese auch bis zum Ende der Filmaufnahmen bestand. Bis zu diesem Zeitpunkt hätte die Verfügungsklägerin ihre Mitwirkung an den Filmaufnahmen im Hinblick auf ihr Persönlichkeits- und Selbstbestimmungsrecht jederzeit beenden und damit zum Ausdruck bringen können, dass sie mit den Filmaufnahmen sowie der anschließenden Sendung nicht einverstanden sei.[1013]

b. Alleinige Einwilligungserklärung des beschränkt Geschäftsfähigen

Dieses Ergebnis wirft die Frage auf, ob auch eine ausschließlich durch einen beschränkt Geschäftsfähigen abgegebene Zustimmung Wirksamkeit entfalten kann. Das Problem stellt sich in all jenen Fällen, in denen die Eltern ihre Kinder nicht generell gem. § 113 BGB zu einer Tätigkeit als Schauspieler, Sänger, Fotomodell etc. ermächtigt haben.[1014] Praktisch dominierend sind aktuell natürlich die Möglichkeiten für Kinder und Jugendliche, sich im Internet selbst darzustellen. Zur Veranschaulichung soll die folgende Situation dienen:

> *Ein 16-jähriger Teenager nimmt sich beim Gitarrenspiel im heimischen Zimmer per Webcam auf und postet das Video auf einer Internetplattform. Das Video wird positiv und negativ kommentiert und online verbreitet. Als die Eltern hiervon Kenntnis erlangen, verlangen sie vom Betreiber der Ursprungsplattform die Löschung des Videos mit der Begründung, sie hätten in die Veröffentlichung nicht eingewilligt.*

aa. Höchstpersönliche Natur der Persönlichkeitsrechte

Für die Anerkennung eines Alleinentscheidungsrechts von einsichtsfähigen Minderjährigen streitet in erster Linie die Natur der Persönlichkeitsrechte als personenbezogen und das damit verbundene erhöhte Bedürfnis der Jugendlichen nach

---

1013 LG Bielefeld, NJW-RR 2008, 715 [715 f.].

1014 *Dasch*, Die Einwilligung zum Eingriff in das Recht am eigenen Bild, S. 100; *Dreier/Specht*, in: Dreier/Schulze, UrhG, § 22 KUG Rn. 27.

Selbstbestimmung. Ein Teil der Lehre hält das Zustimmungserfordernis der Eltern aus diesem Grunde für eine ungerechtfertige Einschränkung des Selbstbestimmungsrechts und wendet die §§ 106 ff. BGB nicht an. Auch die Rechtsprechung ließ in der Vergangenheit eine gewisse Tendenz zur Anerkennung einer umfassenden Eigenverantwortlichkeit von beschränkt Geschäftsfähigen erkennen.[1015] Nach Ansicht des Bundesgerichtshof in dem oben bereits angesprochenen *Nacktaufnahmen*-Fall spreche mit Blick auf die Wertsteigerung, die das allgemeine Persönlichkeitsrecht erfahren habe, sowie vor dem Hintergrund der bereits anerkannten eigenen Verantwortungsbereiche für Minderjährige wie ärztliche Heileingriffe einiges für eine Einwilligungsfähigkeit von Minderjährigen auch für ihr Recht am eigenen Bild. Erwägenswert sei jedoch zugleich, die Zustimmung des gesetzlichen Vertreters aus Gründen des Minderjährigenschutzes zu fordern. Berücksichtigung müssten schließlich Rechtssicherheit und Verkehrsschutz finden. Letztlich hielt der Bundesgerichtshof dies aber nicht für entscheidungserheblich, da die Zustimmung der Minderjährigen nur für die Veröffentlichung des Bildes, nicht aber auch für die vertraglich festgelegten finanziellen Rahmenbedingungen vorliegen müsse.[1016] Indessen hat das Gericht später in seiner *Charlotte-Casiraghi II* – Entscheidung die Alleinentscheidungsbefugnis einer einsichtsfähigen Minderjährigen über ihr Recht am eigenen Bild ausdrücklich abgelehnt und forderte die zusätzliche Einwilligung der Eltern.[1017] Höchstrichterliche Rechtsprechung und herrschende Lehre sehen das Recht auf Selbstbestimmung folglich nicht unangemessen eingeschränkt, wenn die Eltern einem Eingriff zusätzlich zustimmen müssen.

bb. Minderjährigenschutz

Entscheidend ist vor allem das Maß an kindlicher Schutzbedürftigkeit, infolge derer eine staatliche Fürsorgepflicht eingreift, die den beschränkt Geschäftsfähigen vor den Konsequenzen eigener Handlungen und Entscheidungen bewahren soll. Selbst die Lehre von der Alleinentscheidungsbefugnis erkennt die Notwendigkeit einer teilweisen Fremdbestimmung an, soweit sie für den Schutz des Minderjährigen unabdingbar ist. Für die Verteilung der Entscheidungskompetenzen sind folglich Bedeutung und Risiken der anstehenden Entscheidungen zu berücksichtigen.[1018]

Aus der Perspektive des Minderjährigenschutzes lassen sich zahlreiche Einwände gegen eine Teilmündigkeit einsichtsfähiger Jugendlicher erheben. Zunächst sind Kinder und Jugendliche vor übereilten Entscheidungen zu schützen, insbesondere wenn Bekanntheit und vermeintlicher Ruhm winken.[1019] Von der Komplexität von Vorgängen, beispielsweise bei der modernen Datenverarbeitung oder beim Abschluss von umfassenden Merchandisingverträgen, dürften schon Erwachsene

1015 *Frauenrath*, GB 2010, 295 [297].
1016 BGH, NJW 1974, 1947 [1950] - Nacktaufnahmen.
1017 BGH, NJW 2005, 56 [57].
1018 *Huber*, in: MüKo BGB, § 1626 Rn. 29.
1019 *Ohly*, Die Einwilligung, S. 323.

häufig überfordert sein. Eine Einbindung der Eltern kann nicht nur für den erforderlichen Rat, sondern auch für Schutz vor unbedachten Entscheidungen sorgen.[1020] Des Weiteren sind Minderjährige vor der Beeinflussung durch Dritte zu schützen. Die Gefahr von Manipulationen ist im Vergleich zu volljährigen Rechtsträgern größer.[1021] Vor allem in der Medienbranche schätzen einige Autoren dieses Risiko als recht hoch ein, da Medienunternehmen in der Regel eine überlegene Position haben und schon bei erwachsenen Rechtsträgern zuweilen die selbstbestimmte Ausübung ihrer Entscheidungsbefugnis fraglich erscheint. Eine mögliche Fremdbestimmung durch die Eltern darf somit nicht dazu führen, dass diese durch eine Fremdbestimmung durch andere Personen ersetzt wird, die möglicherweise strukturell an Macht überlegen sind.[1022] Zu bedenken sind ferner die weitreichenden Konsequenzen, die eine Entscheidung nach sich ziehen kann. Ein einmal ins Internet gestelltes Video kann praktisch von Jedermann und lebenslang verbreitet werden, wenn es erstmal seinen Weg gemacht hat, und ist faktisch nur unter größten Schwierigkeiten oder gar nicht zu entfernen.[1023] Im Medienrecht entscheidet zudem das mediale Vorverhalten einer Person, also vor allem ihr bisheriges Verhältnis zur Öffentlichkeit, über Zulässigkeit oder Unzulässigkeit einwilligungsloser Eingriffe mit. Eine einmal hergestellte Öffentlichkeit kann somit irreversible Folgen für die persönlichen Belange haben. Überdies ist dem Minderjährigenschutz ganz wesentlich auch eine präventive Funktion zuzuschreiben. Die Lösung über ein voraussetzungsloses Widerrufsrecht, das bei Anerkennung eines Alleinentscheidungsrechts für mehr Schutz sorgen würde, entspricht diesem Zweck nur eingeschränkt. Der Gefahr vor gerechtfertigten Eingriffen, denen ein beschränkt Geschäftsfähiger ohne volles Bewusstsein über Inhalt und Tragweite gefällt hat, begegnet am besten ein Mitentscheidungsrecht der Eltern.[1024]

All diese Aspekte sprechen jedenfalls indirekt den Schutzzweck der §§ 104 ff. BGB an, der im Vermögensbereich in erster Linie vor den nachteiligen Folgen einer Willenserklärung bewahren soll, die ein Minderjähriger aufgrund seiner mangelnden Erfahrung noch nicht erfassen kann.[1025] Schließlich wäre es auch wertungsgemäß nicht konsequent, Kindern und Jugendlichen eine besondere Schutzbedürftigkeit ihrer Persönlichkeitsrechte zu attestieren, sie aber bei der Entscheidung über diese besonders schutzbedürftigen Güter zugleich wie Erwachsene zu behandeln. Vielmehr verlangt die Schutzbedürftigkeit neben dem Schutz vor den offensichtlichen Bedrohungen aus dem Rechtsverkehr auch einen angemessenen Schutz vor sich

1020 Ebenso *Buchner*, Informationelle Selbstbestimmung, S. 248; *Rogosch*, Die Einwilligung im Datenschutzrecht, S. 49; *Ohly*, Die Einwilligung, S. 321.

1021 Dazu allgemein *Rauscher*, Familienrecht, § 33 Rn. 960; *Fegeler*, Der Maßstab des Wohls des Kindes, S. 84 f.

1022 *Klass*, AfP 2005, 507 [516]; *Kothe*, AcP 185 (1985), S. 105 [149 f.].

1023 Darauf bezugnehmend *Spindler*, in: Verhandlungen des 69. Dt. Juristentages München 2012, Bd. I, F. 5 [51].

1024 Dazu auch *Ohly*, Die Einwilligung, S. 321.

1025 *Schmitt*, in: MüKo BGB, Vorbem. §§ 104 ff. Rn. 2.

selbst. Letztlich kann auch ein Hinweis auf das medizinrechtliche Alleinentscheidungsrecht diese Bedenken nicht entkräften. Es liegt auf der Hand, dass zum medialen Bereich gravierende Unterschiede bestehen. So sind persönlichkeitsrechtliche Dispositionen beispielsweise nicht indiziert und typischerweise auch noch nach Erreichen der Volljährigkeit umsetzbar.[1026] Ausschlaggebend dürfte zudem sein, dass anders als beim Arztvertrag in aller Regel ein Wirtschaftsunternehmen auf der anderen Seite steht, das nicht der Heilkunst verpflichtet, sondern lediglich an Recht und Gesetz gebunden ist.[1027]

cc. Mischcharakter persönlichkeitsrechtlicher Dispositionen

Überzeugend ist des Weiteren der Argumentationsansatz von *Dasch*. Dieser fordert insbesondere aufgrund der vermögensrechtlichen Komponente der Persönlichkeitsrechte ein Mitentscheidungsrecht der Eltern. Da sich bei der schuldrechtlichen Einwilligung vermögenswerter und persönlichkeitsrechtlicher Charakter mischten, könnten Minderjährige hierüber nicht alleine entscheiden. Vielmehr sei der Schutzzweck der §§ 107 ff. BGB hier unmittelbar angesprochen. Der Autor befürwortet auch eine Elternbeteiligung für die einseitige Einwilligung, da die beiden Bestandteile nicht zu trennen seien.[1028] Diese Argumentation könnten zwar diejenigen für nicht durchgreifend erachten, die ein eigenständiges Persönlichkeitsgüterrecht anerkennen. Auch dieses ist aber, wie bereits mehrfach betont, durch den besonderen Personenbezug gekennzeichnet. Die vermögensrechtlichen Komponenten sprechen also gegen ein Alleinentscheidungsrecht von Kindern und Jugendlichen.

dd. Elternverantwortung

Schlussendlich lässt sich auch familienrechtlich argumentieren: Gewährte man Minderjährigen ein Alleinentscheidungsrecht, würde ihnen die Definitionsmacht über den jeweiligen Umfang der Personensorge in Bezug auf ihre Persönlichkeitsrechte zugesprochen.[1029] Ob dies noch einen angemessenen Ausgleich des familienrechtlichen Spannungsverhältnisses hinsichtlich der Persönlichkeitsrechte darstellt, darf jedenfalls bezweifelt werden.

ee. Alltägliche und unwesentliche Eingriffe

Ergänzend weist *Ohly* darauf hin, dass ein Zustimmungserfordernis der Eltern unpassend ist, wenn eine einseitige Einwilligung in alltägliche Eingriffe ohne nennenswerte nachteilige Konsequenzen zu beurteilen ist.[1030] Derartige Situationen liegen

---

1026 *Beater*, JZ 2013, 111 [118].

1027 *Ohly*, Die Einwilligung, S. 323.

1028 *Dasch*, Die Einwilligung zum Eingriff in das Recht am eigenen Bild, S. 101; *Ohly*, Die Einwilligung, S. 323; *Helle*, Persönlichkeitsrechte als Vermögensrechte, S. 155.

1029 *Rixecker*, in: MüKo BGB, Anh. § 12 Rn. 54.

1030 *Ohly*, Die Einwilligung, S. 324.

etwa vor, wenn Freunde voneinander Fotos machen, gegenseitig das Tagebuch lesen oder andere, in dem Kontext als sozial typisch anzusehende Eingriffshandlungen erfolgen.

Problematisch ist, dass keine klare Grenze zu ziehen ist zwischen alltäglichen, unwesentlichen Eingriffen und solchen, für die eine Doppelzuständigkeit zu fordern ist. Alltagseingriffe lassen sich allenfalls von sozialadäquaten Beeinträchtigung trennen, die schon nach der normalen sozialethischen Ordnung des Zusammenlebens hinzunehmen sind, beispielsweise trivialer Informationsaustausch wie Lästern oder Anrempeln an der Ampel.[1031] Ein echter Ausnahmetatbestand führte angesichts dieser Konturlosigkeit zu erheblicher Rechtsunsicherheit. Zudem trägt die Lösung dem Umstand nicht hinreichend Rechnung, dass Kindern und Jugendlichen gerade die Abschätzung der Folgen eines Eingriffs schwer fallen wird oder sie eine andere Auffassung dazu vertreten, was noch unwesentlich und alltäglich ist. Zwar ist die Notwendigkeit nicht von der Hand zu weisen, diese Fälle von der Haftung aus unerlaubter Handlung auszuschließen. Es könnte aber darauf abgestellt werden, dass die Rechtswidrigkeit ohnehin regelmäßig im Rahmen der obligatorischen Güter- und Interessenabwägung ausscheiden wird, weil das Persönlichkeitsinteresse bei unwesentlichen Eingriffen nicht überwiegt. Andernfalls könnten diese Sonderkonstellationen noch über eine Korrektur wegen unzulässiger Rechtsausübung gem. § 242 BGB gelöst werden. Praktisch relevant werden diese Fälle schließlich nur in den äußerst selten vorkommenden Fällen, in denen die Eltern des betroffenen Jugendlichen auch Ansprüche gegen den Eingreifenden geltend machen. Da die Interessenverletzung durch das Einverständnis des Minderjährigen und die unwesentlichen Konsequenzen so gering sein dürfte, dass eine Anspruchserhebung eine unverhältnismäßige Reaktion darstellt, wäre die Durchsetzbarkeit von Ansprüchen ausgeschlossen. Letztlich würde man auch bei Geschäftsunfähigen nicht über ein Alleinentscheidungsrecht nachdenken, obwohl die Situation dieselbe sein kann.

ff. Grad der Mitbestimmung

Unter Berücksichtigung aller aufgezeigten Gesichtspunkte überzeugt somit die Ansicht von der kumulativen Doppelzuständigkeit, die sich zu Recht mehr und mehr durchsetzt. Im Bereich der Persönlichkeitsrechte trägt sie am besten den auftretenden Spannungen von Elternverantwortung und dem Recht des Kindes auf Selbstbestimmung, Minderjährigenschutz und Minderjährigenrechten sowie gesetzlicher Bindung und interessengerechter Rechtsfortbildung Rechnung. Eltern und einsichtsfähige Kinder haben gleichermaßen ein Mitbestimmungsrecht bei der Einwilligung in die höchstpersönlichen Rechte sowie der Eingehung einer darauf gerichteten Verpflichtung und der Aushandlung einer angemessenen Gegenleistung. Sowohl der alleinigen Einwilligung der Eltern, als auch der alleinigen Einwilligung von einsichtsfähigen Kindern und Jugendlichen bleibt die Wirksamkeit im Rechtsverkehr versagt. Im *Fallbeispiel* zum Internetvideo hätte es gem. § 22 KUG folglich

1031 Ausführlich dazu *Baston-Vogt*, Der sachliche Schutzbereich, S. 157 ff.

der Einwilligung der Eltern bedurft, um das Video öffentlich zur Schau zu stellen. Dass die Durchsetzung eines Beseitigungsanspruchs aus § 823 Abs. 1 BGB oder anderen Anspruchsgrundlagen faktisch an der Verantwortlichkeit des Betreibers und der schnellen, anonymen Verbreitung des Videos scheitern könnte, ist ein Problem, welches in anderem Zusammenhang zu erörtern sein wird.[1032]

Folglich ist für eine wirksame Disposition über Persönlichkeitsrechte die Einwilligung von Eltern und Kindern kumulativ erforderlich, sobald das Kind einsichtsfähig ist. Vereinzelt wird auch vorgeschlagen, dem Kind ein „Vetorecht" im Sinne eines Widerspruchsrechts gegen die Entscheidung der Eltern zuzubilligen.[1033] Da sowohl Einwilligungserfordernis als auch Vetorecht von beiden Entscheidungsträgern eingeholt werden müssen, wird auf eine klare Abgrenzung zumeist verzichtet. Die Wirksamkeitsanforderungen unterscheiden sich jedoch in einem Punkt voreinander. Der ausdrückliche Widerspruch wird familienrechtlich größtenteils als eindeutige Erklärung verstanden, nicht einzuwilligen. Dafür soll ein passives Verhalten, eine unentschiedene Äußerung oder Tendenz nicht genügen.[1034] Erfolgt die Mitbestimmung in Form eines Vetorechts, wäre in diesem Fall die alleinige Einwilligung der Eltern mangels Ausübung desselben ausreichend. Vorzuziehen ist aus diesem Grunde die Kompromisslösung in Form der Doppelzuständigkeit. Die gesetzlich im Familienrecht vorgesehenen Widerspruchsrechte in den §§ 1671 Abs. 2 Nr. 1 BGB, 1778 Abs. 1 Nr. 5, 1303 BGB sind unterschiedlicher Rechtsnatur und zeitigen verschiedene Wirkungen. So stellt beispielsweise das Widerspruchsrecht der Eltern zur Ehefähigkeit ihres Kindes gem. § 1303 BGB ein Verfahrensrecht dar und ist schriftlich oder zur Niederschrift gegenüber dem Familiengericht zu erklären.[1035] § 1671 Abs. 2 Nr. 1 BGB bedarf hingegen keiner besonderen Form, enthält dafür aber auch kein echtes Vetorecht. Das Kind kann lediglich verhindern, dass der Vorschlag der Eltern zur Übertragung der alleinigen Sorge ohne Sachprüfung vom Gericht angenommen wird.[1036] Um Rechtsunsicherheiten zu vermeiden und Dispositionen über Persönlichkeitsrechte klar davon abzugrenzen, sollte statt auf die Abwesenheit eines Widerspruchs auf die kumulative Einwilligung abgestellt werden.

Da die herausgearbeiteten Lösungen auch von einer extensiven Auslegung der Normen nicht mehr gedeckt werden, sind sie nur im Wege der Rechtsfortbildung zu erreichen. § 107 BGB ist teleologisch zu reduzieren, um die Fälle vom Anwendungsbereich der Normen auszuschließen, die nicht angemessen zu lösen sind. Für die Einwilligung zu Eingriffen in Persönlichkeitsrechte bleibt die Norm folglich unangewendet, soweit der Rechtsträger das 7. Lebensjahr vollendet und einsichtsfähig ist.

1032 Dazu Kapitel 5 § 3 D. V.

1033 *Beater*, JZ 2013, 111 [119]; *Steffen*, in: Löffler, Presserecht, § 6 LPG Rn. 125; *Ohly*, Die Einwilligung, S. 321.

1034 *Wellenhofer*, in: MüKo BGB, § 1303 BGB Rn. 15; *Hennemann*, in: MüKo BGB, § 1671 BGB Rn. 65; *Schwab*, FamRZ 1998, 457 [461].

1035 *Wellenhofer*, in: MüKo BGB, § 1303 BGB Rn. 15.

1036 *Hennemann*, in: MüKo BGB, § 1671 BGB Rn. 64; vgl. auch BT-Drs. 13/4899 S. 99.

c. Gemeinsame Einwilligung

Sind ein beschränkt Geschäftsfähiger und seine Eltern mit einem Eingriff in die Persönlichkeitsrechte einverstanden, ist die Einwilligung unproblematisch wirksam gem. § 107 BGB. *Dies wäre etwa dann der Fall, wenn sich eine 10-Jährige und ihre Eltern mit der Veröffentlichung eines Fotos auf der Homepage eines Sportvereins einverstanden erklären würden.* Der Lösungsansatz nach der hier vertretenen kumulativen Doppelzuständigkeit weicht in dieser Fallkonstellation zwar im Hinblick auf das Kriterium (Einsichtsfähigkeit statt gesetzlicher Altersgrenze), nicht aber im Ergebnis ab.[1037] Für eine Modifikation der gesetzlichen Lösung besteht in diesem Fall folglich kein Bedarf. Das Gesetz trägt schon auf der einen Seite der wachsenden Selbstbestimmungsfähigkeit des Kindes und auf der anderen Seite seiner Schutzbedürftigkeit hinreichend Rechnung. Auch die kumulative Doppelzuständigkeit gründet auf der Überzeugung, dass Minderjährigen bei persönlichen Angelegenheiten *mehr* Mitbestimmungsbefugnisse einzuräumen sind, nicht weniger. Selbst wenn also Kinder ab 7 noch nicht als einsichtsfähig zu erachten sind, käme die hier vertretene Auffassung bei kumulativer Erklärung zur Wirksamkeit der Einwilligung. Bei isolierter Betrachtung der zusammenwirkenden Konstellation kommt § 107 BGB somit zu einer angemessenen Lösung. Zugunsten der Rechtssicherheit erscheint deshalb ein Abweichen in diesem Fall nicht geboten.[1038]

III. Bestimmung der Einwilligungsfähigkeit

Das herausgearbeitete Mitbestimmungsrecht von beschränkt Geschäftsfähigen steht jedoch grundsätzlich unter dem Vorbehalt, dass der Betroffene auch fähig ist, eine selbstbestimmte Entscheidung zu fällen. Rechtliches Kriterium hierfür ist die Einsichtsfähigkeit.[1039] Der unbestimmte Rechtsbegriff bereitet nicht nur begriffliche, sondern auch praktisch erhebliche Schwierigkeiten, da das Erreichen der Einsichtsfähigkeit naturgemäß nicht eindeutig nach außen zu Tage tritt.

1. Das Kritierum der natürlichen Einsichtsfähigkeit

Das Kriterium weist prima facie einen Zusammenhang mit der Schuldfähigkeit auf, wie etwa § 828 Abs. 3 BGB und § 20 StGB zeigen.[1040] Beide basieren auch auf dem Verantwortungsprinzip, und zwar im Falle der Einwilligung in Bezug auf eigene Rechtsgüter und bei der Schuld in Bezug auf fremde Rechtsgüter.[1041]

1037 Dazu auch *Beater*, JZ 2013, 111 [117].

1038 Im Ergebnis ebenso: *Beater*, JZ 2013, 111 [117].

1039 Z.T. werden synonym zur Einsichtsfähigkeit auch die Begriffe Urteilsfähigkeit, Steuerungsfähigkeit und Reife gebraucht; *Dölitzsch*, Vom Kindesschutz zu Kindesrechten, S. 214; *Rogosch*, Die Einwilligung im Datenschutzrecht, S. 50.

1040 Vgl. auch den Verweis unter dem Stichwort „Einsichtsfähigkeit" auf „Schuldfähigkeit" in *Creifelds*, Rechtswörterbuch.

1041 *Amelung*, ZStW 104 (1992), 525.

Dessen ungeachtet beschränkt sich die gängige Kurzformel in Literatur und Rechtsprechung auf die oben bereits genannte Umschreibung, der Rechtsträger müsse „nach seiner geistigen und sittlichen Reife die Bedeutung und Tragweite des Eingriffs und seiner Gestattung [...] ermessen" können.[1042] Präzisierung erfahren die rechtlichen Anforderungen an die Einsichtsfähigkeit durch Bestimmung der zugrundeliegenden Wissens- und Wollenselemente. Entgegen dem ersten Anschein der verkürzten Formel beschränkt sich die Einsichtsfähigkeit nicht auf kognitive Fähigkeitsvoraussetzungen, wie der Bundesgerichtshof in einem Fall zur Amtspflichtverletzung wegen unzulässigen Zwangsaufenthaltes in einer Nervenheilanstalt auch klarstellt: „[...] es genügt eine ausreichende Einsichtsfähigkeit, nämlich eine solche verstandesmäßige, geistige und sittliche Reife, die es gestattet, die Bedeutung und die Tragweite des Eingriffs zu erkennen, und die Urteilskraft, um das Für und Wider abzuwägen, sowie die Fähigkeit, das Handeln nach dieser Einsicht zu bestimmen".[1043] Grundlegend ist hierzu die Untersuchung von *Amelung*, der die Anforderungen an eine sinnvolle Einwilligungsentscheidung und damit an die Einwilligungsfähigkeit im Einzelnen konkretisiert hat und damit auf weitestgehende Zustimmung in der Literatur stößt:[1044]

Konstitutiv sei *erstens* die kognitive Fähigkeit, die Tatsachen und Kausalverläufe zu erkennen, die für eine vernünftige Einwilligung von Bedeutung sind. Demnach muss der Minderjährige die Situation also rational, d. h. bewusst beurteilen, die Tatsachen und Risiken erfassen und die Konsequenzen des eigenen Handelns ermessen können. Kennt der minderjährige Rechtsträger Fakten und Kausalverläufe, so bedürfe es *zweitens* der Fähigkeit zur Wertentscheidung. Der Einwilligende müsse richtig bewerten, ob sich das Opfer, also die Verletzung des Rechtsguts, mit Blick auf den erhofften Vorteil „lohnt". Als Maßstab gilt nach *Amelung* dabei nicht das objektive, sondern das jeweilige subjektive Wertesystem, denn nur so kann eine Entscheidung autonom sein. Allerdings kann die Autonomie auch „defekt" sein, wenn das Wertesystem verzerrt bzw. bei Minderjährigen angesichts der Unreife noch gar nicht ausgebildet ist. Als Kriterien nennt *Amelung* die „jugendtümliche Abhängigkeit vom Urteil anderer", die aus mangelnder Selbsterprobung und Selbstsicherheit resultiert und in riskante Unternehmungen mündet. Schließlich hinge die Einsichtsfähigkeit *drittens* von der Steuerungsfähigkeit ab, also der Fähigkeit, sich auch der Einsicht gemäß zu verhalten. Dafür müsse ein Minderjähriger in der Lage sein, seinen Willen entsprechend seiner Einsicht zu steuern.

1042 RGZ 68, 431; BGHZ 29, 33 [36].

1043 BGH LM Nr. 15 zu § 839 (Fc) BGB.

1044 *Amelung*, ZStW 104 (1992), 525; dazu *Dölitzsch*, Vom Kindesschutz zu Kindesrechten, S. 234; *Belling/Eberl-Borges/Michlik*, Das Selbstbestimmungsrecht Minderjähriger, S. 131 ff.

2. *Präzisierung für den Eingriff in Persönlichkeitsrechte*

Zurückgehend auf die zeitlich vorgelagerte Entscheidung des Bundesgerichtshof zur Einwilligungsfähigkeit in ärztliche Heileingriffe bzw. die Diskussion der Grundrechtsmündigkeit, wird das Kriterium der Einsichtsfähigkeit weitestgehend unkritisch für den Bildnis- und Datenschutz übernommen und bis auf wenige Ausnahmen nicht weiter präzisiert. Die Forderung nach dem Erkennen von „Bedeutung und Tragweite des Eingriffs und seiner Gestattung" lässt sich für Persönlichkeitsrechte konkretisieren. Nach *Dasch* soll eine Einsichtsfähigkeit für die Einwilligung gem. § 22 KUG dann zu bejahen sein, wenn sich der Minderjährige seiner Stellung im sozialen Umfeld bewusst wird und dementsprechend seine Selbstdarstellung nach außen autonom gestalten, d.h. auch die Auswirkungen der Veröffentlichung seines Bildes ermessen kann.[1045] Dies hängt natürlich auch davon ab, welche Angelegenheit betroffen ist. Kinder sind in der Lage, über eine Frage zu entscheiden, über eine andere hingegen nicht. Die Selbstbestimmungsfähigkeit hängt folglich von zwei Faktoren ab: Zum einen von der Reife des Kindes und zum anderen von der Schwierigkeit und der Komplexität der konkreten Angelegenheit.[1046]

3. *Feststellung der Einsichtsfähigkeit*

Zur Feststellung, ob ein beschränkt Geschäftsfähiger über die eine Einsichtsfähigkeit begründenden Fähigkeiten verfügt, sind grundsätzlich verschiedene Lösungsansätze denkbar. Durch sie werden Verkehrsschutz und Selbstbestimmung in einen Ausgleich gebracht, der jeweils mehr oder weniger Rücksicht auf die widerstreitenden Belange nimmt.

a. Einzelfallbezogener Maßstab

Dem Selbstbestimmungsrecht des Kindes wird am umfassendsten entsprochen, wenn eine Beurteilung seiner tatsächlichen Fähigkeiten nach den Umständen des jeweiligen Einzelfalls erfolgt. Gegenüber einer pauschalen, typisierenden oder schematisierenden Festlegung der Einsichtsfähigkeit hat der individuelle Maßstab den Vorzug, dass eine Art. 2, 1 GG widerstrebende Bevormundung am effektivsten verhindert wird.[1047] Da die in den Persönlichkeitsrechten verkörperten Belange sowohl Gegenstand, als auch Funktionselement der Persönlichkeitsentwicklung sind, sollten die vom eigenen Willen getragenen Erfahrungen auch möglichst entsprechend den jeweiligen Fähigkeiten gemacht werden können. So wird nicht nur eine Unterdrückung, sondern auch eine Überforderung verhindert oder jedenfalls unwahrscheinlicher. Auch für die Erziehung dürfte der individuelle Maßstab förder-

1045 *Dasch*, Die Einwilligung zum Eingriff in das Recht am eigenen Bild, S. 103 f.
1046 *Fegeler*, Der Maßstab des Wohls des Kindes, S. 83.
1047 *Baston-Vogt*, Der sachliche Schutzbereich, S. 230.

lich sein. Schließlich entspricht dieser Ansatz weitestgehend dem Grundgedanken des § 1626 Abs. 2 BGB.[1048]

Es liegt jedoch auf der Hand, dass die individuell-konkrete Beurteilung den Erfordernissen der Praxis nicht gerecht werden kann. Dispositionen über Persönlichkeitsrechte zu Eingriffen durch Medien oder über das Internet erfolgen heute vielfach ohne individuelle Kontakte, anders als beispielsweise der Eingriff in Form eines ärztlichen Heileingriffs. Dies macht einen erhöhten Verkehrsschutz für den Vertragspartner erforderlich.[1049] Dem Selbstbestimmungsrecht eines Minderjährigen stehen somit Allgemeininteressen gegenüber, in erster Linie die Rechts- und Verkehrssicherheit. Der Rechtsverkehr hat grundsätzlich ein Interesse daran, dass die gleichen Sachverhalte auch rechtlich gleich beurteilt werden, wodurch das Gefühl der Rechtssicherheit vermittelt wird. Durch das Vertrauen der Rechtsteilnehmer sollen das Rechtssystem und der Rechtsverkehr stabilisiert werden, materielle Richtigkeit tritt demgegenüber in den Hintergrund.[1050] Das Allgemeininteresse ist folglich immer dann bedeutsam, wenn das Recht auf nicht offenkundig zutage tretende Kriterien abstellt, wie bei der Einwilligung.

b. Fester Maßstab mittels Altersgrenzen

An diesem Punkt setzt auch die ganz herrschende Meinung im Persönlichkeitsschutz an, die eine Typisierung der Bestimmung bevorzugt, um die Rechtsunsicherheit jedenfalls zu verringern. In Anlehnung an die Einwilligung in ärztliche Heileingriffe sowie die normativen Wertungen in bürgerlichrechtlichen Normen wie § 1617 Abs. 2 S. 2 BGB wird im Medienrecht mehrheitlich eine Einsichtsfähigkeit ab 14 Jahren angenommen.[1051] Im Datenschutzrecht werden hingegen mit Hinweis auf die Komplexität der Datenverarbeitungsvorgänge Altersgrenzen von 16 Jahren oder sogar von 18 Jahren vertreten.[1052]

Losgelöst von den gesetzlichen Altersgrenzen steht der Rechtsanwender bei der Festlegung von Pauschalgrenzen in Bezug auf Persönlichkeitsrechte jedoch vor dem Problem, dass es keine hinreichend gesicherten Erkenntnisse dazu gibt, ab welchem Alter Kinder in der Lage sind, die einzelnen Persönlichkeitsrechte zu verstehen und sie selbstbestimmt im Sinne der Einsichtsfähigkeit auszuüben. Orientierung bieten

---

1048 *Buchner*, Informationelle Selbstbestimmung, S. 250.

1049 *Helle*, AfP 1985, 93 [98]; *Dasch*, Die Einwilligung zum Eingriff in das Recht am eigenen Bild, S. 104.

1050 *Moritz*, Die (zivil-)rechtliche Stellung, S. 275; *Grzeszick*, in: Maunz/Dürig, GG, Art. 20, VII Rn. 50.

1051 *Dasch*, Die Einwilligung zum Eingriff in das Recht am eigenen Bild, S. 103 f.; *Dreier/Specht*, in: Dreier/Schulze, UrhG, § 22 KUG Rn. 26; *Götting*, Persönlichkeitsrechte als Vermögensrechte, S. 155 f.; *Lindner*, Die datenschutzrechtliche Einwilligung, S. 177; *Frauenrath*, GB 2010, 295 [299]; ähnlich *Buchner*, Informationelle Selbstbestimmung, S. 250, der aber 14 Jahre im Datenschutzrecht für zu jung hält.

1052 Bspw. *Zscherpe*, MMR 2004, 723 [724]; *Rogosch*, Die Einwilligung im Datenschutzrecht, S. 51 f. m.w.N.

allenfalls Untersuchungen zur thematisch verwandten Geschäftsfähigkeit und anderen persönlichen Rechten.[1053] Auf der Grundlage der bekannten Stufentheorie von *Piaget* [1054] wird für die kognitive Entwicklung insbesondere das sog. „formal-operative Stadium“ zwischen dem 11. und 16. Lebensjahr für entscheidend gehalten. In dieser Phase entwickelt sich die Fähigkeit, hypothetisch und in Möglichkeiten zu denken und komplexere Entscheidungen zu treffen. Mit 14 Jahren nimmt dann die Abstraktionsfähigkeit überdurchschnittlich zu und die Problemsicht verschärft sich. Im Alter von 15 Jahren soll der Jugendliche schon wie ein Erwachsener bei der Lösung von Problemen mit Hilfe von logischen und formalen Denkoperationen vorgehen.[1055] Mit gesicherter Erlangung des formal-operativen Stadiums – also spätestens mit 16 Jahren – kann der Jugendliche folglich aus eigener wie aus fremder Sicht tatsächliche Begebenheiten beurteilen, hypothetische Überlegungen anstellen und über seine Vorstellungen und die seines Gegenübers reflektieren. Die kognitive Entwicklung ist nunmehr mit der eines Erwachsenen gleichwertig. Nach *Busch* kann ein Jugendlicher zudem autonome Entscheidungen fällen, wenn er mit 16 Jahren den eigenen Selbstwert erkannt hat und sich nicht mehr über die Akzeptanz durch Dritte und deren Wertvorstellungen definiert, sondern nach einer eigenen autonomen Identität strebt. Dann würde er die Wertevorstellungen anderer selbst bewerten, hat sich also aus der unreflektierten Abhängigkeit anderer gelöst.[1056] Kindern wird darüber hinaus ab einem Alter von 11 Jahren auch ein moralisches Urteil zugetraut. Daraus zieht beispielsweise *Dölitzsch* den Schluss, dass persönliche Rechte als Ausdruck von Selbstbestimmung ab einem Alter von 12 Jahren Bedeutung gewinnen.[1057]

Für eine objektive rechtliche Festlegung der Altersgrenze abweichend des § 106 BGB fehlen somit gesicherte Erkenntnisse. Zudem sind Bedürfnis, Verständnis und Erleben von Situationen als privat nicht kontext-frei, sondern stehen im Zusammenhang mit der Entwicklung und der Lebenssituation im Laufe der Zeit innerhalb einer sozialen, historischen, politischen, ökonomischen und physischen Umgebung.[1058] Die Gegner der typisierenden Lösung weisen darauf hin, dass der Reifeprozess individuell unterschiedlich verläuft. Zwischen gleichaltrigen Minderjährigen gebe es große Unterschiede im Hinblick auf ihre kognitiven Fähigkeiten, so dass generalisierbare Regelungen den Bedürfnissen und Fähigkeiten der Kinder nicht gerecht werden könnten.[1059] Dies muss erst recht für Persönlichkeitsrechte gelten, die in vielseitigsten Situationen berührt sind. Nicht nur die individuelle Reife, sondern auch die Komplexität der Angelegenheiten ist ganz unterschiedlich. So gibt es Be-

---

1053 *Busch*, Der Reifegrad Minderjähriger als Maßstab, S. 81 ff.; *Hommers*, Die Entwicklungspsychologie der Delikts- und Geschäftsfähigkeit, S. 35 ff.; *Dölitzsch*, Vom Kindesschutz zu Kindesrechten, S. 221 ff.

1054 Dazu ausführlich nur *Miller*, Theorien der Entwicklungspsychologie, S. 45 ff.

1055 *Dölitzsch*, Vom Kindesschutz zu Kindesrechten, S. 227.

1056 *Busch*, Der Reifegrad Minderjähriger als Maßstab, S. 85 ff., 89.

1057 *Dölitzsch*, Vom Kindesschutz zu Kindesrechten, S. 230.

1058 *Wolfe*, in: Altman/Wohlwill, Children and Environment, S. 175 [178 f.].

1059 *Dölitzsch*, Vom Kindesschutz zu Kindesrechten, S. 249 f; 253 ff.

reiche in der modernen Datenverarbeitung, die selbst Erwachsene kaum überblicken können, und andere, in denen sich früh ein Bewusstsein bildet (beispielsweise Religion, Ausbildung).[1060] Auch setzt ein umfassender Merchandisingvertrag andere Fähigkeiten voraus als eine Einwilligung in die Veröffentlichung eines Fotos in einer Schülerzeitschrift.

c. Vermutungslösung

Als Kompromisslösung bietet sich die Festlegung von Altersgrenzen in Form einer Regelvermutung an. Durch eine Vermutung wird zwar die Rechtsunsicherheit verringert, aber gleichzeitig vermieden, dass zu starre Regeln der Interessenlage nicht mehr gerecht werden. Die Vermutung ist insofern eine Leitlinie für die Einwilligungsempfänger, ab wann eine zusätzliche Einwilligung eines Minderjährigen einzuholen ist.[1061]

Die herrschende Altersgrenze von 14 Jahren erscheint im Hinblick auf die vergleichbaren Konfliktfälle angemessen, aber zu grobmaschig. Abhilfe schafft hier das Modell von *Ohly*, der aus gesetzlichen Spezialvorschriften eine Typisierung vornimmt, die dem US-amerikanischen Vorbild der „rules of seven" entspricht. Demnach ist zwischen einer unwiderleglichen Vermutung gegen die Einwilligungsfähigkeit bis zum 7. Lebensjahr, einer widerleglichen Vermutung gegen die Einwilligungsfähigkeit bis zum 14. Lebensjahr und einer widerleglichen Vermutung für die Einsichtsfähigkeit ab dem 14. Lebensjahr zu differenzieren.[1062] Für die Disposition von beschränkt Geschäftsfähigen könnten die letzten beiden Regelvermutungen herangezogen werden. Sie tragen dem Umstand Rechnung, dass das aus sozialwissenschaftlicher Sicht entscheidende „formal-oparative Stadium" das Alter von 11 bis 14 Jahren umfasst, die Altersgrenze von 14 also bereits eher spät anknüpft. Zudem lässt das System zu, dass die Einwilligungsfähigkeit abweichend vom Regelfall beurteilt werden kann, da die Vermutungen jeweils widerleglich sind. Somit ist eine flexible Handhabung unter Berücksichtigung von Bedeutung und Komplexität der fraglichen Entscheidung möglich. Die Verringerung des Verkehrsschutzes im Vergleich zu starren Altersgrenzen ist schließlich hinzunehmen. Für Einwilligungsempfänger kann es nicht pauschal unzumutbar sein, ein persönliches Gespräch mit dem Minderjährigen zu führen.[1063] Einzige Ausnahme ist die datenschutzrechtliche Einwilligung. Aufgrund automatisierter Kommunikationsvorgänge und der häufigen Verwendung des Internets kann eine Einzelfallprüfung vom Verarbeiter nicht durchgeführt werden.[1064] Diese Rechtsunsicherheit sollte jedoch trotzdem hingenommen werden, da eine feste Altersgrenze angesichts der Vielge-

---

1060 *Rogosch*, Die Einwilligung im Datenschutzrecht, S. 55; *Buchner*, Informationelle Selbstbestimmung, S. 250.

1061 *Frauenrath*, GB 2010, 295 [298].

1062 *Ohly*, Die Einwilligung, S. 320 f.

1063 *Ohly*, Die Einwilligung, S. 321.

1064 *Rogosch*, Die Einwilligung im Datenschutzrecht, S. 50 ff.

staltigkeit datenschutzrechtlicher Konfliktlagen erst recht ausscheiden muss. Die datenverarbeitende Stelle hat sich somit im Zweifel zu vergewissern, ob die Einwilligung des Minderjährigen vorliegt.[1065] Aber selbst dann steht der Verarbeiter vor dem faktischen Problem der Altersverifizierung (dazu ausführlich unter Kapitel 5 § 3 D. V. 2. a.).

Das Ergebnis zum Problem der Einwilligungsfähigkeit lässt sich wie folgt zusammenfassen: Zur Einwilligung in Beeinträchtigungen ihres Allgemeinen Persönlichkeitsrechts und des Rechts am eigenen Bild bedürfen Kinder unter 14 Jahren grundsätzlich der Zustimmung ihrer Eltern gem. § 105 bzw. § 107 BGB, es sei denn, es kann ausnahmsweise die Einsichtsfähigkeit des Kindes bewiesen werden. Mit Vollendung des 14. Lebensjahres kann eine Einwilligung nur rechtfertigend wirken, wenn die Zustimmung von Eltern und Kind gemeinsam vorliegt, es sei denn, es wird ausnahmsweise belegt, dass das Kind noch nicht einsichtsfähig ist. Dieses Stufensystem gilt grundsätzlich für einseitige und schuldrechtliche Einwilligungen zum Eingriff in sämtliche Persönlichkeitsrechte, allen voran in das Allgemeine Persönlichkeitsrecht sowie das Recht am eigenen Bild gem. § 22 KUG. Abweichend von dem in Art. 4 D-VO geplanten Alleinentscheidungsrecht von Jugendlichen mit Vollendung des 13. Lebensjahres gilt dies auch für Einwilligung, die im Internet erklärt werden und die Verarbeitung personenbezogener Daten betreffen.

IV. Grenzen der Dispositionsmacht

Schließlich unterliegt die Entscheidungsbefugnis minderjähriger Rechtsträger und ihrer Eltern zahlreichen normativen Dispositionsschranken. Die Anwendbarkeit der §§ 134, 138 BGB ist zwar umstritten, überwiegend werden sie aber zur Begrenzung der Dispositionsfreiheit herangezogen.[1066] Verträge, die Minderjährige ungewöhnlich stark belasten und das Ergebnis strukturell ungleicher Verhandlungsstärke sind, sind folglich gem. § 138 BGB unwirksam. Ebenso muss die Erteilung einer Einwilligung nichtig sein, die gegen grundlegende Wertungen der Rechtsordnung verstößt, weil in nicht hinnehmbarer Weise ein Minderjähriger zum bloßen Objekt eines anderen gemacht wird.[1067] Außerdem werden Einschränkungen der Dispositionsfreiheit diskutiert, wenn die Gestattung zu schweren irreversiblen Persönlichkeitsrechtsverletzungen führt.[1068] In diesem Zusammenhang hat jüngst auch ein Fall Aufsehen erregt, in dem es um die Bewahrung der Menschenwürde von Kindern ging:

1065 Ebenso *Buchner*, Informationelle Selbstbestimmung, S. 276.

1066 Vgl. OLG Stuttgart, AfP 1987, 693 [694] zur Nutzungsübertragung an Nacktfotos ohne nennenswerte Gegenleistung; zustimmend *Frömming/Peters*, NJW 1996, 958 [958]; ausführlich *Ohly*, Die Einwilligung, S. 444 m.w.N.; *Klass*, AfP 2005, 507 [517 f.].

1067 Zu den Beispielen *Klass*, AfP 2005, 507 [518 m.N.].

1068 Zum Ganzen *Ohly*, Die Einwilligung, S. 430 ff.

Eine Folge der Sendung „Super Nanny" hatte viele Beschwerden bei der Kommission für Jugendmedienschutz (KJM) ausgelöst, in der in mehreren Szenen eine Mutter ihre weinenden und verängstigten 3-, 4- und 7- jährigen Kinder anschreit, ihnen droht und sie schlug. Einzelne gefilmte Handlungen gegen die Kinder wurden im Sendeablauf wiederholt dargestellt und auch in einem für die Sendung werbenden Vorspann gezeigt.[1069]

1. *Einwilligungsschranke zum Schutz der Menschenwürde*

Obwohl dieser Fall aus der Perspektive des Persönlichkeitsschutzes in erster Linie die Schranken elterlicher Einwilligungsbefugnisse betrifft, ist zunächst der grundsätzlichen Frage nachzugehen, ob der Selbstbestimmung im Interesse des Einzelnen Grenzen zu setzen sind und wie dies zu erfolgen hat.[1070] Durch die TV-Produktion ist neben der räumlichen Privatheit der gesamten Familie möglicherweise auch die Menschenwürde der misshandelten Kinder betroffen, die aber durch die Einwilligung der Mutter gerechtfertigt sein könnte. Die Problematik des Schutzes gegen den Willen des Betroffenen wurde im öffentlichen Medienrecht verstärkt im Zusammenhang mit der Fernsehsendung „Big Brother" erörtert, in der die Bewohner rund um die Uhr freiwillig mit Kameras beobachtet wurden.[1071] Dass dieser Aspekt in gleichem Maße auch Minderjährige tangiert, verdeutlicht etwa das TV-Experiment „Boys and Girls alone" aus Großbritannien, in dem Kinder zwischen 8 und 12 Jahren nach Geschlechtern getrennt in 2 Dörfern leben und dort sich selbst überlassen sind, beobachtet von Kameras.[1072] In der Sendung „Teenager außer Kontrolle – Letzter Ausweg Wilder Westen" wurden verhaltensauffällige Jugendliche sogar in 4 Staffeln vor laufender Kamera einer Therapie unterzogen, mit dem erklärten Ziel, sie zu resozialisieren.[1073] Ungeachtet moralischer Bedenken ist rechtlich klarzustellen, ob und inwieweit aufgrund des Menschenwürdeschutzes in Art. 1 Abs. 1 GG die eigene freiwillige Einwilligung und diejenige der Eltern normativen Grenzen unterliegen, jenseits derer eine Wirksamkeit zu versagen ist.

In dem *Fall* zur „Super Nanny" hat das VG Hannover auf die Klage des Senders gegen die Beanstandung der Sendung durch die KJM ausdrücklich entschieden, dass die Ausstrahlung der Sendung gegen die Menschenwürde der Kinder und damit gegen § 4 Nr. 8 JMStV verstoße. Dies könne auch nicht durch das erkennbare erziehungspädagogische Ziel der Sendung gerechtfertigt werden.[1074] Nach der Vorschrift

---

1069 VG Hannover, Urt. v. 08.07.2014, Az. 7 A 4679/12 (juris).

1070 *Klass*, AfP 2005, 507 [510].

1071 *Hinrichs*, NJW 2000, 2173 ff.; *Schmitt Glaeser*, ZRP 2000, 395 ff.; ausführlich dazu *Klass*, Rechtliche Grenzen des Realitätsfernsehens, S. 16 ff.

1072 Vgl. dazu *Hoff*, „Erwachsen auf Probe" in England, http://www.faz.net/aktuell/feuilleton/fernsehen/erwachsen-auf-probe-in-england-wir-muessen-kinder-wirklich-hassen-1817400.html (11.04.2015).

1073 *Kissler*, TV-Kritik, http://www.sueddeutsche.de/medien/tv-kritik-teenager-ausser-kontrolle-widerstand-zwecklos-1.60492 (11.04.2015).

1074 VG Hannover, Urt. v. 08.07.2014, Az. 7 A 4679/12 (juris).

sind Angebote generell unzulässig, die gegen die Menschenwürde verstoßen. Dies betrifft insbesondere die Darstellung von Menschen, die sterben oder schweren körperlichen oder seelischen Leiden ausgesetzt sind oder waren und das tatsächliche Geschehen wiedergegeben wird (beispielsweise Katastrophenreportagen). Daneben kann auch die Kommerzialisierung und Ökonomisierung des Menschen in Unterhaltssendungen die Menschenwürde verletzen, wenn Teilnehmer von überlegenen Akteuren aus wirtschaftlichem Grund in unabwendbare Situationen gebracht und dann angeprangert und zur Schau gestellt werden, oder wenn sie in einem Zustand gezeigt werden, in dem sie ihre Handlungen nicht mehr steuern können.[1075]

Derartigen Angeboten wird folglich in erster Linie mit den Mitteln des Jugendmedienschutzes begegnet. Zivilrechtlich schlägt das öffentlich-rechtliche Verbot nicht auf die Einwilligung in Eingriffe durch. Die rechtsgeschäftliche Disposition (hier der Mutter) bleibt auch in diesen Fällen grundsätzlich wirksam. Die Rechtsprechung hat in seinen grundlegenden Entscheidungen zum Problem des Grundrechtsverzichts zwar die objektiv-rechtliche Wertung des Art. 1 Abs. 1 GG betont und die Menschenwürde trotz freiwilliger Einwilligung als verletzt angesehen.[1076] Dem widerspricht bei der Disposition durch erwachsene Rechtsträger jedoch eine weithin verbreitete Auffassung in der Literatur. Es sei der Einzelne selbst, der den Inhalt der Menschenwürde bestimmt. Aus Sicht der Teilnehmer werde die Preisgabe des intimen Lebensbereichs dadurch kompensiert, dass man Bekanntheit erlangt und Aussicht auf Gewinn hat. Staatlicher Schutz entgegen der Selbstbestimmung würde gerade die Menschenwürde verletzen.[1077] Auch bei Minderjährigen ist der Grad zwischen effektivem Schutz und unangemessener Bevormundung schmal. Dispositionsgrenzen bedürfen auch in diesen Fällen der Rechtfertigung zur Einschränkung ihres Selbstbestimmungsrechts. Zwar sind die Schutzpflichten des Staates im Falle von Minderjährigen besonders ausgestaltet. So stehen Minderjährige generell unter einem besonderen Schutz, der in viel weitergehendem Maße auch ihre Selbstbestimmung einschränken muss und darf, um Selbstgefährdungen und Gefährdungen durch das Verhalten Dritter zu verhindern. Auch deshalb ist eine Einschränkung im öffentlichen Medienrecht wie in § 4 Nr. 8 JMStV zulässig. Anders als bei Erwachsenen greifen zivilrechtliche Schranken aber zugleich in das durch Art. 6 Abs. 2 GG garantierte Elternrecht ein. Die Möglichkeit der Mutter zur Einwilligung in die TV-Produktion ist Ausfluss ihres Erziehungsrechtes nach Art. 6 Abs. 2 S. 1 GG, das im Spannungsverhältnis

---

1075 Dazu *Erdemir*, in; Spindler/Schuster, Recht der elektronischen Medien, § 4 JMStV Rn. 19 ff.; *Hertel*, in: Hahn/Vesting, Beck'scher Komm. Rundfunkrecht, § 4 JMStV Rn. 50 ff.

1076 BVerwGE 64, 274 ff. – Peep-Show; VG Neustadt, NVwZ 1993, 93 ff. – Zwergenweitwurf; ausführlich dargestellt bei *Klass*, Rechtliche Grenzen des Realitätsfernsehens, S. 148 ff.

1077 *Dörr*, Big Brother und die Menschenwürde, S. 54 ff.; *Klass*, Rechtliche Grenzen des Realitätsfernsehens, S. 165 ff. mit umfangreichen Nachweisen; *Klass*, AfP 2005, 507 [510]; *Ohly*, Die Einwilligung, S. 434 m.N.; *Schmitt Glaeser*, ZRP 2000, 395 [399 f.].

zur Pflicht des Staates steht, die Entwicklung der Kinder zu schützen.[1078] Der Staat darf auch den Eltern nicht ein ihrer Meinung nach würdiges Leben aufzwingen und ihre elterliche Sorge zivilrechtlich beschränken. Es hat deshalb grundsätzlich das familienrechtliche Regelungsregime in §§ 1626 ff. BGB zu gelten. Eine Einschränkung der Dispositionsfreiheit zum Schutze der Würde des Kindes sollte folglich nicht mit den Mitteln des Zivilrechts realisiert werden. Etwas anderes lässt sich auch nicht aus § 4 Nr. 8 JMStV a.E. entnehmen, wonach eine Einwilligung unbeachtlich sein soll. Damit wird lediglich klar gestellt, dass die Menschenwürde als unverzichtbarer Wert vom Staat auch gegen den Willen von Einzelnen zu schützen ist und eine privatrechtliche Disposition an der medienrechtlichen Unzulässigkeit des Angebotes nichts ändert. Es bleibt also auch für Minderjährige zunächst bei den allgemeinen zivilrechtlichen Schranken der Dispositionsfreiheit in § 134 BGB und § 138 BGB.

2. Kindeswohl als Korrektiv der Dispositionsfreiheit

Der *Fall* der *Super Nanny* weist zudem einen deutlichen Bezug zum Kindeswohl auf. Als objektive Dispositionsschranke wäre das Prinzip für jeden Geschäftsunfähigen bedeutsam, der sich nicht gegen unerwünschte Eingriffe wehren kann, wenn Eltern darin einwilligen. *De lege lata* hat das Kind lediglich die Möglichkeit, beim Jugendamt eine Kindeswohlgefährdung gem. § 1666 BGB anzuzeigen. Möglicherweise ließe sich aber das Modell des § 1631d BGB für den Persönlichkeitsschutz fruchtbar machen und eine Einwilligungsschranke etablieren. § 1631 Abs. 1 S. 2 BGB steht der Berechtigung der Eltern zur Einwilligung und damit ihrer Wirksamkeit entgegen, wenn die Beschneidung auch unter Berücksichtigung ihres Zwecks das Wohl des Kindes gefährden würde. Maßstab ist § 1666 BGB, und insbesondere auch der Kindeswille kann zu berücksichtigen sein.[1079] Damit sieht das Gesetz eine Ausnahme von dem Grundsatz vor, dass die Bindung an das Kindeswohl nur im Verhältnis der Eltern zu ihren Kindern wirkt, aber nicht die Handlungsmacht nach außen begrenzt. Das Wohl des Kindes ist damit als echtes Korrektiv ausgestaltet und soll auch dort für Minderjährigenschutz sorgen, wo die elterliche Sorge nicht aufgrund einer Teilmündigkeit eingeschränkt ist. Bei Übertragung dieses Rechtsgedankens stünde die Wirksamkeit der Einwilligung durch die Eltern also unter dem Vorbehalt, dass die Entscheidung das Kindeswohl des betroffenen Minderjährigen nicht gefährdet.

Auf den ersten Blick ist auch die Problemlage, zu deren Lösung § 1631d BGB geschaffen wurde, derjenigen im Persönlichkeitsschutz nicht unähnlich. Vor Erreichen der Einsichtsfähigkeit sind generell die Eltern dazu berechtigt, im Rahmen ihrer Sorge über die Vornahme einer Zirkumzision zu entscheiden. Erst mit Einsichtsfähigkeit wird minderjährigen Personen nach ganz herrschender Meinung eine

---

1078 Ausführlich zum Spannungsverhältnis *Luch*, Das Medienpersönlichkeitsrecht, S. 484 ff.

1079 *Huber*, in: MüKo BGB, § 1631d Rn. 4.

eigene Entscheidungsbefugnis zugestanden.[1080] Weder mit der Einwilligung in die Zirkumzision noch in persönlichkeitsrechtliche Einwilligung überschreiten sie die Evidenzschwelle in Art. 6 Abs. 2 S. 2 GG. Die Kindeswohlgefährdung ist vielmehr im Einzelfall festzustellen. Die Sachlage betrifft zwar unterschiedliche Schutzgüter (körperliche Integrität/Persönlichkeit), ist aber jedenfalls insofern vergleichbar, als dass § 1631d BGB nur auf medizinisch nicht indizierte Maßnahmen anwendbar ist. Die Einwilligungen betreffen also in beiden Fällen nicht im engeren Sinne gebotene, irgendwie erforderliche Handlungen in Bezug auf die minderjährige Person und ihr Wohl, sondern ganz unterschiedlich motivierte, im Ausgangspunkt aus freien Stücken vorgenommene Dispositionen. Zudem liegen auch die Schutzzwecke nicht so weit auseinander, wie es auf den ersten Blick bei unterschiedlichen Rechtsgütern scheint, da der Kontrollfilter in der gesetzlichen Vorschrift auch auf den Schutz der psychischen Gesundheit abzielt, die bei der Einwilligung in die Verletzungen der Persönlichkeitsrechte vordergründig drohen.[1081] Sogar eine Berücksichtigung der einer elterlichen Entscheidung zugrundeliegenden Motive und Bestrebungen als mehr oder weniger schutzwürdig erscheint für die Persönlichkeitsrechte nicht ausgeschlossen (etwa eine egoistisch oder narzisstisch motivierte Darstellung zur Verbreitung der eigenen Weltanschauung gegenüber der Einwilligung zur Aufdeckung von Missständen).[1082]

Allerdings regelt § 1631d BGB einen eng begrenzten Sachverhalt und verknüpft die Wirksamkeit der Einwilligung abweichend vom Regelfall an die Bindung an das Kindeswohl im Innenverhältnis. Sie ist also eine Ausnahmevorschrift, die vor dem Hintergrund einer rechtspolitischen Debatte von großer öffentlicher Aufmerksamkeit geschaffen wurde, um der Rechtsunsicherheit Abhilfe zu schaffen, die durch das aufsehenerregende Urteil des Landgerichts Köln zur Strafbarkeit des Beschneidungsritus hervorgerufen wurde.[1083] Nicht jegliche Entscheidungen zu Eingriffen in die körperliche Integrität des Kindes, sondern nur die Sonderkonstellation der Zirkumzision wird unter den Kontrollfilter gestellt. Hintergrund ist die besondere Interessenlage: Einerseits stellt die Beschneidung eine rechtfertigungsbedürftige Körperverletzung gem. § 228 StGB dar, andererseits ist sie als religiöses Ritual für drei Weltreligionen von größter Bedeutung. Dem Selbstbestimmungsrecht des Kindes und sein Recht auf Religionsfreiheit in Art. 4 GG stehen also das Erziehungsrecht sowie die Religionsfreiheit und freie Religionsausübung der Eltern gegenüber.[1084] Der Regelungsgegenstand ist im Vergleich zum Dispositionsbereich der Persönlichkeitsrechte folglich eng umgrenzt, betrifft andere Schutzgüter und ist durch grund-

1080 BGH in st. Rspr. seit BGHZ 29, 33; *Huber*, in: MüKo BGB, § 1626 Rn. 39; *Peschel-Gutzeit*, in: Staudinger BGB, § 1626 Rn. 89 mit umfangreichen Nachweisen.

1081 Vgl. OLG Hamm, FamRZ 2013, 1818.

1082 Vgl. etwa die Typenbildung zu Beweggründen zum Auftritt in authentischen Fernsehformaten bei *Fromm*, Privatgespräche vor Millionen, 310 ff.; dazu auch *Klass*, Rechtliche Grenzen des Realitätsfernsehens, S. 39 ff.

1083 Vgl. zur Debatte *Rixen*, NJW 2013, 257 [257].

1084 *Peschel-Gutzeit*, NJW 2013, 3617 [3618].

legend andere, grundrechtlich geschützte Interessen geprägt. Ausschlaggebend ist ferner der unterschiedliche Unwertgehalt der fraglichen, rechtfertigungsbedürftigen Verletzungen. Die Einwilligung in die Verletzung von Persönlichkeitsrechten ist zwar auch nicht neutral, da es um die Legitimierung von grundsätzlich unzulässigen, weil zu stark beeinträchtigenden Eingriffen geht und somit ebenfalls mit einem Unwerturteil belegt ist.[1085] Dieses ist jedoch nur in Einzelfällen so gewichtig und sozialschädlich, dass das Verhalten strafrechtlich relevant wäre (z.B. bei Ehrverletzungen gem. §§ 185 ff. StGB und bei der Verletzung des höchstpersönlichen Lebensbereichs durch Bildaufnahmen gem. § 201a StGB). Im Gegensatz dazu ist die Zirkumzision stets mit einer strafbaren Körperverletzung verbunden und somit schon von vorneherein mit einem größeren Unwerturteil belegt. Hinzukommt, dass die Auswirkungen der Beschneidung medizinisch-psychologisch untersucht worden sind, der Gesetzgeber also auf Grundlage einer bereits hinreichend gefestigten Tatsachengrundlage die Gefährdungslage einschätzen konnte.[1086] Im Persönlichkeitsschutz kann der berufene Rechtsanwender bislang auf keine derart gesicherten Erkenntnisse aus Nachbardisziplinen zurückgreifen, die Folgen für das Kindeswohl lassen sich lediglich vermuten. Die mit dem Korrektivmodell automatisch verbundene Einschränkung des Elternrechts ist jedoch auf dieser Grundlage und vor dem Hintergrund des geringeren Unwerturteils nicht geboten.

Einwilligungen von Eltern allein oder gemeinsam mit ihren Kindern in persönlichkeitsrechtliche Eingriffe sind somit wirksam, auch wenn sie gegen das Kindeswohl verstoßen oder aber die Menschenwürde des Kindes tangieren. Alles in allem unterliegt die Disposition nur den Grenzen der § 138 BGB und § 134 BGB, in denen Kindeswohl und Menschenwürde freilich zu berücksichtigen sind. Persönlichkeitsrechtlich verbleibt es bei den allgemeinen Entscheidungsbefugnissen. Im Übrigen beschränkt sich die Handhabe von Kindern und Jugendlichen auf das familienrechtliche Schutzsystem der §§ 1666, 1666a BGB gegen elterlichen Missbrauch der Entscheidungsmacht. Eine andere Frage ist, ob der Staat eine verfassungsrechtliche Schutzpflicht hat, TV-Formate wie die „Super Nanny" mittels öffentlich-rechtlicher Regelungen zu beschränken.[1087]

B. Die Einwilligungserklärung

Praktische Konsequenzen ziehen auch die sonstigen Anforderungen an eine wirksame Einwilligungserklärung nach sich, die jeweils für elterliche und kindliche Einwilligung getrennt zu begutachten sind. Wie nachfolgend noch ausführlich zu erörtern sein wird, geht mit der Einwilligung ein „erhebliches Maß an Steuerungsverlust" einher, da mit der erstmaligen Öffnung des privaten Lebensraums nach den allgemeinen Grundsätzen nur noch geringerer Schutz dieses Bereichs beansprucht

1085 *Beater*, JZ 2013, 111 [119].
1086 Vgl. dazu die Nachweise bei *Rixen*, NJW 2013, 257 [259].
1087 Dazu *Luch*, Das Medienpersönlichkeitsrecht, S. 484 ff.

werden kann.[1088] Die allgemeinen Maßstäbe zu Erklärung, Auslegung und Reichweite sind angesichts dieser Tragweite am Prüfstein des Minderjährigenschutzes zu messen und partiell für die Einwilligungserklärung von einsichtsfähigen Jugendlichen zu modifizieren.

I. Erklärungsformen

Zunächst bedarf die Einwilligung für ihre Wirksamkeit der Erklärung gleich einer empfangsbedürftigen Erklärung im rechtsgeschäftlichen Sinn.[1089] Die Erklärung kann nach den allgemeinen Grundsätzen in schriftlicher oder mündlicher Form, ausdrücklich oder konkludent erfolgen.[1090] Nur für die datenschutzrechtliche Einwilligung gilt ein Schriftformerfordernis gem. § 4a Abs. 1 S. 3 BDSG.[1091] Rechtfertigende Wirkung entfaltet eine Zustimmung schließlich nach herrschender Meinung nur, wenn sie vor dem Eingriff erklärt wird.[1092] Vorformulierte Einwilligungserklärungen oder Verträge mit vorformulierten Einwilligungsklauseln mit Medien sind unabhängig von der Rechtsnatur der Einwilligung jedenfalls nach dem Schutzzweck an den §§ 305 ff. BGB zu messen.[1093]

Gegenüber Medienvertretern und anderen Personen nehmen Minderjährige jedoch typischerweise eine schwächere Position ein. Im „freien Spiel der Kräfte" auf dem Markt wäre die Einwilligungssituation dann in der Regel durch ein Ungleichgewicht zulasten des Schutzwürdigeren gekennzeichnet mit der Folge, dass wie bei Verbrauchern, Mietern und anderen schwächeren Vertragsparteien korrigierende Eingriffe in die Vertragsfreiheit in Betracht zu ziehen sind.[1094]

1. Analoges Schriftformerfordernis?

Um Minderjährige vor unüberlegten und übereilten Bindungen zu warnen, liegt in Parallele zu § 4a BDSG zunächst das Erfordernis einer Schriftform für alle persönlichkeitsrechtlichen Einwilligungen nahe.[1095] Die Möglichkeit der konkludenten, stillschweigenden oder mutmaßlichen Einwilligung, die leicht zur Unterstellung

---

1088 *Peifer*, JZ 2013, 853 [861].

1089 Dazu ausführlich *Ohly*, Die Einwilligung, S. 327 ff.; 337 ff.

1090 BGH, NJW 2010, 56; *Götting*, in: Schricker/Loewenheim, Urheberrecht, § 60/§ 22 KUG Rn. 43; *Dreier/Specht*, in: Dreier/Schulze, UrhG, § 22 KUG Rn. 17 ff.

1091 Vgl. zu den generellen Unterschieden der Einwilligung im Bildnis- und Datenschutzrecht *Schnabel*, ZUM 2008, 657 [659 f.].

1092 *Ohly*, Die Einwilligung, S. 344 ff.; *Fricke*, in: Wandtke/Bullinger, Urheberrecht, § 22 KUG Rn. 13; *Klass*, AfP 2005, 507 [511]; a.A. *Beater*, JZ 2013, 111.

1093 Ebenso *Körner*, in: Simon/Weiss, Zur Autonomie des Individuums, S. 131 [133]; *Klass*, AfP 2005, 507 [518 m.N.]; *Ohly*, Die Einwilligung, S. 436 ff. m.N.

1094 Vgl. allgemein zu Vertragsgerechtigkeit *Medicus*, BGB AT § 32.

1095 Zur Warnfunktion in § 4a BDSG *Spindler/Nink*, in; Spindler/Schuster, Recht der elektronischen Medien, § 4a BDSG, Rn. 8; *Rogosch*, Die Einwilligung im Datenschutzrecht, S. 57; allgemein dazu *Arnold*, in: Erman, BGB, § 125 Rn. 1.

einer Erklärung verleitet, wäre dann ausgeschlossen.[1096] Allerdings ist in vielen Situationen die Annahme einer konkludenten Einwilligung erforderlich, um den gesellschaftlichen Normen Rechnung zu tragen und sozialadäquates Verhalten als rechtmäßig anzuerkennen. Beispielsweise ist es heute unter Jugendlichen gang und gäbe, sich gegenseitig mit dem Handy zu fotografieren. Die duldende Haltung allein reicht nach dem sozialen Verständnis aus, um eine Persönlichkeitsrechtsverletzung auszuschließen.[1097] Abgeschwächt wird die Gefahr übereilter und unbedachter Entscheidungen des Minderjährigen zudem wesentlich durch das Erfordernis der zusätzlichen Einwilligung durch die Eltern. Konkludentes Verhalten wie das Posieren für die Kamera, Winken etc. führen dementsprechend nicht geradewegs zur Zulässigkeit der Ausstrahlung.[1098]

2. *Stillschweigende und konkludente Einwilligungserklärung*

Angesichts des weitreichenden Charakters der Einwilligung und der Schutzbedürftigkeit der Rechtsgüter müssen jedoch für andere als ausdrückliche Erklärungen strenge Maßstäbe für die Wirksamkeit der Erklärung gelten. Grundsätzlich sind bei Untätigbleiben oder unklarem Verhalten die Gesamtumstände des Einzelfalls aus der Sicht eines vernünftigen Dritten in der Position des Erklärungsempfängers gem. §§ 133, 157 BGB maßgeblich.[1099] Entscheidend ist, ob aus seiner Sicht davon ausgegangen werden darf, dass der Betroffene die Anfertigung der Aufnahme in Kenntnis ihres Zweckes gebilligt hat.[1100] Ob aus einem bloßen Untätigbleiben eine stillschweigende Einwilligung abgeleitet werden kann, wird bei erwachsenen Rechtsträgern unterschiedlich beurteilt. Die herrschende Ansicht verlangt zusätzliche Indizien für die Annahme eines entsprechenden Willens.[1101] Dafür muss dem Betroffenen bekannt gewesen sein, zu welchem Zweck, welcher Art und in welchem Umfang der Eingriff in die Persönlichkeitsrechte erfolgen soll.[1102] Dies ist etwa zu bejahen bei dem Besuch einer öffentlichen Veranstaltung, bei der mit der Anwesenheit der Presse und einer zeitnahen Berichterstattung zu rechnen ist und nicht zum Ausdruck gebracht wird, dass eine personenbezogene Berichterstattung gewünscht ist (beispielsweise durch den Eintritt durch den Hintereingang).[1103]

1096 *Ohly*, Die Einwilligung, S. 330; kritisch auch *Kohte*, AcP 185 (1985) 105 [123 f.]; *Baston-Vogt*, Der sachliche Schutzbereich, S. 235.

1097 Ebenso mit weiteren Beispielen *Ohly*, Die Einwilligung, S. 331.

1098 Zu Erwachsenen vgl. BVerfG, NJW 2002, 3767.

1099 Einzelheiten mit Beispielen bei *Libertus*, ZUM 2007, 621 [621 f.]; *Dreier/Specht*, in: Dreier/Schulze, UrhG, § 22 KUG Rn. 17 f.

1100 *Engels*, in: Ahlberg/Götting, BeckOK Urheberrecht, § 22 KUG Rn. 31.

1101 Vgl. *Fricke*, in: Wandtke/Bullinger, Urheberrecht, § 22 KUG Rn. 15 m.N.; *Libertus*, ZUM 2007, 621 [622]; *Prinz/Peters*, Medienrecht, Rn. 834.

1102 *Rixecker*, in: MüKo BGB, Anh. § 12 Rn. 51; *Fricke*, in: Wandtke/Bullinger, Urheberrecht, § 22 KUG Rn. 15.

1103 *Wanckel*, NJW 2011, 726 [727].

Der Grad des Schutzes vor ungewollten Persönlichkeitsrechtseingriffen hängt somit in nicht unerheblichem Maße davon ab, unter welchen Voraussetzungen das Verhalten eines Minderjährigen zur Annahme einer konkludenten Einwilligung berechtigt. Bei der Auslegung des kindlichen Verhaltens ist aus diesem Grund der Tatsache Rechnung zu tragen, dass die Einwilligung einen Eingriff in persönliche Rechtsgüter gestattet, die aufgrund der Minderjährigkeit des Rechtsträgers besonders schutzbedürftig sind. Schon nach den allgemeinen Grundsätzen reicht eine mutmaßliche Einwilligung angesichts der weitreichenden Folgen für die Persönlichkeitsrechte nicht aus.[1104] Zurückhaltung ist aber auch bei der Annahme einer konkludenten Einwilligung geboten. Minderjährige bleiben nur beschränkt selbstbestimmungsfähige Personen, die unabhängig von Mitbestimmungsbefugnissen ihr Verhältnis zur Öffentlichkeit noch nicht wie Erwachsene zu steuern in der Lage sind. Die Möglichkeit zur Selbstbestimmung muss an strenge Voraussetzungen geknüpft sein, denn sie soll ihre Entwicklung fördern und sie nicht schutzlos stellen. Rechtsfolgen dürfen somit nur dann an ein Verhalten geknüpft werden, wenn dies auch von ihrem selbstbestimmten Willen getragen ist. Strenge Auslegungsmaßstäbe belasten den Erklärungsempfänger auch nicht unzumutbar, da in aller Regel bekannt ist, dass das Verhalten eines Minderjährigen zur Grundlage von Eingriffen gemacht wird. Folglich dürfen objektive Empfänger nur dann berechtigterweise von einer Einwilligungserklärung ausgehen, wenn der Wille des Kindes deutlich zum Ausdruck kommt oder die verletzende Handlung sozialadäquates Verhalten darstellt und deshalb die bloße Duldung ausreicht.[1105] Demnach müssen für die Annahme einer Einwilligung in die Veröffentlichung von privaten Informationen oder Bildern gegenüber Medienvertretern neben der passiven Hinnahme konkrete Indizien vorliegen, die auf einen einverständlichen Willen des Minderjährigen und seiner Eltern hindeuten.[1106] Entscheidend sind die jeweiligen Umstände des Einzelfalls, für die folgende medienrechtliche *Fälle* Beispiel geben:

a. Zu Recht bejahte das Landgericht Bielefeldt im bereits oben erörterten Fall der Teilnahme einer 15-Jährigen von mehrere Tage andauernden Dreharbeiten für das Fernsehformat der „Super Nanny“ das Vorliegen einer Einwilligung.[1107]

b. Ebenso ist der Auffassung des Bundesgerichtshof in der Entscheidung zu *Charlotte Casiraghi* vom Vorliegen einer stillschweigenden Einwilligung in eine Bildveröffentlichung zuzustimmen, wenn ein Kind prominenter Eltern an einer Sportveranstaltung teilnimmt, bei dem Pressefotografen zugelassen sind und die erkennbar für öffentliche Aufmerksamkeit sorgen wird.[1108] Die Teilnahme allein reicht jedoch auch bei medialer Aufmerksamkeit nicht in jedem Fall aus, um auf einen

1104 *Klass*, AfP 2005, 507 [511] auch zum Problem der vorformulierten Einwilligungserklärung bei Veranstaltungen im Hinblick auf §§ 305 ff. BGB; *Libertus*, ZUM 2007, 621 [624].

1105 So zutreffend *Klass*, AfP 2005, 507 [511].

1106 *Klass*, AfP 2005, 507 [511].

1107 LG Bielefeld, NJW-RR 2008, 715 [715 f.].

1108 BGH, NJW 2005, 56.

einverständlicher Willen zu schließen, denn es kann auch lediglich eine Begleitung der Eltern beabsichtigt sein. Indizien sind dann etwa der Gang über den roten Teppich, die aktiv mitgestaltende Teilnahme, Inhalt und Zweck der Veranstaltung etc.

c. Werden Personen unvorbereitet mittels Mikrofon oder Kamera mit einem Interview „überfallen" ist umstritten, ob die bloße Duldung eines Interviews und der Kameraaufnahmen eine konkludente Einwilligung enthält oder nicht.[1109] Minderjährige sind durch den Überrumpelungseffekt besonders betroffen. Ihre Fähigkeit zur überlegten und besonnenen Reaktionen ist insbesondere in jüngeren Jahren noch weniger ausgeprägt als bei Erwachsenen. Die Duldung muss also nicht Ausdruck ihres Willens sein, sondern kann in erheblichem Maße durch die überraschende Situation verursacht und getragen sein. Deshalb ist hierin grundsätzlich keine stillschweigende Einwilligung zu sehen. Dies gilt insbesondere dann, wenn ein falscher Verwendungszweck vorgespiegelt wird, um den Beitrag später in einen lächerlichen Kontext einzufügen.[1110] Daneben ist stets die Einwilligung der Eltern erforderlich. Stillschweigende Einwilligungen dürften aus Sicht des Empfängers etwa vorliegen, wenn Eltern es in ihrer Anwesenheit und mit ihrer Kenntnis zulassen, dass sich ihr Kind einem Fernsehinterview stellt oder an einer Straßenumfrage teilnimmt.[1111]

3. *Einwilligungserklärung im Internet*

Komplexe Probleme entzünden sich bei der Einwilligungserklärung im Internet. Das Institut stellt auch online das zentrale Instrument der Selbstbestimmung dar. Im Zusammenhang mit dem Schutz Minderjähriger steht das web 2.0 im Vordergrund, also insbesondere die Nutzung von sozialen Netzwerken. Die zentralisierte, globale und anonyme Struktur des Internet erschwert nicht nur den effektiven Schutz vor persönlichkeitsrechtsverletzenden Handlungen, sondern wirft auch grundlegende Rechtsprobleme für die Selbstbestimmung des einzelnen Internetnutzers auf. Ob und ggf. in welchem Umfang Einwilligungen bei der Nutzung sozialer Netzwerke wirksam sind und welche Rahmenbedingungen sie erfüllen müssen, ist derzeit noch unklar.

a. Nutzung von sozialen Netzwerkseiten durch Minderjährige

Mit der Nutzung von sozialen Netzwerkseiten zur Kommunikation ist zwangsläufig eine Datenverarbeitung beim Diensteanbieter verbunden, d. h. er verarbeitet die eingestellten Informationen, Bildnisse, Videos etc. und fällt damit in den Anwendungsbereich des Bundesdatenschutzgesetz und Telemediengesetz. Der Internetnutzer übt sein Selbstbestimmungsrecht deshalb nicht nur hinsichtlich seiner Persönlichkeitsrechte aus, wenn er private Informationen oder Bildnisse hochlädt. Bereits

1109 Dazu *Klass*, AfP 2005, 507 [512] m.N.; *Soehring*, in: Ders./Hoene, Presserecht, § 19 Rn. 44 f.

1110 *Klass*, AfP 2005, 507 [512].

1111 Vgl. dazu *Fricke*, in: Wandtke/Bullinger, Urheberrecht, § 22 KUG Rn. 15.

bei der Registrierung in einem sozialen Netzwerk, mit der ein Nutzungsvertrag zustande kommt, oder durch Zustimmung zu einer Datenschutzerklärung erklärt der Nutzer auch seine datenschutzrechtliche Einwilligung gem. § 4a BDSG durch die Anmeldung und Nutzung und nimmt damit sein grundrechtlich garantiertes Recht auf informationelle Selbstbestimmung wahr.[1112]

Nach den vorstehenden Regeln bedarf es grundsätzlich der Zustimmung der Eltern, damit sich Kinder und Jugendliche wirksam bei sozialen Netzwerken anmelden, eine Mitgliedschaft begründen und in die Datenverarbeitung einwilligen.[1113] Ungeachtet dessen ist die Wirksamkeit von Einwilligungen bei Nutzung sozialer Netzwerke insgesamt aber äußerst ungewiss und muss auch bei Minderjährigen in Frage gestellt werden. Die Ausgestaltung der automatisierten elektronischen Einwilligung in den verschiedenen sozialen Netzwerken begegnet erheblichen Bedenken hinsichtlich datenschutzrechtlicher Anforderungen.

b. Transparenzanforderungen

Zunächst setzt informationelle Selbstbestimmung grundsätzlich voraus, dass der Betroffene bzw. seine Eltern hinreichende Informationen über die Erhebung und die Verarbeitung der personenbezogenen Daten sowie über den Zweck ihrer Verwendung hat.[1114] Das gilt sowohl vor der Einwilligung als auch während der gesamten Nutzung. Im Datenschutzrecht muss der Datenverarbeitende deshalb über den Zweck der Verarbeitung, die verantwortliche Stelle, die potenziellen Datenempfänger, den Umfang der Speicherung und die Konsequenzen informieren.[1115] Angesichts der unfassbaren Datenmengen, die in sozialen Netzwerken zusammenkommen, ist es für den Nutzer jedoch nur äußerst schwer nachzuvollziehen, wer was von wem weiß und ob das Wissen an Dritte und zu welchem Zweck weitergeben wurde. Die im Datenschutzrecht geforderte Transparenz der Datenverarbeitung gegenüber dem Betroffenen zur Ermöglichung hinreichender Selbstbestimmung wird folglich erheblich erschwert.[1116]

Die allgemein als defizitär empfundene Transparenz bei der Nutzung sozialer Netzwerke steht deshalb im Mittelpunkt zahlreicher Reformansätze und -bestrebungen. Angesetzt wird bei der Gestaltung der Informationen, die so nutzergerecht aufgearbeitet werden sollten, dass der Nutzer sie ohne weiteres wahrnehmen und verstehen kann. Inhaltlich werden Informationen zu Zwecken, Einsehbarkeit und Weitergabe für Dritte, Verantwortlichkeiten sowie die Rechte der Nutzer gefordert.

1112 *Heckmann*, JurisPK-Internetrecht, Kap. 9 Rn. 505 f.

1113 Vgl. *Jandt/Roßnagel*, MMR 2011, 637 [640]; Zum Vertrag bei sozialen Netzwerken jüngst *Bräutigam*, MMR 2012, 635 ff.

1114 *Jandt/Roßnagel*, in: Schenk/Niemann/Reinmann/Roßnagel, Digitale Privatsphäre, S. 331 f.

1115 *Rogosch*, Die Einwilligung im Datenschutzrecht, S. 70.

1116 Dazu BVerfG, NJW 2010, 833 [840] – Vorratsdatenspeicherung.

Erwogen wird auch ein deutlicher Hinweis auf die Tragweite der Entscheidung.[1117] In diesem Zusammenhang sind auch Sonderregelungen für Kinder und Jugendliche zu erwägen, die nach geltendem Recht in der gleichen Weise informiert werden können wie Erwachsene. Auch im Online-Bereich ist von einem natürlichen Unterschied hinsichtlich Kenntnis und Erfahrung zwischen Jugendlichen und Erwachsenen auszugehen. Die Transparenzanforderungen sollten deshalb dem Entwicklungsstand der Adressaten angepasst werden, indem besondere Anforderungen an Informationen zu stellen sind, die Minderjährige Transparenz und Kontrolle vermitteln sollen. Entsprechend Art. 11 Abs. 2 des Vorschlages zu einer Datenschutzgrundverordnung der Europäischen Kommission sollten die Informationen adressatengerecht ausgewählt, dargestellt und formuliert sein. Dies könnte durch klar strukturierte Hinweise zu erreichen sein, die einfach und prägnant formuliert werden und dadurch leichter verständlich sein können. Bei Online-Informationen sollten die Hinweise zudem vor der Datenerhebung direkt am Bildschirm angezeigt werden, um Kinder und Jugendliche wirklich auf Gefahren aufmerksam zu machen.[1118]

c. Elektronische Einwilligung

Für die Einwilligung in die Verarbeitung von persönlichen Daten gilt nach § 4a Abs. 1 S. 3 BDSG grundsätzlich das Schriftformerfordernis, wenn nicht aufgrund besonderer Umstände eine andere Form angemessen ist. Regelmäßig wird die Nutzung des Internets unter diese Ausnahme gefasst. Ausreichend ist dann die in § 13 Abs. 2 TMG vorgesehene elektronische Einwilligung.[1119] Diese ist auch für die Anmeldung von beschränkt Geschäftsfähigen bei sozialen Netzwerken nicht grundsätzlich ungeeignet. Zwar kann im Rahmen des automatisierten Verfahrens die Einsichtsfähigkeit nicht im Einzelfall überprüft werden.[1120] Dies wächst sich jedoch nur dann zum Problem aus, wenn man einen individuellen Maßstab anlegt. Vorzug der hier vertretenenen Vermutungslösung ist, dass sie klare Regeln für Netzwerkbetreiber und Nutzer schafft, wenn die Altersangabe des Nutzers korrekt ist. Das eigentliche Problem dürfte in puncto Altersverifikation liegen.

d. Zulässigkeit formularmäßiger Einwilligung

Grundsätzlich zulässig sind auch formularmäßige Einwilligungserklärungen.[1121] Als besonders problematisch für Jugendliche ist aber die Erklärungsform einzuschät-

---

1117 Vgl. *Spindler*, in: Verhandlungen des 69. Dt. Juristentages München 2012, Bd. I, F. 5 [104 ff.].

1118 Vgl. *Jandt/Roßnagel*, MMR 2011, 637 [640 f.]; *Jandt/Roßnagel*, in: Schenk/Niemann/Reinmann/Roßnagel, Digitale Privatsphäre, S. 377; *Art. 29-Datenschutzgruppe*, WP 160, S. 11.

1119 Dazu *Rogosch*, Die Einwilligung im Datenschutzrecht, S. 162 ff.

1120 *Wintermeier*, ZD 2012, 210 [212]; *Jandt/Roßnagel*, MMR 2011, 637 [640].

1121 Grundlegend *Buchner*, Informationelle Selbstbestimmung, S. 251; *Rogosch*, Die Einwilligung im Datenschutzrecht, S. 107 ff.

zen, bei der vom Nutzer die Einwilligung durch Auskreuzen oder Ausstreichen zu beseitigen ist (sog. *Opt-out*-Lösung). Die Rechtsprechung erachtet die Klausel AGB-rechtlich gem. §§ 305 ff. BGB sowie datenschutzrechtlich generell für zulässig, da sie keine gewichtige Hemmschwelle für den Betroffenen darstelle.[1122] Dies wird vor allem unter Hinweis auf das Transparenzgebot im Schrifttum kritisch gesehen.[1123] Speziell gegenüber Kindern und Jugendlichen ist schon der vom Bundesgerichtshof zugrunde gelegte Maßstab eines durchschnittlich informierten und verständigen Verbrauchers unpassend, der einer vorformulierten Einwilligungserklärung die der Situation angemessene Aufmerksamkeit entgegenbringt.[1124] Berücksichtigt man die Unerfahrenheit sowie die besondere Schutzbedürftigkeit von Nutzern in jungen Jahren, bestehen begründete Zweifel, ob die mit der *Opt-out*-Lösung verbundene Risikoverlagerung noch eine zulässige Erklärungsform ist. Auch die zusätzlich erforderliche Zustimmung der Eltern entschärft die Probleme nicht. So wird gerade bei erwachsenen Nutzern in Frage gestellt, ob sie dem Maßstab des Bundesgerichtshofs überhaupt gerecht werden können und entsprechende mündige Verbraucher sind. Ein *Opt-in*-Modell, also das aktive Ankreuzen einer vorformulierten Einwilligungserklärung, würde demgegenüber Transparenz und Bewusstsein der jugendlichen Nutzer fördern und könnte zwangslos ins Datenschutzrecht inkorporiert werden.[1125]

e. Anforderungen an die konkludente Einwilligungserklärung

Den zweiten Problemkreis eröffnet der Standpunkt vieler Internetdiensteanbieter, dass Nutzer ihre Einwilligung allein durch die Nutzung ihrer Website oder ihrer Dienste konkludent erklären. Nur für besonders sensible Daten wie Herkunft, politische Meinung, Gesundheit, Sexualität iSd § 3 Abs. 9 BDSG ist eine ausdrückliche Einwilligung gefordert.[1126] Ungeachtet der Kontroverse über die generelle Zulässigkeit konkludenter Einwilligungserklärungen trotz § 4a Abs. 1 S. 3 BDSG[1127] gilt hier im Grunde das vorstehend Gesagte: Diensteanbieter dürfen nur dann von einer Einwilligungserklärung ausgehen, wenn der Wille des Kindes deutlich zum Ausdruck kommt. Entscheidend ist bei Onlinesachverhalten insbesondere, dass dem jungen Nutzer hätte bewusst sein müssen, ob sein Verhalten als Einwilligung interpretiert wird. Die Deutung ist je nach Erfahrung, Angebot, Gepflogenheiten und Transparenzgrad im Einzelfall sorgfältig zu prüfen, da der Erwartungshorizont im Internet keineswegs ausgemacht ist.[1128]

1122 BGHZ 177, 253 [261 f.] – Payback; BGH, NJW 2010, 864 [865 f.] – Happy Digits.

1123 *Spindler*, in: Verhandlungen des 69. Dt. Juristentages München 2012, Bd. I, F. 5 [108]; *Rogosch*, Die Einwilligung im Datenschutzrecht, S. 117 ff.

1124 *Rogosch*, Die Einwilligung im Datenschutzrecht, S. 116.

1125 Ebenso *Rogosch*, Die Einwilligung im Datenschutzrecht, S. 127 ff.

1126 *Spindler*, in: Verhandlungen des 69. Dt. Juristentages München 2012, Bd. I, F. 5 [79].

1127 Dazu *Rogosch*, Die Einwilligung im Datenschutzrecht, S. 61 ff.

1128 *Spindler*, GRUR-Beilage 2014, 101 [103].

Praxisrelevantestes *Beispiel* ist das Einstellen eigener Dateien mit persönlichen Informationen oder Bildnissen ins Internet, allen voran auf sozialen Netzwerkseiten.[1129] Partielle Interpretationsmaßstäbe hat die Rechtsprechung bereits aufstellen können. So erkannte der Bundesgerichtshof bei einer Künstlerin aus urheberrechtlicher Sicht eine konkludente Einwilligungserklärung beim Hochladen von Bildern ohne eingeschränkten Zugriff auf eine Website, die von Bildersuchmaschinen in sozialadäquater Weise vervielfältigt oder von Personensuchmaschinen indexiert wurden.[1130] Beim Einstellen eines Bildnisses auf eine Internet-Homepage soll außerdem nach herrschender Auffassung stillschweigend darin eingewilligt werden, dass Dritte durch Hyperlinks auf das Bild verweisen, nicht aber in die Übernahme des Bildnisses auf fremde Websites.[1131] Im gleichen Sinn hat das Oberlandesgericht Köln entschieden, dass der Nutzer eines sozialen Netzwerkes in die Identifizierung und Veröffentlichung von Fotos durch eine Suchmaschine einwilligt, wenn er das Foto im Rahmen eines sozialen Netzwerkes bereitstellt und von der Möglichkeit der höheren Sicherheitseinstellung keinen Gebrauch macht.[1132]

Ob wirklich die Mehrheit der Kinder und Jugendlichen bereits hinreichend Verständnis für die Existenz und Funktionsweise von Suchmaschinen und anderen Diensten sowie die Konsequenzen einer Veröffentlichung im Internet aufbringt und sich der Rechtsverkehr hierauf stützen kann, erscheint nach den erörterten sozialwissenschaftlichen Studien zwar nicht ausgeschlossen, aber auch nicht flächendeckend gesichert.[1133] Bei strenger Auslegung des Verhaltens Minderjähriger lässt sich im Einstellen von Inhalten generell nur dann berechtigterweise von einer konkludenten Einwilligung ausgehen, wenn für den Minderjährigen klar erkennbar ist, dass Jedermann die Informationen abrufen kann, weil der Zugang zu der Internetseite bewusst und in Kenntnis der Konsequenzen nicht beschränkt wurde und die weitere Verwendung durch einen anderen Dienst üblich ist. Für soziale Netzwerke haben die Studien gezeigt, dass medienpädagogische Maßnahmen mittlerweile greifen und Jugendlichen die Risiken von unbeschränkten Zugriffen nicht unbekannt sind. Das dürfte aber für die Verwendung durch Suchmaschinen, durch klassische Medien, durch andere Nutzer und sonstige Verwendungsmöglichkeiten und Verknüpfungen nicht gleichermaßen gelten. Ob also die komplexen Konsequenzen für sie überschaubar sind und Erfahrung und Kenntnis tatsächlich für eine kompetente Entscheidung ausreicht, ist fraglich. Es ist somit im Einzelfall je nach Alter und Erfahrung, Medium, zur Verfügung stehenden Informationen etc. zu entscheiden, ob eine konkludente Einwilligung anzunehmen ist.

1129 Dazu ausführlich *Ohly*, AfP 2011, 428 [432].

1130 BGHZ 185, 291 [306] – Vorschaubilder; OLG Köln, ZUM 2010, 706; Vgl. auch LG Hamburg, Urt. v. 16.06.2010, Az.: 325 O 448/09, BeckRS 2010, 16928 zu Bildern auf frei zugänglichen Internetseiten.

1131 *Libertus*, ZUM 2007, 621 [622]; *Fricke*, in: Wandtke/Bullinger, Urheberrecht, § 22 KUG Rn 17.

1132 OLG Köln, ZUM 2010, 706.

1133 So für Erwachsene *Elixmann*, Datenschutz und Suchmaschinen, S. 125.

Demnach ist wohl in dem Einstellen eines Fotos oder Videos in ein soziales Netzwerk ohne Zugangsbeschränkung bei jugendlichen Nutzern als konkludente Einwilligung in die Indexierung durch Suchmaschinen anzusehen. Nicht erfasst sind allerdings weitergehende Verwertungen wie das Einstellen auf eine andere Website, die Gesichtserkennung oder die Veränderung des Bildnisses.[1134] Ebensowenig ist davon auszugehen, dass in die Verwendung zu journalistischen Zwecken eingewilligt wird, etwa die Verwendung in einem Zeitungsartikel oder einer Fernsehsendung.

II. Aufklärungs- und Informationspflichten

Nicht nur im Internet ist von grundlegender Bedeutung, ob der Erklärende bzw. sein Vertreter vor der Einwilligung über die Tragweite und Bedeutung seiner Entscheidung hinreichend aufgeklärt und informiert war. Im Datenschutz- und Medizinrecht, die vergleichbar sensible Bereiche betreffen, hat sich bereits die Erkenntnis durchgesetzt, dass eine Einwilligung ohne vorherige Aufklärung und Informationen bloßer Formalismus bleibt, da eine sinnvolle Wahrnehmung des Selbstbestimmungsrechts ohne ausreichende Information häufig nicht möglich ist.[1135] Das natürliche Kenntnisgefälle zwischen Jugendlichen und Erwachsenen, das natürlich auch den Umgang mit der Presse und dem Internet betrifft, wirkt sich dementsprechend nicht nur bei der Einwilligungsfähigkeit aus. Im Minderjährigenpersönlichkeitsschutz gewinnt die Informiertheit außerdem Bedeutung, weil ihnen bis zur Einsichtsfähigkeit die selbstbestimmte Wahrnehmung ihrer Rechte verwehrt bleibt.

1. Adaption des Informed-consent

Der Rechtsgedanke der Informiertheit des Betroffenen wird im Institut des ursprünglich aus dem U.S.-amerikanischen Recht stammenden *informed consent* oder der *informierten Einwilligung* gefasst. Im deutschen Recht ist es aus dem Medizinrecht bekannt und hat unter anderem in § 4a BDSG Ausdruck gefunden.[1136] Demnach kann eine Einwilligung nur wirksam erklärt werden, wenn zuvor ausreichend informiert, aufgeklärt oder gewarnt wurde. Die Informationen müssen umfassend und für den Betroffenen verständlich sein. Die Anforderungen an die Aufklärung sind umso umfassender, je intensiver der Eingriff in das Rechtsgut ist.[1137] So hat

1134 *Ohly*, AfP 2011, 428 [432].

1135 So ausdrücklich *Körner*, in: Simon/Weiss, Zur Autonomie des Individuums, S. 131 [132]; *Klass*, AfP 2005, 507 [512]; Grundlegend zum Informationsgefälle zwischen dem Betroffenen und den Medien *Bruns*, Informationsansprüche gegen Medien, S. 1 ff.

1136 Dazu *Ohly*, Die Einwilligung, S. 381 f.; *Rogosch*, Die Einwilligung im Datenschutzrecht, S. 69 ff.; zum Institut im Arztrecht RG NJW 1956, 1106; BGHZ 29, 46 [55]; Zur U.S.-amerikanischen Lehre des informed consent *Glatz*, Der Arzt zwischen Aufklärung und Beratung, S. 79 ff.

1137 *Rixecker*, in: MüKo BGB, Anh. § 12 Rn. 51; *Körner*, in: Simon/Weiss (Hrsg.), Zur Autonomie des Individuums, S. 131 [132]; *Rogosch*, Die Einwilligung im Datenschutzrecht, S. 70.

das Prinzip im Arzt-Patienten-Verhältnis zur Herausbildung einzelner Pflichten des Arztes geführt (z.B. Aufklärungs-, Dokumentationspflicht und Einsichtsrecht des Patienten in die Krankenunterlagen).[1138] Im Datenschutzrecht muss der Datenverarbeitende über den Zweck der Verarbeitung, die verantwortliche Stelle, die potenziellen Datenempfänger, den Umfang der Speicherung und die Konsequenzen informieren.[1139] Im Persönlichkeitsschutz werden Informationspflichten vor der Einwilligungserklärung nur bei Dispositionen über das Recht am eigenen Bild ausdrücklich erwogen. Konkret soll nach herrschender Auffassung die Wirksamkeit einer konkludenten Einwilligung davon abhängen, dass dem Erklärenden Zweck, Art und Umfang des Eingriffs bekannt war. Je weitgehender der Eingriff, desto klarer muss der Eingreifende dabei aufklären.[1140] Auch im U.S.-amerikanischen Recht wird dem Prinzip des *informed consent* bislang keine Bedeutung im Rahmen des *right of privacy* oder *right of publicity* beigemessen.

Es sprechen jedoch gute Gründe dafür, entsprechende Informationspflichten des Einwilligungsempfängers gegenüber den betroffenen Minderjährigen und ihren Eltern generell für den Minderjährigenpersönlichkeitsschutz zu installieren. Üblicherweise besteht ein erhebliches Informationsgefälle zwischen Medium und Betroffenem, das sich bei Minderjährigen verschärft darstellt. Die Wirkungsweise von Beeinträchtigungen ist vor allem für medienunerfahrene Personen nicht oder nur schwer vorhersehbar, etwa bei der Beteiligung an Film- und Fernsehsendungen. Überdies entwickeln Medienbeiträge nicht selten eine gewisse Eigendynamik, die sich nicht antizipieren lässt.[1141] Des Weiteren sind der Charakter der zur Disposition stehenden Rechtsgüter und ihre besondere Schutzbedürftigkeit im Kindes- und Jugendalter zu berücksichtigen.[1142] Der grundsätzlich angezeigte präventive Schutz lässt sich durch das Schutzkonzept in größerem Umfang verwirklichen, da eine Basis für den Entscheidungsträger geschaffen wird, um sich selbstverantwortlich zu entscheiden.[1143] Bei Einsichtsfähigkeit des Jugendlichen wird somit noch effektiver sichergestellt, dass die Entscheidung auch tatsächlich aufgrund einer verständigen Abwägung des Für und Wider erfolgt. Schließlich spricht abermals der Unwertgehalt medienrechtlicher Beeinträchtigungen dafür, das Informationsrisiko dem Einwilligungsempfänger aufzubürden. Die Informiertheit der Eltern gründet gleichermaßen auf der besonderen Schutzbedürftigkeit der Persönlichkeitsrechte ihrer

---

1138 *Körner*, in: Simon/Weiss (Hrsg.), Zur Autonomie des Individuums, S. 131 [134].

1139 *Rogosch*, Die Einwilligung im Datenschutzrecht, S. 70.

1140 Vgl. OLG München, ZUM 2009, 429; OLG Hamburg, GRUR-RR 2005, 140; *Dreier/Specht*, in: Dreier/Schulze, UrhG, § 22 KUG Rn. 19; *Fricke*, in: Wandtke/Bullinger, Urheberrecht, § 22 KUG Rn. 15; *Prinz/Peters*, Medienrecht, Rn. 834; kritisch *Soehring*, in: Ders./Hoene, Presserecht, § 19 Rn. 46b.

1141 Ebenso *Rixecker*, in: MüKo BGB, Anh. § 12 Rn. 51; *Klass*, AfP 2005, 507 [512]; im Ergebnis ebenso *Spindler*, in: Verhandlungen des 69. Dt. Juristentages München 2012, Bd. I, F. 5 [47].

1142 *Ohly*, Die Einwilligung, S. 91.

1143 *Klass*, AfP 2005, 507 [513].

Kinder. Hinzu tritt der Umstand, dass sie in ihrer Funktion als Träger der elterlichen Sorge eben nicht über eigene, sondern über fremde Rechte disponieren. Treffen die Konsequenzen einer Entscheidung nicht den Entscheidungsträger selbst, sondern andere Personen, müssen die Anforderungen strenger sein. Die Pflicht zur Information über die bedeutsamen Umstände vor der Einwilligungserklärung belastet auch das Gegenüber nicht unzumutbar. Die Informationspflicht lässt sich wie im Datenschutzrecht auch durch schriftliche oder elektronische Einwilligungserklärungen praktisch umsetzen, ist bei Verträgen also ohne weiteres möglich. In Situationen, in denen lediglich konkludent auf eine Zustimmung zu schließen ist (wie etwa auf dem „roten Teppich"), muss es grundsätzlich reichen, dass Zweck, Art und Umfang für den Minderjährigen aus den Umständen der Situation heraus erkennbar ist. Die Informationspflicht wird dann verletzt, wenn die Aufklärung auf Nachfrage nicht erfolgt oder eine Informationspreisgabe verhindert wird.

Bei unzureichender Information und Aufklärung kann die Einwilligung mit der herrschenden Meinung im Arztrecht nicht mehr als Ausdruck der Selbstbestimmung des Betroffenen angesehen werden. Sie ist grundsätzlich nichtig.[1144] Der Eingriff in das Rechtsgut ist dann nicht schon durch die Einwilligung des Betroffenen gerechtfertigt, es bedarf vielmehr einer Güter- und Interessenabwägung im Einzelfall.

2. Informationspflichten gegenüber Einwilligungsunfähigen?

Die Stärkung der Selbstbestimmung durch Information kommt jedoch nur den Jugendlichen unmittelbar zugute, die bereits einwilligungsfähig sind und über ihre Persönlichkeitsrechte selbstbestimmt entscheiden können. Für alle Personen unter 14 Jahren wirkt sich die Informiertheit über den Kenntnisstand ihrer gesetzlichen Vertreter aus und trägt somit nur mittelbar zur Festigung des Selbstbestimmungsrechts bei. Diese Situation wurde im Medizinrecht erkannt, und es wurde zum alten Recht vorgeschlagen, dem nicht einsichtsfähigen minderjährigen Patienten eigenständige Informationsrechte einzuräumen.[1145] Durch die seit kurzem in § 630e Abs. 5 BGB gesetzlich fixierten Aufklärungspflichten sollen minderjährige Patienten in das Behandlungsgeschehen stärker einbezogen zu werden. Damit setzt der Gesetzgeber die Vorgabe des Bundesverfassungsgerichts um, dass auch ein Einwilligungsunfähiger über das Ob und Wie einer Behandlung grundsätzlich nicht im Unklaren gelassen werden darf.[1146] Die Aufklärung des Einwilligungsunfähigen dient allerdings auch hier nicht als Grundlage einer Einwilligung, da diese von den Eltern

1144 St. Rspr. seit BGH, NJW 1956, 1106 [1107]; weitere Nachweise bei *Ohly*, Die Einwilligung, S. 374 ff.

1145 BVerfG, NJW 2011, 2113 [2116] - Zwangsbehandlung; *Rothärmel/Wolfslast/Fegert*, MedR 1999, 293; *Kölch/Fegert*, FPR 2007, 76 ff.

1146 BT-Drs. 17/11710, S. 29; BVerfG, NJW 2011, 2113 [2116] - Zwangsbehandlung.

zu erklären ist. Folgen eines Verstoßes gegen die zusätzliche Informationspflicht gegenüber dem Einwilligungsunfähigen sind nicht geregelt.[1147]

Eine den medizinrechtlichen Vorgaben verwandte Rechtsprechung existiert zu den zivilrechtlichen Persönlichkeitsrechten nicht. Dies ist vor allem dem Umstand geschuldet, dass Information und Aufklärung in diesem Bereich bislang nur eine untergeordnete Rolle gespielt haben. Zu beachten ist auch, dass das Gericht die Einbeziehung in einem Fall forderte, in dem über eine Zwangsbehandlung zu entscheiden war. Mildere Mittel, wie die freiwillige Zustimmung des Patienten, sollen hier grundsätzlich vorher ausgeschlossen werden. Entgegen der Einwilligungssituation zu einem Eingriff in das Recht auf Diskretion oder das Recht am eigenen Bild stand also bereits vorher fest, dass der notwendige Eingriff erfolgen wird. Die Gesetzesnorm erstreckt die Informationspflichten aber nunmehr auf alle medizinischen Maßnahmen. Schließlich gingen derartige Pflichten noch über die ausdrücklichen Informations- und Aufklärungspflichten des Datenschutzsrechts hinaus, die bei nicht einsichtsfähigen Personen nach allgemeiner Meinung durch Information der gesetzlichen Vertreter zu erfüllen sind.

Demgegenüber steht die Stärkung der Position des Kindes und seines grundrechtlich garantierten Selbstbestimmungsrechts. Ihre Einbeziehung in den Entscheidungsprozess ist dann nicht nur familienintern durch § 1626 Abs. 2 BGB gewährleistet, sondern wird nochmals von außen abgesichert. Anstöße aus dem Medizinrecht wurden in der Entwicklung des zivilrechtlichen Persönlichkeitsschutzes auch schon früher aufgegriffen. So wurde im Anschluss an die medizinrechtliche Leitentscheidung des Bundesgerichtshofs etwa die Rechtsnatur der Einwilligung beurteilt oder allein anhand der Einsichtsfähigkeit über die Einwilligungsbefugnis entschieden.[1148] Parallele Wertungen zur Selbstbestimmung von Minderjährigen liegen folglich nahe, insbesondere in den Fällen, in denen sich der Gesetzgeber sogar zur gesetzlichen Fixierung veranlasst sieht. Zudem liegt auf der Hand, dass die persönlichen Erfahrungen und die Entwicklung hinsichtlich ihrer persönlichen Belange gefördert würden. Die schrittweise Einbeziehung von Kindern, schon bevor sie selbst zu Entscheidungen berufen sind, schult ihren Umgang mit Medien, der Öffentlichkeit und dem Internet und kann dazu beitragen, spätere Fehlentscheidungen durch Unerfahrenheit zu vermeiden. Zugleich wird der Blick des Gegenübers auf die Person des Betroffenen gelenkt, welchem auf diese Weise im Einwilligungsprozess mehr Aufmerksamkeit geschenkt wird. Dies könnte das Gegenüber auch für die Belange des Minderjährigen sensibilisieren. Um eine Überforderung zu verhindern und die Informationspflichten nicht ausufern zu lassen, sollten sie wie in § 630e Abs. 5 BGB unter dem Vorbehalt stehen, dass der Minderjährige nach seinem Entwicklungsstand und seiner Verstandesreife die Informationen auch verarbeiten und

---

1147 *Terbille*, in: Ders./Clausen/Schroeder-Printzen, Münchener Anwaltshandbuch Medizinrecht, § 1 Rn. 366.

1148 *Ohly*, Die Einwilligung, S. 55; 312; insbesondere auch OLG Karlsruhe, FamRZ 1983, 742.

verstehen kann. Gegenüber Säuglingen und sehr kleinen Kindern gingen Informationen freilich ins Leere.

Die hinreichende Information und Einbeziehung einsichtsunfähiger Rechtsträger in den Entscheidungsprozess ist also Ausfluss ihres Selbstbestimmungsrechts aus Art. 2, 1 GG und als solche beachtenswert. Die Informiertheit kann aber nicht Grundlage der Wirksamkeit einer Einwilligung sein, die durch gesetzliche Vertreter erklärt wird. Andererseits bliebe eine Pflicht ohne Konsequenzen im Falle ihrer Verletzung ein stumpfes Schwert. Zwar kommt eine Haftung wegen Vertragspflichtverletzung gem. § 280 Abs. 1 BGB in Betracht, es wird aber wohl häufig der Schaden fehlen. Der Einwilligungsdogmatik entspricht es am ehesten, dem Minderjährigen bei Verstoß gegen Informationspflichten das Recht zu geben, sich vom Vertrag bzw. der Einwilligung nachträglich zu lösen (dazu s. u.). Als materiellrechtliche Verankerung kommt die analoge Anwendung des § 630e Abs. 5 BGB in Betracht, allerdings lässt sich eine vergleichbare Interessenlage bezweifeln. Passender wäre es stattdessen, eine entsprechende Regelung in § 22 KUG aufzunehmen, deren Wertungen über das Recht am eigenen Bild hinaus auf das gesamte Minderjährigenpersönlichkeitsrecht ausstrahlt.

3. *Adressat, Inhalt und Ausgestaltung der Informationen*

Adressat der Information ist der Minderjährige sowie seine Eltern. Inhaltlich muss der Einwilligungsempfänger über die für die Entscheidung bedeutsamen Umstände aufklären. Dem Einwilligenden sind die Kenntnisse zu vermitteln, die er benötigt, damit er eine selbstbestimmte und selbstverantwortliche Entscheidung fällen kann. Bei sozialen Netzwerken etwa muss dem Nutzer klar werden, welche Daten bei der Registrierung oder beim Surfen erhoben und verarbeitet werden.[1149] Die Intensität der Informationspflichten richtet sich dabei nach dem Einzelfall, substantiell sind insbesondere die Schwere der mit dem Eingriff verbundenen Folgen für die Persönlichkeitsrechte sowie der Kenntnis- und Erfahrungsstand des Einwilligenden. Die Informationen sind dabei auf den Einwilligenden auszurichten, bei einem „Neuling" in der Fernsehbranche also beispielsweise umfassender zu fassen als bei einem medienerfahrenen Künstler.[1150]

Die Ausgestaltung ist ferner dem Entwicklungsstand des Adressaten anzupassen.[1151] Besondere Anforderungen sind folglich an Informationen zu stellen, die Minderjährigen Transparenz und Kontrolle vermitteln sollen. Die Mehrzahl der beliebtesten sozialen Netzwerke in Deutschland stellt deshalb bereits altersgerechte Sicherheitsinformationen zur Verfügung.[1152] Zu Recht wird für die Zukunft aber eine

1149 *Heckmann*, JurisPK-Internetrecht, Rn. 505.
1150 *Klass*, AfP 2005, 507 [513].
1151 Zu den Anforderungen im Datenschutzrecht *Rogosch*, Die Einwilligung im Datenschutzrecht, S. 73 ff.
1152 *Heckmann*, JurisPK-Internetrecht, Kap. 9 Rn. 523.

verpflichtende gesetzliche Regelung gefordert, wie sie Art. 11 Abs. 2 des Vorschlages zu einer Datenschutzgrundverordnung der Kommission bereits enthält.

III. Umfang der Einwilligungserklärung

Schließlich rechtfertigt eine wirksam erklärte Einwilligung nur solche Eingriffe in die Persönlichkeitsrechte Minderjähriger, die auch von ihr gedeckt sind. Die Reichweite einer Einwilligung ist aufgrund der Umstände des Einzelfalls aus der Sicht des Empfängers gem. §§ 133, 157 BGB zu ermitteln.[1153] In aller Regel sind Zustimmungen räumlich, zeitlich oder inhaltlich, also insbesondere verwendungszweckbezogen, beschränkt.[1154] Eine zeitliche Begrenzung resultiert in erster Linie aus der fortschreitenden Entwicklung der Persönlichkeit, die mit Veränderung von inneren Einstellungen und Ansichten einhergeht. Nach den sozialwissenschaftlichen Erkenntnissen wandeln sich Bedürfnis, Verständnis und Erleben von Privatheit im Laufe des Lebens. Der zeitliche Rahmen, den die Einwilligung erfassen soll, muss deshalb im Einzelfall unter Beachtung aller Umstände sowie der beteiligten Interessen bestimmt werden.[1155] Angesichts der rasanten Entwicklung und Veränderung der Persönlichkeit im Jugendalter können bei Einwilligungen durch einsichtsfähige Jugendliche kürzere Zeitgrenzen als bei erwachsenen Personen anzunehmen sein.

Zudem ist die Einwilligung im Grundsatz streng zweckgebunden auszulegen, wenn der verfolgte Zweck wie so oft nicht ausdrücklich vertraglich vereinbart worden ist. Parallel zur urheberrechtlichen Zweckübertragungstheorie gilt eine Zweifelsregelung dahingehend, dass die Einwilligung nur so weit reicht, wie sie der Einwilligungsempfänger zur Erfüllung des mit dem zugrundeliegenden Vertrag verfolgten Zwecks unbedingt benötigt. Die vor allem im Bildnisschutz befürwortete Übertragung dieses Ansatzes erscheint umso mehr geboten, wenn der Eingriff besonders schutzwürdige Personengruppen betrifft.[1156] Nur solche Eingriffe dürfen ohne weitere Einzelfallabwägung für zulässig erachtet werden, die tatsächlich auch von seinem und dem Willen der Eltern getragen werden. Dies hat höchstrichterliche Anerkennung erfahren in der Entscheidung des Bundesgerichtshofs über die Veröffentlichung von Fotos der Charlotte Casiraghi, die während einer Teilnahme an einem Reitturnier von der damals 16-jährigen angefertigt wurden. Das stillschweigende Einverständnis von Mutter und Tochter in die Aufnahme und Veröffentlichung der während des Turniers angefertigten Fotos deckt nach Ansicht des

1153 BGHZ 20, 345 – Paul Dahlke.

1154 *Dreier/Specht*, in: Dreier/Schulze, UrhG, § 22 KUG Rn. 21; *Libertus*, ZUM 2007, 621 [624].

1155 So auch *Klass*, AfP 2005, 507 [511 f.].

1156 Grundlegend *Dreier/Specht*, in: Dreier/Schulze, UrhG, § 22 KUG Rn. 21 m.w.N.; *Fricke*, in: Wandtke/Bullinger, Urheberrecht, § 22 KUG Rn. 16; *Soehring*, in: Ders./Hoene, Presserecht, § 19 Rn. 46a; *Klass*, AfP 2005, 507 ff.; *Frömming/Peters*, NJW 1996, 958 [959]; *Libertus*, ZUM 2007, 621 [624]; ebenso für die Einwilligung im Internet *Gounalakis*, Persönlichkeitsschutz im Internet, Rn. 57.

Gerichts aufgrund der engen Zweckbindung nicht die Verwendung zur Illustration eines Artikels, der keine Berichterstattung über das Reitturnier enthält, sondern lediglich der Präsentation der Betroffenen gilt.[1157] Diese Zweckgebundenheit lässt sich anhand weiterer *Beispiele* illustrieren.

1. Wenn Eltern allein oder gemeinsam mit ihren Kindern in die Veröffentlichung von privaten Informationen oder Bildnissen durch die Medien in bestimmter Weise einwilligen, umfasst dies grundsätzlich nicht die Verwertung in anderer Weise. Dies gilt insbesondere bei Nacktaufnahmen und anderen Bildnissen, die einen vergleichbar engen Personenbezug aufweisen.[1158] Das ausdrückliche Einverständnis mit der Abbildung einer Nacktaufnahme in einem Biologiebuch ist also nicht zugleich als Einwilligung darin zu verstehen, das Bildnis in einer Zeitschrift abzudrucken.[1159]
2. Darüber hinaus erstreckt sich eine Einwilligung in die Aufnahme und Veröffentlichung eines Fotos durch einen Berufsfotografen grundsätzlich nicht auch auf die Verwendung zu Werbe- oder anderen kommerziellen Zwecken, insbesondere bei lediglich stillschweigender Einwilligung.[1160] Noch enger zieht das Oberlandesgericht Karlsruhe in einem Fall die Grenzen, in dem es um die stillschweigende Einwilligung in die Ausstrahlung gefertigter Fernsehaufnahmen ging. Wenn die Aufnahmen später in einem Rahmen gesendet werden, die der Thematik nach der erkennbaren Einschätzung des Betroffenen nicht angemessen ist, soll sie nur dann von der Einwilligung umfasst sein, wenn der Betroffene zuvor über die Einzelheiten der geplanten Verbreitung unterrichtet worden war.[1161]
3. Des Weiteren darf immer nur das Bildnis veröffentlicht werden, für welches die Einwilligung besteht und nur dann, wenn sie besteht. Eine ähnliche Aufnahme ist ebensowenig generell umfasst wie sich ein Einverständnis in die Bildveröffentlichung für eine aktuelle Berichterstattung auf die Verwendung für zukünftige Veröffentlichungen erstreckt.[1162]
4. Demgegenüber können auch allgemein bekannte und übliche Verwendungszwecke von der Einwilligung umfasst sein.[1163] So soll die Einwilligung in die Veröffentlichung als Titelbild einer Zeitschrift regelmäßig auch die Abbildung

---

1157 BGH, NJW 2005, 56.

1158 *Dreier/Specht*, in: Dreier/Schulze, UrhG, § 22 KUG Rn. 22.

1159 OLG Stuttgart, NJW 1982, 652; vgl. auch LG Hamburg, ZUM 2012, 74 zu perspektivischen Verzerrungen.

1160 BGHZ 20, 345 [348 f.] – Paul Dahlke; BGH, NJW 2010, 56; OLG Hamburg, AfP 1999, 486 [487] – Backstreet Boys; *Dreier/Specht*, in: Dreier/Schulze, UrhG, § 22 KUG Rn. 22 m.w.N.

1161 OLG Karlsruhe, NJW-RR 2006, 1198 [1199].

1162 *Dreier/Specht*, in: Dreier/Schulze, UrhG, § 22 KUG Rn. 22 m.N.; *Libertus*, ZUM 2007, 621 [624 f.].

1163 *Fricke*, in: Wandtke/Bullinger, Urheberrecht, § 22 KUG Rn 17.

des Titelbildes in Werbeanzeigen für die Zeitschrift umfassen.[1164] Nach Auffassung der Rechtsprechung schließt eine Einwilligung ferner grundsätzlich die Vereinbarung branchenüblicher Nebenabreden ein, die im Normalfall mit einem Vertrag der betreffenden Art verbunden sind.[1165] So erklärt sich ein professionelles Fotomodell, das beruflich an einer öffentlichen Straßenmodenschau teilnimmt, stillschweigend auch mit der Herstellung und Verbreitung von Fotos im Rahmen ihrer Vorführtätigkeit einverstanden.[1166] Diese Auslegung erscheint praktikabel und auch nicht grundsätzlich verfehlt, bedarf aber genauester Prüfung.[1167] Für die Einwilligung Minderjähriger ist entscheidend, ob die üblichen Verwendungszwecke für den Minderjährigen erkennbar waren, wobei hier die Informationspflichten zu berücksichtigen sind.

5. Im Internet bestimmt sich die Reichweite der Einwilligung nach der Kenntnis des Benutzers von dem jeweiligen Veröffentlichungskontext. Es ist stets zu fragen, ob der Einwilligende mit der konkret infrage stehenden Verbreitung rechnen musste. Demnach wird mit dem Einstellen von Bildern auf sozialen Netzwerkseiten der Abrufbarkeit durch andere Nutzer zugestimmt, nicht aber in die weitergehende Verbreitung des Bildes, z. B. auf der Eingangsseite der Plattform oder der Abrufbarkeit von Nichtmitgliedern.[1168]

Zusammenfassend ist festzustellen, dass die besondere Schutzbedürftigkeit der persönlichen Belange im Kindes- und Jugendalter unabhängig von der eigenen Fähigkeit zur Einwilligung strenge Maßstäbe an die wirksame Erklärung verlangt. Bei ausdrücklichen Einwilligungserklärungen ist entscheidend, ob Eltern und Kind umfassend und verständlich über die entscheidungserheblichen Umstände informiert wurden und der Eingriff tatsächlich von der Einwilligung umfasst ist. Wird die Zustimmung nicht ausdrücklich erklärt, kann aus den Umständen nur dann berechtigterweise auf eine konkludente Einwilligung geschlossen werden, wenn der Wille des Minderjährigen deutlich zum Ausdruck kommt oder eine Duldung bei sozialadäquatem Verhalten ausreicht. Zu beachten ist dabei grundsätzlich die strenge Zweckbindung. Eine Einwilligungserklärung reicht demnach nur soweit, wie sie der Einwilligungsempfänger zur Erfüllung des verfolgten Zwecks unbedingt benötigt. Rechtsunsicherheiten bei der Einwilligung im Internet sind auch für Minderjährige zurzeit nicht vermeidbar. Deshalb ist besonders Wert darauf zu legen, nicht vorschnell von einer konkludenten Einwilligung auszugehen. Die Erklärungsformen im Internet sind hier kritisch dahingehend zu überprüfen, ob einsichtsfähige junge Menschen diese verstehen und die Folgen abschätzen können. Die *Opt-out*-Lösung

1164 LG Köln, AfP 1982, 49.

1165 OLG Hamm, AfP 2004, 362; OLG Frankfurt, Schulze OLGZ 194; *Dreier/Specht*, in: Dreier/Schulze, UrhG, § 22 KUG Rn. 23 m.w.N.

1166 LG Düsseldorf, ZUM-RD 2003, 541 [542 f.].

1167 So auch *Dreier/Specht*, in: Dreier/Schulze, UrhG, § 22 KUG Rn. 22.

1168 *Härting*, Internetrecht, Rn. 120 ff.

ist beispielgebend für eine Risikoverlagerung, die Minderjährigen nicht den gebotenen Schutz ihrer Rechte bieten kann.

C. Bindung an die Einwilligungserklärung

Von zentraler Bedeutung für die Rechtsposition des Einwilligenden ist die Bindung, die seine Erklärung entfaltet. Unproblematisch sind Einwilligungen, die infolge Täuschung oder Drohung abgegeben wurden, unwirksam oder jedenfalls anfechtbar.[1169] Umstritten ist mit Blick auf Vertrauensschutzgesichtspunkte ein Anfechtungsrecht gem. § 119 BGB im Falle eines Inhalts- oder Erklärungsirrtums.[1170] Diese Fälle werden aber zumeist auch durch das Widerrufsrecht umfasst, welches für bevorstehende oder andauernde Eingriffe heute mehrheitlich bejaht wird.

Das Widerrufsrecht steht nicht nur im Rahmen der Diskussion um die Bindungswirkung der Einwilligung bei der Erklärung durch einen einsichtsfähigen Minderjährigen im Vordergrund. Auch im übrigen Persönlichkeitsschutz werden verschiedene Auffassungen dazu vertreten, ob die Einwilligung gem. § 130 Abs. 1 Satz 1 BGB die für eine rechtsgeschäftliche Willenserklärung typische Bindungswirkung entfaltet, ob sie jederzeit widerruflich sein soll oder in welchen Fällen.[1171] Dem Selbstbestimmungsinteresse des Einwilligenden stehen Vertrauensschutzgesichtspunkte des Einwilligungsempfängers gegenüber, der insbesondere bei vertraglichen Einwilligungen auf die gegenseitigen vertraglichen Bindungen vertraut und darauf, dass die Einwilligung nicht willkürlich wieder beseitigt werden kann.[1172] Ob und inwieweit dem Persönlichkeitsrechtsschutz der Vorrang vor dem Prinzip des *pacta sunt servanda* gebührt, ist somit durch Abwägung der berührten Interessen zu ermitteln.[1173] Hierbei ist für minderjährige Rechtsträger zwischen zwei Konstellationen zu differenzieren.

I. Widerruf einer gemeinsam erteilten Einwilligung

Wenig Aufmerksamkeit wird dem Fall zuteil, in dem die Einwilligung nach den Grundsätzen der kumulativen Doppelzuständigkeit abgegeben wird. Dies mag darin begründet liegen, dass sich die Situation des Minderjährigen hier auf den ersten Blick nicht von der eines Erwachsenen unterscheidet. Bei gemeinsamer Einwilligung hat der Jugendliche selbstbestimmt entschieden, ob er einem Eingriff zustimmt

---

1169 *Klass*, AfP 2005, 507 [514] m.N.

1170 Dazu ausführlich *Ohly*, Die Einwilligung, S. 356 ff. mit umfangreichen Nachweisen; *Dreier/Specht*, in: Dreier/Schulze, UrhG, § 22 KUG Rn. 34; *Strobl-Albeg*, in: Wenzel, Wort- und Bildberichterstattung, Kap. 7 Rn. 83.

1171 Ausführlich *Dasch*, Die Einwilligung zum Eingriff in das Recht am eigenen Bild, S. 82 ff.; *Ohly*, Die Einwilligung, S. 327 ff., 346 ff. jeweils mit umfangreichen Nachweisen.

1172 *Klass*, AfP 2005, 507 [514 f.].

1173 *Prinz/Peters*, Medienrecht, Rn. 838 f.

oder nicht. Der Eingriff in seine Persönlichkeitsrechte ist folglich eine Konsequenz seiner ausgeübten Selbstbestimmung. In Betracht kommt allenfalls, die Bindungswirkung aufgrund der Minderjährigkeit und der damit verbundenen Unerfahrenheit zurücktreten zu lassen. Dieser Umstand allein kann jedoch nicht ausreichen: Mit der Stärkung der Selbstbestimmung durch das hier vertretene Informationskonzept geht gleichsam als Kehrseite einher, dass die Verantwortlichkeit und damit die Bindung an die eigene Entscheidung zunimmt. Je klarer die Informationslage vorher, desto mehr muss sich der Entscheidungsträger daran festhalten lassen. Dem Minderjährigenschutz wird hier bereits durch die Doppelzuständigkeit sowie die Informationspflichten hinreichend Rechnung getragen. Somit kann dem Persönlichkeitsschutz von Minderjährigen nicht in jedem Fall Vorrang vor der Vertragsbindung eingeräumt werden. Vielmehr gelten für diesen Fall die allgemeinen Regeln.

Insofern kommt es dem einsichtsfähigen Minderjährigen zugute, dass in jüngster Zeit zwar vermehrt eine freie Widerruflichkeit der Einwilligungserklärung zum Eingriff in Persönlichkeitsrechte abgelehnt, aber bei Vorliegen eines wichtigen Grundes für möglich gehalten wird. Durch die Aufgliederung der Gestattungsformen nach *Ohly* ist der Problemkreis bereits vorstrukturiert: Ganz überwiegend wird die Bindung der schuldrechtlichen Einwilligung bzw. der Rechtsübertragung aus §§ 241, 305 BGB entnommen, im Übrigen soll wegen der vermögensrechtlichen Komponente der Persönlichkeitsrechte § 130 BGB gelten.[1174] Die Möglichkeit eines Widerrufs als Ausfluss des Rechts auf Selbstbestimmung wird dann grundsätzlich an einen wichtigen Grund geknüpft.[1175] Mit unterschiedlicher rechtlicher Begründung wird eine Widerruflichkeit vor allem nach Ablauf einer gewissen Zeit anerkannt, etwa wenn sich die Voraussetzungen geändert haben, unter denen der Betroffene ursprünglich seine Zustimmung erteilt hat.[1176] Zumeist wird die analoge Anwendung der §§ 42, 43 UrhG befürwortet, wonach Einwilligungen widerrufen werden können, wenn sich die ihrer Erteilung zugrundeliegenden Auffassungen des Betroffenen gewandelt haben.[1177] Demnach kann der Widerruf der Einwilligung in die Verwendung von Bildnissen gestattet sein, wenn ein Jugendlicher seine Überzeugung zu seiner Darstellung in der Öffentlichkeit grundlegend verändert hat, also beispielsweise

1174 *Prinz/Peters*, Medienrecht, Rn. 838; *Dreier/Specht*, in: Dreier/Schulze, UrhG, § 22 KUG Rn. 35.

1175 *Soehring*, in: Ders./Hoene, Presserecht, § 19 Rn. 49; *Dreier/Specht*, in: Dreier/Schulze, UrhG, § 22 KUG Rn. 35 m.N.; *Fricke*, in: Wandtke/Bullinger, Urheberrecht, § 22 KUG Rn. 19 m.N.; *Klass*, AfP 2005, 507 [515] m.N.; *Götting*, in: Schricker/Loewenheim, Urheberrecht, § 60/§ 22 KUG Rn. 41; *Frömming/Peters*, NJW 1996, 985 [959].

1176 OLG Hamburg, NJW-RR 1988, 736 [736 f.]; *v. Strobl-Albeg*, in: Wenzel, Das Recht der Wort- und Bildberichterstattung, Kap. 7 Rn. 83 ff.; *Ohly*, Die Einwilligung, S. 353; *Soehring*, in: Ders./Hoene, Presserecht, § 19 Rn. 49 m.N.

1177 So etwa OLG München, NJW-RR 1990, 999 [999 f.]; *Prinz/Peters*, Medienrecht, Rn. 838; *v. Strobl-Albeg*, in: Wenzel, Das Recht der Wort- und Bildberichterstattung, Kap. 7 Rn. 85; *Frömming/Peters*, NJW 1996, 958 [959]; *Rixecker*, in: MüKo BGB, Anh. § 12 Rn. 56.

von der besonderen Lebensführung der Eltern in Sekten, Religionsgemeinschaften oder ihrer Weltanschauung Abstand nimmt. In Betracht kommt dies auch, wenn die weitere Verwendung von Informationen oder Bildnissen sonst irgendwie persönlichkeitsbeeinträchtigend wirkt, wie es beispielsweise bei Informationen über sexuelle Orientierung, Krankheiten etc. der Fall ist. Die Voraussetzung wird hingegen in aller Regel fehlen, wenn der gesetzliche Vertreter eine Einwilligung widerrufen möchte, der Rechtsträger dem jedoch widerspricht.[1178]

II. Widerruf einer von den Eltern erklärten Einwilligung

Grundlegend anders stellt sich die Interessenlage bei Einwilligungen in Persönlichkeitsrechtseingriffe dar, die vor Erreichen der Einsichtsfähigkeit durch die Eltern erklärt wurden. Vorgeschlagen wird deshalb zutreffend, ab Einsichtsfähigkeit bzw. mit Erreichen der Volljährigkeit ein Widerrufsrecht auch ohne Darlegung besonderer Gründe zu erlauben.[1179] Hintergrund ist der Umstand, dass der Betroffene keine vollständig eigenverantwortliche Entscheidung über die Disposition seiner Persönlichkeitsrechte getroffen hat, ihn aber trotzdem die weitreichenden Konsequenzen treffen. So kann etwa die Weiterverwendung von Fotos infolge der Persönlichkeitsentwicklung persönlichkeitsrechtsverletzend sein, wenn der Minderjährige dies ablehnt.[1180] Reicht nach herrschender Meinung ein Überzeugungswandel bei volljährigen Rechtsträgern für einen Widerruf aus, muss die Überzeugung entgegen einer fremdbestimmten Entscheidung erst Recht ausreichen. Dies entspricht dem Rechtsgedanken, dass Minderjährige nach Möglichkeit nicht über die Grenzen der Volljährigkeit mit den Folgen einer Einwilligung ihrer Eltern belastet werden sollten.[1181] Mit der Bedeutung der Persönlichkeitsrechte ist es nicht vereinbar, wenn der junge Mensch einer dauerhaften Fremdbestimmung unterworfen ist, zu der er aus innerer Überzeugung nicht stehen kann.[1182]

III. Entscheidungsbefugnis

Voraussetzung für eine wirksame Widerrufserklärung eines Minderjährigen ist parallel zur Einwilligungsfähigkeit, dass dieser bereits einsichtsfähig ist. Vorher sind allein die Eltern zum Widerruf befugt, wenn ein wichtiger Grund besteht. Ob es für den Widerruf ab Erreichen der Einsichtsfähigkeit bis zur Volljährigkeit bei einer Doppelzuständigkeit verbleibt, beurteilt sich im Grundsatz nach denselben Gesichtspunkten, die auch für die Erteilung der Einwilligung herangezogen

---

1178 *Dasch*, Die Einwilligung zum Eingriff in das Recht am eigenen Bild, S. 109.

1179 *Götting*, Persönlichkeitsrechte als Vermögensrechte, S. 156; *Ohly*, Die Einwilligung, S. 354; *Dasch*, Die Einwilligung zum Eingriff in das Recht am eigenen Bild, S. 107.

1180 *v. Strobl-Albeg*, in: Wenzel, Das Recht der Wort- und Bildberichterstattung, Kap. 7 Rn. 85.

1181 *Ohly*, Die Einwilligung, S. 324.

1182 *Götting*, Persönlichkeitsrechte als Vermögensrechte, S. 156.

wurden. Zunächst ist der Widerruf für den Minderjährigen günstig, da seine Verfügungsgewalt über die Persönlichkeitsbelange vollumfänglich wiederhergestellt wird. Der rechtliche Nachteil, der mit der Widerrufserklärung entsteht, liegt nicht in der Aufgabe einer höchstpersönlichen Rechtsposition, sondern im Verlust eines Gestaltungsrechts und möglicherweise in der Auslösung von Schadenersatzansprüchen.[1183] Die gefährdende Wirkung der Erklärung fällt beim Widerruf folglich weniger personennah aus als die erlangte günstige Rechtsposition, was gegen ein Zustimmungserfordernis der Eltern spricht. Auch fallen mögliche Geldansprüche gegen den Rechtsträger zwar in den Schutzbereich der §§ 106 ff. BGB, sie stellen letztlich aber nur mittelbare Rechtsnachteile dar.[1184] Unmittelbar geht es für den Minderjährigen darum, eine Belastung zu entfernen und den genuinen Zustand der unbeeinflussten Entfaltung und Entwicklung seiner Persönlichkeit wiederherzustellen. Dabei dürfte die Gefahr der Beeinflussung weit weniger real sein als bei der für Medienunternehmen positiven Einwilligung. Die Bedenken gegen ein Alleinentscheidungsrecht von Minderjährigen zum Widerruf wiegen folglich im Vergleich zur Einwilligungserklärung weit weniger schwer. Ausschlaggebend ist schließlich, dass ein Widerrufsrecht bei gemeinsamer Einwilligung überhaupt nur besteht, wenn der fortlaufende Eingriff aufgrund der Persönlichkeitsentwicklung unerträglich ist. Der Widerruf kann also ohnehin nicht nach freiem Belieben, sondern nur unter strengen Voraussetzungen wirksam erklärt werden. Bei alleiniger Einwilligung der Eltern wird der Jugendliche ebenfalls nur dann davon Abstand nehmen wollen, wenn die Auswirkungen der Entscheidung ihn irgendwie stören. Die Abhängigkeit der Beseitigung einer fortbestehenden Belastung von der Zustimmung der Eltern wird sich folglich tendenziell hier noch intensiver als Fremdbestimmung auswirken als bei Begründung der Belastung. Eine Alleinentscheidungsbefugnis des einsichtsfähigen Minderjährigen ist vor diesem Hintergrund sowohl bei gemeinsamer als auch bei alleiniger Einwilligung durch die Eltern geboten.

Eine interessante Entwicklung bietet in diesem Zusammenhang auch das U.S.-amerikanische Recht. Die nach dem *common law* generell bestehenden *disaffirmance rights* minderjähriger Rechtsträger, die ihnen eine Lösung von bindenden Erklärungen ermöglichen, werden im Bereich der Persönlichkeitsrechte mittels zahlreicher Ausnahmen praktisch aufgehoben. Der Widerruf von Einwilligungen der Eltern ist nahezu unmöglich. Allerdings regulieren einige Staatengesetze den Ausgleich zwischen Minderjährigenschutz und Vertrauensschutz durch richterliche Kontrolle im Rahmen eines Vertragsgenehmigungsverfahrens. Dadurch werden Einsichtsfähige nur dann weiterhin einer fremdbestimmten Entscheidung unterworfen, wenn die Verträge gerichtlich nicht als Kindeswohlgefährdung angesehen werden.[1185]

1183 *Dasch*, Die Einwilligung zum Eingriff in das Recht am eigenen Bild, S. 108.
1184 Ebenso *Dasch*, Die Einwilligung zum Eingriff in das Recht am eigenen Bild, S. 108.
1185 Ausführlich dargestellt in Kapitel 3 § 2.

IV. Erklärung und Folgen eines Widerrufs

Ist ein Widerruf nach den vorgenannten Grundsätzen möglich, ist er als *actus contrarius* zu erklären. Unproblematisch ist das zumeist gegenüber den Medienvertretern, die Empfänger der Einwilligung waren. De facto wird die Möglichkeit aber erheblich eingeschränkt, wenn es um die Informationsverbreitung im Internet geht. Erfolgt die Einwilligung konkludent durch das Einstellen einer Datei, wird die Einwilligungserklärung gegenüber einem unbestimmten Personenkreis erklärt. Der Bundesgerichtshof fordert deshalb, dass der Widerruf ebenfalls gegenüber der Allgemeinheit erklärt wird.[1186] Das bedeutet, dass der Erklärende Sicherungsmaßnahmen gegen das Auffinden der Informationen und Bilder treffen muss, um den Widerruf wirksam zu erklären.[1187] Schwierigkeiten bestehen auch in Bezug auf die Widerruflichkeit von auf sozialen Netzwerken mit anderen „geteilten" Informationen, da die Lizenzen nach den AGB der Betreiber zumeist auch bei Löschung des Accounts nicht erlöschen. Vergleichbare Probleme bereiten Online-Archive, in denen die Datei für unbestimmte Zeit gespeichert wird.[1188] Ob diese Praktiken gegenüber Minderjährigen wirksam sind oder eine Löschungspflicht infolge des Widerrufs besteht, ist im Hinblick auf § 307 Abs. 2 BGB in Verbindung mit dem Grundsatz des Minderjährigen äußerst zweifelhaft.

Als Ausgleich für einen wirksamen Widerruf scheidet eine Entschädigungspflicht gem. § 42 Abs. 3 S. 1 UrhG aufgrund der erheblichen Belastung des Widerrufenden aus. Stattdessen soll der Widerrufende dem Empfänger nach herrschender Meinung einen eventuell erlittenen Vertrauensschaden analog § 122 BGB ersetzen.[1189] Die Haftung des Minderjährigen ist zunächst unproblematisch in dem Fall gemeinsamer Einwilligungserklärung. Eine unangemessene Belastung wird dadurch zu verhindern sein, dass der Anspruch nach § 254 Abs. 2 BGB herabgesetzt wird, wenn ein Überzeugungswandel angesichts des Charakters der Informationen oder des Bildnisses nicht unwahrscheinlich und die Aufwendungen verhältnismäßig hoch waren.[1190]

Entscheiden die Eltern vor Einsichtsfähigkeit des Rechtsträgers allein, setzt dieser nicht eigenhändig einen Vertrauenstatbestand. Der Minderjährige rückt nicht von einem verbindlichen Willen ab, sondern übt ihn erstmals aus.[1191] Allerdings begründen rechtsgeschäftliche Vertreter einen Vertrauenstatbestand, der den Ver-

1186 BGHZ 185, 291 [307] – Vorschaubilder; zustimmend *Ohly*, AfP 2011, 428 [433].

1187 *Spindler*, in: Verhandlungen des 69. Dt. Juristentages München 2012, Bd. I, F. 5 [52].

1188 *Ohly*, AfP 2011, 428 [433]; *Spindler*, in: Verhandlungen des 69. Dt. Juristentages München 2012, Bd. I, F. 5 [53].

1189 *Götting*, in: Schricker/Loewenheim, Urheberrecht, § 60/§ 22 KUG Rn. 41; *Dasch*, Die Einwilligung zum Eingriff in das Recht am eigenen Bild, S. 87; *Schertz*, in: Ders./Schertz u. a., Handbuch, § 12 Rn. 23.

1190 Zur Anwendbarkeit im Rahmen des § 122 BGB siehe RGZ 116, 15 [19 f.].

1191 *Götting*, Persönlichkeitsrechte als Vermögensrechte, S. 156 f.; *Klass*, AfP 2005, 507 [517].

tretenen zuzurechnen sein kann. Infolgedessen könnten auch die Eltern eine schutzwürdige Vertrauensposition mit Ausübung der elterlichen Sorge erzeugen. Dafür spricht, dass sich der Einwilligungsempfänger ohne entgegenstehende Hinweise darauf verlassen darf, dass die elterliche Sorge entsprechend des Leitgedankens in § 1626 Abs. 2 BGB ausgeübt wird, Eltern ihre Entscheidung nicht gegen das Wohl und den erkennbaren Willen des Kindes treffen und dabei auch mit Blick auf die Zukunft im Interesse des Kindes handeln. Auch die bloße Möglichkeit, dass das betroffene Kind einen Überzeugungswandel durchläuft, schließt einen Vertrauenstatbestand nicht aus. Andernfalls wäre dieser Gesichtspunkt immer auch wie bei Erwachsenen zu berücksichtigen. Darüber hinaus kommt wie bei der Irrtumsanfechtung der Mangel der Erklärung aus der Risikosphäre des Minderjährigen, durch die Entscheidungen der Eltern belastet zu werden.[1192] Allerdings ist gemäß dem Rechtsgedanken in § 122 Abs. 2 BGB davon auszugehen, dass der Empfänger einer alleinigen Einwilligungserklärung mit dem späteren Widerruf des Minderjährigen rechnen muss. Ausschlaggebend muss sein, dass eine für den Empfänger erkennbare Fremdbestimmung erfolgt, die nicht notwendig mit dem Willen des Rechtsträgers übereinstimmt. Da für diesen Fall ein voraussetzungsloses Widerrufsrecht besteht, muss auch mit dessen Ausübung gerechnet werden.[1193]

D. Zusammenfassung

Die Einwilligung in Persönlichkeitsrechtseingriffe minderjähriger Rechtsträger unterliegt nach der hier vertretenen Lösung klaren Regeln, die sich aus der verfassungskonformen Auslegung und Anwendung gesetzlicher Normen ableiten. Die kumulative Doppelzuständigkeit von Kindern und Eltern zur Abgabe einer Einwilligungserklärung ermöglicht die angemessene Verwirklichung des grundrechtlichen Selbstbestimmungsrechts des Rechtsträgers unter Wahrung des gebotenen Schutzes *durch* die sorgeberechtigten Eltern sowie *vor* ihnen. In Entsprechung möglichster Gesetzesbindung und Rechtssicherheit ist die Anwendung der rechtsgeschäftlichen Regel in § 107 BGB für Jugendliche ab 14 Jahren dahingehend zu reduzieren, dass die Willenserklärung der Eltern ohne Zustimmung des Kindes keine Wirkungen entfaltetet, wenn sie auf die einseitige oder schuldrechtliche Einwilligung zu Eingriffen in Persönlichkeitsrechte gerichtet ist. Abweichungen durch eine Widerlegung der Vermutung zum Erreichen der Einsichtsfähigkeit nach dem Alter des Rechtsträgers schaffen die gebotene Flexibilität bei der Disposition über höchstpersönliche Rechte. Das Recht auf Selbstbestimmung in eigenen Angelegenheiten wird nach der hier vertretenen Lösung flankiert durch die Informationspflichten der Eingreifenden über die für die Entscheidung bedeutsamen Umstände, die zugleich auch die Position der Kinder unter 14 Jahren stärken. Der hierdurch gefestigte präven-

1192 Zum Sphärengedanken *Armbrüster*, in: MüKo BGB, § 122 Rn. 3.

1193 Im Ergebnis ebenso *Götting*, Persönlichkeitsrechte als Vermögensrechte, S. 157; *Ohly*, Die Einwilligung, S. 355; *Klass*, AfP 2005, 507 [517].

tive Minderjährigenschutz wird sodann ergänzt durch die strengen Auslegungsmaßstäbe bei der Erklärung der Einwilligung durch den Rechtsträger selbst. Der Befund von Erklärungswert und Umfang der Willenserklärung aus der objektiven Sicht des Empfängers ist sorgfältig zu ermitteln. Dem Verkehrsschutz dienlich ist die Einsicht, dass infolgedessen die einseitige und schuldrechtliche Einwilligung Bindungswirkung entfaltet, die nicht ohne weiteres zu beseitigen ist. Vielmehr ist ein Widerrufsrecht daran gekoppelt, dass entweder die Einwilligung allein durch die Eltern erklärt wurde oder ein wichtiger Grund im Sinne eines grundlegenden Wandels der Verhältnisse bewiesen werden kann. In diesen Fällen kann der Jugendliche ab 14 Jahren sein Recht auch ohne Zustimmung der Eltern ausüben. Die hier herausgearbeitete Lösung stellt ein mögliches Konzept zur Einwilligung im Minderjährigenpersönlichkeitsschutz dar, das eine ausgewogene Auflösung der Spannungsbilder zwischen den widerstreitenden Belangen der kindlichen Selbstbestimmung, des Minderjährigenschutzes, der Elternrechte und -pflichten und des Verkehrsschutzes anbietet.

§ 3 Persönlichkeitsrechte von Minderjährigen im Spannungsfeld zu Kommunikationsfreiheiten

Den Kern des zivilrechtlichen Persönlichkeitsschutzes treffen die Fälle, in denen die Presse oder sonstige dritte Personen in ein Persönlichkeitsrecht wie das Recht auf Selbstdarstellung in der Öffentlichkeit eingreifen, ohne dass der Rechtsträger vorher seine Zustimmung dazu gegeben hat. Ob sich das generell persönlichkeitsrechtlich geschützte Interesse im jeweiligen Einzelfall gegenüber den kollidierenden Kommunikationsfreiheiten durchsetzt, entscheidet sich im Rahmen der Güter- und Interessenabwägung, also der Abwägung der betroffenen Rechte und Rechtsgüter gemäß dem Gewicht, das ihnen jeweils beizulegen ist.[1194] Angesichts der bisherigen Befunde liegt auf der Hand, dass die Güter- und Interessenabwägung im Minderjährigenpersönlichkeitsschutz zu Erwachsenenfällen des Zivilrechts divergiert. Insofern ist grundlegend und umfassend zu erörtern, inwieweit und mit welchen Konsequenzen für Inhalt und Reichweite des Persönlichkeitsschutzes die genuin erhöhte Schutzbedürftigkeit und die dargelegten entsprechend eigenen Grundwerte in Verfassung und Menschenrechtsabkommen einzuschließen sind. Anhaltspunkte bietet zuvörderst die einschlägige Rechtsprechungspraxis zum Schutz vor Indiskretionen, Bildnis- und Ehrschutz (A.). Unter Einbeziehung der richterlichen Wertentscheidungen erfolgt in der nachfolgenden Grundanalyse die Auseinandersetzung mit wesentlichen Abwägungskriterien, anhand derer die Gewichtung der betroffenen Belange im Einzelfall vorzunehmen ist (B.). Konkrete Anwendung finden diese in den Spannungsfeldern zur Medienberichterstattung (C.) und im Internet (D.), in

1194 Grundlegend BVerfGE 7, 198 – Lüth; zahlreiche weitere Nachweise bei *Baston-Vogt*, Der sachliche Schutzbereich, S. 152 ff.; zur uneinheitlichen begrifflichen Einkleidung der Abwägung vgl. *Fechner*, Wahrung der Intimität?, S. 57 f.

denen möglichst präzise anhand von Fallgruppenbildung der Minderjährigenpersönlichkeitsschutz zu bestimmen ist.

A. Wertentscheidungen der Rechtsprechung im Überblick

Im Persönlichkeitsschutz ist es Aufgabe der Gerichte, die widerstreitenden Interessen der Parteien in einen möglichst schonenden Ausgleich zu bringen oder, soweit dies nicht möglich ist, jedenfalls in einem angemessenen Verhältnis abzuwägen.[1195] Bei gleichrangigen oder schlicht unvergleichlichen Gütern, wie im Falle von Persönlichkeitsrechten und Kommunikationsfreiheiten, kommt es im Rahmen der konkreten Abwägung grundsätzlich auf die gesamten Umstände des Einzelfalls an. Welches Interesse im Einzelfall überwiegt, muss anhand bestimmter, wiederkehrender Kriterien im Rahmen der Interessenabwägung ermittelt werden.[1196] Ungeachtet zahlreicher unterschiedlicher Begrifflichkeiten, Anordnungen und Gewichtungen der einzelnen Aspekte im Schrifttum folgt die Interessenabwägung einem Muster: Zunächst wird das jeweilige Gewicht der gegenläufigen Interessen, die für die Verletzung des Persönlichkeitsrechts und für die Kommunikationsfreiheit streiten, sowie Anlass, Art und Ausmaß ihrer Inanspruchnahme ermittelt und sodann die Vorzugswürdigkeit des einen oder anderen wertend beurteilt.[1197] Die Interessenabwägung wird dabei je nach Persönlichkeitsrecht in die Prüfung einer Verletzung eingebunden und konkretisiert. Entgegen der Rechtsprechungspraxis in den Vereinigten Staaten stellen die deutschen Gerichte in den entschiedenen Minderjährigenfällen die Schutzbedürftigkeit von Kindern und Jugendlichen ins Zentrum des Abwägungsprozesses und gelangen so zu speziell geprägten Wertentscheidungen im Spannungsverhältnis zwischen Persönlichkeitsbelangen und öffentlichem Informationsinteresse sowie anderen Kommunikationsinteressen.

I. Schutz vor Indiskretionen und ungewollter Publizität

Die nach gefestigter höchstrichterlicher Rechtsprechung und einhelliger Ansicht im Schrifttum geltenden besonderen Maßstäbe für Kinder und Jugendliche im Diskretionsschutz wurden nahezu ausschließlich anhand des Schutzes vor Medienberichterstattungen durch das Bundesverfassungsgericht entwickelt. Demgegenüber sind Entscheidungen zum Schutz im Internet, soweit ersichtlich, noch nicht ergangen. Die seit 1999 fast ehernen Grundsätze zu Grund und Grenzen des besonderen Schutzes sind in jüngster Zeit noch einmal modifiziert bzw. geschärft worden.

1195 *Baston-Vogt*, Der sachliche Schutzbereich, S. 152 ff.; *Ehmann*, in: Canaris, 50 Jahre Bundesgerichtshof, S. 613 [624].
1196 *Larenz/Canaris*, Schuldrecht II 2, § 80 II S. 509.
1197 Zusammengefasst nach *Pardey*, in: Geigel, Haftpflichtprozess, 23. Kap. Rn. 18; siehe auch *Rixecker*, in: MüKo BGB, Anh. § 12 Rn. 154 ff.

1. *Umfassender Schutz im Rahmen der Sphärenzuordnung*

Die Interessenabwägung erfolgt entsprechend der weiterhin vorherrschenden Praxis durch eine Zuordnung der verbreiteten Informationen zu eine der eingangs geschilderten Sphären (Intims-, Privat-, Sozialsphäre). Bundesgerichtshof und Instanzgerichte folgen grundsätzlich der Auffassung des Bundesverfassungsgerichts, dass „der Bereich, in dem Kinder sich frei von öffentlicher Beobachtung fühlen und entfalten dürfen", umfassender geschützt sein muss als bei erwachsenen Rechtsträgern. Das Recht auf ungestörte Persönlichkeitsentwicklung umfasse sowohl die Privatsphäre als auch die kindgemäße Entfaltung in öffentlichen Räumen.[1198] In der Entscheidung zum „Geburtenhoroskop" konkretisiert das Bundesverfassungsgericht den Grundsatz dahingehend, dass der Schutzumfang vom Schutzzweck her unter Berücksichtigung der Entwicklungsphasen des Kindes zu bestimmen sei.[1199]

Die vor einem Eindringen geschützte Sphäre wird demzufolge in räumlicher und thematischer Hinsicht grundsätzlich weiter gefasst, so dass Kinder stärker vor der Veröffentlichung von Details aus ihrem Privatleben geschützt sind. Das Informationsinteresse der Öffentlichkeit tritt folglich in weitergehendem Maße hinter das Persönlichkeitsrecht zurück. So wurde der Schutz des räumlichen Rückzugsbereichs unter dieser Prämisse schon früher über jene Orte in der Öffentlichkeit ausgeweitet, die vor der Grundsatzentscheidung des EGMR im Jahre 2004 aufgrund ihrer Abgeschiedenheit als private Bereiche anzusehen waren. Demnach sind Kinder und Jugendliche grundsätzlich geschützt, solange sie sich bei alltäglichen Vorgängen in der Öffentlichkeit bewegen.[1200] Auf eine räumliche Abgeschiedenheit kam es – anders als bei Erwachsenen – nicht an.[1201] Thematisch wird der Schutz des Weiteren auf Informationen ausgeweitet, die nicht als privat anzusehen und deshalb der Privat-, sondern der Sozialsphäre zuzuordnen sind.[1202] So hat das Bundesverfassungsgericht spekulative Informationen in einem Horoskop anlässlich der Geburt der Tochter der Prinzessin Caroline von Monaco über ihre Eigenschaften und zukünftige Entwicklung der Betroffenen für unzulässig erachtet, obwohl sie keine aus der Privatsphäre stammenden Tatsacheninformationen darstellten. Allerdings bezögen sich die Spekulationen auf den privat-persönlichen Lebensbereich und könnten die weitere Entwicklung der Klägerin beeinflussen.[1203] Ferner hat der Bundesgerichtshof in einer jüngeren Entscheidung grundsätzlich auch das Interesse daran, anonym zu bleiben, als verstärkt geschützt angesehen, wenn es den Persönlichkeitsschutz im Ergebnis

---

1198 St. Rspr., vgl. nur BVerfG, NJW 2000, 2191 [2192] und NJW 2003, 3262 – Geburtenhoroskop; BGH, ZUM 2010, 262; NJW 2013, 2890 [2892] – Eisprinzessin; OLG Nürnberg, ZUM-RD 2006, 246; OLG Hamburg, Urt. v. 01.11.2008, Az.: 7 U 87/08, BeckRS 2009, 86426.

1199 BVerfG, NJW 2003, 3262 [2362 f.] – Geburtenhoroskop.

1200 BVerfG, NJW 2000, 2191; KG Berlin, ZUM-RD 2004, 511.

1201 BVerfGE 101, 361 [385 f.] – CvM II.

1202 BVerfG, NJW 2000, 2191; NJW 2003, 3262 – Geburtenhoroskop.

1203 BVerfG, NJW 2003, 3262 – Geburtenhoroskop.

auch hinter das Presserecht zurücktreten ließ. Die Presse habe bei der Nennung des Namens von Kindern besondere Rücksicht zu nehmen und mit besonderer Sorgfalt abzuwägen, ob dem Informationsinteresse nicht auch ohne Namensnennung genügt werden kann.[1204]

Die Verstärkung tritt nach Ansicht der Gerichte ein, ohne dass Nachteile oder Schäden für die Persönlichkeitsentwicklung Minderjähriger oder eine Gefährdung des Kindeswohls festzustellen sind.[1205] Das besondere Schutzbedürfnis entfällt deshalb auch nicht, wenn die mediale Darstellung durch Wohlwollen geprägt ist, da schon die mit der Berichterstattung verbundene *Greifbarkeit* des Kindesverhaltens für die Öffentlichkeit eine nachteilige Befangenheit des Minderjährigen oder seiner Eltern im Umgang mit ihm bei einem Auftreten in der Öffentlichkeit auslösen kann.[1206] Überdies soll eine Persönlichkeitsrechtsbeeinträchtigung nicht nur vorliegen, wenn das Kind die persönlichkeitserheblichen Einwirkungen bemerkt, sondern schon dann, wenn Dritte persönlichkeitsbezogene Informationen verbreiten und dies dazu führen kann, dass dem Kind in Zukunft nicht unbefangen begegnet wird oder dass es sich speziellen Verhaltenserwartungen ausgesetzt sieht.[1207]

2. Relativierung des Schutzbedürfnisses

Nach Ansicht des Bundesverfassungsgerichts kann ein besonderes Schutzbedürfnis aus dem Recht auf Persönlichkeitsentwicklung fehlen, wenn sich das Kind bei öffentlichen Veranstaltungen allein oder gemeinsam mit den Eltern bewusst der Öffentlichkeit zuwendet, da es sich insoweit den Bedingungen öffentlicher Auftritte ausliefert.[1208] Dieser der Öffentlichkeit zugewandte Bereich wird oftmals als Öffentlichkeitssphäre bezeichnet.[1209] Anlass zu einer Relativierung des gesteigerten Privatsphärenschutzes bestehe beispielsweise, wenn das Kind selbst den Anlass für eine öffentliche Veranstaltung gegeben hat, sonst in deren Mittelpunkt stehe oder der Abkömmling eines Prominenten in hervorgehobener Weise gleichsam als Repräsentant des Prominenten an einer solchen Veranstaltung teilnehme.[1210] Allerdings hat die Art der Darstellung selbst bei relativiertem Maßstab auf den besonderen Persönlichkeitsschutz Rücksicht zu nehmen.[1211]

Einige höchstrichterliche Entscheidungen aus der letzten Zeit scheinen den Persönlichkeitsschutz Minderjähriger noch weiter zu schwächen. So hat das Bundesverfassungsgericht im Fall *Ochsenknecht* die eigene Prominenz des betroffenen Jugendlichen als maßgebliches Kriterium bei der Wortberichterstattung heran-

1204 BGH, MDR 2014, 29 [29 f.] – Mascha S.
1205 BVerfGK 8, 173; 8, 178.
1206 BVerfG, NJW 2005, 1857; BVerfGK 8, 173.
1207 BVerfG, NJW 2003, 3262 – Geburtenhoroskop.
1208 BVerfGE 101, 361 [386] - CvM II; NJW 2005, 1857 [1857 f.]; BVerfGK 8, 173.
1209 *Burkhardt*, in: Wenzel, Wort- und Bildberichterstattung, Kap. 5 Rn. 71.
1210 BVerfGK 8, 173.
1211 BVerfG, NJW 2000, 2191; NJW 2005, 1857 [1858].

zogen. Anders als bei den zahlreichen Fällen der ausschließlich verwandtschaftlich abgeleiteten Bekanntheit, beispielsweise bei den Kindern von Fürstenhäusern, hatten die betroffenen Jugendlichen durch Jugendfilme und Fernsehauftritte bereits eine eigene Prominenz erlangt. Das Bundesverfassungsgericht entschied, dass der Schutz des Persönlichkeitsrechts dadurch verringert sei, dass die betroffenen jungen Menschen die Öffentlichkeit oft gesucht, ein Image als „Junge Wilde" gepflegt, eine Idolfunktion kommerziell ausgenutzt und so ihre Person selbst in die Öffentlichkeit gestellt haben.[1212] Der Bundesgerichtshof hat in einer jüngsten Entscheidung ferner einen Anspruch gegen eine Bildberichterstattung über eine 11-jährige Klägerin verneint, obwohl Fotos von einem Eiskunstlaufturnier veröffentlicht wurden, an dem die Klägerin in ihrer Freizeit teilnahm. Die Teilnehmer hätten sich nach Ansicht des Gerichts auf Foto- und Videoaufnahmen einstellen müssen, da diese auch bei Veranstaltungen üblich wären, die nur in begrenzter Öffentlichkeit stattfinden. Ob das Gericht die Teilnahme deshalb als bewusste Zuwendung zur Öffentlichkeit wertet, bleibt offen. Eine mögliche Störung der Entwicklung der Klägerin durch die Berichterstattung wird jedenfalls ausdrücklich abgelehnt.[1213] Schließlich hat der Bundesgerichtshof im Fall *Mascha S.* trotz ausdrücklicher Anerkennung eines verstärkten Schutzes das Persönlichkeitsrecht der 10-jährigen Adoptivtochter eines berühmten Moderators hinter die Pressefreiheit zurücktreten lassen. Die Klägerin wehrte sich hier gegen eine Veröffentlichung, in der ihr Vorname, ihr Alter und der volle Name der Eltern genannt wurden, so dass sie als Tochter des berühmten Moderators erkennbar war. Der Bundesgerichtshof stellte in der Entscheidung maßgeblich darauf ab, dass die genannten Daten bereits der Öffentlichkeit bekannt waren und die Berichterstattung deshalb Umstände betraf, die jedermann mit Hilfe gängiger Systeme problemlos hätte recherchieren könnte. Das Gewicht einer Weiterverbreitung sei deshalb verringert.[1214]

II. Schutz des Rechts am eigenen Bild

Auch dem Bildnisschutz von Minderjährigen werden im Interesse der Öffentlichkeit an einer sachgerechten und umfassenden Information an Wort und Bild bestimmte Grenzen gesetzt, die in dem Ausnahmetatbestand des § 23 KUG enthalten sind. Praktisch relevant ist auch für diese Personengruppe in aller Regel § 23 Abs. 1 Nr. 1 KUG, wonach eine einwilligungslose Verbreitung von Bildnissen aus dem Bereich der Zeitgeschichte zulässig ist. Der Rechtsprechungswandel infolge der EGMR-Entscheidung aus dem Jahre 2004 hat für Minderjährige keine wesentlichen Neuerungen gebracht. Die Rechtsprechung verfährt zwar einheitlich nach dem

---

1212 BVerfG, NJW 2012, 1500 [1501] – Ochsenknecht.
1213 BGH, NJW 2013, 2890 [2892 f.] – Eisprinzessin.
1214 BGH, MDR 2014, 29 [30] – Mascha S.

abgestuften Schutzkonzept.[1215] Reichweite und Kriterien des Bildnisschutzes sind jedoch in Minderjährigenfällen weitestgehend unverändert geblieben.[1216]

Schon nach der alten Schutzdogmatik vor der Entscheidung des EGMR[1217] war die Abbildung von Kindern nur in sehr engen Grenzen möglich, nämlich wenn sie als relative Personen der Zeitgeschichte anzusehen waren. Die Veröffentlichung eines Bildnisses, auf dem nur der minderjährige Rechtsträger zu sehen ist, war demnach nur zulässig, wenn das Kind als Angehöriger einer prominenten Familie in der Öffentlichkeit auftritt oder im Pflichtenkreis seiner Eltern öffentliche Funktionen wahrnimmt.[1218] Zur Beurteilung einer Abbildung, auf der Kinder gemeinsam mit ihren Eltern dargestellt sind, werden die Grundsätze der sog. Begleiterrechtsprechung modifizierend herangezogen. Bildnisse von Familienangehörigen oder Begleitpersonen einer absoluten Person der Zeitgeschichte dürfen danach gem. § 23 Abs. 1 Nr. 1 KUG verbreitet werden, wenn diese zusammen mit ihr in der Öffentlichkeit auftreten oder an seiner statt öffentlich präsentieren. Dabei muss keine bewusste Zuwendung an die Öffentlichkeit beabsichtigt sein, es soll ein schlichtes gemeinsames Auftreten wie bei Einkäufen oder Restaurantbesuchen mit der absoluten Person der Zeitgeschichte ausreichen.[1219] Im Minderjährigenpersönlichkeitsschutz werden diese Grundsätze jedoch so modifiziert, dass sie dem oben geschilderten besonderen Schutzbedürfnis im Hinblick auf den Diskretionsschutz Rechnung tragen. Insbesondere sind Bildveröffentlichungen von Minderjährigen als Begleiter nur dann zulässig, wenn sie sich gemeinsam mit ihren Eltern *bewusst* der Öffentlichkeit zuwenden.[1220] Die Rechtstellung des Kindes leitet sich demnach zwar auch von den Eltern bzw. anderen engen Familienangehörigen ab. Sie hängt aber darüber hinaus von einem inhaltlichen Zusammenhang mit einem konkreten Ereignis ab.[1221] Trotz dieser festen Grundsätze hält die Rechtsprechung eine einzelfallbezogene Abwägung der Interessen auch im Falle von Kindern nicht für entbehrlich.[1222]

Demgegenüber sind die Interessen der Beteiligten nach dem neuen abgestuften Schutzkonzept des Bundesgerichtshofs bereits für die Bestimmung eines zeitgeschichtlichen Ereignisses im Sinne des § 23 Abs. 1 Nr. 1 KUG gegeneinander abzu-

---

1215 Insbs. OLG München, NJW-RR 1996, 93 [95]; BGHZ 160, 298 [304 f.]; dazu zuletzt auch BGH, NJW 2013, 2890 [2891 ff.] – Eisprinzessin; *Rixecker*, in: MüKo BGB, Anh. § 12 Rn. 70; *Klass*, in: Erman, BGB, Anh. § 12 Rn. 183; *Dreier/Specht*, in: Dreier/Schulze, UrhG, § 23 KUG Rn. 14.

1216 Zusammenfassung bei *Frauenrath*, GB 2010, 295 [300 f.].

1217 EGMR, JZ 2004, 1015 – Caroline von Monaco (m. Anm. *Stürner*).

1218 BGH, NJW 1996, 985 [986].

1219 Ausführlich *Höning*, Das Recht am eigenen Bild, S. 148 f.; vgl. KG Berlin, GRUR 2004, 1056 [1056 f.]; BVerfG, NJW 2001, 1921 [1923]; zum Rechtsprechungswandel nach dem Urteil des EGMR *Damm/Rehbock*, Widerruf, Rn. 199 f.

1220 BVerfGE 101, 361 [185 f.] – CvM II; BGH, NJW 2004, 1795 – Charlotte Casiraghi.

1221 *Götting*, in: Schricker/Loewenheim, Urheberrecht, § 60/§ 23 KUG Rn. 41 ff.

1222 Vgl. BGH, NJW 2004, 1795 – Charlotte Casiraghi; BGHZ 160, 298 [304 f.]; ebenso BVerfG, NJW 2000, 2191 [2192].

wägen und die Kategorien der absoluten und relativen Person der Zeitgeschichte werden aufgegeben. Folglich ist für eine gemeinsame Abbildung nicht mehr erforderlich, dass die Eltern als Begleiter den absoluten Personen der Zeitgeschichte zuzuordnen sind. Daraus ergibt sich sachlich jedoch kein Unterschied, da es in erster Linie auf die bewusste Zuwendung des Kindes zur Öffentlichkeit ankommt. Ein Absinken des Schutzniveaus ist nicht zu erwarten.[1223]

III. Schutz der Ehre

Weitaus weniger praktische Relevanz hat bislang der Ehrschutz erlangt. In den wenigen zur Entscheidung stehenden Fällen gehen die Gerichte im Rahmen der Interessenabwägung auch in Bezug auf die Bewahrung der persönlichen Ehre von einer besonderen Schutzbedürftigkeit von Kindern und Jugendlichen aus. Teilweise wird die geschilderte Rechtsprechung zum Diskretionsschutz ausdrücklich zur Beurteilung herangezogen.[1224] Den Persönlichkeitsrechten wird infolgedessen auch dann Vorrang eingeräumt, wenn die Äußerungen nicht die allgemeinen Grenzen der Schmähkritik oder Formalbeleidigung erreichen. So wurden eine gezielte negative Zurschaustellung in einer Fernsehsendung, die den Minderjährigen abträglich darstellte, sowie der Vorwurf einer Straftat mit Androhung gerichtlicher Schritte gegenüber einem 8-Jährigen in einem anwaltlichen Schreiben als rechtswidrige Ehrverletzungen beurteilt.[1225]

B. Die wesentlichen Abwägungsgesichtspunkte

Im Schrifttum wird diese Rechtsprechung bis zu den jüngsten Entwicklungen nur geringfügig reflektiert und nahezu einhellig begrüßt.[1226] Allgemeiner Konsens ist, dass Kinder und Jugendliche grundsätzlich umfassender gegenüber Medienberichterstattungen und sonstigen Eingriffen zu schützen sind. Der ausschlaggebende Gesichtspunkt, infolgedessen sich in den meisten Fällen das Persönlichkeitsrecht gegen das öffentliche Informationsinteresse durchsetzt, ist ihre erhöhte Schutzbedürftigkeit. Eine bewusste Zuwendung zur Öffentlichkeit, die eigene Prominenz und die vorherige Bekanntheit der Informationen werden in der richterlichen Abwägung als relativierende Aspekte beachtet. Die Rechtsprechungspraxis liefert somit wichtige Ansatzpunkte für die Güter- und Interessenabwägung, die einen Auszug der maßgeblichen Kriterien abbilden. Daran ist anzuknüpfen, indem vorerst ohne Bezug

---

1223 A.A. *Seiler*, WRP 2011, 526 [529].

1224 OLG Hamm, ZUM 2004, 388; LG Köln, NJOZ 2007, 3497; LG Bonn, NJW-RR 2008, 1576; LG Berlin, GRUR 1974, 415.

1225 LG Köln, NJOZ 2007, 3497; LG Bonn, NJW-RR 2008, 1576.

1226 Insoweit am umfassendsten die Darstellung von *Beater*, JZ 2013, 111; fundierte Kritik an den Grundsätzen der Interessenabwägung wird aber auch jetzt nur vereinzelt geübt; kritisch zu BGH, MDR 2014, 29 – Mascha S. etwa *Elmenhorst*, NJW 2014, 770 [770 f.].

zu den konkreten Anwendungsfeldern die zentralen Abwägungsgesichtspunkte im Minderjährigenpersönlichkeitsschutz präzisiert und vervollständigt werden. Unter dem Einfluss der dargelegten Grundwertungen in Verfassung und Menschenrechtsabkommen entsteht ein spezifisch geprägtes Abwägungsmodell, welches in den einzelnen Anwendungsbereichen des Persönlichkeitsschutzes die Interessenabwägung lenkt. Um die Befassung mit den teilweise abstrakten Grundfragen zu veranschaulichen, greift die Darstellung nachfolgend mehrfach auf folgendes (fiktives) *Grundbeispiel* zurück:

In einer Wochenzeitschrift erscheint ein Artikel über einen minderjährigen Jungen bei einem Fußballturnier. Der Artikel enthält persönliche Informationen zu dem namentlich benannten Minderjährigen sowie zur Veranstaltung und ist mit einem Bild von ihm illustriert. Sowohl die Druck- als auch die Onlineausgabe der Zeitschrift beinhalten die Berichterstattung.

I. Kommunikationsinhalt und -zweck

Von grundlegender Bedeutung für die rechtliche Bewertung ist zunächst, welchen Inhalt die fragliche Äußerung hat, die in das Persönlichkeitsrecht eingreift. Der Gegenstand ist durch Auslegung unter Berücksichtigung des Kommunikationszusammenhangs und der widerstreitenden Interessen zu ermitteln. Der konstitutiven Bedeutung der Rechte in Art. 5 GG trägt vor allem das Günstigkeitsprinzip Rechnung, wonach im Falle mehrerer Deutungsmöglichkeiten der rechtlichen Bewertung grundsätzlich diejenige Interpretation zu Grunde zu legen ist, die günstiger für den Äußernden ist.[1227] Entscheidende Weichen stellen sich wie bereits mehrfach betont durch die Unterscheidung zwischen Tatsachen und Meinungsäußerungen, die unabhängig vom Medium (Presse, Internet, Theaterstück) Schutz durch Art. 5 Abs. 1 GG genießen.[1228] Die Zulässigkeit wahrer Tatsachen und Werturteile richtet sich nach der Interessenabwägung. Ohne Grundrechtsschutz und damit unzulässig sind lediglich bewusst und nachweislich unwahre Tatsachen.[1229]

Des Weiteren bildet der Kommunikationszweck ein wichtiges Bewertungskriterium. Hinter einer Äußerung können individuelle und öffentliche Interessen sowie solche mit rein kommerziellem Charakter als Motive stehen. Dienen Äußerungen individuellen Interessen wie bei einer persönlichen Auseinandersetzung im Internet oder kommerziellen Interessen beispielsweise im Hinblick auf Verkaufszahlen, sind diese grundsätzlich mit geringem Gewicht in die Abwägung einzustellen.[1230] Mit Abstand am praktisch bedeutendsten und am gewichtigsten ist das Interesse

1227 Einzelheiten dazu bei *Rixecker*, in: MüKo BGB, Anh. § 12 Rn. 137 f.; *Klass*, in: Erman, BGB, Anh. § 12 Rn. 244; zur Frage einer Rechtsprechungsänderung durch den Stolpe-Beschluss des BVerG vgl. nur *Peifer*, JZ 2013, 853 [859] m.N.

1228 *Rixecker*, in: MüKo BGB, Anh. § 12 Rn. 137 ff.

1229 BVerfG, NJW 1983, 1415.

1230 *Beater*, ZUM 2005, 602 [604].

der Öffentlichkeit an relevanten Informationen, das auch im Mittelpunkt der Abwägung im Minderjährigenpersönlichkeitsschutz steht. Es bedarf keiner weitergehenden Erörterung, dass die Öffentlichkeit ein Interesse daran hat, auch über Ereignisse und Lebensvorgänge im Zusammenhang mit Kindern und Jugendlichen informiert zu werden. Sie sind als Gemeinschaftswesen ebensowenig der öffentlichen Aufmerksamkeit entzogen wie jede andere Person. Es steht außer Frage, dass dieses öffentliche Interesse grundsätzlich auch als legitim, d.h. schutzwürdig zu betrachten ist.[1231] Der oben erörterte Demokratiebezug verleiht den Kommunikationsgrundrechten ein erhebliches Gewicht, das an der Seite der Medien oder der äußernden Person zu berücksichtigen ist. Die Medien nehmen folglich grundsätzlich berechtigte Interessen wahr, wenn sie über Angelegenheiten berichten oder zu ihnen Stellung nehmen, an denen ein ernsthaftes Informationsinteresse der Öffentlichkeit besteht.[1232] Insbesondere Sportveranstaltungen, Gerichtsverfahren und Straftaten sind (unter bestimmten Voraussetzungen) Anwendungsfälle öffentlicher Informationsinteressen.[1233] Je bedeutsamer das Anliegen für die Allgemeinheit ist, je größer die Tragweite der Thematik, desto gewichtiger ist das dahinterstehende Interesse in die Abwägung einzustellen und desto stärker muss dann das Schutzinteresse des Betroffenen gegenüber den Informationsbelangen der Öffentlichkeit zurücktreten.[1234] Umgekehrt muss das Informationsinteresse aber auch umso stärker sein, je intensiver die Rechtsbeeinträchtigung ist.[1235] Darüber hinaus wird ergänzend auch die Art und Weise der Informationsgewinnung bzw. Bildnisherstellung berücksichtigt.[1236] Ob ein öffentliches Interesse im Einzelfall vorliegt, ist anhand der faktischen Beschäftigung der Allgemeinheit und/oder durch normative Wertungen auszumachen.[1237] Praktisch wird dies bei allen Presseinhalten unterstellt, problematisch können lediglich die nicht durch die Presse verbreiteten Informationen im Internet sein.

II. Sphärentheorie im Lichte des Minderjährigenschutzes

Trotz breiter Kritik aus dem Schrifttum ist die Interessenabwägung in der Gerichtspraxis entscheidend bestimmt durch die Zuordnung des Kommunikationsinhalts

1231 Die Schutzwürdigkeit des Öffentlichkeitsinteresses bedeutet jedoch nicht, dass die Privatinteressen des betroffenen Minderjährigen zurückzutreten haben. Welches Interesse überwiegt, wird vielmehr im Wege der Abwägung ermittelt; zur Schutzwürdigkeit *Fechner*, Wahrung der Intimität?, S. 78 ff.

1232 BGHZ 31, 308 [312] – Alte Herren; zur Wahrung des öffentlichen Informationsinteresses durch die Medien *Soehring*, in: Ders./Hoene, Presserecht, § 15 Rn. 6a; *Burkhardt*, in: Wenzel, Wort- und Bildberichterstattung, Kap. 6 Rn. 46 ff.

1233 *Beater*, ZUM 2005, 602 [606 ff.]

1234 *Burkhardt*, in: Wenzel, Wort- und Bildberichterstattung, Kap. 6 Rn. 65.

1235 *Beater*, ZUM 2005, 602 [603]; BGH, NJW 1996, 1128.

1236 BGH, NJW 2004, 762.

1237 *Fechner*, Wahrung der Intimität?, S. 75 ff. m.N.

zu einer der bereits angesprochenen Sphären, die insbesondere im Diskretions- und Bildnisschutz Aufschluss über die Schutzwürdigkeit des betroffenen Persönlichkeitsguts geben sollen. Besonders prägnant zeigt sich dies bei der herkömmlichen Unterscheidung zwischen Intim- und Privatsphäre, da nur erstere nach der Kernbereichslehre des Bundesverfassungsgerichts einen absoluten Schutz genießen soll.[1238] Für den Minderjährigenschutz wird zwar an der grundsätzlich Methode festgehalten, die Schutzwürdigkeit wird aber rechtlich anders bewertet als bei erwachsenen Rechtsträgern.

1. *Grundsätze der Sphärenzuordnung*

Die Sphärentheorie gründet auf der Überzeugung, dass sich die Persönlichkeit in verschiedenen Sphären entfaltet, denen bei der rechtlichen Behandlung Rechnung zu tragen ist. Der Mensch wird einerseits als Privatperson und andererseits als Gemeinschaftswesen betrachtet. Die Theorie beschreibt deshalb nicht einzelne zu bewahrende Persönlichkeitsinteressen, sondern allgemein den Bereich der Persönlichkeitsentfaltung, den es um der Persönlichkeit willen rechtlich zu schützen gilt. Aufbauend auf einer Dichotomie zwischen Privatheit und Öffentlichkeit, unterteilt sie diesen Bereich in verschiedene Sphären, in denen der rechtliche Schutz unterschiedlich ausgeprägt sein soll. Der Bundesgerichtshof verweist hier überwiegend auf die Sphärenbildung durch das Bundesverfassungsgericht, die Konzeptionen sind nahezu synonym.[1239]

Trotz der überwiegenden praktischen Handhabe der Sphärenbegriffe besteht im Schrifttum Einigkeit, dass die Sphären allenfalls darüber Aufschluss gegeben können, in welcher Intensität das Persönlichkeitsrecht betroffen ist, nicht aber, in welcher Bedeutung. Für die inhaltliche Bestimmung des Persönlichkeitsschutzes ist die Bestimmung von Sphären folglich generell unbrauchbar. Die Zuordnung zu ihnen kann allenfalls die Prüfung des Schutzumfangs strukturieren. Auch dies wird aufgrund der begrifflichen Unschärfen und Abgrenzungsschwierigkeiten jedoch weithin bezweifelt.[1240]

2. *Indizwirkung im Minderjährigenpersönlichkeitsschutz?*

Angesichts der besonderen Prägung der Bewertungskriterien im Minderjährigenpersönlichkeitsschutz ist zu hinterfragen, ob die Sphärentheorie ein probates Mittel ist, um die Intensität eines Persönlichkeitsrechtseingriffs im Diskretions- und Bildnisschutz von Minderjährigen festzustellen.

1238 Dazu *Amelung*, Der Schutz der Privatheit im Zivilrecht, S. 14 ff.

1239 Vgl. BGH, MDR 2014, 29 – Mascha S.; BGH, NJW 2012, 3645; weitere Rechtsprechungsnachweise bei *von Pentz*, AfP 2013, 20; Vergleich der höchstrichterlichen Rechtsprechung dazu bei *Amelung*, Der Schutz der Privatheit im Zivilrecht, S. 19.

1240 Mit umfangreichen Nachweisen *Baston-Vogt*, Der sachliche Schutzbereich, S. 191 ff.; *Klass*, in: Erman, BGB, Anh. § 12 Rn. 23; *Wöfl*, NVwZ 2002, 49 [50 f.].

Dagegen streitet die Tatsache, dass Ungenauigkeiten bei der Bezeichnung der Sphären sowie der Abgrenzung untereinander die Rechtsanwendung ebenso wie bei Erwachsenen erschwert. Insbesondere der Begriff der Privatsphäre wird unterschiedlich verstanden und verwendet. Ob es im Minderjährigenpersönlichkeitsschutz zu einem verstärkten Persönlichkeitsschutz oder zu einem (insofern engeren) verstärkten Privatsphärenschutz kommt, hängt maßgeblich vom zugrundeliegenden Begriffsverständnis ab, das in der Regel nicht offen gelegt wird.[1241] Zudem herrscht nicht nur Unklarheit in Bezug auf Anzahl und Bezeichnung der Sphären, sondern auch hinsichtlich der Kriterien nach denen zu beurteilen ist, ob ein Verhalten privat oder öffentlich ist. Während teilweise ein „Geheimhaltungswille" als subjektives Element eingeführt wird, stellt die andere Ansicht auf den „Sozialbezug" der Handlung ab, also auf die Frage, ob ein Verhalten auf den persönlichen Bereich eines anderen einwirkt oder allgemeine Belange der Gemeinschaft berührt.[1242]

Erschwerend kommt im Minderjährigenpersönlichkeitsschutz das Problem hinzu, das besondere Schutzbedürfnis von Minderjährigen dogmatisch sinnvoll in die Interessenabwägung mittels Sphärenbildung einfließen zu lassen. Möglich ist dies zum einen schon bei der Sphären*zuordnung*, indem die unter dem „Dach" der Privatsphäre zuzuordnenden Lebensvorgänge erweitert werden. So wäre etwa das öffentliche Auftreten bei Veranstaltungen wie dem Fußballturnier im *Grundbeispiel* bei Erwachsenen der Sozial-, bei Minderjährigen der Privatsphäre zuzuordnen. Zum anderen könnte die Schutzbedürftigkeit aber auch als zusätzliches Abwägungskriterium neben diese Zuordnung treten, so dass es am *Beispiel* bei der einheitlichen Bewertung als Sozialsphäre verbliebe, die bei Kindern und Jugendlichen aber besonders schutzwürdig ist. Die höchstrichterliche Rechtsprechung bleibt im Hinblick auf diese dogmatische Grundfrage undurchsichtig. So ließe sich die Leitentscheidung *Caroline von Monaco II* im ersteren Sinne verstehen, wenn dort festgestellt wird: „Der Bereich, in dem Kinder sich frei von öffentlicher Beobachtung fühlen und entfalten dürfen, muss deswegen umfassender geschützt sein als derjenige erwachsener Personen."[1243] An anderer Stelle heißt es hingegen, dass das Recht jedes Kindes auf Entwicklung zur Persönlichkeit sowohl die Privatsphäre als auch die kindgemäße Entfaltung in öffentlichen Räumen umfasst, wonach die Schutzbedürftigkeit die

---

1241 Vgl. BVerfG, NJW 2005, 1857 [1858]; BVerfGK 8, 173; enger *v. Strobl-Albeg*, in: Wenzel, Wort- und Bildberichterstattung, Kap. 8 Rn. 73; nicht ausdrücklich benannt bei *Stender-Vorwachs*, NJW 2010, 1414 [1415]; *Klass*, in: Erman, BGB, Anh. § 12 Rn. 183 (im Bildnisschutz); *Frauenrath*, GB 2010, 295 [300] (im Bildnisschutz).

1242 Erstere Ansicht z. B. *Wanckel*, in: Götting/Schertz u. a., Handbuch, § 19 Rn. 35 f.; Zweite Ansicht BVerfGE 35, 202 [220] – Lebach; ausführlich dazu *Amelung*, Der Schutz der Privatheit im Zivilrecht, S. 11 f. m.N.

1243 BVerfGE 101, 361 [385] – CvM II; ebenso BVerfG, NJW 2000, 2191 [2192]: „Die Gerichte berücksichtigen dabei sowie bei der Zuordnung der Aussage, [...], zur Sozialsphäre jedoch entsprechend den verfassungsrechtlichen Anforderungen zu Recht, dass der Kläger sich auf Grund seines Alters in einer besonders schutzwürdigen Phase seiner Persönlichkeitsentwicklung befindet."

Zuordnung zu einer Sphäre unberührt zu lassen scheint.[1244] Entsprechend verfahren auch die Instanzgerichte, die das besondere Schutzbedürfnis unabhängig von der Sphärenzuordnung berücksichtigen.[1245] Im Minderjährigenpersönlichkeitsschutz ist dementsprechend nicht nur die Privat-, sondern auch die Sozialsphäre als besonders geschützt anzusehen. Außer Acht bleibt dabei, dass die etablierten Sphären durch objektivierende Typisierungen bestimmt sind, um sie handhabbar zu machen. Die Abwägungsentscheidung wird also letztlich an der „typischen" Intim- und Privatsphäre ausgerichtet, die nicht in Minderjährigenfällen entwickelt wurde.[1246] Ausschlaggebend ist obendrein, dass mit der weitestgehenden Gleichstellung der Bewertung von Privat- und Sozialsphäre automatisch jede mögliche Indizwirkung der Sphärenzuordnung entfällt, die nicht die Intimsphäre betrifft. Einige Oberlandesgerichte haben vor diesem Hintergrund auch ganz auf die Zuordnung zu einer bestimmten Sphäre verzichtet und sich damit begnügt, die besondere Schutzwürdigkeit des betroffenen Minderjährigen begründend heranzuziehen.[1247]

Die Untauglichkeit der Sphärenzuordnung liegt vor allem darin begründet, dass sich die Entwicklung der Persönlichkeit nicht in Bereichen, sondern übergreifend vollzieht. Die Bildung von Sphären ist somit schon strukturell unpassend. Besonders deutlich zeigt sich dies in Bezug auf die Begrenzung des räumlichen Bereichs, der üblicherweise als Privatsphäre vor Presseberichterstattungen geschützt wird: Kinder und Jugendliche haben gerade auch in der Öffentlichkeit, in der sie sich ausprobieren und in der sie die gesellschaftlichen Regeln lernen, ein Interesse daran, sich kindgemäß und natürlich verhalten zu können und sich dabei vor den Blicken der breiteren Öffentlichkeit zurückzuziehen. Das Recht auf ungestörte Persönlichkeitsentwicklung geht also über den privaten oder sozialen Bereich hinaus. Vielmehr läge das Interesse an kindgemäßer Entfaltung gleichsam quer zu den Bereichen, die als Sphären anerkannt sind.[1248]

Die Sphärentheorie kann nach alldem nur dann zweckdienlich im Minderjährigenpersönlichkeitsschutz Anwendung finden, wenn jedenfalls die Privat- und Sozialsphäre unter Berücksichtigung des Minderjährigenschutzes neu bestimmt werden. Nach den dargelegten Wertentscheidungen müsste es zu Grenzverschiebungen derart kommen, dass die Privatsphäre über den Bereich ausgedehnt wird, der bei Erwachsenen als „privat" angesehen wird. Damit würden jedoch Unübersichtlichkeit und Abgrenzungsschwierigkeiten verstärkt und es wäre zu befürchten, dass die Sphärenzuordnung die maßgeblichen grundrechtlichen Wertungen verdeckt, da sich der Schwerpunkt des Entscheidungsprozesses typischerweise dahin

1244 Z.B. BVerfG, NJW 2000, 2191.
1245 OLG Hamburg, ZUM 1999, 735; OLG Hamburg, OLGR Hamburg, 2003, 96; KG Berlin, ZUM-RD 2004, 10 [13].
1246 *Amelung*, Der Schutz der Privatheit im Zivilrecht, S. 13.
1247 OLG Hamburg, ZUM 2013, 682; KG Berlin, ZUM-RD 2004, 10.
1248 In Anlehnung an *Lang*, in: Epping/Hillgruber, BeckOK GG, Art. 2 Rn. 45 zum Recht auf informationelle Selbstbestimmung.

verlagert.[1249] Dies ist angesichts der kinderspezifischen Schutzdimension in Art. 2 Abs. 1, Art. 1 Abs. 1 GG nicht hinnehmbar. Schließlich liegt es auf der Hand, dass es nicht zweckmäßig sein kann, nach der Bestimmung „typischer" Sphären für Minderjährige noch eine Zuordnung und erst dann eine Einzelfallabwägung zu unternehmen. Nun ließe sich einwenden, dass jedenfalls die Intimsphäre Bestand haben könnte, da sie den engsten, letzten und unantastbaren Raum der Persönlichkeit des Menschen umfasst.[1250] Zum einen ist die Abgrenzung zur Privatsphäre jedoch keineswegs unproblematisch oder ihr Umfang klar umgrenzt. Zum anderen ist eine derartige Methodenmischung im Rahmen der Interessenabwägung im Minderjährigenpersönlichkeitsschutz nicht zweckmäßig und auch nicht angezeigt. Es lässt sich im Einzelfall festlegen, ob eine preisgegebene Information über ein Kind oder einen Jugendlichen seinen engsten Kern betrifft oder nicht.

Zusammengenommen wirft die Sphärentheorie im Minderjährigenpersönlichkeitsschutz Unschärfen und dogmatische Probleme auf, die ihren Nutzen ernsthaft in Frage stellen. Sie erscheint weder geeignet, Struktur und Rechtssicherheit zu schaffen, noch ist sie zweckmäßig für die Erfassung des Minderjährigenschutzes. Vorzugswürdig ist deshalb eine Einzelfallabwägung zwischen den Persönlichkeitsrechten Minderjähriger und den Kommunikationsfreiheiten, die losgelöst von der Sphärenbildung erfolgt. Die Nähe einer Information zur Person bzw. ihr Sozialbezug fließt dann ohne Umstände bei der Frage der Beeinträchtigungsschwere ein. Dem Gesichtspunkt kommt aber ein vergleichsweise geringeres Gewicht zu als bei Erwachsenen, da im Minderjährigenpersönlichkeitsschutz eher die Wirkung des Eingriffs auf Entfaltung und Entwicklung in den Vordergrund tritt als sein Gegenstand.

III. Belange von Minderjährigen in der Gewichtung von Persönlichkeitsrechten

Einige Bewertungskriterien sind zur Interessenabwägung heranzuziehen, die sich einer bestimmten Gruppe von Rechtsträgern zuordnen lassen, weil sie sich durch eine gemeinsame Charakteristik oder Situation auszeichnen. Zu erörtern ist nachfolgend, welche Gesichtspunkte dem Minderjährigenpersönlichkeitsschutz in diesem Sinne immanent sind und wie sie in die Interessenabwägung einfließen.

1. Das Recht auf ungestörte Persönlichkeitsentwicklung

Zu beginnen ist mit dem bereits vielfach angesprochenen Recht auf ungestörte Persönlichkeitsentwicklung, das wesentlichen Einfluss auf die Güter- und Interessenabwägung im Minderjährigenpersönlichkeitsschutz ausübt. Nach dem dogmatischen Befund ist dem wertsetzenden Grundrechtsgehalt des Art. 2 Abs. 1, Art. 1 Abs. 1 GG im Zivilrecht mittels des Abwägungsprozesses Geltung zu verschaffen. Entsprechende Beachtung findet die Persönlichkeitsentwicklung schon in den dar-

---

1249 *Baston-Vogt*, Der sachliche Schutzbereich, S. 194.
1250 *Damm/Rehbock*, Widerruf, Rn. 125.

gelegten Gerichtsentscheidungen. Grundlegende Klarheit über Einflussbereich und -gewicht erwächst aus der rein kasuistischen Befassung mit dem Grundrechtsgehalt indes nicht. Eine weitere Annäherung an dieses gewichtige Kriterium ist folglich unerlässlich, um Abwägungsentscheidungen zu fundieren und zu präzisieren.

a. Konturierung der Einbeziehung

In einem ersten Schritt ist zu ergründen, inwieweit der Grundrechtsgehalt der ungestörten Persönlichkeitsentwicklung in die Interessenabwägung zum Schutz der Persönlichkeit einfließt. Erheblich ist vor allem, ob der Einfluss genereller oder partieller Natur ist, also nur in bestimmten Sachverhaltskonstellationen, etwa bei Medienberichterstattungen, oder durchweg greift. Erst in einem zweiten Schritt ist dann das Gewicht des Kriteriums in den Blick zu nehmen.

aa. Schutzzweck und Schutzmaßstab des Art. 2, Art. 1 GG

Nach Art. 2 Abs. 1, Art. 1 Abs. 1 GG haben Kinder und Jugendliche das Recht auf kindgemäße Entfaltung, d. h. zu wachsen, zu lernen und zu gedeihen sowie sich zu eigenverantwortlichen und selbständigen Persönlichkeiten zu entwickeln. Die staatliche Schutzpflicht dient schon dem Schutz der Voraussetzungen, die für die chancengleiche und anlagengerechte Entfaltung ein besonderes Gewicht haben.[1251] Die Zielrichtung des Rechts auf ungestörte Persönlichkeitsentwicklung ist mithin präventiv. Die Grundrechtsposition ist daher bereits als berührt anzusehen, wenn die Entwicklung des Kindes gefährdet sein *könnte*. Nicht erforderlich ist, dass eine Gefährdung mit einer an Sicherheit grenzenden Wahrscheinlichkeit festzustellen ist. Ebenso wie im Jugendmedienschutz lässt der derzeitige Stand der Wissenschaft eine solche Feststellung gar nicht zu.[1252] Entsprechend hat das Bundesverfassungsgericht zum Persönlichkeitsschutz klargestellt, dass es für die Gefährdung der Entwicklung ebenso wenig konkret eingetretener Nachteile für die Persönlichkeitsentfaltung wie einer Gefährdung des Kindeswohls bedarf.[1253] Personenbezogene Medienberichterstattungen werden demnach generell als entwicklungsgefährdend eingestuft. Im *Grundbeispiel* ist das besondere Bedürfnis zum Schutze der Entwicklung folglich in die Interessenabwägung mit der widerstreitenden Pressefreiheit einzubeziehen, ohne dass eine tatsächliche Gefährdung oder Störung der Entwicklung des Jungen im Einzelfall bewiesen oder auch nur untermauert werden muss.

Der wertsetzende Gehalt des Art. 2, Art. 1 GG beeinflusst die Interessenabwägung dementsprechend immer dann, wenn der Eingriff *mutmaßlich geeignet* ist, negativ auf die Entwicklung der betroffenen Person einzuwirken. Kernfrage ist, welchen Einfluss der Persönlichkeitsrechtseingriff auf den Rechtsträger haben und ob dieser Einfluss die Persönlichkeitsentwicklung stören könnte. Hiermit fließt ein

1251 *Di Fabio*, in: Maunz/Dürig, GG, Art. 2 Rn. 207.
1252 So ausdrücklich BVerwG, NJW 1972, 596 [598].
1253 BVerfGK 8, 173; 8, 178.

erzieherischer Grundansatz in den Persönlichkeitsschutz ein mit der Folge, dass ergänzend zum Inhalt des Persönlichkeitseingriffs schwerpunktmäßig dessen Einfluss auf den Betroffenen in den Blick zu nehmen ist. Die Eignung zur Entwicklungsgefährdung richtet sich dabei nach dem Kreis der zu schützenden Rechtsträger. Der Bewertungsmaßstab ist nach dem Schutzzweck des Art. 2, Art. 1 GG und parallel zum Jugendschutz aber nicht nur der durchschnittliche, sondern auch der „gefährdungsgeneigte" Rechtsträger, der einer Beeinflussung aufgrund seiner Veranlagung oder Erziehung stärker ausgesetzt ist.[1254] Dabei ist die weitgehende Wirkungsdimension von Persönlichkeitsrechtseingriffen zu beachten. Im Jugendschutz geht es nur darum, die Inhalte von Angeboten unzugänglich zu machen, von denen eine negative Wirkung auf den Minderjährigen selbst befürchtet wird. Im Persönlichkeitsschutz ist darüber hinaus auch die Wirkung auf Dritte und insbesondere auf die Eltern zu berücksichtigen. Die oben dargelegte Forschung zu reziproken Effekten belegt, dass sich tatsächliche Reaktionen des Umfeldes bzw. solche, die von den Protagonisten unterstellt werden, unmittelbar auf die Betroffenen auswirken.[1255] Entsprechend erachtet es auch das Bundesverfassungsgericht als Eingriff in das Persönlichkeitsrecht, wenn die Verbreitung persönlichkeitsbezogener Informationen dazu führen kann, dass dem Kind in Zukunft nicht unbefangen begegnet wird oder dass es sich speziellen Verhaltenserwartungen ausgesetzt sieht.[1256]

bb. Erkenntnisgrundlagen zur Bewertung des Gefährdungspotentials

Dieser Maßstab steht im Einklang mit der Lösung zur Parallelproblematik des ebenfalls als geschützte „Grundbedingung" anerkannten Resozialisierungsinteresses von Straftätern. Der Maßstab zur Einbeziehung des wertsetzenden Gehalts in Art. 2, Art. 1 GG ist diesbezüglich noch ein wenig klarer durch die Rechtsprechung zum Ausdruck gebracht worden. In der *Lebach*-Entscheidung setzte das Bundesverfassungsgericht der zulässigen Berichterstattung die Grenze, wenn sie die Resozialisierung des Täters gefährdet.[1257] In dem Verfahren wehrte sich ein verurteilter Straftäter, der als Gehilfe an dem aufsehenerregenden „Soldatenmord von Lebach" beteiligt war und kurz vor seiner Haftentlassung nach Aussetzung der Strafe zur Bewährung stand, gegen ein Dokumentarspiel, in dem Umstände und Hintergründe der Tat unter Namensnennung und Preisgabe persönlicher Einzelheiten zu den Tätern wieder in die Öffentlichkeit gebracht wurden. In der Lebach-Entscheidung führt das Bundesverfassungsgericht dazu weiter aus: „Eine Gefährdung der Resozialisierung ist regelmäßig anzunehmen, wenn eine den Täter identifizierende Sendung nach seiner Entlassung oder in zeitlicher Nähe zu der bevorstehenden

1254 Dazu BVerwG, NJW 1972, 596 [598]; *Liesching*, in: Ders., BeckOK JMStV, § 1 Rn. 11 m.N.

1255 Insbesondere *Kepplinger*, in: Bitburger Gespräche 1999/I, S. 15 [23 f.]; *Kepplinger*, Medieneffekte, S. 138 m.w.N.

1256 BVerfG, NJW 2003, 3262 – Geburtenhoroskop; BGHZ 160, 298 [305].

1257 BVerfGE 35, 202 [233 ff.] – Lebach.

Entlassung ausgestrahlt werden soll."[1258] Zur Beurteilung der Gefährdung hat das Gericht Sachverständige darüber gehört, wie Fernsehsendungen über abgeurteilte schwere Straftaten nach Art des Dokumentarspiels vom Standpunkt des Strafvollzuges und der Sozialpsychologie aus zu beurteilen sind, namentlich welche Wirkungen von solchen Sendungen im Hinblick auf die Resozialisierung der dargestellten Täter und speziell die des Beschwerdeführers zu erwarten sind. Auch im Jugendschutz gegenüber Medienangeboten bemüht man sich, den Bewertungen der Medieninhalte als jugendgefährdend möglichst fundierte Einschätzungen zugrunde zu legen, wie die umfassende Forschung zur Thematik der Medienwirkungen zeigt.[1259]

Vergleichbare Erkenntnismaßnahmen haben die Gerichte zu Persönlichkeitsrechtsbeeinträchtigungen bislang nicht angestrengt. Der Nutzen wäre auch zweifelhaft, da die sozialwissenschaftlichen Befunde gezeigt haben, dass die Gefährdungseignung von Persönlichkeitsrechtseingriffen noch gar nicht hinreichend erforscht ist. Dies liegt zu einem Großteil sicher daran, dass es sich nicht um ein zeitlich abgrenzbares und gegenständlich eingrenzbares Interesse, sondern um einen menschlichen Entwicklungsprozess handelt, der durch unzählige körperliche, psychische und soziale Bedingungen im Rahmen eines Wechselspiels zwischen Anlage und Umwelt beeinflusst wird. Erkenntnisse sind auch in Zukunft wohl allenfalls punktuell zu erwarten. So können Sachverständige etwa auch nicht mit hinreichender Sicherheit eine Aussage über die Möglichkeit eines Dauerschadens des Kindes als Folge der Trennung von seinen langjährigen Pflegeeltern machen, auch wenn dies für die betroffenen Kinder eine erhebliche seelische Belastung darstellt.[1260] Auch fehlt es bis heute an gesicherten Erkenntnissen der Wirkungsforschung darüber, ob die Wahrnehmung bestimmter Medieninhalte bei Minderjährigen zu Fehlentwicklungen führen kann.[1261] Hinzu kommt, dass die Persönlichkeitsinteressen naturgemäß eng miteinander verbunden und ineinander verwoben sind. Die Ungewissheiten beruhen jenseits praktischer Vernunft auf den Grenzen menschlichen Erkenntnisvermögens und sind deshalb hinzunehmen.[1262]

Bei derart wissenschaftlich ungeklärter Lage ist der Staat befugt, die Gefahrenlage selbst abzuschätzen und über ein Eingreifen seinerseits zu entscheiden.[1263] Die Rechtsprechung als Ersatzgesetzgeber überschreitet die verfassungsrechtliche Befugnis nur, wenn eine Gefährdung der Persönlichkeitsentwicklung wissenschaftlich

---

1258 BVerfGE 35, 202 [238] - Lebach.

1259 Dazu *Batinic/Appel*, Medienpsychologie; *Schweiger/Fahr*, Handbuch Medienwirkungsforschung; grundlegend: *Jäckel*, Medienwirkungen.

1260 Vgl. BVerfG, NJW 1988, 125.

1261 *Erdemir*, in: Spindler/Schuster, Recht der elektronischen Medien, § 1 JMStV Rn. 25 ff.

1262 So BVerfGE 49, 89 [143] – Kernenergie.

1263 BVerfGE 83, 130 [140 ff.] – Josefine Mutzenbacher; BVerfG, NVwZ 2011, 94 [98] – Gentechnik.

nahezu ausgeschlossen werden kann.[1264] Die Ausübung der Gefahrenprognose im Rahmen des Beurteilungsspielraums steht dabei unter der Prämisse, dass Zweifel nicht zu Lasten der grundrechtlich gesicherten Persönlichkeitsentwicklung von Minderjährigen gehen dürfen.[1265] Der Staat hat eine Schutzpflicht, der er unabhängig von den Ausgangsbedingungen nachzukommen hat.

cc. Gefährdung der Entwicklung durch Äußerungen

(1). Medienberichterstattungen

Aus der Auswertung einschlägiger Rechtsprechung geht hervor, dass Berichterstattungen in den Medien grundsätzlich als gefährdend eingestuft werden. Sobald über Kinder und Jugendliche ohne Einwilligung berichtet wird, steht nach einhelliger Auffassung eine negative Auswirkung auf die Entwicklung des jungen Menschen zu befürchten. Dabei soll die Gefahr von der Medienberichterstattung an sich ausgehen, ohne dass es auf den Wort- oder Bildcharakter, einen wohlwollenden Inhalt oder Wahrheit und Unwahrheit ankommt.[1266] Lediglich in einem Verfahren hat der Bundesgerichtshof die kinderspezifische Grundrechtsposition in Art. 2, Art. 1 GG einbezogen, aber eine Störung der Persönlichkeitsentwicklung durch die Berichterstattungen ausdrücklich abgelehnt.[1267]

Diese Einschätzung lässt sich zum einen auf die besondere Schlagkraft medialer Inhalte und zum anderen auf die Fähigkeiten und Fertigkeiten der betroffenen Personengruppe stützen. Äußerungen in den Medien werden aufgrund ihrer Reichweite und der besonderen Autorität typischerweise als besonders schwerwiegend anerkannt. Durch ihren Verbreitungsgrad lösen Äußerungen in der Presse grundsätzlich eine größere Gefahr der Prangerwirkung aus.[1268] Die damit verbundenen psychischen Belastungen sind nicht zu unterschätzen.[1269] Vor allem Kinder können das öffentliche Interesse noch nicht richtig einschätzen und verstehen.[1270] Spätestens mit Erreichen eines gewissen Maßes an kognitiven Fähigkeiten kann zu befürchten

1264 *Hoffmann-Riem/Engels/Schulz*, in: Charlton u.a., Fernsehwerbung und Kinder, Bd. 2, S. 311 [330] zum Jugendschutz.

1265 Ebenso zum JMStV *Erdemir*, in: Spindler/Schuster, Recht der elektronischen Medien, § 1 JMStV Rn. 26.

1266 In st. Rspr. BVerfGE 101, 361 [385 f.] – CvM II; BVerfG, NJW 2000, 2191; NJW 2005, 1857; BGH, NJW 2004, 1795 – Charlotte Casiraghi; NJW 2013, 2890 [2892 f.] – Eisprinzessin; *Klass*, in: Erman, BGB, Anh. § 12 Rn. 183; *Rixecker*, in: MüKo BGB, Anh. § 12 Rn. 70; *Dreier/Specht*, in: Dreier/Schulze, UrhG, § 23 KUG Rn. 14; *Fricke*, in: Wandtke/Bullinger, Urheberrecht, § 22 KUG Rn. 20; *Damm/Rehbock*, Widerruf, Rn. 226 ff.; *Beater*, JZ 2013, 111 [112 f.]; *Frauenrath*, GB 2010, 295 [300]; *Stender-Vorwachs*, NW 2010, 1414.

1267 BGH, NJW 2013, 2890 [2893] – Eisprinzessin.

1268 BGHZ 31, 308 [313] – Alte Herren; *Beater*, Medienrecht, Rn. 353.

1269 *Eisenbarth*, Das Recht am eigenen Bild, S. 121.

1270 *Westphal*, GreifRecht 13/2012, 32.

sein, dass Kinder ihr Verhalten dem Umgebungsausschnitt gemäß anpassen und die Reaktionen ihrer Umwelt in die Interpretation des eigenen Selbst einfließen lassen. Dadurch wird Freiheit insoweit eingebüßt, als dass eine kindgemäße Entfaltung sowie die persönliche Entwicklung durch Berichterstattung beeinflusst werden. So wirken die von einer Berichterstattung ausgelösten reziproken Effekte nach den Forschungsergebnissen von *Kepplinger* grundsätzlich besonders intensiv auf Medienunerfahrene, zu denen unabhängig von ihrem tatsächlichen Kontakt zu den Medien aufgrund ihrer generellen Unerfahrenheit auch Kinder und Jugendliche zu zählen sind. Die mediale Schlagkraft schlägt sich zudem mutmaßlich auf ihre Persönlichkeitsentwicklung nieder, da sie erst lernen, sich angemessen in der Öffentlichkeit zu bewegen. Kinder und Jugendliche müssen sich die Regeln und Konventionen von Privatheit und Öffentlichkeit erst aneignen. Nach den sozialwissenschaftlichen Befunden basieren Verständnis, Bedürfnis und Verhalten im Hinblick auf die persönlichen Belange maßgeblich auf den Erfahrungen, die in der Kindheit und Jugend gemacht werden. Durch Medienberichterstattungen wird jedoch Verhaltensdruck erzeugt, der nach der vorgestellten Arbeit von *Loock* selbst auf Erwachsene einwirkt. Bei Kindern und Jugendlichen besteht die Gefahr, dass sie, etwa aus Furcht vor einer Medienberichterstattung, die Öffentlichkeit meiden oder sich in ihr in einer dem Alter nicht angemessenen Weise kontrolliert verhalten müssen.[1271] Um dies zu verhindern, ist ein durch die Neugier der Öffentlichkeit möglichst ungestörtes Aufwachsen bedeutsam. Das Recht hat folglich sicherzustellen, dass Kinder wie im *Grundbeispiel* auch mit berühmten Eltern noch Freizeitaktivitäten unternehmen können und dabei nicht gezwungen sind, sich wesentlich anders als andere Kinder in einer entsprechenden Situation zu verhalten. Da junge Menschen noch beeinflussbarer sind, können auch die Identität und das Selbstwertgefühl maßgeblich durch eine Berichterstattung beeinflusst werden. Vor allem der Selbstwert eines Kindes wird wesentlich von der Anerkennung und Unterstützung durch Andere bestimmt.[1272] Vorallem für Kinder von Prominenten kann es schwerwiegende Folgen haben, wenn sie sich an eine durch die Prominenz ihrer Eltern entstandene Aufmerksamkeit und eine Wertschätzung gewöhnen, die irgendwann nachlässt.[1273] Auf der anderen Seite haben negative Selbstbeschreibungen durch die Medien mutmaßlich auch negative Auswirkungen auf das Selbstwertgefühl. Hier können wichtige Mechanismen und Erfahrungen fehlen, um damit fertig zu werden. Das Wissen um den eigenen Wert als Person ist jedoch konstitutiv für eine gesunde und normale Entwicklung. Gravierend ist auch der soziale Bezug der Persönlichkeitsrechte. Die Reaktionen des Umfeldes auf eine Berichterstattung belasten Minderjährige grundsätzlich intensiver. So kann die Verbreitung persönlichkeitsbezogener Informationen dazu führen, dass dem Kind in Zukunft nicht unbefangen begegnet wird oder

1271 BVerfG, NJW 2005, 1857 [1858]; BVerfGK 8, 173.

1272 *Siegler/DeLoache/Eisenberg*, Entwicklungspsychologie, S. 449.

1273 *Beater*, JZ 2013, 111 [112]; grundlegend dazu *Bieber-Delfosse*, Vom Medienkind zum Kinderstar.

dass es sich speziellen Verhaltenserwartungen ausgesetzt sieht.[1274] Dabei schreiben Protagonisten den Medienberichten üblicherweise sogar größeren Einfluss auf ihr Umfeld zu als auf sich selbst. Die Beziehungen eines Kindes und eines Jugendlichen zu seinem Umfeld kann also erheblich belastet werden. Schließlich können Medienberichte auch Einfluss auf die natürliche Eltern-Kind-Beziehung haben. Der ungezwungene Umgang miteinander kann durch eine ständige Beobachtung durch die Medien in Mitleidenschaft gezogen werden, da Eltern sich ebenso dem Situationsdruck ausgesetzt sehen.[1275] Welchen weitreichenden Einfluss das Verhalten der Eltern gegenüber ihrem Kind auf die weitere Entwicklung hat, zeigt die oben skizzierte Bindungstheorie von *Bowlby*.[1276]

Schlussendlich verdient die Einschätzung der Rechtsprechung insoweit Zustimmung, als dass personenbezogene Medienberichterstattungen über Kinder und Jugendliche mutmaßlich ihre Entwicklung gefährden können. Die Gefahr wird ausgelöst durch Situationsdruck auf den Rechtsträger, Reaktionen des Umfelds (insbesondere der Eltern) sowie der Beeinflussung der Identität und des Selbstwertes. Den meisten dieser Einwirkungen sehen sich Kinder und Jugendliche zwar auch im täglichen Leben ausgesetzt. Ausschlaggebend für die besondere Gefährdungseignung von Medien sind jedoch die mit der Veröffentlichung einhergehende Publizität und ihre Bedeutung für die gesellschaftliche Meinungsbildung.

(2). Sonstige Persönlichkeitsrechtseingriffe

Von Eingriffen durch Medienberichterstattungen abgesehen, hatten die Gerichte bislang nur wenig Gelegenheit, sich mit dem sachlichen Einflussbereich der Grundrechtsposition auf ungestörte Persönlichkeitsentwicklung aus Art. 2, Art. 1 GG zu befassen. Das Oberlandesgericht Karlsruhe hat die grundrechtlichen Wertungen in einem Fall zur Entscheidung herangezogen, in dem das Foto eines Kindes, das dem Jugendamt zur Personensorge übertragen war, durch dessen Großvater ohne Einwilligung des Jugendamtes im Internet veröffentlicht wurde. Ebenso ist das Landgericht Bonn vorgegangen in einem Verfahren, in dem sich ein 8-Jähriger gegen den Vorwurf in einem anwaltlichen Schreiben zur Wehr setzt, eine strafrechtlich relevante Äußerung getätigt zu haben, verbunden mit der Aufforderung zur Abgabe einer Unterlassungserklärung.[1277] Im Europarecht wird der Grundgedanke überdies auch für die persönlichen Daten von Kindern übertragen.[1278] Die Praxis geht folglich in die Richtung eines umfassenden Einflussbereichs in dem Sinne, dass bei jedem Eingriff in das (zivilrechtliche) Allgemeine Persönlichkeitsrecht und in das Recht am eigenen Bild im Rahmen der Interessenabwägung eine Gefährdungseignung zu berücksichtigen ist. Ob diese Einschätzung Zustimmung verdient, entzieht sich hier

---

1274 BVerfG, NJW 2003, 3262 – Geburtenhoroskop; BGHZ 160, 298 [305].
1275 BVerfGE 101, 361 [385 f.] – CvM II.
1276 S. dazu in Kapitel 2 § 4 B.
1277 OLG Karlsruhe, ZUM-RD 2011, 348; LG Bonn, NJW-RR 2008, 1576.
1278 Vgl. den Entwurf zu einer Datenschutz-Grundverordnung Kapitel 4 § 4 B. II.

einer abschließenden Bewertung. Das Hauptaugenmerk liegt auf dem Bereich der Internetkommunikation, in dem gewichtige Argumente für eine parallele Wertung zur Medienberichterstattung sprechen.

Aus den sozialwissenschaftlichen Befunden lässt sich vernünftigerweise schlussfolgern, dass ein enger funktionaler Zusammenhang zwischen ideellen Persönlichkeitsinteressen und Persönlichkeitsentwicklung besteht, der für Medienberichterstattungen bereits konkretisiert wurde. Der Zusammenhang ist zwar noch nicht hinreichend empirisch abgesichert, um valide Aussagen zu der allgemeinen Wirkung von Persönlichkeitsrechtsbeeinträchtigungen treffen zu können. Dennoch bieten die sozialwissenschaftlichen Grundlagen einige plausible Anknüpfungspunkte, wie die Bewertung der Medienberichterstattung zeigt. Wie dort lässt sich die Einschätzung einer Entwicklungsgefährdung durch Äußerungen im Internet auf die Beeinflussung des eigenen Selbstbildes, die Herausbildung des Selbstwertgefühls sowie Verhaltensdruck stützen. Im Internet agiert der Nutzer zudem unter speziellen Bedingungen, da Informationen jederzeitig und allörtlich zugänglich sind und in der Regel schnell, international und anonym verbreitet werden können.[1279] Die Öffentlichkeit kann im Internet somit ohne großen Aufwand maximiert werden.[1280] Mittels jedes internetfähigen Gerätes können Informationen über andere Personen jederzeit und einfach gefunden werden, und durch Suchmaschinen werden Informationen nur noch schneller verbreitet.[1281] Vor allem herabsetzende Äußerungen, die viel häufiger im Internet anzutreffen sind als in Presseberichterstattungen und nicht immer die Schwelle der Schmähkritik überschreiten, sind zur Gefährdung der persönlichen Entwicklung geeignet. So gründet der Schutz der äußeren Ehre in einer Gefährdung der von Art. 2 Abs. 1 GG gewährleisteten freien Entfaltung der Persönlichkeit, weil derartige Äußerungen „das Ansehen des Einzelnen schmälern, seine sozialen Kontakte schwächen und infolgedessen sein Selbstwertgefühl untergraben können".[1282] Kinder und Jugendliche müssen ein derartiges Selbstwertgefühl aber im Laufe ihres Lebens erst einmal entwickeln, eine derartige Äußerung kann also intensiver wirken. Die Bedeutung der Ehre für die Persönlichkeitsentwicklung lässt sich auch aus dem in § 1631 Abs. 2 S. 2 BGB verankerten Verbot von elterlichen Maßnahmen schließen, die das Ehr- und Selbstwertgefühl des Kindes in einem vom Anlass der Erziehungsmaßnahme nicht zu rechtfertigenden Maße verletzen. Das Verbot fußt laut Gesetzesbegründung unter anderem auf dem vom Bundesverfassungsgericht anerkannten besonderen Schutzbedürfnis des Kindes. Das Verbot entwürdigender Erziehungsmaßnahmen sei ein wichtiger Gesichtspunkt des gesetzlichen Leitbildes von der Eltern-Kind-Beziehung, „denn soll der junge Mensch bei Eintritt in das Erwachsenenalter selbständig und eigenverantwortlich handeln können, ist dies nur möglich, wenn sich seine Selbstachtung und sein Selbstwertgefühl entwickeln

1279 *Bruns*, AfP 2011, 421 [422].
1280 *Wieczorek*, AfP 2012, 14 [15].
1281 *Elixmann*, Datenschutz und Suchmaschinen, S. 25.
1282 BVerfG, NJW 1999, 1322 [1323] – Helnwein.

konnten."[1283] Zum anderen können auch Beeinträchtigungen des Rufes, mittels der sich der Einzelne in seiner Würde bestätigen und versichern kann, höchst persönlichkeitsrelevant sein.[1284]

Eine Entwicklungsgefährdung ist also auch bei Eingriffen über das Internet nicht ausgeschlossen. Ergänzend streitet für diese Einschätzung, dass die Persönlichkeitsentwicklung ein gewichtiger Aspekt des Kindeswohls ist. Neben das aktuelle Wohlbefinden tritt nach herrschender Meinung das grundrechtlich vorgegebene Erziehungsziel der selbständigen und eigenverantwortlichen Persönlichkeit (zum Begriff ausführlich sogleich).[1285] Dem Stellenwert des Kindeswohlprinzips würde es nicht gerecht, wenn sich die ungeklärte wissenschaftliche Lage zu Lasten des Minderjährigenschutzes auswirkte.

b. Inhalt und Umfang einer widerleglichen tatsächlichen Vermutung

Demzufolge ist der Grundrechtsgehalt des Rechts auf ungestörte Persönlichkeitsentwicklung *grundsätzlich* im Rahmen der Güter- und Interessenabwägung im Spannungsfeld von Persönlichkeitsrechten und Kommunikationsfreiheiten zu berücksichtigen. Medienberichterstattungen und Internetkommunikation können die sich entwickelnde Persönlichkeit besonders schwer beeinträchtigen, da sie nicht nur punktuell, sondern im Hinblick auf die Lebensperspektive wirken.[1286] Mehr Rechtsklarheit ließe sich durch eine tatsächliche Vermutung für die Einziehung des Grundrechtsgehalts herstellen, wie sie auch in § 5 Abs. 2 JMStV zum Ausdruck kommt. Die mutmaßliche Gefährdungseignung wird demnach angenommen, kann aber im Einzelfall entkräftet werden. Die Argumentationslast wird dahingehend beeinflusst, dass eine Entscheidung mit weniger Aufwand begründet werden kann, wenn sie den Entwicklungsschutz berücksichtigt, als eine solche, die eine Störung der Entwicklung im Einzelfall ablehnt. Der Bundesgerichtshof hätte unter Geltung einer derartigen Vermutung in den Urteilsgründen zur Entscheidung *Eisprinzessin* ausführlich begründen müssen, warum eine Entwicklungsstörung bei der zur Entscheidung stehenden Sachlage nicht ersichtlich ist.[1287]

Die Vermutung greift immer dann, wenn der Rechtsträger, in dessen Persönlichkeitsrecht eingegriffen wird, zum Zeitpunkt der Veröffentlichung noch nicht volljährig war. Unerheblich ist deshalb, wenn der Rechtsträger zum Urteilszeitpunkt bereits 18 Jahre alt ist. Eine Ausnahme besteht bei Entscheidungen über den Unterlassungsanspruch eines volljährigen Rechtsträgers, mit dem die Verbreitung einer Äußerung aus der Zeit seiner Minderjährigkeit für die Zukunft erreicht werden

---

1283 BT-Drs. 8/2788.

1284 *Kube*, in: Isensee/Kirchhof, Handbuch der Grundrechte, Bd. VII § 148 Rn. 64.

1285 Z.B. *Rauscher*, Familienrecht, § 33 Rn. 958; *Olzen*, in: MüKo BGB, § 1666 Rn. 43; *Lack*, Möglichkeiten und Grenzen der Gesetzgebung, S. 102 ff.

1286 Zum Umfang der Persönlichkeitsbeeinträchtigung *Beater*, in: Soergel, BGB, Anh. § 823 IV Rn. 50.

1287 BGH, NJW 2013, 2890 – Eisprinzessin.

soll. So wäre es, wenn das Kind im *Grundbeispiel* mit 17 Jahren beim Fußballturnier fotografiert und das Bild veröffentlicht worden wäre, die Unterlassung der weiteren Verbreitung aber erst in einem Gerichtsverfahren nach seinem 18. Geburtstag geltend macht. Die Rechtswidrigkeit wäre in diesem Fall nach den generellen Maßstäben zu beurteilen, da ein besonderes Schutzbedürfnis nicht mehr in die Bewertung einzubeziehen ist. Eine Vermutung kann in diesem speziellen Fall folglich nicht mehr greifen. Allerdings sollten die Gerichte berücksichtigen, dass die Schutzbedürftigkeit real nicht mit einem Stichtag endet, sondern darüber hinaus fortwirkt. Das Recht auf ungestörte Persönlichkeitsentwicklung sollte also nicht formal betrachtet, sondern insgesamt bei jungen Menschen mit bedacht werden.[1288] Ausnahmsweise kann das besondere Schutzbedürfnis also fortwirken und die Rechtswidrigkeit einer Äußerung nach Erreichen der Volljährigkeit begründen. Davon ist etwa auszugehen, wenn das Foto eines bei Aufnahme 17-jährigen Jugendstraftäters nach dessen Volljährigkeit veröffentlicht wird, da hier eine jugendliche Verfehlung dokumentiert wird.[1289]

c. Ausstrahlungswirkung des Grundrechtsgehalts

Die Fachgerichte haben demnach bei Abwägung der widerstreitenden Interessen im Rahmen des zivilrechtlichen Persönlichkeitsschutzes die Grundrechtsposition des Kindes auf Persönlichkeitsentwicklung einzubeziehen. Die Einbeziehung wirkt grundsätzlich gewichtsverstärkend, d. h. dem Allgemeinen Persönlichkeitsrecht ist bei der Abwägung je nach Ausmaß der Gefährdung grundsätzlich ein erhöhtes Gewicht beizumessen.[1290] Diese qualitative Aufwertung folgt in erster Linie daraus, dass die Entwicklung nachfolgender Generationen zu eigenverantwortlichen und selbständigen Menschen ein besonders hohes Gut darstellt und wie die Meinungsfreiheit ebenfalls „konstitutiv" für das Funktionieren des Staates ist. Auch die Familie und insbesondere das Eltern-Kind-Verhältnis sind Güter, die einen besonderen Rang in der Werteordnung des Grundgesetzes einnehmen. So steht die Familie nach Art. 6 Abs. 1 GG „unter dem besonderen Schutze der Rechtsordnung".[1291] Darüber hinaus ist die Persönlichkeitsentwicklung ein Aspekt des Kindeswohls, dem im deutschen und internationalen Recht ein besonders hohes Gewicht beigemessen wird. Des Weiteren ist die verstärkende Wirkung auch im Falle einer Interessenhäufung[1292] anerkannt, wenn mehrere Persönlichkeitsinteressen beeinträchtigt werden, die durch das Allgemeine Persönlichkeitsrecht geschützt sind.[1293] Die Wertungen aus Art. 6 GG und Art. 5 Abs. 2 GG streiten dafür, eine derartige Wirkung der Inter-

1288 Dazu BGH, NJW 2005, 56 [58]; BGH, AfP 2004, 533.
1289 Zutreffend LG Hamburg, Urt. v. 13.03.2009, Az.: 324 O 680/08, BeckRS 2010, 12444.
1290 Ebenso *Di Fabio*, in: Maunz/Dürig, GG, Art. 2 GG, Rn. 240.
1291 Vgl. zu den Wertentscheidungen *Badura*, in: Maunz/Dürig, GG, Art. 6 GG Rn. 1 ff.
1292 Nach *Hubmann*, in: FS Obermayer, S. 43 [46].
1293 Bspw. BVerfGE 35, 202 [235 ff.] – Lebach, zum Hinzutreten des Resozialisierungsinteresses neben das Interesse an Privatsphäre; ebenso *Baston-Vogt*, Der sachliche

essenkumulation auch für den Persönlichkeitsschutz Minderjähriger anzuerkennen.[1294] Jedes grundrechtlich verbürgte Interesse bildet einen eigenständigen Aspekt des Persönlichkeitsschutzes ab, so dass die Intensität des Eingriffs bei mehreren betroffenen Persönlichkeitsinteressen steigt.[1295] Die Zahl der durch einen Eingriff betroffenen Interessen bildet damit einen wesentlichen Indikator für die Schwere der Beeinträchtigung und beeinflusst die Interessenabwägung maßgeblich.

Die Verstärkung des Schutzes vor medialer Berichterstattung und Informationsverbreitung im Internet tritt grundsätzlich unabhängig davon ein, ob eine Beeinträchtigung durch Wort oder Bild, Tatsachenbehauptungen oder Werturteile, wohlwollenden oder herabsetzenden Inhalt erfolgt.[1296] Sehr wohl möglich und erforderlich sind aber graduelle Abstufungen der Verstärkung je nach Ausmaß der mutmaßlichen Gefährdung, die im Einzelfall nach den Umständen vorzunehmen ist. So dürfte die Gefahr umso größer sein, je weniger Erfahrung der Rechtsträger bislang mit Presse und Öffentlichkeit hatte, je weniger vorhersehbar der Eingriff war und je negativer ihr Inhalt ausfällt.

2. Tragweite des natürlichen Entwicklungsstandes der betroffenen Person im Übrigen

Nach Ansicht des Bundesverfassungsgerichts hat sich der Umfang des Persönlichkeitsschutzes vom Schutzzweck her unter Berücksichtigung der Entwicklungsphasen des Kindes zu bestimmen.[1297] Art. 2, Art. 1 GG trägt dem Entwicklungsstand wie erörtert in der Weise Rechnung, dass Minderjährigen ein umfassenderer Schutz gebührt. Der Gedanke könnte jedoch auch in der Weise tragen, dass der Entwicklungsstand des Rechtsträgers, typischerweise festgemacht am Alter, trotz generellem Entwicklungsschutz zu einem abgestuften Schutz führt. Schließlich spielt das Alter der betroffenen Rechtsträger im Minderjährigenschutz als Gradmesser ihrer Schutzbedürftigkeit eine wichtige Rolle, wie etwa die Sendezeitbeschränkungen in § 5 Abs. 4 JMStV zeigen.

a. Relativierung der Schutzbedürftigkeit mangels Kognition?

Angenommen, der betroffene Junge im *Grundbeispiel* wäre erst einige Monate alt und von seinen prominenten Eltern mit zum Fußballturnier gebracht worden, läge der Einwand der Zeitschrift nahe, dass dem Kind eine Beeinträchtigung seiner Interessen noch gar nicht bewusst sei und deshalb eine rechtwidrige Verletzung des Rechts am eigenen Bild ausscheide. Wäre tatsächlich in die Abwägung einzubezie-

---

Schutzbereich, S. 204 m.w.N.; *v.d.Decken*, Meinungsäußerungsfreiheit und Ehrenschutz, S. 59.

1294 Ebenso OLG Hamburg, OLGR Hamburg 2003, 96; KG Berlin, KGR Berlin 2004, 111.

1295 *Baston-Vogt*, Der sachliche Schutzbereich, S. 425.

1296 Ebenso *Beater* zur Medienberichterstattung, JZ 2013, 111 [113].

1297 BVerfG, NJW 2003, 3262 – Geburtenhoroskop; kritisch zur Würdigung der astrologischen Prognose *Lettl*, WRP 2005, 1047 [1074].

hen, ob sich die betroffene Person des Eingriffs bewusst ist und ihn als beeinträchtigend empfindet, hätte dies Auswirkungen von einiger Tragweite, nicht nur im Minderjährigenpersönlichkeitsschutz. Kleinere Kinder, aber auch alte Menschen oder Personen mit kognitiven Einschränkungen könnten dann in aller Regel nur einen geringeren Schutz beanspruchen. Aus der Entwicklungspsychologie ist bekannt, dass sich die Identität einer Person erst Schritt für Schritt in der Kindheit entwickelt.[1298] Gleiches gilt natürlich auch für die kognitiven Fähigkeiten, die für das Wahrnehmen und Begreifen eines Eingriffs in Persönlichkeitsrechte erforderlich sind. Der im Rahmen der sozialwissenschaftlichen Untersuchung angesprochene Aspekt der natürlichen Barrieren für das Erleben von Privatheit ist also auch für die rechtliche Würdigung bedeutsam.[1299] Das Bundesverfassungsgericht hat zum Diskretionsschutz eines Neugeborenen demgegenüber entschieden, dass eine Persönlichkeitsrechtsbeeinträchtigung nicht nur vorliegen kann, wenn das Kind die persönlichkeitserheblichen Einwirkungen bemerkt, sondern schon dann, wenn Dritte persönlichkeitsbezogene Informationen verbreiten und dies dazu führen kann, dass dem Kind in Zukunft nicht unbefangen begegnet wird oder dass es sich speziellen Verhaltenserwartungen ausgesetzt sieht.[1300] Auch im Ehrschutz wird ein Bewusstsein des Rechtsträgers nicht für maßgebend erachtet.[1301]

Fraglich ist in diesem Zusammenhang, ob sich die Beeinträchtigung in dem vom Bundesverfassungsgericht angesprochenen sozialen Bezug erschöpft. Eine Auseinandersetzung mit dem Entwicklungsstand als schutzrelativierender Gesichtspunkt findet primär im strafrechtlichen Ehrschutz nach § 185 StGB unter dem Stichwort der „Beleidigungsfähigkeit“ statt. Zwar ist grundsätzlich anerkannt, dass Kinder und geistig behinderte Menschen Ehrträger und damit grundsätzlich auch beleidigungsfähig sind.[1302] Einschränkungen ergeben sich jedoch aus der Forderung der herrschenden Meinung, dass der Adressat der Äußerung die in ihr enthaltene Ehrverletzung auch kognitiv verstehen muss. Bei der Beschimpfung eines Kleinkindes ohne weitere Adressaten scheidet eine Strafbarkeit nach § 185 StGB somit in aller Regel aus. Begründet wird die Einschränkung damit, dass keinerlei Gefahr für den Achtungsanspruch des Opfers besteht, wenn niemand die Äußerung als beleidigend versteht.[1303] Da die Äußerung bei Medienberichterstattungen und im Internet gegenüber der Öffentlichkeit erfolgt, spielt diese Einschränkung im zivilrechtlichen Persönlichkeitsschutz allerdings keine Rolle. Im Hinblick auf den Ehr*umfang* ist im Strafrecht vieles noch unklar. Der Bundesgerichtshof hat bereits im Jahre 1954

1298 Vgl. *Hannover/Greve*, in: Schneider/Lindenberger, Entwicklungspsychologie, S. 543 ff.

1299 Dazu oben Kapitel 2 § 3 A. II.

1300 BVerfG, NJW 2003, 3262 – Geburtenhoroskop.

1301 Z.B. LG Berlin, GRUR 1974, 415.

1302 A.A. *Jakobs*, in: FS Maiwald, S. 365 [377].

1303 Vgl. BGHSt 9, 17 [19]; *Regge/Pegel*, in: MüKo StGB, Vorbem. §§ 185 ff. Rn. 43 ff. m.N.; *Zaczyk*, in: Kindhäuser/Neumann/Paeffgen, StGB, Vorbem. §§ 185 ff. Rn. 10 f. m.N.; *Lackner*, in: Lackner/Kühl, StGB, Vorbem. §§ 185 ff. Rn. 2.

entschieden, dass eine Beleidigung nach § 185 StGB nicht voraussetzt, dass sich der Betroffene seiner Ehre bewusst ist und die Äußerung als Ehrkränkung empfindet.[1304] Die überwiegenden Stimmen im Schrifttum wollen die Beleidigungsfähigkeit abhängig vom Entwicklungsstand bestimmen bzw. von dem gegenwärtigen entwicklungsbedingten Geltungswert und Achtungsanspruch.[1305] Die strafrechtliche Rechtslage ist folglich für das Zivilrecht nur geringfügig fruchtbar zu machen.

Untermauern lässt sich der Standpunkt des Bundesverfassungsgerichts zum Persönlichkeitsschutz mit teleologischen Argumenten. So liefe die maßgebliche Berücksichtigung von bestimmten kognitiven Fähigkeiten auf die Etablierung einer besonderen Rechtsfähigkeit hinaus, die der Grundrechtsmündigkeit verwandt ist. Diese wurde jedoch bereits mit guten Gründen zurückgewiesen. Ausschlaggebend ist des Weiteren die Natur des subjektiven Rechts. Die subjektiven Persönlichkeitsrechte sind die von der Rechtsordnung verliehene Willensmacht einer Person zur Befriedigung menschlicher Interessen.[1306] Ihr Inhalt wird also durch das jeweils geschützte Interesse bestimmt, rechtlich abgesichert ist aber die Bestimmungsbefugnis.[1307] Infolgedessen kommt es grundsätzlich nicht darauf an, ob der Rechtsträger das geschützte Interesse oder Bedürfnis auch *subjektiv* verspürt bzw. zur Herausbildung fähig ist. Entscheidend ist allein die ihm verliehene Willensmacht über das Interesse. So ist die Veröffentlichung eines Fotos ohne Einwilligung nur deshalb unzulässig, weil damit dem Abgebildeten die ureigenste Freiheit entzogen wird, aufgrund einer eigenen Entscheidung über das Rechtsgut zu verfügen.[1308] Dies trifft jedoch auf alle Menschen zu, ob sie sich ihres Erscheinungsbildes nun gewahr sind oder nicht, ob sie diese Freiheit wahrnehmen oder nicht. Ergänzend greift ein *argumentum a fortiori*: Wenn schon das Recht am Bild gem. § 22 S. 3 KUG und ebenso das Allgemeine Persönlichkeitsrecht nach herrschender Meinung über den Tod eines Menschen hinaus geschützt sein soll, muss erst Recht jede nicht durch Tod verflüchtigte Persönlichkeit unabhängig von ihrer Konstitution Schutz gewährt werden. Darüber hinaus wird auch dem *nasciturus* teilweise ein persönlichkeitsrechtlicher Schutz zuerkannt.[1309] Führen schon die Grenzen der Rechtsfähigkeit nicht dazu, dass ein Persönlichkeitsschutz versagt oder eingeschränkt wird, ist dies bei weniger einschneidenden natürlichen Gegebenheiten erst Recht nicht vorstellbar.

Der natürliche Entwicklungsstand einer Person zur bewussten Wahrnehmung und Empfindung von Persönlichkeitsrechtsverletzungen kann nach alldem kein direktes Kriterium zur Bestimmung des Schutzumfangs oder gar eine Voraussetzung der Schutzeröffnung sein. Die individuellen Reaktionen auf die Verletzung

---

1304 BGH, NJW 1955, 471.

1305 *Lencker/Eisele*, in: Schönke/Schröder, StGB, Vorbem. §§ 185 ff. Rn. 2.; *Zaczyk*, in: Kindhäuser/Neumann/Paeffgen, StGB, Vorbem. §§ 185 ff. Rn. 10; *Regge/Pegel*, in: MüKo StGB, Vorbem. §§ 185 ff. Rn. 43.

1306 *Brox/Walker*, BGB AT, Rn. 617.

1307 *Baston-Vogt*, Der sachliche Schutzbereich, S. 87 f.

1308 BGHZ 26, 349 [355] – Herrenreiter.

1309 *Beater*, in: Soergel, BGB, Anh. § 823 IV Rn. 19.

von Persönlichkeitsrechten im Hinblick auf die Persönlichkeitsentfaltung können allenfalls zur Bewertung der individuellen Eingriffsintensität herangezogen werden.

b. Lineare Bestimmung der Schutzbedürftigkeit?

Teilweise wird auch die Auffassung vertreten, die Schutzbedürftigkeit nehme mit dem Alter und fortschreitender Entwicklung immer weiter ab.[1310] Demnach wäre der Junge im *Grundbeispiel* also mit 5 Jahren grundsätzlich schutzbedürftiger als mit 16 Jahren. Dem Gedanken ist zuzugeben, dass Jugendliche im Normalfall erfahrener und gefestigter sind als Kinder. Sie sind weiter fortgeschritten im Entwicklungsprozess, so dass ihre Schutzbedürftigkeit vermehrt in den Hintergrund tritt, je näher die Volljährigkeit rückt. Daraus auf eine lineare Festlegung der Schutzbedürftigkeit zu schließen, ist jedoch angesichts des komplexen Prozesses der Persönlichkeitsentwicklung nicht möglich. Bei Jugendlichen tritt die Identitätsfindung und -festigung in den Vordergrund, deren Schutz das Allgemeine Persönlichkeitsrecht gerade bezweckt. Ziel der Persönlichkeitsentwicklung und wesentliche Entwicklungsaufgabe in der Pubertät ist nach der modernen Sozialisationstheorie der Aufbau einer *Ich-Identität*.[1311] Die Selbstkonzepte des Individuums einschließlich seiner Selbstsicht und seines Selbstwertgefühls sind, wie gesehen, von herausragendem Gewicht.[1312] Eingriffe sind also bereits durch die Bedeutung der Identität schwerwiegend. Zudem ist wohl auch die individuelle Eingriffsintensität beispielsweise eines negativen Zeitungsberichts bei einem jugendlichen Betroffenen umfassender als bei einem betroffenen Säugling oder Kleinkind, der die Belastung nicht unmittelbar wahrnimmt.

Schon diese knappe Gegenüberstellung verdeutlicht, dass eine rechtliche Bemessung der Schutzbedürftigkeit nach einem linearen Modell zu kurz greift. Zu vermuten ist zwar, dass in jungen Jahren möglicherweise das Entwicklungsinteresse im Vergleich zu den allgemeinen Persönlichkeitsinteressen im Vordergrund steht, während es bei Jugendlichen andersherum sein könnte. Letztlich sind die persönlichen Belange aber nicht als zwei exakt voneinander zu trennende Teile eines Ganzen zu sehen, die miteinander ins Verhältnis zu setzen sind. Vielmehr sind die Gesamtumstände entscheidend, die im Kindes- und Jugendalter für eine besondere Schutzbedürftigkeit streiten. Der Entwicklungsprozess verläuft naturgemäß individuell und hängt von vielen verschiedenen Faktoren ab, denen das Recht nicht vollumfänglich Rechnung tragen kann. Ebenso wie es eine rechtliche Annahme ist, dass eine 15-Jährige sich noch zu einer eigenverantwortlichen Persönlichkeit heranreifen muss, ist es eine rechtliche Fiktion, dass alle 18-Jährigen keines besonderen Schutzes mehr bedürfen. Hierbei handelt es sich um ein bekanntes Problem des Minderjährigenschutzes, das hinzunehmen ist. Rückschlüsse für die rechtliche Schutzbedürftigkeit können aus dem Alter folglich nicht unmittelbar gezogen wer-

1310 *Burkhardt*, in: Wenzel, Wort- und Bildberichterstattung, Kap. 5 Rn. 62; *Westphal*, GreifRecht 13/2012, 32 [38]; vgl. OLG Hamburg, OLGR 2003, 96.

1311 *Hurrelmann*, Sozialisation, S. 60 ff.

1312 *Hannover/Greve*, in: Schneider/Lindenberger, Entwicklungspsychologie, S. 556.

den. Letztlich ist den Grundrechtspositionen des Art. 2, Art. 1 GG in der Kindheit und der Jugend Geltung zu verschaffen. Entscheidend für den Schutzumfang ist folglich immer der Einzelfall, bei dem auch das Alter als Aspekt in die Abwägung miteinzubeziehen ist.

3. Kindeswohl des betroffenen Rechtsträgers

Das herausragende Gewicht, das den Persönlichkeitsrechten im Kindes- und Jugendalter ungeachtet der Eingriffsintensität grundsätzlich beizumessen ist, folgt neben ihrer besonderen Schutzbedürftigkeit auch aus dem Gedanken des Kindeswohls. Das Prinzip hat argumentativ bereits Eingang in die Auseinandersetzung mit Persönlichkeitsdispositionen und der Einbeziehung des Rechts auf ungestörte Persönlichkeitsentwicklung gefunden. Zusätzlich ist die in Art. 3 KRK normierte Verpflichtung des Rechtsanwenders zu bedenken, das Kindeswohl als einen vorrangigen Gesichtspunkt zu berücksichtigen. Im Rahmen der Interessenabwägung zwischen dem Recht am eigenen Bild des minderjährigen Rechtsträgers im *Grundbeispiel* und dem Informationsinteresse der Öffentlichkeit könnte demnach das Wohl des Jungen direkt als ein Abwägungsbelang entscheidend sein.

a. Die völkerrechtliche Verpflichtung in Art. 3 KRK und der Rechtsbegriff des Kindeswohls im deutschen Recht

Wie oben herausgearbeitet, hat nicht nur der Gesetzgeber, sondern ausdrücklich auch der Rechtsanwender nach Art. 3 KRK die Pflicht, das Kindeswohl als Richtschnur bei allen Konflikten zwischen Kinderrechten einerseits und Rechten Dritter andererseits zu berücksichtigen.[1313] Das völkerrechtliche Konzept ist zwar von dem unbestimmte Rechtsbegriff des Kindeswohls[1314] im deutschen Recht unabhängig, in der Sache besteht jedoch kein Bedeutungsunterschied.[1315] Demnach ist das Kindeswohl kein in sich geschlossenes Wertesystem, sondern ist als „offenes" Recht wertausfüllungsbedürftig. Die inhaltliche Konkretisierung wird in Literatur und Rechtsprechung äußerst kontrovers diskutiert.[1316] Allgemein ist das Kindeswohl gegenwarts- und zukunftsbezogen, beinhaltet also sowohl die Förderung als auch den Schutz des Kindes. Die subjektive Sicht des Kindes (Wohlbefinden) wird deshalb neben eine objektiv-normative Begriffsbestimmung (Zukunftsperspektive) gestellt.[1317] Eine allgemeingültige Definition zu finden, gilt auch in Bezug auf das Kindeswohl aber als nahezu unmöglich.[1318] Vor diesem Hintergrund ist klarzustellen, ob entsprechend des *Grundbeispiels* durch die ungewollte Veröffentlichung eines

---

1313 *Schmahl*, UN-Kinderrechtskonvention, Art. 3 Rn. 4.
1314 Grundlegend dazu *Fegeler*, Der Maßstab des Wohls des Kindes, S. 33 ff.
1315 *Schmahl*, UN-Kinderrechtskonvention, Art. 3 Rn. 2.
1316 Vgl. die Zusammenfassung der Konkretisierungsansätze in Literatur und Rechtsprechung bei *Moritz*, Die (zivil-)rechtliche Stellung, S. 190 ff.
1317 *Lack*, Möglichkeiten und Grenzen der Gesetzgebung, S. 102, 105.
1318 *Peschel-Gutzeit*, in: Staudinger, BGB, § 1627 Rn. 19.

Fotos und des Namens in der Presse das Kindeswohl des Betroffenen berührt und dies im Rahmen der Interessenabwägung zu berücksichtigen ist.

Die Personenbezogenheit des Kindeswohls, die insbesondere auch im Wortlaut des § 1666 BGB („körperlich, geistig, seelisch“) zum Ausdruck kommt, legt bereits nahe, dass auch die Rechtsgüter der höchstpersönlichen Rechte zu dem gehören, was für das Kindeswohl sorgt. Im zentral vom Kindeswohlkonzept beeinflussten Familienrecht wird dementsprechend konsequent auf das Persönlichkeitsrecht des Kindes Bezug genommen.[1319] Nach Auffassung von *Moritz* lässt sich sogar zur Beschreibung des abstrakt-definitorischen Grundgehalts des Kindeswohls auf die Rechtsfigur des Allgemeinen Persönlichkeitsrechts zurückgreifen. Die bezweckten Mindestgarantien des Kindeswohls fänden hiernach eine inhaltliche Entsprechung in den durch das Allgemeine Persönlichkeitsrecht geschützten Rechtsgütern, nur die Rechtsfolgen für Fälle objektiver Pflichtwidrigkeit seien unterschiedlich.[1320]

Wie das Wohl des Kindes nach Art. 3 KRK in den Entscheidungsprozess einbezogen wird, liegt im Ermessen der Vertragsstaaten. Möglich ist dies unter anderem im Zuge der Auslegung eines unbestimmten Rechtsbegriffs oder einer Generalklausel ebenso wie bei der Interessenabwägung.[1321] Was konkret dem Kindeswohl entspricht und welche Kriterien heranzuziehen sind, ist in den o. g. Grenzen ebenfalls frei bestimmbar. Entgegen der völkerrechtlichen Verpflichtung hat sich der deutsche Rechtsbegriff jedoch bislang nur bereichsspezifisch als Voraussetzung, Entscheidungsmaßstab oder Korrekturfilter etabliert, nämlich im Familien- und Adoptionsrecht, im Jugendhilferecht, im Ausländer- und Asylrecht sowie im Recht der Scheidungsfolgen.[1322] Obwohl sich einige Stimmen für eine erweiterte Beachtung aussprechen, ist die Prüfung des Kindeswohlvorrangs als Ermessensgrundsatz bislang nur rudimentär verbreitet.[1323]

b. Berücksichtigung von Kindesbelangen im Persönlichkeitsschutz

Dieses Spannungsfeld zwischen völkerrechtlicher Verpflichtung und deutscher Kindeswohldogmatik ließe sich nun im Hinblick auf den Persönlichkeitsschutz in verschiedene Richtungen auflösen. Denkbar ist zunächst, den Kindeswohlbegriff unmittelbar und ausdrücklich als vorrangigen Abwägungsbelang in die Interessenabwägung zwischen Persönlichkeits- und Kommunikationsrechten einfließen zu lassen. Die Gerichte wären dann im *Grundbeispiel* gleichermaßen wie in Sorge- und

1319 *Zitelmann*, Kindeswohl und Kindeswille, S. 113; vgl. nur BGH NJW 1980, 454.

1320 *Moritz,* Die (zivil-)rechtliche Stellung, S. 210 ff.

1321 Überblick über die Wirkungsweisen im deutschen Recht bei *Lorz*, Nach der Rücknahme der deutschen Vorbehaltserklärung, S. 23 ff.

1322 Bspw. in §§ 1666, 1600a, 1631a BGB; außerhalb des Familienrechts etwa *Luthe*, jurisPK-SGB VIII, § 1 Rn. 13 f.; BVerwG, InfAuslR 2013, 364 ff. zum Asylrecht.

1323 Insbs. *Lütkes/Sedlmayr*, FPR 2012, 187 [190]; *Lorz*, Nach der Rücknahme der deutschen Vorbehaltserklärung, S. 16 ff.; wohl auch *Sax*, in: Bielefeldt u. a., Kinder und Jugendliche, S. 37 [43 ff.].

Umgangsrechtsstreitigkeiten (§§ 1626 Abs. 3 S. 1, 1627, 1632 Abs. 3, 1666 BGB und so fort) verpflichtet, das Wohl des betroffenen Kindes als Entscheidungsmaßstab heranzuziehen. Die berührten Kindesinteressen führen auch nach Art. 3 KRK nicht zu einem generellen Wertevorzug im Sinne eines absoluten Vorrangs, sondern müssen im Rahmen der Einzelabwägung mit den kollidierenden Interessen Dritter in Ausgleich gebracht werden.[1324]

Gegen eine unmittelbare Adaption lässt sich jedoch einwenden, dass diese die deutsche Dogmatik des Kindeswohlbegriffs unangemessen durchbrechen könnte. Zudem würde die Interessenabwägung zulasten der Rechtssicherheit um einen weiteren unbestimmten Rechtsbegriff beschwert. Die Gerichte müssten sich im *Grundbeispiel* ausführlich damit befassen, ob die Berichterstattung anlässlich des Fußballspiels das Kindeswohl des Jungen negativ tangiert. Letztlich bedarf es dieses einschneidenden Schrittes gar nicht, da die Ermittlung und Abwägung kollidierender Interessen, also auch alle derjenigen von betroffenen Minderjährigen, obligatorisch ist. Für Verständnis und Berücksichtigung des Kindeswohls in Art. 3 KRK besteht ein weiter nationaler Ermessensspielraum. Der Rechtsanwender kann in bestimmten Grenzen selbst bestimmen, welchen Bedürfnissen und Belangen des Kindes welches Gewicht beizumessen ist und wie diesen auch im Verhältnis zu Rechten Dritter Rechnung zu tragen ist.[1325] Die völkerrechtliche Verpflichtung erfordert demnach nicht, dass der unbestimmte Rechtsbegriff des Kindeswohls ausdrücklich als Belang genannt wird. Bei richtigem Verständnis des Art. 3 KRK genügt es vielmehr, wenn die für eine Entscheidung relevanten kindlichen Belange, Tatsachen und Rechte ermittelt, bei der Entscheidung aufgezeigt und berücksichtigt werden. Wesentlich ist letztlich also, dass bei gerichtlichen Entscheidungen eine Prüfung tatsächlich und verbindlich zu erfolgen hat, ob und wenn ja welche Kindesinteressen betroffen sind und dass sie bei der Abwägung berücksichtigt werden.[1326] Die Interessenabwägung im Persönlichkeitsschutz dürfte der völkerrechtlichen Verpflichtung folglich genügen, wenn die allgemeinen Persönlichkeitsinteressen und das Entwicklungsinteresse beachtet werden. Es geht dabei nicht darum, dass das Kindeswohl gefährdet sein muss, sondern dass die für das Kindeswohl maßgeblichen Interessen positiv zu berücksichtigen sind. Dem trägt die Interessenabwägung sowohl hinsichtlich des aktuellen Wohlergehens als auch hinsichtlich der latenten Wirkungen für die Zukunft im Rahmen des Art. 2 Abs. 1, Art. 1 Abs. 1 GG Rechnung.

Daraus folgt, dass den Interessen der Minderjährigen, die unter den Begriff des Kindeswohls fallen, ein erhebliches und herausragendes Gewicht im Vergleich zu kollidierenden Drittinteressen beizumessen ist. Ihnen wird deshalb in der Regel der Vorzug einzuräumen sein.

1324 Vgl. auch OVG Lüneburg, InfAuslR 2013, 19, das sich ausführlich mit Art. 3 KRK und seiner Wirkung auf die deutsche Rechtsordnung auseinandersetzt.

1325 *Schmahl*, UN-Kinderrechtskonvention, Art. 3 Rn. 9.

1326 *Sax*, in: Bielefeldt u. a., Kinder und Jugendliche, S. 37 [51 f.].

4. *Verstärkung des Schutzgehalts durch Art. 6 GG*

Obendrein kann es zu einem Zusammenspiel von Grundrechtspositionen kommen, wenn eine Fallkonstellation Beziehungen zu mehreren Grundrechten aufweist. Dies ist im Minderjährigenpersönlichkeitsschutz denkbar, wenn eine Persönlichkeitsrechtsverletzung reflexartig auch die Beziehung des Rechtsträgers zu seinen Eltern in Mitleidenschaft zieht. So läge der Fall im *Grundbeispiel*, wenn das Foto den Jungen in einer intimen Situation wie im Streit oder beim Trösten mit seinem Vater zeigt, der als Fußballprofi an dem Turnier teilgenommen hat. In diesen Fällen greift die Rechtsprechung auf die Rechtsfigur der sogenannten Verstärkungswirkung zurück.[1327] So sah das Bundesverfassungsgericht beispielsweise im bekannten *Schächten*-Urteil zum Recht eines muslimischen Metzgers auf das rituelle Schlachten von Tieren den Schutz der Berufsfreiheit (hier aus Art. 2 Abs. 1 GG) durch den speziellen Freiheitsgehalt des Grundrechts der Religionsfreiheit aus Art. 4 Abs. 1 und 2 GG als verstärkt an.[1328] Obwohl die Religionsfreiheit in diesem Fall nicht zur unmittelbaren Anwendung berufen war, ging sie als abwägungsfähige Rechtsposition in die Angemessenheitsprüfung ein.[1329] Dies ist auch bei Meinungsäußerungen zwischen Ehegatten[1330] sowie dem Briefverkehr aus der Untersuchungshaft zwischen einem volljährigen Kind zu seinen Eltern[1331] der Fall.

a. Einbeziehung des zusätzlichen Grundrechtsgehalts in der Rechtsprechung

In welchen Fällen Art. 6 GG in die Interessenabwägung miteinzubeziehen ist, bestimmt die Rechtsprechung nicht ganz einheitlich. Das Bundesverfassungsgericht zieht Art. 6 Abs. 1 und Abs. 2 GG grundsätzlich nur zur Bestimmung der Reichweite des Persönlichkeitsschutzes der Eltern heran.[1332] Ausgangsfall war das Verfahren *Caroline von Monaco II*, in dem sich die Mutter auf dem veröffentlichten Foto tröstend ihrem Kind zuwandte. Das Gericht entschied, dass für eine ungestörte Persönlichkeitsentwicklung eines Kindes die Erziehung durch die in erster Linie dafür verantwortlichen Eltern konstitutiv ist. Auch die spezifische Hinwendung der Eltern zu ihren Kindern müsse deshalb unter den besonderen Entwicklungsschutz fallen, soweit die Erziehung von ungestörten Beziehungen zu den Kindern abhängt. Diese Hinwendung sieht das Gericht als bedroht an, wenn es aufgrund des Verhaltens

---

1327 Grundsätzlich zur Rechtsfigur der Verstärkungswirkung *Spielmann*, JuS 2004, 371 ff.; *Spranger*, NJW 2002, 2074 ff.

1328 BVerfGE 104, 337 [346 f.].

1329 *Spielmann*, JuS 2004, 371 [372].

1330 BVerfGE 42, 234 [236 f.].

1331 BVerfGE 57, 170 [178 f.].

1332 Z.B. BVerfG, NJW-RR 2007, 1191; NJW 2008, 1793; nicht einbezogen beim Persönlichkeitsschutz von Minderjährigen trotz gemeinsamen öffentlichen Beisammenseins, z.B. BVerfG, NJW 2005, 1857; BVerfGK 8, 173.

von Dritten zu einer nachteiligen Zurückhaltung der Eltern im Umgang mit den Kindern kommt.[1333]

Der Bundesgerichtshof neigt hingegen dazu, die Grundrechtswertungen in Art. 6 Abs. 1, 2 GG als Grundsätze aufzuzeigen, in der Interessenabwägung diesen Aspekt aber nicht konkret miteinzubeziehen, wenn der Persönlichkeitsschutz Minderjähriger in Frage steht.[1334] Die Rechtsprechung des Kammergerichts Berlin, wonach der Persönlichkeitsschutz des Kindes durch Artikel 6 GG insoweit verstärkt werde, als insbesondere auch die Eltern-Kind-Beziehung geschützt wird, in deren Rahmen das Kind aufwächst, hat der Bundesgerichtshof als einen durch die Revision angegriffenen Punkt in einer Entscheidung aber aufrechterhalten.[1335] Auch das Landgericht und das Oberlandesgericht Hamburg stützen die Bestimmung der Reichweite des Minderjährigenpersönlichkeitsschutzes neben dem Umstand der Persönlichkeitsentwicklung auf die Verstärkung durch Art. 6 Abs. 1, 2 GG.[1336]

b. Konkretisierung der Einbeziehungsfälle im Minderjährigenpersönlichkeitsschutz

Die Einbeziehung der Grundsatznorm des Art. 6 Abs. 1, 2 GG für den Persönlichkeitsschutz des Kindes ist dahingehend zu konkretisieren, dass das familiäre Zusammenleben oder spezieller die elterliche Erziehung einen verstärkten Schutz genießen. Als wertentscheidende Grundrechtsnorm gebietet Art. 6 Abs. 1 GG den besonderen Schutz der Familie durch die staatliche Ordnung und ist die Grundrechtsnorm für das gesamte, die Familie betreffende Recht.[1337] Unter dem besonderen Schutz stehen deshalb alle Bereiche des familiären Zusammenlebens, also die Lebens- und Erziehungsgemeinschaft an sich.[1338] Die Norm ist somit verstärkend heranzuziehen, wenn dieses Rechtsgut gefährdet ist, das sich zudem speziell in der durch Art. 6 Abs. 2 GG garantierten Eltern-Kind-Beziehung und der Erziehungsverantwortung realisiert, an die das Bundesverfassungsgerichts maßgeblich angeknüpft hat. Art. 6 Abs. 2 GG stellt ebenfalls eine wertentscheidende Grundrechtsnorm dar, welche die gesamte Beziehung und Bindung zwischen Eltern und Kindern schützt, also viel mehr als nur die Erziehung des Kindes durch die Eltern. Das in Abs. 2 des Art. 6 GG geregelte Eltern-Kind-Verhältnis lässt sich nicht als „Einbahnstrasse“ des erzieherischen Rechts der Eltern begreifen, wie bereits die Pflichtenbindung

---

1333 BVerfGE 101, 361 [385 f.] – CvM II; BVerfGK 8, 178; vgl. auch BVerfG, ZUM 2007, 463.

1334 Z.B. BGH, ZUM 2010, 262; NJW 2013, 2890 [2892 f.] – Eisprinzessin; MDR 2014, 29 – Mascha S.

1335 BGHZ 160, 298 [305]; vorgehend KG Berlin, Urt. v. 26. Mai 2003 – 10 U 40/02 (juris).

1336 Z.B. OLG Hamburg, Urt. v. 24.04.2012, Az.: 7 U 5/12, BeckRS 2013, 10131; OLG Hamburg, OLGR Hamburg 2003, 96; LG Hamburg, Urt. v. 26.10.2001, 324 O 352/01 (juris).

1337 BVerfGE 6, 55 [72].

1338 *Jarass*, in: Ders./Pieroth, GG, Art. 6 Rn. 11.

zeigt. Zudem hat das Bundesverfassungsgericht selbst im Zusammenhang mit dem Briefverkehr entschieden, dass auch die Beistandsfunktion des Kindes zu seinen Eltern grundrechtlichen Schutz genießt.[1339]

Hingegen tritt eine Verstärkung nicht schon deshalb ein, weil die ungewollte Aufmerksamkeit auf ein Kind das elterliche Erziehungsrecht untergräbt, wenn sich die Eltern gegen ein Aufwachsen in der Öffentlichkeit entschieden haben.[1340] Dieser Ansatz wird zwar für den Jugendmedienschutz diskutiert mit der Begründung, die Eltern könnten die Lektüre ihrer Kinder bestimmen und die Indizierungen aufgrund der GjS würden dieses Recht vor Störungen bewahren.[1341] Die Situation ist beim privatrechtlichen Persönlichkeitsschutz jedoch insofern anders, als dass die Befugnis der Eltern zur Bestimmung des Verhältnisses zur Öffentlichkeit gerade dort endet, wo auch der Persönlichkeitsschutz des Kindes endet. Eltern kommt ein Bestimmungsrecht also nur insoweit zu, als auch das Kind vor Eingriffen zu schützen ist. Persönlichkeitsrechte wirken jedoch nur relativ, so dass der elterliche Wille sich ebenfalls nicht absolut gegen widerstreitende Interessen durchsetzen kann. Andernfalls läge in jedem rechtswidrigen Eingriff in das Persönlichkeitsrecht zugleich ein Eingriff in das Erziehungsrecht der Eltern. Derart spezielle Grundrechtspositionen können Art. 6 Abs. 2 GG nicht entnommen werden.

Bei der Gewichtung des betroffenen Persönlichkeitsrechts ist demnach zu prüfen, ob nachteilige Rückwirkungen auf das familiäre Zusammensein zu erwarten sind. Dies dürfte in erster Linie bei medialen Berichterstattungen oder sonstigen Äußerungen der Fall sein, die sich auf das Zusammensein und die Beziehung auswirken. Die Verstärkungswirkung ist infolgedessen in erster Linie im Diskretions- und Bildnisschutz bedeutsam.

c. Verstärkungswirkung

Stehen Persönlichkeitsrechtseingriffe in diesen Fällen zu beiden Grundrechten (Art. 2,1 GG und Art. 6 GG) in Beziehung, ist primärer Prüfungsmaßstab das Allgemeine Persönlichkeitsrecht. Die Wertungen des Art. 6 GG fließen erst bei der Rechtfertigung eines Eingriffs, also im Rahmen der Güter- und Interessenabwägung, in die Grundrechtsprüfung mit ein. Ausreichend ist auch hier eine Gefährdung des Eltern-Kind-Verhältnisses, einer Störung bedarf es für die Verstärkungswirkung angesichts des präventiven Grundcharakters nicht.[1342] Bei Einbeziehung des Art. 6 GG werden die Anforderungen an die Rechtfertigung eines Eingriffs erhöht und die Abwägung der konkurrierenden Interessen maßgeblich beeinflusst.

Wie sich die Verstärkung konkret auswirkt, lässt sich nicht generell und abstrakt bestimmen.[1343] Die Tragweite für den Persönlichkeitsschutz von Minderjährigen

1339 BVerfGE 57, 170 [178 f.].
1340 So aber OLG Hamburg, Urt. v. 24.04.2012, Az.: 7 U 5/12, BeckRS 2013, 10131.
1341 BVerfGE 83, 130 [139 f.] – Josefine Mutzenbacher.
1342 BGHZ 160, 298 [305 f].
1343 BVerfGE 101, 361 [386] – CvM II.

ist allerdings nicht allzu hoch, da das familiäre Zusammenleben bereits als ein wesentlicher Bestandteil der Persönlichkeitsentwicklung Berücksichtigung findet. Aus diesem Grunde berührt das Foto im *Grundbeispiel* bereits das Recht des Betroffenen auf ungestörte Entwicklung. Weitaus größere Bedeutung entfaltet die Rechtsprechung des Bundesverfassungsgerichts in dieser Situation für den Vater, dessen Persönlichkeitsschutz im Falle elterlicher Hinwendung umfassender gewährleistet wird. Die Verstärkungswirkung könnte hier dazu führen, dass eine grundsätzlich zulässige Berichterstattung wegen des Kindbezuges rechtswidrig ist. Vorbehalte gegen die Verstärkungswirkung, weil Prominente ihre Kinder gewissermaßen als Abwehrwaffe gegen anderweitig zulässige Äußerungen benutzen könnten, sind dennoch nicht angebracht. Zum einen übersteigert der Gedanke die tatsächliche Relevanz der einschlägigen Situationen. Zum anderen dürfte dies ohnehin nicht zum Nachteil des Minderjährigenschutzes gereichen.[1344]

5. *Zusammenfassung*

Die Güter- und Interessenabwägung im Minderjährigenpersönlichkeitsschutz zeichnet sich durch spezielle Abwägungsgesichtspunkte aus, die jeweils in einem engen Zusammenhang stehen und aus der besonderen Schutzbedürftigkeit von Kindern und Jugendlichen resultieren. Zu beachten ist zum einen, dass ihren ideellen Persönlichkeitsrechtsbestandteilen angesichts der Wertungen des Art. 3 KRK von vorneherein ein herausragendes Gewicht bei der Abwägung zuzumessen ist. Zum anderen ist der grundrechtliche Gehalt des Rechts auf ungestörte Persönlichkeitsentwicklung in Art. 2, Art. 1 GG in die Abwägung einzubeziehen, sofern durch Medienberichterstattungen oder Internetkommunikation in die Persönlichkeitsrechte eingegriffen wird. Zusätzlicher Geltung ist schließlich der Verstärkungswirkung des Art. 6 Abs. 1, 2 GG zu verschaffen, wenn es um die elterliche Erziehungsverantwortung und die Beziehung zum Kind geht.

Aus der Zusammenschau dieser Bewertungskriterien ist die Schlussfolgerung zu ziehen, dass den Persönlichkeitsrechten von Kindern und Jugendlichen im Rahmen der Güter- und Interessenabwägung generell ein erhöhtes Gewicht beizumessen ist. Eingriffe, die im Interesse der Kommunikationsfreiheit erfolgen, betreffen Kinder und Jugendliche in der Regel nicht nur punktuell, sondern in der gesamten Lebensperspektive und sind somit per se als besonders schwerwiegend zu bewerten. Nur besonders gewichtige Gegeninteressen können im Rahmen der Interessenabwägung als höherwertig angesehen werden. Daraus lässt sich jedoch keine Regelvermutung zugunsten des Vorrangs der Persönlichkeitsrechte vor allen widerstreitenden Belangen ableiten. Dem Bundesverfassungsgericht ist zuzustimmen, dass eine solche verfassungsrechtlich zu eng und undifferenziert ist.[1345] Sie wird dem Umstand nicht gerecht, dass Persönlichkeitsrechte letztlich der Koordination

1344 Ebenso *Luch*, Das Medienpersönlichkeitsrecht, S. 484; *Westphal*, GreifRecht 13/2012, 32 [41].

1345 BVerfG, NJW 2012, 1500 [1502] – Ochsenknecht.

von rechtlich geschützten aber widerstreitenden Verhaltensweisen dienen.[1346] Auch im Minderjährigenpersönlichkeitsrecht bedarf es deshalb grundsätzlich einer Einzelfallabwägung unter Berücksichtigung der vor- und nachstehend behandelten Abwägungsgesichtspunkte. Die Schutzbedürftigkeit des betroffenen Rechtsträgers hängt im konkreten Fall ebenso von seinem Vorverhalten und seinem Bekanntheitsgrad ab wie vom Gegenstand der eingreifenden Kommunikation. Die verstärkte Gewichtung der Persönlichkeitsrechte im Kindes- und Jugendalter führt stattdessen dazu, dass die Verteilung von Argumentations- und Begründungslasten zugunsten des minderjährigen Rechtsträgers zu erfolgen hat. Die Argumentation wird dadurch vorstrukturiert, ohne dass das Abwägungsergebnis verkörpert wird.[1347] Die Begründungsanforderungen für eine Entscheidung zugunsten der kollidierenden Rechtspositionen ist demzufolge höher, je abträglicher ein Eingriff in das Persönlichkeitsrecht für die Entfaltung und Entwicklung des betroffenen Kindes oder Jugendlichen ist. Beinhaltet die Berichterstattung im *Grundbeispiel* etwa intime Details zum Verhältnis von Vater und Sohn, ist sie dennoch nicht ohne weiteres unzulässig. Vielmehr ist zu prüfen, ob das öffentliche Informationsinteresse gewichtig genug ist, um den Eingriff in das verstärkte Persönlichkeitsrecht des Betroffenen zu rechtfertigen.

IV. Gewichtung kommerzieller Persönlichkeitsrechtsbestandteile

Die nach traditionellem Verständnis durch die Persönlichkeitsrechte geschützten immateriellen Interessen des Einzelnen erfahren im Minderjährigenpersönlichkeitsrecht nach dem vorstehend Gesagten eine qualitative Aufwertung. Zugleich darf die fortschreitende Kommerzialisierung von Persönlichkeitsmerkmalen wie Bild, Name und Stimme nicht übersehen werden, von der Minderjährige nicht ausgenommen sind. So könnte das Foto des Jungen im *Grundbeispiel* nicht nur für den Zeitungsartikel verwendet werden, sondern auch in einer Werbeanzeige. Hierzu gilt es zu klären, ob und inwieweit die Persönlichkeitsbestandteile als schutzwürdig in die Interessenabwägung einzustellen sind.

1. Vermögensrechtlicher Zuweisungsgehalt

Der vermögensrechtliche Zuweisungsgehalt von Persönlichkeitsrechten wird heute nahezu allgemein anerkannt, die frühere Deutung als rein ideelle Interessen schützende Rechte erscheint überholt.[1348] Nach dem verfassungsrechtlichen Befund ist der

1346 *Rixecker*, in: MüKo BGB, Anh. § 12 Rn. 10.

1347 Zu verfassungsgerichtlichen Abwägungsleitlinien im Rahmen des Art. 5 GG vgl. *Jaestedt*, in: Merten/Papier, Handbuch der Grundrechte, Bd. IV § 102 Rn. 81 ff., 86.

1348 St. Rspr. des BGH spätestens seit BGHZ 143, 214 – Marlene Dietrich; weiterführend *Klass*, in: Erman, BGB, Anh. § 12 Rn. 201 ff.; *Rixecker*, in: MüKo BGB, Anh. § 12 Rn. 26 ff.; *Götting*, Persönlichkeitsrechte als Vermögensrechte; *Götting*, in: Ders./Schertz u. a., Handbuch, § 10; *Lichtenstein*, Der Idealwert und der Geldwert; *Helle*, AfP 2010, 531; a.A. wohl *Peifer*, Individualität im Zivilrecht, S. 283 ff.; *Schack*, AcP 195 (1995), 594 ff.

Rahmen, den Verfassungsprinzipien aufstellen, so weit, dass auch die kommerzielle Verwertung von Persönlichkeitsgütern darin ihren Platz finden kann, ohne dass gegen tradierte Grundwerte verstoßen wird.[1349] Die Anerkennung von vermögensrechtlichen Komponenten wird auch nicht in Frage gestellt, wenn der betroffene Rechtsträger minderjährig ist.[1350] Wie alle anderen Rechtsträger haben auch sie ein Bedürfnis, sich gegen unerwünschte Formen der kommerziellen Verwendung zu schützen sowie erwünschte Formen der Nutzung zu erlauben. Aus der Perspektive des Minderjährigenschutzes ist das Augenmerk jedoch genauer darauf zu richten, ob die Kommerzialisierung der Persönlichkeit von Kindern und Jugendlichen grundsätzlich wünschenswert ist oder ob die Rechtsordnung dieser Entwicklung entgegen treten sollte.[1351]

Es gehört heute zu einer der brisantesten Grundfragen im Persönlichkeitsschutz, ob die Kommerzialisierung von Persönlichkeitsmerkmalen die Entfaltungsfreiheit der Person steigert oder beendet, und ob und inwieweit diese schutzwürdig ist.[1352] Zunächst entspricht die Anerkennung eines kommerziellen Minderjährigenpersönlichkeitsschutzes unbestreitbar den faktischen Bedürfnissen auf dem Markt. Sie trägt zudem den Leistungen des Einzelnen oder seiner Eltern Rechnung, die letztlich Grundlage der Interessen des Marktes an einer Nutzung seines Persönlichkeitsmerkmals sind.[1353] Entsprechend des vormaligen U.S.-amerikanischen Rechts wären insbesondere Prominente im Grundsatz schutzlos der Verwendung ihrer Bildnisse und Namen ausgeliefert, sofern nicht gleichzeitig ideelle Interessen tangiert sind.[1354] Zudem wäre die vertragliche Verwertung erheblich eingeschränkt, was letztlich die Privatautonomie schwächt. Das Recht folgt somit grundsätzlich den faktischen Gegebenheiten, um nicht an der Wirklichkeit vorbei zu entscheiden.[1355] Bedenken gegen die Schutzwürdigkeit der Kommerzialisierung sind jenseits moralischer Missbilligung nur dann tragfähig, wenn höherrangige rechtliche oder ethische Prinzipien dies gebieten.[1356] Diese Grenze für die Kommerzialisierung könnte sich in erster Linie aus Art. 2 Abs. 1, Art. 1 Abs. 1 GG selbst ergeben. Fragwürdig wäre deren Schutzwürdigkeit also vor allem dann, wenn damit eine Verfügbarmachung der Persönlichkeit einherginge, die sich letztlich gegen den minderjährigen Rechtsträger wenden könnte.[1357] So wird im Schrifttum die Vermutung geäußert,

---

1349 Dazu ausführlich *Klüber*, Persönlichkeitsschutz und Kommerzialisierung, S. 35 ff., 44.

1350 Vgl. BGH, NJW 1974, 1947 – Nacktaufnahmen; OLG Hamburg, NJW-RR 1994, 990 [991]; *Balthasar*, ZUM 2005, 874 [875].

1351 So grundsätzlich bereits *Schack*, AcP 195 (1995), 594 [594, 600].

1352 *Peifer*, GRUR 2002, 495.

1353 *Rixecker*, in: MüKo BGB, Anh. § 12 Rn. 29.

1354 *Götting*, Persönlichkeitsrechte als Vermögensrechte, S. 47.

1355 *Klüber*, Persönlichkeitsschutz und Kommerzialisierung, S. 44.

1356 BGHZ 143, 214 [225] – Marlene Dietrich.

1357 So die grundsätzliche Kritik von *Peifer* zu dinglichen Rechten an Persönlichkeitsbestandteilen, *Ders.*, Individualität im Zivilrecht, S. 291 m.w.N.; *Ders.*, GRUR 2002, 495 [498 f.].

dass sich durch Kommerzialisierung die Einstellung des Einzelnen zu sich selbst, also zur eigenen Persönlichkeit, ändern würde, wenn diese zur Marktware wird.[1358] Einige Literaturstimmen befürchten sogar eine Schwächung der Ausbildung und Bewahrung von Individualität, wenn der Anreiz in der optimalen Ausnutzung der geldwerten Ressource besteht, die aber ihrerseits marktgängig und marktfähig sein muss.[1359] Es ist nicht von der Hand zu weisen, dass derartige Auswirkungen, sollten sie tatsächlich eintreten, das Recht auf ungestörte Persönlichkeitsentwicklung tangieren. Dabei ist die Annahme jedoch fraglich, dass es der Kommerzialisierung entgegenwirken würde, wenn die vermögenswerten Bestandteile nicht geschützt werden. In die kommerziellen Persönlichkeitsbestandteile wird eingegriffen durch unberechtigte Vermarktung, also Anzeigen, Fernsehspots, das Auftreten von Doppelgängern und so fort. Selbst wenn die Anerkennung eines vermögenswerten Bestandteils an Persönlichkeitsmerkmalen im Falle von Minderjährigen fragwürdig sein sollte, wird man sich nicht dadurch befreien können, dass man das Problem rechtlich ignoriert. Die Zuweisung von Vermögenswerten an eine Rechtsposition erfolgt durch den Markt. Die unbefugte Verwertung muss der Einzelne abwehren können.[1360] Dem Recht kommt insoweit auch eine dienende Funktion zu und muss auch einen Ordnungsrahmen für eine Vermarktung bieten.[1361] Eine Rechtsordnung, die dabei nur den kommerziellen Wert von Merkmalen volljähriger Persönlichkeiten schützt, setzt falsche Signale und verkürzt den Rechtsschutz einer besonders schutzbedürftigen Personengruppe.

2. *Schutzwürdigkeit*

Auch die kommerziellen Komponenten der Persönlichkeitsrechte finden ihre Grenze in den Interessen Dritter und sind gegen sie abzuwägen. Zu klären ist, ob entsprechend der ideellen Belange auch die kommerziellen Bestandteile des Persönlichkeitsrechts im Rahmen der Interessenabwägung eine qualitative Aufwertung erfahren. Gewiss sind rein kommerzielle Interessen nicht gleichermaßen gewichtig für das Kindeswohl. So werden finanzielle Interessen des Kindes von einem Großteil der Literatur nicht einmal als Bestandteil seines Wohls angesehen, weil dieses streng personenbezogen zu interpretieren ist.[1362] Auch eine Verstärkung der vermögenswerten Belange durch das Recht auf ungestörte Persönlichkeitsentwicklung ist fragwürdig. Zwar kann die grundrechtlich geschützte Persönlichkeitsentwicklung auch durch die Verletzung materieller Interessen gestört werden, wie § 1629a BGB

1358 So die Befürchtung geäußert von *Fromm*, Analytische Charaktertheorie, S. 50; ausführlich dazu *Peifer*, Individualität im Zivilrecht, S. 292 f.

1359 *Peifer*, Individualität im Zivilrecht, S. 293 f.; *Krneta*, GRUR Int. 1996, 298 [305].

1360 *Götting*, in: Ders./Schertz u. a., Handbuch, § 10 Rn. 10; *Lichtenstein*, Der Idealwert und der Geldwert, S. 92 f.

1361 So ausdrücklich BGHZ 143, 214 [225] – Marlene Dietrich.

1362 *Becker*, ZfJ 1978, 300 [303]; *Moritz*, Die (zivil-)rechtliche Stellung, S. 197 ff.; a.A. *Fegeler*, Der Maßstab des Wohls des Kindes, S. 65 f.

zeigt. Die Norm schützt jedoch ein gewisses Maß der wirtschaftlichen Existenzgrundlage, also viel weitergehende finanzielle Interessen. Die Beeinträchtigung des Interesses, die vermögenswerten Bestandteile seiner Persönlichkeit selbst zu nutzen, wird hingegen in aller Regel die Entwicklung zu einer eigenständigen Persönlichkeit nicht gefährden können. Allerdings ist zu beachten, dass die ungewollte Vermarktung neben den kommerziellen Belangen des Betroffenen auch ideelle Interessen beeinträchtigen kann, wodurch es zu einer Überschneidung des Schutzes kommt.[1363] So wäre es, wenn die Werbeanzeige, für die das Foto im *Grundbeispiel* genutzt wird, einen herabsetzenden oder intimen Kontext hätte. Das Verhältnis der Interessenkreise zueinander stellt sich nicht grundlegend anders dar als bei erwachsenen Rechtsträgern. Wie der Diskurs um die Übertragbarkeit des Rechts auf kommerzielle Nutzung zeigt, ist die Trennbarkeit oder Untrennbarkeit von ideellen und kommerziellen Bestandteilen heftig umstritten und kann auch in diesem Rahmen nicht geklärt werden. Zweifellos weisen auch die kommerziellen Belange einen starken Personenbezug auf und sind mit den ideellen Interessen verflochten.[1364] Aus diesem Grunde ist ein gewisses Maß an Selbstbestimmung auch bezüglich ihrer Ausübung zu verlangen. Dies kann aber nicht ausreichen, um eine Vermutung der Entwicklungsgefährdung entsprechend den ideellen Interessen zu begründen. Vielmehr ist im Einzelfall sorgfältig zu prüfen, welche Belange des Minderjährigen berührt sind und ob auch ihr Recht auf ungestörte Persönlichkeitsentwicklung in Art. 2, Art. 1 GG verstärkend in der Interessenabwägung Berücksichtigung zu finden hat.

V. Einfluss des Vorverhaltens

Ferner wird das Gewicht eines Eingriffs in Persönlichkeitsrechte maßgeblich auch durch das Eigenverhalten einer Person beeinflusst. So sieht die höchstrichterliche Rechtsprechung das besondere Schutzbedürfnis von Minderjährigen grundsätzlich als relativiert an, wenn sich der Minderjährige bewusst der Öffentlichkeit zugewandt hat.[1365] Nach allgemeinen Grundsätzen kann das Eigenverhalten dazu führen, dass ein Persönlichkeitsrechtseingriff zu dulden ist, der ohne entsprechendes Vorverhalten Ansprüche ausgelöst hätte.[1366] Entscheidend ist insbesondere, ob der Betroffene Anlass zur Berichterstattung gegeben hat und selbst in die Öffentlichkeit getreten ist.[1367] Hat sich der Minderjährige im *Grundbeispiel* etwa vor der Berichterstattung über das Turnier zu einer aufsehenerregenden und öffentlich enthüllten Affäre geäußert und dadurch das Interesse der Öffentlichkeit herbeiführt, muss er nach allgemeinen Regeln damit rechnen, dass die Medien dieses Interesse auch dann noch bedienen, wenn er dies nicht mehr wünscht. Dies gilt insbesondere

---

1363 *Rixecker*, in: MüKo BGB, Anh. § 12 Rn. 130.

1364 So *Klass*, in: Erman, BGB, Anh. § 12 Rn. 202.

1365 BVerfGE 101, 361 [386] – CvM II; NJW 2005, 1857 [1858]; BVerfGK 8, 173.

1366 *Beater*, JZ 2013, 111 [113]; vgl. zum Kriterium ausführlich *Chromik*, Die Entscheidungskriterien des Zivilrichters, S. 123 ff.

1367 BVerfGE 101, 361 [386] – CvM II; BGH, NJW 2006, 599 [601].

für die Boulevardpresse, die genauso von den „Showstars“ lebt wie diese von ihnen. Diese Art der eingegangenen Symbiose ist bei der Interessenabwägung zu berücksichtigen.[1368] Die Folgen dieser Rechtsprechung zeigen sich an einem Fall, den der Bundesgerichtshof vor nicht allzu langer Zeit zu entscheiden hatte. Der erwachsene Kläger hatte als Darsteller in pornografischen Filmen mitgewirkt und begleitete eine Schauspielerin bei der Deutschen Filmpreisverleihung. Die beklagte Illustrierte berichtete unter voller Namensnennung über die Vergangenheit des Lebensgefährten. Das Gericht gewährte ihm keinen Persönlichkeitsschutz, da er sich durch die Mitwirkung in den Filmen seiner Intimsphäre begeben und sich an die Öffentlichkeit gerichtet habe.[1369] Auf einem verwandten Grundgedanken fußt das im Ehrschutz geltende Recht zum Gegenschlag: Wer im Meinungskampf deutlich Stellung bezieht, muss nach Ansicht der Rechtsprechung damit rechnen, dass sich andere mit ihm und seiner Meinung kritisch auseinandersetzen und dass die Reaktion auch überzogen ausfallen kann. Auch wenn dadurch sein Ansehen gemindert wird, sind scharfe Reaktionen grundsätzlich hinzunehmen.[1370] Diese Grundsätze gelten im Ausgangspunkt wohl auch für das Verhalten im Internet.

1. Bewertung des Eigenverhaltens von Minderjährigen

Auch Minderjährige können durch ihr Verhalten das Interesse der Öffentlichkeit veranlassen, um die eigene Prominenz werbeträchtig zu fördern oder einfach, um „im Fernsehen aufzutreten“. Inwieweit sie den Schutzbereich ihrer Persönlichkeitsrechte durch ihr Eigenverhalten selbst bestimmen, ist jedoch anhand anderer Maßstäbe als bei erwachsenen Rechtsträgern zu bestimmen. Kern des Minderjährigenschutzes ist es, Minderjährige vor den Folgen unüberlegten und unreifen Handelns zu schützen. Eigene Fehler oder Ausrutscher in Form leichtsinnig gedrehter YouTube-Videos oder Fernsehauftritte sind ihnen nicht in gleicher Weise anzulasten wie Erwachsenen.[1371] Es kommen dafür dieselben Argumente zum Tragen, die gegen ein Alleinentscheidungsrecht von Minderjährigen zur Einwilligung in Persönlichkeitsrechtseingriffe sprechen. Die Zuwendung zur Öffentlichkeit stellt den Betroffenen nicht mit einem Erwachsenen gleich. Minderjährige bleiben unabhängig von ihrem Verhalten Kinder bzw. Jugendliche, deren Entwicklung noch nicht abgeschlossen ist. Die Entscheidung, sich der Öffentlichkeit zuzuwenden, treffen sie jedenfalls im Bereich des Medienpersönlichkeitsrechts in aller Regel weder alleinverantwortlich, noch ist davon auszugehen, dass sie endgültig ist. Es darf von ihnen folglich weder erwartet noch darf ihnen zugemutet werden, dass sie die Art und Weise, wie sie sich in der Öffentlichkeit präsentieren, wie erfahrene, mit der Öffentlichkeit vertraute

---

1368 *Damm/Rehbock*, Widerruf, Rn. 954 f.

1369 BGH, NJW 2012, 767 f. – Wenn Frauen zu sehr lieben.

1370 Vgl. BVerfGE 12, 113 [131] - Schmidt/Spiegel; *Klass*, in: Erman, BGB, Anh. § 12 Rn. 251.

1371 Ebenso *Beater*, JZ 2013, 111 [113 f.].

Erwachsene steuern können.[1372] Diese Argumentation lässt sich auf das Internet übertragen, das durch seine Möglichkeiten zur Selbstdarstellung bei unüberschaubarer Komplexität besonders gefährlich ist. Schon Erwachsene tun sich schwer, einen angemessenen Privatsphärenschutz aufrechtzuerhalten und die Konsequenzen ihres Handelns zu überblicken. Die klare Trennung zwischen privaten und öffentlichen Bereichen ist für Kinder und Jugendliche besonders problematisch, da sie eine nuanciertere Sichtweise auf das Internet haben.[1373] „Jugendsünden" sollten folglich mit ebensolcher Nachsicht behandelt werden, wie in anderen Bereichen, etwa dem Jugendstrafrecht oder der Rechtsgeschäftslehre. Dies muss auch dann gelten, wenn der Minderjährige bereits einsichtsfähig ist. Es wäre wertungsmäßig inkonsequent, einer alleinigen Entscheidung von Kindern und Jugendlichen die Wirksamkeit zu versagen und ihnen nur beschränkte Selbstbestimmung zu gewähren, gleichzeitig aber die Beurteilung der Zulässigkeit einwilligungsloser Eingriffe maßgeblich an ihr einfaches Verhalten zu knüpfen. Auch aus § 828 Abs. 3 BGB lässt sich nicht ableiten, dass mit Erreichen der Einsichtsfähigkeit eine öffentliche Erörterung des Verhaltens zu verkraften ist.[1374]

Die Veranlassung einer Persönlichkeitsbeeinträchtigung von Minderjährigen ist somit grundsätzlich nicht mit demselben Gewicht in der Abwägung zu berücksichtigen, wie dies bei Erwachsenen der Fall ist. Dies hat konkrete Auswirkungen auf die in den verschiedenen Schutzbereichen geltenden Ausprägungen des Veranlasserprinzips.

a. Eingeschränkte Geltung der Verzichtstheorie

Nach der sogenannten Verzichtstheorie kann der Schutz der Privatsphäre grundsätzlich dort entfallen oder im Rahmen der Abwägung zurücktreten, wo sich der Betroffene selbst damit einverstanden gezeigt hat, dass bestimmte, gewöhnlich als privat geltende Angelegenheiten öffentlich gemacht werden. Niemand sei an einer solchen Öffnung privater Bereiche gehindert, man könne sich dann jedoch nicht mehr unbeschränkt auf einen öffentlichkeitsabgewandten Diskretionsschutz berufen. Vielmehr müsse die Erwartung, dass die Umwelt die Angelegenheit oder die Verhaltensweisen im Bereich mit Rückzugsfunktion nur begrenzt oder nicht zur Kenntnis nimmt, situationsübergreifend und konsistent zum Ausdruck gebracht werden.[1375]

Demnach hätte sich der Minderjährige im *Grundbeispiel* des Diskretionsschutzes selbst begeben, wenn er seine Affäre bereits öffentlich erörtert hätte. Im Min-

1372 So zutreffend das LG Hamburg, Urt. v. 13.02.2009, Az.: 324 O 554/08, 324 O 555/08 – Ochsenknecht (nicht veröffentlicht); LG Hamburg, Urt. v. 13.03.2009, Az.: 324 O 680/08 (juris).

1373 *Marwick/Diaz/Palfrey*, Youth, Privacy and Reputation, S. 12 f. m.N.

1374 *Beater*, JZ 2013, 111 [114].

1375 BVerfG, NJW 2006, 3406 [3408]; vgl. beim Recht am eigenen Bild auch *Götting*, in: Schricker/Loewenheim, Urheberrecht, § 60/§ 23 KUG Rn. 79.

derjährigenpersönlichkeitsschutz findet die Verzichtstheorie nach dem vorstehend Gesagten aber modifiziert Anwendung. Eine Öffnung des privaten Bereichs lässt nicht im gleichen Maße wie bei Erwachsenen den Schutz entfallen, sondern allenfalls beschränkt. Mit Rücksicht auf die besondere Schutzbedürftigkeit sind die Umstände des Vorverhaltens im Einzelfall zu prüfen. Entscheidende Kriterien sind die Einsichtsfähigkeit des Minderjährigen, seine Erfahrung im Umgang mit Medien und die konkrete Situation. Nicht jedes Agieren in der Öffentlichkeit geht bereits mit einem Verzicht auf Privatheit einher.[1376] Nur wenn das Verhalten des Minderjährigen im Bewusstsein um seine Tragweite gezielt die Berichterstattung fördert, ist das Eigenverhalten als schutzverringernd zu berücksichtigen. Insofern ist der Auffassung der höchstrichterlichen Rechtsprechung zuzustimmen, dass sich der Schutz im Falle bewusster Zuwendung zur Öffentlichkeit verringert, wie es auch im *Grundbeispiel* der Fall wäre.[1377] Dieser Leitsatz greift jedoch insoweit zu kurz, als dass das Eigenverhalten nur als beschränkte Öffnung in dem thematischen Lebensbereich zu bewerten ist, den das konkrete Eigenverhalten des Minderjährigen betrifft. Ein „Alles-oder-Nichts-Prinzip"[1378] ist nicht geeignet, dem Schutzbedürfnis einerseits und dem Öffentlichkeitsinteresse andererseits flexibel Rechnung zu tragen und wird auch für Erwachsene vermehrt abgelehnt.[1379] Demnach ist das Eigenverhalten nur dann als schutzminderndes Kriterium heranzuziehen, wenn der Eingriff in einem ähnlichen Zusammenhang erfolgt, also Verhalten und veröffentlichter Inhalt korrespondieren. Im *Beispielsfall* wäre folglich eine Berichterstattung möglich, wenn irgendein Bezug zur Affäre vorhanden wäre, nicht aber, wenn der Minderjährige lediglich seinen Vater begleitet und unter den Zuschauern Platz nimmt. Zudem sollte bei der Bewertung des Vorverhaltens auch zwischen Online- und Offline-Verhalten getrennt werden: wer sich online öffnet, beispielsweise durch einen Bloggpost oder einen Eintrag auf seinem Netzwerkprofil, öffnet sich der Gruppe der jeweiligen Nutzer, nicht zwangsläufig aber zugleich der Medienöffentlichkeit und andersherum. Ferner ist es Minderjährigen je nach den Umständen des Einzelfalls zu ermöglichen, sich wieder aus der Öffentlichkeit zurückzuziehen und den Persönlichkeitsschutz wiederaufleben zu lassen.[1380] Minderjährige müssen die Möglichkeit haben, die eigene Überzeugung zu wandeln und das Auftreten in der Öffentlichkeit zu überdenken. Das Landgericht Berlin hat dafür in einem Fall, in dem über die uneheliche Vaterschaft eines Schlagersängers berichtet wurde, einen Zeitablauf von 7 Jahren seit der eigenen Öffnung der Privatsphäre nicht für ausreichend erachtet, da in der Zwischenzeit eine „konsistente Wandlung" nicht zum

1376 *Soehring*, in: Ders./Hoene, Presserecht, § 21 Rn. 7d.
1377 BVerfGE 101, 361 [386] - CvM II; NJW 2005, 1857 [1858]; BVerfGK 8, 173.
1378 *Fricke*, in: Wandtke/Bullinger, Urheberrecht, § 23 KUG Rn. 39.
1379 LG Berlin, AfP 2003, 174 [176]; LG Berlin, ZUM 2006, 148 [149]; *Dreier/Specht*, in: Dreier/Schulze, UrhG, § 23 KUG Rn. 25 m.N.; *Rixecker*, in: MüKo BGB, Anh. § 12 Rn. 173; *Wanckel*, in: Götting/Schertz u. a., Handbuch, § 19 Rn. 26.
1380 Ebenso *Beater*, JZ 2013, 111 [114].

Ausdruck gebracht worden sei.[1381] Bei Minderjährigen kann ebenfalls eine gewisse Konsistenz im Verhalten verlangt werden. Die zeitlichen Anforderungen sollten allerdings nicht zu hoch angesetzt werden.

b. Eingeschränktes Gegenschlagsrecht

Des Weiteren folgt aus der besonderen Schutzbedürftigkeit, dass das Gegenschlagsrecht gegen Minderjährige nach einem anderen Maßstab zu beurteilen ist. Beziehen Kinder und Jugendliche im Meinungskampf Stellung, rechtfertigt dieser Umstand allein eine scharfe Reaktion noch nicht. Vielmehr sollte entscheidend sein, dass Reaktion und Gegenreaktion in einem angemessenen Verhältnis stehen. Übt beispielsweise ein politisch engagierter Jugendlicher scharfe Kritik an einer Person, so darf sich dieser durch Äußerungen zur Wehr setzen, solange diese als angemessen zu betrachten ist. Überzogene Reaktionen sind nicht hinzunehmen, wenn das Ansehen des Minderjährigen damit gemindert wird.

2. Zurechnung des Verhaltens der Eltern

Kinder müssen sich bei der Interessenabwägung im Hinblick auf die Öffnung des privaten Bereichs auch ein entsprechendes Verhalten der eigenen Eltern zurechnen lassen.[1382] Insbesondere in jungen Jahren nehmen sie die Persönlichkeitsrechte ihrer Kinder im Rahmen ihrer elterlichen Sorge wahr und bestimmen so ihr Verhältnis zur Öffentlichkeit. Schutzmindernd wirkt deshalb, wenn die Eltern keine Bemühungen anstellen, das öffentliche Interesse von ihren Kindern fernzuhalten oder sie sogar aktiv öffentlich präsentieren. Ebenso verhält es sich, wenn das Familienleben öffentlich thematisiert wird und dem Kind dabei eine gewisse Rolle in der Selbstdarstellung zukommt.[1383] Das Verhalten der Eltern sollte jedoch auch nicht dazu führen, dass der Schutz in gleichem Maße wie bei Erwachsenen entfällt. Es ist zu bedenken, dass die Öffnung des privaten Lebensbereichs in diesen Fällen nicht durch eine eigene bewusste Entscheidung des Kindes oder Jugendlichen herbeigeführt wird, sondern aufgrund des Verhaltens der Eltern eintritt. Besonderes Gewicht kommt deshalb dem Eigenverhalten des Minderjährigen zu, mit dem sein Diskretionsinteresse zum Ausdruck gebracht wird.

VI. Wertungsgesichtspunkte zur Gewichtung der Kommunikationsfreiheiten

Entsprechend dem ermittelten Kommunikationsinhalt und -zweck kommt den dahinterstehenden Kommunikationsfreiheiten ein gewisses Gewicht zu, das im Rahmen der Güter- und Interessenabwägung zu bemessen ist. Die Rechtspraxis greift

---

1381 LG Berlin, ZUM 2006, 148 [149].

1382 BGH, NJW 2010, 1454; offen gelassen von KG Berlin, AfP 2007, 374; siehe rechtsvergleichend zum englischen Recht *Märten*, ZUM 2014, 111 [114].

1383 LG Köln, Urt. v. 14.08.2013 – 28 O 144/13 (juris).

dazu auf Bewertungsmaßstäbe zurück, die angesichts der spezifischen Wertungsgrundlage im Minderjährigenpersönlichkeitsschutz nicht unbesehen Anwendung finden.

1. *Die Vermutung der Zulässigkeit freier Rede*

Zu beginnen ist mit der bereits im Verfassungsrecht angesprochenen Vermutung für die Zulässigkeit freier Rede, wie sie in Schrifttum und Rechtsprechung seit langem diskutiert wird.[1384] Die Formel beinhaltet die Vermutung, dass im Streit um eine die Öffentlichkeit wesentlich berührende Frage der Freiheit der Rede angesichts des Art. 5 GG ein so hohes Gewicht beizumessen ist, dass ihr in aller Regel der Vorzug zukommt.[1385] Ihr Anwendungsbereich lässt sich nicht exakt bestimmen, im Mittelpunkt steht zumeist die Meinungsäußerung im politischen Meinungskampf sowie Meinungsäußerungen iSd Art. 5 GG, die eine „die Öffentlichkeit wesentlich berührende Frage" betreffen.[1386] Der Bundesgerichtshof geht sogar vom Grundsatz freier Berichterstattung aus bei Themen, die nicht von besonderem Belang für die Öffentlichkeit sind.[1387] Einfluss auf die Interessenabwägung nimmt die Vermutung nicht durch die Einräumung eines generellen Vorrangs der Meinungsäußerung vor anderen Rechten. Vielmehr wird verlangt, dass Maßstäbe für die Zulässigkeit freier Rede gefunden werden, die das demokratische Prinzip nicht gefährden, also insbesondere keine Äußerungen aus Furcht vor Sanktionen unterlassen würden. Die bedeutsamste ihrer Funktionen ist das Kenntlichmachen von Begründungsnotwendigkeiten und die Zuweisung von Begründungslasten. Die Argumentation wird dahingehend vorstrukturiert, dass es besonderer Gründe bedarf, wenn dem Persönlichkeitsschutz der Vorzug gegeben wird. Eine Einzelfallabwägung bleibt aber erforderlich.[1388] Ausdruck finden die Wertungen in den bereits angesprochenen allgemeinen Vorzugsregeln der Rechtsprechung. Des Weiteren soll die Vermutungsregel für das unterschiedliche Regel-Ausnahme-Verhältnis bei der Verbreitung wah-

---

1384 Dazu *Jaestedt*, in: Merten/Papier, Handbuch der Grundrechte, § 102 Rn. 84; *Starck*, in: v.Mangoldt/Klein/Starck, GG, Bd. 1, Art. 2 Abs. 1 Rn. 172 mit umfangreichen Nachweisen; *Klass*, in: Erman, BGB, Anh. § 12 Rn. 247; *v.d.Decken*, Meinungsäußerungsfreiheit und Ehrenschutz, S. 157 ff.; *Soehring*, in: Ders./Hoene, Presserecht, § 19 Rn. 2c, 13; *Bamberger*, in: Ders./Roth, BeckOK BGB, § 12 Rn. 171; *Grimm*, NJW 1995, 1697 [1697]; kritisch insbs. *Ossenbühl*, ZUM 1999, 505 [507 ff.]; *Kepplinger*, ZRP 2000, 134 ff.

1385 St. Rspr. seit BVerfGE 7, 198 [212] - Lüth; BVerfG, NJW 2002, 3315; BGH, ZUM 2007, 201 [203] – Terroristentochter; ähnlich EGMR, NJW 1999, 1318 [1320].

1386 *Ossenbühl*, ZUM 1999, 505 [508]; *Stark*, FS Kriele, S. 235 [237].

1387 Vgl. nur BGH, GRUR 2011, 261 [263].

1388 *Jaestedt*, in: Merten/Papier, Handbuch der Grundrechte, Bd. IV § 102 Rn. 86; *Grimm*, NJW 1995, 1697 [1703]; vgl. auch *Rixecker*, in: MüKo BGB, Anh. § 12 Rn. 175 m.N.

rer Tatsachenbehauptungen und der Bildberichterstattung Bedeutung gewinnen.[1389] Erstere sind vom Grundsatz freier Berichterstattung umfasst, bei letzteren hat der Gesetzgeber das Regel-Ausnahme-Verhältnis durch §§ 22, 23 KUG umgedreht.

a. Legitimation im Persönlichkeitsschutz von Minderjährigen

Der Anwendungsbereich der Vermutungsformel ist grundsätzlich auch in Minderjährigenfällen eröffnet. Auch wenn Kinder und Jugendliche seltener am politischen Meinungskampf teilnehmen, können sie im Zusammenhang mit Äußerungen über eine „die Öffentlichkeit wesentlich berührende Frage" stehen. Beispielhaft genannt sei der Fall des jugendlichen Serientäters „Mehmet", der in den 1990er Jahren eine lang anhaltende Debatte über Jugend- und Ausländerkriminalität entfacht hat. Auch Schilderungen über den Schulbetrieb an einem Gymnasium[1390], das Erziehungsverhalten eines Lehrers[1391], die wirtschaftlichen Folgen einer Scheidung[1392] oder über den sexuellen Missbrauch von Kindern[1393] fallen darunter. Selbst wenn die Vermutungsformel in der Praxis bisher eine untergeordnete Rolle gespielt hat,[1394] ist ihre Geltung auch im Minderjährigenpersönlichkeitsschutz von einiger Tragweite.

Das der Vermutungsformel zugrunde liegende Vorverständnis der Meinungsfreiheit und ihres Demokratiebezuges wird allein aus der Bedeutung der freien Rede heraus entwickelt. Entscheidend ist, dass sich bei einer öffentlichen Debatte nicht nur zwei Individualinteressen gegenüber stehen, sondern das Interesse an einer offenen Kommunikation hinzutritt.[1395] Eine freie und offene Debatte über Fragen von allgemeiner Bedeutung und der unbefangene Austausch von Meinungen und gegenläufigen Positionen ist für die Demokratie, genauer die demokratische Entscheidungsfindung und Kontrolle, konstitutiv.[1396] Der Persönlichkeitsschutz kann folglich im Interesse demokratischer Transparenz und Kontrolle zurückzutreten haben.[1397] Dieses Verständnis der Meinungsäußerungsfreiheit beansprucht zweifellos auch dann Berechtigung, wenn in die öffentliche Angelegenheit Kinder und Jugendliche involviert sind. Allerdings handelt es sich bei der Vermutungsformel genau genommen um eine Abwägungsleitlinie, die zwar auf dem Verständnis des Art. 5 GG gründet, aber zugleich die Persönlichkeitsrechte einbezieht. Die Vermutung und ihre konkreteren Vorzugsregeln selbst beruhen also auf einer wertenden

---

1389 BVerfG, GRUR 2011, 255 [257]; *Soehring*, in: Ders./Hoene, Presserecht, § 19 Rn. 2 c, 13 m.w.N.
1390 OLG Hamm, NJW 2002, 609.
1391 BVerfG, NJW 2003, 1109.
1392 OLG Karlsruhe, ZUM 2001, 883 [885].
1393 BVerfGE 97, 391 – Missbrauchsvorwurf.
1394 BVerfG, NJW 2003, 3262 [3263] – Geburtenhoroskop; OLG Hamburg, OLGR Hamburg 2003, 96.
1395 *Grimm*, NJW 1995, 1697 [1703].
1396 *Seyfarth*, NJW 1999, 1287 [1290].
1397 BVerfG, NJW 2003, 3262 [3263] – Geburtenhoroskop.

Betrachtung und konkretisieren quasi die Verhältnismäßigkeitsprüfung, indem sie die Grenzen markieren, innerhalb derer sich Begründung und Entscheidung zu bewegen haben. Diese Wertungen sind nicht unbedacht anzuwenden, wenn sich die zugrundeliegenden Bewertungsgrundlagen ändern. Auch das Bundesverfassungsgericht versteht die Abwägungsgrundsätze keineswegs als abschließenden Kanon oder statisches System, vielmehr entstammen sie einem „offenen Kriterienkatalog".[1398] Im besonderen Konfliktfeld zwischen Kommunikationsinteressen und Persönlichkeitsrechten von Minderjährigen, das wie vorstehend dargestellt durch die besonderen Wertungsgrundlagen geprägt ist, sind die Begründungserfordernisse und – lasten zum Nachteil der schutzbedürftigen Personengruppe nicht mehr plausibel und wertungsgemäß. Die Auseinandersetzung mit dem wertsetzenden Gehalt des Rechts auf ungestörte Persönlichkeitsentwicklung ergibt aus den dort genannten Gründen vielmehr den umgekehrten Befund.

b. Konsequenzen für die Güter- und Interessenabwägung

Die ohnehin in der Kritik stehende Vermutungsformel zugunsten der Zulässigkeit freier Rede beansprucht für den Konfliktfall zwischen Meinungsäußerungsfreiheit und Persönlichkeitsrecht minderjähriger Rechtsträger keine Geltung. Dadurch wird Gewicht und Bedeutung der Meinungsäußerung für Demokratie und Gesellschaft somit nicht geschmälert, es wird vielmehr die „Waage" dahingehend zurechtgerückt, dass die Argumentation in der Abwägung nicht zulasten des Minderjährigenschutzes vorstrukturiert wird. Dem Informationsinteresse der Allgemeinheit ist je nach Öffentlichkeitsbezug der Kommunikation im Einzelfall ein Gewicht beizumessen, das bei wesentlichen Fragen auch das Schutzinteresse des betroffenen Minderjährigen zurücktreten lassen kann. Persönlichkeitsrechte sind folglich auch im Minderjährigenpersönlichkeitsrecht nicht als Verbotstatbestand mit Erlaubnisvorbehalt zu begreifen. Es verbleibt bei der Argumentationslastverteilung, wie sie aus dem besonderen Schutzbedürfnis der Personengruppe folgt. Möglich sind ferner Auswirkungen auf das Verhältnis der Zulässigkeit von Wort- und Bildberichterstattungen.

2. Schutzwürdigkeit des Unterhaltungsinteresses

Ungeachtet der grundsätzlichen Schutzwürdigkeit des öffentlichen Informationsinteresses lässt sich auch im Minderjährigenpersönlichkeitsschutz die Qualität des Informationsinteresses im Einzelfall festmachen und ist in die Interessenabwägung einzubeziehen. Berücksichtigung findet dieser Aspekt in erster Linie, wenn es nicht um die ernsthafte und sachbezogene Informationsvermittlung, sondern um die Befriedigung reiner Neugierde und Sensationslust durch Unterhaltung geht.[1399] So ist

1398 *Jaestedt*, in: Merten/Papier, Handbuch der Grundrechte § 102 Rn. 81 ff.; Begriff des „offenen Kriterienkatalogs" von *Schulze-Fielitz*, in: Dreier, GG, Art. 5 I, II Rn. 279.

1399 Zur Trennung von Information und Unterhaltung *Stürner*, JZ 2004, 1018 f.; zur Aufteilung in die genannten Themenkomplexe *Beater*, ZUM 2005, 602 [605 ff.]; *Rixecker*, in: MüKo BGB, Anh. § 12 Rn. 174 ff., 179.

eine unterschiedliche Gewichtung der jeweiligen Informationsinteressen in Erwägung zu ziehen, wenn sich der Zeitungsartikel im *Grundbeispiel* hauptsächlich mit dem Aussehen, den Hobbys des Jungen oder sonstigen eher belanglosen Informationen befasst oder sich auf sachliche Informationen über die Teilnahme an dem Turnier beschränkt.

a. Schutz des Art. 5 GG

Den äußersten Standpunkt markieren diejenigen im Schrifttum, die Unterhaltungsbeiträgen schlechthin die Eignung absprechen, Gegenstand eines berechtigten Informationsinteresses zu sein und sie aus dem Schutzbereich der Medienfreiheit in Art. 5 GG ausklammern.[1400] Demgegenüber stellen Bundesverfassungsgericht und herrschende Meinung die Unterhaltung und Information auf der Ebene des Schutzbereichs gleich und betonen, dass das Grundrecht der Pressefreiheit wertneutral ausgestaltet ist und es nicht gestattet, zwischen guten und schlechten Medien zu unterscheiden.[1401] Argumentiert wird gerade mit der wesentlichen Funktion der Medien, Angelegenheiten zu thematisieren, die nach publizistischer Ansicht berichtenswert sind. Dem Wesen der Kommunikationsgrundrechte widerspräche es, den Kommunikationsprozess durch eine Unterscheidung von Information und Unterhaltung staatlich zu bewerten und dadurch zu lenken. Unterhaltung sei ein wesentlicher Bestandteil der Medienbetätigung, auf welche die in Konkurrenz zu anderen Medien und Unterhaltungsangeboten stehende Presse angewiesen sein könne. Zudem erfülle die unterhaltende Presse auch eine wichtige gesellschaftliche Funktion, da sie „Realitätsbilder vermitteln und Gesprächsgegenstände zur Verfügung stellen, an die sich Diskussionsprozesse anschließen können, die sich auf Lebenseinstellungen, Werthaltungen und Verhaltensmuster beziehen".[1402] Der Bundesgerichtshof hat die vormals unternommene Unterscheidung ebenfalls aufgegeben.[1403] Auch im Zusammenhang mit Kindern und Jugendlichen ist eine nur partielle Schutzwürdigkeit des öffentlichen Interesses abzulehnen. Angesichts der beschriebenen gesellschaftlichen Funktion dürfen weder Informationen über Kinder und Jugendliche, die einem Unterhaltungsbedürfnis dienen, noch solche, die in unterhaltender Form publiziert werden *(sog. Infotainment),*[1404] aus dem grundrechtlichen Schutz des Art. 5 GG ausgeklammert werden. Sie geben Anlass und Anregungen für gemeinsame Themen und funktionieren sozusagen als „sozialer Kitt", indem sie Gemeinsamkeiten schaffen und Lebensbilder vermitteln.[1405] So ist

---

1400 *Prinz/Peters*, Medienrecht, Rn. 256; *Engau*, Straftäter und Tatverdächtige als Personen der Zeitgeschichte, S. 106 f. m.w.N.

1401 BVerfG, NJW 1973, 122 [1224]; *Klass*, AfP 2007, 517 [525]; *Stürner*, AfP 2005, 213 [223 ff.].

1402 BVerfG, NJW 2008, 1793; *Klass*, AfP 2007, 517 [525]; *Stürner*, AfP 2005, 213 [224].

1403 BGH, NJW 1963, 665; NJW 1963, 902.

1404 *Rixecker*, in: MüKo BGB, Anh. § 12 Rn. 179.

1405 *Beater*, ZUM 2005, 602 [606].

etwa die Berichterstattung über die Durchsetzung von Sorgerechtsentscheidungen durchaus geeignet, eine öffentliche Diskussion in Gang zu bringen, wie der Fall *Krone* vor dem EGMR gezeigt hat.[1406] Zudem wäre die Berichterstattung über Kinder und Jugendliche und damit auch der öffentliche Zugang von Informationen von vorneherein stark eingeschränkt, wenn nur „ernsthafte" oder „wertvolle" Äußerungen am Schutz der Kommunikationsfreiheiten teilnehmen würden. Auch über Leben, Aufwachsen und Verhalten von Kindern kann und muss die Öffentlichkeit diskutieren und müssen sich Meinungen bilden können, um junge Menschen und ihre Themen nicht zu isolieren.

b. Gewichtung von unterhaltenden Beiträgen

Andererseits haben unterhaltende Medienberichte über Leben, Aufwachsen und Verhalten von Minderjährigen das klare Übergewicht. Ohne jegliche bewertende Betrachtung wird den Medien selbst die Definitionshoheit über das zugewiesen, was berichtenswert erscheint und damit über das öffentliche Interesse.[1407] Sie können das Interesse der Mediennutzer auf ein Thema lenken und anstacheln, um es dann fortwährend unter Berufung auf die Pressefreiheit zu befriedigen.[1408] An diesem Punkt knüpfen zu Recht die kritischen Stimmen an, die sich gegen eine Außerachtlassung jeglicher Qualität von Berichterstattungen im Persönlichkeitsschutz richten. Die Mehrheitsmeinung im Schrifttum möchte deshalb eine Qualitätsbewertung des Interesses auf der Ebene der Abwägung vorgenommen wissen. Demnach wird auch Unterhaltung generell in den Schutzbereich des Art. 5 GG eingebunden, der konkrete Inhalt der Berichterstattung wird aber bei der Interessenabwägung berücksichtigt.[1409] Die Trennung von Information und Unterhaltung entspricht im Übrigen auch der ständigen Rechtsprechung des Europäischen Gerichtshofs für Menschenrechte.[1410] Im Minderjährigenpersönlichkeitsschutz hat das Bundesverfassungsgericht die unterschiedliche Gewichtung bei der Abwägung wiederholt ausdrücklich gebilligt.[1411] Konkret setzte sich auch das Kammergericht Berlin in mehreren Fällen mit der Bewertung von unterhaltenden Beiträgen auseinander und vertrat dazu eine dezidierte Meinung. In seiner Entscheidung zur Nennung des kindlichen Vornamens im unmittelbaren Zusammenhang mit der Berichterstattung über die Hochzeit der berühmten Mutter konstatierte das Gericht, die Presse könne es nicht in der Hand haben, sich ein überwiegendes Öffentlichkeitsinteresse selbst

---

1406 EGMR – Krone Verlag GmbH & Co. KG/Austria, Urt. v. 26.02.2002, Nr. 34315/96, Ziff. 37, 26.

1407 Ebenso *Stürner*, JZ 2004, 1018 [1018]; *Klass*, AfP 2007, 517 [525].

1408 *Götting*, in: Schricker/Loewenheim, Urheberrecht, § 60/§ 23 KUG Rn. 65 mit Bezug zum „leave it to the press approach" des U.S.-amerikanischen Rechts.

1409 *Götting*, in: Schricker/Loewenheim, Urheberrecht, § 60/§ 23 KUG Rn. 64; *Stürner*, JZ 2004, 1018; *Soehring*, in: Ders./Hoene, Presserecht, § 19 Rn. 2f.

1410 EGMR, JZ 2004, 1015 – Caroline von Monaco (m. Anm. *Stürner*).

1411 BVerfG, NJW 2000, 2191; NJW 2003, 3262 – Geburtenhoroskop.

herbeizuschreiben.[1412] In einer Entscheidung zur Berichterstattung über eine damals minderjährige Tochter von Caroline von Monaco wird zudem damit argumentiert, dass die Betroffene klar gegen ihren Willen zur Befriedigung reiner Unterhaltungsinteressen zu einem Schönheitsideal „aufgebaut" und zu einem „ständig verfügbaren Objekt der Medien" gemacht werde.[1413] Diese Auffassung verdient grundsätzlich Zustimmung. Angesichts ihrer besonderen Schutzbedürftigkeit ist es nicht hinnehmbar, dass Kinder und Jugendliche infolge einer gesellschaftlichen Entwicklung zur Förderung von Neugier und Voyeurismus zum Objekt bloßer Unterhaltung gemacht werden können. Auch wenn die Thematisierung von Angelegenheiten eine der wesentlichen Funktionen der Massenmedien ist,[1414] lässt sich damit nicht der Verzicht auf normative Wertungen und Begrenzungen rechtfertigen.

Unterhaltenden Äußerungen ist folglich ein geringerer Wert bei der Abwägung mit den Persönlichkeitsinteressen Minderjähriger beizumessen als dem von Berichterstattungen mit relevanten Informationen. Wo es in erster Linie um Neugier und Voyeurismus geht, wird sich das Persönlichkeitsrecht tendenziell durchsetzen.[1415] Die Intensität des rechtfertigenden Interesses ist dabei umso höher, je seriöser der Gegenstand einer Äußerung und je größer die Tragweite für die Allgemeinheit ist.[1416] Maßgeblich ist also bei Medienberichterstattungen, ob die Presse „im konkreten Fall eine Angelegenheit von öffentlichem Interesse ernsthaft und sachbezogen erörtert, damit den Informationsanspruch des Publikums erfüllt und zur Bildung der öffentlichen Meinung beiträgt oder ob sie lediglich das Bedürfnis einer mehr oder minder breiten Leserschicht nach oberflächlicher Unterhaltung befriedigt".[1417]

3. *Gewichtung anonymer Äußerungen*

Eine entsprechende qualitative Bewertung wird ebenfalls im Falle von anonymen Meinungsäußerungen im Internet debattiert, die insbesondere bei Bewertungsportalen relevant werden. Diejenigen, die das Kommunikationsinteresse bei anonymen Äußerungen mit geringerem Gewicht in die Interessenabwägung einstellen wollen, argumentieren hauptsächlich mit einem schwächeren Informationswert der Äußerungen für die Öffentlichkeit, da sie den Sprecher nicht erkennen lassen. Überdies werde dadurch die Möglichkeit des Betroffenen zur Gegenwehr beschränkt, was zu einer Waffenungleichheit führe.[1418] Demgegenüber hebt der Bundesgerichtshof in seiner *Spick-mich-Entscheidung* hervor, dass die anonyme Informationsverbreitung

1412 KG Berlin, AfP 2007, 374.

1413 KG Berlin, ZUM-RD 2004, 10 [13].

1414 *Klass*, AfP 2007, 517 [525].

1415 Bspw. BVerfG, NJW 2008, 1793; *Soehring*, in: Ders./Hoene, Presserecht, § 19 Rn. 2g m.w.N.

1416 *Beater*, in: Soergel, BGB, Anh. § 823 IV Rn. 58 ff.; *Soehring*, in: Ders./Hoene, Presserecht, § 15 Rn. 10 f.

1417 BVerfGE 34, 269 [283] - Soraya.

1418 *Bernreuther*, AfP 2011, 218 [222 f.]; zum Streitstand *Ohly*, AfP 2011, 428 [436].

im Internet gerade immanent sei und nimmt keine unterschiedliche Gewichtung vor.[1419] Dafür streitet der Umstand, dass Anonymität in besonders sensiblen Bereichen häufig Voraussetzung dafür sein dürfte, dass Meinungen überhaupt geäußert und eine Meinungsvielfalt im Internet entstehen kann. Auseinandersetzungen, Meinungskämpfe u. ä. lassen sich auch anonym führen, die Meinungsäußerung ist deshalb nicht weniger gewichtig.[1420] Auch mit Blick auf den erhöhten Schutz von minderjährigen Rechtsträgern ist eine unterschiedliche Bewertung von anonymen und mit Realnamen versehenenen Internetbeiträgen nicht zwingend. Im Unterschied zum öffentlichen Informationsinteresse geht es hierbei nicht darum, dass sich Äußernde selbst das rechtfertigende Interesse schaffen, sondern wie sie es realisieren. Für den Betroffenen kann es zwar einen Unterschied machen, wenn sich andere Internetnutzer anonym äußern. Dies betrifft jedoch nicht den insoweit maßgebenden Inhalt der Äußerung, sondern die Form der Entäußerung.

VII. Tragweite des Bekanntheitsgrades

Schließlich wird die Abwägung maßgeblich durch die Stellung der betroffenen Person in der Öffentlichkeit und seine soziale Position beeinflusst. Minderjährige rücken zumeist in den Fokus der Öffentlichkeit, wenn ihre Eltern oder, vergleichsweise seltener, sie selbst „prominent" sind. Das Bedürfnis der Allgemeinheit nach Informationen zum Nachwuchs von Prominenten schlägt sich in unzähligen Beiträgen über ihre Entwicklung und Erziehung, ihr Handeln und Aussehen nieder, die insbesondere die Boulevardblätter füllen. Zugleich lassen sich aber auch zahlreiche Beispiele finden, in denen Jugendliche in die Öffentlichkeit drängen und selbst ihre Anonymität und Privatheit aufgeben. Weiter können sie im Zusammenhang mit Straftaten und Verfehlungen in den Blick der Öffentlichkeit geraten.[1421] Die Bekanntheit als Abwägungskriterium ist nicht trennscharf vom bereits erörterten Vorverhalten zu unterscheiden, da das eigene Verhalten oftmals entscheidend zu dem Erwerb einer gewissen Bekanntheit beiträgt. Die Gesichtspunkte bedingen sich deshalb gegenseitig und stehen in einem Wechselwirkungsverhältnis.[1422]

1. Die Person des öffentlichen Lebens

Das Gewicht des Informationsinteresses ist in erheblichem Maße davon abhängig, ob und inwieweit sich der Einzelne am öffentlichen Meinungsbildungsprozess beteiligt.[1423] Begrifflich wird zwischen Politikern, Personen des öffentlichen Lebens und

---

1419 BGHZ 181, 328 [341 f.].
1420 Ebenso *Ohly*, AfP 2011, 428 [436].
1421 *Beater*, JZ 2013, 111 [113].
1422 *Chromik*, Die Entscheidungskriterien des Zivilrichters, S. 161.
1423 *Beater*, ZUM 2005, 602 [609]; *Stürner*, AfP 2005, 213 [226].

gewöhnlichen Privatpersonen unterschieden.[1424] Personen des öffentlichen Lebens sind solche, die aufgrund ihres Ranges oder Ansehens, ihres Amtes oder Einflusses, ihrer Fähigkeiten oder Taten besondere öffentliche Beachtung finden und zwar unabhängig davon, ob gewollt oder ungewollt.[1425] Synonym dazu werden in Rechtsprechung und Literatur die Begriffe „prominente Person", „Person der Zeitgeschichte" oder „Person des öffentlichen Interesses" verwendet.[1426] Maßgebliche Kriterien zur konkreten Zuordnung einer Person sind ihre Präsenz in der Öffentlichkeit und ihre allgemeine Bekanntheit. Der Status kann folglich auch ungewollt und ohne eigenes Zutun erlangt werden.[1427] Dabei ist die Abgrenzung zu Privatpersonen naturgemäß nicht trennscharf, vielmehr sind die Grenzen fließend. Stehen Personen zeitlich begrenzt im Blickpunkt der Öffentlichkeit, etwa durch Straftaten oder bestimmte Ereignisse, sind sie den Personen der Öffentlichkeit nur in diesem Zeitraum zuzuordnen. Im Übrigen sind sie als gewöhnliche Privatpersonen zu behandeln.[1428]

Die Zuordnung zu einem Personenkreis ist im Persönlichkeitsschutz deshalb so zentral, weil Personen des öffentlichen Interesses aus mehreren Gründen nur einen verringerten Schutz von Privatheit und Selbstdarstellung beanspruchen können. Zunächst lösen diejenigen, die am öffentlichen Meinungsbildungsprozess mitwirken, offenkundig ein erhöhtes Informationsbedürfnis aus. Personen des öffentlichen Lebens müssen deshalb von vorneherein mit mehr Aufmerksamkeit rechnen. Verzichtet eine Person auf seine Zurückgezogenheit und tritt in die Öffentlichkeit, berührt eine korrespondierende Äußerung seine Befugnis zur Selbstbestimmung ungleich weniger als bei demjenigen, der sich selbst von der öffentlichen Meinung fernhält. Zugleich verfügen Personen des öffentlichen Lebens in der Regel über bessere Möglichkeiten zur Kommunikation, da sie sich selbst in den Medien Gehör verschaffen und diese sogar zur kommerziellen Vermarktung ihrer Person nutzen können. Dies rechtfertigt weiterreichende Beschränkungen ihres Persönlichkeitsschutzes.[1429] Schließlich verweist das Bundesverfassungsgericht auf die Integrationsfunktion der Medien, da prominente Personen für bestimmte Wertvorstellungen und Lebenshaltungen stünden und dadurch eine „Leitbild- und Kontrastfunktion" erfüllten. Durch sie könne Anstoß zu sozialkritischen Überlegungen gesetzt werden.[1430]

1424 BVerfG, NJW 2008, 1793 [1797]; dazu *Klass*, in: Erman, BGB, Anh. § 12 Rn. 45; zur Person des öffentlichen Lebens auch BVerfG, NJW 2006, 2835 – Ernst August von Hannover.

1425 So BVerfGE 101, 361 [383] – CvM II.

1426 Siehe *Seiler*, WRP 2011, 526 [527]; differenzierend dagegen *Fechner*, Wahrung der Intimität?, S. 69 ff.; 80 ff.; 89 f.

1427 *Fechner*, Wahrung der Intimität?, S. 86 f.

1428 *Dreier/Specht*, in: Dreier/Schulze, UrhG, § 23 KUG Rn. 13.

1429 *Beater*, ZUM 2005, 602 [609]; *Stürner*, AfP 2005, 213 [226].

1430 BVerfGE 101, 361 [390] – CvM II; BVerfG, GRUR 2011, 255 [258]; BVerfG, NJW 2012, 756 [757] – Wiederholungsveröffentlichung; BGH, GRUR 2011, 259 [260]; ausführlich dazu *Beater*, Medienrecht, Rn. 40 ff.

2. *Zuordnung von Kindern und Jugendlichen*

Auch Minderjährige erlangen mitunter eine ausgeprägte Bekanntheit in der Allgemeinheit oder bestimmten Kreisen und sind in der Öffentlichkeit präsent, wie beispielsweise der Nachwuchs von Fürstenhäusern oder bekannte jugendliche Schauspieler. Auf den ersten Blick sind die Voraussetzungen zur Einstufung als Person des öffentlichen Interesses also erfüllt. Die wertende Einordnung bedarf angesichts der besonderen Schutzbedürftigkeit jedoch einer sorgfältigeren Betrachtung. Zweifel erwachsen vor allem im Hinblick darauf, dass Personen, denen unfreiwillig eine gewisse Prominenz zuteil wird, mehr oder weniger auf eine Stufe mit jenen gestellt werden, die selbstbestimmt in die Öffentlichkeit drängen.[1431]

a. Zuordnungen in der Rechtsprechung

Eine differenzierende Betrachtung und Behandlung von Bekanntheit deutet sich bereits in der Rechtsprechung zu den ehemaligen Kategorien der relativen und absoluten Person der Zeitgeschichte im Bildnisschutz an.[1432] Aufgrund ihres besonderen Schutzbedürfnisses nehmen Kinder und Jugendliche bei der Einordnung in die Kategorien und die damit verbundenen Rechtsfolgen eine Sonderstellung ein. So wurden sie bislang in keinem Fall ausdrücklich als absolute Personen der Zeitgeschichte angesehen. Selbst den relativen Personen der Zeitgeschichte werden sie nur zugeordnet, wenn sie als Angehörige in der Öffentlichkeit auftreten, im Pflichtenkreis ihrer Eltern öffentliche Funktionen wahrnehmen oder als Begleiter anzusehen sind.[1433] Abweichend vom ehemals geltenden Schutzniveau sind Bildveröffentlichungen von Minderjährigen als Begleiter ihrer Eltern jedoch nur dann zulässig, wenn sie sich gemeinsam mit ihren Eltern *bewusst* der Öffentlichkeit zuwenden.[1434] Dies wäre etwa der Fall, wenn der Minderjährige im *Grundbeispiel* seinen berühmten Bruder begleitet, der als professioneller Fußballspieler weite Medienpräsenz genießt, und selbst beim Turnier mitwirkt. Mittlerweile werden Angehörige, Lebensgefährten und andere Begleiter ebenfalls grundsätzlich nur dann als Personen des öffentlichen Lebens angesehen, wenn sie eine eigene, unabhängige Position im Bewusstsein der Öffentlichkeit eingenommen haben. Andernfalls müssen sie eine Bildberichterstattung nur noch dulden, wenn sie gemeinsam mit der Person des öffentlichen Lebens bei einem zeitgeschichtlichen Ereignis auftreten oder diese repräsentieren.[1435] Das Schutzniveau von Minderjährigen und Erwachsenen hat sich damit nicht unwesent-

---

1431 *Wanckel*, NJW 2011, 726; BGH, GRUR 2011, 259 [260]; vgl. auch die Grundsätze zur Verdachtsberichterstattung, *Klass*, in: Erman, BGB, Anh. § 12 Rn. 154.

1432 Vgl. dazu in diesem Kapitel § 3 A. II.

1433 St. Rspr., vgl. nur BGH, NJW 1996, 985 [986] - Wiederholungsveröffentlichung; BGH, NJW 2004, 1795 – Charlotte Casiraghi; BGHZ 160, 298 [304].

1434 BVerfGE 101, 361 [386] – CvM II; BGH, NJW 2004, 1795 – Charlotte Casiraghi.

1435 *Soehring*, in: Ders./Hoene, Presserecht, § 21 Rn. 7 f.

lich angeglichen, einer mühsamen Herausnahme von Kindern und Jugendlichen aus der Definition bedarf es nicht mehr.[1436]

Grundlegend anders wird es gewertet, wenn Kinder und Jugendliche selbst die Öffentlichkeit suchen und dadurch Bekanntheit erlangt haben. Zum Umgang damit findet sich nur eine höchstrichterliche Entscheidung (in Sachen *Ochsenknecht*), in der das Bundesverfassungsgericht die Bekanntheit der Betroffenen als Abwägungsgesichtspunkt miteinbezieht. Der Schutz des allgemeinen Persönlichkeitsrechts sei unter anderem dadurch verringert worden, dass die beiden Betroffenen insbesondere über das Fernsehen die Öffentlichkeit unstreitig oft gesucht, ein Image als „Junge Wilde" gepflegt und ihre Idolfunktion kommerziell ausgenutzt haben und so ihre Person selbst in die Öffentlichkeit gestellt hätten. Das Gericht wies die Instanzgerichte ausdrücklich darauf hin, dass das „Öffentlichkeitsimage" nicht hinreichend berücksichtigt worden sei.[1437]

b. Einstufungsgrundsätze

Die Grundsätze zur Berücksichtigung der Bekanntheit von Minderjährigen in der Güter- und Interessenabwägung lassen sich konkretisieren, wenn man einen näheren Blick auf die Rechtfertigungsgründe eines geringeren Schutzes von prominenten Personen wirft. Diese treffen für Kinder und Jugendliche in unterschiedlichen Maßen zu.

Eine Einordnung als öffentliche Person mit geringerer Schutzbedürftigkeit ist grundsätzlich angezeigt, wenn Minderjährige eigenständig und aus eigenem Antrieb bekannt und in der Öffentlichkeit präsent sind, etwa durch das Fernsehen, Theater, YouTube-Channel, Sport etc. In diesen Fällen zeigt sich der Betroffene selbst damit einverstanden, dass bestimmte, gewöhnlich als privat geltende Angelegenheiten öffentlich gemacht werden und kann deshalb nicht denselben Persönlichkeitsschutz erwarten wie eine Privatperson. In Abgrenzung zu den nachfolgenden Fällen verringert sich der Schutz aber nicht durch jede Präsentation des Rechtsträgers in der Öffentlichkeit. Zu fordern ist vielmehr ein solches Maß an selbst gewählter und initiierter Bekanntheit und öffentlicher Präsenz, dass diese quasi „berufsmäßig" betrieben wird. Die konkrete Rechtfertigung einer Berichterstattung zu derartigen Kinder- und Jugendstars ist aber auch dann im Einzelfall zu beurteilen.[1438]

Öffentliche Bekanntheit kann jedoch nicht nur durch selbstbestimmte Handlungen, sondern auch ohne eigenes Zutun erlangt werden, etwa durch Schicksalsschläge oder Geburt.[1439] In diesem Fall, beispielsweise bei aufsehenerregenden Sorgerechtsprozessen, Amokläufen, Naturkatastrophen oder als Opfer von Ver-

1436 *Westphal*, GreifRecht 13/2012, 32 [40].

1437 BVerfG, NJW 2012, 1500 [1501 f.] – Ochsenknecht.

1438 Kritisch zum Urteil Ochsenknecht *Hufen*, JuS 2013, 280 [282] sowie *Schertz*, NJW 2013, 721 [725]; zustimmend *Stender-Vorwachs*, GRUR-Prax 2012, 286; *Beater*, JZ 2013, 111 [113]; *Muckel*, JA 2012, 399 [400].

1439 *Wanckel*, NJW 2011, 726.

brechen, stehen Kinder und Jugendliche zwar zeitweise im Mittelpunkt der Öffentlichkeit, eine Einstufung als Person des öffentlichen Interesses scheidet jedoch grundsätzlich aus. Regelmäßig sind sie in keiner Weise vor dem fraglichen Ereignis, das Anlass zur Berichterstattung war, in das Blickfeld der Medienöffentlichkeit getreten. Die Bekanntheit wird ihnen deshalb quasi aufgezwungen. Anerkannt ist insbesondere, dass Opfer und Zeugen in erhöhtem Maße gegen identifizierende Berichterstattungen in einem Gerichtsverfahren zu schützen sind. Neben der Prangerwirkung wird damit argumentiert, dass sie in der Regel ohne eigenes Verschulden in das Gerichtsverfahren und die damit einhergehende Publizität hineingezogen werden.[1440] Sie sind deshalb als gewöhnliche Privatpersonen zu behandeln, die nur vorübergehend in den Blick der Öffentlichkeit geraten.

Weniger eindeutig ist die praktisch wichtigste Fallgruppe aufgedrängter Prominenz in Form von Kindern, deren Eltern Personen des öffentlichen Lebens sind, die aber nicht selbst die Öffentlichkeit suchen. Diese nehmen am öffentlichen Meinungsbildungsprozess nicht freiwillig teil, sondern allein, weil das Öffentlichkeitsinteresse ihrer Eltern auf sie abstrahlt. Ihr Selbstbestimmungsrecht wird folglich nicht weniger berührt als das von Privatpersonen, die ohne eigenes Zutun ins Licht der Öffentlichkeit rücken. Zwar wirken Kinder von prominenten Personen intensiver auf ihre Umwelt ein und sind dort präsenter als Kinder nicht prominenter Eltern, da sie aus der Gruppe der Gleichaltrigen per se herausstechen.[1441] Der „Öffentlichkeitsbezug" leitet sich aber ausschließlich aus der Stellung der Eltern zur Öffentlichkeit durch ihren Beruf oder ihre Herkunft ab, wird also nicht originär durch die eigene Person hervorgerufen. Diese Minderjährigen würden ohne eigenes Verschulden in die Publizität gezogen und sozusagen in „Mithaftung" genommen.[1442] Nun lässt sich einwenden, dass sich viele Rechte und Pflichten des Kindes von ihren Eltern ableiten. Beispielsweise teilen Minderjährige das aufenthaltsrechtliche Schicksal ihrer Eltern.[1443] Rechtsfolgen werden jedoch *im Verhältnis zu Dritten* in aller Regel nicht an die Stellung oder den Status der Eltern, sondern an ihr Verhalten geknüpft, wie die Zurechnung des Vorverhaltens zeigt. Deshalb ist es richtig, wenn die Rechtsprechung davon ausgeht, dass Minderjährige nicht per se den mit Rechtswirkungen verknüpften Status ihrer Eltern teilen. Auch die Kinder von Prominenten haben das Bedürfnis, ein normales Leben ohne Neugierde der Öffentlichkeit zu führen. Nicht die Stellung der Eltern, sondern ihr Verhalten ist folglich im Rahmen der Interessenabwägung zu berücksichtigen.

Diese Differenzierung trennt diejenigen, die es sich nicht aussuchen können, in eine berühmte Familie und damit in ein erhöhtes Informationsbedürfnis hineingeboren zu werden, von denjenigen, die sich aus selbstbestimmter Entscheidung

---

1440 *Damm/Rehbock*, Widerruf, Rn. 80 f.; *Klass*, in: Erman, BGB, Anh. § 12 Rn. 162; *Hanske/Lauber-Rönsberg*, ZUM 2013, 264 [267]; *Müller*, NJW 2007, 1617 [1618 f.].

1441 OLG Hamburg, NJW-RR 1999, 1550.

1442 *Beater*, JZ 2013, 111 [113].

1443 Dazu *Maierhöfer*, NVwZ 2011, 4 ff.

(möglicherweise ihrer Eltern) heraus in die Öffentlichkeit begeben haben. Erstere sind zwar keine gewöhnlichen Privatpersonen, eine entsprechende Behandlung ist aber geboten. Letztere können hingegen den Personen des öffentlichen Lebens zugeordnet werden, wenn sie in ausreichendem Maße in der Öffentlichkeit präsent und weithin bekannt sind. Das Persönlichkeitsrecht von Minderjährigen erfährt also ebenso wie bei Erwachsenen eine graduell abgestufte „Sozialpflichtigkeit".[1444] Entscheidend ist aber in erster Linie das Verhalten von Kind und Eltern. Für die besonders oft betroffene Personengruppe der Kinder prominenter Eltern ergibt sich dementsprechend, dass sie wie gewöhnliche Privatpersonen zu behandeln sind, wenn sie ohne eigenes Zutun oder dasjenige der Eltern ins Licht der Öffentlichkeit geraten. Das erhöhte derivative Informationsinteresse hat sich dann am besonderen Schutzbedürfnis eines gewöhnlichen Minderjährigen zu messen. Zu fragen ist also, ob die jeweilige Berichterstattung zulässig gewesen wäre, wenn der Elternteil nicht prominent wäre.[1445]

VIII. Sorgfaltspflichten

Schließlich kann in die Abwägung miteinzubeziehen sein, ob der Äußernde die gebotene Sorgfalt bei der Äußerung gewahrt hat. Hauptanwendungsfall ist die Verbreitung von unwahren oder nicht erweislich wahren Tatsachenbehauptungen, wie beim Streit um die Haarfarbe des damaligen Bundeskanzlers Schröder (Tönung/Färbung der Haare).[1446] Die Äußerung ist trotzdem durch ein überwiegendes Interesse gerechtfertigt und damit nicht rechtswidrig, wenn der Äußernde den Sachverhalt mit den ihm zur Verfügung stehenden Mitteln erforscht hat.[1447] Die bei der Recherche, beim Zitieren unter anderem Tätigkeiten anzuwendende Sorgfalt richtet sich grundsätzlich nach den jeweils gegebenen Aufklärungsmöglichkeiten. Die Anforderungen sind für Medien strenger als für Privatleute, da ihnen eine herausgehobene Bedeutung für den Meinungsbildungsprozess zukommt. So ist die Verpflichtung zur Beachtung einer „berufsspezifischen Sorgfalt" in allen Landespressegesetzen geregelt (z. B. § 6 PresseG BW, § 6 Nds.PresseG). Der Sorgfaltsmaßstab richtet sich vor allem nach der Intensität des mit dem Inhalt der Nachricht verbundenen Eingriffs in Rechte Dritter, der Aktualität, der Quelle und umfasst verschiedene Bereiche journalistischer Tätigkeiten wie Recherche, Zitieren, Fotoveröffentlichungen etc.[1448]

Um die Verbreitung persönlichkeitsrechtsverletzender Inhalte im Internet zu hemmen, ist auch an Sorgfaltspflichten für sog. Laien zu denken, also für Personen außerhalb der institutionellen, berufsmäßig arbeitenden Medien. Mittlerweile

---

1444 *Götting*, in: Ders./Schertz u. a., Handbuch, § 1 Rn. 21.

1445 Ähnlich auch *Eisenbarth*, Das Recht am eigenen Bild, S. 121 f.

1446 BVerfG, NJW 2004, 589.

1447 BGH, NJW 1966, 2010 [2011]; NJW 1987, 2225 [2226]; *Rixecker*, in: MüKo BGB, Anh. § 12 Rn. 151 f. m.N.; *Damm/Rehbock*, Widerruf, Rn. 553 f.

1448 Ausführlich dazu *Hoene*, in: Soehring/Hoene, Presserecht, § 2 Rn. 1 ff., insbs. 8 ff.; *Prinz/Peters*, Medienrecht, Rn. 275 ff.; *Peters*, NJW 1997, 1334.

können sich auch Normalbürger mit unbegrenzter Reichweite äußern, es können mit großer Schnelligkeit und Einfachheit Themen gesetzt und diskutiert werden, die sodann durch Suchmaschinen etc. weite Verbreitung finden. Das Laienprivileg wird deshalb im Bereich der Internetkommunikation nicht unkritisch gesehen.[1449] Diesem Gedanken folgend sollten auch private Nutzer des Internet zur Einhaltung eines minimalen Sorgfaltsmaßstabes angehalten werden, wenn Beiträge über identifizierbare minderjährige Personen verbreitet werden. Zu denken wäre etwa an die Überprüfung der Zuverlässigkeit der Informationsquelle und die inhaltliche Erwägung, ob eine Persönlichkeitsrechtsverletzung vorliegt, soweit dies möglich erscheint. Auch ihnen sollte die Verantwortung bewusst werden, dass Privatheit, Ehre und Identität Minderjähriger mit besonderer Sorgfalt zu bewahren sind.

Vor diesem Hintergrund ist bei Äußerungen über Kinder und Jugendliche für Privatleute und insbesondere für Medien ein jeweils erhöhter Maßstab an die Sorgfalt anzulegen. Nach gefestigter Rechtsanschauung besteht ein sachlicher Zusammenhang zwischen dem Sorgfaltsmaßstab und dem Inhalt der Äußerung mit der Folge, dass die Sorgfaltspflicht steigt, je schädigender die Nachricht für einen Dritten sein kann.[1450] Dies betrifft die Verdachtsberichterstattung ebenso wie Veröffentlichungen mit Informationen aus dem Privat- und Intimsphärenbereich.[1451] Der bisherige Befund belegt, dass die Intensität eines Eingriffs ungeachtet ihres Inhalts ganz maßgeblich davon abhängt, wen sie betrifft. Bei Äußerungen über eine besonders schutzbedürftige Personengruppe ist deshalb die Anwendung besonderer Sorgfalt zu verlangen, wenn dies für die Äußernden wie bei Kindern und Jugendlichen offen zu tage tritt. Die (deutsche) Presse ist hier entsprechend ihrer Selbstverpflichtung, den Jugendschutz zu achten (Ziff. 8 Pressekodex) und damit besondere Rücksicht auf die Rechte von Kindern und Jugendlichen zu nehmen, beim Wort zu nehmen. Allerdings dürfen die Anforderungen an die Wahrheitspflicht auch nicht so bemessen sein, dass die Funktion der Meinungsfreiheit darunter leidet.[1452] Der konkrete Sorgfaltsmaßstab ist folglich im Einzelfall zu bemessen.

IX. Zusammenfassende Würdigung

Zusammenfassend lässt sich aus der Betrachtung der wesentlichen Abwägungsgesichtspunkte im Minderjährigenpersönlichkeitsrecht schlussfolgern, dass Kinder und Jugendliche einen auf ihre Entwicklung abgestimmten Schutz erfahren: Den Persönlichkeitsrechten ist entsprechend des sozialwissenschaftlichen Befundes und

---

1449 Demgegenüber das LG Berlin, MMR 2009, 62 und KG Berlin, MMR 2009, 482, die das Laienprivileg aufrechterhalten; ausführlich dazu *Peifer*, JZ 2013, 853 [859] m.w.N.

1450 *Hoene*, in: Soehring/Hoene, Presserecht, § 2 Rn. 14 ff.

1451 Z.B. zu den Anforderungen bei Verdachtsberichterstattungen BGH, NJW 1977, 1288; BGH, NJW 2000, 1036; z.B. zu den Anforderungen im Bereich der Privat- und Intimsphäre BGH, NJW-RR 1988, 733 – intime Beziehungen.

1452 BVerfG, NJW 1983, 1415 [1415].

der grundrechtlichen Wertungsgrundlagen ein herausragendes Gewicht im Kindes- und Jugendalter beizumessen. Daraus folgt, dass Eingriffe in die persönlichkeitsrechtlich geschützten Belange generell eine besondere Intensität aufweisen, woraus sich wiederum ein allgemein erhöhtes Schutzbedürfnis von Kindern und Jugendlichen ableiten lässt. Dessen Maß ist im Einzelfall zu bestimmen und richtet sich in erster Linie danach, ob und inwieweit ihre ungestörte Persönlichkeitsentwicklung gefährdet sein könnte. Die Gefährdung wird bei Eingriffen in Form von Medienberichterstattung und Internetkommunikation widerleglich vermutet. Betrifft eine Äußerung hingegen in erster Linie die kommerziellen Persönlichkeitsbestandteile, ist im Einzelfall zu entscheiden. Diese besondere Gewichtung der Persönlichkeitsrechte hat unweigerlich zur Konsequenz, dass sich auch nur besonders gewichtige Gegeninteressen in der Interessenabwägung durchsetzen können. In Betracht kommt in erster Linie das öffentliche Informationsinteresse, das zwar nicht mehr durch die Vermutungsformel des Bundesverfassungsgerichts gestützt wird, aber dennoch von herausragender Bedeutung ist. Der Vorrang des einen oder anderen Interesses ist im Einzelfall unter Beachtung der Begründungs- und Argumentationslasten zu ermitteln. Demnach ist es grundsätzlich der Eingriff in die geschützten Rechtsgüter eines Minderjährigen und nicht die Beschränkung der Rechte aus Art. 5 GG durch das Persönlichkeitsrecht, der einer Rechtfertigung bedarf. Das Regel-Ausnahme-Verhältnis wird einheitlich entsprechend des gesetzlichen Modells im Bildnisschutz gem. § 22 f. KUG bestimmt. Den Persönlichkeitsrechten wird somit auch im Minderjährigenpersönlichkeitsschutz kein genereller Vorrang eingeräumt, aber es müssen Maßstäbe für die Zulässigkeit gefunden werden, welche die Ziele des Minderjährigenschutzes nicht gefährden. Entscheidend sind neben dem Inhalt der Äußerung insbesondere Vorverhalten und Bekanntheit des betroffenen Rechtsträgers. Wenn entweder er selbst oder seine Eltern entschieden haben, jedenfalls teilweise Einblicke der Öffentlichkeit beim Aufwachsen zuzulassen und die Entwicklung auch derart zu gestalten, ist die Isolation in diesem Bereich nicht mehr so schutzwürdig. Familien haben es also auch ein Stück weit selbst in der Hand, inwieweit ungewollte Beeinträchtigungen der Kinder zu dulden sind.

Diese Abwägungsgrundsätze sind nunmehr für ausgesuchte Konfliktfälle durch mediale Berichterstattung und Internetkommunikation konkret in Anwendung zu bringen.

C. Persönlichkeitsschutz von Minderjährigen gegenüber Medien

Hauptproblemfeld für die Bewahrung von Persönlichkeitsrechten ist traditionell der Medienbereich. Presse und Rundfunk erkennen Minderjährige im Grundsatz als besonders schützenswerte Personengruppe an und unternehmen durchaus Anstrengungen, um sie vor Schäden zu bewahren, wie Selbstverpflichtungen zeigen werden. Dennoch ist es in der Vergangenheit zu einer nicht unerheblichen Anzahl von Rechtsstreitigkeiten vor deutschen Gerichten gekommen. Unter der Prämisse vorstehender Abwägungsmaßstäbe ist zu ermitteln, inwieweit Kinder und Jugendliche im Zusammenhang mit Medienberichterstattungen geschützt sind. Die Untersuchung bemüht sich um Konkretisierung, konzentriert sich aber notwendig auf die praktisch relevantesten Konstellationen, in denen kursorisch Anwendungsbeispiele geschildert werden.

I. Eingriffe durch Wort- und Bildberichterstattungen

Die Persönlichkeitsrechte von Kindern und Jugendlichen treten in erster Linie dann mit den Freiheiten der Medien in Konflikt, wenn personenbezogen über sie berichtet wird, sie also als einzelne Person in das Licht der Öffentlichkeit gerückt werden. Die Maßstäbe zulässiger Medientätigkeit unterscheiden sich nach der klassischen Trennung von Wort- und Bildberichterstattung, deren Typisierungen und Fallgruppen zwar vergleichbar, aber nicht identisch sind.[1453] Die Grenzen der Bildveröffentlichung werden grundsätzlich enger gezogen als bei reinen Wortbeiträgen, für die im allgemeinen Persönlichkeitsschutz der Grundsatz freier Berichterstattung gilt.[1454] Das bedeutet, dass im Bildbereich nach §§ 22 f. KUG die Veröffentlichung zu rechtfertigen, im Wortbereich hingegen die Beschränkung der freien Berichterstattung aufgrund des Persönlichkeitsschutzes besonders rechtfertigungsbedürftig ist.[1455] Dieser Unterschied wird im Minderjährigenpersönlichkeitsschutz zwar durch die grundsätzliche Verteilung der Begründungslasten zugunsten des betroffenen Kindes oder Jugendlichen eingeebnet. Eine pauschale Grenzziehung für Berichterstattungen ist aber nicht statthaft, da Bild- und Wortberichterstattungen unterschiedlich intensiv wirken können.[1456] Gegenüber einer Wortberichterstattung bedeutet es typischerweise einen ungleich stärkeren Eingriff in die persönliche Sphäre, wenn jemand das Erscheinungsbild einer Person in einem Foto oder einem Film fixiert, es sich so verfügbar macht und der Allgemeinheit vorführt. Die der Verbreitung notwendig vorausgehende Bildnisanfertigung setzt Kinder und Jugendliche zudem in praktisch jeder Situation dem Risiko aus, unvorhergesehen und unbemerkt oder unter erheblichen Belästigungen mit der Folge fotografiert zu werden, dass das Bildnis in den Medien veröffentlicht wird. Zudem vermitteln Fotos häufig den Anspruch auf eine authentische Darstellung der Realität, die textlich in der Regel so nicht einzufangen ist.[1457]

Stellen die klassischen Funk- und Printmedien Informationen ins Internet, gelten in Bezug auf die Rechtswidrigkeit der Äußerung grundsätzlich dieselben pres-

1453 *Soehring*, in: Ders./Hoene, Presserecht, § 19 Rn. 2c; vgl. auch BGHZ 30, 7 – Caterina Valente.

1454 BVerfG, NJW 2008, 1793 [1797]; BGH, GRUR 2011, 261.

1455 BVerfG, GRUR 2011, 255 [257]; *Soehring*, Presserecht, § 19 Rn. 2 d m.w.N.

1456 BVerfG, NJW 2000, 2194 [2195]; *Fricke*, in: Wandtke/Bullinger, Urheberrecht, § 23 KUG Rn. 22; *Soehring*, in: Ders./Hoene, Presserecht, § 17 Rn. 10.

1457 *Wanckel*, NJW 2011, 726 [728]; ausführlich zum Verhältnis von Wort- und Bildberichterstattungen BGH, GRUR 2011, 261 [262]; BVerfG, NJW 2000, 2194 [2195].

serechtlichen Standards wie bei Druckerzeugnissen.[1458] Die Veröffentlichung von Informationen oder Bildern im Internet rechtfertigt keine andere Würdigung als in der realen Welt.[1459] Die folgenden Abwägungsgrundsätze gelten also grundsätzlich auch für Onlinepublikationen, etwa der Onlineausgabe einer Zeitung.

II. Grundsätze zur Zulässigkeit von Wortberichterstattungen über Minderjährige

Die Zulässigkeit einer Wortberichterstattung richtet sich wie bereits erläutert generell danach, ob die Berichterstattung wahre oder unwahre Tatsachenbehauptungen oder Werturteile enthält. Im Minderjährigenpersönlichkeitsschutz tritt jedoch aufgrund der besonderen Interessenlage eine übergreifende Position des Allgemeinen Persönlichkeitsrechts in den Vordergrund, nämlich das Recht, nicht ungewollt in die Öffentlichkeit gezerrt zu werden.[1460]

1. Schutz vor ungewollter Publizität

Angesprochen ist damit das Allgemeine Persönlichkeitsrecht, das als Ausfluss des informationellen Selbstbestimmungsrechts auch das grundlegende Recht enthält, in gewählter Anonymität zu bleiben und die eigene Person nicht in identifizierbarer Weise in der Öffentlichkeit dargestellt und kommentiert zu sehen.[1461] Bei erwachsenen Rechtsträgern gewinnt die Rechtsposition neben dem Recht, inhaltlich private Angelegenheiten nicht in der Öffentlichkeit erörtert zu sehen, regelmäßig nur dann eigenständige Bedeutung, wenn an dem Inhalt der veröffentlichten Angelegenheit ein überwiegendes Informationsinteresse besteht, aber nicht an der Person und der damit verbundenen Identifikation durch Namensnennung, Bild etc.[1462] Bei Kindern und Jugendlichen setzt die Bedrohungslage jedoch gewissermaßen vorher ein. Aufgrund der besonderen Schutzbedürftigkeit ist für Minderjährige von herausragender

---

1458 *Bruns*, AfP 2011, 421; ausführlich dazu auch *Seitz*, in: Hoeren/Sieber/Holznagel, Multimedia-Recht, Teil 8, Rn. 22 ff.; *Spindler*, in: Verhandlungen des 69. Dt. Juristentages München 2012, Bd. I, F. 5 [38 ff.]; *Münch*, Schutz vor Verletzungen der Persönlichkeitsrechte in den Neuen Medien, S. 125 ff.

1459 *Münch*, Schutz vor Verletzungen der Persönlichkeitsrechte in den Neuen Medien, S. 126.

1460 Dazu grundlegend nur BGH, NJW-RR 2007, 619; BVerfGE 35, 202 - Lebach; BVerfGE 54, 148 [153 f.] – Eppler; *Klass*, in: Erman, BGB, Anh. § 12 Rn. 118; *Soehring*, in: Ders./Hoene, Presserecht, § 19 Rn. 15, ausführlich zur Identifikation auch § 17; *Wanckel*, in: Götting/Schertz u. a., Handbuch, § 19 Rn. 40 ff.; *Burkhardt*, in: Wenzel, Wort- und Bildberichterstattung, Kap. 5 Rn. 63; *Beater*, JZ 2013, 111 [112].

1461 BGH, NJW-RR 2007, 619 [620]; *Klass*, in: Erman, BGB, Anh. § 12 Rn. 118 ff.; *Wanckel*, in: Götting/Schertz u. a., Handbuch, § 19 Rn. 40 ff.; *Prinz/Peters*, Medienrecht, Rn. 99 ff. m.N.; ausführlich zu den Grundlagen auch *Rogall*, Informationseingriff und Gesetzesvorbehalt, S. 39 ff.

1462 BGH, NJW-RR 2007, 619 [620]; *Klass*, in: Erman, BGB, Anh. § 12 Rn. 118 f. m.w.N.

Bedeutung, Einblicke der Öffentlichkeit bereits insofern auszuschließen, als dass der junge Mensch gegen seinen Willen überhaupt zum erkennbaren Objekt medialer Erörterung gemacht wird. Unabhängig vom konkreten Inhalt der Berichterstattung geht eine Gefahr also bereits von der medialen Publizität an sich aus. Nach dem Befund zu Art. 2, Art. 1 GG ist im Rahmen der Interessenabwägung deshalb zu berücksichtigen, dass Kinder und Jugendliche ein verstärktes Isolations- oder Anonymitätsinteresse als Aspekt ihres persönlichen Lebensbereichs haben.

a. Das Recht auf Anonymität ist wie bei Erwachsenen vor allem dann berührt, wenn ein Kind oder Jugendlicher aus seiner *bisherigen Isolation gegenüber der Medienöffentlichkeit erstmals herausgerissen* wird. Bei Wortberichterstattungen ist das der Fall, wenn die betroffene Person durch Namensnennung oder sonst identifizierbaren Darstellung ungewollt in der Öffentlichkeit in Erscheinung tritt. Praktisch kommt das überwiegend bei Berichten über Naturkatastrophen, Unglücksfälle, Sorgerechtsstreitigkeiten, Liebschaften etc. vor, sprich immer dann, wenn vordergründig ein Ereignis von Interesse ist und nicht die Person selbst. Überwiegende Schutzadressaten sind also Kinder und Jugendliche, die nicht schon aufgrund eines prominenten Umfeldes aus der Gruppe der Rechtsträger herausstechen. Betroffen ist das Anonymitätsinteresse aber auch bei der Bekanntgabe eines Verwandtschaftsverhältnisses zu einem prominenten Elternteil, wenn das Kind bislang von der Medienöffentlichkeit erfolgreich ferngehalten wurde.

Berichte unter Namensnennung berühren die Belange des Betroffenen grundsätzlich intensiver, als anonymisierte und personalisierte Berichterstattung. Neben der ausdrücklichen Nennung des Namens kann eine Person auch aufgrund anderer, im Bericht mitgeteilter Merkmale einem genügend großen Leserkreis identifizierbar bleiben, so dass allein eine Namensverfremdung die Preisgabe der Identität ebensowenig ausschließt wie die Verpixelung oder das Versehen eines Bildnisses mit Augenbalken. Auch die Nennung des Vornamens kann grundsätzlich ausreichen.[1463] Zugleich kann die Presse zur Erfüllung ihrer Aufgaben aber nicht grundsätzlich auf eine anonymisierte Berichterstattung verwiesen werden. Sie hat ein legitimes und grundrechtlich geschütztes Interesse daran, vor allem im Rahmen der Berichterstattung über brisante Themen „Ross und Reiter" zu benennen und die Öffentlichkeit möglichst umfassend unter Aufdeckung der Identität zu informieren.[1464] Die Presse hat das berechtigte Anliegen, die Authentizität einer Berichterstattung durch die Wahl einer personalisierten Darstellungsform zu steigern.[1465]

Es ist deshalb stets zu prüfen, ob ein anerkennenswertes Informationsinteresse nur im Hinblick auf die konkreten Tatsachen oder gerade auch an der Identität der Person besteht.[1466] Zwischen dem Informationsinteresse an einer Thematik und

1463 KG Berlin, AfP 1007, 374.

1464 *Soehring*, in: Ders./Hoene, Presserecht, § 17 Rn. 1.

1465 BVerfG, NJW 1990, 1980.

1466 BGH, MDR 2014, 29 – Mascha S.; ebenso zum Bereich der Privatsphäre *Klass*, in: Erman, BGB, Anh. § 12 Rn. 119.

dem Bedürfnis nach Information über die Person des Minderjährigen selbst ist also zu trennen. Der Maßstab für die Zulässigkeit einer Wortberichterstattung ist, ob dem Informationsinteresse auch ohne Identifikation hätte genügt werden können.[1467] In Fällen wie *Naturkatastrophen, Unglücksfälle, Sorgerechtsstreitigkeiten etc.* wird in der Regel bereits ein öffentliches Informationsinteresse an der Identität zu verneinen sein, jedenfalls ist es nicht als überwiegend zu betrachten.[1468] Diese Einschätzung teilt wohl jedenfalls partiell auch die Presse, die nach Pressekodex Nr. 8.3 über Unglücksfälle und Straftaten Kinder und Jugendliche in der Regel nicht identifizierbar berichten darf. Die Kriminalberichterstattung nimmt dabei noch eine Sonderstellung ein, da gerade das Zusammenspiel aus Information und Identifikation die Prangerwirkung hervorruft und der Jugendliche die Berichterstattung selbst veranlasst (siehe dazu nachfolgend unter 2. f.). Der Bundesgerichtshof hat zudem in einem Fall entschieden, dass es für die Öffentlichkeit zwar wissenswert erscheine, dass minderjährige Mädchen heimlich nach Schottland reisen, um einen nicht akzeptierten Mann zu heiraten. Damit stehe aber keineswegs fest, dass auch ein Interesse an der Namensnennung des Mädchens bestand.[1469] In diesem Sinne urteilte auch der Presserat in einem Fall, in dem persönliche Daten einer 17-jährigen in einer Reportage mit der Überschrift „Hochwürden brennt mit Chormädchen (17) durch“ preisgegeben wurden.[1470]

b. Differenzierter sind Berichterstattungen zu bewerten, wenn über Kinder und Jugendliche berichtet wird, die aufgrund der herausragenden Stellung der Eltern oder eigener Prominenz am öffentlichen Interesse teilnehmen und schon deshalb im Fokus stehen. Im Unterschied zur vorstehenden Fallgruppe heben sie sich ohnehin aus der Masse der Privatpersonen ab, ihre Person ist zumeist *nicht mehr gänzlich anonym für die Medienöffentlichkeit.*

So liegen die ganz überwiegenden praktisch relevanten Fälle. Vor allem in der Boulevardpresse stehen diese Kinder und Jugendlichen in nicht unerheblichem Maße im Mittelpunkt von Berichten. Die Zusammenschau der bekannt gewordenen Fälle zeigt, dass im Grunde jede ihrer Schritte einer Erörterung wert scheint, von Belanglosigkeiten wie Kleidung und Hobbies über öffentliche Auftritte bis hin zu echten Verfehlungen oder Familienangelegenheiten. Das Allgemeine Persönlichkeitsrecht ist dann vorrangig darauf gerichtet, diese Kinder und Jugendlichen davor zu bewahren, gegen ihren Willen zum Objekt medialer Erörterung zu werden. Die Bedrohung geht weniger davon aus, dass sie identifizierend dargestellt werden. Beeinträchtigend wirken vielmehr das Wissen, nicht ungestört zu sein, sowie die sozialen Folgen der öffentlichen Erörterung ihrer Person. Ihr erhöhtes Schutzbe-

---

1467 *Wankel*, in: Götting/Schertz u. a., Handbuch, § 19 Rn. 41; *Burkhardt*, in: Wenzel, Wort- und Bildberichterstattung, Kap. 10 Rn. 53 mit Beispielen.

1468 Zur Namensnennung auch KG Berlin, Urt. v. 24.02.2005, Az.: 27 O 994/04, BeckRS 2011, 08810.

1469 BGH, GRUR 1965, 256.

1470 Presserat, Beschwerdenummer B 1 – 192/03.

dürfnis besteht mit anderen Worten generell gegenüber Berichterstattungen, ohne dass es auf Wort oder Bild, Tatsachenbehauptung oder Werturteil, wohlwollenden oder herabsetzenden Inhalt ankommt.[1471] Diese Varianten gänzlich außer Betracht zu lassen hieße jedoch, Inhalt und Umfang des Schutzes nur nach dem Schutzbedürfnis des betroffenen Rechtsträgers zu bemessen. Dieses ist aber nicht Alleinstellungsmerkmal der Entscheidung über die Zulässigkeit von Berichterstattungen, sondern, wie bereits vorstehend betont, nur eines von vielen Gesichtspunkten, die in der Güter- und Interessenabwägung im Einzelfall zu berücksichtigen sind. Ob sich das Publizitätsinteresse im Einzelfall gegenüber dem Öffentlichkeitsinteresse durchsetzt, richtet sich somit auch im Minderjährigenschutz nach dem Inhalt der beanstandeten Berichterstattung, die zugleich in das Diskretionsinteresse eingreifen kann.

So steht beispielsweise bei einer Veröffentlichung von Tagebuchaufzeichnungen eher der Schutz gegen die Veröffentlichung der sensiblen Informationen im Vordergrund, bei der Wortberichterstattung zum Einkaufstrip eines Teenagers eher der Schutz vor ungewollter Aufmerksamkeit. Einer Abgrenzung bedarf es im Einzelfall aber nicht, da beide Schutzrichtungen durch das Recht auf ungestörte Lebensgestaltung, also auf Privatheit, verwirklicht werden. Der Diskretionsschutz realisiert sich bei Minderjährigen dementsprechend weitaus häufiger in Gestalt des Publizitätsschutzes. Diese Eigenart entspricht dem von der Rechtsprechung herausgearbeiteten Schutzbereich, wonach Diskretionsschutz auch und gerade in der Öffentlichkeit gewährt wird.

2. Schutz vor wahren Tatsachenbehauptungen

Das Spannungsfeld zwischen dem Interesse des Einzelnen, mit seinen persönlichen Belangen nicht in die Öffentlichkeit gezerrt zu werden, und dem Bestreben der Medien, die Öffentlichkeit möglichst umfassend zu informieren, entfaltet sich in besonderem Maße in dem Bereich von Tatsachenbehauptungen.[1472] Die Grenze zulässiger Berichterstattung wird durch den Diskretionsschutz des Allgemeinen Persönlichkeitsrechts markiert, der im Minderjährigenpersönlichkeitsschutz entsprechend dem erhöhten Schutzgrad überaus umfassend ist.

Als Grundregel gilt, dass die Lebensvorgänge von Minderjährigen nur in Einzelfällen *nicht* dem Diskretionsschutz unterfallen. Das Recht auf einen ungestörten Bereich privater Lebensgestaltung kann zum einen durch die Art der verbreiteten Information, zum anderen durch ihre Auswirkungen auf die kindliche Persönlichkeitsentfaltung beeinträchtigen. Zwar streitet auf der Seite von Presse und Rundfunk das gewichtige Interesse der Öffentlichkeit an relevanten Informationen, das grundsätzlich auch Kinder und Jugendliche umfasst. Es ist jedoch angesichts des erhöhten Gewichts der Persönlichkeitsrechte, deren Beeinträchtigung dementsprechend schwer wiegt, zumeist nicht berechtigt. Relativierend bzw. intensivierend

1471 Ebenso *Beater* zur Medienberichterstattung, *Ders.*, JZ 2013, 111 [113].

1472 *Soehring*, in: Ders./Hoene, Presserecht, § 19 Rn. 1.

wirken Vorverhalten und Bekanntheitsgrad des Betroffenen sowie Informations- oder Unterhaltungszweck der Medien.

a. Entsprechend dem Hauptkriterium im Erwachsenenschutz kann die Unzulässigkeit aus der *besonderen Personennähe* der verbreiteten Information folgen. Unproblematisch ist dies bei Darstellungen sexueller Vorgänge, Krankheiten und Gesundheitsproblemen der Fall.[1473] Auch detailarme Schilderungen sind aufgrund der besonderen Personennähe bei Minderjährigen nicht hinzunehmen.[1474] Gleiches gilt für die Veröffentlichung privater Tagebuchaufzeichnungen.[1475]

Näherer Betrachtung bedarf in diesem Zusammenhang die Zulässigkeit von Berichten über *familiäre Angelegenheiten*, da Kinder häufig im Zusammenhang mit ihrer Familie in den Medien in Erscheinung treten. Das Interesse der Öffentlichkeit an den prominenten Eltern umfasst dann häufig auch die Person des Kindes, ihr Aufwachsen, ihr Leben und ihre Entwicklung. Der Ehe- und Familienbereich steht jedoch grundsätzlich unter umfassendem Schutz der Persönlichkeitsrechte.[1476] Der Schutzgrad hat dem Umstand Rechnung zu tragen, dass die Familie für Minderjährige als primäre Sozialisationsinstanz von einzigartiger Bedeutung ist. Infolgedessen sind Berichte über Kinder und Jugendliche im Zusammenhang mit innerfamiliären Angelegenheiten grundsätzlich unzulässig. Dies gilt für Darstellungen interner Vorgänge wie Ehestreitigkeiten, Eheprobleme, außereheliche Beziehungen, Scheidungsabsichten und so fort.[1477] Auch die Veröffentlichung von Streitigkeiten zwischen den minderjährigen Kindern und ihren Eltern, Erziehungsschwierigkeiten während der Pubertät und vergleichbare innerfamiliäre Angelegenheiten stehen unter dem Schutz des Art. 6 Abs. 1 und 2 GG, der verstärkend zu Art. 2, Art. 1 GG hinzutritt. Erst recht unzulässig sind Informationen über die Umstände der Zeugung oder Geburt, so dass die personalisierte Wortberichterstattung über einen „Samenraub“ unabhängig davon unzulässig sein dürfte, ob diese bildlich illustriert ist.[1478] Das Bundesverfassungsgericht geht in einer Entscheidung sogar so weit, dass die Veröffentlichung eines Umstandes aus dem Leben des Vaters unzulässig ist, wenn dieser dazu geeignet ist, ihn zukünftig von der väterlichen Hinwendung zum Kind abzuhalten. In dem Verfahren ging es um eine Reportage über die Ehrenpatenschaft von Drillingen unter Veröffentlichung des Umstandes, dass der anwesende Vater wegen sexuellen Missbrauchs eines Kindes verurteilt worden war.[1479]

Besonders strengen Anforderungen unterliegen auch Schilderungen über den elterlichen Umgang, insbesondere wenn Eltern mit ihren Kindern in der Öffentlichkeit unterwegs sind, sie also beispielsweise zur Schule bringen, Ausflüge unternehmen,

---

1473 *Wanckel*, in: Götting/Schertz u. a., Handbuch, § 19 Rn. 28 ff. m.N.

1474 Dazu im Falle von Erwachsenen BGH, NJW 1999, 2893 – Ehebruch.

1475 *Westphal*, GreifRecht 13/2012, 32 [37].

1476 *Damm/Rehbock*, Widerruf, Rn. 117 m.N.

1477 *Damm/Rehbock*, Widerruf, Rn. 117.

1478 LG Köln, Urt. V. 11.12.2013, Az. 28 O 341/13 (juris).

1479 BVerfG, NJW-RR 2007, 1191.

sich auf Spielplätzen aufhalten etc.[1480] Auch das alltägliche Beisammensein von Eltern mit ihren Kindern ist durch Art. 6 GG geschützt, so dass eine Verstärkung in diesen Fällen zu beachten ist. Für die konkrete Verstärkungswirkung ist zu ermitteln, in welchem Maße die Berichterstattung geeignet ist, den unbeschwerten Umgang mit dem Kind zu belasten.[1481] Dies ist regelmäßig der Fall, wenn Eltern aus Furcht vor der medialen Öffentlichkeit davon abgehalten werden, sich mit dem Kind unbefangen auch in der Öffentlichkeit zu bewegen. Eine Berichterstattung über alltägliche Lebensvorgänge ist deshalb auch dann unzulässig, wenn Kinder von ihren prominenten Eltern begleitet werden.

Im Übrigen ist stets zu prüfen, ob überhaupt ein Informationsinteresse an der Person des Minderjährigen besteht. Dies ist etwa zu verneinen, wenn es in erster Linie um Angelegenheiten der Eltern geht, beispielsweise eine Hochzeit, eine Trennung etc.[1482] Zwar scheidet eine Verstärkung durch Art. 6 GG aus, wenn über die elterliche Bindung zu einer Person spekuliert wird, die kein Elternteil ist. Da dennoch die vertraute und intime Beziehung des Kindes thematisiert wird, dürfte die Berichterstattung in den meisten Fällen nicht zulässig sein.[1483]

Reflex des umfassenderen Schutzes ist, dass auch die Eltern an dem erhöhten Schutz teilnehmen und ihrerseits geschützt sind, wenn beispielsweise Bilder die Eltern gemeinsam mit ihren Kindern abbilden.[1484] Insofern wirkt sich der besondere Schutzgehalt der Persönlichkeitsrechte auch jenseits des Minderjährigenpersönlichkeitsschutzes aus und generiert besondere Regeln für den Schutz von Familienmitgliedern. Direkter erfolgt dies sogar über die Verstärkungswirkung des Art. 6 Abs. 1 GG. Neben dem Schutz des Einzelnen verwirklicht der zivilrechtliche Persönlichkeitsschutz somit auch den Schutz der Familie.[1485]

Ausnahmsweise darf über familiäre Angelegenheiten berichtet werden, wenn der Betroffene oder vielmehr seine Eltern von sich aus diesen Themenbereich zuvor öffentlich gemacht hat.[1486] Hier ergeben sich aber zwei wichtige Einschränkungen im Minderjährigenpersönlichkeitsschutz: zum einen ist zu bedenken, dass sich Kinder und Jugendliche wenn überhaupt nur thematisch begrenzt ihres Diskretionsschutzes begeben. Zum anderen muss die Verstärkungswirkung des Art. 6 Abs. 1 und 2 GG auch bei selbstbestimmter Öffnung des Privatbereichs zu einer Unzulässigkeit der Berichterstattung führen, wenn die Eltern-Kind-Beziehung durch die Veröffent-

---

1480 *Wanckel*, in: Götting/Schertz u. a., Handbuch, § 19 Rn. 21.

1481 *Beater*, JZ 2013, 111 [113].

1482 KG Berlin, Urt. v. 24.02.2005, Az.: 27 O 994/04, BeckRS 2011, 08810.

1483 BGH, NJW 2013, 2890 – Eisprinzessin: Die Verlegerin gab eine strafbewehrte Unterlassungserklärung ab, mit der sie sich verpflichtete, es künftig zu unterlassen, unter Bezugnahme auf die (minderjährige) Klägerin zu verbreiten, der neue Freund der Mutter sei für sie schon wie ein Vater.

1484 *Soehring*, in: Ders./Hoene, Presserecht, § 21 Rn. 7d; *v. Strobl-Albeg*, in: Wenzel, Wort- und Bildberichterstattung, Kap. 8 Rn. 73.

1485 Ähnlich *Luch*, Das Medienpersönlichkeitsrecht, S. 483.

1486 Ebenso *Damm/Rehbock*, Widerruf, Rn. 117.

lichung massiv beeinträchtigt wird. So wäre die Veröffentlichung einer Äußerung der Mutter im Streit mit ihrem Partner, sie selbst habe die Kinder nie gewollt, als unzulässig anzusehen, selbst wenn sie sich mit ihrem Intim-, Privat- und Familienleben gewohnheitsmäßig in die Öffentlichkeit begibt.[1487]

b. Gewisse Grenzfälle bilden die Urteile der jüngsten Rechtsprechungsserie des Bundesgerichtshofs zum Recht auf informationelle Selbstbestimmung eines Kindes. In mehreren Artikeln wurde gegen den bekannten Willen der Eltern durch *Nennung des Vornamens, des Alters und des Namens der Eltern* die Verwandtschaft von Adoptivschwestern zu ihrem prominenten Elternteil aufgedeckt. Die beanstandeten Artikel berichteten dabei schwerpunktmäßig über öffentliche Veranstaltungen, an denen der Vater teilgenommen hatte, der ein prominenter Moderator im deutschen Fernsehen ist.[1488] Der Bundesgerichtshof würdigt zwar die besondere Schutzbedürftigkeit aufgrund des Alters der Betroffenen. Seine Entscheidungen basieren aber allein auf der Tatsache, dass die Informationen über die Kinder bereits vor der Veröffentlichung öffentlich bekannt gewesen seien, dass es also um Folgeberichterstattungen ging. So wiegt ein Eingriff in das Diskretionsinteresse nach allgemeinen Grundsätzen weniger schwer, wenn eine an sich private Information der Öffentlichkeit bereits bekannt oder jedenfalls zugänglich ist.[1489]

Die knappe Interessenabwägung des Gerichts lässt sich mit Rücksicht auf die herausgearbeiteten Abwägungsaspekte jedoch in einigen Punkten ergänzen: Zunächst ist Art. 6 Abs. 1 und 2 GG verstärkend zu berücksichtigen. Unmittelbarer Anknüpfungspunkt ist zwar nach hier vertretener Ansicht nicht, dass die Eltern sich für ein Heranwachsen jenseits der Bekanntheit des prominenten Elternteils entschieden haben.[1490] Es ist jedoch überaus wahrscheinlich, dass von der wiederholten Verbreitung der Informationen ein Hemmungseffekt für das Verhalten der Kinder und insbesondere des prominenten Vaters ausgehen wird. Die inhaltliche Schutzwürdigkeit der Informationen zeichnet sich nicht dadurch aus, dass es persönliche Daten sind, sondern dass es um ein Verwandtschaftsverhältnis geht, welches von besonderer Personennähe ist. Entscheidend ist deshalb, ob das erhöhte Schutzbedürfnis durch ein entsprechendes Vorverhalten relativiert ist. Die Betroffenen selbst haben keinen Anlass dazu gegeben, über sie in identifizierbarer Weise zu berichten.[1491] Der Adoptivvater hatte sich vor Jahren öffentlich zu den Umständen der Adoption geäußert und damit ein Medieninteresse veranlasst, das sich in online abrufbaren Berichterstattungen niedergeschlagen hat. Dieses Verhalten ist den Töchtern nach

1487 Angelehnt an das Urteil des LG München I, ZUM 2006, 79, das aber auf diesen Punkt nicht einzugehen hatte.

1488 BGH, MDR 2014, 29 – Mascha S.; BGH, NJW 2014, 2276 und Parallelverfahren BGH, ZUM 2014, 701.

1489 BGH, NJW 1999, 2893 [2894] – Ehebruch; BGH, NJW 1991, 1532 [1533]; ausführlich dazu *Chromik*, Die Entscheidungskriterien des Zivilrichters, S. 191 ff., 201 ff.

1490 So aber OLG Hamburg, Urt. v. 24.04.2012, Az.: 7 U 5/12, BeckRS 2013, 10131.

1491 Dies kritisiert auch *Elmenhorst* in seiner Anmerkung zum jüngsten Urteil des BGH zum Minderjährigenpersönlichkeitsschutz, *Ders.*, NJW 2014, 2278 [2279].

hier vertretener Ansicht grundsätzlich zuzurechnen. Dies kann jedoch nicht dazu führen, dass die Informationen zu Unterhaltungszwecken immer wieder verbreitetet werden, um Aufmerksamkeit auf sie zu lenken. Aus der Urteilsbegründung des Instanzengerichts ergibt sich, dass die Medienöffentlichkeit durch die Eltern in der Folgezeit gerade vermieden wurde.[1492] Wie vom Bundesverfassungsgericht zum Schutze Erwachsener gefordert, haben sie die „Erwartung, dass die Umwelt die Angelegenheit oder die Verhaltensweisen im Bereich mit Rückzugsfunktion nur begrenzt oder nicht zur Kenntnis nimmt, situationsübergreifend und konsistent zum Ausdruck gebracht".[1493] Zweifelsohne nähmen die Töchter nicht einmal nach alter Rechtsprechung zu den Personen der Zeitgeschichte an der Prominenz ihres Vaters teil, so dass auch ihre Bekanntheit kein Absenken des Schutzniveaus rechtfertigt. Letztlich verwendet der Bundesgerichtshof den Umstand gegen die Minderjährigen, dass Informationen über sie öffentlich gemacht wurden, sei es auch gegen ihren Willen geschehen. Dass die Töchter von der Erstveröffentlichung Kenntnis erlangt hatten, wird demgegenüber nicht festgestellt, obgleich es ihnen nur dann überhaupt möglich gewesen wäre, sich dagegen zur Wehr zu setzen. Nur wenn dies bewusst unterblieben wäre, sollte der Umstand zum Nachteil der Minderjährigen gereichen.[1494] Auf Seiten der Medien berücksichtigt das Gericht zudem ein öffentliches Informationsinteresse, ohne festzustellen, worin das Interesse an Namen und Alter bestehen soll, wenn der Artikel schwerpunktmäßig den Beruf den Vaters thematisiert.[1495] Dies wiegt nach eigener Ansicht des Gerichts sogar weniger schwer, da es nur der Unterhaltung dient. Insgesamt hinterlassen die Entscheidungen eine Reihe offener Fragen dazu, auf welchem Wege Eltern und Kinder denn konkret für Schutz hätten sorgen können (außer einen anderen Beruf zu wählen) und wie Kindern und Jugendlichen in diesen Fällen ein Rückzug aus der nicht gewählten Öffentlichkeit gelingen kann.

c. Unzulässig sind des Weiteren Berichterstattungen, die in erster Linie dazu dienen, die Neugierde und Sensationslust des Publikums zu befriedigen. Dem *Interesse an Unterhaltung* kommt in der Interessenabwägung grundsätzlich ein geringerer Wert zu, so dass sich die verstärkten Persönlichkeitsrechte von Minderjährigen in der Regel durchsetzen. Der Persönlichkeitsschutz erfährt an dieser Stelle eine deutliche Aufwertung gegenüber dem Schutzgrad für erwachsene Rechtsträger. Die Intensität des rechtfertigenden Interesses ist dabei umso höher, je seriöser der Gegenstand einer Äußerung und je größer die Tragweite für die Allgemeinheit ist.[1496]

Die Veröffentlichung *trivialer Lebensvorgänge*, also alltägliche Vorgänge wie Einkaufen, Urlaub, sportliche Aktivitäten, Schulbesuche und ähnliche Alltagsereignisse,

1492 OLG Rostock, Urt. v. 18.12.2012, Az.: 7 U 3/10, BeckRS 2014, 10434.

1493 BVerfG, NJW 2006, 3406 [3408].

1494 Ebenso *Elmenhorst,* NJW 2014, 770 [770 f.].

1495 Ebenso *Elmenhorst,* NJW 2014, 2278 [2279].

1496 *Beater*, in: Soergel, BGB, Anh. § 823 IV Rn. 58 ff.; *Soehring*, in: Ders./Hoene, Presserecht, § 15 Rn. 10 f.

sind grundsätzlich unzulässig.[1497] Wenn beispielsweise nur *Belanglosigkeiten* thematisiert werden, etwa dass ein 14-Jähriger viel Sport treibt oder das Fußballspiel liebt, überwiegt das Interesse des betroffenen Minderjährigen, nicht ungewollt und ohne konkreten Anlass in der Öffentlichkeit präsent zu sein.[1498] Unerheblich ist, ob sich die Angelegenheiten in öffentlich einsehbaren Bereichen abgespielt haben und deshalb potenziell für Jedermann wahrnehmbar sind. Die Unbefangenheit des Minderjährigen wäre massiv eingeschränkt, wenn er ständiger Beobachtung ausgesetzt ist und mit einer öffentlichen Verbreitung rechnen muss. Minderjährige müssen sich entwickeln können, ohne dass sie dabei die Öffentlichkeit meiden oder sich in ihr in einer altersunangemessenen Weise kontrolliert verhalten müssen, weil sie vor Medienberichterstattungen Angst haben.[1499] Sie müssen deshalb in weiterem Umfang als Erwachsene in berechtigter Weise davon ausgehen dürfen, den Blicken der Öffentlichkeit nicht ausgesetzt und für sie nicht greifbar zu sein. Im Übrigen hängt die Verletzungsintensität bei Wortberichterstattungen maßgeblich von der Dichte der preisgegebenen Einzelinformationen ab.[1500]

Nur Kinder und Jugendliche, die nach der vorstehenden Einordnung selbst als Personen des öffentlichen Lebens anzusehen sind, also einen erheblichen, selbst betriebenen Bekanntheitsgrad erreicht haben, sind grundsätzlich weniger schützenswert. In diesen Fällen ist dem Informationsinteresse ein höheres Gewicht beizumessen, das selbst veranlasst und zumeist wirtschaftlich genutzt wird. Vor der Entscheidung des EGMR 2004 wurden Schilderungen von alltäglichen Ereignissen wie Restaurantbesuche, Einkaufsbummel etc. bei Personen des öffentlichen Lebens grundsätzlich für zulässig erachtet, wenn sie sich nicht in örtlicher Abgeschiedenheit befunden haben.[1501] Nach der Kritik des EGMR an diesem Kriterium scheinen die deutschen Gerichte den Indiskretionsschutz aber auch auf Alltagsgeschäfte auszudehnen.[1502]

Zu bedenken ist jedoch zugleich, dass junge Menschen nicht mit prominenten Erwachsenen gleichgestellt werden können. Sie bleiben Minderjährige, die auch bei eigener Prominenz vergleichsweise weniger Erfahrung mit Öffentlichkeit und Medien haben. Um der Schutzbedürftigkeit einerseits und dem erhöhten Informationsinteresse andererseits flexibel Rechnung tragen zu können, ist besonders darauf zu achten, welcher Bereich für die Öffentlichkeit bewusst geöffnet wurde. Das Bundesverfassungsgericht hat in einer Entscheidung zu einer volljährigen Tochter von Caroline von Monaco offen gelassen, ob aus Art. 2, Art. 1 GG ein Recht darauf hergeleitet werden kann, nicht gegen seinen Willen zum Objekt bestimmter medialer,

---

1497 Ebenso *Westphal*, GreifRecht 13/2012, 32 [38].

1498 BVerfG, NJW 2000, 2191 im Anschluss an OLG Hamburg, NJW-RR 1999, 1550.

1499 BVerfG, NJW 2005, 1857 [1858]; *Beater*, JZ 2013, 111 [113].

1500 Zur Schilderung von Alltagsgeschäften Prominenter BVerfG NJW 2000, 2194 [2195].

1501 Vgl. BGH, NJW 1996, 1128; BVerfGE 101, 361 - CvM II.

1502 Z.B. BVerfG, ZUM 2008, 420 mit Anmerkungen *Klass* [434]; *Wanckel*, in: Götting/Schertz u. a., Handbuch, § 19 Rn. 23.

die selbst gewählte Öffentlichkeit verbreiternder Erörterung gemacht zu werden.[1503] Im Minderjährigenpersönlichkeitsschutz findet sich das Prinzip der beschränkten Aufgabe von Privatheit bereits bei der Einbeziehung des Vorverhaltens, das auch bei minderjährigen Personen des öffentlichen Lebens Geltung verlangt. Ein Alles-oder-Nichts-Prinzip verträgt sich mit dem Kern des Minderjährigenschutzes nicht, unerfahrene Rechtsträger vor gefährlichen Entscheidungen zu bewahren.

Erfolgt die Preisgabe von Informationen etwa nur im Hinblick auf den Beruf (Model, Schauspieler etc.), sind Veröffentlichungen auch ausschließlich im Rahmen der Funktionserfüllung zulässig. Über Alltagsvorgänge ohne Bezug zu Funktion und Beruf darf nicht berichtet werden. Auch bei der Kommerzialisierung durch Exklusivverträge ist genauestens zu prüfen, über welche privaten Lebensumstände berichtet wurde.[1504] Werden beispielsweise Informationen über den Freizeitbereich, Hobbys etc. preisgegeben, sind Berichte über Schule, Ausbildung, Familie davon nicht umfasst. Minderjährigen bleibt folglich eine weitergehende Kontrollmöglichkeit, auch wenn das Privatleben teilweise der Öffentlichkeit zugänglich gemacht wird. Wortberichterstattungen über beliebige Alltagssituationen sind somit grundsätzlich unzulässig. Im Übrigen ist auch hier für die Zulässigkeit entscheidend, welche Informationsdichte die Wortberichterstattung aufweist.

d. Schwierige Abgrenzungsfragen ergeben sich zumeist im Zusammenhang mit der *Teilnahme an öffentlichen Veranstaltungen* und sonstigen Ereignissen, die auf besondere Beachtung der Massenmedien stoßen, wie Sportwettbewerbe oder Preisverleihungen. Im Mittelpunkt stehen in dieser Fallgruppe zwar Bildveröffentlichungen, aber auch eine Wortberichterstattung rückt den Minderjährigen ins Licht der Öffentlichkeit.

Das besondere Schutzbedürfnis ist hier zumeist relativiert, da mit der Teilnahme die bewusste Zuwendung zur Öffentlichkeit verbunden ist.[1505] Das Kriterium ist anhand derselben Anhaltspunkte zu konkretisieren wie im Bildnisschutz. Ist die Teilnahme an der Veranstaltung als bewusste Zuwendung zur Öffentlichkeit zu werten, liefert sich der Betroffene jedenfalls partiell den Bedingungen aus, die bei öffentlichen Auftritten oder Veranstaltungen herrschen. Eine wörtliche Berichterstattung über die Teilnahme an der Veranstaltung ist folglich zulässig, es sei denn, sie wirkt durch andere Äußerungen beeinträchtigend. Auch wenn Medien *anlassbezogen* berichten dürfen, haben sie stets auf die besondere Schutzbedürftigkeit des Minderjährigen Rücksicht zu nehmen.[1506] Eine Berichterstattung darf also über eine Veranstaltung unter Teilnahme eines minderjährigen Gastes erfolgen, aber nicht nur anlässlich einer solchen den einzelnen Gast in den Mittelpunkt stellen.[1507]

1503 BVerfG, GRUR 2011, 255 [257].

1504 Zu Exklusivverträgen *Wanckel,* in: Götting/Schertz u. a., Handbuch, 19 Rn. 23.

1505 BVerfG, NJW 2005, 1857 [1858].

1506 BVerfG, NJW 2005, 1857 [1858]; dazu auch *Wanckel,* in: Götting/Schertz u. a., Handbuch, § 19 Rn. 26.

1507 OLG Hamburg, OLGR Hamburg 2003, 96 (juris); zu Erwachsenen *Wanckel,* NJW 2011, 726 [727 ff.].

e. Unzulässig sind des Weiteren Wortberichterstattungen, die sich zwar aus einem zulässigen Anlass mit einem Minderjährigen befassen, dabei aber durch die *Art der Darstellung* die persönlichen Belange des Betroffenen beeinträchtigen.

Grundsätzlich können die Medien nach ihren eigenen publizistischen Kriterien entscheiden, was sie des öffentlichen Interesses für wert halten und was nicht.[1508] Der Bundesgerichtshof zählt zu dieser Freiheit allgemein auch, dass „das Aussehen, das Verhalten und der soziale Kontext einer Person wertend und auch mit übertriebenen Formulierungen dargestellt und über ihren persönlichen und sozialen Hintergrund spekuliert wird“[1509]. Wer die Berichterstattung über seine Teilnahme und sein Verhalten bei einer Veranstaltung grundsätzlich dulden muss, könne deshalb nicht beanspruchen, dass dies nicht zum Ausgangspunkt kommentierender Bemerkungen der Presse gemacht wird. Der Persönlichkeitsschutz greift erst dann, wenn die beanstandeten Äußerungen für sich genommen einen eigenständigen Verletzungseffekt aufweisen, etwa wenn sie eine enge Verbindung zur Person aufweisen. Aus diesem Grunde wurden Spekulationen über Aussehen, Verhalten und Lebenswandel der mittlerweile volljährigen Charlotte Casiraghi anlässlich der Teilnahme am „Rosenball in Monaco“ für zulässig erachtet.[1510]

An dieser Stelle manifestiert sich abermals eine beträchtliche Kluft zwischen den allgemeinen Maßstäben und denjenigen, die im Minderjährigenpersönlichkeitsschutz gelten. Auch in den Fällen, in denen eine Berichterstattung im Grunde zulässig ist (insbs. bei bewusster Zuwendung zur Öffentlichkeit durch Teilnahme an einer Veranstaltung), sind Minderjährige besonders schutzbedürftig, wenn Meinungsäußerungen mit einem Tatsachenkern aufgestellt werden. Sie können sich vor Zuschreibungen von Eigenschaften, Bewertungen ihrer Person und Spekulation über ihre Entwicklung fürchten mit der Folge, dass sie Veranstaltungen oder anderweitige Öffentlichkeit zukünftig meiden. Darüber hinaus muss in der Interessenabwägung berücksichtigt werden, dass derlei Medieninhalte in aller Regel der Unterhaltung dienen, dem Informationsinteresse also folglich ein geringes Gewicht beizumessen ist. Zugleich muss der Presse jedoch die Möglichkeit erhalten bleiben, über das Aussehen oder Verhalten eines Minderjährigen zu berichten, der sich bewusst der Öffentlichkeit zugewendet hat oder als bekannte Person an einer Veranstaltung teilnimmt. Es kommt deshalb immer auf die Art der Darstellung im Einzelfall an.

Die kindliche Persönlichkeit im Sinne der Gefühlswelt, des Charakters, der Vorlieben, der Verhaltensweisen etc. ist demnach weitgehend vor kommentierenden Erörterungen in den Medien geschützt, ohne dass es auf einen herabsetzenden oder wohlwollenden Grundton ankommt.[1511] Besonders beeinträchtigend wirken anzügliche und erotisierende Beschreibungen. Beispielgebend ist ein Artikel in einer Ta-

1508 BVerfGE 97, 228 [257]; BGH, GRUR 2008, 1020.
1509 BGH, GRUR 2011, 261 [264].
1510 BGH, GRUR 2011, 261.
1511 BVerfG, NJW 2005, 1857; KG Berlin, ZUM-RD 2004, 10 [13].

geszeitung, über die das KG Berlin zu entscheiden hatte. Die Zeitung veröffentlichte über Charlotte Casiraghi (damals 15 Jahre alt) anlässlich eines Reitturniers, an dem sie teilgenommen hat, unter anderem folgende Passagen: „Schöne C. warum streckst Du uns die Zunge raus? ... Im Märchen sind Prinzessinnen ja eigentlich eher brav und schüchtern. Ganz anders Teenager-Blaublut C. (15). Scheint so, als hätte (sie) das Wildfang-Gen ihrer aufmüpfigen Tante S. ... geerbt." und „Auf einem Springturnier ... präsentierte sich die adelige Amazone ganz schön kess, zeigte ungeniert ihre blaublütige Zunge und griff sich frech an den adeligen Busen."[1512] Auch wenn anlassbezogen berichtet werden darf, überwiegen die Persönlichkeitsbelange der Minderjährigen bei derart wertenden Bemerkungen zweifellos.[1513] Minderjährige sind dementsprechend auch davor geschützt, dass ihr Aussehen kommentiert wird.[1514] Das äußere Erscheinungsbild einer Person wird entgegen der instanzgerichtlichen Rechtsprechung zwar vom Bundesverfassungsgericht grundsätzlich nicht der Privatsphäre zugeordnet.[1515] Auch positive, sogar harmlose Werturteile können jedoch aufgrund der besonderen Beeinflussbarkeit den Entwicklungsprozess von Kindern und Jugendlichen stören. Insbesondere ist darauf zu achten, dass die Jugendliche nicht gegen den eigenen Willen zum Schönheitsidol aufgebaut wird, wie bei der zweiten Tochter von Caroline von Monaco erprobt.[1516] Rechtswidrig sind des Weiteren regelmäßig spekulative Informationen über die Eigenschaften, den Charakter und die Entwicklung des Minderjährigen, insbesondere wenn sie im Mittelpunkt der Berichterstattung stehen.[1517]

f. Spezielle Maßstäbe gelten auch für die Berichterstattung über Kinder und Jugendliche als *Opfer oder Täter von Verbrechen und sonstigen Verfehlungen.* Die Kriminalitätsberichterstattung trägt immer das Risiko von ausgrenzenden Effekten in sich.[1518] Dennoch befriedigen Berichte über Verfehlungen und Straftaten öffentliche Informationsinteressen, die aufgrund der Person des Täters, wegen der Art und Weise der Ausführung, der Schwere der Tat oder wegen ihrer politischen oder gesellschaftlichen Zusammenhänge mehr oder weniger zu gewichten sind.[1519] Derjenige, der die Rechtsordnung und damit den Rechtsfrieden bricht sowie Dritte verletzt, ruft selbst ein öffentliches Informationsinteresse hervor und muss neben einer strafrechtlichen Sanktion auch hinnehmen, dass sich die Öffentlichkeit mit seiner Tat auseinandersetzt und sich über diese auf den üblichen Wegen umfassend

---

1512 KG Berlin, ZUM-RD 2004, 10, 15.
1513 Vgl. auch BVerfG, NJW 2005, 1857 [1858].
1514 BVerfG, NJW 2005, 1857 [1858]; BGH, NJW 2004, 1795 – Charlotte Casiraghi; KG Berlin, ZUM-RD 2004, 10 [13].
1515 Vgl. BVerfG, GRUR 2011, 255 [258].
1516 KG Berlin, ZUM-RD 2004, 10 [13].
1517 BVerfG, NJW 2003, 3262 – Geburtenhoroskop.
1518 Ausführlich zu Inhalt und Auswirkungen der Berichterstattung über Jugendkriminalität *Saleth*, Jugendkriminalität im Spiegel der Lokalpresse, S. 17.
1519 *Rixecker*, in: MüKo BGB, Anh. § 12 Rn. 162.

informiert.[1520] Zum berichtenswerten Zeitgeschehen gehört freilich auch, wenn Minderjährige beteiligt sind.

Dies zeigt etwa anschaulich der jugendliche Serienstraftäter „Mehmet“, der in den 1990er Jahren für eine öffentliche Diskussion über das Jugendstrafrecht gesorgt hat. Ebenso hat das Bundesverfassungsgericht ein öffentliches Informationsinteresse anerkannt in dem bereits erwähnten Verfahren der Brüder Ochsenknecht, bei dem eine Zeitung im Internet einen Bericht über einen Vorfall unter namentlicher Nennung der beteiligten Heranwachsenden (damals 18 und 17 Jahre alt) verbreitete, die selbst als Schauspieler und Sänger in Deutschland bekannt sind. In einer Gruppe von Freunden hatten sie in der in Bayern sogenannten Freinacht unstreitig Fahrräder traktiert, Blumenbeete zerstört und den Telefonhörer in einer öffentlichen Telefonzelle abgerissen. Eine Strafanzeige wurde damals nicht einmal erstattet.[1521]

Im Minderjährigenpersönlichkeitsschutz sind im Rahmen der Interessenabwägung aber die gesetzgeberischen Wertungen des Jugendgerichtsgesetzes einzubeziehen, die für den gesamten Umgang mit jugendlichen Straftätern richtungsweisend sein sollten. So ist die in § 48 Abs. 1 JGG verankerte Nichtöffentlichkeit der Verhandlung Ausdruck der besonderen Schutzwürdigkeit des Diskretionsinteresses im Zusammenhang mit Straftaten, die in den Richtlinien zum Jugendgerichtsgesetz (S. 3 HS. 2 der Richtlinie zu § 48 JGG) konkretisiert ist. Demnach soll der Vorsitzende, wenn er sich dennoch entschließt, die Presse in der Hauptverhandlung gegen einen Jugendlichen zuzulassen, darauf hinwirken, dass der Name des Angeklagten nicht genannt, sein Lichtbild nicht veröffentlicht und auch jede andere Angabe vermieden wird, die auf die Person des Jugendlichen bzw. Heranwachsenden hindeutet. Diese restriktiven Verfahrensregeln beruhen auf dem Umstand, dass die Veröffentlichung Verhaltensweisen publik macht, die im Zustand der Unreife begangen worden sind.[1522] Noch strengere Maßstäbe legt Art. 40 Abs. 2 Buchst. b) Ziff. Vii KRK an, wonach das Privatleben in allen Vefahrensabschnitten voll zu achten ist. Dies umfasst die gesamte Zeitspanne zwischen dem ersten Kontakt mit den Strafverfolgungsbehörden bis zur abschließenden Entscheidung und gibt den Vertragsstaaten auf, Nachteile für Kinder zu vermeiden, die durch die Beteiligung der Öffentlichkeit entstehen können. Insbesondere dürfen Informationen, die zu einer Erkennbarkeit und Identifizierung des betroffenen jungen Menschen führen können, nicht veröffentlicht werden, um seine Zukunft und Sicherheit, seinen Zugang zu Bildung, Arbeit und Unterkunft nicht zu gefährden. Zur Durchsetzung sieht die Konvention notfalls sogar strafrechtliche Maßnahmen gegen Medien vor.[1523] Schließlich ist zu berücksichtigen, dass die Störungsintensität einer Berichterstattung im sozialen und

---

1520 BGH, NJW 2010, 757.

1521 BVerfG, NJW 2012, 1500 – Ochsenknecht.

1522 So LG Hamburg, Urt. v. 13.03.2009, Az.: 324 O 680/08 (juris) und nachgehend OLG Hamburg, NJOZ 2010, 2404; ebenso schon LG Hamburg, Urt. v. 20.11.2007, Az.: 324 O 636/07 und OLG Hamburg, Urt. v. 17.06.2008, Az.: 7 U 35/08 (juris).

1523 *Schmahl*, UN-Kinderrechtskonvention, Art. 40 Rn. 16.

auch individuellen Bezug gerade bei negativem oder kritischem Inhalt erheblich höher ist als bei erwachsenen Rechtsträgern.

Anhand dieser Wertungen wird deutlich, dass strenge Maßstäbe für die Kriminalberichterstattung gelten. Die Zulässigkeit von Berichterstattungen über tatsächlich begangene Straftaten und Verfehlungen hängt in erster Linie von der Schwere der fraglichen Straftat oder Verfehlung ab.[1524] Im Rahmen der Einzelabwägung ist die Schwere der Tat, die Stellung des Minderjährigen, Art und Weise der Ausführung und ihrer politischen oder gesellschaftlichen Zusammenhänge zu bedenken. Besondere Anforderungen müssen an die mit einer Berichterstattung erfolgende Identifizierung des minderjährigen Täters gestellt werden.[1525] Das Informationsinteresse kann nur bei besonders schweren Straftaten überwiegen, wie etwa bei einem Amoklauf oder einem terroristischen Anschlag.[1526] Die Persönlichkeitsbelange werden durch eine identifizierende Medienberichterstattung über jugendliche Straftäter schwer beeinträchtigt, da wie bei Erwachsenen ihr Resozialisierungsinteresse betroffen ist. Dieses tritt bei jugendlichen Straftätern schon während des Ermittlungs- und Strafverfahrens in den Vordergrund. Das Höchstmaß der möglichen Freiheitsstrafe ist nach § 18 JGG deutlich geringer als im Erwachsenenstrafrecht, darüber hinaus kann eine Aussetzung des Strafrestes unter einfacheren Voraussetzungen und damit potenziell wesentlich eher erfolgen.[1527]

Auch bei weniger schweren Straftaten oder Verfehlungen überwiegt grundsätzlich das Persönlichkeitsinteresse des Minderjährigen. Das Bundesverfassungsgericht hat in dem Fall *Ochsenknecht* durch die öffentlich bekannten Jugendlichen den Bagatellcharakter der jugendlichen Verfehlung insofern einbezogen, als dass die Bedeutung der Persönlichkeitsbeeinträchtigung gemindert ist. Zugleich ist aber dem Umstand Beachtung zu schenken, dass auch das Informationsinteresse maßgeblich gemindert ist, wenn nur Bagatelldelikte im Raum standen und nicht einmal Strafanzeige erstattet wurde. Die Veröffentlichung derartiger Jugendsünden kann eine erhebliche Prangerwirkung hervorrufen, die zum Informationswert außer Verhältnis steht. Dieser Anlass ist deshalb von vorneherein nicht dazu geeignet, das besonders gewichtige Persönlichkeitsrecht des Minderjährigen dahinter zurücktreten zu lassen. Eine identifizierbare Berichterstattung über einen jungen Ladendieb oder Jugendliche, die sich an einer Schlägerei beteiligt haben, ist demnach nicht zulässig. Das Gewicht des Informationsinteresses kann folglich im Fall *Ochsenknecht*

1524 BVerfG, NJW 2009, 350.

1525 Ebenso *Klass*, in: Erman, BGB, Anh. § 12 Rn. 153; *Müller*, NJW 2007, 1617 [1619]; allerdings halten diese Autoren eine identifizierende Berichterstattung für „ausnahmsweise" zulässig.

1526 Zur Berichterstattung zum Amoklauf von Winnenden vgl. die Beschwerdeentscheidungen des deutschen Presserats BK2-82/09 und BK2-81/09 zur namentlichen Nennung des 17-jährigen Amokschützen; nicht gerechtfertigt hielt der deutsche Presserat darüber hinaus die identifizierbare Darstellung einer 17-Jährigen, die ihren Säugling in einer Mülltonne abgelegt hatte, Beschwerdenummer B 89/00.

1527 OLG Hamburg, NJOZ 2010, 2404.

weniger auf der Tat, sondern auf dem Umstand gründen, dass Jugendliche von einiger Bekanntheit sich falsch verhalten haben. Durch ihre beruflichen Tätigkeiten im Fernsehen sind sie als Personen des öffentlichen Lebens einzuordnen, so dass die eigene Bekanntheit bei der Gewichtung des Informationsinteresses Berücksichtigung findet. Allerdings ist die Intensität der Persönlichkeitsbeeinträchtigung auch bei Bagatelldelikten größer als bei erwachsener Prominenz, wohingegen das Informationsinteresse gering ist. Insbesondere in Fällen von kleineren Verfehlungen und Bagatelldelikten stehen die Auswirkungen für den Minderjährigen gerade wegen seiner Bekanntheit außer Verhältnis zum Informationsinteresse, das sich letztlich eben ausschließlich auf die Prominenz des Jugendlichen stützt.[1528]

Noch strengere Maßstäbe müssen vor dem Hintergrund der Beeinträchtigungsschwere für die *sog. Verdachtsberichterstattung* gelten. Darunter werden die Fälle gefasst, in denen die Medien über einen bestimmten Verdacht gegen eine Person in der Öffentlichkeit berichten und dabei Namen offenlegen oder die Personen zumindest identifizierbar machen.[1529] Von entscheidender Bedeutung für die Zulässigkeit ist, ob die Mitteilung eines Verdachts als Tatsachenbehauptung oder als Meinungskundgabe zu verstehen ist: Wird das Zutreffen der Verdächtigung suggeriert, müssen sich die Medien für die Wahrheit des Inhalts verantworten. Beschränkt die Berichterstattung ihre Mitteilung auf die Existenz der Verdächtigung, indem sie sich davon distanziert oder die Information als Mutmaßung kennzeichnet, ist das Gewicht des Informationsinteresses entscheidend.[1530] Die Auswirkungen derartiger Wortberichterstattungen sind in der Regel besonders schwer, weil Mutmaßungen für die Wahrheit gehalten werden, die spätere Haltlosigkeit des Verdachts den Makel nicht mehr zu beseitigen vermag und Berichtigungen zumeist nicht die gleiche Aufmerksamkeit erfahren. Deshalb gelten generell besondere Anforderungen an die Berichterstattung sowohl im Hinblick auf die journalistische Sorgfalt (gründliche Prüfung der Wahrheit, des Inhalts und der Herkunft des Verdachts, Anhörung des Betroffenen) und das öffentliche Informationsinteresse. Insbesondere darf die Berichterstattung nicht vorverurteilen, muss vollständig sein und durch einen Mindestbestand an Beweistatsachen veranlasst sein.[1531] In Bezug auf Minderjährige gilt hier das vorstehend gesagte: nur bei einer gewissen Schwere der Tat oder einer besonderen politischen oder gesellschaftlichen Bedeutung darf über den Verdacht einer Straftat durch einen Minderjährigen berichtet werden.

Zu bejahen wäre das etwa bei jugendlichen Serientätern oder besonderer Brutalität wie bei den als „U-Bahn-Schläger von München" bekannt gewordenen Jugendlichen, die an einer U-Bahn-Station einen Rentner lebensgefährlich verletzt

---

1528 Ebenso ablehnend *Hufen*, JuS 2013, 280 [282]; *Schertz*, NJW 2013, 721 [725]; a.A. *Stender-Vorwachs*, GRUR-Prax 2012, 286; *Beater*, JZ 2013, 111 [113]; *Muckel*, JA 2012, 399 [400].

1529 *Molle*, ZUM 2010, 331 [332]; vgl. dazu ausführlich *Stapper*, Namensnennung in der Presse im Zusammenhang mit dem Verdacht strafbaren Verhaltens.

1530 *Rixecker*, in: MüKo BGB, Anh. § 12 Rn. 164.

1531 *Rixecker*, in: MüKo BGB, Anh. § 12 Rn. 163 ff.

hatten.[1532] In jedem Falle unzulässig ist jedoch die Veröffentlichung der Identität des Verdächtigen durch Namensnennung oder Veröffentlichung eines entsprechenden Bildes. Dies folgt ebenfalls aus den vorstehend erläuterten Wertungen des Jugendgerichtsgesetzes und der Kinderrechtskonvention. Die Gefahr der Stigmatisierung als „Täter" im weiteren Lebensverlauf mit der Folge unverhältnismäßiger Belastung seiner Zukunft und Sicherheit ist ohne Zweifel von herausgehobenem Gewicht.[1533]

Unzulässig ist eine Berichterstattung auch, wenn ein Minderjähriger *Opfer* einer Straftat geworden ist. Opfer und Zeugen sind allgemein als besonders schutzwürdig anerkannt.[1534] Dies gilt nicht nur bei Sexualdelikten, sondern auch bei sonstigen Vergehen und Verbrechen an ihnen.[1535] Ausnahmsweise ist die Berichterstattung unter Identitätspreisgabe dann zulässig, wenn sich die Person selbst erkennbar an die Öffentlichkeit gewandt hat.

3. Schutz vor unwahren Tatsachenbehauptungen

Während wahre Tatsachenbehauptungen in Berichterstattungen bis zur Grenze der Indiskretionen hingenommen werden müssen, greifen wissentlich *falsche oder solche Informationen, deren Unwahrheit im Zeitpunkt der Äußerung nachgewiesen ist,* in das Allgemeine Persönlichkeitsrecht des Minderjährigen ein und sind in jedem Falle rechtswidrig. Auf Seiten der Presse bestehen in diesen Fällen keine schutzwürdigen Interessen, die Art. 5 GG berühren. Immer unzulässig sind also erfundene Interviews, das Unterschieben von nicht getätigten Äußerungen und sonstige wissentlich falsche und unwahre Behauptungen.[1536]

Erweist sich eine Tatsachenbehauptung über eine persönliche Angelegenheit *aber erst später als unwahr,* kommt es für die Rechtswidrigkeit der Äußerung darauf an, ob der Äußernde sie zur Wahrnehmung berechtigter Interessen unter Berücksichtigung der Belange des Betroffenen für erforderlich halten durfte. Nach der Rechtsprechung soll es hierfür genügen, wenn die journalistische Sorgfalt beachtet wurde.[1537] Wurden die Sorgfaltspflichten eingehalten, folgt aus der Vermutung zugunsten der freien Rede, dass auch nicht nachweislich wahre Tatsachenbehauptungen zu wesentlichen Fragen der Öffentlichkeit veröffentlicht werden dürfen.[1538] Gegenüber Minderjährigen hat die Presse jedoch besondere Sorgfaltsanforderungen

1532 OLG Hamburg, NJOZ 2010, 2404.

1533 OLG Hamburg, NJOZ 2010, 2404 [2405].

1534 *Klass,* in: Erman, BGB, Anh. § 12 Rn. 162.

1535 Z.B. auch bei Verkauf eines Kindes zur Prostitution, vgl. Beschwerdeentscheidung des deutschen Presserates Nr. B 63/89; zum sexuellen Missbrauch vgl. Beschwerdeentscheidung des deutschen Presserates Nr. B 2/99.

1536 Bspw. BGHZ 128, 1 (erfundenes Interview); BVerfGE 54, 148 [153 ff.] – Eppler (untergeschobene Äußerung).

1537 BGH, NJW 1966, 2010 [2011]; NJW 1987, 2225 [2226].

1538 Ausführlich dazu *Rixecker,* in: MüKo BGB, Anh. § 12 Rn. 149 ff.; *Damm/Rehbock,* Widerruf, Rn. 553 f.; *Burkhardt,* in: Wenzel, Wort- und Bildberichterstattung, Kap. 6 Rn. 72 ff.

zu erfüllen. Diese finden ihre Rechtfertigung in dem Umstand, dass junge Menschen als besonders schutzbedürftige Personengruppe offensichtlich erkennbar sind. Das öffentliche Informationsinteresse kann die Persönlichkeitsbelange nur dann überwiegen, wenn die Behauptung auf einer nahezu erschöpfenden Recherche beruht. Bevor Tatsachen über Minderjährige verbreitet werden dürfen, die auf unsicherer Grundlage beruhen, bedarf es demnach intensiver und gründlicher Aufklärungs- und Recherchearbeiten durch die Presse. Im Zweifel muss zunächst von einer Veröffentlichung abgesehen und weiter nachgeforscht werden, um die Persönlichkeitsrechte des Minderjährigen nicht schwerwiegend zu beeinträchtigen. Wurden diese strengen Sorgfaltsanforderungen nicht eingehalten, ist die Tatsachenbehauptung schon aus diesem Grunde rechtswidrig.

Ohne weiteres unzulässig ist dementsprechend die Veröffentlichung von völlig haltlosen und aus der Luft gegriffenen Behauptungen.[1539] Problematischer sind dagegen Gerüchte aus dem Freundes- oder Familienkreis oder von anderen Informanten, die durchaus aus objektiver Sicht zutreffend sein könnten. Entscheidend ist dann im Einzelfall, ob die Presse die möglichen und verhältnismäßigen Bemühungen ausgeschöpft hat, sich zu vergewissern. Nicht ausreichend wäre es beispielsweise, sich bei behaupteter Teenagerschwangerschaft auf die Angabe einer einzelnen Kontaktperson zu verlassen. Auf jeden Fall erforderlich erscheint die Rückfrage bei der betroffenen Person.

Problematisch ist die Beurteilung von Äußerungen, bei denen alle zumutbaren Erkenntnismöglichkeiten unternommen wurden und *trotzdem der Wahrheitsgehalt offen* geblieben ist. Generell gilt nach der Rechtsprechung die Vermutung der freien Rede dahingehend, dass sich der Betroffene in diesem Fall nicht gegen die Veröffentlichung wehren kann. Ist der Wahrheitsgehalt nicht weiter aufklärbar und sprechen sowohl Gründe für als auch gegen den Wahrheitsgehalt, wird der freien Rede der Vorrang zugesprochen.[1540] So setzt insbesondere der Widerrufsanspruch voraus, dass der Betroffene die Unwahrheit der Behauptung beweist.[1541] Im Minderjährigenpersönlichkeitsschutz wirkt sich hier abermals die Unanwendbarkeit der Vermutungsregel aus. Die Begründungslasten bleiben dementsprechend auch bei Anwendung der erforderlichen Sorgfalt beim Äußernden, da dieser in ein besonders schutzwürdiges Rechtsgut eingreift. Die Gefahr, dass eine Tatsache nicht der Wahrheit entspricht, trägt folglich nicht der Minderjährige, sondern ist der Presse aufzubürden. Zu bedenken ist allerdings, dass bei derart strengen Maßstäben nur noch festgestellte Wahrheiten risikofrei von den Medien geäußert werden dürfen. Nach Ansicht des Bundesverfassungsgerichts in der *Helnwein*-Entscheidung wäre damit „[...] ein vom Grundrechtsgebrauch abschreckender Effekt verbunden, der aus Gründen der Meinungsfreiheit vermieden werden muss." Um die Kommunikationsfreiheiten des Art. 5 GG nicht unverhältnismäßig einzuschränken, sollte die

---

1539 Bspw. BVerfGE 99, 185 [198 f.] - Scientology.

1540 BGHZ 139, 95 [105 f.] – Stolpe; *Rixecker*, in: MüKo BGB, Anh. § 12 Rn. 152.

1541 Dazu *Bruns*, JZ 2005, 428 [429] m.w.N.

Begründungslast folglich nur dann durch die Presse getragen werden, wenn die Informationen wegen ihrer Personennähe besonders beeinträchtigend wirken oder das Informationsinteresse wegen des Unterhaltungszwecks der Berichterstattung weniger schwer wiegt.

4. *Schutz vor Werturteilen*

Entsprechend dem Bereich zulässiger Tatsachenbehauptungen in den Medien ist auch der nach den allgemeinen Regeln überaus weite Freiraum für die Verbreitung von reinen Meinungsäußerungen ohne Tatsachenkern im Minderjährigenschutz enger zu ziehen als üblich. Unverändert ist der erhebliche Stellenwert, den Werturteile unabhängig von Inhalt, Form und Wert wegen ihres Demokratiebezugs gem. Art. 5 Abs. 1 S. 1 GG genießen.[1542] Sie sind andererseits durch ihr wertendes und meinendes Element ebenso wie Tatsachenbehauptungen geeignet, die Entfaltungsinteressen von Kindern und Jugendlichen zu beeinträchtigen. Es können Erwartungen der Öffentlichkeit entfacht werden, die dem Betroffenen in seinem Leben begegnen und Befangenheit auslösen. Auch wenn die Äußerung eine die Öffentlichkeit wesentlich berührende Frage sachlich thematisiert, kann sich der Äußernde im Falle von Minderjährigen nicht auf die Vermutung für die Zulässigkeit der freien Rede stützen. Der Schutz des Wert- und Achtungsanspruchs durch das Allgemeine Persönlichkeitsrecht setzt bei Minderjährigen deshalb schon ein, obwohl die Äußerung noch nicht als Schmähkritik oder Formalbeleidigung einzuordnen ist. Schon eine Äußerung, die ein Kind oder einen Jugendlichen herabgesetzt oder auch überzogene Kritik an ihm übt ist geeignet, die Persönlichkeitsentwicklung zu beeinflussen. Im Rahmen der Abwägung zu berücksichtigen sind dabei der konkrete Inhalt der Äußerung, die qualitative Wirkung, die Intensität des Eingriffs sowie Mittel, Anlass und Motiv.[1543]

a. Nicht jede Äußerung in Form *negativer Bezeichnungen, Vorwürfe, Kritik und anderer Meinungsäußerungen* ist bei objektiver Auslegung auch inhaltlich geeignet, den Geltungswert von Kindern und Jugendlichen zu beeinträchtigen. Der ehrverletzende Charakter ist nach der herrschenden Ansicht im Strafrecht zur Beleidigungsfähigkeit von Kindern nach ihrem gegenwärtigen entwicklungsbedingten Geltungswert und Achtungsanspruch zu bestimmen.[1544] Eine vom Wortlaut und den Umständen identische Äußerung kann demnach für einen Erwachsenen eine Beleidigung darstellen, für ein Kind hingegen noch nicht. Beispielsweise könnte die Behauptung, eine Person hätte den Verstand eines Kleinkindes, zwar einen Erwachsenen und einen 15-Jährigen beleidigen, nicht aber ein Kleinkind.[1545] Dieser

---

1542 BVerfG, NJW 1993, 1462 – Heinrich Böll.

1543 *Klass*, Rechtliche Grenzen des Realitätsfernsehens, S. 300.

1544 Dazu *Regge/Pegel*, in: MüKo StGB, Vorbem. §§ 185 ff. Rn. 43 m.N.

1545 *Lencker/Eisele*, in: Schönke/Schröder StGB, Vorbem. §§ 185 ff. Rn. 2.; *Zaczyk*, in: Kinderhäuser/Neumann/Paeffgen, StGB, Vorbem. §§ 185 ff. Rn. 10; *Regge/Pegel*, in; MüKo StGB, Vorbem. §§ 185 ff. Rn. 43.

kinderspezifischen Sichtweise ist auch im Zivilrecht zu folgen. Ob eine Äußerung die betroffene minderjährige Person überhaupt herabsetzt, ist folglich im Hinblick darauf zu prüfen, ob die Zuschreibung der negativen Qualitäten, mit denen der Äußernde den Geltungswert ganz oder teilweise abspricht, dem natürlichen Entwicklungsverlauf widerspricht. Dass beispielsweise der Vorwurf unsittlichen oder rechtswidrigen Verhaltens oder das Absprechen moralischer Integrität gegenüber einem Säugling oder Kleinkind ins Leere geht, liegt auf der Hand. Problematischer könnte dies schon beim Aberkennen bestimmter menschlicher Qualitäten oder Fähigkeiten sein, beispielsweise bei bewertender Kriminalitätsberichterstattung bei der Zuschreibung „Dümmer als die Polizei erlaubt".

b. Ist die Äußerung demnach inhaltlich geeignet, den Geltungswert des betroffenen Minderjährigen zu beeinträchtigen, ist eine Interessenabwägung vorzunehmen, die in der Regel zugunsten des Persönlichkeitsrechts ausfällt. Eine Meinungsäußerung ist entsprechend den allgemeinen Grundsätzen zunächst dann unzulässig, wenn sie als *Schmähkritik* einzuordnen ist. Der Begriff ist angesichts der Bedeutung der Meinungsfreiheit eng auszulegen und soll nur solche herabsetzenden Äußerungen umfassen, bei denen nicht die sachliche Auseinandersetzung, sondern die Diffamierung und Kränkung einer Person im Vordergrund steht und jenseits polemischer und überspitzter Kritik den Betroffenen persönlich herabsetzt oder gleichsam an den Pranger stellt.[1546] Ebenso sind *Formalbeleidigungen und Äußerungen, die die Menschenwürde antasten,* zu beurteilen.

Davon ist beispielsweise das Oberlandesgericht Hamm ausgegangen in einem Fall, in dem eine Minderjährige in einer Fernsehsendung in die Nähe der Pornobranche gerückt wurde und wiederholt schwerwiegend diffamiert wurde.[1547] Keine unzulässige Schmähkritik liegt demgegenüber vor, wenn die Meinungsäußerung einen hinreichenden Bezug zur dem sachlichen Anliegen aufweist, um das es dem Äußernden geht.[1548] So macht es einen Unterschied, ob Ausschnitte aus einer Dokumentarsendung mit dem Interview einer Schülerin ganz überwiegend zur Unterhaltung des Publikums so dargeboten werden, dass sie einseitig als dumm und lächerlich dargestellt wird, oder ob es im Kern um die sachliche Auseinandersetzung mit dem Thema der Dokumentarsendung geht.[1549]

Beim Gebrauch *polemischer, scharfer oder überspitzter Ausdrücke und Formulierungen* ist im Minderjährigenschutz zu beachten, dass der Einzelne seine Meinung sagen darf, ohne gleich Sanktionen zu befürchten (Grundsatz der Reizüberflutung).[1550] Diese Freiheit muss jedoch ihre Grenzen finden, wenn das noch nicht gefestigte Selbstwertgefühl von Kindern und Jugendlichen leiden könnte. An der abträglichen

1546 BVerfG, NJW 1993, 1462 – Heinrich Böll; BVerfGE 82, 272 [283 f.] – Zwangsdemokrat; BVerfG, NJW 1995, 3303 – Soldaten sind Mörder IV; BGH, ZUM 2007, 201 – Terroristentochter.

1547 OLG Hamm, ZUM 2004, 388.

1548 *Prinz/Peters,* Medienrecht, Rn. 93.

1549 LG Köln, NJOZ 2007, 3497 [3501].

1550 BVerfGE 24, 278 [286] - GEMA; BGH, NJW 2008, 2110 – Gen-Milch.

Darstellung eines Minderjährigen besteht nur in Ausnahmefällen ein Gegeninteresse von höherwertigem Gewicht. In Betracht kommt dies allenfalls für das öffentliche Informationsinteresse, nicht jedoch für Privatinteressen.[1551] Entscheidend ist vor allem, inwieweit die Äußerung die in der Entwicklung befindliche Persönlichkeit punktuell und nachhaltig beeinträchtigen kann, also insbesondere Selbstwert- und Selbstbild negativ beeinflusst und Erwartungshaltungen schürt. Dient die Äußerung der Unterhaltung, beispielsweise bei satirischen Darstellungen in Fernsehformaten, muß den Belangen des Minderjährigen der Vorzug eingeräumt werden.[1552]

Auch wenn ein Kind oder Jugendlicher selbst in der Öffentlichkeit Stellung bezieht, ist das Recht zum Gegenschlag nicht in jedem Fall geeignet, eine abträgliche Äußerung zu rechtfertigen. Hier sollte entscheidend sein, dass Reaktion und Gegenreaktion in einem angemessenen Verhältnis stehen. Übt beispielsweise ein politisch engagierter Jugendlicher scharfe Kritik an einer Person, so darf sich dieser durch Äußerungen zur Wehr setzen, solange diese als angemessen zu betrachten ist. Unzulässig dürften jedoch überzogene Reaktionen sein.

III. Grundsätze zur Zulässigkeit von Bildberichterstattungen über Minderjährige

Unverzichtbar für die praktische journalistische Arbeit ist die Bebilderung in Printmedien und die Berichterstattung im Fernsehen mit aktuellen Foto- und Filmaufnahmen von Personen.[1553] Für die Illustration von Presseberichten mit Fotos, für Fernsehberichterstattungen etc. von Kindern und Jugendlichen ist nach § 23 Abs. 1 S. 1 KUG entscheidend, ob die Veröffentlichung ein zeitgeschichtliches Ereignis betrifft. Die Entscheidung der Medien zur Bildverwendung ist von der grundrechtlich geschützten Pressefreiheit des Art. 5 GG umfasst.[1554] Nach alter Rechtsprechung wurden die widerstreitenden Interessen, bei der auch der Entwicklungsschutz miteinbezogen wurde, in der Regel in § 23 Abs. 2 KUG gegeneinander abgewogen.[1555] Im nunmehr angewendeten Stufenkonzept ist der Standort der Güterabwägung nicht mehr so eindeutig, da demnach schon für die Bestimmung eines zeitgeschichtlichen Ereignisses im Sinne des § 23 Abs. 1 Nr. 1 KUG die Interessen der Beteiligten einzubeziehen sind. Jüngere Entscheidungen des Bundesgerichtshofs lassen vermuten, dass die besondere Schutzbedürftigkeit von Kindern und Jugendlichen nach wie

1551 Z.B. zur Ehrverletzung eines 8-Jährigen durch anwaltliche Aufforderung zur Abgabe einer Unterlassungserklärung wegen in der Grundschule getätigter Äußerungen LG Bonn, NJW-RR 2008, 1576.

1552 LG Köln, NJOZ 2007, 3497.

1553 *Soehring*, in: Ders./Hoene, Presserecht, § 9 Rn. 2.

1554 BVerfG, GRUR 2005, 500 – Satirische Fotomontage; BGH, NJW 2013, 2890 [2892] – Eisprinzessin.

1555 BGH, NJW 2004, 1795 – Charlotte Casiraghi; OLG Hamburg, ZUM-RD 1997, 1 [6]; OLG Hamburg, AfP 2007, 558 [558 f.]; KG Berlin, ZUM-RD 2004, 10 [14].

vor im Rahmen des § 23 Abs. 2 KUG Beachtung findet.[1556] Bei der Beurteilung eines zeitgeschichtlichen Ereignisses ist jedoch grundsätzlich ein normativer Maßstab zugrunde zu legen.[1557] Bei Berichterstattungen ist mithin unter Einbeziehung dazugehöriger Wortberichterstattung zu prüfen, ob der konkreten Abbildung eine Information über ein zeitgeschichtliches Geschehen zu entnehmen ist oder einen Beitrag zu einer Diskussion von allgemeinem Interesse leistet. Da das Informationsinteresse nicht schrankenlos besteht, ist insbesondere weiterhin die nach hergebrachten Grundsätzen betroffene Sphäre des Abgebildeten von Belang.[1558] Daraus folgt, dass über die Voraussetzung nur im konkreten Einzelfall, also insbesondere unter Berücksichtigung der Schutzwürdigkeit des Betroffenen, zu entscheiden ist,[1559] Andernfalls erhielte der Gesichtspunkt der Schutzbedürftigkeit das Gepräge eines „Korrektivs“, und nicht als inhaltsbestimmendes Schutzgut.

1. Schutz vor ungewollter Publizität und Indiskretionen

Wie die Wortberichterstattung ist die Verwendung von Bildnissen in der Regel unzulässig, wenn dadurch in den persönlichen Lebensbereich des minderjährigen Betroffenen eingegriffen wird. Da mit einer Bildveröffentlichung immer eine Identifikation möglich ist und sie Publizität herstellt, gelten die zum Publizitätsschutz bei Wortberichterstattungen herausgestellten Maßstäbe entsprechend. Die Anonymisierung von Fotos durch Nachbearbeitung entsprechend der Empfehlung des Deutschen Presserates in 8.3 seiner Richtlinien zur publizistischen Arbeit durch schwarze Balken vor den Augen oder verpixelte Gesichtszüge erweisen sich häufig als wirkungslos, weil aus den begleitenden Umständen auf die Identität des Abgebildeten geschlossen werden kann. In diesen Fällen ist die Erkennbarkeit trotz des Bemühens zulasten der Presse zu bejahen, da das Ergebnis, nämlich die Identifizierung des abgebildeten Minderjährigen, dasselbe ist.[1560] Der Bildnisschutz sorgt insofern für Diskretionsschutz. Ausfluss des neuen, abgestuften Schutzkonzepts ist es, dass in erster Linie der Informationswert der Bildnisveröffentlichung im Zusammenhang mit der Wortberichterstattung entscheidend ist, nicht Bekanntheit und Status der abgebildeten Person.

1556 BGH, NJW 2013, 2890 [2892 f.] – Eisprinzessin.

1557 Zum Ganzen *Götting*, in: Schricker/Loewenheim, Urheberrecht, § 60/§ 23 KUG Rn. 69; *Klass*, in: Erman, BGB, Anh. § 12 Rn. 179; *Dreier/Specht*, in: Dreier/Schulze, UrhG, § 23 KUG Rn. 11 f.

1558 BGH, NJW 2013, 2890 [2891] – Eisprinzessin.

1559 *Dreier/Specht*, in: Dreier/Schulze, UrhG, § 23 KUG Rn. 10.

1560 Bspw. OLG Frankfurt, NJW 2006, 619 [620]; *Ricker/Weberling*, Handbuch des Presserechts, Kap. 43 Rn. 5; *Dreier/Specht*, in: Dreier/Schulze, UrhG, § 22 KUG Rn. 3 jeweils mit Nachweisen; *Rixecker*, in: MüKo BGB, Anh. § 12 Rn. 48; *Klass*, in: Erman, BGB, Anh. § 12 Rn. 169; kritisch zu begleitenden Umständen: *Fricke*, in: Wandtke/Bullinger, Urheberrecht, § 22 KUG Rn. 6.

a. So kann die *Personennähe der Informationen* dazu führen, dass das Informationsinteresse in diesem Zusammenhang hinter dem Recht am eigenen Bild zurückzutreten hat.

Grundsätzlich unzulässig ist die Veröffentlichung und Verbreitung von Fotos, auf denen ganz oder teilweise der nackte Körper eines Minderjährigen zu sehen ist. Dies gilt auch dann, wenn sich der Betroffene situationsgebunden der Öffentlichkeit preisgegeben hat, beispielsweise in einer Jugendzeitschrift oder einem Sexualkundelehrbuch.[1561] Auch im Bildnisschutz gilt die Grundregel der nur begrenzten Öffnung des privaten Lebensbereichs. Zudem sind Minderjährige im Hinblick auf ihren Körper und ihre sich entwickelnde Sexualität zweifelsohne besonders schutzbedürftig. Für Kinder unter 14 Jahren ist die neuerliche Debatte um die Reform der strafrechtlichen Vorschriften zu Kinder- und Jugendpornografie (§§ 184b, 184c, § 184d StGB) bedeutsam. Einige Überlegungen gehen dahin, auch den Besitz von Nacktbildern unter Strafe zu stellen, die nicht die Voraussetzungen der bisherigen Regelungen erfüllen, also keinen objektiv erkennbaren Sexualbezug aufweisen.[1562]

Entsprechend den Erörterungen zur Berichterstattung über *familiäre Angelegenheiten* ist die Veröffentlichung von Bildnissen in diesem Zusammenhang generell unzulässig, wenn nicht eine bewusste Zuwendung zur Öffentlichkeit oder vorherige Öffnung des Privatlebens festzustellen ist. Praktisch relevant sind insbesondere Bilder von Kindern prominenter Eltern, die in einer *Situation des vertrauten familiären Beisammenseins* entstehen. Die familiäre Interaktion stellt dabei kein zeitgeschichtliches Ereignis iSd § 23 Abs. 1 Nr. 1 KUG dar. Der Bundesgerichtshof führt dazu in einem Verfahren aus, in dem Fotos der neugeborenen Tochter von Caroline von Monaco veröffentlicht wurden, die sie unter anderem beim gemeinsamen Baden auf ihrem Anwesen zeigen: „Wenn sich Eltern im Zusammenleben mit dem Kind nicht unbefangen verhalten können, weil sie befürchten müssen, dass auch gegen ihren Willen Fotos veröffentlicht werden, die den privaten Bereich betreffen, kann sich dies nachteilig auf die Persönlichkeitsentwicklung des Kindes auswirken."[1563] Zugleich kann auch der Minderjährige selbst davon abgehalten werden, mit seinen Eltern kindgerecht zu interagieren. Dies gilt insbesondere in Momenten sensiblen Charakters, beispielsweise bei der Abholung der Mutter aus einer Entzugsklinik.[1564] Die Persönlichkeitsbeeinträchtigung wiegt jedoch auch bei Bildnissen im Zusammenhang mit dem alltäglichen elterlichen Umgang in der Öffentlichkeit schwer, da der Schutzgehalt des Allgemeinen Persönlichkeitsrechts durch Art. 6 Abs. 1 und 2 GG eine Verstärkung erfährt. Es kommt dabei nicht darauf an, ob die Bilder allein die Eltern, nur die Kinder oder aber die konkrete elterliche Hinwendung abbilden,

---

1561 Dazu BGH, NJW 1985, 1617 [1618] – Nacktfoto.

1562 Zur Diskussion vgl. Referentenentwurf des Bundesministeriums der Justiz und für Verbraucherschutz für ein Gesetz zur Änderung des Strafgesetzbuches – Umsetzung europäischer Vorgaben zum Sexualstrafrecht, abrufbar unter http://www.bmjv.de (11.04.2015); *Krings*, ZRP 2014, 69 [71]; *Gercke*, ZUM 2014, 641 ff.

1563 BGHZ 160, 298.

1564 LG Köln, Urt. v. 14.08.2013, 28 O 144/13 (juris).

da das familiäre Zusammenleben allein dadurch gehemmt werden könnte, dass die Berichterstattung an diese Situation anknüpft.[1565] Zudem beeinträchtigt bereits die Aufnahme und das Wissen der Beobachtung die Unbefangenheit, so dass eine Verpixelung von Fotos grundsätzlich nicht zur Zulässigkeit der Bildveröffentlichung führt.[1566]

Dem öffentlichen Informationsinteresse ist auch nicht aufgrund der Prominenz der Eltern der Vorrang einzuräumen. Im Vordergrund steht mithin nicht mehr die Bekanntheit der abgebildeten Person, sondern der Informationswert des Bildnisses. Im Übrigen teilen Minderjährige nach den allgemeinen Abwägungsgrundsätzen nicht den Status ihrer Eltern. Vielmehr ist ihr mit Rechtswirkungen verbundenes Verhältnis zur Öffentlichkeit für den Rechtsträger einzeln zu bestimmen, es kommt auf das konkrete mediale Vorverhalten an. Folglich ist das Interesse an einer Bildveröffentlichung nur höherwertig und damit ein zeitgeschichtliches Ereignis zu bejahen, wenn das Schutzbedürfnis des Betroffenen vermindert ist. Davon ist regelmäßig auszugehen, wenn sich Kinder und Eltern bewusst der Öffentlichkeit zugewendet haben, beispielsweise beim Besuch einer öffentlichen Veranstaltung (dazu sogleich unter c.).

Das öffentliche Informationsinteresse tritt auch dann hinter dem Persönlichkeitsrecht von Kindern und Jugendlichen zurück, wenn es um besonders spektakuläre Ereignisse im Zusammenhang mit der Familie geht. So sind Sorgerechtsstreitigkeiten, Pfändung eines Kindes und vergleichbare Ereignisse nicht als zeitgeschichtliche Ereignisse iSd § 23 Abs. 1 Nr. 1 KUG einwilligungsfrei.[1567] Das öffentliche Informationsinteresse ist zwar regelmäßig aufgrund der politischen Relevanz recht ausgeprägt. Der bislang in der medialen Öffentlichkeit zumeist nicht in Erscheinung getretene Minderjährige ist aber aufgrund der drohenden erheblichen Prangerwirkung besonders schützenswert. Der EGMR hat in dem oben geschilderten Fall *Krone* zudem darauf abgestellt, dass die Veröffentlichung des Bildes nicht notwendig ist, um zu der öffentlichen Debatte beizutragen.[1568]

b. Auch sonstige *beliebige Alltagssituationen* von Kindern und Jugendlichen sind generell kein zeitgeschichtliches Ereignis. Zumeist dienen derartige Bilder ausschließlich der Unterhaltung des Publikums, so dass das Informationsinteresse ohnehin mit geringem Gewicht in die Abwägung einzustellen ist. Alltägliche Lebensvorgänge und –situationen weisen des Weiteren auch im räumlichen Bereich von Kinderspielplätzen, Schulen, öffentlichen Straßen und Parks, Stränden und so fort einen erhöhten Persönlichkeitsbezug auf. Das Interesse des betroffenen Minderjährigen, nicht ungewollt und ohne konkreten Anlass in der Öffentlichkeit präsent

---

1565 Ebenso *Frauenrath*, GB 2010, 295 [302].

1566 BVerfG, ZUM 2007, 463 [464] – Fernsehberichterstattung; ebenso *Westphal*, GreifRecht 13/2012, 32 [38].

1567 Z.B. LG Köln, Urt. v. 11.12.2013, Az. 28 O 341/13 – Samenraub (juris); offen gelassen und zurück verwiesen OLG Karlsruhe, ZUM-RD 2011, 348 – Sorgerechtsübertragung; *Damm/Rehbock*, Widerruf, Rn. 244.

1568 EGMR – Krone Verlag GmbH & Co. KG/Austria, Urt. v. 26.02.2002, Nr. 34315/96.

zu sein, muss wie bei der Wortberichterstattung überwiegen, um eine ungehemmte und unbefangene Entfaltung und Entwicklung zu sichern.

Die Ablichtung von Alltagsereignissen minderjähriger Personen des öffentlichen Lebens ist demnach ebenfalls nur in sehr engen Grenzen möglich. Selbst bei der Ablichtung von erwachsenen Personen des öffentlichen Lebens sind Eingriffe nur bei überragend wichtigen Informationsinteressen zulässig, wozu nicht Neugierde und Unterhaltungsinteressen zählen.[1569] Alle anderen Situationen müssen auch Kindern und Jugendlichen verbleiben, um sich frei von medialer Beobachtung zu fühlen und sich ungekünstelt in der Öffentlichkeit zu bewegen.

c. Zulässig sind demgegenüber Abbildungen von Bildern aus *Anlass eines öffentlichen Auftretens*, also insbesondere bei der Teilnahme an öffentlichen Veranstaltungen, bei der sich der Betroffene bewusst der Öffentlichkeit zugewendet hat.[1570] Nach den allgemeinen Grundsätzen darf die Presse in diesen Fällen nicht nur über das mediale Ereignis selbst, sondern auch darüber berichten, welche Personen dort erschienen sind und in wessen Begleitung sie sich dabei befunden haben. Das zeitgeschichtliche gesellschaftliche Ereignis beinhaltet dann neben der Anwesenheit der betreffenden Personen auch ihr gemeinsames Erscheinen.[1571] Im Rahmen der Interessenabwägung ist dem Informationsinteresse aber nicht deshalb der Vorrang einzuräumen, weil über eine überragend wichtige Angelegenheit berichtet wird. Vielmehr stehen zumeist Unterhaltungsinteressen im Vordergrund. Entscheidend ist, ob und inwieweit das betroffene Kind oder Jugendliche als geringer schutzwürdig zu bewerten ist, weil es sich mit der Teilnahme der Öffentlichkeit gegenüber geöffnet hat.

Nach den Grundsätzen zur Einbeziehung des medialen Vorverhaltens kann es nicht ausreichend sein, wenn *irgendein* Anlass zur Berichterstattung gesetzt wird, beispielsweise die bloße Teilnahme des Kindes oder Jugendlichen als Zuschauer an einer öffentlichen Veranstaltung oder die eigene Taufe[1572]. Auf der anderen Seite bedarf es aber auch nicht eines konkreten einverständlichen Willens des Betroffenen oder seiner Eltern, die einer konkludenten Einwilligung gleichkommen. Entscheidend ist letztlich, dass das Verhalten hinreichend Anlass gibt, auf eine bewusste und gewollte Zuwendung zur Öffentlichkeit zu schließen. Bei der Teilnahme eines Kindes gemeinsam mit einem prominenten Elternteil ist die Verstärkungswirkung des Art. 6 Abs. 1, 2 GG zu bedenken, da eine Berichterstattung den Minderjährigen zukünftig von der Begleitung abhalten und dadurch das ungezwungene Verhältnis leiden könnte. Eine bewusste Zuwendung relativiert die Schutzwürdigkeit nach Ansicht des Bundesverfassungsgerichts nur dann, wenn sich der Minderjährige durch ein über die bloße Teilnahme an einer Veranstaltung hinausgehendes Verhalten den Besonderheiten öffentlicher Auftritte ausliefert. Dies kann der Fall sein, wenn der

1569 *Wanckel*, in: Götting/Schertz u. a., Handbuch,§ 19 Rn. 23.
1570 BVerfG, NJW 2005, 1857 (Besuch eines Balletts).
1571 BGH, NJW 2010, 3025 – Gala Dinner.
1572 OLG München, NJW-RR 1996, 93.

Betroffene selbst Anlass der Veranstaltung ist oder in deren Mittelpunkt steht, als Repräsentant der prominenten Eltern auftritt oder sonst aus dem allgemeinen Besucherkreis durch sein Verhalten heraussticht. Ist das Auftreten des Minderjährigen jedoch nicht dazu bestimmt und geeignet, ihn aus der Masse des übrigen Publikums herauszuheben und die Aufmerksamkeit einer Medienberichterstattung auf ihn zu lenken, so besteht kein Anlass, der ungestörten Entwicklung seiner Persönlichkeit ein geringeres Gewicht beizulegen, als es einem minderjährigen Abkömmling nicht prominenter Eltern zusteht.[1573]

Demnach ist zunächst von einer bewussten Zuwendung auszugehen, wenn ein Kind oder Jugendlicher selbst moderiert, einen Preis verliehen bekommt oder in anderer Weise gestaltend tätig wird. Zudem ist die bloße Begleitung des Elternteils ausreichend, wenn das Kind dadurch aus der Masse des Publikums heraussticht. Dies ist beispielweise beim gemeinsamen Besuch der öffentlichen Meisterschaftsfeier des FC Bayern zu bejahen.[1574] Auch die Teilnahme an einem Sportwettbewerb ist grundsätzlich als bewusste Zuwendung zur Öffentlichkeit zu bewerten. So hielt der Bundesgerichtshof einen Artikel mit mehreren Fotos für zulässig, die unter anderem eine minderjährige Tochter von Caroline von Monaco als Eiskunstläuferin beim Eiskunstlauf-Wettbewerb zeigen. Das Gericht erachtete die Tatsache für ausreichend, dass die Minderjährige an dem Wettbewerb mitgewirkt hat und Fotos- und Videoaufnahmen bei derartigen Sportevents weitgehend üblich seien. Auf Foto- und Videoaufnahmen müssten sich Teilnehmer einer Sportveranstaltung grundsätzlich auch dann einstellen, wenn keine Pressefotografen zugegen sind. Die Verwendung verletze auch nicht berechtigte Interessen der Minderjährigen (Art. 23 Abs. 2 KUG), insbesondere sei eine Störung der kindgerechten Entwicklung nicht ersichtlich.[1575]

d. Ein zeitgeschichtliches Ereignis gem. § 23 Abs. 1 Nr. 1 KUG verlangt jedoch, dass die Bildveröffentlichung stets den *inhaltlichen Zusammenhang* zu dem konkreten Ereignis bewahrt, das Anlass der Berichterstattung ist. Fotos und die begleitenden Texte müssen sich in ausreichendem Umfang mit dem zeitgeschichtlichen Ereignis beschäftigen und dies nicht nur am Rande erwähnen. Wenn sich der wörtliche Bericht lediglich darauf beschränkt, irgendeinen Anlass für die Abbildung prominenter Personen zu schaffen, ohne dass die Berichterstattung einen Beitrag zur öffentlichen Meinungsbildung leisten kann, ist die Bildveröffentlichung unzulässig.[1576]

Dies ist etwa der Fall bei einem Artikel, der sich nahezu ausschließlich mit dem Aussehen einer Tochter Caroline von Monacos befasst hat und mit einem Foto illustriert war, das Mutter und Tochter ausweislich des Textbeitrages auf einem

---

1573 BVerfGK 8, 173; OLG Frankfurt, Urt. v. 06.05.2003, 11 U 34/2002 (juris).

1574 OLG Hamburg, AfP 2006, 369.

1575 BGH, NJW 2013, 2890 – Eisprinzessin, m. Anm. *Elmenhorst/Decker.*

1576 *Götting,* in: Schricker/Loewenheim, Urheberrecht, § 60/§ 23 KUG Rn. 43; *Dreier/Specht,* in: Dreier/Schulze, UrhG, § 23 KUG Rn. 21 m.N.; *Fricke,* in: Wandtke/Bullinger, Urheberrecht, § 23 KUG Rn. 6; BGH, NJW 2013, 2890 – Eisprinzessin, m. Anm. *Elmenhorst/Decker.*

Pferderennen zeigte. Weder die Abbildung noch der begleitende Textbeitrag dienten nach Ansicht des Bundesgerichtshofs dazu, das Informationsinteresse der Öffentlichkeit hinsichtlich der Mutter als absolute Person der Zeitgeschichte oder dem gesellschaftlichen Ereignis des Pferderennens zu befriedigen. Die Verwendung des Bildnisses zur Illustration eines Artikels, der keine Berichterstattung über ein Begleitereignis darstellt, sondern nahezu ausschließlich persönliche Belange zum Inhalt hat und dadurch in besonderem Maße das Allgemeine Persönlichkeitsrecht tangiert, müsse die Betroffene nicht hinnehmen.[1577]

Nicht erforderlich ist, dass die veröffentlichten Bilder aktuell sind, d. h. dass sie das derzeitige äußere Erscheinungsbild einer Person abbilden. Andernfalls käme im Falle einer unzulässigen Veröffentlichung eines Bildes nach kurzem Zeitablauf mangels Aktualität ein generelles Verbot der Bildverwendung in Betracht, wie es einige Instanzengerichte angenommen haben.[1578] Der *Aktualitätsbezug* verlangt vielmehr, dass der Anlass der Bildveröffentlichung aktuell ist.[1579] Deshalb können Fotos auch kontextunabhängig verbreitet werden, solange sie „neutral" sind, d. h. durch einen neuen Kontext der Aussagegehalt nicht verfälscht wird.[1580] Beispielsweise können klassische Portraitfotos einen Text illustrieren, relativ unabhängig davon, welcher Kontext dort angesprochen wird. Entscheidend ist, ob das Bild im Zusammenhang mit einem zeitgeschichtlichen Ereignis verwendet wird.

Dass die losgelöste Verwendung eines neutralen Bildes vom ursprünglichen Kontext auch im Falle von Minderjährigen nicht von vorneherein eingeschränkt werden sollte, zeigt eine praktische Überlegung des Bundesverfassungsgerichts: Durch die Möglichkeit kontextneutraler Verwendung werden die Anlässe für die Medien verringert, über berichtsfähige Ereignisse ständig neue Fotos zu erstellen. Zwar wird die Belästigung durch Fotoreporter dadurch nicht abgestellt, aber möglicherweise verringert, wenn die Medien auf früher hergestellte Fotos zurückgreifen dürfen.[1581]

e. Die Veröffentlichung von Fotos zur Illustration einer Berichterstattung über *Verfehlungen und Straftaten* ist nach den vorstehenden Erörterungen zur Wortberichterstattung grundsätzlich nicht gerechtfertigt. Die Prangerwirkung geht bei einer Bildnisveröffentlichung noch deutlich über diejenige einer Wortberichterstattung hinaus. Damit würde derart intensiv in die Persönlichkeitsinteressen eingegriffen, dass sie auch bei besonderer Schwere der Tat nicht mehr gerechtfertigt sein kann. Das Diskretions- und Resozialisierungsinteresse des Jugendlichen muss das öffentliche Informationsinteresse grundsätzlich überwiegen. Dies gilt sowohl für die Verdachtsberichterstattung als auch für die Berichterstattung nach Verurteilung des jugendlichen Täters.

1577 BGH, NJW 2004, 1795 [1796] – Charlotte Casiraghi; ebenso BGH, NJW 2005, 56.
1578 OLG Hamburg, Urt. v. 11.11.2008, Az.: 7 U 86/08, BeckRS 2009, 86426; KG Berlin, Urt. v. 13.05.2003, Az.: 9 U 271/02 (juris).
1579 *Fricke*, in: Wandtke/Bullinger, Urheberrecht, § 23 KUG Rn. 3.
1580 BVerfG, NJW 2001, 1921 [1924 f.].
1581 BVerfG, NJW 2001, 1921 [1925].

Zweifelsohne ist auch eine Bildberichterstattung über Opfer nicht zulässig, wenn sie nicht darin einwilligen. Besonderheiten können sich dann ergeben, wenn eine staatliche Behörde das Bild eines Minderjährigen zum Zwecke der Rechtspflege oder öffentlichen Sicherheit veröffentlicht oder Medien auf Ersuchen oder Anraten tätig werden. Nach § 24 KUG ist die Verwendung des Bildnisses einwilligungsfrei, allerdings muss die Maßnahme verhältnismäßig sein.[1582] Hier ist bei Minderjährigen besondere Vorsicht geboten, bei der Beurteilung der Angemessenheit ist ihre besondere Schutzwürdigkeit miteinzubeziehen.

2. *Schutz vor unbefugter kommerzieller Nutzung der Publizität*

Die Veröffentlichung von Bildnissen kann nicht nur in Diskretions- und Isolationsinteressen eingreifen. Junge Sportler, Schauspieler, Sänger etc. vermarkten die eigene Popularität und das Image zunehmend in der Werbung, so dass bei dieser Personengruppe mehr und mehr der Schutz des aus der Nutzungsmöglichkeit resultierenden Vermögenswertes in den Vordergrund tritt. Als Fallgruppen sind der Schutz gegen die ungenehmigte Verwendung der Stimme, des Namens und des Bildes anerkannt, wobei letzteres von größter praktischer Bedeutung ist.[1583] Wird ein Lichtbild ohne Einwilligung zu kommerziellen Zwecken verwendet, also beispielsweise auf Plakaten, in TV-Spots etc., stellt dies eine kommerzielle Verwertung der Persönlichkeitsrechte des Betroffenen dar. Die Güter- und Interessenabwägung ist in diesen Fällen anders geartet als in den bisherigen Fällen, da den kommerziellen Belangen des minderjährigen Rechtsträgers grundsätzlich kein erhöhtes Gewicht beizumessen ist. Der verstärkende Schutz der Persönlichkeitsentwicklung ist nach dem Befund zur Abstufung der Persönlichkeitsbelange in dieser Fallgruppe nicht zu berücksichtigen.

a. Praxisrelevant ist insbesondere die *unbefugte Bildverwendung in der Werbung*. Trotz der fehlenden Verstärkung durch den Entwicklungsschutz kann den Persönlichkeitsbelangen der Vorzug eingeräumt werden, da auch den kommerziellen Interessen des Nutzenden grundsätzlich ein geringeres Gewicht beigemessen ist, als dies beim Informationsinteresse der Fall ist. Die Zulässigkeit der Verwendung von Bildnissen zu Werbezwecken hat sich deshalb an den Maßstäben zu messen, die für Erwachsene gelten. Demnach kann sich der Nutzer grundsätzlich nicht auf § 23 Abs. 1 Nr. 1 KUG stützen, wenn das Bildnis lediglich zu Werbe- oder sonstigen Geschäftszwecken verwendet wird. Die Abbildungsfreiheit wird im Interesse der Öffentlichkeit gewährleistet, die in diesen Fällen nicht vorliegt.[1584] Es gilt also auch bei Minderjährigen der Grundsatz, dass allein der Abgebildete darüber befinden

---

1582 *Dreier/Specht*, in: Dreier/Schulze, UrhG, § 24 KUG Rn. 7; vgl. auch Nr. 39 ff. RiStBV und dazu Anlage B, Richtlinien über die Inanspruchnahme von Publikationsorganen zur Fahndung nach Personen bei der Strafverfolgung.

1583 *Klass*, in: Erman, BGB, Anh. § 12 Rn. 207 ff.

1584 *Dreier/Specht*, in: Dreier/Schulze, UrhG, § 23 KUG Rn. 28 f.; *Klass*, in: Erman, BGB, Anh. § 12 Rn. 211.

darf, ob und in welcher Weise er sein Bild den Geschäftsinteressen Dritter dienstbar machen will.[1585]

b. Gegenüber Medien wird es zumeist darum gehen, dass ein Bild in der *Werbung zu Medienprodukten* verwendet wird, also beispielsweise auf Plakaten zur Bewerbung der Zeitschrift.[1586] Neben der Verfolgung kommerzieller Interessen können in diesen Fällen auch Informationsinteressen entsprochen werden. Die Anforderungen an den Informationsgehalt werden dabei generell nicht besonders hoch gesetzt.[1587] Dieser eröffnet den Anwendungsbereich des § 23 Abs. 1 Nr. 1 KUG, in dessen Rahmen dann die kommerziellen Interessen des Abgebildeten mit den wirtschaftlichen Interessen der Presse sowie dem öffentlichen Informationsinteresse abzuwägen sind. Die kommerziellen Interessen von Minderjährigen sind dabei grundsätzlich nicht schützenswerter als bei Erwachsenen. Allerdings ist genauestens zu prüfen, ob die Abbildung trotz zulässiger kommerzieller Nutzung berechtigte ideelle Interessen wie Ehre oder Privatheit verletzt.[1588]

Ein berechtigtes Informationsinteresse der Öffentlichkeit wurde beispielsweise bejaht bei der Abbildung von Fußballspielern auf dem Deckblatt eines Kalenders mit Bildern von Spielszenen, die in einer Gesamtschau auch informativen Charakter hatten.[1589] Auch darf grundsätzlich für ein Presseprodukt, auf dessen Titelseite eine Person abgebildet ist, durch Wiedergabe dieser Seite auf Plakaten oder in TV-Spots geworben werden. Mit der Werbung ist wegen des thematischen Zusammenhangs und des persönlichkeitsrechtlich äquivalenten Gehalts von Werbung und Produkt grundsätzlich keine zusätzliche Beeinträchtigung des Betroffenen verbunden. Bei Abbildungen, die in der beworbenen Ausgabe nicht enthalten sind, ist dies jedoch genau zu prüfen.[1590]

Unzulässig ist hingegen eine Bildverwendung, die den unzutreffenden Eindruck erweckt, der Abgebildete identifiziere sich mit dem beworbenen Produkt und empfehle es.[1591] So wäre es etwa, wenn auf einer Teenie-Zeitschrift eine berühmte Sportlerin abgebildet ist, die auf dem erkennbar unwissentlich aufgenommenen Foto diese Zeitschrift in den Händen hält. Nicht zulässig dürfte es im Minderjährigenpersönlichkeitsschutz zudem sein, wenn sich die Werbung in satirisch-spöttischer Form mit einer die Öffentlichkeit wesentlich interessierenden Frage auseinandersetzt.[1592] Die Grenzen der Meinungsfreiheit sind hier durch die Verstärkung des Rechtsguts

1585 Grundlegend BGHZ 143, 214 – Marlene Dietrich; BGH, NJW 2000, 2201 – Blauer Engel; jüngst BGH, NJW 1992, 2084 m.w.N. – Joachim Fuchsberger.

1586 *Götting*, Persönlichkeitsrechte als Vermögensrechte, S. 41 ff.; *Rixecker*, in: MüKo BGB, Anh. § 12 Rn. 26 ff., 130; zum Starphänomen *Ladeur*, ZUM 2000, 879 [884].

1587 *Fricke*, in: Wandtke/Bullinger, Urheberrecht, § 23 KUG Rn. 45.

1588 BGHZ 169, 340 [347] – Lafontaine; BGH, NJW 2008, 3782 – Zerknitterte Zigarettenschachtel.

1589 BGH, GRUR 1979, 425 – Fußballspieler.

1590 *Fricke*, in: Wandtke/Bullinger, Urheberrecht, § 23 KUG Rn. 46 m.N.

1591 BGH, GRUR 2002, 690 [692].

1592 *Klass*, in: Erman, BGB, Anh. § 12 Rn. 184 m.N.

der Ehre enger als bei Erwachsenen, so dass auch ein etwaiges Informationsinteresse nicht überwiegen kann.

3. *Rechtswidrige Bildnisherstellung*

Die Persönlichkeitsrechte setzen schließlich der journalistischen Recherche Grenzen, die insbesondere gegenüber Fotoaufnahmen durch Paparazzi notwendig sind, um Kinder und Jugendliche vor ständiger Beobachtung und Verfolgung zu schützen.[1593] Das Phänomen stellt nicht nur das U.S.-amerikanische Recht zum Schutz des *right of privacy* auf die Probe, das jüngst in Californien durch *Senate Bill 606* verschärft wurde.[1594] Auch viele der Unterhaltungsmedien in Deutschland speisen sich aus Paparazzi-Aufnahmen, die auf dem Markt einen erheblichen Wert erzielen. Der Zeitung, die die ersten Fotos von den Kindern prominenter Eltern zeigen kann, sind hohe Auflagen und damit auch hohe Umsätze garantiert.[1595] Der Anreiz ist folglich groß, durch den Einsatz technischer Mittel, durch Verstecken, Überraschungshandlungen und andere Taktiken das beste Bild erreichen zu wollen.

a. Die rechtlichen Rahmenbedingungen zur Abwehr derartiger journalistischer Recherchemethoden sind noch etwas in der Schwebe. Praktisch bedeutungslos ist die Strafbarkeit der Anfertigung heimlicher Tonbandaufnahmen gem. § 33 KUG. Als Reaktion auf technische Neuheiten wie Fotohandys und Digitalkameras wurde sodann der § 201a StGB neu eingeführt, der nunmehr strafrechtlichen Schutz gegen Verletzungen des höchstpersönlichen Lebensbereichs durch Bildaufnahmen gewährt. Der Anwendungsbereich ist jedoch mehr oder minder auf die „Intimsphäre" begrenzt.[1596] Durch Bildaufnahmen im Allgemeinen liegt ein Eingriff in das Recht am eigenen Bild gem. § 22 BGB nahe, dessen Anwendbarkeit unter Hinweis auf Wortlaut, Entstehungsgeschichte sowie Sinn und Zweck des KUG jedoch allgemein abgelehnt wird.[1597] Vielmehr erachten Rechtsprechung und herrschende Meinung das Allgemeine Persönlichkeitsrecht als betroffen, da das Rückzugsinteresse des Einzelnen gestört wird.[1598] Ob und inwieweit das Fotografieren oder Filmen das Persönlichkeitsrecht rechtswidrig verletzt, ist folglich im Wege der Interessenabwägung im Einzelfall zu entscheiden.

1593 Zum praktisch ebenso bedeutsamen Erwerb von Veröffentlichungsrechten durch Presseverlage *Soehring*, in: Ders./Hoene, Presserecht, § 9 Rn. 21 ff.

1594 Vgl. vorstehend dazu Kapitel 3 § 3 A. I. 2.

1595 So *Schertz*, AfP 2005, 421 ff.

1596 Dazu *Schertz*, AfP 2005, 421 ff.; *Bosch*, JZ 2005, 377 ff.

1597 Dazu *Helle*, Besondere Persönlichkeitsrechte, S. 68 ff.; *Klass*, in: Erman, BGB, Anh. § 12 Rn. 143; *Dreier/Specht*, in: Dreier/Schulze, UrhG, § 22 KUG Rn. 11; *Soehring*, in: Ders./Hoene, Presserecht, § 9 Rn. 3a.

1598 BGH, NJW 1957, 1315 – Spätheimkehrer; BGH, NJW 1966, 2353 – Vor unserer eigenen Tür; *Helle*, Besondere Persönlichkeitsrechte, S. 71 f.; *Klass*, in: Erman, BGB, Anh. § 12 Rn. 145; *Rixecker*, in: MüKo BGB, Anh. § 12 Rn. 50; zur Anfertigung von Bildnissen *Dreier/Specht*, in: Dreier/Schulze, UrhG, § 22 KUG Rn. 11 m.w.N.

b. Der Minderjährigenpersönlichkeitsschutz soll gerade verhindern, dass Kinder und Jugendliche aufgrund der Beobachtung ihr unbefangenes Verhalten verlieren. Ansatzpunkt ist notwendigerweise nicht erst der Zeitpunkt, in dem ein Bild veröffentlicht werden soll, sondern soweit die *Bildnisherstellung* die kindgemäße Entfaltung hemmt. Bereits das Wissen, nicht ungestört sein zu können und jederzeit dem Risiko einer bildlichen Fixierung ohne Kontrollmöglichkeit über die spätere Verbreitung ausgesetzt zu sein, kann dazu führen, dass sich Kinder und Jugendliche nicht mehr ungezwungen bewegen. Die Interessen von Presse und Abgebildetem treten bereits in dieser Situation in einen Widerstreit, der entsprechend der Wertungsgrundlagen aufzulösen ist. Grundsätzlich ist deshalb davon auszugehen, dass das Fotografieren einer Person nur in dem Umfang zulässig ist, in dem auch die spätere Verbreitung dieser Aufnahme zulässig wäre. Der Persönlichkeitsschutz ist somit de facto vorzuverlegen.[1599]

Als unzulässig sind also Bildanfertigungen anzusehen, die bei offenem Auftreten des Pressefotografen das Diskretionsinteresse betreffen.[1600] Aufgrund der engen Grenzziehung bei der Verwendung von Bildnissen ist das Fotografieren folglich nur in Ausnahmefällen gestattet, insbesondere bei öffentlichen Auftritten. Es gelten dazu grundsätzlich die vorstehend erörterten Maßstäbe.

Unzulässig ist zudem die Bildniserschleichung, also die heimliche Anfertigung und das Hineinfotografieren in Privaträume unter Verwendung von vergrößernden Teleobjektiven.[1601] Anwesen, Ferienhäuser, Schulen und andere räumliche Bereiche sind also für Pressefotografen ebenso tabu wie das heimliche Fotografieren aus Autos oder Gebäuden. Auch versteckte Kameras können ohne Einwilligung des abgebildeten Minderjährigen nicht verwendet werden.

Im Übrigen können unter bestimmten Voraussetzungen auch schon Vorbereitungshandlungen wie *Beobachten, Verfolgen, Verstecken* etc. das Allgemeine Persönlichkeitsrecht verletzen, ohne dass unmittelbar fotografiert wird. Werden Minderjährige von Reportern auf „Schritt und Tritt" verfolgt, sind sie stets auch bei alltäglichen Verrichtungen präsent. Das dauernde Risiko, fotografiert zu werden, und der Kontrollverlust über eine Veröffentlichung beeinträchtigen die kindgemäßen Entfaltungsmöglichkeiten und ihre Unbefangenheit erheblich. Ob das Verhalten eines Journalisten rechtswidrig ist, muss dann im Einzelfall entschieden werden. Maßgeblich sind insbesondere Dauer, Intensität und Hartnäckigkeit des Vorgehens. Die Intensität wird dabei steigen, je näher die Fotografen auch körperlich agieren und je mehr Personen es sind. Für lästige, nicht zu tolerierende Techniken kommt überdies die ergänzende Anwendung des Gewaltschutzgesetzes in Betracht. Möglich

1599 *Soehring*, in: Ders./Hoene, Presserecht, § 9 Rn. 5 m.w.N.

1600 *Prinz/Peters*, Medienrecht, Rn. 815.

1601 BVerfGE 101, 361 [394 f.] – CvM II; BGH, NJW 1966, 2353 – Vor unserer eigenen Tür; *Rixecker*, in: MüKo BGB, Anh. § 12 Rn. 50; *Schertz*, in: Loewenheim, Handbuch des Urheberrechts, § 18, Rn. 9 ff.; *Ders.*, AfP 2005, 421 ff.

ist demnach das Erwirken eines Kontaktverbots.[1602] Schließlich kann auch die Grenze zur Strafbarkeit überschritten werden, wenn Kinder und Jugendliche geradezu belagert werden (§ 238 StGB).

c. Ergänzend fordert die Richtlinie 4.2 des deutschen Pressekodex *Zurückhaltung bei der Recherche* gegenüber besonders schutzbedürftigen Personengruppen wie Kindern und Jugendlichen. Da diese Personengruppe den Pressevertretern nicht als gleich starke Partei gegenüberstehen, darf insbesondere ihre eingeschränkte Willenskraft nicht ausgenutzt werden. Auch bei Einwilligung darf folglich aus kindlicher Naivität oder Unerfahrenheit kein Kapital geschlagen werden, indem beispielsweise Familiengeheimnisse entlockt werden. Die Selbstverpflichtung der Presse geht somit über die rechtlichen Rahmenbedingungen sogar hinaus.[1603]

IV. Rechtsfolgen unzulässiger Berichterstattung

Das Rechtsbehelfssystem zum Schutz gegen Persönlichkeitsrechtsverletzungen durch die Medien ist bis auf wenige Einzelfragen für alle Rechtsträger einheitlich ausgestaltet. Kinder und Jugendliche können rechtswidrigen Äußerungen in den Medien in erster Linie mit Widerrufs-, Unterlassungs- und Schadenersatzansprüchen gem. § 823 BGB, § 1004 BGB analog und § 812 Abs. 1 S. 1 2.Alt. BGB begegnen.

Zur Beseitigung einer Beeinträchtigung durch unrichtige Tatsachenbehauptungen können Minderjährige primär eine Korrektur durch die Presseverantwortlichen gem. § 823 Abs. 1, Abs. 2 iVm einem Schutzgesetz wie § 22 KUG oder § 1004 analog verlangen.[1604] Voraussetzung ist insbesondere, dass die rechtswidrige Beeinträchtigung des Persönlichkeitsrechts noch fortdauert, der Widerruf also noch notwendig ist.[1605] Darüber hinaus kann der Widerruf nur verlangt werden, wenn er verhältnismäßig ist, also zur Störungsbeseitigung geeignet, erforderlich und unter Abwägung der beiderseitigen Belange zumutbar ist.[1606] Die Prüfung der Angemessenheit wird durch Art. 2, Art. 1 GG beeinflusst, so dass ein Widerruf im Falle von Kindern und Jugendlichen in weitergehendem Maße zuzumuten ist. Zur Verfügung steht Minderjährigen zudem der presserechtliche Gegendarstellungsanspruch aus den Landespressegesetzen (etwa § 11 PresseG BW, § 11 NPresseG), der Betroffenen die Möglichkeit gibt, seinen entgegengesetzten Standpunkt zu Tatsachenbehauptungen öffentlich mitzuteilen, und damit einen Ausgleich zu den Möglichkeiten der Medien schafft.[1607]

1602 Dazu *Walter*, ZUM 2002, 886 ff.

1603 *Westphal*, GreifRecht 13/2012, 32 [35].

1604 Vgl. *Rixecker*, in: MüKo BGB, Anh. § 12 Rn. 220; *Prinz/Peters*, Medienrecht, Rn. 676 m.N.; zur Anwendbarkeit auf Meinungsäußerungen ausführlich *Damm/Rehbock*, Widerruf, Rn. 859 ff. m.w.N.

1605 BGH, NJW 1965, 35 [36] – Lüftungsfirma; BGH, GRUR 1969, 555 [558] – Cellulitis; vgl. ausführlich auch *Damm/Rehbock*, Widerruf, Rn. 870 m.w.N.

1606 *Rixecker*, in: MüKo BGB, Anh. § 12 Rn. 223; *Damm/Rehbock*, Widerruf, Rn. 872 ff.

1607 Ausführlich *Rixecker*, in: MüKo BGB, Anh. § 12 Rn. 254 ff.; *Prinz/Peters*, Medienrecht, Rn. 442 ff.

Enstehen dem Betroffenen durch eine persönlichkeitsverletzende Äußerung Vermögensnachteile wie eigene Aufwendungen, oder entgeht ihm durch eine unbefugte kommerzielle Verwertung das Honorar, kann er diese auf der Grundlage und unter den Voraussetzungen vertraglicher und deliktischer Schadenersatzansprüche vom Schädiger ersetzt verlangen.[1608] Im letzteren Falle wird der Schaden in Anlehnung an die Berechnung bei Eingriffen in Immaterialgüterrechte abstrakt nach der üblichen Lizenzvergütung berechnet.[1609] Ob dafür zu verlangen ist, dass der Betroffene grundsätzlich „verwertungsbereit, verwertungsfähig und verwertungsbefugt" gewesen war, ist im geltenden Recht noch nicht abschließend geklärt.[1610] Minderjährigen darf es jedenfalls nicht zum Nachteil gereichen, wenn der Markt einzelnen Persönlichkeitsmerkmalen einen wirtschaftlichen Wert beimisst, der Betroffene aber nicht bereit ist, diese dem Markt auch zur Verfügung zu stellen.[1611] Daneben kommt auch ein bereicherungsrechtlicher Anspruch gem. § 812 Abs. 1 S. 1 2. Alt. BGB in Betracht, wenn Persönlichkeitsmerkmale wie Name, Bild oder Stimme ohne Erlaubnis für Werbezwecke eingesetzt werden.[1612] Der Verwender erlangt hier das ersparte Honorar und hat dies in Höhe der üblichen Lizenzgebühr herauszugeben.[1613]

Zur Durchsetzung dieser Ansprüche stehen dem Minderjährigen schließlich Hilfsansprüche auf Auskunft und Herausgabe zur Verfügung.[1614] Zweifelsfragen ergeben sich im Minderjährigenpersönlichkeitsrecht vornehmlich bei Unterlassungs- und Geldersatzansprüchen gegen Medien.

1. Rechtsschutz durch Unterlassungsansprüche

Es liegt auf der Hand, dass vorbeugend wirkende Schutzmechanismen für den Minderjährigenpersönlichkeitsschutz unabdingbar sind. Das Medienrecht setzt in erster Linie auf einen Unterlassungsanspruch aus § 1004 BGB analog, der auch im Wege der einstweiligen Verfügung durchgesetzt werden kann.[1615] Der Betroffene eines persönlichkeitsrechtsverletzenden Eingriffs kann unter den Voraussetzungen des § 1004 BGB sowohl verhindern, dass eine Publikation stattfindet (vorbeugender Unterlassungsanspruch), als auch, dass eine schon erfolgte Publikation wiederholt wird. Voraussetzung ist neben der Rechtsgutsverletzung eine Begehungsgefahr, d. h. die hinreichend kon-

1608 *Rixecker*, in: MüKo BGB, Anh. § 12 Rn. 232 ff.
1609 BGH, NJW 1992, 2084 [2085] – Talkmaster; *Prinz/Peters*, Medienrecht, Rn. 733 m.w.N.
1610 BGHZ 30, 7 [16 f.] – Caterina Valente; BGHZ 26, 349 [353] – Herrenreiter; verneinend: BGHZ 169, 340 [345] – Lafontaine; *Rixecker*, in: MüKo BGB, Anh. § 12 Rn. 234 m.w.N.
1611 Ebenso im Grundsatz *Rixecker*, in: MüKo BGB, Anh. § 12 Rn. 234.
1612 BGH, NJW 1992, 204 [208] – Talkmaster; BGH, NJW 1987, 231 – Nena.
1613 *Rixecker*, in: MüKo BGB, Anh. § 12 Rn. 250.
1614 *Prinz/Peters*, Medienrecht, Rn. 774 ff.; zu Auskunftsansprüchen ausführlich *Bruns*, Informationsansprüche gegen Medien.
1615 Zur prozessualen Durchsetzung und zur außergerichtlichen Unterlassungsverpflichtungserklärung vgl. *Prinz/Peters*, Medienrecht, Rn. 338 ff., 358 ff.

krete Gefahr einer zukünftigen Rechtsbeeinträchtigung.[1616] Rechtspraktisches Problem ist, dass es Betroffenen nur selten gelingen wird, vor einer Publikation die Erstbegehungsgefahr darzulegen und glaubhaft zu machen. Dafür bedarf es der konkreten Kenntnis von einem drohenden Eingriff und konkreter, greifbarer Anhaltspunkte für die Gefahr.[1617] Selbst wenn der Nachweis einer Erstbegehungsgefahr gelingt, kann aber immer nur die Unterlassung eines speziellen zukünftigen Eingriffs erreicht werden. Bei wiederkehrenden, hartnäckigen Rechtsverstößen ist der Unterlassungsanspruch folglich unbrauchbar, um effektiv für Präventionsschutz zu sorgen.

a. Die Kontroverse zum generellen Unterlassungsanspruch

Zuerst hatten sich das Landgericht und das Oberlandesgericht in Hamburg mit dieser Schutzlücke zu befassen. Anlass waren mehrere, kurz hintereinander erfolgte Veröffentlichungen von Bildnissen in mehreren Zeitschriften desselben Verlages, die den minderjährigen Sohn eines prominenten früheren Sportlers jeweils mit beiden Eltern oder einem Elternteil und Geschwistern abbildeten. Nach der Berichterstattung gab der Verleger jeweils auf Abmahnung eine strafbewehrte Unterlassungsverpflichtungserklärung für diese konkreten Fotos ab. Aus diesem Vorgehen schöpften die Gerichte die Erstbegehungsgefahr des geltend gemachten generellen Unterlassungsanspruchs hinsichtlich weiterer bisher nicht veröffentlichter Bilder. Bei derart hartnäckigen Rechtsverstößen sei zu erwarten, dass der Verleger auch zukünftig ähnliche Bilder veröffentlichen werde, ohne dabei Rücksicht auf die Rechte des Betroffenen zu nehmen. Das generelle Bildverbot sei gerechtfertigt, da konkrete Verbote und Unterlassungsverpflichtungen nicht geeignet seien, dem Betroffenen zukünftig Schutz seiner Persönlichkeitsrechte zu gewähren. Entgegen der vorherigen Abweisung eines generellen Unterlassungsanspruchs bei Erwachsenen durch den Bundesgerichtshof sei bei Minderjährigen eine Bildveröffentlichung nur in Ausnahmefällen überhaupt zulässig. Um nicht dem Bildnisrecht „hinterherlaufen“ zu müssen, erstreckten die Gerichte das Unterlassungsgebot deshalb für die Dauer der Minderjährigkeit auch auf weitere, unveröffentlichte Bilder. Das Verbot sei immanent dahingehend beschränkt, keine Anwendung zu finden auf Fälle, in denen die Eltern in die Veröffentlichung eingewilligt haben oder für Bildnisse, die den Betroffenen bei offiziellen Anlässen gemeinsam mit seinen Eltern zeigt.[1618]

In der Revision vor dem Bundesgerichtshof hatte die Ausdehnung des Unterlassungsanspruchs jedoch keinen Bestand. Unter Bezugnahme auf seine Rechtsprechung zu vorbeugenden Unterlassungsansprüchen gegen Bildnisveröffentlichungen von Erwachsenen stützt das Gericht seine ablehnende Haltung auf die notwendige

---

1616 *Prinz/Peters*, Medienrecht, Rn. 327.

1617 BGH, NJW-RR 1992, 618 – Systemunterschiede; *Damm/Rehbock*, Widerruf, Rn. 805 ff. m.w.N.

1618 LG Hamburg, Urt. v. 29.08.2008, Az.: 324 O 24/08, BeckRS 2009, 86425; OLG Hamburg, NJW 2009, 87; OLG Hamburg, Urt. v. 01.11.2008, Az.: 7 U 87/08, BeckRS 2009, 86426.

Einzelfallabwägung, die ohne Bekanntheit der Bilder und ihrem Veröffentlichungskontext nicht erfolgen kann. Von diesem Erfordernis sei auch keine Ausnahme zu machen, soweit es um Minderjährige geht. Zum einen sei auch hier eine Einzelfallabwägung nicht entbehrlich, da die Verwendung von Bildnissen auch in anderen Situationen denkbar sei, als dies von den Instanzengerichten angenommen werde. Zum anderen seien die Betroffenen entgegen der Ansicht des Instanzengerichts nicht schutzlos, da den Betroffenen ein Geldentschädigungsanspruch bei schweren Persönlichkeitsrechtsverletzungen zur Verfügung stünde.[1619]

b. Stellungnahme

Den Hamburger Gerichten ist insofern beizupflichten, dass Rechtsschutz bereits vor Eintritt einer Verletzung angezeigt ist in den Fällen, in denen die Persönlichkeitsrechte von Minderjährigen wiederholt und hartnäckig verletzt werden. Die Rechtsdurchsetzung wäre andernfalls auf einen „Wiederveröffentlichungsschutz" nach bereits erfolgter Verbreitung rechtswidriger Äußerungen beschränkt.[1620] In Ansehung des besonderen Schutzauftrages gegenüber jungen Menschen ist eine Rechtslage nicht hinnehmbar, nach der die schützenswerteste Personengruppe sehenden Auges Verletzungen ausgesetzt wird, gegen die sie sich erst bei konkreten Anhaltspunkten oder im Nachhinein wehren kann. Bei Geltendmachung einzelner vorbeugender Unterlassungsansprüche gegen konkrete Fotos trägt der Minderjährige nicht nur die prozessualen und finanziellen Risiken, sondern auch die mit ständigen Prozessen verbundenen Belastungen.[1621] Die Presse ist demgegenüber weit weniger schützenswert. Es ist gerade die Hartnäckigkeit und Rücksichtslosigkeit, die den ausgeurteilten Fällen ihren besonderen Charakter gegeben haben. Dort war es im Abstand von 2–3 Monaten im Jahr 2007 in vier Fällen zu rechtswidrigen Veröffentlichungen in unterschiedlichen Illustrierten gekommen (soweit reichte jedenfalls die Klage). In drei Fällen hatte die Beklagte danach strafbewehrte Unterlassungserklärungen abgegeben und trotzdem wenige Wochen später erneut Fotos veröffentlicht, die den Minderjährigen wieder im Zusammensein mit den Eltern zeigten.

Dennoch hat die Entscheidung des Bundesgerichtshofs mit Rücksicht auf den hohen Stellenwert der Pressefreiheit breite Zustimmung gefunden.[1622] Richtig ist, dass es auch im Fall von Minderjährigen stets einer Einzelfallabwägung bedarf, um die Zulässigkeit der Berichterstattung festzustellen. Nach dem bisherigen Befund lassen sich zwar typische Sachverhalte zur Rechtswidrigkeit von Persönlichkeitsrechtseingriffen herausarbeiten, aber keine abschließenden Fallgruppen bilden. Die vom Hanseatischen Oberlandesgericht gekennzeichneten Ausnahmen von Einwilligung

---

1619 BGH, NJW 2010, 1454.

1620 So zutreffend *Westphal*, GreifRecht 13/2012, 32 [43].

1621 *Beater* erachtet dies für zumutbar, *Ders.*, JZ 2013, 111 [115].

1622 *Stender-Vorwachs*, NJW 2010, 1414 [1417 f.]; *Beater*, JZ 2013, 111 [115]; *Westphal*, GreifRecht 13/2012, 32 [43]; *Peifer*, GRUR 2010, 173 [175 f.]; *Feyock*, GRUR-Prax 2009, 59.

und bewusster Hinwendung führen zwar in den meisten Fällen zur Zulässigkeit der Berichterstattung. Die Ansicht ist aber zu eng, da weder der inhaltliche Zusammenhang zur Berichterstattung oder die eigene Prominenz noch die besondere Interessenlage bei der Kriminalberichterstattung einzubeziehen ist. Zudem bleibt außer Betracht, dass auch die Medienkonvergenz zu zulässigen Veröffentlichungen führen kann, wenn etwa ein Bild vorher im Internet öffentlich gemacht wird. Der Inhalt von Berichterstattungen ist folglich weder positiv noch negativ so fassbar, dass das Verbot in keinem Fall auch rechtmäßige Berichterstattungen beinhalten könnte.

Entscheidend ist, ob dies zum Schutz von Minderjährigen hinzunehmen ist oder nicht. Dafür spricht grundsätzlich das Regel-Ausnahme-Verhältnis in §§ 22, 23 KUG, wonach die Bildveröffentlichung ein rechtfertigungsbedürftiger Tatbestand ist. Diese Risikoverteilung spiegelt sich in der Realität nicht wider, wenn letztlich der Betroffene das Risiko rechtswidriger Beeinträchtigung trägt und nicht umgekehrt die Presse das Risiko des Verbots rechtmäßiger Berichterstattung. Zudem ließen sich generelle Unterlassungsansprüche auf die Fälle beschränken, die sich wie in den Streitfällen durch eine besondere Hartnäckigkeit und Rücksichtslosigkeit auszeichnen, in denen also angesichts der bisherigen Vorgehensweise die Wahrscheinlichkeit weiterer Rechtsverstöße besonders hoch ist. Dadurch würde die Einschränkung der Pressefreiheit auf diejenigen begrenzt, die quasi gewohnheitsmäßig das Risiko der Rechtswidrigkeit eingehen. Dabei ist jedoch zu bedenken, dass die Pressefreiheit durch Rechtsverstöße grundsätzlich nicht „verwirkt" werden kann, es sei denn, das Bundesverfassungsgericht ergreift Maßnahmen auf der Grundlage des Art. 18 GG.[1623] Der konstitutiven Bedeutung der Pressefreiheit wird es nicht gerecht, wenn man sehenden Auges auch Bildveröffentlichungen verbietet, die Persönlichkeitsrechte nicht rechtswidrig verletzen. Weniger eingreifend wäre die Ausgestaltung anderer Maßnahmen, um für ausreichend Schutz zu sorgen. Auch der vom Bundesgerichtshof ins Feld geführte Geldentschädigungsanspruch stärkt die Position des Minderjährigen gegenüber der Presse. Schließlich erfüllt der Rechtsbehelf eine Präventivfunktion und kann nach allgemeiner Meinung, wenn hinreichend hohe Geldbeträge ausgeurteilt werden, einen Hemmeffekt auf die Presse haben. Bei angemessenem Gebrauch dieses Schutzinstruments können hartnäckige, einkalkulierte Rechtsverstöße folglich verhindert werden, ohne dass die Pressefreiheit zu stark eingeschränkt wird.

2. Geldentschädigungsanspruch

Der Bundesgerichtshof erkennt seit der *Herrenreiter*-Entscheidung in ständiger Rechtsprechung an, dass den nachhaltig wirkenden Gefahren für den Persönlichkeitsschutz ohne rechtsergänzende Anerkennung des Anspruchs auf Geldentschädigung aus § 823 BGB iVm Art. 1, 2 GG nicht begegnet werden kann.[1624] Insbesondere

---

1623 BVerfG, NJW 1960, 29.

1624 BGHZ 26, 349 – Herrenreiter; BGHZ 30, 7 – Caterina Valente; BGHZ 160, 298 [306]; weitere Rechtsprechungsnachweise bei *Damm/Rehbock*, Widerruf, Rn. 947; rechtsvergleichend insbs. *Stürner*, AfP 1998, 1 [2 ff.].

gegenüber Medien ist der Anspruch praktisch am effektivsten, weil er bei entsprechender Höhe auch auf finanzstarke Unternehmen der Branche eine abschreckende Wirkung entfalten kann. Geldentschädigung soll zwar in erster Linie für einen interessengerechten Ausgleich bei schweren Persönlichkeitsrechtsverletzungen sorgen, im Vordergrund steht also die Genugtuungsfunktion.[1625] Zugleich misst die Rechtsprechung dem Anspruch in bestimmten Fällen aber auch eine Präventionsfunktion bei.[1626]

a. Anspruchsausschluss aufgrund Minderjährigkeit?

Im Falle von Rechtsverletzungen bei Kindern und Jugendlichen schreiben sich Fragen zum Einfluss des natürlichen Entwicklungsstandes fort, die bereits im Rahmen der Abwägung behandelt wurden.[1627] Gerade Kleinkinder empfinden eine schwerwiegende individuelle Beeinträchtigung anders und nehmen eine Genugtuung anders wahr als erwachsene Betroffene, so dass in Zweifel gezogen werden könnte, ob ihnen der Geldentschädigungsanspruch überhaupt zustehen sollte.[1628]

In konsequenter Fortschreibung der Bundesverfassungsgerichtsrechtsprechung, dass es auf die tatsächliche Wahrnehmung einer Beeinträchtigung nicht ankommt, wenn die Persönlichkeit anders gefährdet ist,[1629] hat der Bundesgerichtshof entschieden, dass auch Minderjährige grundsätzlich einen Anspruch auf Geldentschädigung haben können. Tatbestandlich setzt der Anspruch demnach nicht voraus, dass eine negative Beeinflussung durch die Äußerung dargelegt oder gar bewiesen ist. Notwendige Konsequenz aus dem umfassenden Ansatz zum Minderjährigenschutz ist, wie der Gerichtshof richtig festgehalten hat, dass es hinreicht, dass die Persönlichkeit unter Würdigung der Umstände gefährdet ist.[1630] Dieses Ergebnis entspricht nicht nur den praktischen Bedürfnissen, sondern auch den Wertungen des Grundgesetzes: Würde der Schutzgruppe der Minderjährigen das Instrument vorenthalten, das am effektivsten in der Lage ist, auch finanzstarken und mächtigen Medienunternehmen Einhalt zu gebieten, käme dies praktisch einer Aushöhlung des Minderjährigenschutzes in diesem Bereich gleich.[1631] Hier setzt das Grundrecht des Allgemeinen Persönlichkeitsrechts in Art. 2, Art. 1 GG dem Zivilrecht Grenzen, denn was nützt ein starkes Persönlichkeitsschutzrecht ohne praktische Durchsetzbarkeit? Ein genereller Ausschluss des Geldentschädigungsanspruchs aufgrund des natürlichen Entwicklungsstandes ist folglich nicht denkbar. Der Anspruch besteht unabhängig vom Alter des jeweils Betroffenen.

1625 *Damm/Rehbock*, Widerruf, Rn. 948; *Rixecker*, in: MüKo BGB, Anh. § 12 Rn. 236; *Prinz/Peters*, Medienrecht, Rn. 741 ff.
1626 BGH, NJW 1996, 984; vgl. dazu *Lange*, VersR 1999, 274.
1627 Dazu Kapitel 5 § 3 B. III. 2.
1628 Zutreffend problematisiert von *Westphal*, GreifRecht 13/2012, 32 [41].
1629 BVerfG, NJW 2003, 3262 – Geburtenhoroskop.
1630 BGH, NJW 2005, 215 [218].
1631 So zutreffend *Westphal*, GreifRecht 13/2012, 32 [42].

b. Unabwendbares Bedürfnis

Grundvoraussetzung für den Ersatz immaterieller Schäden ist, dass der Eingriff schwer wiegt und die entstandenen Nachteile anders nicht hinreichend ausgeglichen werden können.[1632] Dies wird im Minderjährigenpersönlichkeitsschutz in aller Regel der Fall sein. Ein unabwendbares Bedürfnis nach Geldentschädigung ist bei Kindern und Jugendlichen auch nicht in jedem Fall abzulehnen, weil sie in der Vergangenheit bereits ihr Privat- oder Intimleben aus Gründen der Publizität freiwillig geöffnet haben.[1633] Es ist zu bedenken, dass auch eine Veranlassung öffentlichen Interesses einen Minderjährigen nicht einem Erwachsenen gleichstellt. Das mediale Vorverhalten kann das erhöhte Schutzbedürfnis zwar verringern, aber nicht mit den gravierenden Folgen wie im allgemeinen Persönlichkeitsschutz. Auch wenn Kinder und Jugendliche eine Berichterstattung veranlassen, kann eine Geldentschädigung zum Interessenausgleich erforderlich sein.

c. Schwere Persönlichkeitsrechtverletzung

Anhand einer Würdigung aller Umstände des Einzelfalls ist festzustellen, ob eine schwere Persönlichkeitsverletzung vorliegt.[1634] Maßgebend sind insbesondere die Bedeutung und Tragweite des Eingriffs, Anlass und Motiv des Äußernden und der Grad seines Verschuldens.[1635] Schwere Beeinträchtigungen stellen etwa Eingriffe in die Intimsphäre, falsche Darstellungen und die Erfüllung strafrechtlicher Tatbestände dar.[1636] Auch abträgliche Berichterstattungen sind grundsätzlich geeignet, schwere Persönlichkeitsverletzungen hervorzurufen, insbesondere wenn die Würde der Person betroffen ist.[1637] Bejaht wird die Voraussetzung zudem im Falle einer wiederholten und besonders hartnäckigen Verletzung des Rechts am eigenen Bild und beim Zugriff in einen räumlich-gegenständlich abgegrenzten Wohn- oder Gartenbereich von außen.[1638] In der kommerziellen Ausbeutung des Betroffenen durch Verwendung seines Bildnisses zu Werbezwecken liegt hingegen nicht automatisch eine schwere Persönlichkeitsverletzung.[1639]

Die Tatsache der Minderjährigkeit des Betroffenen vermag nach Ansicht des Landgericht München I für sich genommen die besondere Schwere der Persönlichkeitsrechtsverletzung aber nicht zu begründen. Es komme auch in diesen Fällen auf die konkreten Umstände des Einzelfalls an.[1640] Entscheidend ist, dass trotz grundsätz-

1632 BGHZ 128, 1 [15].

1633 *Damm/Rehbock*, Widerruf, Rn. 953 ff.

1634 Ausführliche Darstellung bei *Prinz/Peters*, Medienrecht, Rn. 745 ff.

1635 *Rixecker*, in: MüKo BGB, Anh. § 12 Rn. 241 m.N.; *Prinz/Peters*, Medienrecht, Rn. 745 ff. m.N.

1636 *Damm/Rehbock*, Widerruf, Rn. 959.

1637 *Damm/Rehbock*, Widerruf, Rn. 963 ff.

1638 BGH, NJW 1996, 985 – Wiederholungsveröffentlichung; BGHZ 160, 298 [306 f.].

1639 *Damm/Rehbock*, Widerruf, Rn. 975.

1640 LG München I, ZUM 2008, 619 und Parallelverfahren ZUM-RD 2008, 375.

lich erhöhter Eingriffsintensität auch im Minderjährigenpersönlichkeitsrecht unterschiedliche Schweregrade differenziert werden können. So ist die Veröffentlichung eines Nacktfotos in einem auflagenstarken Boulevardmagazin, das ursprünglich im Rahmen einer „Foto-Love-Story" aufgenommen worden war, als schwerwiegender einzuschätzen als bei geringerem Verbreitungsgrad des Mediums, bei Anonymisierung von Lichtbildern mit Augenbalken oder bei der Veröffentlichung eines Fotos ohne Eingriff in den engen persönlichen Intims- oder Lebensbereich.[1641] Allerdings kann die erhöhte Intensität, mit der Persönlichkeitsrechtsverletzungen auf Minderjährige wirken, auch nicht gänzlich außer Betracht gelassen werden. So deutet auch das Landgericht München I an, dass die Anforderungen für Minderjährige geringer anzusetzen sind als bei Erwachsenen: „Es fehlt – auch unter der Voraussetzung nur geringerer Anforderungen als in anderen Fällen – an einer schweren Persönlichkeitsrechtsverletzung der Klägerin."[1642] Entsprechend beziehen andere instanzgerichtliche Urteile beim Geldentschädigungsanspruch die besondere Eingriffsintensität bei Minderjährigen ein.[1643] Maßgebliches Gewicht ist dem Einfluss beizumessen, den die Medienberichterstattung auf das weitere Leben des jungen Menschen mutmaßlich haben wird. Auch der bisherige Umgang der Medien mit den Persönlichkeitsrechten des Betroffenen ist zu berücksichtigen.

Demnach ist ein Geldentschädigungsanspruch in den vorstehend dargestellten Fällen der Hamburger Gerichte begründet, in denen sie einen generellen Unterlassungsanspruch zugesprochen haben. Auch die Darstellung unwahrer Tatsachen über Kinder und Jugendliche sowie abträgliche Äußerungen dürften besonders schwer wiegen. Bei Eingriffen in den privaten Lebensbereich durch Wort- oder Bildberichterstattungen kommt es auf die Personennähe der Information und den Einfluss auf die Entwicklung des Betroffenen an. Schwerwiegend sind insbesondere Äußerungen, die Erwartungen der Öffentlichkeit gegenüber dem Betroffenen auslösen, Minderjährige unnatürlich und ungewollt zu Stars hochstilisieren und versuchen, ein Medienprodukt aus ihnen zu machen.

d. Schweres Verschulden des Äußernden

Des Weiteren muss die Persönlichkeitsrechtsverletzung durch schweres Verschulden des Mediums verursacht werden. Ausreichend ist grob fahrlässiges Fehlverhalten, wenn etwa vor der Veröffentlichung die Verantwortlichen ausdrücklich auf die mögliche Unzulässigkeit hingewiesen wurden.[1644] Bei Minderjährigen sind die

---

1641 Vgl. *Damm/Rehbock*, Widerruf, Rn. 975; zum Portraitfoto mit Augenbalken BVerfG ZUM 2007, 463 - Fernsehberichterstattung.

1642 LG München I, ZUM 2008, 619 [620]; LG München I, ZUM-RD 2008, 375 [376].

1643 KG Berlin, ZUM-RD 2003, 527; anders nachfolgend BGHZ 160, 298 [306 f.], bestätigt durch BVerfGK 8, 178; ebenso KG Berlin, ZUM-RD 2004, 10 [17] und ausführlich auch OLG Hamm, NJW-RR 2004, 919 [921].

1644 *Damm/Rehbock*, Widerruf, Rn. 984 ff.

Anforderungen an die pressemäßige Sorgfalt grundsätzlich strenger, was auch bei der Beurteilung des Verschuldensgrades zu beachten ist.

So kann eine grobe Fahrlässigkeit bereits vorliegen, wenn ein Bildnis erkennbar Minderjährige in nicht gestellter Situation abbildet und das Bild ohne Prüfung des Vorliegens entsprechender Einwilligungen zu Werbezwecken verwendet wird.[1645]

e. Höhe der Geldentschädigung

Der Anspruch soll in erster Linie einen angemessenen Ausgleich für nicht vermögensrechtlich messbare Schäden sowie Genugtuung für erlittene Beeinträchtigungen schaffen, dessen Höhe unter Berücksichtigung aller Umstände des Einzelfalls zu bemessen ist.[1646] Maßgebend für die Schätzung nach § 287 Abs. 1 ZPO sind vor allem die Auswirkungen des Eingriffs. Diese hängen insbesondere von der betroffenen Sphäre, der Persönlichkeit des Betroffenen, seiner Stellung in der Gesellschaft und auch von seiner psychischen und physischen Situation nach der Verbreitung des angegriffenen Beitrags ab. Außerdem sind die Umstände der Veröffentlichung, also Größe, Dauer etc. und die erzielten Gewinne zu berücksichtigen.[1647]

Im Minderjährigenpersönlichkeitsschutz muss die Geldentschädigung aber nicht nur so bemessen sein, dass sie dem Betroffenen Genugtuung verschafft, sondern auch spezialpräventive Wirkung entfaltet. Die Präventivfunktion des Anspruchs tritt hier grundsätzlich hinzu und ist bei der Bemessung der Höhe zu berücksichtigen.[1648] Von der Höhe des Geldentschädigungsanspruchs muss also ein „echter Hemmungseffekt"[1649] ausgehen, wenn dies zum Schutz des Minderjährigen erforderlich ist.[1650] Das kann nur erreicht werden, wenn die zu zahlenden Beträge für die Medienunternehmen fühlbar sind. Klare Kriterien für die Bemessung gibt es hinsichtlich des Präventionszwecks jedoch nicht.[1651] Die Gerichte haben zu beachten, dass der Geldentschädigungsanspruch das schärfste Schwert ist, um Medien daran zu hindern, sich gegenüber Kindern und Jugendlichen unverantwortlich und schädigend zu verhalten. Die Verhängung von Bußgeldern bis zu 500.000 Euro bei einem Verstoß gegen das JMStV (vgl. § 24 Abs. 3 JMStV) zeigt, dass der Staat gewillt ist, Fehlverhalten gegenüber besonders schutzwürdigen Personen auch mit empfindlichen Geldeinbußen zu sanktionieren. Die Gerichte sollten sich folglich nicht scheuen, hohe Beträge auszuurteilen, um den Anreiz zur Veröffentlichung von

---

1645 OLG Frankfurt, NJW 1992, 441 [443].

1646 *Damm/Rehbock*, Widerruf, Rn. 998.

1647 *Damm/Rehbock*, Widerruf, Rn. 1001 ff.; *Prinz/Peters*, Medienrecht, Rn. 765 f.; zu den ausgeurteilten Höhen vgl. *Damm/Rehbock*, Widerruf, Rn. 1004 ff.; *Palfrey*, in: Geigel, Haftpflichtprozess, 7. Kap. Rn. 99; *Prinz/Peters*, Medienrecht, Rn. 768 ff.

1648 Ebenso *Damm/Rehbock*, Widerruf, Rn. 1000; vgl. BGHZ 160, 298 [306 f.].

1649 BGHZ 128, 1 [16]; BGH, NJW 1996, 984 [985].

1650 Beispiel dafür ist KG Berlin, ZUM-RD 2004, 10; zur Präventivfunktion *Rixecker*, in: MüKo BGB, Anh. § 12 Rn. 246.

1651 *Prinz/Peters*, Medienrecht, Rn. 767.

Presseberichten zu vernichten, die auf Kosten von Minderjährigen hohe Auflagen und damit Gewinne versprechen.

V. Zusammenfassung

Die Anwendung der grundrechtlich geprägten, speziell für Kinder und Jugendliche geltenden Maßstäbe im Rahmen der Güter- und Interessenabwägung hat weitreichende Konsequenzen für Inhalt und Reichweite des Persönlichkeitsschutzes gegenüber Medien. Kinder und Jugendliche sind umfassend vor journalistischen Tätigkeiten bei Informationsbeschaffung und -veröffentlichung geschützt. Ihre besondere Schutzbedürftigkeit ist anders als im U.S.-amerikanischen Recht zentraler Knotenpunkt und nicht Randerscheinung des deutschen Zivilrechts. Ihren Persönlichkeitsrechten kommt ein so hohes Gewicht zu, dass sich das Informationsinteresse der Öffentlichkeit nur in Ausnahmefällen durchsetzen kann. Diese Fälle sind nicht abschließend bestimmbar, eine generelle Rechtswidrigkeitsindikation bei persönlichkeitsrechtsverletzenden Berichterstattungen scheidet deshalb entsprechend dem allgemeinen Persönlichkeitsschutz aus. Als Kernpunkte lassen sich festhalten, dass eine Berichterstattung in Wort und Bild grundsätzlich unzulässig ist, es sei denn es besteht ein überragendes Informationsinteresse (wie beispielsweise bei besonders schweren Straftaten) oder der veröffentlichte Themenbereich des privaten Lebens ist bewusst zur Öffentlichkeit hin geöffnet worden, und die Veröffentlichung verletzt keine sonstigen schützenswerten Belange, weil Tatsachen unwahr sind oder Werturteile herabsetzend wirken. Auch im Vorfeld der Berichterstattung unterliegt die Presse engeren Grenzen, insbesondere bei der Herstellung von Bildnissen. Weitestgehend gleich ist der Schutz vor unbefugter kommerzieller Verwertung der Publizität von Minderjährigen und Erwachsenen ausgestaltet. Persönlichkeitsrechtsverletzungen sind schließlich eher mit einem Geldentschädigungsanspruch zu ahnden, um die Lücken im präventiven Rechtsschutz zu schließen. Den Persönlichkeitsrechten im Kindes- und Jugendalter wird in unserer Rechtsordnung somit ein hohes Schutzniveau gegenüber Medien zuteil. Auch sie stehen in besonderer Verantwortung und haben zum Schutze der Kindheit und Jugend verhältnismäßige Einschränkungen ihrer Freiheiten in Kauf zu nehmen.

D. Persönlichkeitsschutz von Minderjährigen gegenüber der Informationsverbreitung im Internet

Neben den klassischen Anwendungsbereich des Medienpersönlichkeitsschutzes treten seit längerer Zeit zunehmend Konfliktfelder, die sich im Internet ereignen.[1652]

1652 Aus der umfangreichen Literatur zum Persönlichkeitsschutz im Internet grundlegend *Gounalakis/Rhode*, Persönlichkeitsschutz im Internet; *Götting/Lauber-Rönsberg*, Aktuelle Entwicklungen im Persönlichkeitsrecht; *Wanckel*, Persönlichkeitsschutz in der Informationsgesellschaft; *Münch*, Schutz vor Verletzungen der Persönlichkeitsrechte in den Neuen Medien; *Seitz*, in: Hoeren/Sieber/Holznagel,

Zweifelsohne steht Kindern und Jugendlichen auch im Verbreitungsmedium Internet ein Recht auf Privatheit, ein Recht am eigenen Bild und ein Recht auf Achtung der Ehre zu, es stellt sich jedoch oftmals die Frage nach der Ausgestaltung des rechtlichen Schutzes neu. Bewertungsportale, soziale Netzwerke, Suchmaschinen und andere Dienste erfordern fortlaufend eine neue Grenzziehung zwischen den Rechten des Betroffenen und dem Interesse an Informationsverbreitung. Jeder internetfähige Computer kann Informationen über andere Personen jederzeit und einfach finden. Durch Suchmaschinen werden Informationen sogar noch schneller verbreitet.[1653] Persönlichkeitsrechtsverletzungen im Internet sind folglich keine Frage des „ob“, sondern nur eine Frage des „wie“.[1654] Der Schutz der Persönlichkeit vor den Gefahren des Internet ist deshalb Gegenstand einer breiten Diskussion in den Medien und der juristischen Fachöffentlichkeit. Die grundlegenden Rechtsprobleme, die aus der zentralisierten, globalen und anonymen Struktur des Internet resultieren, sind noch nicht gelöst und drohen die Balance zwischen Persönlichkeits- und Meinungsfreiheitsschutz empfindlich zu stören.[1655] Insbesondere das im Wesentlichen aus den neunziger Jahren stammende Datenschutzrecht ist in seinen Grundstrukturen nicht auf das Internet zugeschnitten.[1656] Entsprechend groß ist die Kritik an der derzeitigen Rechtslage. Es ist mittlerweile unbestritten, dass es schnellstmöglicher Reformen und Verbesserungen bedarf.[1657] In weiten Teilen befindet sich der Persönlichkeitsschutz im Kontext der Internetkommunikation dementsprechend noch im Schwebezustand, auf klare Grundregeln kann schon beim Schutz erwachsener Internetnutzer nicht zurückgegriffen werden. Die folgende

---

Multimedia-Recht, Teil 8; *Damm/Rehbock*, Widerruf, Rn. 710 ff.; *Spindler*, in: Verhandlungen des 69. Dt. Juristentages München 2012, Bd. I, F. 5 ff.; *Peifer*, JZ 2013, 853; *Bruns*, AfP 2011, 421; *Helle*, JZ 2002, 593.

1653 *Elixmann*, Datenschutz und Suchmaschinen, S. 25; zu Aufbau und Funktionsweise des Internet *Münch*, Schutz vor Verletzungen der Persönlichkeitsrechte in den Neuen Medien, S. 19 ff.; zur Phänomenologie *Bruns*, AfP 2011, 421 [422]; *Spindler*, in: Verhandlungen des 69. Dt. Juristentages München 2012, Bd. I, F. 5 ff.; *Gounalakis/Rhode*, Persönlichkeitsschutz im Internet, Rn. 1; *Weigl*, Meinungsfreiheit contra Persönlichkeitsschutz am Beispiel von web 2.0-Applikationen, S. 25; *Härting*, Internetrecht, Rn. 15 ff.

1654 *Münch*, Schutz vor Verletzungen der Persönlichkeitsrechte in den Neuen Medien, S. 1; Z.B. BVerfG, EuGRZ 1997, 446 – Jan Philipp Reemtsma; BGHZ 181, 328 – spick-mich.de; BGH, AfP 2011, 180 – Internetportal faz.net; jüngst OLG Karlsruhe, Urt. v. 14.05.2014, Az.: 6 U 55/13, BeckRS 2014, 10258; LG Berlin, Urt. v. 27.03.2014, Az.: 27 O 748/13, BeckRS 2014, 08638.

1655 *Spindler*, in: Verhandlungen des 69. Dt. Juristentages München 2012, Bd. I, F. 5 [9].

1656 *Spindler*, GRUR-Beilage 2014, 101.

1657 Aus der umfangreichen Literatur vgl. nur *Spindler*, in: Verhandlungen des 69. Dt. Juristentages München 2012, Bd. I, F. 5 [98 ff.]; *Härting*, Internetrecht, Annex Datenschutz im 21. Jahrhundert; *Rupp*, Die grundrechtliche Schutzpflicht des Staates für das Recht auf informationelle Selbstbestimmung im Pressesektor, S. 238 ff.; *Bull*, NVwZ 2011, 257; *Ohly*, AfP 2011, 428 [438]; *Ladeur*, NJW 2000, 1977 [1980].

Untersuchung des Persönlichkeitsschutzes im Internet bleibt deshalb notwendig kursorisch auf die praktisch relevantesten Gefahren der Internetkommunikation für die Persönlichkeitsrechte im Kindes- und Jugendalter beschränkt und kann allenfalls Denkanstöße für die weitere Fortentwicklung geben.

I. Problemfelder

Im Zusammenhang mit dem Schutz Minderjähriger hat man sich überwiegend mit Eingriffen durch andere Privatpersonen im web 2.0 zu befassen, also die vielfältigen Formen des „User Generated Content" wie Webblogs, Videoplattformen und insbesondere soziale Netzwerke.[1658] Wie eingangs bereits geschildert, nutzen laut der jüngsten Studien des Medienpädagogischen Forschungsverbundes Südwest weit über die Hälfte der Minderjährigen soziale Netzwerke wie facebook, studivz oder google plus.[1659] Dort wird ein eigenes Profil erstellt, es werden eigene Fotos und Informationen über sich selbst bereit gestellt und Kontakte zu anderen Mitgliedern gepflegt, mit denen dann über das soziale Netzwerk kommuniziert wird. Unweigerlich gelangen so auch Informationen über Nutzer oder Nichtnutzer ins Netzwerk, die der Betroffene nicht selbst einstellt. Nicht ohne Grund stehen Fragen des Minderjährigenschutzes auf sozialen Netzwerkseiten im Fokus der öffentlichen Wahrnehmung und rechtspolitischen Debatten. Die Risiken, die durch die Nutzung dieser Websites für die Persönlichkeit des Einzelnen entstehen, sind hinlänglich bekannt: sie verführen dazu, private Informationen über sich selbst und über andere Personen preiszugeben und Fotos hochzuladen, mit denen man sich und Andere der Internetwelt präsentiert. Damit werden Informationen, die bislang eher im Freundes- oder engeren Bekanntenkreis verblieben wären, einem großen Personenkreis zugänglich gemacht. Sie eröffnen zudem ein besonderes Risiko dadurch, dass die Inhalte weitestgehend unkontrolliert bleiben, weil Niemand die Richtigkeit, den Wahrheitsgehalt oder ihre Sensibilität und Personennähe überprüft.[1660] Dabei geschieht die Verbreitung von Informationen über Andere nicht immer in guter Absicht, wie die steigende Zahl der Fälle von Cyberbullying zeigt. Zudem verbleiben die Informationen nicht auf der Ursprungswebsite, sondern verbreiten sich rasend schnell, unter anderem mit Hilfe der Suchmaschinen. Ein Entfernen unliebsamer Inhalte aus dem Internet wird so praktisch unmöglich.

1658 Zum web 2.0 *Weigl*, Meinungsfreiheit contra Persönlichkeitsschutz am Beispiel von Web-2.0-Applikationen, S. 14 ff.; *Niemann/Schenk*, in: Schenk/Niemann/Reinmann/Roßnagel, Digitale Privatsphäre, S. 19 ff.; *Spindler*, in: Verhandlungen des 69. Dt. Juristentages München 2012, Bd. I, F. 5 m.w.N.; zu „Facebook-Partys" *Söllner/Wecker*, ZRP 2011, 179; zum "Facebook-Like-Botton" und Co. vgl. *Voigt/Alich*, NJW 2011, 3541 ff.

1659 Vgl. *Medienpädagogischer Forschungsverbund Südwest*, KIM-Studie 2014 S. 37 und JIM-Studie 2014 S. 36.

1660 *Jandt/Roßnagel*, MMR 2011, 637.

Die Nutzung sozialer Netzwerke durch Kinder und Jugendliche wirft damit komplexe Probleme auf. Beeinträchtigt ein Nutzer die Persönlichkeitsrechte von Minderjährigen, ist das Spanungsfeld des Persönlichkeitsrechts, das je nach Art der Darstellung der jeweiligen Website zur Presse- oder Meinungsfreiheit des Art. 5 GG besteht, durch eine Güter- und Interessenabwägung auszugleichen.[1661] Hier ist zu berücksichtigen, dass nicht selten auch der Eingreifende minderjährig sein wird. Zugleich sind Internetpublikationen zwangsläufig mit einer Datenverarbeitung verbunden, die unter Berücksichtigung des informationellen Selbstbestimmungsrechts zu messen ist. Der Persönlichkeitsschutz im Internet ist folglich besonders eng mit dem Datenschutzrecht verzahnt, der auch einen Schwerpunkt im aktuellen Diskurs ausmacht.[1662] Die Gewährleistung von Persönlichkeits- und Datenschutzrecht im Wege der Interessenabwägung stößt bei Massenkommunikation im Internet jedoch an faktische Grenzen. Kernproblem ist neben der Reichweite des Minderjährigenpersönlichkeitsschutzes auch dessen Durchsetzung gegen den Äußernden und/oder den Betreiber der entsprechenden Website.

Ergänzende Bedeutung erlangen deshalb die Selbstverpflichtungen, die einige soziale Netzwerkbetreiber im Rahmen der europäischen Strategie der Selbstregulierung mit der Europäischen Kommission vereinbart haben, um mehr Onlinesicherheit für Kinder und Jugendliche zu erreichen.[1663] Auch auf nationaler Ebene existiert seit 2009 ein Verhaltenskodex, der Vorgaben zum Schutz der Persönlichkeitsrechte Minderjähriger gibt.[1664] Die Regelungen beziehen sich insbesondere auf Gestaltungsmöglichkeiten der Privatsphäreeinstellungen und Nutzeraufklärung. Gestützt wird der Schutz mittels Selbstregulierung durch eine Beschwerdestelle der FSM (Freiwillige Selbstkontrolle Multimedia-Diensteanbieter e. V.).[1665]

II. Persönlichkeitsrechtseingriffe in sozialen Netzwerken

Wie im Medienpersönlichkeitsschutz konfligieren die Persönlichkeitsrechte von Kindern und Jugendlichen in erster Linie dann mit anderen Rechten, wenn sich jemand über sie im entsprechenden Medium, hier in sozialen Netzwerk im Internet, äußert, also Tatsachen behauptet, Meinungen äußert und Bildnisse verbreitet oder veröffentlicht. Die Internetöffentlichkeit ist jedoch nicht so klar bestimmbar, wie das bei Medien der Fall ist. Bei letzteren liegt ein rechtfertigungsbedürftiger Eingriff in Form des Verbreitens oder Behauptens vor, wenn Presse oder Rundfunk eine Äuße-

---

1661 *Nink*, in: Spindler/Schuster, Recht der elektronischen Medien, § 823 BGB Rn. 35.

1662 *Bruns*, AfP 2011, 421; *Spindler*, GRUR-Beilage 2014, 101; zum Verhältnis von Persönlichkeits- und Datenschutz vgl. *Ruppel*, Persönlichkeitsrecht an Daten?, S. 73; *Tinnefeld/Ehmann/Gerling*, Datenschutzrecht, S. 156.

1663 Vgl. IP/09/232.

1664 Abrufbar unter www.fsm.de (11.04.2015).

1665 Ausführlich dazu *Vollmers*, in: Leible/Kutschke, Persönlichkeitsschutz im Internet, S. 65 [68 f.]; auch die Art. 29-Datenschutzgruppe setzt bei ihrer Strategie u. a. auf Selbstregulation, *Dies.*, Stellungnahme 5/2009, WP 163, S. 14.

rung drucken oder senden. Im Internet ist die Unterscheidung zwischen privat und öffentlich hingegen brüchig, da Kommunikation in nicht eindeutig zuordenbaren „Räumen“ stattfindet. Private Informationen können auf Websites preisgegeben werden, die in technischer Hinsicht offen sind. Auch soziale Netzwerke sind angesichts der Nutzerzahl mit der Öffentlichkeit faktisch gleichzusetzen, beispielsweise *facebook* mit über einer Milliarde Nutzern. Zugleich kann ein „virtueller Ort“ aber auch dem Rückzug dienen, etwa wenn zwei Nutzer eines frei zugänglichen Chats in einen nichtöffentlichen Channel wechseln. Die Kommunikationsformen im web 2.0 lassen sich sogesehen nicht in die klassische Dichotomie einordnen.[1666]

Da auch soziale Netzwerke alle Möglichkeiten zur Kommunikation bieten, ist im Einzelfall zu entscheiden, ob eine tatbestandsmäßige Verletzungshandlung bei der Nutzung von sozialen Netzwerken vorliegt. Zugleich ist die Grenzziehung nach der Verzichtstheorie entscheidend für die Bewertung, ob eine Informationen unter den Diskretionsschutz fällt.

III. Schutz vor ungewollter Publizität und Indiskretionen

Wie im Medienpersönlichkeitsschutz steht im Zentrum der Schutz des persönlichen Lebensbereichs durch das Allgemeine Persönlichkeitsrecht und das Recht am eigenen Bild gem. § 22 KUG. Im Ausgangspunkt gilt das Zusammenspiel von Publizitäts- und Diskretionsinteresse bei der Nutzung von sozialen Netzwerken entsprechend, da die Verbreitung von Informationen über eine Person im Internet einer Veröffentlichung durch die Medien gleichkommen bzw. sie sogar noch übersteigen kann. So wurde beispielsweise das Video „Charlie bit my finger“, das Kleinkinder beim Rumalbern zeigt, über eine halbe Milliardemal abgerufen und vielfach bearbeitet.[1667] Das Hochladen des Videos tangiert damit das im Allgemeinen Persönlichkeitsrecht verankerte Recht, in gewählter Anonymität zu bleiben und die eigene Person nicht in identifizierbarer Weise in der Öffentlichkeit dargestellt und kommentiert zu sehen.

1. Zulässigkeit der Zurschaustellung von Bildnissen

Dem Beispiel entsprechend entfaltet der Bildnisschutz eine enorme Dimension im Internet. Die Mehrzahl jugendlicher Nutzer hat Fotos und Videos von sich oder Freunden und Familienmitgliedern in Netzwerken oder anderswo im Internet hinterlegt, die relativ einfach weltweit verbreitet, vor Ort abgerufen und sogar ausge-

---

1666 Zum Ganzen *Müller-Terpitz*, in: Hornung, Rechtshandbuch Social Media, S. 163 ff.; *Ohly*, AfP 2011, 428 [429 f.]; *Peifer*, JZ 2013, 853 [860]; *Spindler*, in: Verhandlungen des 69. Dt. Juristentages München 2012, Bd. I, F. 5 [41]; *Karg/Fahl*, K&R 2011, 453 [454]; *Gounalakis/Rhode*, Persönlichkeitsschutz im Internet, Rn. 198.

1667 Abrufbar unter http://www.youtube.com/results?search_query=charlie+bit+my+finger (11.04.2015).

druckt werden können.[1668] Die Reichweite des Bildnisschutzes im Internet ist jedoch überwiegend ungeklärt und richtet sich nach den Umständen in jedem Einzelfall.

a. Verbreiten und öffentliches Zurschaustellen

Das Hochladen und Einstellen tangiert das Recht am eigenen Bild des Abgebildeten generell nur unter den Tatbestandsvoraussetzungen des § 22 KUG. Die einschlägige Variante der öffentlichen Zurschaustellung meint die Sichtbarmachung eines Bildnisses gegenüber einer nicht begrenzten Öffentlichkeit im weitesten Sinne.[1669] Teilweise wird in Parallele zu § 15 Abs. 3 UrhG auch angenommen, dass Öffentlichkeit schon bei fehlenden persönlichen Bindungen vorliegt.[1670] Beim Einstellen von Fotos und Videos ist für § 22 KUG folglich entscheidend, für welchen Personenkreis ein Bildnis sichtbar gemacht wird.[1671]

Wird ein Bildnis so in ein soziales Netzwerk eingestellt, dass eine *freie Einsehbarkeit oder eine Sichtbarkeit für alle angemeldeten Nutzer* gegeben ist, liegt Öffentlichkeit unproblematisch vor. So ist eine Persönlichkeitsrechtsverletzung etwa zu bejahen, wenn ein nicht-sorgeberechtigter Elternteil ein Foto auf einer Netzwerkprofilseite bereitgestellt, ohne den Zugang zum Profil zu beschränken, oder ein Video mit dem Kind auf *Youtube* hochlädt.[1672] Entsprechend der U.S.-amerikanischen Rechtsprechung kann es dabei nicht darauf ankommen, wie viele Nutzer tatsächliche Kenntnis von dem Bildnis erlangt haben.[1673] Es kommt lediglich darauf an, ob die Sichtbarkeit unbegrenzt ist.

Schwieriger ist zu beurteilen, wenn das Bildnis auf einer Profilseite *nur für bestätigte Kontakte* („Freunde“) oder deren Kontakte („Freundes-Freunde“) sichtbar ist. Nach der JIM-Studie 2013 bevorzugen jugendliche Nutzer erstere Sicherheitseinstellung.[1674] Das Kriterium der persönlichen Verbundenheit zur Bestimmung der Zurschaustellung hilft dabei nur bedingt weiter, da „Freunde“ in einem Netzwerk sowohl eng verbundene Freunde und Familienmitglieder als auch flüchtige, virtuelle Bekannte sein können.[1675] In aller Regel gehören sie dabei nicht einem einzigen

---

1668 Vgl. *Medienpädagogischer Forschungsverbund Südwest,* JIM-Studie 2013, S. 42.

1669 *Fricke,* in: Wandtke/Bullinger, Urheberrecht, § 22 KUG Rn. 9; *Klass,* in: Erman, BGB, Anh. § 12 Rn. 173.

1670 *v.Strobl-Albeg,* in: Wenzel, Wort- und Bildberichterstattung, Kap. 7 Rn. 44; *Dreier/Specht,* in: Dreier/Schulze, UrhG, § 22 KUG Rn. 10 m.N.; LG Oldenburg, GRUR 1988, 694 [695]; weitere Nachweise bei *Spindler,* in: Verhandlungen des 69. Dt. Juristentages München 2012, Bd. I, F. 5 [54].

1671 *Engels,* in: Ahlberg/Götting, BeckOK Urheberrecht, § 22 KUG Rn. 54.2.

1672 AG Menden, NJW 2010, 1614; zum Upload eines Films auf die Plattform youtube vgl. nur LG Hamburg, MMR 2010, 433.

1673 *Yath v. Fairview Clinics, N.P.,* 767 N.W.2d 34, 43 (2009); s. Kapitel 2 § 3 A II 2. A. aa.

1674 *Medienpädagogischer Forschungsverbund Südwest,* JIM-Studie 2013, S. 43.

1675 Ebenso *Spindler,* in: Verhandlungen des 69. Dt. Juristentages München 2012, Bd. I, F. 5 [54].

Freundeskreis an und kennen sie sich untereinander nicht vollständig.[1676] Ganz überwiegend wird deshalb auch eine öffentliche Zurschaustellung angenommen, wenn der Kreis der Zugreifenden auf die „Freunde" beschränkt ist oder es sich um „Freundes-Freunde" handelt.[1677] Das erscheint berechtigt, da minderjährige Nutzer durchschnittlich mit über 250 Freunden (die weiter verlinkt sind) in Kontakt stehen.[1678] Es sollte aber nicht der Einzelfall aus dem Blick geraten und insbesondere die Anzahl und das Verhältnis der „Freunde" miteinbezogen werden.[1679] § 22 KUG liegt hingegen nicht vor beim *Tagging* (Beschriften von Fotos) *und Markieren von Personen* auf Fotos.[1680] Umstritten ist hingegen, ob auch das *Setzen eines Links* auf eine fremde Website mit dem Foto eines Dritten als Handlungsform darunter fallen soll.[1681]

b. Zulässigkeit einwilligungsloser Zurschaustellung

Fotos und Videos, auf denen Kinder und Jugendliche erkennbar sind, dürfen folglich nur unter den Voraussetzungen der §§ 22, 23 KUG sichtbar in ein soziales Netzwerk einstellt werden. Erfolgt die Zurschaustellung ohne Einwilligung des Betroffenen bzw. seiner Eltern, besteht wie im Medienpersönlichkeitsschutz ein Konflikt zwischen dem Recht am eigenen Bild des Kindes oder Jugendlichen und der Meinungsäußerungsfreiheit. Dieser ist jedoch grundlegend anders geprägt, da sich der Minderjährige nicht den Medien und dem öffentlichen Informationsinteresse, sondern einer Privatperson gegenüber sieht.

aa. Offen ist deshalb, ob und inwieweit der Persönlichkeitsschutz im Internet *den geltenden Standards im medienpersönlichkeitsrechtlichen Bereich*, auch vor dem Hintergrund des Gleichheitssatzes in Art. 3 GG, gleichzustellen ist.[1682] Einigkeit besteht wohl jedenfalls insofern, als dass die reine Übertragung von Inhalten aus den Print- und Funkmedien ins Internet den gleichen Regeln unterworfen werden sollte. Bei neueren Kommunikationsformen wie sozialen Netzwerken wird die grundsätzliche Vergleichbarkeit jedoch in Zweifel gezogen und eine internetspezifische Anpassung für erforderlich gehalten, da die Rechtsprechung zum Äußerungsrecht am Leitbild

---

1676 *Redeker*, in: Hoeren/Sieber/Holznagel, Multimedia-Recht, Teil 12 Rn. 434.

1677 *Spindler*, in: Verhandlungen des 69. Dt. Juristentages München 2012, Bd. I, F. 5 [54]; *Dreier/Specht*, in: Dreier/Schulze, UrhG, § 22 KUG Rn. 10; *Fricke*, in: Wandtke/Bullinger, Urheberrecht, § 22 KUG Rn. 9; *Redeker*, in: Hoeren/Sieber/Holznagel, Multimedia-Recht, Teil 12 Rn. 434.

1678 *Medienpädagogischer Forschungsverbund Südwest* JIM-Studie 2014, S. 37.

1679 *Engels*, in: Ahlberg/Götting, BeckOK Urheberrecht, § 22 KUG Rn. 54.2.

1680 *Ohly*, AfP 2011, 428 [431].

1681 Bejahend OLG München, MMR 2007, 659; LG Braunschweig, MMR 2012, 64; *Dreier/Specht*, in: Dreier/Schulze, UrhG, § 22 KUG Rn. 9; a.A. *Fricke*, in: Wandtke/Bullinger, Urheberrecht, § 22 KUG Rn. 9; zu Thumbnails vgl. *Münch*, Schutz vor Verletzungen der Persönlichkeitsrechte in den Neuen Medien, S. 130 f.

1682 Dazu *Bruns*, AfP 2011, 421 [423].

der Massenkommunikation ausgerichtet sei.[1683] Vor dem Hintergrund der ohnehin besonderen Grenzziehungen zwischen Kommunikation und Persönlichkeitsrecht bei Minderjährigen erscheint eine verlässliche generelle Aussage zur Gleichstellung nicht möglich und auch nicht erforderlich. Vielmehr ist in jedem Einzelfall zu prüfen, ob tatsächlich vergleichbare Sachverhalte vorliegen und die herausgearbeiteten Grundsätze übertragbar sind.

In sozialen Netzwerken verfangen die Erlaubnistatbestände der §§ 23, 24 KUG aber in der Regel nicht.

bb. Die Bilder, die in ein soziales Netzwerk eingestellt werden, sind überwiegend *rein privater Natur*, stellen also weder ein Bildnis aus dem Bereich der Zeitgeschichte dar noch besteht ein öffentliches Informationsinteresse. Es handelt sich vielmehr um Schnappschüsse von Familienfeiern, Partys, Urlauben und Selfies (Selbstporträts) mit Freunden. Streng genommen ist also der Großteil der hochgeladenen Fotos in sozialen Netzwerken unzulässig.

Es liegt auf der Hand, dass diese Rechtslage faktisch an der Realität vorbei geht. In den allermeisten Fällen ist das Einstellen und Verbreiten von harmlosen Bildern über andere Personen geduldet und wird sogar forciert. Die JIM-Studie zeigt, dass es unter Jugendlichen sozial üblich ist, Fotos und Videos einzustellen. Selbst wenn in vielen Fällen, insbesondere bei Gruppenbildern mit Freunden, eine konkludente Einwilligung des Abgebildeten zum üblichen Zurschaustellen in der Duldung des Fotografierens mit einem Smartphone zu sehen sein könnte, fehlt die erforderliche Zustimmung der Eltern. Nach geltendem Recht kann diese Interessenlage jedoch keine Berücksichtigung finden, da im Rahmen von § 23 Abs. 1 Nr. 1 KUG keine generelle Abwägung zwischen den Interessen der Beteiligten stattfindet.[1684] Um die Rechtslage zu klären, wird deshalb vorgeschlagen, die Zugänglichmachung von sozial üblichen Bildern zu ermöglichen, indem die Veröffentlichung allgemein erlaubt wird, wenn die Interessen der Abgebildeten nicht entgegenstehen oder wenn die Interessen des Veröffentlichenden überwiegen und der Abgebildete nicht widerspricht.[1685] Dieser Weg könnte dann auch für Minderjährige zu beschreiten sein. Andererseits werden die angesprochenen Fälle zumeist ohnehin ohne praktische Konsequenzen bleiben und notfalls über § 242 BGB zu lösen sein, wie dies für die Einwilligung in unwesentliche Eingriffe vertreten wird (dazu Kapitel 5 § 2 A. II. 4. B. ee.). Derzeit läuft das Recht der Faktizität in diesem Punkt hinterher.

cc. Ausnahmsweise kann aber eine Güter- und Interessenabwägung auch beim Einstellen von Fotos und Videos auf sozialen Netzwerkseiten erforderlich sein, wenn ein öffentliches Informationsinteresse anzunehmen und somit in Betracht zu ziehen

---

1683 *Spindler*, in: Verhandlungen des 69. Dt. Juristentages München 2012, Bd. I, F. 5 [22]; *Peifer*, JZ 2013, 853 [864]; *Ladeur/Gostomzyk*, NJW 2012, 710 [710, 712 ff.]; zur Gleichstellung des Persönlichkeitsschutzes im Internet insgesamt vgl. *Bruns*, AfP 2011, 421 ff.

1684 *Ohly*, AfP 2011, 428 [431].

1685 *Spindler*, in: Verhandlungen des 69. Dt. Juristentages München 2012, Bd. I, F. 5 [110 f]; *Ohly*, AfP 2011, 428 [431].

ist, dass ein zeitgeschichtliches Ereignis iSd § 23 Abs. 1 Nr. 1 KUG vorliegt. Dies kann zunächst der Fall sein, wenn ein Kind oder Jugendlicher *eigene Prominenz* erlangt hat. Die Zurschaustellung in einem sozialen Netzwerk ist dann in den gleichen Grenzen möglich wie im Medienpersönlichkeitsschutz. Die Persönlichkeitsrechte setzen sich aufgrund der Verstärkung des Art. 2, Art. 1 GG in den meisten Fällen, insbesondere bei Aufnahmen von Alltagssituationen und familiärem Zusammensein, gegen die Meinungsäußerungsfreiheit durch. Die Entfaltungsinteressen der Kinder und Jugendlichen sind nicht weniger beeinträchtigt, wenn sie mit einer ständigen Aufnahme und Verbreitung durch andere Personen mit Smartphones oder Digitalkameras zu rechnen haben, als dies bei Medienvertretern der Fall ist. Die Interessenlage ist hier also vergleichbar, so dass die Zurschaustellung von Bildnissen in erster Linie aus Anlass eines öffentlichen Auftritts zulässig ist. Zudem besteht natürlich ein öffentliches Informationsinteresse an *Ereignissen der realen Welt.* Entsprechend den Regeln des Medienpersönlichkeitsschutzes überwiegen auch hier in aller Regel das Recht am eigenen Bild des Minderjährigen und sein Anonymitätsinteresse. Die Auseinandersetzung mit Ereignissen wie einer Sorgerechtsübertragung auf das Jugendamt kann vor dem Hintergrund der besonderen Schutzbedürftigkeit eine Bildveröffentlichung folglich nicht rechtfertigen.[1686]

Ein internetspezifisches Phänomen ist in diesem Zusammenhang die Verbreitung von *sog. „Meme"*. Darunter versteht man in der Regel Motive, Phrasen, Bilder und Videos, die über das Internet starke virale Verbreitung finden und gerade durch das Internet populär werden.[1687] Gekennzeichnet sind sie häufig durch eine hohe Eigendynamik. Kinder und Jugendliche können ebenso wie Erwachsene dadurch ungewollt in die Öffentlichkeit gezerrt und zu „Internetstars" werden. Die persönlichkeitsrechtlichen Gefahren von Meme verdeutlicht das Internetphänomen „Star Wars Kid". Hintergrund ist die Selbstaufnahme eines damals 15-jährigen Teenagers, wie er eine Figur aus der Science-Fiction-Saga „Star Wars" nachahmt, indem er mit einem Doppellichtschwert durch die Gegend wirbelt und die Geräusche imitiert. Klassenkameraden stellten das Video gegen seinen Willen ins Internet, wo es sich rasend verbreitet und vielfach bearbeitet wurde. Der Teenager erlangte dadurch ohne sein Zutun und gegen seinen Willen Legendenstatus, mit schweren Folgen für seine Gesundheit.[1688]

Für die Interessenabwägung im Rahmen des § 23 Abs. 1 Nr. 1 KUG ist insbesondere entscheidend, ob ein öffentliches Informationsinteresse an den Inhalten der Meme besteht und wie dieses zu gewichten ist. Das Landgericht Berlin hat in einem Urteil zum Meme des „Techno-Viking" ein überwiegendes öffentliches Informati-

---

1686 Vgl. OLG Karlsruhe, ZUM-RD 2011, 348 zu § 33 Abs. 2 KUG; das Gericht hat die Sache mangels Sachverhaltsaufklärung an das Landgericht zurückgewiesen.

1687 *Moskopp/Heller*, Internet-Meme, S. 7.

1688 Zu den Folgen *Kompa*, Legal Tribune Online, 17.08.2013, abrufbar unter http://www.lto.de/recht/hintergruende/h/mem-internet-bilder-videos-persoenlichkeitsrecht-urheberrecht/ (11.04.2015).

onsinteresse mit wenigen Worten verneint. Der Betroffene zähle nicht zu einem Kreis von Personen, deren Bildnis allein schon der Person wegen grundsätzlich einwilligungslos verbreitet werden dürfe.[1689] Das Gericht zieht nicht in Betracht, dass ein überwiegendes öffentliches Informationsinteresse allein schon aufgrund des Verbreiterungsgrades des Videos belegt sein könnte. Das Internet sollte als Medium von „Meinungsmachern" insgesamt nicht unterschätzt werden. Im Rahmen der Abwägung ist in jedem Einzelfall zu prüfen, in welchem Maße ein Meinungsbild im Internet das Potential hat, der Allgemeinheit als Entscheidungsgrundlage zu dienen[1690] bzw. wie bedeutsam die Tatsachenbehauptung für den gesellschaftlichen Diskurs ist. Im Falle des „Star Wars Kid" und vielen anderen Meme sind die Ereignisse, die Anlass der Anfertigung von Fotos und Videos sind, wohl nicht dazu geeignet, einen so gewichtigen Beitrag zum Meinungsbildungsprozess zu leisten, dass die besonders schutzwürdigen Kindesinteressen zurückzutreten haben. Meme dienen aber nicht immer nur Unterhaltsinteressen, sondern können durchaus auch politische Botschaften enthalten. Das Einstellen und Verbreiten von Meme, die Kinder oder Jugendliche zum Gegenstand haben, die damit ungewollt in das Licht der Internetöffentlichkeit gezerrt werden, sind aber in der Regel unzulässig.

dd. Werden Bildnisse *im Zusammenhang mit Straftaten* auf sozialen Netzwerkseiten veröffentlicht, gelten wie bei der Berichterstattung sehr enge Grenzen. In erster Linie ist zwischen Maßnahmen der Öffentlichkeitsfahndung durch staatliche Behörden (§ 24 KUG) und der Veröffentlichung durch Privatpersonen zu unterscheiden. Einige Dienststellen der Polizei in Deutschland suchen mittels Facebook nach Verdächtigen und Zeugen. Die Methode ist jedoch umstritten, da die Veröffentlichung weitaus intensiver in die Persönlichkeitsrechte der Betroffenen eingreift und die Löschung unsicher ist. Zudem verschärfen öffentliche Spekulationen, Behauptungen und Diskriminierungen anderer Nutzer aus Anlass der Fahndung die Beeinträchtigungen.[1691] Die Zurschaustellung verurteilter jugendlicher Straftäter auf einer privaten Website führt ferner zur Prangerwirkung und kann nicht durch ein überwiegendes öffentliches Interesse gerechtfertigt sein, insbesondere wenn es dem Betreiber nicht um einen Beitrag zur Strafverfolgung geht.[1692] Ist ein Jugendlicher sogar nur einer Tat oder Verfehlung verdächtig, überwiegt sein Persönlichkeitsinteresse erst recht, eine Bildveröffentlichung ist hier in aller Regel nicht zulässig.

1689 LG Berlin, K&R 2013, 605.

1690 *Ohly*, AfP 2011, 428 [436].

1691 Dazu die Entschließung der 87. Konferenz der Datenschutzbeauftragten des Bundes und der Länder am 27. und 28.03.2014 in Hamburg, abrufbar unter https://www.datenschutz-mv.de/datenschutz/themen/beschlue/87_DSK/Ent_Fahndung.pdf (11.04.2015).

1692 Ebenso *Münch*, Schutz vor Verletzungen der Persönlichkeitsrechte in den Neuen Medien, zur Entscheidung des AG Charlottenburg, MMR 2000, 772, über die Veröffentlichung von Bild und Namen eines Sexualstraftäters im Internet.

2. *Zulässigkeit der Verbreitung von Informationen aus dem Privatleben*

a. Abgrenzung zwischen Privatheit und Öffentlichkeit

Es werden natürlich nicht nur Bilder, sondern auch Informationen in sozialen Netzwerken durch Posts und sonstige Einträge preisgegeben, die der Betroffene als privat erachtet. In vielen Fällen wird im Rahmen der Güter- und Interessenabwägung zu berücksichtigen sein, dass die Nutzer von sozialen Netzwerken ihre privaten Lebensumstände freiwillig in ein soziales Netzwerk tragen. Wie die sozialwissenschaftliche Forschung gezeigt hat, neigen vor allem Jugendliche dazu, ihre persönlichen Belange selbst in der Netzwerkcommunity zu kommunizieren.[1693] Auch Eltern handeln bisweilen unbedacht und stellen Daten, Fotos und Videos ihres Nachwuchses online. Es bedarf deshalb auch an dieser Stelle einer Grenzziehung zwischen öffentlichen und privaten Bereichen in sozialen Netzwerken im Einzelfall, um die Vertraulichkeit der Kommunikation zu bestimmen.[1694] Maßgebliche Kriterien sind der Kontext, der Kreis der Beteiligten und die Art der Kommunikationsform.[1695]

Grundsätzlich gilt, dass sich der Internetnutzer seines Schutzes erst dann begibt, wenn die Information auf einer Website für die gesamte Öffentlichkeit dargeboten wird.[1696] Die Grenzen zur konkludenten Einwilligung sind fließend. Nicht ausreichend ist, dass Dritte Informationen einstellen, die vom Betroffenen nicht preisgegeben wurden. Vielmehr kommt es darauf an, dass die Information willentlich und bewusst aus der Privatsphäre heraus der Öffentlichkeit dargeboten wird.[1697]

Für Informationen auf *Profilen in sozialen Netzwerken* muss es, wie bei der Bestimmung eines Eingriffs nach § 22 KUG, auf den Zugang zu dem Profil ankommen. Wird dieser irgendwie durch eine Privatheitseinstellung eingeschränkt, also ist die Information nur für „Freunde“ und „Freunde von Freunden“ sichtbar, ist die Anzahl davon erfasster Personen allerdings ohne Belang. Der Nutzer grenzt seinen privaten Bereich dadurch sichtbar nach außen ab und übt sein Selbstbestimmungsrecht aus.[1698] Wird von der Sperrmöglichkeit eines Profils allerdings kein Gebrauch gemacht, kann eine Verbreitung persönlichkeitsrechtlich zulässig sein. Hier gilt nichts anderes als beispielsweise bei persönlichen Angaben auf einer privaten Homepage oder in frei zugänglichen Chats.[1699] Auch die Kommunikation über einen *Instant Messenger* eines sozialen Netzwerks, der eine sofortige Nachrichtenübermittlung

1693 S. 2. Kapitel § 3 B. II.

1694 *Ohly*, AfP 2011, 428 [430].

1695 So auch *Spindler*, in: Verhandlungen des 69. Dt. Juristentages München 2012, Bd. I, F. 5 [41]; *Ohly*, AfP 2011, 428 [430].

1696 *Bruns*, AfP 2011, 421 [426].

1697 So auch *Spindler*, in: Verhandlungen des 69. Dt. Juristentages München 2012, Bd. I, F. 5 [42].

1698 *Koch*, ITRB 2011, 128 [132]; Ebenso wurde ein Dialog mit ehrverletzendem Inhalt als vertrauliches Gespräch angesehen, weil er nur für eine überschaubare Anzahl von Personen zugänglich war, ArbG Bochum, DuD 2013, 258.

1699 Dazu *Gounalakis/Rhode*, Persönlichkeitsschutz im Internet, Rn. 203.

ähnlich wie beim Chatten ermöglicht, bleibt privat. Eine Veröffentlichung der textlichen und bildlichen Inhalte stellt einen Eingriff in das Allgemeine Persönlichkeitsrecht dar.[1700]

Dieselben Grundsätze gelten im Übrigen für *Bildnisse*, die ins Internet eingestellt werden. So dürfen etwa die Profilfotos oder hochgeladenen Fotos von Dritten von einem irgendwie beschränkt sichtbaren Profil nicht an anderer Stelle zur Schau gestellt werden.[1701]

b. Wiederaufleben der Privatheit

Aber selbst wenn ein Schutz durch die eigene Veröffentlichung entfällt, kann dies nicht zu einem irreparablen Rechtsverlust führen. Die Tatsache, dass das Internet faktisch „nicht vergisst", kann es nicht mit sich bringen, dass in Bezug auf die öffentlichen Informationen nie wieder Rechtsschutz erlangt werden kann.[1702] Unerfahrenheit oder Leichtsinn bei der Nutzung des Internet zur Kommunikation verlangen, dass ein späterer Rückzug und das Aufleben eines umfassenden Persönlichkeitsschutzes möglich sind. Der Ministerrat des Europarates erklärte bereits 2008, dass keine fortbestehenden oder dauerhaft zugänglichen Aufzeichnungen über die von Minderjährigen ins Internet eingestellten Inhalte existieren sollten, die in deren Würde, Sicherheit oder Privatsphäre eingreifen oder ihnen auf anderem Wege zu einem späteren Zeitpunkt in ihrem Leben schaden könnten.[1703] Aus diesem Grunde ist entscheidend, zu welchem Zeitpunkt Informationen im Internet öffentlich zugänglich gemacht wurden und ob mittlerweile Maßnahmen zur Sicherung der Privatheit unternommen wurden.

c. Zulässigkeit einwilligungsloser Tatsachenbehauptungen

Sind veröffentlichte Tatsachen als privat anzusehen, ist für die Interessenabwägung maßgeblich, dass im Regelfall *kein öffentliches Informationsinteresse* für die Zulässigkeit einer Äußerung streitet, sondern widerstreitende Privatinteressen in Ausgleich zu bringen sind. Durch den verstärkten Gehalt des Allgemeinen Persönlichkeitsrechts des Minderjährigen dürfte diesem häufig der Vorzug einzuräumen sein. Nicht zulässig ist somit die Verbreitung von intimen Informationen über Sexualität, Krankheit etc. Auch familiäre Angelegenheiten müssen nicht zuletzt aufgrund der Verstärkungswirkung des Art. 6 GG weitestgehend unerörtert bleiben. Des

---

1700 Vgl. LG Köln, MMR 2006, 758 zur Veröffentlichung einer Email; *Kummermehr/Peter*, ZUM 2014, 116 ff. zur Verwendung von SMS in der Presse.

1701 AG München, Urt. v. 15.06.2012, Az.: 158 C 28716/11 zur Übernahme eines Fotos in einem Zeitungsartikel.

1702 Ebenso *Koch*, ITRB 201, 128 [132].

1703 Erklärung des Ministerrats des Europarats vom 20.02.2008, abrufbar unter https://wcd.coe.int/ViewDoc.jsp?id=1252427&Site=CM&BackColorInternet=C3C3C3&BackColorIntranet=EDB021&BackColorLogged=F5D383 (15.04.2015).

Weiteren ist die Veröffentlichung der Identität von Straftätern, Verdächtigen und Opfern einer Straftat grundsätzlich unzulässig.

Allerdings ist zu bedenken, dass Nutzer ihre privaten Lebensumstände in dem Netzwerk zumeist schon vorher *freiwillig geöffnet* haben, indem jede Menge persönlicher Details bereits zugänglich gemacht worden sind. Die Folgen für den Diskretionsschutz beschreibt die Verzichtstheorie, die jedenfalls dem Grunde nach auch für Onlinesachverhalte gilt. Demnach kann nur derjenige umfassenden Diskretions- und Anonymitätsschutz beanspruchen, der im Vorfeld nicht von sich aus seine Anonymität aufgegeben und zahlreiche Postings vorgenommen hat, also seine Privatheit aufgegeben hat.[1704] Entsprechend den herausgearbeiteten Abwägungsgrundsätzen ist jedoch zu bedenken, dass das Vorverhalten bei Kindern und Jugendlichen nicht in gleichem Maße zu einem Rechtsverlust führen kann, da sie als unerfahrene Personen eine besondere Behandlung erfahren. Zugleich zeigt die sozialwissenschaftliche Forschung zur Nutzung von sozialen Netzwerken, dass jedenfalls ab dem Jugendalter keine generelle Unbedarftheit mehr unterstellt werden kann. Jugendliche Nutzer haben durchaus ein Bewusstsein für Chancen und Risiken der sozialen Netzwerke. Sie entscheiden bewusst, was sie von sich zurückhalten möchten und welche Informationen über sie öffentlich sein dürfen. Anders als beim Umgang mit Presse und Rundfunk wachsen die Kinder und Jugendlichen mit den web 2.0-Angeboten auf, ihre Fähigkeiten werden durch medienpädagogische Maßnahmen bewusst gefördert – wie die Studien zeigen, mit Erfolg. Folglich sollten Jugendliche auch Verantwortung für ihr Onlineverhalten übernehmen, indem der Öffnung ihrer Privatheit stärkeres Gewicht bei der Abwägung beizumessen ist als im Medienpersönlichkeitsschutz. Zugleich sind jedoch die Verhaltensmaßstäbe im Internet insgesamt noch nicht ausgelotet, so dass generell Zurückhaltung vor schematischen Lösungen geboten ist.

Bei Belanglosigkeiten und sonstigen Informationen ohne engen Personenbezug kommt es folglich darauf an, ob der Betreffende bislang weitestgehend anonym und unbeobachtet lebt und wie viele Menschen auf die Informationen zugreifen können. Beschäftigt sich jemand dauerhaft mit einer anderen Person und veröffentlicht banale Informationen gegen ihren Willen, beispielsweise in einem Blog, muss diese öffentliche Erörterung der eigenen Person nicht hingenommen werden, da hierdurch genau derselbe Situationsdruck ausgelöst werden kann wie durch Medien. In weitergehendem Maße zulässig sind Äußerungen nur dann, wenn der Betroffene selbst eine Person des öffentlichen Lebens ist.

1704 LG Berlin, MMR 2008, 353; *Nink*, in; Spindler/Schuster, Recht der elektronischen Medien, § 823 BGB Rn. 24; zu Probleme durch Medienkonvergenz vgl. *Höch*, WRP 2012, 1060.

IV. Schutz vor Anprangerungen in sozialen Netzwerken

Während viele Zurschaustellungen von Bildnissen und die Verbreitung von Informationen von den Betroffenen als unproblematisch wahrgenommen und toleriert werden, insbesondere wenn es sich um „Freunde“ in einem sozialen Netzwerk handelt, kann die Nutzung auch eine ganz andere Richtung einschlagen. Immer wieder kommt es unter Jugendlichen zu herabsetzenden Äußerungen, die aufgrund ihres Ausmaßes und ihrer Intensität den Betroffenen an den virtuellen Pranger stellen.[1705]

So sind *Unwahrheiten*, die über einen Minderjährigen in die Welt gesetzt werden, oder *peinliche oder beleidigende Videos oder Fotos* schnell und unwiderruflich in Umlauf gebracht. Davon betroffen sind etwa 12 Prozent der minderjährigen Netzwerknutzer. Auch Entrüstungsstürme (sog. „Shitstorms“) oder das Filmen und Hochladen von Schlägereien (z. T. „happy slapping“) können das Allgemeine Persönlichkeitsrecht massiv beeinträchtigen. Etwas über 30 Prozent der 13- bis 19- jährigen Handybesitzer berichten, dass eine Schlägerei mit dem Handy gefilmt wurde. Neben der Tatsache realer Gewalt kann aus einem singulären Ereignis so eine dauerhaft reproduzierbare Demütigung werden und spielt deshalb auch im Kontext des Mobbing eine Rolle.[1706] Außerdem lassen sich Bilder mittlerweile so erfolgreich manipulieren, dass man Original und Fälschung nicht oder nur schwer unterscheiden kann.[1707] Dies betrifft insbesondere *Nacktbilder*, die angeblich berühmte Persönlichkeiten zeigen sollen und im Internet veröffentlicht werden.[1708] Zudem begleiten die modernen Aufzeichnungs- und Kommunikationstechniken wie das Fotohandy Jugendliche in Schule und Freizeit. Sie sind somit jederzeit bereit, Lebenslagen und -situationen festzuhalten, beispielsweise duschende Mitschülerinnen durch Lüftungsschlitze zu filmen. Neben schulischen Ordnungsmaßnahmen[1709] kommen in diesen Fällen zivilrechtliche Ansprüche in Betracht, denn das Erstellen und ggf. Hochladen ins Internet sind schwer persönlichkeitsrechtsverletzend. Besonders verheerend ist es, wenn die Anprangerungen über einen längeren Zeitraum in Form des Mobbings über das Internet erfolgt, sog. Cyberbullying. Allgemein zählen dazu wiederholte negative soziale Handlungen über einen längeren Zeitraum hinweg.[1710] Die zumeist anonymen Anschläge via Internet gehen mit Verletzungen der Ehre und des per-

---

1705 *Voskamp/Kipker*, DuD 2013, 787.

1706 Vgl. *Medienpädagogischer Forschungsverbund Südwest*, JIM-Studie 2012, S. 57; aktuell zu Cybermobbing: JIM 2014, S. 39 f.

1707 *Damm/Irion*, in: Eberle/Rudolf/Wasserburg, Mainzer Rechtshandbuch der neuen Medien, S. 297 [305].

1708 Bspw. LG Köln, ZUM-RD 2002, 484; *Münch*, Schutz vor Verletzungen der Persönlichkeitsrechte in den Neuen Medien, S. 131 ff.; hier auch zum Sonderproblem der Schaffung von Avataren, S. 133 ff.

1709 Dazu nur VG Berlin, Beschl. v. 02.12.2005, Az.: VG 3 A 930.05; *Hanschmann*, NVwZ 2008, 1295 ff.; siehe zu Lehrervideos auch *Beck*, MMR 2008, 77 ff.

1710 Zu den aktuellen Definitionsansätzen *Teuschel*, in: Ders./Heuschen, Bullying, S. 9 ff.

sönlichen Lebensbereichs einher oder verletzen in ihrer Gesamtheit das Allgemeine Persönlichkeitsrecht des Opfers. Die Gruppe der Jugendlichen ist von Cyberbullying besonders betroffen. Nach der jüngsten JIM-Studie berichten etwa 38 Prozent der Jugendlichen zwischen 12 und 19 Jahren, dass in ihrem Bekanntenkreis schon einmal eine Person per Handy oder Internet gemobbt wurde.[1711]

Ein Beispiel für Cyberbullying via sozialer Netzwerke sind sog. Schlampenseiten bei facebook, auf denen anonyme Ersteller dazu aufrufen, Fotos und persönliche Informationen über „die größten Schlampen“ einer Stadt oder Region einzusenden mit der Folge von Beleidigungen und Verunglimpfungen junger Mädchen.[1712] Auch das Verbreiten von Gerüchten und Verleumdungen sowie das Übermitteln von Drohungen, Beleidigungen, offen demonstriertes Ausstoßen aus der Gesellschaft und Zurückweisung sind typische Erscheinungsformen. Zudem werden kompromittierende Fotos online gestellt, die das Opfer in entwürdigenden Situationen (beispielsweise betrunken) oder in einem sexualisierten Kontext zeigen.[1713] Eine neue Dimension erreichte das Cyber-Bullying durch die Seite „isharegossip.com“, die mittlerweile von der Bundesprüfstelle für jugendgefährdende Medien gem. § 18 Abs. 1 JuSchG und § 4 JMStV indiziert ist. Allerdings führt dies nicht dazu, dass die Internetpräsenz endet, ein Auffinden bleibt ohne Probleme möglich.[1714]

Unproblematisch gestaltet sich in diesen Fällen zumeist die Abwägung der widerstreitenden Privatinteressen. Beim Cyberbullying verlieren die Handlungen naturgemäß den sachlichen Maßstab und zielen überwiegend auf die Bloßstellung des Opfers ab. Die Äußerungen sind also in aller Regel als Schmähkritik einzuordnen, so dass die Meinungsäußerungsfreiheit hinter das Recht auf Persönlichkeit zurücktritt.[1715] Aber auch bei einzelnen Anprangerungen geht es den Äußernden regelmäßig nicht um die Gestaltung und Prägung des öffentlichen Lebens in Wahrnehmung des Rechts der freien Meinungsäußerung. Zugleich sind die Folgen des virtuellen Prangers für den Betroffenen besonders schwer. Die Interessenabwägung wird deshalb grundsätzlich zugunsten des Opfers ausfallen. Die eigentliche Schwierigkeit besteht deshalb darin, die weitere Verbreitung der herabsetzenden Inhalte zu verhindern und den Verantwortlichen zu bestimmen, da das Hochladen zumeist anonym erfolgt (zu dieser Problematik nachfolgend Kapitel 5 § 3 D. V. 2. c. cc.).

1711 *Medienpädagogischer Forschungsverbund Südwest,* JIM Studie 2014, S. 40.

1712 *jugendschutz.net,* Jugendschutz im Internet, S. 8; abrufbar unter http://www.jugendschutz.net/pdf/bericht2013.pdf (11.04.2015).

1713 Zu Bullying und Cyber-Bullying vgl. aus der umfangreichen Literatur *Teuschel/Heuschen,* Bullying (2013); *Schubarth,* Gewalt und Mobbing an Schulen (2013); *Werner* (Hrsg.), Mobbing – opferorientierte Hilfen für Kinder und Jugendliche (2013); *Siewior,* Cyberbullying, (2012); *Scheithauer/Hayer/Petermann,* Bullying unter Schülern (2003); vgl. auch *Leffler,* Der strafrechtliche Schutz des Rechts am eigenen Bild vor dem neuen Phänomen des Cyber-Bullying (2013); *Nussbaumer,* Maßnahmen gegen nicht fassbare Gewalt (2009).

1714 *Wieczorek,* AfP 2012, 14 [15 f.].

1715 Ebenso *Voskamp/Kipker,* DuD 2013, 787 [789]; *Wieczorek,* AfP 2012, 14 [15].

V. Schutz persönlicher Daten

Im Fokus des Diskurses zum Schutze minderjähriger Internetnutzer steht des Weiteren der Datenschutz in sozialen Netzwerken.[1716] Jedes Hochladen und Zugänglichmachen von Informationen auf Internetseiten stellt eine automatisierte Datenverarbeitung dar und eröffnet damit an und für sich auch den sehr weiten Anwendungsbereich des Bundesdatenschutzgesetzes. Alle Formen der interaktiven Angebote fallen zudem unter die Telemedien, d.h. die Anbieter unterliegen auch den Vorgaben des Telemediengesetzes.[1717] Minderjährigenpersönlichkeitsschutz im Internet wird folglich maßgeblich durch den Schutz der personenbezogenen Daten flankiert, die bei der Nutzung von sozialen Netzwerken zwangsläufig entstehen. Die erhöhte Bereitschaft von Jugendlichen, personenbezogene Daten in soziale Netzwerke einzustellen, beansprucht somit in erster Linie den Datenschutz und nur in bestimmten Fällen den Persönlichkeitsschutz. Der Bezug zum Äußerungsrecht ist besonders stark bei den wörtlichen und bildlichen Informationen, die ungewollt durch Kommunikation ins soziale Netzwerk gelangen. Aber auch die eigenen Daten beanspruchen Schutz, der sich aus dem informationellen Selbstbestimmungsrecht in Art. 2, Art. 1 GG ergibt. Die Datenverarbeitung wirft dabei denselben Konflikt zwischen Kommunikation und Persönlichkeitsschutz auf, es drohen also nicht nur Persönlichkeitsrechtsverletzungen, sondern auch Datenschutzverstöße.[1718] Entsprechend hat der Bundesgerichtshof in seiner bekannten *spick-mich* Entscheidung über die geltend gemachten Löschungs- und Unterlassungsansprüche im Wesentlichen unter Anwendung des Datenschutzrechts entschieden, und nicht wie die Vorinstanz fast ausschließlich die Verletzung des Allgemeinen Persönlichkeitsrechts diskutiert.[1719]

Der rasante Vormarsch von web 2.0-Angeboten ist dabei mit ganz eigenen datenschutzrechtlichen Herausforderungen verbunden, denen das Datenschutzrecht de lege lata unstreitig nicht vollends gerecht werden kann. Ausgemachte Problembereiche sind unter anderem die Verteilung der Verantwortlichkeiten bei Internetkommunikation, die Anforderungen an Informiertheit und Freiwilligkeit zur Erklärung einer wirksamen Einwilligung in die Datenverarbeitung, das erforderliche Maß an Transparenz, das „Recht auf Vergessen" sowie die Rechtsdurchsetzung.[1720] Diese

1716 Dazu *Jandt/Roßnagel*, in: Schenk/Niemann/Reinmann/Roßnagel, Digitale Privatsphäre, S. 309 ff.; 30. Internationale Konferenz der Beauftragten für den Datenschutz und für Privatsphäre, DuD 2008, 807; *Wintermeier*, ZD 2012, 210.

1717 *Spindler*, in: Verhandlungen des 69. Dt. Juristentages München 2012, Bd. I, F. 5 [71].

1718 *Elixmann*, Datenschutz und Suchmaschinen, S. 25.

1719 BGHZ 181, 328 [333 f.]; Vorinstanz: OLG Köln, ZUM 2008, 869 [872].

1720 Vgl. dazu *Spindler*, in: Verhandlungen des 69. Dt. Juristentages München 2012, Bd. I, F. 5 [71]; *Bull*, NVwZ 2011, 257; *Spindler*, NJW-Beil. 2012, 98; zu sozialen Netzwerken und web 2.0: Spiecker, gen. *Döhmann*, in: Leible/Kutschke, Schutz der Persönlichkeitsrecht im Internet, S. 33 ff.; *Härting*, in: Leible/Kutschke, Schutz der Persönlichkeitsrecht im Internet, S. 55 ff.; *Dix*, in: Klumpp u. a., Netzwelt, S. 195; *Erd*, NVwZ 2011, 19 ff.

Situation hat eine umfassende Reformdebatte ausgelöst, die sich stellenweise auch der besonderen Lage von minderjährigen Internetnutzern annimmt. Es finden sich zahlreiche Vorschläge aus Politik und juristischem Schrifttum, um den Schutz der Persönlichkeit im Internet insgesamt zu verbessern. So befasst sich ein Teil der „Digitalen Agenda für Europa" der Europäischen Kommission mit der Stärkung des Vertrauens und der Onlinesicherheit. Dem Datenschutz haben sich auf nationaler Ebene auch mehrere Bundesministerien gewidmet.[1721] Die Datenschutzbeauftragten von Bund und Ländern beschlossen bereits 2010 „Eckpunkte" für ein modernes Datenschutzrecht.[1722] Schließlich hat der Bundesrat einen Entwurf zur Änderung des Telemediengesetzes in den Bundestag eingebracht, der im Zusammenhang mit dem Minderjährigenpersönlichkeitsschutz besonders interessiert. Die Vorschläge und Stellungnahmen reichen dabei von einer fundamentalen Neuausrichtung des Datenschutzrechts bis zu punktuellen Reformen. Als grundlegende Antipoden lassen sich dabei Paternalismus und Privatautonomie ausmachen: fraglich ist, inwieweit eine Regulierung durch den Staat erfolgen kann und muss oder ob die Probleme nicht mit privatautonomen Mitteln besser gelöst werden können, unterstützt durch Selbstregulation.[1723]

Vor diesem Hintergrund liegt es auf der Hand, dass es einer umfassenden Überprüfung des Datenschutzes von Minderjährigen in sozialen Netzwerken bedarf, die an dieser Stelle nicht geleistet werden kann. Um sich der schwierigen Materie und der komplexen Gesamtproblematik anzunähern, sollen deshalb nur ausgewählte Problemfelder aufgezeigt und behandelt werden.

1. *Eingriffe in das informationelle Selbstbestimmungsrecht des Nutzers*

In sozialen Netzwerken und anderen web 2.0-Angeboten werden personenbezogene Daten zunächst in großem Ausmaße von den Nutzern selbst preisgegeben, wenn sie sich beim Netzwerk anmelden und ein Profil erstellen oder mit Dritten per Nachrichten oder Posts kommunizieren. Im Verhältnis zum Diensteanbieter, der diese Daten verarbeitet, geht es dann eigentlich um die Anforderungen an eine wirksame Einwilligung gem. § 4a BDSG oder § 12 TMG. Da diese aber noch vollkommen unklar sind, verlagert sich das Problem wie bei ungewollt veröffentlichten persönlichen Daten auf die Prüfung der gesetzlichen Vorschriften zur einwilligungslosen Zulässigkeit der Datenverarbeitung. Datenschutzrechtlich relevant ist zudem der massenweise Zugriff und die Auswertung der Daten in sozialen Netzwerken durch Dritte, insbesondere durch Suchmaschinenanbieter.

1721 *Bundesministerium des Inneren*, Gesetzesentwurf v. 01.12.2010, abrufbar unter http://www.bmi.bund.de/SharedDocs/Downloads/DE/Themen/OED_Verwaltung/Informationsgesellschaft/rote_linie.html?nn=3314802 (11.04.2015).

1722 Ausführlich *Bull*, NvwZ 2011, 257; *Konferenz der Datenschutzbeauftragen des Bundes und der Länder*, Ein modernes Datenschutzrecht für das 21. Jahrhundert.

1723 Ausführlich dazu *Spindler*, in: Verhandlungen des 69. Dt. Juristentages München 2012, Bd. I, F. 5 [98 ff.].

a. Datenverarbeitende Stellen

Zu trennen ist zunächst zwischen der Datenverwendung durch den *Netzwerkanbieter* selbst, der unproblematisch den Pflichten des BDSG und TMG unterfällt, und dem Dritten, der persönliche Daten über Kinder und Jugendliche hochlädt. Mitunter wird die Auffassung vertreten, dass auch die *Nutzer eines sozialen Netzwerks* als datenverarbeitende Stellen anzusehen sind, wenn sie Informationen über andere Menschen posten.[1724] Sie wären dann nicht nur persönlichkeitsrechtlich, sondern auch datenschutzrechtlich verantwortlich.

Hierfür spricht in der Tat die Doppelrolle, die Nutzer sozialer Netzwerke einnehmen, da sie in der Regel einen erheblichen Spielraum bei Art und Umfang der einstellenden Informationen haben. Faktisch lässt sich diese Situation durchaus als Vervielfachung der Verantwortlichkeiten ansehen. Eine Verdopplung rechtlicher Beurteilung nach Persönlichkeitsschutz und Datenschutz bei der Kommunikation im Internet wird jedoch überwiegend kritisch gesehen. Hauptkritikpunkt ist, dass das aktuelle Datenschutzrecht kaum Instrumente enthält, um zwischen den Persönlichkeitsrechten der Internetnutzer und der freien Kommunikation im Netz abzuwägen.[1725] Die rechtliche Bewertung werde verzerrt, wenn schon jede bloße öffentliche Äußerung über eine andere Person in einem digitalen Medium als Eingriff in das Recht auf informationelle Selbstbestimmung gilt.[1726] Zwar zeugt die Fokussierung auf das Datenschutzrecht im *spick-mich*-Urteil davon, dass der Bundesgerichtshof das Datenschutzrecht durchaus für anwendbar hält.[1727] In diesem Fall ging es aber um die Datenverwendung durch den Diensteanbieter, nicht den Nutzer. Andererseits ist das Datenschutzrecht der größte Entwicklungsmotor im internationalen Recht. So hat das U.S.-amerikanische *right of privacy* in Form der information privacy die größten Ausgestaltungen erfahren, auch in Bezug auf Minderjährige (insbesondere durch COPPA).[1728] Letztlich trennt Daten- und Persönlichkeitsschutz auch nur eine unterschiedliche Schwerpunktsetzung beim Schutzgut. So erhebt das Datenschutzrecht das Datum zum eigenständigen Schutzgut, wohingegen das Allgemeine Persönlichkeitsrecht auf den Schutz des Menschen vor unbegrenzter Verwendung personenbezogener Informationen gerichtet ist.[1729] In Ermangelung klarer Abgrenzungs- oder Vorzugsregelungen ist im Interesse eines weitgehenden Minderjährigenpersönlichkeitsschutzes die Speicherung und Übermittlung von Daten zum Zwecke der Kommunikation im Internet grundsätzlich auch dem

---

1724 So *Jandt/Roßnagel*, in: Schenk/Niemann/Reinmann/Roßnagel, Digitale Privatsphäre, S. 350 ff.; *Spindler*, in: Verhandlungen des 69. Dt. Juristentages München 2012, Bd. I, F. 5 [81 ff.]; *Heckmann*, JurisPK-Internetrecht, Kap. 9 Rn. 473.

1725 *Härting*, in: Leible/Kutschke, Schutz der Persönlichkeit im Internet, S. 55 [56]; *Spindler*, in: Verhandlungen des 69. Dt. Juristentages München 2012, Bd. I, F. 5 [73]; *Ohly*, AfP 2011, 428 [437].

1726 *Ohly*, AfP 2011, 428 [437].

1727 BGHZ 181, 328 – spick-mich.

1728 *Peifer*, JZ 2013, 853 [855].

1729 *Bruns*, Informationsansprüche gegen Medien, S. 45.

Datenschutzrecht zu unterwerfen. Ob darüber hinaus aber auch eine datenschutzrechtliche Verantwortlichkeit der Nutzer geboten ist, lässt sich nicht abschließend beurteilen. § 1 Abs. 2 Nr. 3 BDSG für die Nutzung von Daten für persönliche oder familiäre Belange spricht eher dafür, derlei Kommunikation in sozialen Netzwerken nicht in den Anwendungsbereich des Datenschutzrechts hineinzulesen.[1730] Die gesetzlichen Erlaubnistatbestände würden jedenfalls analoge Anwendung finden.[1731] Die Zulässigkeit der Datenverarbeitung wäre außerdem nach denselben Maßstäben zu beurteilen, wie diejenige des Netzwerkanbieters.

Spätestens seit der Entscheidung des EuGH ist schließlich klar, dass *Suchmaschinenanbieter*, die von Dritten im Internet gestellte oder dort veröffentlichte Informationen finden, automatisch indexieren, vorübergehend speichern und schließlich den Internetnutzern in einer bestimmten Reihenfolge zur Verfügung stellen, personenbezogene Daten selbstständig verarbeiten.[1732] Sie sind folglich als datenverarbeitende Stellen iSd § 1 Abs. 2 Nr. 3 BDSG anzusehen.

b. Personenbezogene Daten

Aufgrund des im Datenschutzrecht geltenden Verbotsprinzips steht im Mittelpunkt datenschutzrechtlicher Bewertungen sodann die Frage, ob Informationen einen Personenbezug haben. Erst wenn dies zu bejahen ist, ist im Rahmen der einschlägigen Erlaubnisnorm zu überprüfen, ob die Datenverarbeitung die persönlichen Interessen beeinträchtigen.[1733] Dem Verbot unterliegen im Ausgangspunkt alle personenbezogenen Daten, nach § 12 Abs. 3 TMG und § 3 Abs. 1 BDSG also Einzelangaben über persönliche oder sachliche Verhältnisse einer bestimmten oder bestimmbaren natürlichen Person. Im Einzelfall ist die Entscheidung nicht unproblematisch, da der Begriff des Personenbezugs für Internetsachverhalte äußerst strittig ist. Diskutiert wird in erster Linie darüber, ob schon eine theoretisch mögliche Verknüpfung von Daten mit einer natürlichen Person ausreicht oder aber eine Identifizierung tatsächlich möglich ist.[1734] Im Zusammenhang mit sozialen Netzwerken, die gerade zur Kommunikation mit anderen Menschen genutzt werden, sind relativ unproblematisch alle eingestellten Informationen über einen Nutzer als personenbezogen anzusehen.[1735]

1730 *Heckmann*, JurisPK-Internetrecht, Kap. 9 Rn. 502 ff.

1731 So *Jandt/Roßnagel*, in: Schenk/Niemann/Reinmann/Roßnagel, Digitale Privatsphäre, S. 353 f.; vgl. auch jüngst KG Berlin, ZD 2014, 412 zum „Freunde-Finder-Verfahren“ von Facebook.

1732 EuGH, MMR 2014, 455 [460] – Recht auf Vergessen.

1733 *Peifer*, JZ 2013, 853 [855].

1734 Zum Streitstand vgl. *Spindler*, in: Verhandlungen des 69. Dt. Juristentages München 2012, Bd. I, F. 5 [71] m.N.; *Härting*, in: Leible/Kutschke, Schutz der Persönlichkeit im Internet, S. 33 [60].

1735 *Spindler*, GRUR-Beilage 2014, 101 [104]; *Ders.*, in: Verhandlungen des 69. Dt. Juristentages München 2012, Bd. I, F. 5 [71 f.]; für Google-Dienste bei Nutzung von Google-Konten *Becker/Becker*, MMR 2012, 351 [352].

So muss schon bei Erstellen eines Nutzerkontos in einem sozialen Netzwerk in der Regel der *Name* oder jedenfalls eine *Email-Adresse* angegeben werden, welches in aller Regel als personenbezogenes Datum anzusehen ist. Werden *Meinungsäußerungen oder Tatsachenbehauptungen* über eine bestimmte erkennbare Person in einem sozialen Netzwerk geäußert, handelt es sich ebenfalls um personenbezogene Daten.[1736] Dies ist auch bei *Bildnissen* nicht ausgeschlossen, wenn der Datenverarbeitende die abgebildete Person kennt. Beim Diensteanbieter ist das immer der Fall, wenn er Gesichtserkennungssoftware einsetzt.[1737] Zudem werden die eingestellten Fotos zumeist zu dem abgebildeten Nutzer verlinkt, d.h. eine Identifizierung ist ohne weiteres möglich. Auch bei *anonymen und pseudonymen Daten* ist die Möglichkeit, dass sie einer Person zuzuordnen sind, nicht grundsätzlich ausgeschlossen. Für den Personenbezug ist dann darauf abzustellen, ob es nach Aufwand und Zeit, Kosten und Arbeitskraft verhältnismäßig ist, den Personenbezug herzustellen.[1738]

Folglich fallen Äußerungen in sozialen Netzwerken grundsätzlich in den Anwendungsbereich des BDSG bzw. TMG. Eine Ausnahme gilt, wenn rein privat oder familiär kommuniziert wird (§ 1 Abs. 2 Nr. 3 BDSG). Auch hierfür sollte die Grenzziehung dort verlaufen, wo Nutzerprofile wie zumeist über den „engen“ Freundes- und Familienkreis hinaus einsehbar sind.[1739]

2. *Zulässigkeit der Datenverwendung durch Netzwerkanbieter*

Diese personenbezogenen Daten werden von den Betreibern sozialer Netzwerke verarbeitet: sie werden gespeichert und übermittelt sowie zur Auswertung zu Werbezwecken verarbeitet und genutzt. Außerdem haben einige Netzwerke ihre Datenerfassung mittlerweile aktiv auch auf Nichtmitglieder ausgedehnt und lesen beispielsweise Email-Adressen aus Kontakten der Mitglieder aus, um sie zu eigenen Werbezwecken zu verwenden.[1740] Eine Übertragung des Medienprivilegs in § 41 BDSG und § 57 Abs. 1 S. 1 RStV scheidet für soziale Netzwerke de lege lata aus, da nach wie vor an dem Merkmal der journalistisch-redaktionellen Tätigkeit festgehalten wird, die bei facebook und Co. nicht vorliegt.[1741]

1736 BGHZ 181, 328 [333] – spick-mich.

1737 *Jandt/Roßnagel*, in: Schenk/Niemann/Reinmann/Roßnagel, Digitale Privatsphäre, S. 365; die Gesichtserkennungssoftware von *facebook* wurde mittlerweile für alle europäischen Mitglieder deaktiviert, vgl. dazu *Heckmann*, JurisPK-Internetrecht, Kap. 9 Rn. 512 ff.

1738 *Jandt/Roßnagel*, in: Schenk/Niemann/Reinmann/Roßnagel, Digitale Privatsphäre, S. 344.

1739 *Spindler*, in: Verhandlungen des 69. Dt. Juristentages München 2012, Bd. I, F. 5 [76].

1740 Sehr differenzierend hierzu *Karg/Fahl*, K&R 2011, 453 f.

1741 *Spindler*, in: Verhandlungen des 69. Dt. Juristentages München 2012, Bd. I, F. 5 [75].

a. Rechtsgrundlage der Datenverarbeitung

Da jeder Umgang mit diesen Daten genau genommen in das grundrechtlich garantierte informationelle Selbstbestimmungsrecht der betroffenen Person berührt, ist die Datenverwendung nur bei wirksamer Einwilligung oder Vorliegen eines gesetzlichen Erlaubnistatbestandes zulässig, sog. Verbotsprinzip (§ 12 Abs. 1 TMG / § 4 Abs. 1 BDSG). Liegt keine wirksame Einwilligung vor, hängt die Zulässigkeit der Datenverarbeitung davon ab, welche Daten betroffen sind: *Bestandsdaten*, also persönliche Daten für die Anmeldung für eine Website wie Name, Email-Adresse oder Geburtsdatum, dürfen nach § 14 TMG nur erhoben und verwendet werden, soweit dies für die Begründung, inhaltliche Ausgestaltung oder Änderung des Vertragsverhältnisses zwischen dem Nutzer und dem Diensteerbringer über die Nutzung des Dienstes erforderlich ist. Daten, die während der Nutzung des Telemediums gesammelt werden, also IP-Adresse, Nutzername, Passwort etc. (*Nutzungsdaten*), dürfen hingegen schon dann erhoben und verwendet werden, soweit dies erforderlich ist, um die Inanspruchnahme von Telemedien zu ermöglichen und abzurechnen. Zentral sind im Zusammenhang mit dem Persönlichkeitsschutz die preisgegebenen *Inhaltsdaten*, also Fotos, Videos oder private Informationen, die vom Nutzer selbst oder von Dritten hochgeladen werden.[1742] Während die Verarbeitung selbst eingestellter Daten zumeist von der Einwilligung gedeckt sein wird, ist die Zulässigkeit der Datenverarbeitung von Informationen, die ungewollt von anderen Nutzern eingestellt werden (ergo Inhaltsdaten), nach herrschender Meinung anhand der §§ 28, 29 BDSG zu bestimmen.[1743]

Überwiegend werden die Inhaltsdaten zum Zweck der Übermittlung verarbeitet, so dass § 29 BDSG einschlägig ist. Nur bei eigenem Zweckgebrauch beurteilt sich die Zulässigkeit der Datenverarbeitung nach § 28 Abs. 1 Nr. 1 BDSG.[1744] Da die Norm voraussetzt, dass zwischen dem Netzwerkbetreiber und dem Nutzer ein wirksamer Vertrag besteht, der die Datenverarbeitung erfordert, erlangen Minderjährige durch das Zustimmungserfordernis der Eltern gem. § 107 BGB einen mittelbar verstärkten

1742 Zu dieser Differenzierung ausführlich *Achtruth*, Schutz bei der Nutzung von Social Networks, S. 67 ff.; *Bauer*, MMR 2008, 435 [436].

1743 *Jandt/Roßnagel*, MMR 2011, 637 [639]; *Spindler/Nink*, in: Spindler/Schuster, Recht der elektronischen Medien, § 15 TMG Rn. 3; so wohl auch BGHZ 181, 328 [335] – spick-mich; *Wintermeier*, ZD 2012, 210 [211]; stattdessen für die Anwendung von § 15 TMG *Buchner*, in: Wolff/Brink, Datenschutzrecht, § 29 BDSG Rn. 38; *Bauer*, MMR 2008, 435 [436]; zum Streitstand jüngst *Achtruth*, Der Schutz bei der Nutzung von Social Networks, S. 73 ff.

1744 *Buchner*, in: Wolff/Brink, Datenschutzrecht, § 29 BDSG Rn. 35; *Spindler*, in: Verhandlungen des 69. Dt. Juristentages München 2012, Bd. I, F. 5 [73 f.]; *Achtruth*, Der rechtliche Schutz bei der Nutzung von Social Networks, S. 115 m.w.N.

Schutz.[1745] Besonders strenge Anforderungen gelten für die Datenauswertung für Werbezwecke, die in sozialen Netzwerken eine große Rolle spielen.[1746]

b. Zulässigkeitsmaßstab bei personenbezogenen Daten Minderjähriger

Für die Verarbeitung von nutzergenerierten Daten minderjähriger Rechtsträger gelten de lege lata dieselben Erlaubnistatbestände wie für Erwachsene. Nach § 29 Abs. 1 Nr. 1 BDSG ist die Datenverarbeitung grundsätzlich zulässig, wenn kein Grund zu der Annahme besteht, dass der Betroffene ein schutzwürdiges Interesse an dem Ausschluss der Verarbeitung hat. Von besonderer Bedeutung ist zudem § 29 Abs. 1 Nr. 2 BDSG, wonach die Verarbeitung allgemein zugänglicher Informationen zulässig ist, also wenn sie beispielsweise über eine allgemeine Suchmaschine auffindbar ist, es sei denn ein schutzwürdiges Interesse überwiegt.[1747] Eingeschränkt ist die Zulässigkeit der Datenverarbeitung nur bei sog. sensitiven Daten gem. § 3 Abs. 9 BDSG, unter anderem Angaben über Herkunft, politische Meinung, Gesundheit, Sexualleben. Hier kommt es nach § 28 Abs. 6 Nr. 2 BDSG darauf an, dass die Daten auf Veranlassung des Betroffenen selbst veröffentlicht worden sind oder die Veröffentlichung zumindest voll akzeptiert wird.[1748] In der Regel hängt die Zulässigkeit der Datenverarbeitung folglich wie im Persönlichkeitsschutz von einer Güter- und Interessenabwägung ab.[1749] Der Bundesgerichtshof verlangt in seiner *spick-mich*-Entscheidung konkret eine Abwägung des Interesses am Datenschutz und des Stellenwerts, den die Offenlegung und Verwendung der Daten für den Betroffenen hat, mit den Interessen der Nutzer, für deren Zweck die Speicherung erfolgt. Die Abwägung erfolgt unter Berücksichtigung der objektiven Werteordnung der Grundrechte. Dabei sind Art, Inhalt und Aussagekraft der beanstandeten Daten an den Aufgaben und Zwecken zu messen, denen die Datenerhebung und -speicherung dient.[1750] Folglich kommt es für die datenschutzrechtliche Zulässigkeit von geposteten Fotos, Videos und sonstigen Informationen darauf an, ob schutzwürdige Interessen des Minderjährigen entgegenstehen.

Anders als im Äußerungsrecht lässt sich für die Interessenabwägung im Einzelfall nicht auf richtungsweisende Rechtsprechung zurückgreifen. In anderen Berei-

---

1745 *Jandt/Roßnagel*, MMR 2011, 637 [639]; *Bräutigam*, MMR 2012, 635 [637 f.]; *Wintermeier*, ZD 2012, 210 [211].

1746 Dazu *Jandt/Roßnagel*, in: Schenk/Niemann/Reinmann/Roßnagel, Digitale Privatsphäre, S. 359.

1747 *Jandt/Roßnagel*, in: Schenk/Niemann/Reinmann/Roßnagel, Digitale Privatsphäre, S. 362.

1748 *Jandt/Roßnagel*, in: Schenk/Niemann/Reinmann/Roßnagel, Digitale Privatsphäre, S. 363 f.

1749 Vgl. zur Notwendigkeit einer Interessenabwägung im Rahmen des § 28 BDSG OLG Frankfurt, MMR 2005, 696.

1750 BGHZ 181, 328 [337 ff.] – spick-mich; allgemein zur Interessenabwägung im Datenschutzrecht *Plath*, BDSG, § 29 Rn. 44; *Achtruth*, Der rechtliche Schutz bei der Nutzung von Social Networks, S. 121 ff.

chen, in denen der Schutz der Daten mit den Interessen der Nutzer abzuwägen ist, sprechen sich viele Stimmen deshalb für eine Parallelwertung mit den Grundsätzen des Persönlichkeitsschutzes aus.[1751] So ist beispielsweise bei der Beurteilung der datenschutzrechtlichen Zulässigkeit von Google Street View auch § 22 KUG zu berücksichtigen.[1752] Außerdem wird oftmals auf die abgestufte Schutzwürdigkeit der Sphären zurückgegriffen.[1753] Dies ist auch für die Abwägung von widerstreitenden Interessen bei der Kommunikation in sozialen Netzwerken geboten, die Minderjährige betrifft. Die besondere Schutzbedürftigkeit von Kindern und Jugendlichen im Hinblick auf ihre persönlichen Daten ist auf europäischer und deutscher Ebene Konsens.[1754] Die datenschutzrechtliche Beurteilung kann deshalb nicht hinter der persönlichkeitsrechtlichen zurückbleiben. Handlungen, die nach dem Äußerungsrecht unzulässig sind, können datenschutzrechtlich nicht gebilligt werden. Auf der anderen Seite ist schwer vorstellbar, dass äußerungsrechtlich zulässige Handlungen das „schutzwürdige Interesse" des Betroffenen nach § 29 Abs. 1, 2 und § 28 Abs. 1, 2 BDSG überwiegen lassen.[1755]

Unzulässig ist also die Speicherung oder Nutzung von nutzergenerierten Inhalten sozialer Netzwerkseiten, die den betroffenen Minderjährigen in seinen Persönlichkeitsrechten verletzen. Unerheblich ist dabei, ob der Minderjährige selbst Mitglied in dem sozialen Netzwerk ist oder nicht. Der Betreiber handelt somit datenschutzwidrig, wenn er die Verbreitung herabsetzender Äußerungen, peinlicher Filme und Fotos sowie die Veröffentlichung privater Informationen nicht unterbindet. Dies stellt die Betreiber jedoch vor praktische Probleme, da die Interessenabwägung eine inhaltliche Auswertung der Daten, also jedes einzelnen Nutzereintrags, erforderlich macht. Das ist faktisch unmöglich zu realisieren.[1756] Dieser Umstand kann jedoch keine Auswirkungen auf die Maßstäbe zur Beurteilung der Zulässigkeit von Datenverarbeitungsvorgängen haben, sondern ist bei der Haftung der Netzwerkanbieter zu berücksichtigen.

1751 *Härting*, Internetrecht, Rn. 255; *Weichert*, in: Däubler/Klebe/Wedde/Weichert, BDSG, § 29 Rn. 47; *Wolff*, in: Ders./Brink, Datenschutzrecht, § 28 BDSG Rn. 67.

1752 *Bull*, NVwZ 2011, 257 [260]; grundsätzlich wohl auch *Forgò/Krügel/Müllenbach*, CR 2010, 616; a.A. Spiecker gen. *Döhmann*, CR 2010, 311 [315].

1753 *Weichert*, in: Däubler/Klebe/Wedde/Weichert, BDSG, § 29 Rn. 47; *Wolff*, in: Ders./Brink, Datenschutzrecht, § 28 Rn. 67.

1754 Europäische Kommission, KOM (2012) 11 endg., 25.01.2012, Erwägungsgrund 29; EGMR – S. and Marper/United Kingdom, Urt. v. 04.12.2008, Nr. 30566/04, Ziff. 124; Entschließung der 30. Internationalen Konferenz der Beauftragten für den Datenschutz und für die Privatsphäre, DuD 2008, 807; *Jandt/Roßnagel*, in: Schenk/Niemann/Reinmann/Roßnagel, Digitale Privatsphäre, S. 377; BGH NJW 2014, 2282 [2284].

1755 Ebenso *Bull*, NVwZ 2011, 257 [259].

1756 *Jandt/Roßnagel*, in: Schenk/Niemann/Reinmann/Roßnagel, Digitale Privatsphäre, S. 361, 378.

3. *Zulässigkeit der Datenverwendung durch Dritte am Beispiel externer Suchmaschinenbetreiber*[1757]

Datenschutzrechtlich problematisch ist schließlich der massenweise Zugriff und die Auswertung der Daten in sozialen Netzwerken durch Dritte. Die Informationen über Kinder und Jugendliche können mit anderen Daten zusammengeführt und zu Profilen verarbeitet werden, die dann genutzt oder verkauft werden. Ferner finden viele Nutzer von sozialen Netzwerken ihre Daten auf anderen Websites wieder, ohne Inhalte und Empfänger beeinflussen zu können.[1758] Angesichts der aktuellen Brisanz sollen hier die Personensuchmaschinen wie *google* oder *quant* herausgegriffen werden. Ihr Einsatz birgt das Risiko, dass isoliert harmlose Daten verkoppelt und persönliche Profile zu einer Person hergestellt werden können. In aller Regel speisen sich die Informationen aus verschiedensten, häufig frei zugänglichen Quellen, die dort in einen bestimmten Zusammenhang gestellt wurden, die aber das Suchergebnis nicht widerspiegelt. Die Zusammenstellung sämtlicher Informationen kann bekanntlich mit schweren Folgen für den Betroffenen verbunden sein, wie der Einsatz durch Personalchefs, Sozialbehörden oder die Polizei zeigen.[1759] Deshalb verhindern einige soziale Netzwerke bereits freiwillig entsprechend dem ausgehandelten Abkommen mit der Europäischen Kommission, dass externe Suchmaschinen auf die Profile von Minderjährigen zugreifen.[1760]

Ist das Profil in einem sozialen Netzwerk nicht beschränkt, kann eine Verarbeitung der Daten durch einen Suchmaschinenbetreiber schon aufgrund einer konkludenten Einwilligung zulässig sein. Als gesetzliche Erlaubnistatbestände kommen überdies § 28 Abs. 1 Nr. 3 oder § 29 Abs. 1 Nr. 2 BDSG in Betracht, es sei denn, dass schutzwürdige Interessen überwiegen. Auch hier stellt sich aber das Problem, dass alle Daten gleich behandelt werden. Kontext, Wahrheitsgehalt und Schutzwürdigkeit der betroffenen Person finden überhaupt keine Berücksichtigung, da weder eine Pauschal- noch eine Einzelfallprüfung von den Suchmaschinenbetreibern geleistet werden. Deshalb ist zweifelhaft, ob die o. g. Erlaubnistatbestände überhaupt greifen können oder ob eine Verarbeitung vielmehr nur mit Einwilligung des Betroffenen zulässig sein kann.[1761] Auf der einen Seite handelt es sich um personenbezogene und

---

1757 Damit gemeint sind Dienste, bei denen das Anlegen der Dokumentensammlung vollautomatisch erfolgt; zum Begriff und den verschiedenen Arten der Internetsuchmaschinen *Elixmann*, Datenschutz und Suchmaschinen, S. 39 ff.

1758 *Jandt/Roßnagel*, MMR 2011, 637.

1759 *Spindler*, in: Verhandlungen des 69. Dt. Juristentages München 2012, Bd. I, F. 5 [19]; *Elixmann*, Datenschutz und Suchmaschinen, S. 25.

1760 Vgl. Pressemitteilung der Europäischen Kommission v. 21. 06. 2011, abrufbar unter http://europa.eu/rapid/press-release_IP-11-762_de.htm?locale=en (11.04.2015).

1761 So *Jandt/Roßnagel*, in: Schenk/Niemann/Reinmann/Roßnagel, Digitale Privatsphäre, S. 365; ebenso *Elixmann*, Datenschutz und Personensuchmaschinen, S. 129 für rechtswidrig ins Internet gestellte Informationen, für die dann aber die Verantwortlichkeit des Suchmaschinenbetreibers verneint wird; a.A. OLG Hamburg, MDR 2010, 85.

teilweise auch um sensitive Daten, die für Jedermann im Wege der Suchmaschine zugänglich gemacht und aus dem jeweiligen Zusammenhang gerissen werden. Überdies sorgen Suchmaschinen maßgeblich mit dafür, dass Informationen auch dann noch auffindbar sind, wenn sie von der ursprünglichen Website bereits gelöscht sind. Die Rechtsprechung nimmt das faktische Defizit der Suchmaschinen gleichwohl hin und hat in mehreren Entscheidungen betont, dass ihnen erhebliche Bedeutung für die Funktionsfähigkeit des Internet zukommt. Ohne die Inanspruchnahme von Suchdiensten sei die sinnvolle Nutzung der unübersehbaren Informationsfülle im Internet praktisch ausgeschlossen. Es bestünde deshalb ein allgemeines Interesse an der Tätigkeit der Betreiber von Suchmaschinen.[1762] Diese Überlegungen gelten auch für Informationen über Kinder und Jugendliche. Ihre Schutzwürdigkeit darf nicht dazu führen, dass Informationen über sie unauffindbar sind. Der Zugang der Öffentlichkeit würde generell erschwert oder sogar verhindert, was Art. 5 GG unverhältnismäßig einschränkt.

Unter dieser Prämisse käme man zur Anwendung des Erlaubnistatbestandes auch ohne die faktische Möglichkeit einer tatsächlichen Interessenabwägung in jedem Einzelfall. Mithin ist die Datenverarbeitung unzulässig, wenn schutzwürdige Interessen dem entgegenstehen, also insbesondere wenn die Persönlichkeitsrechte durch Daten verletzt werden.

4. *Zusammenfassung*

Die persönlichkeitsrechtliche Zulässigkeit der Informationsverbreitung im Internet über Kinder und Jugendliche ist folglich in weiten Teilen kongruent mit medienpersönlichkeitsrechtlichen Standarts. Flankierend sind auch ihre personenbezogenen Daten vor unkontrollierter Datensammlung und -verarbeitung geschützt, sofern ihre schutzwürdigen Interessen entgegenstehen. Allerdings stößt die Abwägungsmethodik, durch die im Medienpersönlichkeitsrecht spezieller Minderjährigenschutz gewährt wird, im Internet an tatsächliche Grenzen, da das Medium durch die technischen Vorgänge und automatischen Prozesse nicht „abwägungsaffin" ist.[1763] Anbieter von web 2.0-Angeboten und Suchmaschinenbetreiber stehen sowohl aus persönlichkeitsrechtlicher als auch datenschutzrechtlicher Sicht vor dem Problem, dass eine Interessenabwägung zwar erforderlich ist, aber technisch nicht so umsetzbar, dass eine freie Massenkommunikation wie derzeit noch möglich wäre. Dies führt nicht nur zu Rechtsunsicherheit für die Anbieter sozialer Netzwerke, sondern auch zu Schutzdefiziten hinsichtlich des Minderjährigenschutzes.[1764] Zudem erfolgen herabsetzende Äußerungen in sozialen Netzwerken und Attacken im Rahmen des

---

1762 BGHZ 156, 1 [18] – Paperboy; BGHZ 185, 291 [309] – Vorschaubilder; dazu auch *Elixmann*, Datenschutz und Suchmaschinen, S. 23 f.; zuletzt auch ignoriert durch den EuGH, MMR 2014, 455 – Recht auf Vergessen.

1763 *Peifer*, JZ 2013, 853 [854].

1764 Ebenso *Jandt/Roßnagel*, in: Schenk/Niemann/Reinmann/Roßnagel, Digitale Privatsphäre, S. 363.

Cyberbullying häufig durch anonyme Äußerungen. Für Kinder und Jugendliche wird es schwer zu überblicken sein, welche personenbezogenen Daten durch wen zu welchem Zweck verarbeitet werden und ob dies zulässig ist, denn diese Vorgänge treten nach außen nicht in Erscheinung. Anders als im Medienpersönlichkeitsrecht stellen also die Rahmenbedingungen des Internets zentrale Bedingungen der Rechtsverwirklichung in Frage.

VI. Kernfragen der Rechtsverwirklichung

Neben dem Befund der materiellrechtlichen Rechtswidrigkeit eines Eingriffs bildet folglich die faktische Wahrnehmung und Durchsetzung der Rechte des Betroffenen ein Kernproblem der Internetkommunikation. Grundsätzlich stehen minderjährigen Betroffenen die zivilrechtlichen Ansprüche gegen den Verletzer wie bei offline-Verletzungen zur Verfügung, wobei die Unterlassungs- und Beseitigungsansprüche im Vordergrund stehen, da nur eine schnelle Entfernung die Gefahr weiterer Verbreitung und Fernwirkung einschränkt. Zudem sieht das Bundesdatenschutzgesetz eine Reihe von Ansprüchen vor, die auf die Berichtigung, Sperrung und Löschung gerichtet sind, sowie ein Anspruch auf Widerspruch.[1765] Durch die offene Kommunikationsstruktur ist es jedoch nur schwer möglich, sich gegen unzulässige Äußerungen mit diesen Ansprüchen auch tatsächlich zur Wehr zu setzen.

1. Rahmenbedingungen

Wie bereits angesprochen, erschweren es zunächst Geschwindigkeit und Unübersichtlichkeit der Informationsverbreitung im Internet, dass Betroffene überhaupt Kenntnis von Verstößen gegen das Datenschutzrecht erhalten. Dem sollen im Datenschutzrecht die Unterrichtungs-, Benachrichtigungs- und Auskunftsansprüche in den §§ 4 Abs. 3, 4a Abs. 1, 33 und 34 BDSG Rechnung tragen. Allerdings entsprechen diese Pflichten nicht mehr den Realitäten. Insbesondere die Benachrichtigungspflicht überschreitet angesichts des Datenumsatzes von sozialen Netzwerken wohl häufig die Grenzen des Zumutbaren für den Anbieter.[1766] Der Mangel an Transparenz betrifft also nicht nur die Selbstbestimmungsfähigkeit bei der Erklärung einer Einwilligung, sondern kann auch die Geltendmachung von Ansprüchen verhindern. Um informationellen Selbstschutz wahrzunehmen, muss der von einer Datenverarbeitung Betroffene aber in der Lage sein zu erfahren, wer was wann und bei welcher Gelegenheit über sie weiß.[1767] Die derzeitige Informationspraxis in sozialen

---

1765 *Jandt/Roßnagel*, in: Schenk/Niemann/Reinmann/Roßnagel, Digitale Privatsphäre, S. 332; zum Schadenersatzanspruch nach § 8 BDSG vgl. *Spindler*, in: Verhandlungen des 69. Dt. Juristentages München 2012, Bd. I, F. 5 [88]; *Simitis*, in: Ders., BDSG, § 7 Rn. 33.

1766 *Jandt/Roßnagel*, in: Schenk/Niemann/Reinmann/Roßnagel, Digitale Privatsphäre, S. 378.

1767 BVerfGE 65, 1 [43] – Volkszählung.

Netzwerken ist hierfür unstreitig nicht ausreichend. Selbst wenn Kinder und Jugendliche die Risiken erkennen, besteht zudem die Gefahr, dass sie nicht über die Erfahrung, die technischen Kenntnisse oder die nötigen Instrumente verfügen, um die Gefahren einzugrenzen.[1768] Gleichzeitig fördern die Anbieter sozialer Netzwerke die möglichst umfassende Preisgabe von Daten und Informationen. Sicherheitseinstellungen müssen selbst auf die höchste Stufe geändert werden, nachdem man sich angemeldet hat. Auch sehen die meisten Netzwerke keine Möglichkeit zur pseudonymen Nutzung der Dienste vor.

Durch die vielen Kommunikationsbeteiligten (Provider verschiedener Arten, Nutzer, Suchmaschinen etc.), die leichte Reproduzierbar- und Verlinkbarkeit und die zum Wesen der Internetkommunikation gehörende Anonymität ist dann die Verfolgung von Rechten häufig mühsam und wenig erfolgsversprechend. So werden Beleidigungen, Schmähungen und Unwahrheiten in den meisten Fällen anonym veröffentlicht und sehr schnell im Internet verbreitet. Oftmals ist für den Betroffenen dann gar nicht ersichtlich, von wem eine verletzende Äußerung stammt, gegen wen er also seine Ansprüche zu richten hat. Grundlegend stellt sich dann auch die Frage, wer für Rechtsverletzungen auf einer Website überhaupt verantwortlich ist. Dabei kommt sowohl der Nutzer als unmittelbarer Verursacher der Persönlichkeitsrechtsverletzung als auch der Netzwerkanbieter in Betracht. Dieser kann jedoch die notwendige Interessenabwägung faktisch gar nicht wahrnehmen, so dass auch seine Haftung ernsthaft in Frage steht. Schwierigkeiten bestehen zudem bei grenzübergreifenden Eingriffen. Da hier aber keine Besonderheiten für Minderjährige bestehen, wird diesbezüglich auf die einschlägige Literatur verwiesen.[1769]

Schließlich ändert auch das Urteil des EuGH zum Recht auf Vergessen nichts daran, dass das Internet faktisch nicht vergisst.[1770] § 35 Abs. 2 BDSG schreibt zwar eine Löschungspflicht vor, diese wird in der Realität aber durch versteckte und unübersichtliche Löschungsfunktionen erschwert. Zudem sind Daten teilweise mit Daten anderer Nutzer verknüpft und deshalb dort gespeichert. Hinzukommen Abreden in AGB, welche die Speicherung auch über die Mitgliedschaft hinaus vorsehen und diese lediglich sperren, nicht löschen.[1771] Bei Verlassen des sozialen Netzwerkes werden also mitnichten alle Daten und Informationen über eine Person gelöscht. Praktisch

---

1768 Entschließung der 30. Internationalen Konferenz der Beauftragten für den Datenschutz und für die Privatsphäre, DuD 2008, 807.

1769 Dazu BGHZ 184, 313 – New York Times; BGH, MMR 2010, 211; NJW 2010, 1752; EuGH, NJW 2012, 127 – eDate Advertising; *Spindler*, in: Verhandlungen des 69. Dt. Juristentages München 2012, Bd. I, F. 5 [69] m.N.; *Münch*, Schutz vor Verletzungen der Persönlichkeitsrechte in den Neuen Medien, S. 251 ff.; *Elixmann*, Datenschutz und Suchmaschinen, S. 119 ff.; *Pichler*, in: Hoeren/Sieber/Holznagel, Multimedia-Recht, Teil 25, Rn. 247 ff.; *Spindler*, GRUR-Beilage 2014, 101 [107 f.]; *Peifer*, JZ 2013, 853 [863]; *Stadler*, JZ 1994, 642; zur Anerkennung deutschen Datenschutzrechts durch soziale Netzwerke *Erd*, NVwZ 2011, 19 ff.

1770 EuGH, MMR 2014, 455 – Recht auf Vergessen.

1771 *Heckmann*, JurisPK-Internetrecht, Kap. 9 Rn. 528 ff.

ausgeschlossen ist eine Löschung, wenn diese Daten außerhalb des Netzwerks bereits verbreitet sind und beispielsweise durch eine Suchmaschine archiviert wurden.

2. Lösungsansätze zum Schutze Minderjähriger

Diese Rahmenbedingungen sind von persönlichkeitsrechtlicher Qualität, da sie einer Wahrnehmung des Allgemeinen Persönlichkeitsrechts entgegenstehen, und betreffen damit staatliche Verantwortlichkeit. Der Staat hat grundsätzlich dafür Sorge zu tragen, dass die Persönlichkeitsgüter geschützt werden, die mit den Rechten des Datenverarbeitenden (Vertragsfreiheit, Berufsfreiheit etc.) und denen der anderen Nutzer (allen voran ihrer Meinungsäußerungsfreiheit) ausgeglichen werden müssen.[1772] Im Bereich der eigenverantwortlichen Datenfreigabe zielt die Schutzpflicht des Staates in erster Linie darauf ab, die Rahmenbedingungen für eine effektive Selbstbestimmung sicherzustellen und die Selbstschutzmöglichkeiten zu unterstützen.[1773] Im Bereich des Fremdschutzes hat der Staat vor allem für eine effektive Rechtsdurchsetzung zu sorgen. Die geschaffenen Rahmenbedingungen reichen jedoch für beide Schutzrichtungen noch nicht aus, um Kinder und Jugendliche vor Beeinträchtigungen ihrer Rechte zu bewahren. Das Vertrauen auf Markteffekte und Selbstregulierung stößt vor diesem Hintergrund auf verfassungsrechtliche Bedenken. Der hohe Stellenwert des Minderjährigenschutz sowie der Persönlichkeitsrechte machen eine staatliche Regulierung erforderlich. Die Kodizies der FSM für die Betreiber von Social Communities, zu der sich auch gezielt an Minderjährige gerichtete soziale Netzwerke verpflichtet haben, ist folglich nicht ausreichend, kann aber zur Feinregulierung einen wichtigen Beitrag leisten.[1774]

Die entscheidende Frage ist somit, wie ein höheres Schutzniveau für Minderjährige erreicht werden kann. Zum einen setzt dies voraus, dass für die Verantwortlichen überhaupt klar ist, dass es sich um einen Sachverhalt mit Bezug zu dieser besonders schutzbedürftigen Personengruppe handelt. Zum anderen müssen effektive Schutzmechanismen greifen. Um die Rechtsverwirklichung zu verbessern, sind folglich spezielle Lösungsansätze zum Schutze Minderjähriger mit allgemeinen Vorschlägen zu kombinieren, soweit letztere zweckmäßig sind.

a. Altersverifikation für soziale Netzwerke?

Der erste Schritt für einen Minderjährigenpersönlichkeitsschutz im Internet ist, dass Anbieter wissen, dass ein Nutzer noch minderjährig ist. Deshalb ist zu prüfen, ob

1772 *Tinnefeld/Ehmann/Gerling*, Datenschutzrecht, S. 154.

1773 *Spindler*, in: Verhandlungen des 69. Dt. Juristentages München 2012, Bd. I, F. 5 [98 f.] m.N. zur Diskussion um mehr oder weniger staatliche Regelungen im Datenschutzrecht; ebenso *Kutscha/Thomè*, Grundrechtsschutz im Internet, S. 47 mit Verweis auf BVerfG, DVBl. 2007, 111 [112]; *Kube*, in: Isensee/Kirchhof, Handbuch des Staatsrechts, Bd. IV § 91 Rn. 37.

1774 Ebenso *Spindler*, in: Verhandlungen des 69. Dt. Juristentages München 2012, Bd. I, F. 5 [104].

Diensteanbieter die Pflicht zur Altersverifikation der Nutzer haben und wie diese umgesetzt werden kann.

aa. Pflicht zur Einführung

Eine Pflicht zur Altersverifikation trifft gem. § 4 Abs. 2 S. 2 JMStV Diensteanbieter in Telemedien, die aus Jugendschutzgründen unzulässige Angebote in einer geschlossenen Benutzergruppe anbieten. Diese Norm zielt aber darauf ab, bestimmte Inhalte wie Pornografie und Gewalt von Minderjährigen fernzuhalten und betrifft unzulässige Angebote. Soziale Netzwerke sind hiervon offensichtlich nicht erfasst.

Es sprechen jedoch gute Gründe dafür, *de lege ferenda* eine Pflicht zur Altersverifikation einzuführen.[1775] Ein effektiver Daten- und Persönlichkeitsschutz kann nicht gewährleistet werden, wenn die Anbieter auf die Angaben ihrer Nutzer ohne weiteres vertrauen dürfen, wie es im geltenden Recht der Fall ist. Das größte Problem ist gerade, dass der Selbstschutz bei web 2.0-Angeboten nicht hinreichend verfolgt wird. Dies gilt für Erwachsene und Minderjährige gleichermaßen. Minderjährigen wird abverlangt, die Risiken zu erkennen, ernst zu nehmen und entsprechend besonnen zu handeln und somit selbst den „Schalter“ umzulegen, der ihnen besonderen Schutz gewährt. Dass der Anreiz hierzu durch die damit verbundenen Nutzungseinschränkungen denkbar gering ist, liegt auf der Hand. So schätzen Studien die Zahl der Nutzer von Facebook in den U.S.A., die jünger als die vorgeschriebenen 13 Jahre alt sind, auf über 7 Millionen.[1776] Sicherlich werden auch in Deutschland nicht wenige Nutzer die Altersbeschränkung umgehen und bei der Anmeldung ein falsches Geburtsdatum eingeben. Dies deutet sich in der KIM-Studie 2014 an, wonach facebook die beliebteste Seite der 6–13 Jährigen ist.[1777] Zudem kann Minderjährigen nicht die Verantwortung für ein Verhalten überantwortet werden, zu dem nicht einmal Erwachsene bereit oder befähigt sind, es aufzugeben. Dadurch werden keine besseren Rahmenbedingungen für den Selbstschutz geschaffen, sondern gerade vom Selbstschutz abhängig gemacht. Darüber hinaus widerspricht dieser „Gutglaubensschutz“ der Grundregel in der Rechtsgeschäftslehre: Selbst wenn ein Minderjähriger wahrheitswidrig behauptet, er sei volljährig, treten die Wirkungen der §§ 107 ff. BGB ein; der gute Glaube an die Geschäftsfähigkeit wird gerade nicht geschützt.[1778]

1775 Ebenso *Jandt/Roßnagel*, in: Schenk/Niemann/Reinmann/Roßnagel, Digitale Privatsphäre, S. 384 f., 437; *Spindler*, in: Verhandlungen des 69. Dt. Juristentages München 2012, Bd. I, F. 5 [122].

1776 http://www.spiegel.de/netzwelt/netzpolitik/soziale-netzwerke-millionen-minderjaehrige-tricksen-facebook-aus-a-761874.html; Studie unter http://pressroom.consumerreports.org/pressroom/2011/05/cr-survey-75-million-facebook-users-are-under-the-age-of-13-violating-the-sites-terms-.html (11.04.2015).

1777 *Medienpädagogischer Forschungsverbund Südwest*, KIM-Studie 2014 S. 37.

1778 *Schmitt*, in: MüKo BGB, § 106 Rn. 15.

Die Verschiebung der Verantwortung vom Anbieter zum Nutzer begegnet auch verfassungsrechtlichen Bedenken, da auf die besondere Schutzwürdigkeit von Minderjährigen nicht hinreichend Rücksicht genommen wird, wenn sie die Realisierung ihres besonderen Schutzes selbst in der Hand haben. Zudem berechtigt und verpflichtet Art. 2 Abs. 1, Art. 1 Abs. 1 GG den Staat auch dazu, die Grundbedingungen der Entfaltung und Entwicklung zu gewährleisten. Insofern lässt sich die unbegrenzte Preisgabe von Informationen mit dem Überschuldungsschutz vergleichen. Das Bundesverfassungsgericht hat vor Einführung des § 1629a BGB herausgestellt, das Recht habe dafür Sorge zu tragen, dass volljährig Gewordenen Raum bleibt, um ihr weiteres Leben selbst und ohne unzumutbare Belastungen zu gestalten, die sie nicht zu verantworten haben. Diese Möglichkeit wird dem Minderjährigen genommen, wenn er als Folge der Vertretungsmacht seiner Eltern mit erheblichen Schulden in die Volljährigkeit entlassen wird, so dass § 1629a BGB die mögliche Verschuldung begrenzt. Verwandt ist die Situation, wenn unbegrenzt Daten und Informationen gesammelt, verarbeitet, weitergegeben und genutzt werden. In sozialen Netzwerken lassen sich schließlich die Informationen und Daten als Gegenleistung ansehen, mit der der Nutzer die kostenlose Inanspruchnahme der Dienste „bezahlt".[1779] Diese Daten haben nicht selten schwerwiegende Folgen für das weitere Leben, wie auch der Gesetzgeber bereits erkannt hat. Partiell Abhilfe sollte deshalb § 32 Abs. 6 S. 2 2. HS des Gesetzgebungsentwurfs zur Neuregelung des Beschäftigtendatenschutzes aus 2010 schaffen, wonach Arbeitgeber Daten von Bewerbern aus sozialen Netzwerken nicht erheben dürfen, es sei denn, diese dienen der Darstellung der beruflichen Qualifikation des Bewerbers.[1780] Im Unterschied zum Überschuldungsschutz geht es zwar um Belastungen, die nicht durch die Eltern verursacht wurden, sondern zu einem großen Teil durch eigenes Nutzerverhalten. Dies liegt aber daran, dass das Bürgerliche Recht Kinder und Jugendliche durch die Vorschriften zur Geschäftsfähigkeit gerade daran hindert, sich zu verschulden, selbst bei wahrheitswidriger Behauptung der Volljährigkeit.

Schließlich steht der Pflicht zur Altersverifikation das Unionsrecht nicht entgegen, auch nicht mit Inkrafttreten der Datenschutzgrundverordnung.[1781] Art. 8 Abs. 1 des Entwurfs verlangt, dass der für die Verarbeitung Verantwortliche unter Berücksichtigung der vorhandenen Technologie angemessene Anstrengungen unternimmt, um eine nachprüfbare Einwilligung zu erhalten. Wie diese auszugestalten sind, lässt die Verordnung offen. Nach Art. 23 des Entwurfs kann die Kommission dazu Vorgaben machen.

1779 *Heckmann*, JurisPK-Internetrecht, Kap. 9 Rn. 471; *Spindler*, GRUR-Beilage 2014, 101 [103]; *Bräutigam*, MMR 2012, 635 [638 ff.].

1780 Entwurf eines Gesetzes zur Regelung des Beschäftigtendatenschutzes, BT-Drs. 17/4230.

1781 Grundlegend zur Sicherheit elektronischer Kommunikation und Unionsrecht *Knopp/Wilke/Hornung/Laue*, MMR 2008, 723 ff.

bb. Umsetzbarkeit

Dem kann nicht entgegengehalten werden, dass eine Altersverifikation für die Anbieter von sozialen Netzwerken unzumutbar oder technisch nicht möglich wäre. Im Jugendmedienschutz sind bereits einige Verfahren erprobt, wie beispielsweise DEmail oder E-Postbrief-Konten, die für soziale Netzwerke ausreichend sein dürften.[1782] Geeignet erscheint insbesondere die Altersverifizierung mittels des elektronischen Personalausweises, der gerade zum Ziel hat, den Nachweis der Identität bzw. des Alters in Onlineanwendungen zu ermöglichen.[1783] Der Nachweis wird durch auf dem Ausweis gespeicherte, verschlüsselte Daten des Nutzers erreicht, die der Diensteanbieter erfragen kann. Dafür muss er über ein gültiges Berechtigungszertifikat verfügen, das er dem Nutzer übermittelt. Nun kann der Nutzer darüber entscheiden, dem Anbieter die Daten zu übermitteln und gibt dazu einen PIN ein. Er kann auch Daten von der Übermittelung ausschließen.[1784] Zur Altersverifikation kann das genaue Alter, also das Geburtsdatum, oder auch nur erfragt werden, ob ein bestimmtes Alter überschritten wurde. Dabei können Berechtigungszertifikate auch nur für die Nachfrage des Alters ausgestellt werden, es geht also mit dem Einsatz nicht automatisch eine Identifizierung der Nutzer einher. Anonyme und pseudonyme Kommunikation werden nach wie vor gewährleistet.[1785] Einzige technische Anforderung ist nutzerseitig ein RFID-Lesegerät.[1786] Sollte sich die Online-Nutzung des elektronischen Personalausweises deutschlandweit mehr durchsetzen, scheint sein Einsatz ein sicherer und zumutbarer Weg zur Altersverifizierung zu sein.

De lege ferenda ließe sich die Pflicht zum Einsatz einer Altersverifikation jedoch nicht ohne gesetzgeberische Maßnahme begründen. Thematisch böte sich dazu eine Regelung im TMG an.

b. Realisierung von Selbstschutz und Selbstbestimmung

Wie bereits mehrfach betont, ist es für Minderjährige des Weiteren von herausragender Bedeutung, dass ihre Selbstschutzmöglichkeiten verbessert werden. Unab-

---

1782 *Spindler*, in: Verhandlungen des 69. Dt. Juristentages München 2012, Bd. I, F. 5 [122]; *Jandt/Roßnagel*, in: Schenk/Niemann/Reinmann/Roßnagel, Digitale Privatsphäre, S. 437; vgl. zu DE-Mail-Konten *Roßnagel*, NJW 2011, 1473 ff.; siehe auch *Kommission für Jugenmedienschutz der Landesmedienanstalten*, Übersicht über positiv bewertete übergreifende Jugendschutzkonzepte 2012, insbs. S. 3 zum E-Postbrief, abrufbar unter http://www.kjm-online.de/telemedien/uebergreifende-konzepte.html (11.04.2015).

1783 Vgl. Entwurf eines Gesetzes über Personalausweise und den elektronischen Identitätsnachweis, BT-Drs. 16/10489, S. 21.

1784 Ausführlich zum elektronischen Personalausweis *Altenhain/Heitkamp*, K&R 2009, 619.

1785 Vgl. Entwurf eines Gesetzes über Personalausweise und den elektronischen Identitätsnachweis, BT-Drs. 16/10489, S. 21.

1786 *Altenhain/Heitkamp*, K&R 2009, 619 [621].

hängig davon, ob der Einzelne Daten selbst einstellt oder dies durch andere Nutzer geschieht, läuft der Einzelne Gefahr, die Kontrolle über die Nutzung seiner Daten und Informationen zu verlieren, wenn sie erst einmal in einem sozialen Netzwerk veröffentlicht sind. Dies ermöglicht es anderen Anbietern, Daten zu sammeln und zu ihren eigenen Zwecken zu verwerten. Dieser Pfeiler des Persönlichkeitsschutzes sollte für das Internet maßgeblich unterstützt werden. Informationeller Selbstschutz muss auch ihnen als Internetnutzern tatsächlich möglich und zumutbar sein. Den Staat trifft hier die Verantwortung, die Voraussetzungen selbstbestimmter Kommunikationsteilhabe zu gewährleisten.[1787]

Dafür mangelt es nicht an konkreten Regelungsvorschlägen aus Politik und Schrifttum. Die Verbesserung des Selbstschutzes jugendlicher Nutzer von sozialen Netzwerken und damit auch der Realisierung ihrer Selbstbestimmung ist ein erklärtes Ziel des „Entwurfs zur Änderung des Telemediengesetzes", den der Bundesrat in der letzten Legislaturperiode in den Bundestag eingebracht hat.[1788] Kernregelung ist § 13a TMG-E, der eine Reihe zusätzlicher Pflichten für die Anbieter von Telemedien mit nutzergenerierten Inhalten und auch eine Sonderregelung zum Minderjährigenschutz in sozialen Netzwerken vorsieht. Die damalige Bundesregierung teilte laut ihrer Stellungnahme zum Gesetzesentwurf grundsätzlich die Ansicht, dass insofern und insbesondere mit Blick auf einen effektiven Kinder- und Jugendmedienschutz ein besonders hohes Datenschutzniveau angestrebt werden sollte. Sie weist aber auf die europarechtlichen Entwicklungen hin und plädiert für ein Abwarten.[1789] Damit bezieht sie sich auf den Entwurf der bereits im Einzelnen erörterten DatenschutzgrundVO (dazu Kapitel 4 § 4 B. II.).

aa. Informationspflichten gegenüber minderjährigen Nutzern

Zunächst soll die Transparenz dadurch erhöht werden, dass die Warnhinweise gem. § 13a Abs. 2 TMG-E nicht nur in allgemein verständlicher Form, sondern in einer für den Nutzer verständlichen Form angeboten werden müssen. Jedenfalls bei gezielt an Kinder und Jugendliche gerichteten Netzwerken müssen die Hinweise demnach auch für sie verständlich sein. Die Pflichten des Anbieters entsprechen in diesem Punkt Art. 11 Abs. 2 der DatenschutzgrundVO.

bb. Verpflichtung technischer Einstellungen

Nicht zu vernachlässigen ist darüber hinaus die nicht-normative Steuerung des Datenschutzes durch technische Gestaltung.[1790] Um den Zugriff auf Daten durch Dritte zu erschweren, sind die technischen Einstellungen zur Privatsphäre entscheidend

---

1787 BVerfG, DVBl. 2007, 111 [112].

1788 Gesetzesentwurf zur Änderung des Telemediendienstes vom 08.07.2011, BR-Drs. 156/11.

1789 Stellungnahme der Bundesregierung zum Gesetzesentwurf zur Änderung des Telemediendienstes vom 08.07.2011, BT-Drs. 17/6765, S. 13.

1790 Bspw. *Heckmann*, JurisPK-Internetrecht, Kap. 9 Rn. 487.

(„privacy by default"). Soziale Netzwerke sehen zwar die Möglichkeit vor, die Sichtbarkeit der Profile oder von Profildaten einzuschränken, allerdings unterschiedlich weit. Außerdem zeigt die Erfahrung, dass vor allem datenschutzfreundliche Standardeinstellungen (Default-Settings) von entscheidender Bedeutung sind. Die Nutzer ändern diese Einstellungen häufig nach der Anmeldung nicht, weil sie die Risiken nicht kennen oder vernachlässigen.[1791] Entsprechend werden in § 13a Abs. 1 TMG-E die Anbieter dazu verpflichtet, bei Einrichtung eines Nutzerkontos die Sicherheitseinstellung auf der höchsten Stufe voreinzustellen und die Nutzer hierüber zu informieren. Diese datenschutzfreundliche Grundeinstellung soll bei Nutzern unter 16 Jahren zudem solange aktiviert bleiben, bis sie das 16. Lebensjahr erreicht und die Sicherheitseinstellungen geändert haben. Außerdem müssen Diensteanbieter die Unauffindbarkeit der eigenen Daten ermöglichen, um sie vor externen Suchmaschinen zu schützen. Nach der Altersregelung zu Sicherheitsvoreinstellungen soll es für Personen unter 16 Jahren sogar schlichtweg ausgeschlossen werden, in die Auffindbarkeit einzuwilligen.[1792] Ergänzenden Schutz böte zudem, nach dem 16. Lebensjahr eine *Opt-In*-Lösung für die Änderung der Einstellungen vorzuschreiben.

Noch weiter gehen Vorschläge, Nutzungseinschränkungen für Jugendliche vorzuschreiben. Das Risiko unbedachter Preisgabe von Daten könne verringert werden, wenn bei der Profilerstellung von Minderjährigen Eingabemöglichkeit für Kontaktdaten wie Telefonnummer und Adresse gar nicht vorgesehen sind.[1793] Auch die Art. 29-Datenschutzgruppe regt an, dass eine Abfrage von sensiblen Daten in den Anmeldeformularen unterbleiben sollte.[1794] Zudem würde es den Persönlichkeitsschutz stärken, wenn bestimmte Suchkriterien bei Minderjährigen bei internen Suchfunktionen der sozialen Netzwerke ausgeschlossen wären. Dazu zählen insbesondere Alter und Geburtsdatum sowie die Kontaktdaten, falls diese Informationen in dem Profil hinterlegt sind.[1795] Dies soll die Kontaktaufnahme mit dem minderjährigen Nutzer außerhalb des Internets erschweren, trägt aber auch zur Datensparsamkeit bei. Die konkrete Ausgestaltung der Dienste lässt sich selbstverständlich nicht rechtlich vorgeben, aber eine Beschränkung der Datenerhebung bestimmter sensibler Daten im Falle von Minderjährigen ließe sich vergleichbar § 28 Abs. 8, § 29 Abs. 5 BDSG realisieren. Aus dem Blickwinkel des Jugendmedienschutzes heraus wird zudem ein altersdifferenzierter Zugang auch zu web 2.0-Angeboten befürwortet. Als Hilfestellung hat die FSM ein Altersklassifizierungssystem entwickelt. Der altersgerechte Zugang soll durch ein Jugendschutzprogramm auf dem

---

1791 *Dix*, in: Klumpp u. a., Netzwelt, S. 195 [206 f.].

1792 Dazu die Zusammenfassung bei *Jandt/Roßnagel*, in: Schenk/Niemann/Reinmann/Roßnagel, Digitale Privatsphäre, S. 381 ff.

1793 *Jandt/Roßnagel*, in: Schenk/Niemann/Reinmann/Roßnagel, Digitale Privatsphäre, S. 438.

1794 *Art. 29-Datenschutzgruppe*, Stellungnahme 5/2009, WP 163, S. 14.

1795 *Jandt/Roßnagel*, in: Schenk/Niemann/Reinmann/Roßnagel, Digitale Privatsphäre, S. 439.

Nutzerrechner installiert werden.[1796] Der Ausschluss von Kindern und Jugendlichen von bestimmten Diensten muss sich aber auch an ihrem Recht an informationeller Selbstbestimmung messen lassen. Grundsätzlich ist es nicht Aufgabe des Gesetzgebers oder der Diensteanbieter, Nutzer an der Preisgabe von persönlichen Informationen zu hindern, wenn nicht Rechte Dritter betroffen sind.[1797] Die Schutzpflichten des Staates sind jedoch im Falle von Minderjährigen besonders ausgestaltet. Den Staat trifft die Pflicht, die Lebensbedingungen des Kindes zu sichern, die für ein gesundes Aufwachsen erforderlich sind.[1798] Minderjährige stehen deshalb generell unter einem besonderen Schutz, der in viel weitergehendem Maße auch ihre Selbstbestimmung einschränken muss und darf, um Selbstgefährdungen und Gefährdungen durch das Verhalten Dritter zu verhindern. Unter Berücksichtigung dieser Schutzpflichten sollte die Regulierung auch beim Persönlichkeitsschutz im Internet folglich weiter gehen als bei Erwachsenen.

Schließlich könnten alle sozialen Netzwerke, die auch von Minderjährigen genutzt werden können, eine Option für die pseudonyme Nutzung ermöglichen. Dies ist beispielsweise bei XING, StudiVz und Facebook nicht oder nur eingeschränkt möglich, obwohl § 13 Abs. 6 TMG dies vorsieht.[1799] Die pseudonyme Nutzung erhöht das Datenschutzniveau und ist ohne weiteres möglich. Allerdings dürfte die praktische Relevanz eher gering sein, da soziale Netzwerke insbesondere zur Selbstdarstellung genutzt werden.[1800]

c. Schutzmechanismen zum Fremdschutz

Die skizzierten Reformbemühungen und -vorschläge konzentrieren sich hauptsächlich auf die Verbesserung des Selbstschutzes. Daneben stellt sich aber dringend die Frage, wie der Schutz vor Rechtsverstößen durch Dritte ausgestaltet werden kann. Angemessene Lösungen zum Schutze Minderjähriger sind schwer vorstellbar, ohne dass entweder die Nutzung durch Minderjährige beschränkt oder die freie Kommunikation behindert wird. So wäre das Risiko von Cyberbullying mittels sozialer Netzwerke sicherlich ein Stück weit entschärft, wenn man Minderjährige per se am Hochladen von Videos hindern würde, Beiträge mit bestimmten Schlüsselwörtern nicht zulässt oder öffentliche Plattformen schlicht für Minderjährige nicht zugänglich macht. Der Ausschluss von Minderjährigen sollte jedoch nicht auf per se ungefährliche Angebote und Dienste ausgedehnt werden. Die Chancen und Vorzüge der Internetkommunikation sollten nicht eingeschränkt werden, auch nicht für minderjährige Nutzer, soweit der Schutz anderweitig realisierbar ist. Bei den klassischen Medien käme man schließlich auch nicht auf die Idee, eine personenbezogene Berichterstattung über

---

1796 *Vollmers*, in: Leibe/Kutschke, Schutz der Persönlichkeit im Internet, S. 57 [69].

1797 *Koch*, ITRB 2011, 128 [131].

1798 BVerfGE 24, 119 [144 f.] – Adoption I.

1799 *Karg/Fahl*, K&R 2011, 453 [455] m.N.; vgl. auch *Stadler*, ZD 2011, 57; zu Klarnamen *Karg*, ZD 2013, 371.

1800 Ebenso *Heckmann*, JurisPK-Internetrecht, Kap. 9 Rn. 486.

Minderjährige generell zu verbieten. Als Kompromiss bieten sich für das Internet Verfahrensvorschriften an, die sicherstellen, dass dem besonderen Schutzbedürfnis von minderjährigen Nutzern hinreichend Rechnung getragen wird, indem entweder Rechtsverletzungen verhindert oder schnelle Rechtsdurchsetzung gewährleistet wird.

aa. Prüfpflichten der Anbieter sozialer Netzwerke

Grundsätzlich sind Provider bei nutzergenerierten Inhalten nach Datenschutzrecht dazu verpflichtet zu prüfen, ob schutzwürdige Interessen des Betroffenen verletzt sind. Eine Interessenabwägung macht jedoch eine inhaltliche Auswertung der Daten, also der Nutzereinträge in web 2.0-Angeboten über Minderjährige, erforderlich. Fraglich ist, inwieweit sie dazu verpflichtet sein sollten. Zur Bestimmung des Pflichtenumfangs ist auch das Verbot der allgemeinen Überwachungspflicht in Art. 15 ECRL zu berücksichtigen.[1801] Jeden Inhalt von Veröffentlichungen auf mögliche Rechtsverletzungen hin zu überprüfen, würde zwar möglicherweise ein hohes Schutzniveau bringen, ist jedoch faktisch unmöglich. Wenn jede theoretisch mögliche Annahme einer Interessenverletzung der Zulässigkeit der Datenverarbeitung entgegenstehen könnte, würde dies praktisch zu einem völligen Ausschluss der Verarbeitung und damit der freien Kommunikation führen. Allerdings kommt der Diensteanbieter als Störer in Betracht, sobald er von der Schutzwürdigkeit Kenntnis erlangt. Im Rahmen der Störerhaftung greift der VI. Senat des Bundesgerichtshofs auf eine Art Moderationsverfahren zurück, dem U.S.-amerikanischen Urheberrecht entstammende „notice-and-takedown-Verfahren“ verwandt ist.[1802] Dabei wird der Host-Provider zunächst über die Rechtsverletzung vom Betroffenen informiert. Der Betroffene muss dabei die Situation so konkret darstellen, dass dem Provider die Feststellung des Rechtsverstoßes unschwer möglich ist. Im Anschluss holt der Provider dann eine Stellungnahme des Äußernden ein. Auf dieser Grundlage muss der Provider eine Interessenabwägung vornehmen und entscheiden, ob eine rechtswidrige Persönlichkeitsrechtsverletzung vorliegt.

Dieses Modell erscheint auch im Falle von Minderjährigen grundsätzlich als ein angemessener Ausgleich zwischen faktisch zu realisierenden Prüfpflichten und dem Interessen an Rechtsdurchsetzung. Demnach muss der Diensteanbieter ein Verfahren einleiten, sobald ihm der Minderjährige Kenntnis von einem Rechtsverstoß vermittelt, in dem er bei Bestreiten des Urhebers eine Interessenabwägung vorzunehmen hat. Allerdings ist die Dauer des Verfahrens für die tatsächliche Verhinderung weiterer Verbreitung der Informationen der entscheidende Faktor. Demgegenüber braucht der Diensteanbieter ausreichend Zeit und Kapazitäten, um Informationen einzuholen und eine Interessenabwägung vorzunehmen. Die

---

1801 EuGH, MMR 2011, 596 [604 f.] – L'Oreal SA u. a./eBay International AG u. a.

1802 *Peifer*, JZ 2013, 853 [862] mit Verweis auf BGH, NJW 2012, 148 – Blog-Eintrag; vgl. dazu *Voskamp/Kipker*, DuD 2013, 787; *Seitz*, in: Hoeren/Sieber/Holznagel, Multimedia-Recht, Teil 8 Rn. 64 ff.; *Spindler*, in: Verhandlungen des 69. Dt. Juristentages München 2012, Bd. I, F. 5 [66].

Schwerfälligkeit der Abwägungssystematik wirkt sich also sowohl für Betroffene als auch für Provider aus.[1803] Es stellt sich deshalb die Frage, inwieweit ein Abwarten für minderjährige Betroffene zumutbar ist. Jedenfalls bei behaupteten schwerwiegenden Ehrverletzungen oder Eingriffen in die Intimsphäre (Nacktfotos/-videos) scheint es geboten, wenn der Provider zunächst nach einer überblicksartigen Prüfung der Sachlage die rechtswidrigen Inhalte schnellstmöglich entfernt. Der Provider kann dann in Ruhe eine Interessenabwägung vornehmen. Bei Überwiegen der Meinungsfreiheit können die Inhalte wieder online gestellt werden, bei Überwiegen der Persönlichkeitsinteressen bleiben sie entfernt.[1804] Diese Vorgehensweise muss aber auf schwerwiegende Persönlichkeitsrechtsverletzungen beschränkt bleiben, um die Meinungsfreiheit nicht übermäßig einzuschränken. Beim Verdacht eines schwerwiegenden Eingriffs ist der Eingriff in Art. 5 GG aber gerechtfertigt, da zulässige Inhalte nur für eine gewisse Zeit unzugänglich sein werden und das Interesse des Minderjährigen überwiegt.

bb. Haftung der Anbieter sozialer Netzwerke

Die Haftung ist durch die Regelungen zur Verantwortlichkeit in den § 7 ff. TMG und Art. 12 ff. ECLR je nach Tätigkeit des Providers gestuft. Der Host-Provider, der fremde Informationen für Nutzer speichert, haftet gem. § 10 S. 1 Nr. 1 TMG nicht, wenn er keine Kenntnis von der rechtswidrigen Handlung oder der Information hat bzw. wenn er nach § 10 S. 1 Nr. 2 TMG unverzüglich nach Kenntniserlangung tätig wird, um die Informationen zu entfernen oder den Zugang zu ihnen zu sperren.[1805] Unter § 10 TMG fallen auch die Anbieter sozialer Netzwerke, da sie sich die fremden Inhalte ihrer Nutzer in aller Regel nicht zu Eigen macht, sondern nur die technischen Faktizitäten zur Verfügung stellt. Bei Persönlichkeitsrechtsverletzungen haften sie folglich erst bei Kenntnis bzw. Kennenmüssen von grob rechtswidrigen Aktivitäten.[1806] Ein zivilrechtlicher Schadenersatzanspruch gem. § 823 BGB besteht praktisch also erst dann, wenn sich dem Diensteanbieter die Verletzungshandlung bei Kenntnis der Tatsachen und Umstände geradezu aufdrängt.[1807]

1803 Vgl. dazu und zu den praktischen Folgen *Peifer*, JZ 2013, 853 [863].

1804 So *Voskamp/Kipker*, DuD 2013, 787 [790].

1805 *Klass*, in: Erman, BGB, Anh. § 12 Rn. 275; *Gounalakis/Rhode*, Persönlichkeitsschutz im Internet, Rn. 273 ff.; *Burkhardt*, in: Wenzel, Wort- und Bildberichterstattung, Kap. 10 Rn. 238 f.

1806 *Spindler*, in: Verhandlungen des 69. Dt. Juristentages München 2012, Bd. I, F. 5 [60 f.]; *Hoene*, in: Soehring/Hoene, Presserecht, § 16 Rn. 17c ff.; *Burkhardt*, in: Wenzel, Wort- und Bildberichterstattung, Kap. 10 Rn. 228 ff.; *Damm/Rehbock*, Widerruf, Rn. 720 ff.; speziell zu Bewertungsportalen *Kamp*, Personenbewertungsportale, S. 28 ff.; *Nink*, in: Spindler/Schuster, Recht der elektronischen Medien, § 823 BGB Rn. 16; *Helle*, JZ 2002, 593 [597 f.]; Zum Konflikt zwischen Verantwortlichkeitsregelungen des TMG und BDSG: *Spindler*, in: Verhandlungen des 69. Dt. Juristentages München 2012, Bd. I, F. 5 [82 f.].

1807 *Burkhardt*, in: Wenzel, Wort- und Bildberichterstattung, Kap. 10 Rn. 241.

Eine Ausnahme gilt für Unterlassungs- und Beseitigungsansprüche nach § 1004 BGB, § 823 Abs. 1 BGB oder § 35 Abs. 2 BDSG, gegenüber denen sich der Diensteanbieter nach ständiger Rechtsprechung des Bundesgerichtshofs nicht auf § 10 TMG berufen kann.[1808] Ein Plattformbetreiber haftet demnach für die Rechtsverletzungen als Störer, wenn er in irgendeiner Weise willentlich und adäquat kausal zu der Rechtsverletzung beigetragen hat (Störerhaftung). Dies ist der Fall, wenn der Provider Prüfungspflichten verletzt, deren Umfang sich danach bestimmt, ob und inwieweit ihm nach den Umständen des Einzelfalls eine Prüfung zuzumuten ist.[1809] Die Störerhaftung tritt somit in der Regel nach Kenntnis der Rechtsverletzung ein.[1810] Der Anbieter hat dann die Pflicht, Formen von Persönlichkeitsrechtsbeeinträchtigungen wie Ehrverletzungen zu beenden, indem er die unzulässigen Informationen entfernt oder sperrt.[1811]

cc. Haftung von Suchmaschinenbetreibern

Noch unklarer ist die Verantwortlichkeit von Suchmaschinenbetreibern. Grundsätzlich beziehen Rechtsprechung und Literatur die Suchmaschinenbetreiber nicht in die Haftungsprivilegierungen der §§ 7 ff. TMG mit ein. Aufgrund ihrer essentiellen Funktion für das Internet werden sie aber gleichwohl als sozialadäquate Dienste angesehen und haften deshalb nicht. Eine Störerhaftung wurde ebenfalls im Hinblick auf zumutbare Prüfungspflichten verworfen, es sei denn, der Suchmaschinenbetreiber wurde über einen konkreten Inhalt und dessen rechtlicher Beurteilung in Kenntnis gesetzt.[1812] Wenn der Suchmaschinenanbieter Kenntnis von Anhaltspunkten erlangt, die für eine Rechtswidrigkeit der Veröffentlichung im Internet sprechen, ist eine Interessenabwägung vorzunehmen. Diese Kenntnis kann der Betroffene dem Suchmaschinenbetreiber selbst durch Anzeige verschaffen.[1813] Diese Rechtslage wird in einer Entscheidung des EuGH zum Datenschutzrecht bestätigt. Demnach sind Suchmaschinenbetreiber verantwortlich, da sie den Nutzern den Zugang zu Informationen im Internet erleichtern und dazu die im Netz veröffentlichten Informationen organisieren und aggregieren. Die daraus resultierende Ergebnisliste für den Nutzer sei ein strukturierter Überblick über die betreffende Person, die Gegen-

---

1808 Vgl. BGH, NJW-RR 2008, 1136 – Internetversteigerung III; BGH, NJW 2007, 2558; jüngst BGH, CR 2011, 817 – Stiftparfüm.

1809 Zur Störerhaftung vgl. *Gounalakis/Rhode*, Persönlichkeitsschutz im Internet, Rn. 295 ff.; *Damm/Rehbock*, Widerruf, Rn. 734 ff.; ausführlich zur Störerhaftung für nutzergenerierte Inhalte *Hartmann*, Unterlassungsansprüche im Internet; zur Haftung von Suchmaschinenbetreibern vgl. *Spindler*, in: Verhandlungen des 69. Dt. Juristentages München 2012, Bd. I, F. 5 [67 f.] m.N.; zu den Prüfpflichten von Portalbetreibern *Schuster*, GRUR 2013, 1201.

1810 Zur Störerhaftung von Youtube LG Köln, Urt. v. 10.06.2009, Az.: 28 O 173/09 (juris).

1811 BGH, NJW 2012, 148 ff. – Blog-Eintrag; BGH, DuD 2013, 663 – Auto-Complete-Funktion.

1812 *Spindler*, in: Verhandlungen des 69. Dt. Juristentages München 2012, Bd. I, F. 5 [68] m.N.

1813 Ebenso *Sörup*, MMR 2014, 464 [465].

stand des Suchvorgangs war. Die Suchmaschine greife somit sogar intensiver in das Grundrecht auf Achtung des Privatlebens ein als die eigentliche Veröffentlichung auf einer Website.[1814] Die rechtliche Möglichkeit, Suchmaschinenbetreiber dazu zu zwingen, bestimmte personenbezogene Daten nicht mehr anzuzeigen, wird jedoch unterschiedlich beurteilt. Zumeist wird darin die Basis für ein Recht auf Vergessenwerden im Internet erblickt, denn für das „Gedächtnis" des Internet kommt den Suchmaschinen eine Schlüsselstellung zu.[1815]

Demnach haben Minderjährige derzeit keine effektive Möglichkeit, sich mit Geldansprüchen durch Inanspruchnahme von Anbietern sozialer Netzwerke und Suchmaschinen schadlos zu halten. In Betracht kommt nur die Geltendmachung von Beseitigungs- und Unterlassungsansprüchen nach den Grundsätzen der Störerhaftung, d. h. sowohl in sozialen Netzwerken als auch in Ergebnislisten von Suchmaschinen müssen persönlichkeitsverletzende Informationen gelöscht oder gesperrt werden.

dd. Auskunftsansprüche gegen Diensteanbieter

Die Durchsetzung von Ansprüchen wird des Weiteren erheblich durch die Anonymität des Äußernden und die leichte Reproduzierbarkeit behindert.[1816] So werden Beleidigungen, Schmähungen und Unwahrheiten in den meisten Fällen anonym verbreitet. Oftmals ist für den Betroffenen dann gar nicht ersichtlich, von wem eine verletzende Äußerung stammt, gegen wen er also die Ansprüche zu richten hat. Eine Möglichkeit besteht darin, dem Betroffenen einen Auskunftsanspruch auf Offenlegung der Information gegen den Intermediär, also den Netzwerkanbieter als Acess-Provider, zuzugestehen, wie er im Schrifttum gefordert wird. Auch wenn das Internet den Nutzern die Möglichkeit bietet, ohne Identitätsangabe Informationen zu verbreiten oder zu erhalten, erlaubt die Kommunikationsstruktur im Internet ohne Einsatz entgegenstehender Techniken oder Dienste die Identifizierung durch die Vergabe der IP-Adresse, die beim Acess-Provider als Intermediär erreicht werden kann.[1817]

Als Anspruchsgrundlage eines Auskunftsanspruchs gegen die Anbieter von sozialen Netzwerken kommen mehrere Normen in Betracht. So scheidet zwar eine direkte Anwendung des § 101 UrhG aus, da dieser keinen Anspruch bei Persönlichkeitsverletzungen vorsieht. Möglich wäre aber eine analoge Anwendung. Handelt

---

1814 EuGH, MMR 2014, 455 – Recht auf Vergessen m. Anm. *Sörup*; vgl. auch *Boehme-Neßler*, NVwZ 2014, 825 ff.; ausführlich zur Verantwortlichkeit von Suchmaschinenbetreibern vor der EuGH-Entscheidung *Elixmann*, Datenschutz und Suchmaschinen, S. 130 ff.

1815 So etwa *Boehme-Neßler*, NVwZ 2014, 825 [825].

1816 *Peifer*, JZ 2013, 853 [862].

1817 *Spindler*, in: Verhandlungen des 69. Dt. Juristentages München 2012, Bd. I, F. 5 [12]; Grundlegend zu Auskunftsansprüchen gegen Internet-Service-Provider *Spindler/Dorschel*, CR 2005, 38.

es sich um journalistisch redaktionelle Angebote, kommt auch § 57 Abs. 2 RStV in Betracht. Überwiegend spricht sich das Schrifttum aber dafür aus, den von der Rechtsprechung entwickelten allgemeinen Auskunftsanspruch aus §§ 242, 259, 260 BGB heranzuziehen.[1818]

(1). Grenze des Datenschutzes zugunsten des Diensteanbieters

Der Bundesgerichtshof hat der Forderung nach einem Auskunftsanspruch in seinem jüngsten Grundsatzurteil vom 1.Juli 2014 jedoch einen Riegel vorgeschoben. In dem Fall hatte sich das Gericht damit auseinanderzusetzen, ob ein Auskunftsanspruch gegen den Betreiber eines Ärzte-Bewertungsportals besteht, wenn widerholt anonym falsche Tatsachenbehauptungen veröffentlicht werden. Es entschied, dass die Betreiber auch bei anonymer Schmähkritik nicht verpflichtet sind, die Identität eines Nutzers preiszugeben.[1819] Die Entscheidung stützt das Gericht wesentlich darauf, dass der Betreiber mangels gesetzlicher Ermächtigungsgrundlage nach § 12 Abs. 2 TMG grundsätzlich nicht befugt ist, ohne Einwilligung des Nutzers dessen personenbezogene Daten zur Erfüllung eines Auskunftsanspruchs wegen einer Persönlichkeitsrechtsverletzung an den Betroffenen zu übermitteln. Nach dem Gebot der engen Zweckbindung des § 12 Abs. 2 TMG dürften für die Bereitstellung von Telemedien erhobene, personenbezogene Daten für andere Zwecke nur verwendet werden, soweit eine Rechtsvorschrift dies erlaube oder der Nutzer eingewilligt habe. Argumentiert wird zudem mit der Wichtigkeit der Anonymität für kritische Bemerkungen.

Mit dem Auskunftsanspruch im Minderjährigenpersönlichkeitsschutz hat sich die Rechtsprechung bislang nicht auseinandergesetzt. De lege lata besteht aber wohl kein gerichtlich durchsetzbarer Anspruch auf Auskunft gegen den Diensteanbieter. Im Falle von Persönlichkeitsrechtsverletzungen, die anonym erfolgt sind, haben Minderjährige folglich keine Möglichkeit, sich gegen den direkten Verletzer mittels zukünftiger Unterlassungs- oder Schadenersatzansprüche zu wehren. Ihr Persönlichkeitsschutz im Internet ist trotz der strengeren Maßstäbe bei der Rechtswidrigkeit durch die Rechtsschutzlücke folglich ebenso aussichtslos wie bei erwachsenen Rechtsträgern.

(2). Stellungnahme

Einem Auskunftsanspruch steht nach der Begründung des Bundesgerichtshofs also in erster Linie das Datenschutzprinzip entgegen. Die Bekanntgabe der Nutzeridentität betrifft personenbezogene Daten gem. § 12 Abs. 2 TMG, die der Diensteanbieter

---

1818 *Spindler*, in: Verhandlungen des 69. Dt. Juristentages München 2012, Bd. I, F. 5 [58 f.]; *Seitz*, in: Hoeren/Sieber/Holznagel, Multimedia-Recht, Teil 8 Rn. 72; *Helle*, JZ 2002, 593 [599 f.]; *Lauber-Rönsberg*, MMR 2014, 10 [13]; Vgl. zu denkbaren Lösungsansätzen für Informationsansprüche gegen Medien *Bruns*, Informationsansprüche gegen Medien.

1819 BGH, MDR 2014, 959.

ohne Einwilligung des Nutzers für andere Zwecke als für die Bereitstellung von Telemedien nur verwenden darf, soweit das TMG oder eine andere qualifizierte Erlaubnisnorm, die sich ausdrücklich auf Telemedien bezieht, es gestattet.[1820] Die Rekurrierung auf § 242 BGB oder auf den allgemeinen Erlaubnistatbestand zum Schutze der Interessen Dritter in § 28 Abs. 3 Nr. 1 BDSG, der teilweise bei Urheberrechtsverletzungen herangezogen wird, erscheint deshalb in der Tat zweifelhaft.[1821] Eine analoge Anwendung des § 14 Abs. 2 TMG wurde zudem unter Hinweis auf seinen Ausnahmecharakter abgelehnt.[1822]

Das Verhältnis von Anonymität und deren datenschutzrechtlichem Schutz gegenüber dem Bedürfnis nach Rechtsverfolgung ist bei Minderjährigen aufgrund der Schutzdimension jedoch maßgeblich anders zu bestimmen. Das Schutzinteresse eines Minderjährigen bei Persönlichkeitsverletzungen ist grundsätzlich höher zu stellen als das datenschutzrechtliche Geheimhaltungsinteresse des Eingreifenden.[1823] Das Datenschutzrecht darf sich also nicht gegen den Verletzten selbst richten und den Verletzer schützen. Zudem hat der Staat die Pflicht zum effektiven Schutz der Persönlichkeitsrechte, der ohne Auskunftsanspruch praktisch nicht realisierbar ist. Die Friktionen zwischen Datenschutzrecht und Persönlichkeitsschutz dürfen deshalb nicht zulasten des Persönlichkeitsschutzes gelöst werden. Das Datenschutzrecht ist vielmehr dahingehend verfassungskonform auszulegen, dass jedenfalls im Falle von Minderjährigen die Nutzerdaten vom Provider herauszugeben sind.[1824] Dieses Ergebnis findet wertungsmäßige Entsprechungen in gesetzlichen Vorschriften, die den Datenschutz zum Schutze Minderjähriger hintanstellen, beispielsweise § 14 Abs. 3 TPG im Hinblick auf das Recht auf Kenntnis der eigenen Abstammung bei einer Samenspende. Zudem zeigen die hohen Anforderungen an eine technische Altersverifikation bei Zugang jugendgefährdender Inhalte nach dem JMStV, dass der Datenschutz erwachsener Nutzer dieser Inhalte hinter dem Jugendschutz zurück tritt. So soll die Angabe von Reisepass- oder Personalausweisnummer nicht genügen, denkbar ist eher ein Webcam-Check oder die Verwendung biometrischer Merkmale, um sich beim Zugang zu authentifizieren.[1825] Die Auskunftspflicht des Providers widerspricht auch nicht den Wertung des § 13 Abs. 6 TMG. Der Norm wird zwar entnommen, der Gesetzgeber habe eindeutig zum Ausdruck gebracht, dass Dienstanbieter die Nutzung von Telemedien

1820 *Lauber-Rönsberg*, MMR 2014, 10 [13].

1821 OLG München, GRUR 2007, 419 – Lateinlehrbuch; *Spindler/Dorschel*, CR 2005, 38 [45]; *Czychowski/Nordemann*, GRUR 2013, 986 [994 f.] m.w.N.

1822 LG München I, ZUM 2013, 979.

1823 Grundlegend ebenso *Seitz*, in: Hoeren/Sieber/Holznagel, Multimedia-Recht, Teil 8 Rn. 72.

1824 Grundlegend ebenso *Di Fabio*, in: Maunz/Dürig, GG, 67. EL 2013, Art. 2 Rdnr. 135 f.

1825 BGH, GRUR 2008, 534 – ueber18.de; *Liesching*, in: BeckOK JMStV, § 4 JMStV Rn. 17 ff.; *Erdemir*, in: Spindler/Schuster, Recht der elektronischen Medien, § 4 JMStV, Rn. 54 ff.

anonym oder pseudonym zu ermöglichen haben.[1826] Zugleich ist das Recht, sich anonym zu äußern, Ausfluss des Rechts auf informationelle Selbstbestimmung und der Meinungsfreiheit in Art. 5 GG.[1827] Dagegen wird jedoch zu Recht eingewandt, dass dem Intermediär als mittelbarem Störer Prüfungs- und Kontrollpflichten obliegen. Diese könnten auch eine Registrierungspflicht beinhalten, um einen effektiven Schutz des allgemeinen Persönlichkeitsrechts zu gewährleisten. § 13 Abs. 6 TMG verlangt vom Diensteanbieter nur das Mögliche und Zumutbare, um eine anonyme und pseudonyme Nutzung zu ermöglichen.[1828]

Ein Auskunftsanspruch ließe sich folglich auf § 242 BGB stützen. Art. 12 Abs. 2 TMG ist teleologisch dahingehend zu reduzieren dass auch allgemeine Erlaubnistatbestände zur Datenweitergabe ausreichen, hier wohl ebenfalls § 242 BGB. Es erscheint aber geboten, dass der Gesetzgeber *de lege ferenda* ausdrückliche Normen herbeiführt. In Betracht kommt eine entsprechende Ergänzung des § 14 Abs. 2 TMG, in dem bereits die Datenweitergabe zur Rechtsverfolgung im Bereich des geistigen Eigentums geregelt ist. Parallel zu § 101 Abs. 9 UrhG könnte ein Richtervorbehalt dafür sorgen, dass dem Schutz des potenziellen Verletzers und sein Recht auf informationelle Selbstbestimmung hinreichend Rechnung getragen wird.[1829]

(3). Identitätspflicht

Im Übrigen ist problematisch, dass die Diensteanbieter die Identitätsangaben ihrer Nutzer nicht verifizieren. Sie prüfen in der Regel nicht, ob die angegebene Identität ihrer Nutzer tatsächlich stimmt, selbst wenn eine Registrierung mittels Klarnamen vorgegeben ist. Selbst wenn also ein Auskunftsanspruch bestünde, kann dieser ins Leere gehen.[1830] Im Interesse der Rechtsverfolgung könnte somit eine Identifizierungspflicht bei Anmeldung auf einer sozialen Netzwerkplattform Abhilfe schaffen, bei gleichzeitiger Wahrung der Pseudonymität. Dies ist bereits durch die zusätzliche Abfrage der Personalnummer zu erreichen, so dass die Nutzer bei Rechtsverstößen durch die betroffenen Minderjährigen jedenfalls haftbar gemacht werden könnten.[1831] Die Nutzer wüssten dann mit mehr Gewissheit, mit wem sie es zu tun haben und eine Haftbarmachung von Rechtsverstößen ist möglich.

1826 OLG Hamm, ZUM-RD 2011, 684; KG Berlin, MMR 2007, 116.

1827 *Spindler*, in: Verhandlungen des 69. Dt. Juristentages München 2012, Bd. I, F. 5 [34].

1828 *Lauber-Rönsberg*, MMR 2014, 10 [12]; *Spindler/Dorschel*, CR 2005, 38 [42]; *Stadler*, Haftung für Informationen im Internet, S. 105.

1829 So auch *Lauber-Rönsberg*, MMR 2014, 10 [14].

1830 *Spindler*, in: Verhandlungen des 69. Dt. Juristentages München 2012, Bd. I, F. 5 [59 f.].

1831 *Jandt/Roßnagel*, in: Schenk/Niemann/Reinmann/Roßnagel, Digitale Privatsphäre, S. 437.

Bislang ist die Rechtsprechung mit derartigen Pflichten aber sehr zurückhaltend.[1832] De lege lata besteht eine derartige Pflicht für Host-Provider wohl nicht.[1833] Der EuGH hat eine solche zwar auf Art. 6 ECRL gestützt, dies beschränkt sich jedoch auf kommerzielle Anbieter.[1834] Es wäre aber durchaus bedenkenswert, ob jedenfalls bei Angeboten, die sich hauptsächlich an Kinder und Jugendliche richten, eine derartige Identifizierungspflicht *de lege ferenda* geboten ist. Dies bedingt aber auf der anderen Seite, dass alle Nutzer Daten zur Verfügung stellen, die nicht leicht durch andere Personen herausgefunden werden können, beispielsweise Personalausweisnummern. Die minderjährigen Nutzer wären folglich dazu verpflichtet, dem Provider-Unternehmen sensible Daten zu übergeben. Zugleich könnte die Identifizierung aber mit einer zuverlässigen Altersverifikation gekoppelt werden.[1835]

d. Anspruch auf Löschung oder das „Recht auf Vergessen"

Wichtig ist darüber hinaus die Möglichkeit, bei Verlassen des sozialen Netzwerks die preisgegebenen Daten zu löschen oder löschen zu lassen, also die unter dem Stichwort des „Rechts auf Vergessen" diskutierte Problematik. § 13 Abs. 3 TMG-E sieht vor, dass bei einer Löschung des Profils eines Nutzers auch alle nutzergenerierten Inhalte gelöscht werden. Weitergehende Forderungen zum Schutz von Minderjährigen gehen dahin, dass Netzwerke über ein leicht erkennbares, unmittelbar erreichbares und ständig verfügbares Bedienelement verfügen müssen, durch dass der Nutzer von sozialen Netzwerken seine personenbezogenen Daten unmittelbar löschen oder dies veranlassen kann. Dies sollte die Profildaten, alle nutzergenerierten Inhalte sowie die Nutzungsdaten erfassen. Auch die Links mit anderen Inhalten sollten gelöscht werden.[1836] Das Selbstbestimmungsrecht des Minderjährigen wiegt grundsätzlich höher als das Informations- und Archivierungsinteresse der Öffentlichkeit zur Bewahrung von Geschehnissen. Das insoweit miteinzubeziehende Vorverhalten des Minderjährigen ist nicht mit demselben Gewicht einzustellen, wie bei Erwachsenen.[1837] Auch hier ist dem Ministerrat des Europarates beizupflichten, dass keine fortbestehenden oder dauerhaft zugänglichen Aufzeichnungen über die von Minderjährigen ins Internet eingestellten Inhalte existieren sollten, die in deren

---

1832 Bejaht nur durch OLG Hamburg, MMR 2008, 823 – Rapidshare; MMR 2010, 51 – Sharehoster II; verneint OLG Düsseldorf, MMR 2010, 483; OLG Düsseldorf, MMR 2010, 702.

1833 *Spindler*, GRUR-Beilage 2013, 101 [106].

1834 EuGH, MMR 2011, 596 [605] – L'Oreal SA u. a./eBay International AG u. a.; *Spindler*, in: Verhandlungen des 69. Dt. Juristentages München 2012, Bd. I, F. 5 [59].

1835 *Jandt/Roßnagel*, in: Schenk/Niemann/Reinmann/Roßnagel, Digitale Privatsphäre, S. 437.

1836 *Jandt/Roßnagel*, in: Schenk/Niemann/Reinmann/Roßnagel, Digitale Privatsphäre, S. 440.

1837 *Spindler*, GRUR-Beilage 2013, 101 [104 f.].

Würde, Sicherheit oder Privatsphäre eingreifen oder ihnen auf anderem Wege zu einem späteren Zeitpunkt in ihrem Leben schaden könnten.[1838]

VII. Zusammenfassung

Derzeit ist das Recht zum persönlichkeitsrechtlichen Schutz vor rechtswidriger Internetkommunikation bei Minderjährigen ebenso unausgereift wie bei Erwachsenen. Rechtsgrundsätze sind derzeit noch nicht mit Gewissheit bestimmbar. Die Untersuchung führt im Kern zu dem Befund, dass die Zulässigkeitsmaßstäbe von Eingriffen durch die Nutzung sozialer Netzwerke mit den medienpersönlichkeitsrechtlichen Standards weitgehend kongruent gehen, da auch im Internet ein besonderes Schutzbedürfnis im Kindes- und Jugendalter zu beachten ist. Die Verzahnung von Persönlichkeits- und Datenschutz bereitet zwar Schwierigkeiten, letztendlich sollten die Schutzsysteme aber parallel zueinander auf den Schutzzweck gerichtet sein, die persönlichen Belange von Minderjährigen umfassend zu bewahren. Primär bedenklich sind aber die internettypischen Probleme bei der Rechtsverwirklichung. Angesichts der besonderen Schutzpflichten gegenüber Minderjährigen ist das Zuwarten des Gesetzgebers im Bewusstsein um die Schwierigkeiten verfassungsrechtlich mindestens zweifelhaft, insbesondere weil der Wille zu umfassenden Maßnahmen des Minderjährigenschutzes auf europäischer Ebene scheinbar nicht durchschlagend ist. Dabei mangelt es nicht an förderlichen Ansätzen in Politik und juristischem Schrifttum. Ein mögliches Konzept ist die hier vorgestellte Kombination aus selbstschützenden Maßnahmen und erweiterten Schutzmechanismen vor Eingriffen durch Dritte. Grundvoraussetzung dafür, dass diese Maßnahmen greifen, ist eine technisch mögliche und zumutbare Altersverifikation. Sind Minderjährige als solche erkennbar, ist der jeweilige Pflichtenkreis für Diensteanbieter klarer bestimmbar. Nach Kenntniserlangung von einem persönlichkeitsverletzenden Eingriff sind Diensteanbieter nicht weniger in der Pflicht als die Presse- und Rundfunkunternehmen, zwischen den widerstreitenden Belangen abzuwägen. Zu einem effektiven Schutz gehört außerdem, dass sich der Verletzte gegenüber dem unmittelbar Eingreifenden schadlos halten kann. Ein Auskunftsanspruch würde dafür sorgen, dass Herabsetzungen und sonstige Beeinträchtigungen von Kindern und Jugendlichen und vor allem unter ihnen nicht mehr in der Gewissheit der Anonymität und damit im „rechtsfreien Raum“ erfolgen können und hat dadurch möglicherweise einen gewissen Steuerungseffekt. Schließlich ist es unerlässlich, dass Inhalte über Minderjährige zuverlässig gelöscht werden können, um sie vor einer belasteten Zukunft zu schützen.

1838 Erklärung des Ministerrats des Europarats vom 20.02.2008, abrufbar unter https://wcd.coe.int/ViewDoc.jsp?id=1252427&Site=CM&BackColorInternet=C3C3C3&BackColorIntranet=EDB021&BackColorLogged=F5D383 (15.04.2015).

Kapitel 6: Ergebnisse in Thesenform

§ 1 Der Stellenwert des Persönlichkeitsschutzes von Minderjährigen

A. Zu den gewichtigsten Kernbeständen unserer Grundrechtsordnung zählt die Zielvorstellung, dass Kinder und Jugendliche zu eigenständigen und selbstverantwortlichen Persönlichkeiten heranwachsen. Unsere Gesellschaft ist darauf angewiesen, dass sich Personen im Erwachsenenalter selbst erhalten und entfalten können (S. 25). Ein bedeutender Baustein dafür ist, den Persönlichkeitsrechten des sich entwickelnden Individuums angemessen zur Geltung zu verhelfen.

B. Privatheit ist für die Entfaltung und Entwicklung im Kindes- und Jugendalter ein hohes Gut. Das Verständnis und Erleben von Privatheit ist wesentlich durch die Erfahrungen geprägt, die Kinder und Jugendliche sammeln. Die subjektive Sicht auf das Schutzgut entwickelt sich mit ihnen mit (S. 44 f.). Zurückgezogenheit, Geheimbereiche und Autonomie werden auch bereits in jungen Jahren als persönliche Bedürfnisse wahrgenommen. Gerade bei der Nutzung von Angeboten im Internet, die ein besonderes Gefährdungspotential für Privatsphären- und Datenschutz entfalten, orientieren sich Kinder und Jugendliche an ihrem persönlichen Bedürfnis nach Privatheit und wägen diese gegen die Vorteile einer Informationspreisgabe ab. Ihr Handeln ist in vielen Fällen darauf ausgerichtet, ihre Privatheit zu schützen (S. 48 ff.).

C. Privatheit ist zudem funktional von erheblichem Gewicht für den Verlauf einer normalen Persönlichkeitsentwicklung für Kinder und Jugendliche. Die Entwicklung des Selbst, also das Gefühl und Wissen von sich selbst als eigenständiger Person, findet als Mitglied der Gesellschaft in Auseinandersetzung mit der sozialen Umgebung statt. Dabei bedarf es auch eines Bereichs, in dem Einblicke von außen ausgeschlossen sind, um Selbstachtung und Selbstwertgefühl zu entfalten (S. 53 f.). Privatheit dient außerdem der geschützten Kommunikation mit der Familie und den Freunden, um intime Bindungen aufzubauen, und ermöglicht Autonomie (S. 54 f.). Eingriffe in Privatheit wirken schließlich auch deshalb besonders intensiv, weil Entwicklungsaufgaben oder –prozesse in der Kindheit und Jugend besonders verletzlich sind. Öffentlichkeitsdruck, Furcht, Ärger und Verlegenheit durch mediale Präsenz oder andere Äußerungen sind geeignet, ihre Entfaltung und Entwicklung nachhaltig zu stören (S. 56 ff.).

D. Das durch den Entwicklungs- und Fähigkeitsstand geprägte natürliche Schutzbedürfnis weist Minderjährige somit als eine besondere Schutzgruppe aus, dessen Anspruch auf Rechtsschutz gegen persönlichkeitsbeeinträchtigende Eingriffe normativ auf unterschiedliche Weise gelöst wird.

§ 2 Das Modell des U.S.-amerikanischen Persönlichkeitsschutzes

A. Das U.S.-amerikanische Recht zum Schutz der individuellen Persönlichkeit ist diesbezüglich äußerst zurückhaltend. Obgleich sich die verfassungsrechtliche Stellung von Kindern und Jugendlichen in der U.S. Constitution mit deutschen Grundrechtsstandards vergleichen lässt (S. 67 ff.), ist ihre Position bei der Bewahrung ihrer Persönlichkeitsrechte in Privatrechtsverhältnissen anders ausgestaltet. Sie sind zwar unzweifelhaft Rechtsträger des *right of privacy* und *right of publicity*, die zum Teil auch verfassungsrechtlich abgesichert sind. Die geltenden Rechtsregeln heben Minderjährigenschutz jedoch nur sektoral vom Erwachsenenschutz ab.

B. Primär verantwortlich für die Persönlichkeitsrechte von Minderjährigen sind die Eltern, deren fundamentales Recht auf Erziehung verfassungsrechtlich garantiert wird, aber mit wachsender Mündigkeit des Kindes der Selbstbestimmung weicht (S. 74). Die konkrete Fähigkeit zur selbstverantwortlichen Einwilligung in Persönlichkeitsverletzungen richtet sich nach einem Konglomerat aus Regeln des common law und state law, das nur schwer zu durchschauen ist. Demnach entscheiden grundsätzlich die Eltern über Wahrnehmung und Ausübung der Persönlichkeitsrechte ihrer Kinder, es sei denn, diese sind nach der *mature minor doctrine* reif genug, eine eigene, von den Eltern unabhängige Entscheidung zu fällen. In diesem Fall sind sie alleine zur Entscheidung berufen. Feste Altersgrenzen existieren nicht (S. 76 ff.). Bei einer vertraglichen Disposition ist die starke Position von Minderjährigen im Hinblick auf die Selbstbestimmung über ihre Persönlichkeitsrechte vor dem Hintergrund zu sehen, dass ihre Dispositionen in der Regel vernichtbar sind (*disaffirmance rights*). Sie sind zwar geschäftsfähig, ihre Entscheidungen sind aber reversibel. Von diesem Grundsystem weichen schließlich einige Staatengesetze ab, wonach die Zustimmung der Eltern erforderlich ist oder die Vernichtbarkeit der Verträge verhindert werden kann.

C. Die Grenzziehung zwischen den Persönlichkeitsrechten von Kindern und Jugendlichen und der überragend gewichtigen Pressefreiheit (freedom of speech) im Rahmen der Güter- und Interessenabwägung in den einschlägigen torts erfolgt in aller Regel anhand derselben Maßstäbe wie bei Erwachsenen. Bis auf vereinzelte staatsgesetzlich verankerte Ausnahmen zum Schutz vor Belästigungen durch Paparazzi, dem Datenschutz im Internet und dem kommerziellen Persönlichkeitsschutz treten Minderjährige folglich nicht als Schutzgruppe mit besonderem Schutzanspruch hervor. Weder ihr Wohl noch die Sicherung ihrer Entwicklung findet Eingang in die Entscheidung, ob die Presse über sie berichten darf (S. 82 f.).

D. Der *intrusion tort* und der *public disclosure tort* vermitteln Kindern und Jugendlichen nach geltender Rechtslage nahezu keinen Schutz, sobald sie sich außerhalb des privaten räumlichen Bereichs befinden. Das Sammeln und Verbreiten von Informationen sowie das Herstellen und Veröffentlichen von Bildnissen in der Öffentlichkeit ist weitgehend zulässig, da die Persönlichkeitsrechte gegenüber der Pressefreiheit das Nachsehen haben. Ihre Person ist für die mediale Aufmerksamkeit somit generell an fast jedem Ort außerhalb des eigenen Hauses greifbar.

Weitergehenden Schutz können Familien nur durch eigenverantwortliche Abschirmungsmaßnahmen erreichen (S. 87 ff., 96 ff.). Gegen verfälschende Darstellungen durch unwahre Tatsachenbehauptungen können sich Kinder und Jugendliche mit dem *false light tort* zur Wehr setzen (S. 106 f.). Ebenso wie im *defamation law* zum Schutz der Ehre gilt jedoch einschränkend, dass der Betroffene die Beweislast für die unwahre Tatsachenbehauptung trifft (S. 115 ff.). Schließlich ist im geltenden Recht nicht unzweifelhaft, ob und inwieweit Minderjährige gegen die Verletzung ideeller Interessen durch unbefugte Nutzung ihrer Publizität geschützt sind (S. 110). Das *right of publicity* schützt jedenfalls vor kommerziellen Schäden in diesem Zusammenhang (S. 111 f.).

§ 3 Grund- und menschenrechtlicher Rahmen

A. Das Schutzsystem in der deutschen Rechtsordnung ist eingebettet in einen vielschichtigen Rahmen aus konstitutionellen, völker- und gemeinschaftsrechtlichen Wertungsgrundlagen. Die persönliche Lebenssphäre von Kindern und Jugendlichen, in der sie Individualität entwickeln und wahren können, wird durch das Allgemeine Persönlichkeitsrecht in Art. 2 Abs. 1, Art. 1 Abs. 1 GG, das Recht auf Privatheit in Art. 16 KRK, das Recht auf Privatleben in Art. 8 EMRK und Art. 7 GrCh gesichert. Insoweit sind auch Minderjährige sowohl grundrechtsfähig als auch -mündig (S. 124 ff.), ihre persönlichen Belange sind umfassend gewährleistet.

B. Im Hinblick auf Persönlichkeitsbelange werden die natürliche Verletzlichkeit und Unerfahrenheit von Kindern und Jugendlichen im internationalen und nationalen Recht einhellig als Kerngesichtspunkt für die Bestimmung des Schutzes erachtet (S. 181 f.). Die besondere Position von jungen Menschen im grundrechtlichen Gefüge wird wesentlich durch das im Allgemeinen Persönlichkeitsrecht des Art. 2, Art. 1 GG verankerte Recht markiert, die eigene Persönlichkeit ungestört entwickeln zu können. Den Staat trifft eine Schutzpflicht gegenüber Minderjährigen, die Voraussetzungen zu gewährleisten, die für die chancengleiche und anlagengerechte Entfaltung ein besonderes Gewicht haben. Das Allgemeine Persönlichkeitsrecht entfaltet im Kindes- und Jugendalter dadurch eine besondere Präventivwirkung (S. 131 ff.). Zentraler Gedanke der UN-Kinderrechtskonvention ist zudem das Kindeswohlprinzip des Art. 3 KRK, das bereichsunabhängig als ein vorrangiger Gesichtspunkt bei staatlichen Entscheidungen zu berücksichtigen ist, die Kinder betreffen (S. 152 ff.). Die Wertungsgrundlagen verlangen folglich, dass Kindern und Jugendlichen ein auf ihre Entwicklung abgestimmter Schutz vor den Gefahren für ihre Persönlichkeitsrechte durch dritte Personen zu Teil wird.

C. Eine Schlüsselstellung nimmt das Recht der Eltern auf Pflege und Erziehung ihrer Kinder ein, das in Art. 6 Abs. 2 GG und in den Menschenrechtsabkommen gewährleistet ist. Demnach sind zuvörderst die Eltern als Sachwalter des kindlichen Persönlichkeitsrechts zur Sicherung und Wahrnehmung der Rechtspositionen berechtigt und verpflichtet. Diese Rechtsbefugnis beinhaltet auch, die Einwilligung zu Eingriffen in Persönlichkeitsrechte zu erklären bzw. zu widerrufen sowie andere Entscheidungen im Dispositionsbereich zu treffen, und somit wesentlich über Inhalt und Reichweite des Schutzes der Persönlichkeitsrechte zu bestimmen (S. 138 ff.). Die Grundrechte garantieren jedoch kein grenzenloses Elternrecht, wie Art. 5 KRK erstmals ausdrücklich zum Ausdruck bringt. Vielmehr drängt das Selbstbestimmungsrecht des Kindes die elterlichen Befugnisse mit abnehmender Pflege- und Schutzbedürftigkeit sowie zunehmender Selbstbestimmungsfähigkeit zurück (S. 159 ff.). Maß und Inhalt der zuzulassenden Selbstbestimmung von Minderjährigen in Bezug auf ihre Persönlichkeitsrechte sind in diesem abgesteckten Rahmen zu definieren.

D. Wesentliche Grenzen für die Persönlichkeitsrechte erwachsen im Äußerungsrecht aus den widerstreitenden Kommunikationsfreiheiten, die in Art. 5 GG, Art. 10 EMRK und Art. 11 GrCh ebenfalls grundrechtlichen Schutz genießen. Ein genereller Wertevorzug von einer der Grundrechtspositionen besteht auch bei Kindern und Jugendlichen nicht (S. 145 f.). Im Rahmen der Güter- und Interessenabwägung der kollidierenden Grundfreiheiten im Einzelfall würdigen Bundesverfassungsgericht und EGMR die Minderjährigkeit des betroffenen Rechtsträgers und ziehen im Übrigen dieselben Abwägungskriterien wie bei Erwachsenen heran. Im Mittelpunkt deutscher Rechtsprechung steht dabei das Recht auf ungestörte Entwicklung aus Art. 2, Art. 1 GG (S. 147, 172 ff.).

E. Die Grundrechtsgehalte sind im zivilistischen Persönlichkeitsschutz interpretationsleitend zu berücksichtigen, damit dessen wertsetzender Gehalt auch auf der Rechtsanwendungsebene gewahrt bleibt (S. 148). Konkrete Vorgaben für die Verwirklichung sind den Rechtsnormen weitestgehend nicht zu entnehmen. Vor allem die völkerrechtlichen Verträge gewähren den Mitgliedstaaten einen weiten Ermessensspielraum.

§ 4 Grunddogmatik des zivilrechtlichen Persönlichkeitsschutzes von Minderjährigen

Einer speziellen Grunddogmatik der Persönlichkeitsrechte im Kindes- und Jugendalter bedarf es nicht. Die Rechte auf Diskretion, Identität und Ehre sind im (zivilrechtlichen) Allgemeinen Persönlichkeitsrecht, das Recht am eigenen Bild in § 22 KUG verankert (S. 185). Der verfassungsrechtliche Schutzgehalt des Rechts auf ungestörte Persönlichkeitsentwicklung in Art. 2, Art. 1 GG kann zwanglos im Rahmen der Güter- und Interessenabwägung in das Privatrechtsverhältnis einfließen, ohne dass es als eigenständige Ausprägung des (zivilrechtlichen) Allgemeinen Persönlichkeitsrechts oder gar als eigenständiges Recht verkörpert ist (S. 187 f.).

§ 5 Grundprinzipien der rechtfertigenden Einwilligung

A. Im Fokus des Diskurses um den Persönlichkeitsschutz von Minderjährigen steht die Frage, in welchem Maße Fremdbestimmung zu fordern oder Selbstbestimmung auch von minderjährigen Rechtsträgern zuzulassen ist, wenn in die Verletzung von Persönlichkeitsrechten eingewilligt werden soll. Unabhängig davon, welche Rechtsnatur dem Institut der Einwilligung beizumessen ist, ist normative Grundlage der Einwilligungsfähigkeit das gesetzliche Regelungsmodell in § 104 ff. BGB (S. 200).

B. Bei Kindern unter 7 Jahren ist die allein interessengerechte und angemessene Lösung die Entscheidungszuständigkeit der Eltern entsprechend § 105 Abs. 1 BGB. Ein potenziell entgegenstehender natürlicher Wille des Kindes kann nach dem allgemeinen Rechtsgedanken, welcher der Ausgestaltung des Eltern-Kind-Verhältnisses zugrunde liegt, allenfalls über § 1626 Abs. 2 BGB Berücksichtigung finden, aber keine Außenwirkung entfalten (S. 201 ff.). Im Hinblick auf die Einwilligung von Kindern und Jugendlichen ab Vollendung des 7. Lebensjahres kann eine alleinige Erklärung der Eltern nach außen keine Wirksamkeit entfalten. Die Anwendung des § 107 BGB führt nicht zu einem sachgerechten Ergebnis, da das Recht des Kindes auf Selbstbestimmung in eigenen Angelegenheiten keine angemessene Berücksichtigung finden kann (S. 205). Ein strenges Festhalten an der Gesetzesnorm ist zudem nicht geboten, da der Schutzbereich nicht unmittelbar angesprochen ist (S. 207). In Ansehung der erhöhten Schutzbedürftigkeit von Minderjährigen vor eigenen Gefährdungen und den kommerziellen Bestandteilen der Persönlichkeitsrechte ist aber auch ein Alleinentscheidungsrecht des beschränkt Geschäftsfähigen abzulehnen (S. 212 ff.). Vielmehr ist das Spannungsverhältnis aufzulösen, indem eine kumulative Einwilligungserklärung von Eltern und Rechtsträgern vorliegen muss. Nur die übereinstimmende Einwilligung ist somit nach § 107 BGB wirksam (S. 218). Es gilt mithin das *Prinzip der kumulativen Doppelzuständigkeit.*

C. Maßgebend ist jedoch nicht die rechtliche Geschäftsfähigkeit, sondern die natürliche Einsichtsfähigkeit des Minderjährigen im Sinne der Fähigkeit, nach seiner geistigen und sittlichen Reife die Bedeutung und Tragweite des Eingriffs und seiner Gestattung zu ermessen. Dem Selbstbestimmungsrecht des Kindes auf der einen und dem Verkehrsschutz auf der anderen Seite lässt sich angemessen durch eine Vermutungslösung Rechnung tragen, die zwischen den Alternativen der Einzelfallfeststellung und der festen Altersgrenzen liegt (S. 220 ff.). Angesichts der ohnehin herrschenden Altersgrenze von 14 Jahren empfiehlt sich die Orientierung an der common-law-Regel der *rule of seven*: es gilt eine unwiderlegliche Vermutung gegen die Einsichtsfähigkeit bis zum 7. Lebensjahr, eine widerlegliche Vermutung gegen die Einsichtsfähigkeit bis zum 14. Lebensjahr und eine widerlegliche Vermutung für die Einsichtsfähigkeit ab dem 14. Lebensjahr (S. 223 f.).

D. Die Disposition über Persönlichkeitsrechte von Minderjährigen unterliegt lediglich den Grenzen der § 138 BGB und § 134 BGB. Einwilligungen von Eltern allein oder gemeinsam mit ihren Kindern in persönlichkeitsrechtliche Eingriffe sind somit wirksam, auch wenn sie gegen das Kindeswohl oder aber die Menschenwürde des Kindes verstoßen, es sei denn, die Voraussetzungen der Sittenwidrigkeit oder des gesetzlichen Verbotes liegen vor. Im Übrigen beschränkt sich die Handhabe auf das familienrechtliche Schutzsystem der §§ 1666, 1666a BGB (S. 224 ff.).

E. Die Einwilligungserklärung unterliegt den normalen Formvorschriften, an eine konkludente Einwilligung sind jedoch aufgrund der Unerfahrenheit von Minderjährigen bei Dispositionen über ihre höchstpersönlichen Rechte strenge Maßstäbe zu stellen. Empfänger dürfen nur dann berechtigterweise von einer Einwilligungserklärung ausgehen, wenn der Wille des Kindes deutlich zum Ausdruck kommt oder die verletzende Handlung sozialadäquates Verhalten darstellt und deshalb die bloße Duldung ausreicht (S. 231 ff.). Die Einwilligungserklärung im Internet wirft grundlegende Probleme auf, die derzeit noch nicht befriedigend zu lösen sind (S. 233 ff.). Um insgesamt eine sinnvolle Wahrnehmung des Mitbestimmungsrechts von Kindern und Jugendlichen zu ermöglichen, könnte das aus dem Medizinrecht bekannte Prinzip des *informed consent* im Persönlichkeitsschutz adaptiert werden. Die Einwilligung eines einsichtsfähigen Jugendlichen kann demnach nur dann Wirksamkeit entfalten, wenn der Betroffene ausreichend informiert, aufgeklärt oder gewarnt wurde (S. 238 ff.). Die schrittweise Einbeziehung auch nicht einsichtsfähiger Kinder kann durch eine Aufklärungspflicht entsprechend der neuen Regelung in § 630e Abs. 5 BGB gelingen (S. 240 ff.). Der Umfang der Einwilligungserklärung von Minderjährigen ist nach §§ 133, 157 BGB zu ermitteln, allerdings ist eine strenge Zweckbindung zu beachten (S. 243 ff.).

F. Die Einwilligung zu Eingriffen in ein Persönlichkeitsrecht ist unter bestimmten Voraussetzungen widerruflich. Bei gemeinsamer Erklärung von Eltern und Kindern bedarf es wie bei Erwachsenen eines wichtigen Grundes, da die Einwilligung hier auf einer selbstbestimmten Entscheidung beruht und keine Fremdbestimmung vorliegt. Ein Widerruf ist dementsprechend vor allem dann möglich, wenn sich die Voraussetzungen geändert haben, unter denen die Einwilligung erteilt wurde (S. 246 f.). Beruht der Eingriff ausschließlich auf der Einwilligung der Eltern, ist es folgerichtig, auch die Überzeugung des einsichtsfähigen Jugendlichen gegen die fremdbestimmte Beeinträchtigung als Auslöser für ein Widerrufsrecht anzusehen (S. 248). In beiden Fällen bedarf es der Zustimmung der Eltern zum Widerruf nicht.

§ 6 Grundprinzipien zur Güter- und Interessenabwägung im Spannungsfeld zu Kommunikationsfreiheiten

A. Ist ein Eingriff in Persönlichkeitsrechte nicht durch eine wirksame Einwilligung gerechtfertigt, ist im Rahmen der Güter- und Interessenabwägung der kollidierenden Rechte im Einzelfall über die Rechtswidrigkeit zu entscheiden. Die zum Minderjährigenpersönlichkeitsschutz ergangenen Gerichtsurteile würdigen die Minderjährigkeit als schutzerhöhenden Gesichtspunkt und fassen insbesondere die vor einem Eindringen geschützte Sphäre in räumlicher und thematischer Hinsicht grundsätzlich weiter als bei Erwachsenen. Kinder und Jugendliche sind demnach stärker vor der Veröffentlichung von Details aus ihrem Privatleben geschützt (S. 253 ff.).

B. Die Abwägung zwischen den Persönlichkeitsrechten von jungen Menschen und den Kommunikationsfreiheiten der Medien und anderer Personen erfolgt anhand wiederkehrender Kriterien, die unter Berücksichtigung der spezifischen Wertungsgrundlagen besonders geprägt sind. Neben allgemeinen Kriterien zeichnet sich die Abwägung im Minderjährigenpersönlichkeitsschutz durch folgende charakteristische Prinzipien aus:

I. *Abkehr vom Sphärenprinzip:* Die Anwendung der im Diskretionsschutz geltenden Sphärentheorie ist kein probates Mittel zur Feststellung der Verletzungsintensität eines Eingriffs, so dass stattdessen auf die Personennähe abzustellen ist (S. 261 ff.).

II. *Verstärkungs- und Präventionsprinzip:* Es gilt eine tatsächliche Vermutung dahingehend, dass Eingriffe in ideelle Persönlichkeitsbestandteile durch Medien und im Internet geeignet sind, die Entwicklung von jungen Menschen zu gefährden. Deshalb ist dem Persönlichkeitsrecht bei der Abwägung grundsätzlich ein erhöhtes Gewicht beizumessen (S. 268 ff.), dass sich bei nachteiligen Rückwirkungen auf das familiäre Zusammensein noch durch Art. 6 GG verstärken kann (S. 281 ff.). Dies gilt angesichts der schwächeren Grundrechtsabsicherung jedoch nicht, soweit nur in die kommerziellen Bestandteile eines Persönlichkeitsrechts eingegriffen wird (S. 287 f.). Die Einbeziehung des Begriffs des Kindeswohls in das zivilistische System zum Schutz der Persönlichkeit ist unter Wahrung der völkerrechtlichen Verpflichtung in Art. 3 KRK ebenfalls abzulehnen (S. 279 f.).

III. *Einschränkung des Veranlasserprinzips:* Das Veranlasserprinzip gilt im Minderjährigenpersönlichkeitsschutz nur eingeschränkt, da die Zuwendung zur Öffentlichkeit einen jungen Menschen nicht mit einem Erwachsenen gleichstellt, der in seiner sozialen Position bereits gefestigt ist. Nur wenn das Verhalten des Minderjährigen im Bewusstsein um seine Tragweite gezielt die Berichterstattung fördert oder das Verhalten der Eltern zurechenbar ist, muss das Eigenverhalten als schutzverringernd berücksichtigt werden (S. 288 ff.).

IV. *Ungültigkeit der Vermutung der Zulässigkeit freier Rede:* Das öffentliche Informationsinteresse ist grundsätzlich mit einem erheblichen Gewicht in die Interessenabwägung einzustellen, das Privatinteressen überwiegt. Es gilt jedoch keine Vermutung zugunsten der Zulässigkeit freier Rede, da die Formel im Widerspruch zum Wert der Persönlichkeit von Minderjährigen steht und somit den Wertungsgrundlagen nicht mehr gerecht wird (S. 294 f.).

V. *Trennungsprinzip:* Bei der Gewichtung des öffentlichen Informationsinteresses ist zwischen Information und Unterhaltung zu trennen. Unterhaltende Beiträge sind zwar durch Art. 5 GG grundrechtlich geschützt, dem öffentlichen Informationsinteresse ist in der Interessenabwägung aber ein geringeres Gewicht beizumessen (S. 297 f.).

VI. *Bekanntheitsprinzip:* Ferner ist die Bekanntheit der betroffenen Person zwar ein wesentlicher Abwägungsfaktor, es ist aber bei der Einbeziehung die Erlangung dieses Status zu beachten. Minderjährigen, die sich das öffentliche Interesse an ihrer Person nicht aussuchen können (insbs. Kinder von Prominenten, Opfer von Straftaten oder Unglücken) sind generell entsprechend einer normalen Privatperson zu behandeln, da sie nicht freiwillig am öffentlichen Meinungsbildungsprozess teilnehmen. Weniger Schutz können nur diejenigen beanspruchen, die selbst oder durch ihre Eltern bewusst den Schritt in die Öffentlichkeit gemacht haben (S. 302 ff.).

VII. *Sorgfaltsprinzip:* Schließlich gilt ein erhöhter Sorgfaltsmaßstab der Medien und anderer Personen, wenn sie sich über die Belange von Kindern und Jugendlichen äußern (S. 304 f.).

C. Mit Rücksicht auf diese Abwägungsgesichtspunkte ist ein angemessener Ausgleich zwischen den betroffenen persönlichen Belangen von Kindern und Jugendlichen mit dem Interesse an Information und Kommunikation zu finden. Dies gelingt im Minderjährigenpersönlichkeitsschutz auch immer nur in Ansehung des Einzelfalls.

§ 7 Zulässigkeit medialer Berichterstattung in Wort und Bild

A. Die personenbezogene Berichterstattung über Kinder und Jugendliche berührt ihre Persönlichkeitsrechte in rechtfertigungsbedürftiger Weise, für welche die Medien die Begründungslast tragen (S. 307).

B. Kinder und Jugendliche sind umfassend gegen Tatsachenbehauptungen und die Veröffentlichung von Bildnissen in den Medien geschützt. Sie haben angesichts ihres Rechts auf ungestörte Persönlichkeitsentwicklung ein verstärktes Interesse, vor ungewollter Publizität bewahrt zu werden (S. 308 ff., 328 ff.), dass sich in der Regel gegen das öffentliche Informationsinteresse durchsetzt. Eine Rechtswidrigkeitsindikation ist jedoch abzulehnen, da dies die Meinungsäußerungsfreiheit zu stark einschränken würde. Praxisrelevante Fallgruppen unzulässiger Berichterstattung sind personenbezogene Berichte über familiäre Angelegenheiten oder das Zusammensein von Eltern und Kind (S. 312 ff., 329 f.), anlasslose Unterhaltungsberichte über die Kinder von Prominenten (S. 315 ff., 330 f.) oder anlassbezogene Berichte über ein öffentliches Auftreten unter Zuschreibungen von Eigenschaften, Bewertungen und Spekulationen (S. 317 ff., 331 ff.) sowie die Kriminalitätsberichterstattung (S. 319 ff., 333 f.). Die Gewichtung der widerstreitenden Interessen wandelt sich vor allem in Abhängigkeit der Ernsthaftigkeit und Sachbezogenheit der Informationsvermittlung, der bewussten Öffnung des Minderjährigen oder seiner Eltern zur Öffentlichkeit in dem betroffenen Lebensbereich sowie der Nutzung der eigenen Publizität. Zulässig sind also Berichte über familiäre Angelegenheiten, wenn der Themenbereich vorher öffentlich gemacht wurde und die Eltern-Kind-Beziehung nicht massiv beeinträchtigt wird (S. 313 f.) oder wenn die verbreitete Information bereits hinlänglich öffentlich bekannt ist (S. 314 f.). Auch unterhaltende Wortberichterstattung kann zulässig sein, wenn der Betroffene als prominent anzusehen ist, weil er beispielsweise als Schauspieler oder Sänger tätig ist, und der Bericht einen Lebensbereich betrifft, der bewusst nicht vor der Öffentlichkeit abgeschirmt wurde (S. 317). Allerdings dürfen Fotos, die den Minderjährigen in häuslicher Umgebung oder in Alltagssituationen in der Öffentlichkeit abbilden, ebenso wie bei Erwachsenen nicht zur Illustration verwendet werden, da auch Prominenten ein Rückzugsbereich bleiben muss. Häufiger Anlass einer Bildberichterstattung ist die Teilnahme an einer öffentlichen Veranstaltung, dessen Zulässigkeit in erster Linie davon abhängt, ob das Verhalten des Minderjährigen hinreichend Anlass gibt, auf eine bewusste und gewollte Zuwendung zur Öffentlichkeit zu schließen (S. 331 ff.). Schließlich ist die Wortberichterstattung über jugendliche Straftäter oder die Verdachtsberichterstattung zulässig, wenn es sich um eine besonders schwere Tat handelt und der Name nicht genannt wird. Bildnisse dürfen nicht nach § 23 Abs. 1 Nr. 1 KUG veröffentlicht werden, da hier das Resozialisierungsinteresse des Jugendlichen überwiegt (S. 321, 333). Ohne weiteres unzulässig sind falsche Tatsachenbehauptungen, es sei denn, sie erweisen sich erst im Nachhinein als unwahr und die Presse hat alle zumutbaren Sorgfaltsanforderungen zur Wahrheitsfindung erfüllt (S. 323 ff.).

C. Auch Meinungsäußerungen sind abweichend zum Erwachsenenmaßstab nicht bis zur Grenze der Schmähkritik und der Formalbeleidigung zulässig. Der Schutz greift bei Minderjährigen regelmäßig bereits ein bei polemischer, scharfer oder überspitzter Kritik, da ihr Selbstwertgefühl noch nicht gefestigt und deshalb besonders schützenswert ist (S. 325 ff.).

D. Auch im Vorfeld der Berichterstattung unterliegt die Presse engeren Grenzen, insbesondere bei der Herstellung von Bildnissen. Hier wird der Bildnisschutz de facto vorverlegt, damit eine kindgerechte Entfaltung möglich bleibt (S. 336 ff.). Weitestgehend gleich ist der Schutz vor unbefugter kommerzieller Verwertung der Publizität von Minderjährigen und Erwachsenen ausgestaltet. Unzulässig ist insbesondere die unbefugte Bildverwendung in der Werbung (S. 334 ff.).

E. Kinder und Jugendliche können rechtswidrigen Äußerungen in den Medien in erster Linie mit Widerrufs-, Unterlassungs- und Schadenersatzansprüchen gem. § 823 BGB, § 1004 BGB analog und § 812 Abs. 1 S. 1 2. Alt. BGB begegnen (S. 338). Ein genereller Unterlassungsanspruch ist mit dem Bundesgerichtshof abzulehnen (S. 341 ff.) und der Geldentschädigungsanspruch zu stärken (S. 346 f.).

§ 8 Internetkommunikation und ihre spezifischen Problemfelder

A. Der Persönlichkeitsschutz im Internet befindet sich insgesamt im Fluss. Tragende Grundprinzipien für Kinder und Jugendliche sind deshalb nicht vollumfänglich mit Gewissheit bestimmbar (S. 348).

B. Die Zulässigkeitsmaßstäbe von Eingriffen bei der praxisrelevanten Nutzung sozialer Netzwerke gehen mit den medienpersönlichkeitsrechtlichen Standards kongruent, da auch im Internet ein besonderes Schutzbedürfnis im Kindes- und Jugendalter zu beachten ist (S. 353 ff.). Insbesondere ist das Einstellen von Bildnissen als öffentliche Zurschaustellung nach den vorgenannten Maßstäben unzulässig, wenn es frei sichtbar oder einer größeren Menge von „Freunden“ oder „Freundes-Freunden“ zugänglich ist (S. 353 ff.). Ein spezifisches Internetphänomen sind sog. Meme, deren Verbreitung ebenfalls regelmäßig rechtswidrig ist (S. 355 f.). Neben den Persönlichkeitsschutz tritt der Schutz der persönlichen Daten nach BDSG und TMG. Grundsätzlich ist die Datenverarbeitung von eingestellten Informationen (Inhaltsdaten) durch den Netzwerkanbieter nicht gem. § 29 BDSG erlaubt, wenn schutzwürdige Interessen dem entgegenstehen, also insbesondere, wenn die Persönlichkeitsrechte durch Daten verletzt werden (S. 362 ff.). Derselbe Maßstab gilt auch für die Nutzung und Verarbeitung von Daten durch externe Suchmaschinen (S. 370 f.).

C. Kernproblem ist jedoch die faktische Rechtsverwirklichung. Die Möglichkeit zur Bewahrung und Wahrnehmung der persönlichen Rechte ist derzeit nicht hinreichend gewährleistet, da rechtliche Rahmenbedingungen fehlen. Faktisch problematisch ist insbesondere, dass die meisten Betreiber von Internetangeboten wie soziale Netzwerke und Suchmaschinen entgegen der Presse gar nicht die Möglichkeit haben, verschiedene Daten zu unterscheiden und zwischen zulässigen und unzulässigen Inhalten abzuwägen. Hinzu tritt ein Mangel an Transparenz und Überschaubarkeit bei der Datenverarbeitung und der Informationsflut für den Betroffenen, der insbesondere bei anonymen Beiträgen die Rechtsdurchsetzung verhindert (S. 372 ff.).

D. Die rechtlichen Rahmenbedingungen können durch verschiedene Instrumentarien verbessert werden, die teilweise bereits in einem Gesetzgebungsvorschlag des Bundesrates aufgegriffen wurden. Befürwortet wird die verpflichtende Einführung eines Altersverifikationssystems in sozialen Netzwerken *de lege ferenda* als Voraussetzung dafür, das Minderjährigenschutz überhaupt greifen kann (S. 374 ff.). Zudem sollten die Selbstschutzmöglichkeiten durch adressatengerechte Informationen und kindgerechte technische Einstellungen zur Privatsphäre verbessert werden (S. 377 ff.). Zum Schutze vor Drittverletzungen bietet sich ein Moderationsverfahren an, nach dem Netzwerkanbieter ab Kenntnis die Entfernung persönlichkeitsbeeinträchtigender Inhalte zu prüfen hat und ab dem Zeitpunkt auf Beseitigung haftet (S. 381 ff.). Ausschlaggebendes Instrument gegen anonymes Cybermobbing ist desweiteren der Auskunftsanspruch aus § 242 BGB gegen die Netzwerkbetreiber auf Offenlegung der Identität des Äußernden. Die besondere Schutzbedürftigkeit von Kindern und Jugendlichen muss hier auch die von der Rechtsprechung geltend gemachten datenschutzrechtlichen Bedenken überwinden (S. 384 ff.). Schließlich sollte ein Anspruch auf Löschung der Inhalte und Daten bei Ausscheiden aus dem Netzwerk implementiert werden, um ein Recht auf Vergessen sicherzustellen (S. 388).

Literaturverzeichnis

30. Internationale Konferenz der Beauftragten für den Datenschutz und für die Privatsphäre, Entschließungen vom 17. Oktober 2008 in Straßburg, DuD 2008, 807 ff.

Abril, Particia Sanchez, A (My)Space of One's own: on privacy and online social networks, 6 Northwestern Journal Technology & Intellectual Property 73 ff., 2007

Achtruth, Björn, Der rechtliche Schutz bei der Nutzung von Social Networks, Münster 2014

Ahlberg, Hartwig / *Götting,* Horst-Peter (Hrsg.), Beck'scher Online-Kommentar Urheberrecht, Stand: 01.01.2015

Alen, André / *Lanotte,* Johan Vande / *Verhellen,* Eugeen / *Ang,* Fiona / *Berghmans,* Eva / *Verheyde,* Mieke (Hrsg.), A Commentary on the United Nations Convention on the Rights of the Child, Art. 8–9, Boston 2006

– (Hrsg.), A Commentary on the United Nations Convention on the Rights of the Child, Art. 17, Leiden u. a. 2012

Alston, Philip, Interpreting a Child's Right to Privacy in the UN Context: The influence of regional standards, in: Gomien, Donna (Hrsg.), Broadening the frontiers of human rights, Oslo 1993, S. 125 ff.

Altenhain, Karsten / *Heitkamp,* Ansgar, Altersverifikation mittels des elektronischen Personalausweises, K&R 2009, 619 ff.

Altman, Irwin, The Environment and Social Behavior: privacy, personal space, territory, crowding, Monterey 1975

– / *Wohlwill,* Joachim F. (Hrsg.), Children and the Environment, New York u. a.1978

Amelung, Knut, Über die Einwilligungsfähigkeit (Teil I), ZStW 104 (1992), 525 ff.

Amelung, Ulrich, Der Schutz der Privatheit im Zivilrecht: Schadensersatz und Gewinnabschöpfung bei Verletzung des Rechts auf Selbstbestimmung über personenbezogene Informationen im deutschen, englischen und US-amerikanischen Recht, Tübingen 2002

American Law Institute (Hrsg.), Restatement of the Law – Restatement (Second) of Torts, Stand: Oktober 2014

– (Hrsg.), Restatement of the Law – Restatement (Second) of Contracts, Stand: Oktober 2014

– (Hrsg.), Restatement of the Law – Restatement (Third) of Unfair Competition, Stand: Oktober 2014

Anderson, David A., First Amendment Limitations on tort law, 69 Brooklyn Law Review 755 ff., 2004

Andguladze, Mamuka, Kollision zwischen Medienfreiheiten und Allgemeinem Persönlichkeitsrecht, Funktion und Rolle des Informationsinteresses der Öffentlichkeit, Hamburg 2011

Ariés, Philippe, Geschichte der Kindheit, 16. Auflage, München 2007

Art. 29 – Datenschutzgruppe, Stellungnahme 2/2009 zum Schutz der personenbezogenen Daten von Kindern, WP 160, S. 11 ff.

Asanger, Roland / *Wenninger*, Gerd, Handwörterbuch Psychologie, Weinheim u. a. 2000

Baacke, Dieter, Die 13 – 18 Jährigen: Einführung in die Probleme des Jugendalters, 8. Auflage, Weinheim 2003

Baer, Ingrid, Übereinkommen der Vereinten Nationen über die Rechte des Kindes, NJW 1993, 2209 ff.

Balloff, Rainer, Kindeswille, Grundbedürfnisse des Kindes und Kindeswohl in Umgangsrechtsfragen, FPR 2002, 240 ff.

Balthasar, Stephan, Eingriffskondiktion und Lizenzbereitschaft bei der unerlaubten Nutzung von Persönlichkeitsmerkmalen in Werbung und Berichterstattung, ZUM 2005, 874 ff.

Bamberger, Heinz Georg / *Roth*, Herbert, Beck'scher Onlinekommentar BGB, Stand: 01.08.2014

Baston-Vogt, Marion, Der sachliche Schutzbereich des zivilrechtlichen allgemeinen Persönlichkeitsrechts, Tübingen 1997

Batinic, Bernad / *Appel*, Markus (Hrsg.), Lehrbuch zur Medienpsychologie, Heidelberg 2008

Bauer, Stephan, Personalisierte Werbung auf Social Community-Websites, Datenschutzrechtliche Zulässigkeit der Verwendung von Bestandsdaten und Nutzungsprofilen, MMR 2008, 435 ff.

Baum, Christoph Georg, Jugendmedienschutz als Staatsaufgabe, Baden-Baden 2007

Beater, Axel, Informationsinteressen der Allgemeinheit und öffentlicher Meinungsbildungsprozess, Inhaltliche und prozedurale Kriterien aus zivilrechtlicher Sicht, ZUM 2005, 602 ff.

–, Medienrecht, Tübingen 2007

–, Persönlichkeitsschutz Minderjähriger und mediale Berichterstattung, JZ 2013, 111 ff.

Beck, Simon Markus, Lehrermobbing durch Videos im Internet – ein Fall für die Staatsanwaltschaft?, MMR 2008, 77 ff.

Becker, Maximilian / *Becker*, Felix, Die neue Google-Datenschutzerklärung und das Nutzer-Metaprofil, Vereinbarkeit mit nationalen und gemeinschaftsrechtlichen Vorgaben, MMR 2012, 351 ff.

Becker, Walter, Neues elterliches Sorgerecht, ZfJ 1978, 300 ff.

Belling, Detlev W. / *Eberl*, Christina / *Michlik*, Frank, Das Selbstbestimmungsrecht Minderjähriger bei medizinischen Eingriffen: eine rechtsvergleichende Studie zum amerikanischen, englischen, französischen und deutschen Recht, Neuwied u. a. 1994

Bergmann, Alexander / *Ferid*, Murad / *Henrich*, Dieter (Hrsg.), Internationales Ehe- und Kindschaftsrecht, mit Staatsangehörigkeitsrecht, Loseblatt, 207. Lieferung, Stand Juli 2014

Berk, Laura E., Entwicklungspsychologie, 5. Auflage, München u. a. 2011

Berka, Walter, Medienfreiheit und Persönlichkeitsschutz: die Freiheit der Medien und ihre Verantwortung im System der Grundrechte, Wien u. a. 1982

Bernhart, Silke, Reziproke Effekte durch Sportberichterstattung, Eine empirische Untersuchung von Spitzensportlern, Berlin u. a. 2008

Bernreuther, Friedrich, Zur Interessenabwägung bei anonymen Meinungsäußerungen im Internet, AfP 2011, 218 ff.

Berry, Bonnie E., Practice in a minor key, California Law presents some Challenging Issues for Lawyers representing young entertainers, 25-MAY Los Angeles Lawyer 29 ff., 2002

Bethke, Ralph, Das Übereinkommen der Vereinten Nationen über die Rechte des Kindes und seine Umsetzung in der Bundesrepublik Deutschland, München 1996

Beuthin, Volker / *Schmölz*, Anton S., Persönlichkeitsschutz durch Persönlichkeitsgüterrechte: Erlösherausgabe statt nur billige Entschädigung in Geld, München 1999

Bieber-Delfosse, Gabrielle, Vom Medienkind zum Kinderstar: Einfluss- und Wirkfaktoren auf Vorstellungen und Prozesse des Erwachsenwerdens, Opladen 2002

Bielefeldt, Heiner / *Deile*, Volkmar / *Hamm*, Brigitte / *Hutter*, Franz-Josef / *Kurtenbach*, Sabine / *Tretter*, Hannes (Hrsg.), Kinder und Jugendliche, Jahrbuch Menschenrechte 2010, Wien u. a. 2009

Bleckmann, Albert, Begriff und Kriterien der innerstaatlichen Anwendbarkeit völkerrechtlicher Verträge, Berlin 1970

–, Staatsrecht II, Die Grundrechte, 4. Auflage, Köln u. a. 1997

Bodenschatz, Nadine, Der europäische Datenschutzstandard, Frankfurt a. M. u. a. 2010

Boehme-Neßler, Volker, Das Recht auf Vergessenwerden – Ein neues Internet-Grundrecht im Europäischen Recht, NVwZ 2014, 825 ff.

Böhnstedt, Stefanie, Die Konstitutionalisierung des Bildnisschutzes in Deutschland und in den USA, Baden-Baden 2010

Bordman, Ethan, Lights, Cameras, Contract, Entertainment, Film and TV Contracts: Be ready for your client's close-up, 91-September Michigan Bar Journal 27 ff., 2012

Bosch, Nikolaus, Der strafrechtliche Schutz vor Foto-Handy-Voyeuren und Paparazzi, JZ 2005, 377 ff.

Bräutigam, Peter, Das Nutzungsverhältnis bei sozialen Netzwerken, Zivilrechtlicher Austausch von IT-Leistung gegen personenbezogene Daten, MMR 2012, 635 ff.

Brandl, Norbert, Zur Schutzfähigkeit und Schutzwürdigkeit von Lebensgeschichten, AfP 1981, 351 ff.

Brötel, Achim, Der Anspruch auf Achtung des Familienlebens: Rechtsgrund und Grenzen staatlicher Einwirkungsmöglichkeiten in familiäre Rechtspositionen nach der Europäischen Konvention zum Schutze der Menschenrechte und Grundfreiheiten; dargestellt an ausgewählten Beispielen des deutschen Familienrechts, Baden-Baden 1991

Brox, Hans / *Walker*, Wolf-Dietrich, Allgemeiner Teil des BGB, 38. Auflage, München 2014

Brüser, Meinolf, Die Bedeutung der Grundrechte im Kindesalter für das „Elternrecht“, Frankfurt a. M. u. a. 2009

Bruns, Alexander, Informationsansprüche gegen Medien, Tübingen 1997

–, Persönlichkeitsschutz und Pressefreiheit auf dem Marktplatz der Ideen, JZ 2005, 430 ff.

–, Persönlichkeitsschutz im Internet – medienspezifisches Privileg oder medienpersönlichkeitsrechtlicher Standard?, AfP 2011, 421 ff.

Buchner, Benedikt, Informationelle Selbstbestimmung im Privatrecht, Tübingen 2006

–, Die Einwilligung im Datenschutzrecht – vom Rechtfertigungsgrund zum Kommerzialisierungsinstrument, DuD 2010, 39 ff.

Bull, Hans Peter, Persönlichkeitsschutz im Internet: Reformeifer mit neuen Ansätzen, NVwZ 2011, 257 ff.

Busch, Nicola, Der Reifegrad Minderjähriger als Maßstab im Zivilrecht, München 2001

Bush, Susan A., Parental Notification: A state-created obstacle to a minor woman's right of privacy, 12 Golden Gate University Law Review 579 ff., 1982

Calliess, Christian / *Ruffert*, Matthias (Hrsg.), EUV, AEUV: das Verfassungsrecht der Europäischen Union mit Europäischer Grundrechtecharta; Kommentar, 4. Auflage, München 2011

Calvert, Clay / *Brown*, Justin, Video voyeurism, privacy, and the internet: exposing peeping tims in cyberspace, 18 Cardozo Arts and Entertainment Law Journal 469 ff., 2000

Chromik, Mara, Die Entscheidungskriterien des Zivilrichters bei der Abwägung von Privatsphärenschutz und öffentlichem Informationsinteresse: Eine rechtsvergleichende Untersuchung zum deutschen, französischen und spanischen Recht, München 2011

Clarke, Homer H. Jr., Children and the constitution, 1992 University of Illinois Law Review 1 ff., 1992

Cohn, Susan, Protecting child rape victims from the public and press after globe newspaper and cox broadcasting, 51 George Washington Law Review 269 ff., 1983

Creifelds, Rechtswörterbuch, 20. Auflage, München 2011

Cremer, Hendrik, Kinderrechte und der Vorrang des Kindeswohls, AnwBl. 4/2012, 327 ff.

Cremer, Wolfram, Freiheitsgrundrechte: Funktionen und Strukturen, Tübingen 2003

Crisci, Camrin L., All the world is not a stage: finding a right to privacy in existing and proposed legislation, 6 NYU Journal of Legislation and Public Policy 207 ff., 2002–2003

Cunert, Jeffrey P. / *Keller,* Bruce P. / *Levine,* Lee, Communications Law in the digital age, Vol. 2, 2011

Czychowski, Christian / *Nordemann,* Jan Bernd, Grenzenloses Internet – entgrenzte Haftung?, Leitlinien für ein Haftungsmodell der Vermittler, GRUR 2013, 986 ff.

Däubler, Wolfgang / *Klebe,* Thomas / *Wedde,* Peter / *Weichert,* Thilo, Bundesdatenschutzgesetz; Kompaktkommentar zum BDSG, 4. Auflage, Frankfurt a. M. 2014

Damm, Beate / *Rehbock,* Klaus, Widerruf, Unterlassung und Schadensersatz in den Medien, 3. Auflage, München 2008

Danowitz, Eric, Myspace Invasion: Privacy rights, libel, and liability, 28 Journal of Juvenile Law 30 ff., 2007

Dasch, Norbert, Die Einwilligung zum Eingriff in das Recht am eigenen Bild, München 1990

Daschmann, Gregor, Der Preis der Prominenz. Medienpsychologische Überlegungen zu den Wirkungen von Medienberichterstattung auf die dargestellten Akteure, in: Schierl, Thomas (Hrsg.), Prominenz in den Medien: zur Genese und Verwertung von Prominenz in Sport, Wirtschaft und Kultur, Köln 2007, S. 184 ff.

v. d. Decken, Georg, Meinungsäußerungsfreiheit und Ehrenschutz in der politischen Auseinandersetzung, Diss. Jur., Göttingen 1980

Degenhart, Christoph, Verfassungsfragen des Jugendschutzes beim Film, Rechtsgutachten, 2008

Dethloff, Nina / *Maschwitz,* Alexandra, Kinderrechte in Europa – wo stehen wir?, FPR 2012, 190 ff.

Detrick, Sharon, A Commentary on the United Nations Convention on the Rights of the Child, Den Haag u. a. 1999

Dettenborn, Harry, Kindeswohl und Kindeswille: psychologische und rechtliche Aspekte, 3. Auflage, München 2010

Deutsch, Erwin, Das Persönlichkeitsrecht des Patienten, AcP 192 (1992), 161 ff.

Diederichsen, Uwe, Zur Reform des Eltern-Kind-Verhältnisses, FamRZ 1978, 461 ff.

–, Die Selbstbehauptung des Privatrechts gegenüber dem Grundgesetz, JURA 1997, 57 ff.

–, Die Reform des Kindschafts- und Beistandschaftsrechts, NJW 1998, 1977 ff.

Ditzen, Christa, Das Menschwerdungsgrundrecht des Kindes, NJW 1989, 2519 ff.

Dix, Alexander, Daten- und Persönlichkeitsschutz im Web 2.0, in: Klumpp, Dieter / Kubicek, Herbert / Roßnagel, Alexander / Schulz, Wolfgang (Hrsg.), Netzwelt – Wege, Werte, Wandel, Opladen 2010, S. 195 ff.

Dobbs, Dan B. / *Hayden*, Paul T. / *Bublick*, Ellen M., The Law of Torts, 2nd Edition, Stand: Juni 2014

Dölitzsch, Simone, Vom Kindesschutz zu Kindesrechten, Bielefeldt 2006

Dörr, Dieter, Big Brother und die Menschenwürde: die Menschenwürde und die Programmfreiheit am Beispiel eines neuen Sendeformats, Frankfurt a.M. u.a. 2000

Dolderer, Michael, Objektive Grundrechtsgehalte, Berlin 2000

Dorsch, Gabriele, Die Konvention der Vereinten Nationen über die Rechte des Kindes, Berlin 1994

Dreier, Thomas / *Schulze*, Gernot, Urheberrechtsgesetz: Urheberrechtswahrnehmungsgesetz, Kunsturhebergesetz; Kommentar, 4. Auflage, München 2013

Dreier, Horst (Hrsg.), Grundgesetz, Band 1, Präambel, Artikel 1–19, 3. Auflage, Tübingen 2013

Dürig, Günter, Grundrechte und Privatrechtsprechung, in: Maunz, Theodor (Hrsg.), Vom Bonner Grundgesetz zur gesamtdeutschen Verfassung: Festschrift zum 75. Geburtstag von Hans Nawiasky, Wiesbaden 1956, S. 157 ff.

Eberle, Carl-Eugen / *Rudolf*, Walter / *Wasserburg*, Klaus (Hrsg.), Mainzer Rechtshandbuch der neuen Medien, Heidelberg 2003

Ecarius, Jutta / *Eulenbach*, Marcel / *Fuchs*, Thorsten / *Walgenbauch*, Katharina, Jugend und Sozialisation, Wiesbaden 2011

Ehmann, Horst, Das Allgemeine Persönlichkeitsrecht – Zur Transformation unmoralischer in unerlaubte Handlungen –, in: Canaris, Claus-Wilhelm (Hrsg.), 50 Jahre Bundesgerichtshof, Band 1, München 2000, S. 613 ff.

Eichbaum, June Aline, Towards an autonomy – based theory of constitutional privacy: beyond the ideology of familial privacy, 14 Harvard Civil Rights – Civil Liberties Law Review 361 ff., 1979

Eichholz, Reinald, Best Interest – Kindeswohl: Maxime von Recht und Politik?, in: von Schorlemer, Sabine / Schulte-Herbrüggen, Elena (Hrsg.), 1998–2009: 20 Jahre UN-Kinderrechtskonvention, Erfahrungen und Perspektiven, Frankfurt a.M. 2010, S. 181 ff.

Eisenbarth, Peter J., Das Recht am eigenen Bild von relativen und absoluten Personen der Zeitgeschichte, Konstanz 2000

Elder, David A., Privacy Torts, Stand: Juni 2014

–, Defamation: A Lawyer's Guide, Stand: Juli 2014

Elixmann, Robert, Datenschutz und Suchmaschinen: Neue Impulse für einen Datenschutz im Internet, Berlin 2012

Elmenhorst, Lucas, Urteilsanmerkung zu BGH, Urteil vom 05.11.2013 – VI ZR 304/12, NJW 2014, 770 f.

–, Urteilsanmerkung zu BGH, Urteil vom 29.04.2014 – VI ZR 137/13, NJW 2014, 2278 f.

– / *Decker,* Pascal, Urteilsanmerkung zu BGH, Urteil vom 28.05.2013 – VI ZR 125/12, NJW 2013, 2893

Engau, Herwigh, Straftäter und Tatverdächtige als Personen der Zeitgeschichte, Ein Beitrag zur Problematik identifizierender Mediendarstellungen, Frankfurt a.M. 1993

Engels, Stefan, Kinder- und Jugendschutz in der Verfassung – Verankerung, Funktion und Verhältnis zum Elternrecht, AöR 122 (1997), S. 212 ff.

Erd, Rainer, Datenschutzrechtliche Probleme sozialer Netzwerke, NVwZ 2011, 19 ff.

Erman BGB, Kommentar, Westermann, Harm Peter (Hrsg.), Band I, 14. Auflage, Berlin 2014

Epping, Volker / *Hillgruber,* Christian (Hrsg.), Beck'scher Onlinekommentar Grundgesetz, Stand: 01.09.2014

Erb, Todd D., A case for strengthening school district jurisdiction to punish off-campus incidents of cyberbullying, 40 Arizona State Law Journal 257 ff., 2008

Evans, Angela D. / *Kang,* Lee, Emergence of Lying in Very Young Children, Developmental Psychology Vol. 49 No. 10, S. 1958 ff., 2013

– / *Xu,* Fen / *Kang,* Lee, When all signs point to you: Lies told in the face of evidence, Developmental Psychology, Vol. 47, No. 1, S. 39 ff., 2011

Fechner, Nina, Wahrung der Intimität?: Grenzen des Persönlichkeitsschutzes für Prominente, Frankfurt a.M. 2010

Fegeler, Suanne, Der Maßstab des Wohls des Kindes, des Mündels, des Pfleglings und des Betreuten bei der gerichtlichen Kontrolle ihrer Interessenvertreter, Baden-Baden 2000

Feyock, Martin, Kein generelles Abbildungsverbot gegen Verleger, der tendenziell Rechte minderjähriger Kinder von Prominenten verletzt, GRUR-Prax 2009, 59 ff.

Fischer, Lorenz / *Wiswede,* Günter, Grundlagen der Sozialpsychologie, 3. Auflage, München u.a. 2009

Follett, Lauren N., Taming the Paparazzi in the Wild West: A Look at California's 2009 Amendment to the Anti-Paparazzi Act and a Call for Increased Privacy Protections for Celebrity Children, 84 Southern California Law Review 201 ff., 2010

Forgò, Nikolaus / *Krügel*, Tina / *Müllenbach*, Kathrin, Zur datenschutz- und persönlichkeitsrechtlichen Zulässigkeit von Google Street View, CR 2010, 616 ff.

Forkel, Hans, Lizenzen an Persönlichkeitsrechten durch gebundene Rechtsübertragung, GRUR 1988, 491 ff.

Frauenrath, Katja, Veröffentlichung von Bildern Minderjähriger – Minderjährigenschutz in der Presse, Grüner Bote 4/2010, 295 ff.

Frowein, Jochen / *Peukert*, Wolfgang, EMRK-Kommentar, 3. Auflage, Kehl am Rhein 2009

Frölich, Jan / *Lehmkuhl*, Gerd, Computer und Internet erobern die Kindheit, Vom normalen Spielverhalten bis zur Sucht und deren Behandlung, Stuttgart 2012

Frömming, Jens / *Peters*, Butz, Die Einwilligung im Medienrecht, NJW 1996, 958 ff.

Fromm, Bettina, Privatgespräche vor Millionen: Fernsehauftritt aus psychologischer und soziologischer Perspektive, Konstanz 1999

Fromm, Erich, Psychoanalyse und Ethik. Bausteine zu einer humanistischen Charakterologie, in: Ders., Analytische Charaktertheorie, Gesamtausgabe Bd. II, München 1980

Gasser, Urs / *Cortesi*, Sandra / *Gerlach*, Jan, Kinder und Jugendliche im Internet: Risiken und Interventionsmöglichkeiten, Bern 2012

Geigel, Reinhardt (Begr.), Der Haftpflichtprozess mit Einschluss des materiellen Haftpflichtrechts, 26. Auflage, München 2011

Gercke, Marco, Die Entwicklung des Internetstrafrechts 2013/2014, ZUM 2014, 641 ff.

Germann, Michael, Die Verfassungsmäßigkeit des Gesetzes über den Umfang der Personensorge bei einer Beschneidung des männlichen Kindes vom 20.12.2012, MedR 2013, 412 ff.

Gernhuber, Joachim / *Coester-Waltjen*, Dagmar, Familienrecht, 6. Auflage, München 2010

Giegerich, Thomas, Schutz der Persönlichkeit und Medienfreiheit nach Artt. 8, 10 EMRK im Vergleich mit dem Grundgesetz, RabelsZ 63 (1999), S. 471 ff.

Gimenez, Enrique J., Who watches the watchdogs? The status of newsgathering torts against the media in light of the food lion reversal, 52 Alabama Law Review 675 ff., 2001

Glatz, Christian, Der Arzt zwischen Aufklärung und Beratung: eine Untersuchung über ärztliche Hinweispflichten in Deutschland und den Vereinigten Staaten, Berlin 1996

Glöggler, Bettina, Entwicklung von Emotionsregulationsstrategien im Kleinkindalter, Zusammenhänge zum frühkindlichen Temperament und Merkmalen der primären Bezugsperson, Diss. Med., Gießen 2005

Gorman, Claire E., Publicity and privacy rights: evening out the playing fields for celebrities and private citizens in the modern game of mass media, 53 DePaul Law Review 1247 ff., 2004

Götting, Horst-Peter, Persönlichkeitsrechte als Vermögensrechte, Tübingen 1995

–, Die Vererblichkeit der vermögenswerten Bestandteile des Persönlichkeitsrechts – ein Meilenstein in der Rechtsprechung des BGH, NJW 2001, 585 ff.

– / *Lauber-Rönsberg*, Anne (Hrsg.), Aktuelle Entwicklungen im Persönlichkeitsrecht, Baden-Baden 2010

– / *Schertz*, Christian / *Seitz*, Walter (Hrsg.), Handbuch des Persönlichkeitsrechts, München 2008

Gounalakis, Georgios / *Rhode*, Lars, Persönlichkeitsschutz im Internet: Grundlagen und Online-Spezifika, München 2002

Grandison, Sasha, The child online privacy protection act: the relationship between constitutional rights and the protection of children, 14 University of the District of Columbia Law Review 209 ff., 2011

Grano, Natalie, Million Dollar Baby: Celebrity Baby Pictures and the Right of Publicity, 20 Fordham Intellectual Property, Media & Entertainment Law Journal 609 ff., 2010

Grant, Julian, Victims, Offenders, and Other Children: A Right to Privacy?, 19 American Journal of Criminal Law 485 ff., 1992

Grimm, Dieter, Die Meinungsfreiheit in der Rechtsprechung des Bundesverfassungsgerichts, NJW 1995, 1697 ff.

Härting, Niko, Starke Behörden, schwaches Recht – der neue EU-Datenschutzentwurf, BB 2012, 459 ff.

–, Internetrecht, 5. Auflage, Köln 2014

Hafen, Bruce C., Children's liberation and the new egalitarianism: Some reservations about abandoning youth to their "rights", 1976 BYU L. Review 605 ff., 1976

–, Puberty, Privacy and Protection: The risks of childrens „rights", 63 American Bar Association Journal 1383 ff., 1977

Hahn, Werner / *Vesting*, Thomas (Hrsg.), Beck'scher Kommentar zum Rundfunkrecht, Rundfunkstaatsvertrag, Jugendmedienschutz-Staatsvertrag, Rundfunkgebührenstaatsvertrag, Rundfunkbeitragsstaatsvertrag, Rundfunkfinanzierungsstaatsvertrag, 3. Auflage, München 2012

Hajok, Daniel, Jugend und Fernsehinformation, Eine explorativ-deskriptive Studie, Diss. Paed., Berlin 2004

Hanschmann, Felix, Schulische Ordnungsmaßnahmen und die Nutzung moderner Aufzeichnungs- und Kommunikationstechniken, NVwZ 2008, 1295 ff.

Hanske, Philipp / *Lauber-Rönsberg*, Anne, Gerichtsberichterstattung zwischen Kommunikationsfreiheiten und Persönlichkeitsrechten, Aktuelle Entwicklungen im deutschen und im britischen Recht, ZUM 2013, 264 ff.

Hardin, Thom, The Regulation of Minors' Entertainment Contracts: Effective California Law or Hollywood Grandeur?, 19 Journal of Juvenile Law 376 ff., 1998

Harper, Fowler V. / *James*, Fleming / *Gray*, Oscar S., On Torts, Vol. 2, 2nd Edition, Aspen 1986

Hartmann, Alexander, Unterlassungsansprüche im Internet: Störerhaftung für nutzergenerierte Inhalte, München 2009

Haubenreich, Sheerin N. S., Parental Rights in Myspace: Reconceptualizing the state's parens patriae role in the digital age, 31 Hastings Communications and Entertainment Law Journal 223 ff., 2009

Hayes, Nicky, Kognitive Prozesse, in: Gerstenmaier, Jochen (Hrsg.), Einführung in die Kognitionspsychologie, München 1995, S. 11 ff.

Heckmann, Dirk (Hrsg.), JurisPraxiskommentar Internetrecht, 4. Auflage, Saarbrücken 2014

Heese, Michael, Forderungseinzug und Schutz vor unerwünschter Kontaktaufnahme, JZ 2012, 487 ff.

Heidenreich, Peter, Die Einwilligung Minderjähriger bei Eingriffen in das Recht am eigenen Bild und in sonstige Persönlichkeitsrechte, AfP 1970, 960 ff.

Helle, Jürgen, Die Einwilligung beim Recht am eigenen Bild, AfP 1985, 93 ff.

–, Besondere Persönlichkeitsrechte im Privatrecht. Das Recht am eigenen Bild, das Recht am gesprochenen Wort und der Schutz des geschriebenen Wortes, Tübingen 1991

–, Persönlichkeitsverletzungen im Internet, JZ 2002, 593 ff.

–, Das kommerzielle Persönlichkeitsrecht und das Grundgesetz, AfP 2010, 531 ff.

Henning, Kristin, The fourth amendment rights of children at home: when parental authority goes too far, 53 Wiliam and Mary Law Review 55 ff., 2011–2012

Hertwig, Stefan, Verfassungsrechtliche Determinanten des Minderjährigenschutzes, Zugleich eine Besprechung der Entscheidung des BVerfG vom 13.05.1986 – 1 BvR 1542/84 = FamRZ 1986, 769 ff. –, FamRZ 1987, 124 ff.

Hesse, Konrad, Grundzüge des Verfassungsrechts der Bundesrepublik Deutschland, 20. Auflage, Heidelberg 1999

Heuser, Martin, Selbst- und Fremdbestimmung im Minderjährigenrecht, JR 2013, 125 ff.

Hillgruber, Christian, Der Schutz des Menschen vor sich selbst, München 1992

Hillmann, Karl-Heinz, Wörterbuch der Soziologie, 5. Auflage, Stuttgart 2007

Hinrichs, Ulrike, „Big Brother" und die Menschenwürde, NJW 2000, 2173 ff.

Höning, Nina, Das Recht am eigenen Bild und der Schutz prominenter Persönlichkeiten im deutschen und US-amerikanischen Recht, Hamburg 2012

Hoeren, Thomas / *Sieber*, Ulrich / *Holznagel*, Bernd (Hrsg.), Multimedia-Recht, Stand: 38. Lieferung März 2014

Hoffmann, Beate, Der Anspruch des Kindes auf Pflege, Erziehung und Bildung, Hamburg 2003

Hoffmann-Riem, Wolfgang / *Engels*, Stefan, Fernsehwerbung und Kinder; Im Spannungsfeld von Rundfunkfreiheit und Kinder- und Jugendschutz, RdJB 1996, 48 ff.

– / *Engels*, Stefan / *Schulz*, Wolfgang, in: Charlton, Michael / Neumann-Braun, Klaus / Aufenanger, Stefan / Hoffmann-Riem, Wolfgang u. a., Fernsehwerbung und Kinder, Band 2, Opladen 1995, S. 311 ff.

– / *Schmidt-Aßmann*, Eberhard, Verwaltungsrecht in der Informationsgesellschaft, Baden-Baden 2000

Hohm, Karl-Heinz, Grundrechtsträgerschaft und „Grundrechtsmündigkeit“ Minderjähriger am Beispiel öffentlicher Heimerziehung, NJW 1986, 3107 ff.

Hohmann-Dennhardt, Christine, Kinderrechte ins Grundgesetz – warum?, FPR 2012, 185 ff.

Hommers, Wilfried, Die Entwicklungspsychologie der Delikts- und Geschäftsfähigkeit: ein exemplarischer Beitrag zur Validität der zivilrechtlichen Altersgrenze des vollendeten 7. Lebensjahres, Göttingen u. a. 1983

Hood, Neil G., The first amendment and new media: video games as protected speech and the implications for the right of publicity, 52 Boston College Law Review 617 ff., 2011

Hornung, Gerrit, Eine Datenschutz – Grundverordnung für Europa?; Licht und Schatten im Kommissionsentwurf vom 25.01.2012, ZD 2012, 99 ff.

Hornung, Gerrit (Hrsg.), Rechtshandbuch Social Media, Berlin u. a. 2015

Hosek, Nancy L., Minor's right of privacy: access to contraceptives without parental notification, 7 Journal of Juvenile Law 99 ff., 1983

Hubmann, Heinrich, Das Persönlichkeitsrecht, 2. Auflage, Köln u. a. 1967

–, Güterabwägung in der Rechtsprechung des Bundesverfassungsgerichts zum Persönlichkeitsrecht, in: Lecheler, Helmut, Für Rechtlichkeit in Staat und Kirche: eine Festgabe für Klaus Obermayer zum 70. Geburtstag, Erlangen 1986, S. 43 ff.

Hufen, Friedhelm, In dubio pro dignitate; Selbstbestimmung und Grundrechtsschutz am Ende des Lebens, NJW 2001, 849 ff.

–, Grundrechte: Meinungsfreiheit und allgemeines Persönlichkeitsrecht, JuS 2013, 280 ff.

Hunter, Howard, O., Modern Law of Contracts, Stand: März 2015

Hurrelmann, Klaus, Sozialisation: das Modell der produktiven Realitätsverarbeitung, 10. Auflage, Weinheim u. a. 2012

– / *Quenzel*, Gudrun, Die Lebensphase Jugend, 11. Auflage, Weinheim u. a. 2012

Isensee, Joseph / *Axer*, Peter, Jugendschutz im Fernsehen: verfassungsrechtliche Vorgaben für staatsvertragliche Beschränkungen der Ausstrahlung indexbetroffener Sendungen, München 1998

Isensee, Joseph / *Kirchhof*, Paul (Hrsg.), Handbuch des Staatsrechts der Bundesrepublik Deutschland, Band 7 Freiheitsrechte, 3. Auflage, Heidelberg u. a. 2009

– (Hrsg.), Handbuch des Staatsrechts der Bundesrepublik Deutschland, Band 9, 3. Auflage, Heidelberg u. a. 2011

– (Hrsg.), Handbuch des Staatsrechts der Bundesrepublik Deutschland, Band 4 Aufgaben des Staates, 3. Auflage, Heidelberg u. a. 2006

Ittelson, William H. / *Proshansky*, Harold M. / *Rivlin*, Leanne G., A study of bedroom use of two psychiatric wards, Hospital and Community Psychiatry Vol. 21 No. 6, S. 177 ff., 1970

–, Bedroom size and interaction of the psychiatric ward, Environment and Behavior Vol. 2 No. 3, S. 255 ff., 1970

Jacobs, Günther, Beleidigung, in: *Bloy*, Rene'/ *Böse*, Martin / *Hillenkamp*, Thomas / *Momsen*, Carsten / *Rackow*, Peter (Hrsg.), Gerechte Strafe und legitimes Strafrecht: Festschrift für Manfred Maiwald zum 75. Geburtstag, S. 365 ff., Berlin 2010

Jacobs, Thomas A., Children and the Law: Rights and Obligations, Deerfield u. a., Stand: Mai 2014

Jäckel, Michael, Medienwirkungen: Ein Studienbuch zur Einführung, Wiesbaden 2012

Jandt, Silke / *Roßnagel*, Alexander, Social Networks für Kinder und Jugendliche, Besteht ein ausreichender Datenschutz? MMR 2011, 637 ff.

Jantzer, Vanessa / *Haffner*, Johann / *Parzer*, Peter / *Resch*, Franz, Opfer von Bullying in der Schule, Depressivität, Suizidalität und selbstverletzendes Verhalten bei deutschen Jugendlichen, Kindheit und Entwicklung Vol. 21 No. 1, S. 40 ff., 2012

Jarass, Hans D., Das allgemeine Persönlichkeitsrecht im Grundgesetz, NJW 1989, 857 ff.

–, Charta der Grundrechte der Europäischen Union: unter Einbeziehung der vom EuGH entwickelten Grundrechte, der Grundrechtsregelungen der Verträge und der EMRK; Kommentar, München 2010

– / *Pieroth*, Bodo, Grundgesetz für die Bundesrepublik Deutschland: Kommentar, 13. Auflage, München 2014

Jeand'Heur, Bernd, Verfassungsrechtliche Schutzgebote zum Wohl des Kindes und staatliche Interventionspflichten aus der Garantienorm des Art. 6 Abs. 2 Satz 2 GG, Berlin 1993

Jones, Lisa M. / *Finkelhor*, David / *Beckwith*, Jessica, Protecting victims' identities in press coverage of child victimization, Journalism Vol. 11 Issue 3, S. 347 ff., 2010

Joseph, Sarah / *Schultz*, Jenny / *Castan*, Melissa, The International Covenant on Civil and Political Rights: cases, material and commentary, Oxford u. a. 2005

Jox, Ralf J., Der „natürliche" Wille als Entscheidungskriterium: rechtliche, handlungstheoretische und ethische Aspekte, in: Schildmann, Jan / Fahr, Uwe / Vollmann, Jochen (Hrsg.), Entscheidungen am Lebensende in der modernen Medizin: Ethik, Recht, Ökonomie und Klinik, Berlin 2006, S. 69 ff.

Kahl, Wolfgang / *Waldhoff*, Christian / *Walter*, Christian (Hrsg.), Bonner Kommentar zum Grundgesetz, Ordner 3, Art. 6 II – 14, Heidelberg, Stand: 75. Lieferung Dezember 1995

Kamp, Johannes, Personenbewertungsportale: eine datenschutzrechtliche und äußerungsrechtliche Untersuchung unter besonderer Berücksichtigung des Lehrerbewertungsportals spickmich.de, München 2011

Karg, Moritz, Anwendbares Datenschutzrecht bei Internet-Diensteanbietern, TMG und BDSG vs. Konzernstrukturen?, ZD 2013, 371 ff.

– / *Fahl*, Constantin, Rechtsgrundlagen für den Datenschutz in sozialen Netzwerken, K&R 2011, 453 ff.

Kastell, Kirstin, Persönlichkeitsrechte von Prominenten im internationalen Vergleich – Juristische Argumentationslinien in Deutschland, Frankreich und vor dem EGMR aus medienwissenschaftlicher Perspektive, Berlin 2013

Kaulbach, Detlef, Die Einwilligung nach § 22 KUG, AfP 1971, 67 ff.

Kepplinger, Hans Mathias, Das Interesse der Allgemeinheit und das Eigeninteresse der Medien, ZRP 2000, 134 ff.

–, Verletzung der Persönlichkeitsrechte durch die Medien: Halten die Annahmen der Juristen den sozialwissenschaftlichen Befunden stand?, in: Bitburger Gespräche, Jahrbuch 1999/I: 35. Bitburger Gespräche zum Thema Medienfreiheit, Medienwirkung, Persönlichkeitsschutz; Gesellschaft für Rechtspolitik Trier, München 2010, S. 15 ff.

–, Medieneffekte, Wiesbaden 2010

– / *Glaab*, Sonja, Folgen ungewollter Öffentlichkeit – Abwertende Pressebeiträge aus der Sicht des Betroffenen, in: Beater, Axel / Habermeier, Stefan (Hrsg.), Verletzungen von Persönlichkeitsrechten durch die Medien, Tübingen 2002, S. 117 ff.

Kern, Bernd-Rüdiger, Fremdbestimmung bei der Einwilligung in ärztliche Eingriffe, NJW 1994, 753 ff.

Kernan, S. Michael, Privacy in social media: the right of publicity, 34 Hastings Communications and Entertainment Law Journal 363 ff., 2012

Kilkelly, Ursula, The child and the European Convention on Human Rights, Aldershot u. a. 1999

Kimball, Sara, A family affair: extending the right of publicity to protect celebrity children, 18 Seton Hall Journal of Sports and Entertainment Law 181 ff., 2008

Kindhäuser, Urs / *Neumann,* Ulfried / *Paeffgen,* Hans-Ullrich (Hrsg.), Strafgesetzbuch, 4. Auflage, Baden-Baden 2013

Kipker, Dennis-Kenji / *Voskamp,* Friederike, Datenschutz in sozialen Netzwerken nach der Datenschutzgrundverordnung, DuD 2012, 737 ff.

Kirchhof, Paul, Grundrechte des Kindes, in: Praxis des neuen Familienrechts: Referate und Berichte der großen Arbeitstagung des Fachverbandes Berliner Stadtvormünder e.V. vom 28. November – 2. Dezember 1977 in Berlin, Sammlung Göschen 2854, Berlin u.a. 1978, S. 177 ff.

Klass, Nadine, Rechtliche Grenzen des Realitätsfernsehens: Ein Beitrag zur Dogmatik des Menschenwürdeschutzes und des Allgemeinen Persönlichkeitsrechts, Tübingen 2004

–, Die zivilrechtliche Einwilligung als Instrument zur Disposition über Persönlichkeitsrechte, AfP 2005, 507 ff.

–, Urteilsanmerkung zu BVerfG, Beschl. v. 26.02.2008 – 1 BvR 1602/07, 1 BvR 1606/07, 1 BvR 1626/07 –, ZUM 2008, 434 ff.

–, Der Schutz der Privatsphäre durch den EGMR im Rahmen von Medienberichterstattungen, Zugleich Besprechung der dritten »Caroline von Hannover/Deutschland«-Entscheidung sowie der »Ruusunen/Finnland«-Entscheidung des EGMR, ZUM 2014, 261 ff.

Klüber, Rüdiger, Persönlichkeitsschutz und Kommerzialisierung: die juristisch-ökonomischen Grundlagen des Schutzes der vermögenswerten Bestandteile des allgemeinen Persönlichkeitsrechts, Tübingen 2007

Knopp, Michael / *Wilke,* Daniel / *Hornung,* Gerrit / *Laue,* Philip, Grunddienste für die Rechtssicherheit elektronischer Kommunikation, Rechtlicher Bedarf für eine gewährleistete Sicherheit, MMR 2008, 723 ff.

Koch, Frank A., Schutz der Persönlichkeitsrechte im Internet: Problemlage, Grundlagen des Persönlichkeitsrechts und allgemeine Gefährdungen im Internet, ITRB 2011, 128 ff.

Kölche, Michael / *Fegert,* Jörg M., Patientenautonomie – Minderjährige als Patienten, FPR 2007, 76 ff.

Koeppel, Peter (Hrsg.), Kindschaftsrecht und Völkerrecht im europäischen Kontext, Neuwied u.a. 1996

Körner, Marita, Informierte Einwilligung als Schutzkonzept, in: Simon, Dieter / Weiss, Manfred (Hrsg.), Zur Autonomie des Individuums, Liber Amicorum für Spiros Simitis, Baden-Baden 2000, S. 131 ff.

Kohne, Marie-Luise, Der Wille des Kindes im familiengerichtlichen Verfahren, Norderstedt 2006

Kohte, Wolfhard, Die rechtfertigende Einwilligung, AcP 185 (1985), 105 ff.

Konferenz der Datenschutzbeauftragen des Bundes und der Länder, Ein modernes Datenschutzrecht für das 21. Jahrhundert, Stuttgart 2010

Kramer, Donald T., Legal Rights of Children, New York u. a., Stand: November 2014

Krings, Günter, Neuer Maßstab im Kampf gegen Kinder- und Jugendpornografie, ZRP 2014, 69 ff.

Krneta, Slavica, Kommerzielle Aspekte des Rechts am eigenen Bild, GRUR Int. 1996, 298 ff.

Krüger, Hildegard, Grundrechtsausübung durch Jugendliche (Grundrechtsmündigkeit) und elterliche Gewalt, FamRZ 1956, 329 ff.

Kruse, Lenelis, Privatheit als Problem und Gegenstand der Psychologie, Berlin u. a. 1980

–, Personale und interpersonale Sphären und Grenzen der Person, in: Lampe, Ernst-Joachim (Hrsg.), Persönlichkeit, Familie, Eigentum, Jahrbuch für Rechtssoziologie und Rechtstheorie XII, Wiesbaden 1987, S. 60 ff.

Kummermehr, Michael / *Peter*, Christof, Presseveröffentlichungen von SMS, ZUM 2014, 116 ff.

Kunczik, Michael / *Bleh*, Wolfgang, Kriminalitätsopfer in der Zeitungsberichterstattung: Folgen der Berichterstattung aus der Perspektive der Opfer, Mainz 1995

Kupfer, Joseph H., Autonomy and social interaction, Albany 1990

Kutscha, Martin / *Thomè*, Sarah, Grundrechtsschutz im Internet?, Baden-Baden 2013

Lack, Katrin, Möglichkeiten und Grenzen der Gesetzgebung zur Effektivierung des Kinderschutzes, Bielefeldt 2012

Lackner, Karl / *Kühl*, Kristian, Strafgesetzbuch Kommentar, 28. Auflage, München 2014

Ladeur, Karl-Heinz, Schutz von Prominenz als Eigentum, Zur Kritik der Caroline-Rechtsprechung des Bundesverfassungsgerichts, ZUM 2000, 879 ff.

– / *Gostomzyk*, Tobias, Der Schutz von Persönlichkeitsrechten gegen Meinungsäußerungen in Blogs, Geht die große Zeit des privaten Presserechts im Internet zu Ende?, NJW 2012, 710 ff.

Lange, Knut Werner, Schutz des allgemeinen Persönlichkeitsrechts durch zivilrechtliche Prävention?, VersR 1999, 274 ff.

Larenz, Karl / *Canaris*, Claus-Wilhelm, Lehrbuch des Schuldrechts, Band 2: Besonderer Teil, Halbband 2, 13. Auflage, München u. a. 1994

–, Methodenlehre der Rechtswissenschaft, 4. Auflage, Berlin u. a. 2013

Larenz, Karl / *Wolf*, Manfred, Allgemeiner Teil des Bürgerlichen Rechts, 9. Auflage, München 2004

Lauber-Rönsberg, Anne, Rechtsdurchsetzung bei Persönlichkeitsrechtsverletzungen im Internet, Verantwortlichkeit von Intermediären und Nutzern in Meinungsforen und Personenbewertungsportalen, MMR 2014, 10 ff.

Laufer, Robert S. / *Wolfe,* Maxine, Privacy as a Concept and a Social Issue: A Multidimensional Developmental Theory, Journal of Social Issues, Vol. 33 No. 3, S. 22 ff., 1977

Leffler, Ricarda, Der strafrechtliche Schutz des Rechts am eigenen Bild vor dem neuen Phänomen des Cyber-Bullying, Eine Untersuchung der Normanwendungs- und Auslegungsprobleme der strafrechtlichen Bildnisschutzvorschriften bei deren Verletzung im Rahmen von Internetdelikten, Frankfurt a. M. u. a. 2013

Leible, Stefan / *Kutschke,* Torsten (Hrsg.), Schutz der Persönlichkeit im Internet, Stuttgart 2013

Lettl, Tobias, Allgemeines Persönlichkeitsrecht und Medienberichterstattung, WRP 2005, 1047 ff.

Lewis, Erik P., "Unmasking Anon12345": Applying an appropriate standard when private citizens seek the identity of anonymous internet defamation defendants, 2009 University of Illinois Law Review 947 ff., 2009

Libertus, Michaela, Die Einwilligung als Voraussetzung für die Zulässigkeit von Bildnisaufnahmen und deren Verbreitung, ZUM 2007, 621 ff.

Lichtenstein, Falk, Der Idealwert und der Geldwert des zivilrechtlichen Persönlichkeitsrechts vor und nach dem Tode: Grundlage für die Verwertung individueller Erkennbarkeit, Baden-Baden 2005

Liesching, Marc, Beck'scher Onlinekommentar JMStV, Stand: 03.09.2014

Lind, Robert / *Simensky,* Melvin / *Selz,* Thomas D. / *Acton,* Patricia Nassif, Entertainment Law: Legal Concepts and Business Practices, 3rd Edition 2012

Lindner, Eric, Die datenschutzrechtliche Einwilligung nach §§ 4 Abs. 1, 4a BDSG – ein zukunftsfähiges Institut?, Hamburg 2013

Lipton, Jaqueline, Mapping Online Privacy, 104 Northwestern University Law Review 477 ff., 2010

Livingston, Sonia, Taking risky opportunities in youthful content creation: teenagers' use of social networking sites for intimacy, privacy and self-expression, New Media & Society Vol. 10 No. 3, S. 393 ff., 2008

Locke, Christina M. / *Murrhee,* Kara Carnley, 31 Loyola of Los Angeles Entertainment Law Review 83 ff., 2011

Löhr, Tillmann, Kinderrechtskonvention: Aktuelle Entwicklungen in Gesetzgebung und Rechtsprechung, RdJB 2012, 191 ff.

Löffler, Martin (Begr.), Presserecht: Kommentar zu den deutschen Landespressegesetzen mit systematischen Darstellungen zum pressebezogenen Standesrecht, Anzeigenrecht, Werbe- und Wettbewerbsrecht, Vertriebsrecht, Urheber- und Verlagsrecht, Arbeitsrecht, Titelschutz, Jugendmedienschutz und Steuerrecht, 5. Auflage, München 2006

Loewenheim, Ulrich (Hrsg.), Handbuch des Urheberrechts, 2. Auflage, München 2010

Loock, Alexandra, Das Allgemeine Persönlichkeitsrecht der öffentlichen Person in den Medien: eine Betrachtung mit interdisziplinären Bezügen, Frankfurt a.M. u.a. 2005

Lorillard, Christine Metteer, When childrens rights "collide": free speech vs. the right to be let alone in the context of off campus "Cyber Bullying", 81 Mississippi Law Journal 189 ff., 2011

Lorz, Ralph Alexander, Der Vorrang des Kindeswohls nach Art. 3 der UN-Kinderrechtskonvention in der deutschen Rechtsordnung, Berlin 2003

–, Nach der Rücknahme der deutschen Vorbehaltserklärung: Was bedeutet die uneingeschränkte Verwirklichung des Kindeswohlvorrangs nach der UN-Kinderrechtskonvention im deutschen Recht?, National Coalition für die Umsetzung der UN-Kinderrechtskonvention in Deutschland, Berlin 2010

Luch, Anika Dorthe, Das Medienpersönlichkeitsrecht – Schranke der „vierten Gewalt": das allgemeine Persönlichkeitsrecht im Spannungsverhältnis zur Medienfreiheit unter dem Grundgesetz und der Europäischen Menschenrechtskonvention, Frankfurt a.M. u.a. 2008

Lüderitz, Alexander, Elterliche Sorge als privates Recht, AcP 178 (1978), 263 ff.

Lütkes, Anne / *Sedlmayr*, Sebastian, Auswirkungen einer Grundrechtsänderung auf den Schutz, die Teilhabe und die Förderung von Kindern und Jugendlichen, FPR 2012, 187 ff.

Luthe, Ernst-Wilhelm, in: Schlegel, Rainer / Voelzke, Thomas, juris Praxiskommentar SGB VIII, Sozialgesetzbuch Achtes Buch (SGB VIII), Kinder- und Jugendhilfe, Saarbrücken 2014

Madell, Jaime A., The poster's plight: bringing the public disclosure tort online, 66 New York University Annual Survey of American Law 895 ff., 2011

Märten, Judith Janna, Kinder Prominenter im Berichterstattungsinteresse englischer Medien, ZUM 2014, 111 ff.

Magnus, Dorothea, Medizinische Forschung an Kindern, Rechtliche, ethische und rechtsvergleichende Aspekte der Arzneimittelforschung an Kindern, Tübingen 2006

Maierhöfer, Christian, Minderjährigkeit als aufenthaltsrechtliches Schicksal?, NVwZ 2011, 4 ff.

v. Mangoldt, Hermann / *Klein*, Friedrich / *Starck*, Christian (Hrsg.), Kommentar zum Grundgesetz, Band 1: Präambel, Artikel 1–19, 6. Auflage, München 2010

– (Hrsg.), Kommentar zum Grundgesetz, Band 2: Artikel 20 bis 82, 6. Auflage, München 2010

Marauhn, Thilo / *Meljnik*, Konstantin, in: Grote, Rainer / Marauhn, Thilo (Hrsg.), EMRK / GG: Konkordanzkommentar zum europäischen und deutschen Grundrechtsschutz, Tübingen 2006

Margulis, Stephen T., On the status and contribution of Westin's and Altman's theories of privacy, Journal of Social Issues, Vol. 59 No. 2, S. 411 ff., 2003

Maunz, Theodor / *Dürig*, Günter (Begr.), Grundgesetz, Kommentar, Loseblattsammlung, München 2013

Maunz, Theodor / *Schmidt-Bleibtreu*, Bruno / *Winter*, Klaus / *Graßhof*, Karin / *Mellinghoff*, Rudolf / *Klein*, Franz / *Hörnig*, Dieter, Bundesverfassungsgerichtsgesetz: Kommentar, München, Stand: 43. Ergänzungslieferung Februar 2014

Mayer, Mathias, Untermaß, Übermaß und Wesensgehaltgarantie: die Bedeutung staatlicher Schutzpflichten für den Gestaltungsspielraum des Gesetzgebers im Grundrechtsbereich, Baden-Baden 2005

McCarthy, J. Thomas, The Right of Publicity and Privacy, 2nd Edition, Stand: April 2014

McKinney, Karyn D., Space, Body and Mind, Parental Perceptions of Children's Privacy Needs, Journal of Family Issues Vol. 19 No. 1, S. 75 ff., 1998

Medicus, Dieter, Allgemeiner Teil des BGB, 9. Auflage, Heidelberg 2006

Meiklejohn, Alexander, Political Freedom: The constitutional powers of the people, Oxford 1960

Melton, Gary B., Minors and Privacy: Are Legal and Psychological Concepts Compatible?, 62 Nebraska Law Review 455 ff., 1983

Merten, Detlef, Grundrechtliche Schutzpflichten und Untermaßverbot, in: Akademische Gedenkfeier zu Ehren Professor Dr. iur. Willi Geiger: Richter am Bundesverfassungsgericht i.R., Senatspräsident am Bundesgerichtshof i.R., Speyer 1994, S. 15 ff.

– / *Papier*, Hans-Jürgen (Hrsg.), Handbuch der Grundrechte in Deutschland und Europa, Band II Grundrechte in Deutschland: Allgemeine Lehren I, Heidelberg 2006

– (Hrsg.), Handbuch der Grundrechte in Deutschland und Europa, Band IV Grundrechte in Deutschland: Einzelgrundrechte I, Heidelberg 2011

– (Hrsg.), Handbuch der Grundrechte in Deutschland und Europa, Band VI/2 Europäische Grundrechte II, Menschenrechte, Heidelberg 2009

Meyer, Caroline B., Privatrechtliche Persönlichkeitsrechte im kommerziellen Rechtsverkehr: eine rechtsvergleichende Untersuchung zur tatsächlichen und rechtlichen Kommerzialisierung von Persönlichkeitsrechten, Basel 2008

Meyer-Ladewig, Jens, Europäische Menschenrechtskonvention, Handkommentar, 3. Auflage, Baden-Baden 2011

Michel, Margot, Rechte von Kindern in medizinischen Heilbehandlungen, Basel 2009

Miller, Patricia H., Theorien der Entwicklungspsychologie, Heidelberg u. a. 2000

Molle, Alexander, Die Verdachtsberichterstattung, Anforderungen und Beweislastverteilung im Spannungsverhältnis zwischen Pressefreiheit und Ehrschutz, ZUM 2010, 331 ff.

Moriaty, Jaclyn, Children, privacy and the press, 9 Child & Family Law Quarterly 217 ff., 1997

Moritz, Heinz Peter, Die (zivil-)rechtliche Stellung der Minderjährigen und Heranwachsenden innerhalb und außerhalb der Familie, Berlin 1989

Moskopp, Nils Dagsson / *Heller*, Christian, Internet-Meme, Beijing u. a. 2013

Muckel, Stefan, Identifizierende Wortberichterstattung über randalierende „Jungstars", JA 2012, 399 ff.

Müller, Gerda, Probleme der Gerichtsberichterstattung, NJW 2007, 1617 ff.

Müller, Friedrich / *Christensen*, Ralph, Juristische Methodik I, Grundlegung für die Arbeitsmethoden der Rechtspraxis, 11. Auflage, Berlin 2013

Münch, Steffen, Der Schutz vor Verletzungen der Persönlichkeitsrechte in den Neuen Medien, Frankfurt a. M. u. a. 2004

von Münch, Ingo / *Kunig*, Philip, Grundgesetz-Kommentar Band 1, Präambel bis Art. 20, 6. Auflage, München 2012

Münchener Kommentar zum Bürgerlichen Gesetzbuch, Allgemeiner Teil , §§ 1 – 240, ProstG, AGG, 5. Auflage, München 2006

Münchener Kommentar zum Bürgerlichen Gesetzbuch, Band 5, Schuldrecht, Besonderer Teil I, §§ 705 – 853, Partnerschaftsgesetz, Produkthaftungsgesetz, 6. Auflage, München 2013

Münchener Kommentar zum Bürgerlichen Gesetzbuch, Band 8, Familienrecht II, §§ 1589 – 1921, SGB VIII, 6. Auflage, München 2012

Münchener Kommentar zum StGB, Band 4, §§ 185 – 262 StGB, 2. Auflage, München 2012

Munro, Erika D., Under the age, under contract, and under protected: an overview of the administration and regulation of contracts with minors in the entertainment industry in New York and California, 20 Columbia-VLA Journal of Law & the Arts 553 ff., 1995–1996

v. *Mutius*, Albert, Grundrechtsmündigkeit, Jura 1987, 272 ff.

Nelson, Karen S., Domestic tranquility and the right to privacy: is there a right to privacy within the family?, 18 South Texas Law Journal 121 ff., 1976–1977

Nesser, Marco, Der Künstlervertrag in der Musikindustrie: Eine rechtsvergleichende Untersuchung (Schweiz, Deutschland, USA), Bern 2011

Neubert, Urteilsanmerkung BGH, Urt. v. 02.07.1974 – VI ZR 121/73, GRUR 1975, 564 f.

Neukamm, Katrin, Bildnisschutz in Europa: zugleich ein Beitrag zur Bedeutung der Verfassungsüberlieferungen der EU-Mitgliedstaaten und der EMRK für die Auslegung der Unionsgrundrechte, Berlin 2007

Neumann-Duesberg, Horst, Bildberichterstattung über absolute und relative Personen der Zeitgeschichte, JZ 1960, 114 ff.

Newell, Bryce Clayton, Rethinking reasonable expectations of privacy in online social networks, 17 Richmond Journal of Law & Technology 12 ff., 2011

Newell, Patricia Brierley, The meaning and use of privacy: A study of young adults, Diss. Psych., Arizona 1992

–, Perspectives on privacy, Journal of Environmental Psychology Vol. 15, S. 87 ff., 1995

Nimmer, Melville B., The Right of Publicity, 19 Law & Contemporary Problems 203 ff., 1954

Nissenbaum, Helen Fay, Privacy in Context. Technology, Policy, and the Integrity of Social Life, Standford 2010

Nowak, Manfred, U.N. Covenant on Civil and Political Rights, CCPR Commentary, 2. Auflage, Kehl u. a. 2005

Nussbaumer, Daniel, Maßnahmen gegen nicht fassbare Gewalt, Diss. Jur., Zürich 2009

Nykänen, Eeva, Protecting Children?: the European Convention on Human Rights and Child Asylum Seekers European Journal of Migration and Law Vol. 3, S. 315 ff., 2001

Ochs, Carsten / *Löw*, Martina, Un/Faire Informationspraktiken: Internet Privacy aus Sozialwissenschaftlicher Perspektive, in: Buchmann, Johannes (Hrsg.), Internet Privacy: Eine multidisziplinäre Bestandsaufnahme / A multidisciplinary analysis, Berlin u. a. 2012, S. 15 ff.

Ohly, Ansgar, „Volenti non fit uniuria" – die Einwilligung im Privatrecht, Tübingen 2002

–, Verändert das Internet unsere Vorstellung von Persönlichkeit und Persönlichkeitsrecht?, AfP 2005, 428 ff.

O'Shaughnessy, Maggie, The worst of both worlds? Parental involvement requirements and the privacy rights of mature minor, 57 Ohio State Law Review 1731 ff., 1996

Ossenbühl, Fritz, Treuhänderische Wahrnehmung von Grundrechten der Kinder durch die Eltern, FamRZ 1977, 533 ff.

–, Das elterliche Erziehungsrecht im Sinne des Grundgesetzes, Berlin 1981

–, Medienfreiheit und Persönlichkeitsschutz, Die Entscheidungsstruktur des Bundesverfassungsgerichts in kritischer Perspektive, ZUM 1999, 505 ff.

Paeffgen, Hans-Ullrich, in: Wolter, Jürgen (Hrsg.), Systematischer Kommentar zur Strafprozessordnung, Band X EMRK, 4. Auflage, Köln 2010

Palandt, Otto (Begr.), Bürgerliches Gesetzbuch mit Nebengesetzen, Kommentar, 74. Auflage, München 2015

Palfrey, John / *Gasser*, Urs, Generation Internet: die Digital Natives: wie sie leben, was sie denken, wie sie arbeiten, München 2008

Palmer, Vernon Valentine, Three milestones in the history of privacy in the Unites States, 26 Tulane European and Civil Law Forum 67 ff., 2011

Paschke, Marian / *Berlit,* Wolfgang / *Meyer,* Claus (Hrsg.), Hamburger Kommentar Gesamtes Medienrecht, 2. Auflage, Baden-Baden 2012

Patel, Svapna, Do I have a voice? Juvenile medical consent, 26 Journal of Juvenile Law 111 ff., 2006

Patton, William, The psychiatric implications of media ethics code policies regarding the publication of child abuse victim data: a universal deontological model code, 16 UC Davis Journal of Juvenile Law & Policy 427 ff., 2012

Peifer, Karl-Nikolaus, Individualität im Zivilrecht, Der Schutz persönlicher, gegenständlicher und wettbewerblicher Individualität im Persönlichkeitsrecht, Immaterialgüterrecht und Recht der Unternehmen, Tübingen 2001

–, Eigenheit oder Eigentum – Was schützt das Persönlichkeitsrecht?, GRUR 2002, 495 ff.

–, Persönlichkeitsrechte im 21. Jahrhundert – Systematik und Herausforderungen, JZ 2013, 853 ff.

von Pentz, Vera, Neueste Rechtsprechung des VI. Zivilsenats zum Medien- und Persönlichkeitsrecht, AfP 2013, 20 ff.

Perschel, Wolfgang, Grundrechtsmündigkeit und Elternrecht, RdJB 1963, 33 ff.

Peschel-Gutzeit, Lore, Die neue Regelung zur Beschneidung des männlichen Kindes, Kritischer Überblick und erste Reaktionen der Rechtsprechung, NJW 2013, 3617 ff.

Petronio, Sandra, Boundaries of Privacy: Dialectics of disclosure, New York 2002

Pieroth, Bodo / *Schlink,* Bernhard, Staatsrecht Band 2 Grundrechte, 29. Auflage, Heidelberg 2013

Plath, Kai-Uwe (Hrsg.), BDSG: Kommentar zum BDSG sowie den Datenschutzbestimmungen von TMG und TKG, Köln 2013

Podlas, Kimberlianne, Does Exploiting a Child Amount to Employing a Child? The FLSA's Child Labor Provisions and Children on Reality Television, 17 UCLA Entertainment Law Review 39 ff., 2010

Prinz, Matthias / *Peters,* Butz, Medienrecht: die zivilrechtlichen Ansprüche, München 1999

Proshansky, Harold M. / *Fabian,* Abbe K., The development of space identity in the child, in: Weinstein, Carol Simon (Hrsg.), Spaces for children, The built environment and child development, New York u. a. 1987, S. 21 ff.

Proshansky, Harold M. / *Ittelson,* William H. / *Rivlin,* Leanne G., Environmental Psychology: people and their physical settings, 2. Auflage, New York u. a. 1976

Ramsey, Sarah / *Abrams,* Douglas, Children and the Law, Doctrine, policy and practice, 2nd Edition, St. Paul 2003

Rauscher, Thomas, Familienrecht, 2. Auflage, Heidelberg 2008

Rebhahn, Robert, Zivilrecht und Europäische Menschenrechtskonvention, AcP 210 (2010), 489 ff.

Redding, Richard E., Children's competence to provide informed consent for mental health treatment, 50 Washington and Lee Law Review 695 ff., 1993

Reinicke, Michael, Der Zugang des Minderjährigen zum Zivilprozess: ein Problem der „Grundrechtsmündigkeit“, Berlin 1989

Richter, John M. / *Nicoll,* Stephen, The Physical Environment of the mentally handicapped IV – A Playroom for autistic children, and its companion therapy project, Architectural Psychology Newsletter Vol. 3, S. 1 ff., 1972

Ricker, Reinhart / *Weberling,* Johannes, Handbuch des Presserechts, 6. Auflage, München 2012

Rixen, Stephan, Das Gesetz über den Umfang der Personensorge bei einer Beschneidung des männlichen Kindes, NJW 2013, 257 ff.

Roell, Monika, Geltung der Grundrechte für Minderjährige, Berlin 1984

Rössler, Beate, Der Wert des Privaten, Frankfurt a. M. 2001

Rogall, Klaus, Informationseingriff und Gesetzesvorbehalt im Strafprozessrecht, Tübingen 1992

Rogosch, Patricia Maria, Die Einwilligung im Datenschutzrecht, Baden-Baden 2013

Ropski, Gary M., The Right of Publicity – The trend towards protecting a celebrity's celebrity, 72 Trademark Reporter 251 ff., 1982

Roßnagel, Alexander, Das De-Mail-Gesetz, Grundlage für mehr Rechtssicherheit im Internet, NJW 2011, 1473 ff.

Rothärmel, Sonja / *Wolfslast,* Gabriele / *Fegert,* Jörg Michael, Informed Consent, ein kinderfeindliches Konzept?, MedR 1999, 293 ff.

Rothman, Jennifer E., The inalienable right of publicity, 101 Georgetown Law Journal 185 ff., 2012

Royal, Dayna B., Jon & Kate plus the state: why congress should protect children in reality programming, 43 Akron Law Review 435 ff., 2010

Rüpke, Giselher, Der verfassungsrechtliche Schutz der Privatheit: zugleich ein Versuch pragmatischen Grundrechtsverständnisses, Baden-Baden 1976

Rummel, Carsten, Kindeswohl – Ein Gebot von Verfassungsrecht in neuen und alten Spannungsfeldern: Leihmutterschaft, Embryonenschutz und Jugendhilfe, RdJB 1989, 394 ff.

Rupp, Martin, Die grundrechtliche Schutzpflicht des Staates für das Recht auf informationelle Selbstbestimmung im Pressesektor, Saarbrücken 2013

Ruppel, Karl-Ludwigs, Persönlichkeitsrecht an Daten?: deliktsrechtlicher Datenschutz nach § 823 Abs. 1 BGB zwischen informationeller Selbstbestimmung, Rechtsgüterschutz und Eingriffstypisierung, Diss. Jur., Würzburg 2001

Sachs, Michael (Hrsg.), Grundgesetz Kommentar, 7. Auflage, München 2014

Saleth, Stephanie, Jugendkriminalität im Spiegel der Lokalpresse: Berichterstattung zwischen Information und Sensation, Saarbrücken 2007

Sattler, Tara, Plegues by the paparazzi: how California should sharpen the focus on its not-so-picture perfect paparazzi laws, 40 Southwestern Law Review 403 ff., 2010

Saunders, Kevin W., Saving our Children from the First Amendment, New York 2003

Schachter, Madeleine (Hrsg.), Informational and decisional privacy, Durham 2003

Schack, Haimo, Besprechung von Götting, Persönlichkeitsrechte als Vermögensrechte, in: AcP 195 (1995), 594 ff.

–, Urheber- und Urhebervertragsrecht, 6. Auflage, Tübingen 2013

Scharf, Jennifer R., Shotting for the stars: a call for federal legislation to protect celebrities' privacy rights, 3 Buffalo Intellectual Property Law Journal 164 ff., 2006

Scheithauer, Herbert / *Hayer*, Tobias / *Petermann*, Franz, Bullying unter Schülern: Erscheinungsformen, Risikobedingungen und Interventionskonzepte, Göttingen u. a. 2003

Schenk, Michael / *Niemann*, Julia / *Reinmann*, Gabi / *Roßnagel*, Alexander (Hrsg.), Digitale Privatsphäre: Heranwachsende und Datenschutz auf Sozialen Netzwerkplattformen, Berlin 2012

Schertz, Christian, Merchandising: Rechtsgrundlagen und Rechtspraxis, München 1997

–, Der Schutz der Persönlichkeit vor heimlichen Bild- und Tonaufnahmen, Zugleich eine Anmerkung zum § 201a StGB (Verletzung des höchstpersönlichen Lebensbereichs durch Bildaufnahmen), AfP 2005, 421 ff.

–, Der Schutz der Persönlichkeit vor heimlichen Bild- und Tonaufnahmen, AfP 2010, 421 ff.

–, Der Schutz des Individuums in der modernen Mediengesellschaft, NJW 2013, 721 ff.

Schmahl, Stefanie, UN-Kinderrechtskonvention, 2. Auflage, Baden-Baden 2013

Schmitt Glaeser, Walter, Big Brother is watching you – Menschenwürde bei RTL 2, ZRP 2000, 395 ff.

Schnabel, Christoph, Das Recht am eigenen Bild und der Datenschutz, Die richterrechtliche Dogmatik zur Einwilligung vor dem Hintergrund europarechtlicher Einflüsse des Datenschutzes, ZUM 2008, 657 ff.

Schneider, Jochen, Die männliche Beschneidung (Zirkumzision) Minderjähriger als verfassungsrechtliches und sozialrechtliches Problem, Berlin 2008

Schneider, Wolfgang / *Lindenberger*, Ulman (Hrsg.), Entwicklungspsychologie, 7. Auflage, Weinheim u. a. 2012

Schönke, Adolf / *Schröder,* Horst (Begr.), Strafgesetzbuch Kommentar, 29. Auflage, München 2014

Schricker, Gehard / *Loewenheim,* Ulrich, Urheberrecht: Kommentar, 4. Auflage, München 2010

Schröder, Daniela, Auskunftsanspruch der Eltern minderjähriger Kinder gegen den Arzt, Frankfurt a. M. 2010

Schuster, Martina I., Prüfungspflichten des Portalbetreibers, Zur Möglichkeit der Aufklärbarkeit von Persönlichkeitsverletzungen im Rahmen eines Notice and take down-Verfahrens, GRUR 2013, 1201 ff.

Schweiger, Wolfgang / *Fahr,* Andreas (Hrsg.), Handbuch Medienwirkungsforschung, Wiesbaden 2013

Schwerdtner, Eberhardt, Kindeswohl oder Elternrecht? Zum Problem des Verhältnisses von Grundrechtsmündigkeit und Elternrecht, AcP 173 (1973), 227 ff.

Schwerdtner, Peter, Der zivilrechtliche Persönlichkeitsschutz, JuS 1978, 289 ff.

Schweßinger, Ursula, Einfluss der Europäischen Menschenrechtskonvention auf den zivilrechtlichen Persönlichkeitsschutz in Deutschland, Frankreich und England, München 2004

Schubarth, Wilfried, Gewalt und Mobbing an Schulen: Möglichkeiten der Prävention und Intervention, 2. Auflage, Stuttgart 2013

Seiler, Frank, Prominente(n) – Kinder, WRP 2011, 526 ff.

Seyfarth, Georg, Der Einfluß des Verfassungsrechts auf zivilrechtliche Ehrschutzklagen, NJW 1999, 1287 ff.

Shackelford, Scott J., Fragile merchandise: a comparative analysis of the privacy rights for public figures, 49 American Business Law Journal 125 ff., 2012

Shaw, Thomas J., Children and the Internet, A global guide for lawyers and parents, 2012

Shmueli, Benjamin / *Blecher-Prigat,* Ayelet, Privacy for children, 42 Columbia Human Rights Law Review 759 ff., 2011

Siebrecht, Ingrid, Ehrenschutz und Massenmedien: eine rechtsvergleichende Untersuchung unter Berücksichtigung der englischen, amerikanischen und deutschen Rechtslage, Hamburg 1998

Siegel, Erica, When parental interference goes too far: the need for adequate protection of child entertainers and athletes, 18 Cardozo Arts and Entertainment Law Journal 427 ff., 2000

Siegler, Robert S. / *DeLoache,* Judy S. / *Eisenberg,* Nancy / *Pauen,* Sabina (Hrsg.), Entwicklungspsychologie im Kindes- und Jugendalter, 3. Auflage, München 2011

Siewior, Slawomir R., Cyber-Bullying, Definition, Prävalenz, Prävention und Intervention eines medialen und lebensbeeinflussenden Phänomens des 21. Jahrhunderts, Würzburg 2012

Simitis, Spiros (Hrsg.), Bundesdatenschutzgesetz, 8. Auflage, Baden-Baden 2014

Simmel, Georg, Privacy is not an isolated freedom, in: Pennock, J. Ronald / Chapman, John W. (Hrsg.), Privacy and Personality, New York 2007, S. 71 ff.

Simmons, Charlene, Protecting children while silencing them: the children's online privacy protection act and children's free speech rights, 12 Communication and Policy 119 ff., 2007

Smolla, Rodney A., Suing the press, New York u. a. 1986

–, Rights and Liabilities in Media Content: Internet, Broadcasts and Print, 2nd Edition, 2010

–, Law of Defamation, Stand: November 2014

Söllner, Sebastian / *Wecker*, Sven-Erik, Bewegung der Massen durch Facebook, Praktische Probleme und rechtliche Aspekte neuer Massenkommunikation, ZRP 2011, 179 ff.

Soergel, Hans Theodor, Kommentar zum Bürgerlichen Gesetzbuch mit Einführungsgesetz und Nebengesetzen, Band 8, Familienrecht, 12. Auflage, Stuttgart u. a. 1987

–, Kommentar zum Bürgerlichen Gesetzbuch mit Einführungsgesetz und Nebengesetzen, Band 12, Schuldrecht 10, §§ 823 – 853, ProdHG, UmweltHG, 13. Auflage, Stuttgart u. a. 2005

Soehring, Jörg / *Hoene*, Verena, Presserecht: Recherche, Darstellung und Haftung im Recht der Medien, 5. Auflage, Köln 2013

Sörup, Thorsten, Urteilsanmerkung zu EuGH, Urteil vom 13.05.2014 – C-131/12 – Google Spain und Google, MMR 2014, 464 ff.

Solove, Daniel J., Understanding Privacy, Cambridge u. a. 2008

– / *Schwartz*, Paul M., Information Privacy Law, 3rd Edition, New York 2009

Soler, Laia / *Paretilla*, Claudia / *Kirchner*, Teresa / *Forns*, Maria, Efffects of polyvictimization an self-esteem and post-traumatic stress symptoms in Spanish adolescents, 21 European Child & Adolescent Psychiatry Vol 21, S. 645 ff., 2012

Spickhoff, Andreas, Grund, Voraussetzungen und Grenzen des Sorgerechts bei Beschneidung männlicher Kinder, FamRZ 2013, 337 ff.

Spiecker, Indra gen. *Döhmann*, Datenschutzrechtliche Fragen und Antworten in Bezug auf Panorama-Abbildungen im Internet, Google Street View und die Aussichten, CR 2010, 311 ff.

Spielmann, Christoph, Die Verstärkungswirkung der Grundrechte, JuS 2004, 371 ff.

Spindler, Gerald, Persönlichkeitsschutz im Internet – Anforderungen und Grenzen einer Regulierung: Gutachten F zum 69. Deutschen Juristentag, in: Verhandlungen des 69. Deutschen Juristentages München 2012, Bd. I, F.

–, Persönlichkeitsrecht und Datenschutz im Internet – Anforderungen und Grenzen einer Regulierung, NJW-Beil. 2012, 98 ff.

–, Datenschutz und Persönlichkeitsrechte im Internet, GRUR-Beilage 2014, 101 ff.

– / *Dorschel,* Joachim, Auskunftsansprüche gegen Internet-Service-Provider, Zivilrechtliche Grundlagen und datenschutzrechtliche Grenzen, CR 2005, 38 ff.

– / *Schuster,* Fabian, Recht der elektronischen Medien, 2. Auflage, München 2011

Spranger, Tade Matthias, Die Figur der „Schutzbereichsverstärkung", NJW 2002, 2074 ff.

Stadler, Astrid, Die internationale Durchsetzung von Gegendarstellungsansprüchen, JZ 1994, 642 ff.

Stadler, Thomas, Haftung für Informationen im Internet, Berlin 2005

Stapper, Florian, Namensnennung in der Presse im Zusammenhang mit dem Verdacht strafbaren Verhaltens, Berlin 1995

Stark, Ralf, Die Ehre, das ungeschützte Verfassungsgut, in: Ziemske, Burkhardt (Hrsg.), Staatsphilosophie und Rechtspolitik: Festschrift für Martin Kriele zum 65. Geburtstag, München 1997, S. 235 ff.

J. von Staudingers Kommentar zum Bürgerlichen Gesetzbuch, Buch 4, Familienrecht, §§ 1626–1631; Anhang zu § 1631; RKEG; §§ 1631a – 1633, 14. Bearbeitung, Berlin 2007

J. von Staudingers Kommentar zum Bürgerlichen Gesetzbuch, Buch 1, Allgemeiner Teil, §§ 90–124; 130–133, 15. Bearbeitung, Berlin 2012

J. von Staudingers Kommentar zum Bürgerlichen Gesetzbuch, Buch 1, Allgemeiner Teil, §§ 1–14, VerschG, 15. Bearbeitung, Berlin 2013

J. von Staudingers Kommentar zum Bürgerlichen Gesetzbuch, Buch 4, Familienrecht, §§ 1638–1683, 15. Bearbeitung, Berlin 2009

Steenbreker, Thomas, Zivilrechtliche Unbeachtlichkeit eines „natürlichen Willens" für den Widerruf der Patientenverfügung, NJW 2012, 3207 ff.

Steindorff-Classen, Caroline, Das subjektive Recht des Kindes auf seinen Anwalt: unter besonderer Berücksichtigung von Impulsen aus dem französischen Recht, Neuwied u. a. 1998

–, Europäischer Kinderrechtsschutz nach dem EU-Reformvertrag von Lissabon, EuR 2011, 19 ff.

Stender-Vorwachs, Jutta, Veröffentlichung von Fotos minderjähriger Kinder von Prominenten, NJW 2010, 1414 ff.

–, Anmerkung zu BVerfG, Beschluss vom 25.01.2012 –1BvR 2499/09, 1 BvR 2503/09 – Kein genereller Vorrang des allgemeinen Persönlichkeitsrechts gegenüber Meinungsfreiheit nur wegen der Betroffenheit von Jugendlichen, GRUR-Prax 2012, 286 ff.

Stern, Klaus, Das Staatsrecht der Bundesrepublik Deutschland, Bd. III Allgemeine Lehren der Grundrechte, 1. Halbband, München 1988

Sternberg-Lieben, Detlev / *Reichmann*, Philipp, Die gesetzliche Regelung der Patientenverfügung und das medizinische Selbstbestimmungsrecht Minderjähriger, NJW 2012, 257 ff.

Stürner, Rolf, Persönlichkeitsschutz und Geldersatz, AfP 1998, 1 ff.

–, Die verlorene Ehre des Bundesbürgers – Bessere Spielregeln für die öffentliche Meinungsbildung?, JZ 1994, 865 ff.

–, Urteilsanmerkung zu EuGHMR, Urteil vom 24.06.2004 – Nr. 59320/00, Hannover v. Deutschland, JZ 2004, 1018 ff.

–, Caroline-Urteil des EGMR – Rückkehr zum richtigen Maß, AfP 2010, 213 ff.

Süss, Daniel, Mediensozialisation von Heranwachsenden: Dimensionen – Konstanten – Wandel, Wiesbaden 2004

Taeger, Jürgen / *Gabel*, Detlev (Hrsg.), Kommentar zum BDSG und zu den Datenschutzvorschriften des TKG und TMG, 2. Auflage, Frankfurt a. M. 2013

Tang, Shemgming / *Dong*, Xiaoping, Parents' and children's perceptions of privacy rights in China: A cohort comparison, Journal of Family Issues Vol. 27 No. 3, S. 285 ff., 2006

Terbille, Michael / *Clausen*, Tilman / *Schroeder-Printzen*, Jörn (Hrsg.), Münchener Anwaltshandbuch Medizinrecht, 2. Auflage, München 2013

Teuschel, Peter / *Heuschen*, Klaus Werner, Bullying: Mobbing bei Kindern und Jugendlichen, Stuttgart 2013

Tinnefeld, Marie-Theres / *Ehmann*, Eugen / *Gerling*, Rainer W., Einführung in das Datenschutzrecht: Datenschutz und Informationsfreiheit in europäischer Sicht, 4. Auflage, München u. a. 2005

Tomuschat, Christian, Verwirrung über die Kinderrechte – Konvention der Vereinten Nationen – Zur innerstaatlichen Geltungskraft völkerrechtlicher Verträge, in: Ruland, Franz (Hrsg.), Verfassung, Theorie und Praxis des Rechtsstaats: Festschrift für Hans F. Zacher zum 70. Geburtstag, Heidelberg 1998, S. 1143 ff.

Trubow, George B. (Hrsg.), Privacy Law and Practice, Vol. 3, 1987

Ullmann, Eike, Caroline C., Marlene, Eheleute M. – Ein fast geschlossener Kreis, WRP 2000, 1049 ff.

Unruh, Peter, Zur Dogmatik der grundrechtlichen Schutzpflichten, Berlin 1996

Van Bueren, Geraldine, The International Law on the Rights of the Child, Dordrecht u. a. 1995

Vance, Lisa, Amending its anti-paparazzi statute: California's latest baby step in its attempt to curb the aggressive paparazzi, 29 Hastings Communications and Entertainment Law Journal 99 ff., 2006

Vodovis, Maayan Y., Look over your figurative shoulder: how to save individual dignity and privacy on the internet, 40 Hofstra Law Review 811 ff., 2014

Voigt, Paul, Internationale Anwendbarkeit des deutschen Datenschutzrechts, Eine Darstellung anhand verschiedener Fallgruppen, ZD 2014, 15 ff.

– / *Alich,* Stefan, Facebook-Like-Button und Co. – Datenschutzrechtliche Verantwortlichkeit der Webseitenbetreiber, NJW 2011, 3541 ff.

Voskamp, Friederike / *Kipker,* Dennis-Kenji, Virtueller Pranger Internet, „Shitstorm" und „Cybermobbing" als Bühne für die Meinungsfreiheit? – Providerpflichten nach der BGH-Rechtsprechung, DuD 2013, 787 ff.

Wall, Ethan J., / *Greer,* Richman, Social Media Crossroads, An analysis of the law at the intersection of discovery and privacy in the realm of the social media Vol. 29 No. 23 Westlaw Journal Computer and Internet 1 ff., 2012

Walter, Ute, Der zivilrechtliche Schutz vor Nachstellungen, Was der Gesetzgeber über den Unterschied zwischen Paparazzo und Papagallo nicht zu sagen wagte, ZUM 2002, 886 ff.

Walther, Benjamin, Cyberbullying: Holding Grownups liable for negligent entrustment, 49 Houston Law Review 531 ff., 2012

Wanckel, Endress, Persönlichkeitsschutz in der Informationsgesellschaft: zugleich ein Beitrag zum Entwicklungsstand des allgemeinen Persönlichkeitsrechts, Frankfurt a. M. u. a. 1999

–, Personenbezogene Prominentenberichterstattung anlässlich zeitgeschichtlicher Ereignisse, NJW 2011, 726 ff.

Wandtke, Artur-Axel / *Bullinger,* Winfried, Praxiskommentar zum Urheberrecht, 3. Auflage, München 2009

Warren, Samuel D. / *Brandeis,* Louis D., The right to privacy, 4 Harvard Law Review 193 ff., 1890

Wax, Gary, Popping Britney's personal safety bubble: why proposed anti-paparazzi ordinances in Los Angeles cannot withstand first amendment scrutiny, 30 Loyola of Los Angeles Entertainment Law Review 133 ff., 2009

Weigel-Garrey, Cindy J. / *Cook,* Christine C. / *Brotherson,* Mary Jane, Children and Privacy: Choice, Control, and Access in Home Environments, Journal of Family Issues Vol. 19 No. 1, S. 43 ff., 1998

Weigl, Michaela, Meinungsfreiheit contra Persönlichkeitsschutz am Beispiel von web 2.0 – Applikationen, Hamburg 2011

Wenzel, Karl Egbert (Hrsg.), Das Recht der Wort- und Bildberichterstattung: Handbuch des Äußerungsrechts, 5. Auflage, Köln 2003

Werner, Stefan (Hrsg.), Mobbing – opferorientierte Hilfen für Kinder und Jugendliche: Grundlagen und Handlungsmöglichkeiten im Umgang mit Mobbingopfern, Weinheim u. a. 2013

Westin, Alan F., Privacy and Freedom, New York 1967

Westphal, Angela, Mediale Berichterstattung und Persönlichkeitsschutz von Kindern, GreifRecht Heft 13 2012, 32 ff.

Wickersham, T. Michael, Invasion of privacy tort: does the deference given to the press ignore the family?, 5 Cardozo Women's Law Journal 153 ff., 1998

Wieczorek, Mirko Andreas, I share Gossip – Kapituliert die Rechtsordnung vor dem virtuellen Pranger?, AfP 2012, 14 ff.

Wiesbrock, Katja, Internationaler Schutz der Menschenrechte vor Verletzungen durch Private, Berlin 1999

Wiesner, Reinhard (Hrsg.), SGB VIII, Kinder- und Jugendhilfe Kommentar, 4. Auflage, München 2011

Williams, Gary, On the QT and very hush hush: a proposal to extend California's Constitutional Right to Privacy to protect public figures from publication of confidential personal information, 19 Loyola of Los Angeles Enternainment Law Review 337 ff., 1999

Wingo, Harvey / *Freytag,* Sharon N., Decisions within the family: a clash of constitutional rights, 67 Iowa Law Review 401 ff., 1982

Wintermeier, Martin, Inanspruchnahme sozialer Netzwerke durch Minderjährige, Datenschutz aus dem Blickwinkel des Vertragsrechts, ZD 2012, 210 ff.

Wittern, Felix, Das Verhältnis von right of privacy und Persönlichkeitsrecht zur Freiheit der Massenmedien, Eine rechtsvergleichende Darstellung des Verhältnisses von Right of Privacy und Persönlichkeitsrecht zu der Redefreiheit in den Vereinigten Staaten von Amerika und der Presse- und Rundfunkfreiheit in Deutschland, Diss. Jur., Hamburg 2004

Wittmann, Svendy / *Rauschenbach,* Thomas / *Leu,* Hans – Rudolpf (Hrsg.), Kinder in Deutschland, Eine Bilanz empirischer Studien, 2011

Wöfl, Bernd, Sphärentheorie und Vorbehalt des Gesetzes, NVwZ 2002, 49 ff.

Wolfe, Maxine, Room Size, Group Size, and Density: Behavior Patterns in a Children's Psychiatric Facility, Environment and Behavior Vol. 7 No. 2, S. 199 ff., 1975

Wolff, Heinrich Amadeus / *Brink,* Stefan, Datenschutzrecht in Bund und Ländern; Grundlagen, Bereichsspezifischer Datenschutz, BDSG, München 2013

Wolfrum, Rüdiger, The progressive development of human rights: A critical appraisal of recent UN efforts, in: Jekewitz, Jürgen / Klein, Karl Heinz / Kühne, Jörg Detlef u. a. (Hrsg.), Das Menschen Recht zwischen Freiheit und Verantwortung: Festschrift für Karl Josef Partsch zum 75. Geburtstag, Berlin u. a. 1989, S. 67 ff.

Yan, Zheng, Age differences in children's understanding of the complexity of the Internet, Journal of Applied Developmental Psychology Vol. 26 No. 4, S. 385 ff., 2005

Zansberg, Steven D. / *Fischer,* Janna K., Privacy Expectations in online social media – an emerging generational divide?, 28-NOV Communications Lawyer 1 ff., 2011

Zermatten, Jean, The Best Interest of the Child Principle: Literal Analysis and Function, International Journal of Children's Rights 18, 483 ff., 2010

Zimmerman, Diane L., Requiem for a heavyweight: a farewell to Warren and Brandeis's privacy tort, 68 Cornell Law Review 291 ff., 1983

Zitelmann, Ernst, Ausschluss der Widerrechtlichkeit, AcP 99 (1906), 1 ff.

Zitelmann, Maud, Kindeswohl und Kindeswille: im Spannungsfeld von Pädagogik und Recht, Münster 2001

Zorn, Dagmar, Das Recht der elterlichen Sorge, Berlin 2008

Zscherpe, Kerstin A., Anforderungen an die datenschutzrechtliche Einwilligung im Internet, MMR 2004, 723 ff.

Internetdokumente

Bündnis gegen Cybermobbing, Mobbing und Cybermobbing bei Erwachsenen, Eine empirische Bestandsaufnahme in Deutschland, 2014, http://www.buendnis-gegen-cybermobbing.de/mobbingstudie/Studie_Mobbing_Cybermobbing_Erwachsene.pdf.

Bundesministerium des Inneren, Gesetzesentwuf vom 01.12.2010, http://www.bmi.bund.de/SharedDocs/Downloads/DE/Themen/OED_Verwaltung/Informationsgesellschaft/rote_linie.html?nn=3314802

Bundesministerium der Justiz und für Verbraucherschutz, Pressemitteilung vom 03.05.2010 und 15.07.2010, www.bmj.bund.de

Bundesministerium der Justiz und für Verbraucherschutz, Entwurf eines Gesetzes zur Änderung des Strafgesetzbuches – Umsetzung europäischer Vorgaben zum Sexualstrafrecht, http://www.bmjv.de

Charly bit my finger, http://www.youtube.com/results?search_query=charlie+bit+my+finger.

Child rights international network, Compilation of guidelines for interviewing children, www.crin.org

Consumer Reports.org, CR Survey: 7.5 Million facebook users are under the age of 13, violating the sides'terms, http://pressroom.consumerreports.org/pressroom/2011/05/cr-survey-75-million-facebook-users-are-under-the-age-of-13-violating-the-sites-terms-.html.

Deutscher Kinderschutzbund, Resolution der Bundesmitgliederversammlung 2011, www.dksb.de

Deutscher Juristentag e. V., Beschlüsse des 69. Deutschen Juristentages, www.djt.de

Europäische Kommission, Proposal for a regulation of the european parliament and of the council on the protection of individuals with regard to the processing of personal data and on the free movement of such data (General Data Protection Regulation), http://www.statewatch.org/news/2011/dec/eu-com-draft-dp-reg-inter-service-consultation.pdf.

EU kids online: Report, http://www.lse.ac.uk/media@lse/research/EUKidsOnline/Home.aspx

Forderungspapier UN-Workshop „The Oslo Challenge" 1998, www.mediawise.org.uk

Freiwillige Selbstkontrolle Multimedia-Diensteanbieter e. V., Verhaltenskodex, www.fsm.de

UNICEF, Handbook Media and Children's Rights, http://www.mediawise.org.uk/children/

Hoff, Henning, "Erwachsen auf Probe" in England, Wir müssen Kinder wirklich hassen, http://www.faz.net/aktuell/feuilleton/fernsehen/erwachsen-auf-probe-in-england-wir-muessen-kinder-wirklich-hassen-1817400.html.

Jempson, Mike, Shocking Images, Taking pictures of children, http://www.mediawise.org.uk/children/

jugendschutz.net, Jugendschutz im Internet, Ergebnisse der Recherchen und Kontrollen Bericht 2013, http://www.jugendschutz.net/pdf/bericht2013.pdf

Kissler, Alexander, TV-Kritik: Teenager außer Kontrolle, Widerstand zwecklos, http://www.sueddeutsche.de/medien/tv-kritik-teenager-ausser-kontrolle-widerstand-zwecklos-1.60492

Kommission für Jugendmedienschutz der Landesmedienanstalten, Übergreifende Konzepte, http://www.kjm-online.de/telemedien/uebergreifende-konzepte.html

Kompa, Markus, Rechtliche Probleme mit viralen Witzen im Netz, Minimi mit Mems, Legal Tribune Online, 17.08.2013, http://www.lto.de/recht/hintergruende/h/mem-internet-bilder-videos-persoenlichkeitsrecht-urheberrecht/

Konferenz der Datenschutzbeauftragten des Bundes und der Länder, Entschließung der 87. Konferenz der Datenschutzbeauftragten des Bundes und der Länder am 27. und 28. März in Hamburg, https://www.datenschutz-mv.de/datenschutz/themen/beschlue/87_DSK/Ent_Fahndung.pdf

Marwick, Alice E. / *Diaz,* Diego Murgia / *Palfrey,* John G. Jr., Youth, Privacy and Reputation (Literature Review), http://papers.ssrn.com/sol3/papers.cfm?abstract_id=1588163, Stand: 31.12.2014

Medienpädagogischer Forschungsverbund Südwest, JIM-Studie 2014 und KIM-Studie 2014; http://www.mpfs.de.

Ministerrat des Europarates, Declaration of the Committee of Ministers on protecting the dignity, security and privacy of children on the Internet, https://wcd.coe.int/ViewDoc.jsp?id=1252427&Site=CM&BackColorInternet=C3C3C3&BackColorIntranet=EDB021&BackColorLogged=F5D383

Presseartikel „Soziale Netzwerke: Millionen Minderjährige tricksen facebook aus", http://www.spiegel.de/netzwelt/netzpolitik/soziale-netzwerke-millionen-minderjaehrige-tricksen-facebook-aus-a-761874.html

Reporters Committee for Freedom of the press, http://www.rcfp.org/reporters-recording-guide/extreme-example-california-anti-paparazzi-laws

Society of professional journalists, Code of Ethics for the journalism industry worldwide, http://www.spj.org/ethicscode.asp

www.ingramcontent.com/pod-product-compliance
Ingram Content Group UK Ltd.
Pitfield, Milton Keynes, MK11 3LW, UK
UKHW021919290926
8980IPUK00015B/1350

9 783631 673744